Ld 22.⁶

DE
L'AUTORITÉ
DES
DEUX PUISSANCES.
TOME SECOND.

DE L'AUTORITÉ
DES
DEUX PUISSANCES.
TOME SECOND.

Maxima quidem in hominibus sunt dona Dei a supernâ collata Clementiâ, Sacerdotium & Imperium : & illud quidem divinis ministrans ; hoc autem humanis præsidens ac diligentiam exhibens : ex uno eodemque principio utraque procedentia, humanam exornant vitam. Novel. VI. Quomodò oport. Episcopos. In princ.

A STRASBOURG, & se vend A LIEGE,

Chez LEMARIÉ, Libraire, dessous la Tour, à la Couronne d'Or.

M. DCC. LXXXI.
Avec Approbation & Permission.

DE L'AUTORITÉ DES DEUX PUISSANCES.

TROISIEME PARTIE.

DE LA PUISSANCE SPIRITUELLE.

Comme il étoit néceſſaire qu'il y eut dans l'ordre civil une puiſſance ſouveraine, pour régler l'adminiſtration publique, il falloit auſſi qu'il y eut dans l'ordre ſpirituel, une autorité indépendante, qui réglât ce qui concernoit la Religion.

J. C. a inſtitué cette autorité, en donnant naiſſance à un nouveau peuple, & il l'a dépoſée entre les mains de ses Apôtres & de leurs successeurs, pour se perpétuer au milieu de son Église, jusqu'à la consommation des siecles, pour servir de guide aux fideles, & de barriere à l'erreur.

Marsille de Padoue (*a*) fut le premier qui, sans désavouer expressément la puissance ecclésiastique, entreprit de la ruiner, par un système qui l'enlevoit d'entre les mains des premiers pasteurs. Il enseigna, dans son livre intitulé : *Defensor pacis* (1), (car c'est toujours au nom de la paix, que les hérétiques déclarent la guerre à l'Église,) qu'en tout genre de gouvernement, la souveraineté appartenoit à la nation; que le peuple chrétien avoit seul la jurisdiction ecclésiastique en propriété; que par conséquent il avoit seul le droit de faire des loix, de les modifier, de les interpréter, d'en dispenser (2), d'en punir l'infraction (3), d'instituer ses chefs, pour exercer la souveraineté en son nom, de les juger & de les déposer (4) : qu'il avoit confié la jurisdiction spirituelle au magistrat politique s'il étoit *fidele*, que les Pontifes la recevoient du magistrat, mais que si le magistrat étoit infidele, le peuple la conféroit immédiatement aux Pontifes-mêmes; que ceux-ci ne l'exerçoient jamais qu'avec subordination à l'égard du Prince ou du peuple, & qu'ils n'avoient, par leur institution, que le pouvoir de l'ordre, avec une simple autorité de direction & de conseil, sans aucun droit de jurisdiction dans le gouvernement ecclésiastique, telle que seroit l'autorité d'un médecin, ou d'un jurisconsulte, sur les objets de leur profession (5).

Ce système étoit trop favorable aux hérétiques, pour ne pas trouver des partisans. Le moyen le plus sûr d'accréditer l'erreur, est de détruire, s'il est possible, l'autorité qui la proscrit. A peine Luther eut-il commencé à dogmatiser, qu'il enseigna que les Évêques n'avoient par-dessus le reste des fideles, que le seul

---

(*a*) Il étoit Docteur de l'université de Paris, & il vivoit au 14me. siecle.

ministere sacerdotal, sans pouvoir rien statuer, que du consentement du peuple (*a*). Tous les hérétiques qui sont venus après lui, ont adopté la même doctrine, pour autoriser leur révolte, non-seulement contre l'Église, mais encore contre le Prince (6). " L'excom-
" munication, disoit Pierre Martyr, est un acte de
" jurisdiction, par lequel un criminel est chassé de la
" société des fideles par le jugement des premiers pas-
" teurs & du consentement de toute l'Église (*b*). "
Richer a ressuscité la même erreur dans le dernier siecle (7). La 90me. proposition tirée des Réflexions Morales renouvelle la même doctrine (8). C'est sur cette prétendue puissance de propriété, attribuée au peuple, que Antoine de Dominis fonde son système monstrueux de la république.

Par le moyen de ce système mis en pratique, l'erreur des Luthériens & des Calvinistes ne tarda pas à se répandre dans l'Europe. Luther emploie l'autorité de Fréderic, Électeur de Saxe, pour abolir les messes privées en 1521. Les cantons de Zurich & de Berne, indiquent des conférences pour examiner la doctrine, & prononcent en faveur de Calvin. Les magistrats de Geneve, après avoir fait disputer les docteurs en leur présence, publient une formule de foi où la doctrine de la grace universelle est déclarée *non médiocrement éloignée de la saine doctrine, révélée dans les Écritures;* & ils ordonnent que tous les ministres, docteurs & professeurs souscriront à la formule en ces termes : *Ainsi je le crois, ainsi je le professe, ainsi je l'enseignerai...* *C'est à quoi*, ajoute M. Bossuet, *se termine la Réforme, à soumettre l'Église au siecle, la science à l'ignorance, & la foi au magistrat* (*c*).

Le même système fut poussé encore plus loin en Angleterre. Un Roi dominé (*d*) par une passion honteuse, après s'être séparé de l'Église Romaine, voulut s'éta-

---

(*a*) Luth. *Lib. de captiv. Babyl. tom.* 2, *p.* 282.
(*b*) Petr. martyr. *loc. comm. class.* 4, *cap.* 5.
(*c*) Boss. *var.* l. 14, n. 119.
(*d*) Henri VIII.

blir chef du gouvernement ecclésiastique ; & comme s'il eut pu s'affranchir de l'obéissance qu'il devoit à l'Église, en usurpant son autorité, il déclara que « toute » jurisdiction tant ecclésiastique que séculiere venoit » de la puissance royale, comme de la source premiere » de toute magistrature (*a*). » La premiere loi qu'il publia à ce sujet, portoit que *le Roi étoit le chef souverain de l'Eglise d'Angleterre*. Le Parlement y ajouta, que *le Roi & ses successeurs pourroient prendre connoissance des erreurs, des hérésies & des abus, & y remédier* (*b*).

Muni de cette nouvelle puissance, Henri VIII nomma, en 1540, des commissaires pour dresser, en son nom, une explication du symbole des Apôtres, des sacremens, des commandemens de Dieu, & quelques autres points de doctrine, touchant la justification & les bonnes œuvres (*c*).

Édouard étant monté sur le trône en 1547, les Évêques furent obligés de prendre de lui de nouvelles commissions pour exercer leur ministere (*d*). Le conseil du jeune Prince « à l'exemple de Henri VIII, envoya » des visiteurs dans tout le royaume, avec des cons- » titutions ecclésiastiques & des articles de foi. Chaque » commission étoit composée de deux gentilshommes, » d'un jurisconsulte, d'un théologien & d'un secré- » taire, (point d'Évêques,) & le Roi défendoit aux » Archevêques, & à tous les autres, d'exercer une » jurisdiction ecclésiastique tant que la visite dureroit (*e*).

L'Angleterre ayant asservi l'épiscopat qui pouvoit seul servir de barriere aux hérésies, n'eut plus le moyen de se défendre des nouveautés. Le Calvinisme sema ses erreurs ; les disputes & les dissentions s'introduisirent à leur suite. Thomas Cromwel, vice-gérent de Henri VIII, dans le gouvernement ecclésiastique, déja

---

(*a*) Burnet, Hist. de la Réforme en Angl. part. 1, l. 2, p. 390, édit. in-12, 1694.
(*b*) Ib.
(*c*) Ib. l. 3, p. 295.
(*d*) Ib. tom. 3, l. 1, p. 28.
(*e*) Ib. p. 62.

DES DEUX PUISSANCES.

infecté lui-même de l'erreur, avoit commencé d'affoiblir la foi, en discréditant le zele ; il avoit établi le tolérantisme sous l'apparence d'une fausse paix, ordonnant qu'on s'abstînt de part & d'autre des noms odieux de *papistes* & d'*hérétiques*, désapprouvant également *l'audace & la licence des uns*, (des Protestans) *la superstition des autres*, (des Catholiques) *& leur invincible entêtement pour des vieux abus* (a).

Édouard fit un pas de plus, il prescrivit le silence aux prédicateurs sur les articles qu'il n'auroit point encore décidés (b). Cependant il statua qu'on communieroit sous les deux especes (c), il réforma les offices de l'Église (d) ; il déclara la confession libre (e) ; il changea la liturgie (f) ; &, comme le silence qu'il avoit ordonné, n'avoit point fait cesser les troubles, & que les chaires devenoient le théatre des divisions & des disputes scandaleuses, il interdit tous les prédicateurs, s'en reservant l'approbation à lui seul & à l'Archevêque de Cantorberi, son vicaire général (g). Il donna un édit pour permettre le mariage aux prêtres (h). Mais comme la puissance spirituelle entre les mains du Monarque qui n'avoit aucune mission de J. C., n'étoit pas assez efficace sur la conscience des sujets, pour réformer le clergé & le peuple, les divisions continuerent. Le Prince ordonna une seconde visite pour remédier aux abus (i). Il publia une seconde confession de foi, qui renfermoit les erreurs de Calvin (k), & qui par conséquent étoit différente de l'exposition doctrinale de Henri VIII ; car il n'y avoit plus de point fixe pour la foi, parce qu'on ne reconnoissoit plus d'autorité infaillible. On fut obligé de croire alors, de la part du Roi, ce que le Roi avoit défendu de croire quelques années auparavant. Il nomma des commissai-

---

(a) Ib. tom. 2, p. 246.
(b) Ib tom. 3, p. 151.
(c) Ib. p. 99.
(d) Ib. p. 153, &c.
(e) Ib. p. 167.
(f) Ib. p. 181, 235, 429.
(g) Ib. p. 203.
(h) Ib. p. 223.
(i) Ib. p. 257.
(k) Ib. p. 420.

res pour dresser un nouveau code ecclésiastique (*a*). Les lettres-patentes, pour la nomination aux Evêchés, portoient, que le Roi *nommoit N. à l'Évêché de N. pour tout le tems de sa vie naturelle, ou pour tout le tems qu'il se comporteroit bien.* Après quoi *il donnoit pouvoir d'ordonner & de déposer les ministres, &c. au nom du Roi & de son autorité* (*b*).

„ Tous ces attentats, comme le remarque M. Bos-
„ suet (*c*), étoient fondés sur la maxime, dont le
„ Parlement d'Angleterre s'étoit fait un nouvel article
„ de foi, *qu'il n'y avoit point de jurisdiction, soit sécu-*
„ *liere, soit ecclésiastique, qui ne dut être rapportée à*
„ *l'autorité royale, comme à sa source* (*d*) ; „ non qu'on niat que l'épiscopat fut d'institution divine ; mais parce que, suivant la maxime de Crammer, Archevêque de Cantorberi, *J. C. instituoit les pasteurs pour exercer leur puissance, comme dépendante du Prince, dans toute leurs fonctions*, ce qui est sans difficulté, ajoute M. Bossuet, *la plus inouie & la plus scandaleuse flatterie qui soit jamais tombée dans l'esprit des hommes* (*e*).

L'épiscopat étant ainsi dégradé, les premiers pasteurs ne furent plus que les esclaves de la volonté du Prince, dans un gouvernement dont J. C. les avoit établis les maîtres. Henri VIII leur avoit défendu de se mêler des affaires de Religion sans son ordre : ils se réduisirent à demander, sous Édouard, qu'on *ne fît rien au moins sur ces matieres, sans leur participation & sans leur aveu* (*f*). Mais ayant trahi les intérêts de l'épiscopat, ils ne méritoient plus de jouir de ses priviléges : le mépris & l'avilissement furent la récompense de leur lâcheté. On les obligea à souscrire aux mandemens des visiteurs, parmi lesquels j'ai déja observé qu'il n'y avoit pas même un seul Évêque. On punit comme une prévarication jusqu'au doute qu'ils formoient sur la

---

(*a*) Ib. p. 497.
(*b*) Ib. p. 552.
(*c*) Boss. Var. l. 7, n. 76.
(*d*) Burn. Hist. de la Réforme,
tom. 3, l. 1, p. 105.
(*e*) Var. l. 7, n. 44.
(*f*) Burn. Hist. de la Réforme,
tom. 3, l. 1, p. 115.

DES DEUX PUISSANCES.

légitimité d'une pareille miſſion, & juſqu'à la répugnance qu'ils faiſoient paroître pour la ſervitude (*a*).

En 1559 Éliſabeth déclara, par une loi, que " le
" droit des viſites eccléſiaſtiques & de corriger ou ré-
" former les abus de l'Égliſe étoit annexé pour tou-
" jours à la royauté, & qu'on ne pouvoit exercer
" aucune charge publique, ou militaire, ou eccléſiaſ-
" tique, ſans jurer de reconnoître la Reine pour ſou-
" veraine gouvernante dans le royaume, en toute ſorte
" de cauſes ſéculieres ou eccléſiaſtiques (*b*). "

Dans le premier mandement qu'elle fit expédier pour la viſite des Égliſes, elle expoſe que " Dieu lui ayant
" confié le gouvernement de ſes États, elle devoit
" faciliter les progrès du Chriſtianiſme le plus pur, &
" rétablir le vrai ſervice de Dieu. Et en conſéquence,
" elle donne pouvoir d'examiner l'État véritable des
" Égliſes, de ſuſpendre ou de dépoſer les eccléſiaſti-
" ques qui ne feroient pas leur devoir (*c*). " Cependant pour adoucir ce que la ſuprématie avoit de révoltant, ſur-tout dans les perſonnes de ſon ſexe, elle déclaroit " qu'elle étoit fort éloignée de vouloir ad-
" miniſtrer les choſes ſaintes ; qu'elle ne demandoit
" que ce qui avoit appartenu de tout tems à la cou-
" ronne impériale d'Angleterre ; c'eſt-à-dire, qu'elle
" croyoit avoir une puiſſance abſolue ſur tous ſes ſu-
" jets, & le droit de les régir, même immédiatement,
" ſous l'autorité de Dieu, ſans qu'aucun autre po-
" tentat put prendre le même droit en Angleterre (*d*). "
C'étoit ſe réſerver toute la puiſſance du gouvernement, & ne laiſſer aux Pontifes que le pouvoir de l'ordre. C'eſt dans un hiſtorien anglican, que je lis tous ces faits.

Enfin la police angloiſe, citée par Grotius (*e*), explique ainſi le ſyſtême de la ſuprématie, en s'adreſſant au Roi Jacques : " La juriſdiction eccléſiaſtique eſt royale. Elle eſt

---

(*a*) Ib. p. 86 & 175.
(*b*) Ib. tom. 4, p. 375.
(*c*) Ib. p. 413, 414.
(*d*) Ib. p. 409, 410.

(*e*) Grot. du Pouvoir du Magiſtrat polit. ſur les choſes ſacr. ch. 9, n. 19.

» la portion premiere, principale, indivisible de votre cou-
» ronne & de votre dignité. Les loix ecclésiastiques sont
» loix royales. Elles ne partent point d'une puissance dif-
» tincte : elles ne se soutiennent, elles ne s'appuient point
» sur un autre fondement. La jurisdiction ecclésiastique
» est une émanation du pouvoir souverain, que les
» Archevêques, Évêques & les juges exercent dans
» l'État. Dieu vous a confié l'Empire : vous en confiez
» la portion ecclésiastique à d'autres, c'est aux Évêques
» qui sont dans le sanctuaire. Mais comme Constantin
» qui étoit anglois, & l'honneur de l'Angleterre, le
» disoit de lui-même ; vous êtes l'Évêque universel,
» c'est-à-dire, au-dehors de l'Église. Votre devoir est
» de protéger les ministres du Seigneur, de les défen-
» dre, d'étendre la Religion, & de travailler sans cesse
» à affermir la paix, le repos & la tranquillité de l'É-
» glise de J. C. » C'étoit donc en qualité de protecteur & de défenseur de la Religion, c'étoit donc en
vertu de l'obligation où ils étoient de réprimer les abus,
c'étoit en qualité d'Evêque du dehors que les Rois
d'Angleterre se croyoient en droit de régler avec un
pouvoir absolu tout ce qui concernoit le gouvernement
de l'Église. Grotius en apporte cette raison, que l'exercice de la Religion influant sur la société civile, il est
nécessaire, pour ne pas diviser l'État entre deux maîtres indépendans, que le souverain, qui est préposé au
gouvernement civil, préside aussi au gouvernement ecclésiastique. » Le Roi d'Angleterre, dit-il, pensé sagement,
» qu'il est accordé à tout Prince & à tout État chré-
» tien, de prescrire à ses sujets la forme extérieure de
» la discipline ecclésiastique, & celle qui a une liaison
» étroite avec le gouvernement civil (*a*). » Par cette
raison, il a droit de réformer & de dépouiller *les Évêques qui, n'étant que les vicaires du magistrat politique,*
sont toujours subordonnés à sa jurisdiction (*b*) : pouvoir

(*a*) Grot. du Pouvoir du Ma-   (*b*) Ib. ch. 8, n. 10, ch. 12,
gistrat polit. sur les choses sacr.   n. 4.
ch. 9, n. 24.

qui doit appartenir & qui appartient en effet, fuivant le même auteur, non-feulement aux Princes catholiques, mais encore aux Princes hérétiques ou idolâtres, puifqu'il eft une fuite de la fouveraineté. En quoi Grotius differe de Marfille de Padoue qui reftreint la puiffance fpirituelle aux Princes catholiques.

Un fyftême auffi odieux, fembloit ne devoir paroître parmi nous, que pour exciter contre lui le zele de la foi ; & encourir de nouveau les anathêmes dont il avoit été frappé. Mais l'erreur, toujours féconde en artifices, fait fe reproduire fous diverfes formes, pour échapper à nos regards, fans rien perdre de fon efprit. De nouveaux Écrivains ont fait revivre la fuprématie anglicane, en parlant cependant un langage différent:

On avoue que les Évêques ont droit de juger de la doctrine, mais on prétend que c'eft au magiftrat à décider fi les jugemens des Évêques, & des Conciles œcuméniques, ont tous les caracteres requis pour former des décifions dogmatiques & irréfragables de l'Églife univerfelle. On ne contefte point aux Évêques le miniftere de la parole, mais le magiftrat, dit-on, a le droit de leur impofer filence fur l'autorité des décrets qui établiffent la certitude des vérités qu'ils doivent enfeigner. Les Évêques ont l'adminiftration des chofes faintes ; mais le magiftrat a le droit de les diriger dans leurs fonctions, de leur marquer les circonftances dans lefquelles ils doivent accorder ou refufer les graces de l'Églife, le droit de les réformer & de les punir eux-mêmes, lorfqu'ils s'écartent des regles qu'il leur préfcrit : les Évêques peuvent lier & délier, frapper d'anathême, & accorder des difpenfes ; mais le magiftrat peut délier ce que l'Églife a lié, & peut lier ce que l'Églife a délié, en déclarant les anathêmes & les difpenfes nulles & abufives. Les Évêques peuvent faire des loix canoniques, approuver les inftituts religieux, recevoir les vœux de Religion, ériger des titres qui donnent droits aux fonctions fpirituelles, conférer ces titres, donner miffion pour exercer le miniftere eccléfiaftique. Mais qui donnera la fanction à ces loix canoniques? le magiftrat politique. Qui connoîtra en dernier reffort de la fainteté des inftituts religieux ? le magiftrat. Qui connoîtra de la validité des vœux en dernier reffort ? le magiftrat. Qui connoîtra de la validité des titres qui donnent droit aux bénéfices ? Qui connoîtra de la jurifdiction & des autres fonctions fpirituelles, attachées à ces bénéfices, des limites de leurs diftricts, du droit que les contendants ont à ces titres ? le magiftrat. Mais fi l'Évêque refufe de donner la miffion pour faire les fonctions fpirituelles ? Eh bien le magiftrat pourra intervenir, fur la plainte comme d'abus de la part de la partie qui fe croira léfée, ou de la part du miniftere public : il pourra donner miffion, à l'effet de prêcher, d'adminiftrer les facremens, &c. Mais fi le prêtre qui aura été commis, ne fe croyant pas fuffifamment autorifé par une pareille miffion, fur-tout contre la défenfe des fupérieurs eccléfiaftiques, refufe fon miniftere ?... Dans ce cas, il pourra être puni par le magiftrat comme *fchifmatique*. Mais le magiftrat qui n'eft pas plus infaillible que les Évêques, peut ufurper les droits du fanctuaire, il peut y introduire des miniftres qui en déshonorent la fainteté par la corruption de leurs mœurs, ou par la perverfité de leur doctrine ; il peut être furpris lui-même par les artifices de l'héréfie, la protéger ; forcer les miniftres à donner les chofes faintes aux chiens : quel moyen auront alors les pafteurs pour remédier au mal ? Se réuniront-ils dans un concile pour agir avec plus de concert ? Feront-ils des décrets, publieront-ils des inftructions pour préferver les fideles de la contagion des abus, & du poifon de l'héréfie ? Mais il fera au pouvoir du magiftrat de diffoudre ces affemblées, d'annuller leurs décrets, de fupprimer leurs inftructions. Pourront-ils du moins élever la voix ? non, fi le magiftrat veut leur fermer la bouche. L'Églife pourra donc alors frapper du bâton paftoral le magiftrat qui viole les droits du facerdoce ? point du tout : le magiftrat affis fur fon tribunal, fe trouvera au-deffus de tous les anathêmes de l'Églife.

Toute la jurifdiction du gouvernement de l'Église fe trouve donc ainfi entre les mains de la puiffance féculiere : voilà la fuprématie anglicane établie.

Les raifons dont ces Écrivains appuient leur fyftême, également puifées dans le fyftême anglican que nous venons d'expofer, font auffi pernicieufes que leurs maximes. L'Églife, difent-ils, eft un corps politique, comme tel il fait partie de la fociété civile, elle doit donc être foumife à la jurifdiction du fouverain. Tout ce qui peut influer fur cette fociété, doit reffortir aux tribunaux féculiers. Le Prince, comme protecteur de l'Églife, a droit d'en réformer les abus, de connoître des caufes eccléfiaftiques pour faire exécuter les canons, de publier des loix pour rétablir la difcipline. Comme protecteur de fes fujets, il doit les défendre des vexations que les pafteurs pourroient commettre dans l'exercice de leur miniftere ; comme chef de l'ordre publique, il doit maintenir fes fujets dans le droit qu'ils ont à la poffeffion des chofes fpirituelles ; il doit donc connoître de ces droits. Il eft l'Évêque du dehors ; par conféquent tout ce qui eft extérieur, eft de fon reffort. Il eft feul compétent pour connoître des faits ; il eft feul compétent pour prononcer fur le conflit de jurifdiction entre les deux Puiffances. Il a feul une véritable jurifdiction. Les Évêques ne l'exercent dans le for contentieux que par conceffion, & par conféquent qu'avec fubordination. Par ces principes, toute la puiffance fpirituelle du gouvernement eccléfiaftique fe retrouve entre les mains du Prince, avec cette feule différence que les Anglicans avouent de bonne foi que les matieres qui concernent la Religion, font des matieres fpirituelles, & qui competent au Prince comme chef de l'Églife, au lieu que les nouveaux Écrivains, mettent ces matieres au rang de matieres temporelles, ou des matieres mixtes, en tant qu'elles concernent l'extérieur de la Religion, ou qu'elles intéreffent néceffairement la fociété civile.

Diffipons à préfent les ténebres que l'on a tâché de répandre fur une matiere qui intéreffe fi effenciellement la Religion, & faisons voir dans cette troisieme Partie:

1°. Quelle est la nature de la puissance spirituelle, & en qui elle réside.

2°. Quelle est en particulier l'autorité du chef de l'Eglise.

3°. Quels sont les objets qui ressortissent au tribunal ecclésiastique.

4°. Quelle est la puissance de l'Église par rapport à la doctrine.

5°. Quelle est sa puissance par rapport à la discipline.

CHAPITRE PREMIER.

De la nature de la puissance spirituelle, & quelles sont les personnes en qui elle réside.

LA puissance temporelle est celle qui regle l'ordre civil, & la puissance spirituelle, celle qui regle l'ordre de la Religion.

L'Église est une société de personnes unies entre elles, par la profession d'une même foi, & par la communication aux mêmes sacremens, sous le gouvernement des premiers pasteurs, & sur-tout du Pape qui en est le chef.

On distingue dans cette société deux genres de puissances, la puissance d'ordre, qui consiste dans le pouvoir d'exercer les fonctions sacerdotales, & la puissance de jurisdiction (a), qui regarde le pouvoir de lier & de délier : ce pouvoir se subdivise en jurisdiction sacramentelle qui s'exerce dans le tribunal de la pénitence, & en jurisdiction extérieure pour statuer sur

___

(a) On prend ici le terme de Jurisdiction dans le sens le plus étendu, c'est-à-dire, pour la puissance de gouvernement.

tout ce qui concerne la Religion, & pour infliger des peines fpirituelles ou pour les remettre. C'eft de cette derniere puiffance qu'il s'agit ici.

L'Églife étant une fociété vifible, il eft évident qu'il doit y avoir une autorité fuprême pour la gouverner. Nous avons démontré qu'une pareille autorité étoit néceffaire à toute fociété (*a*), & il n'y a prefque aucun hérétique qui ait ofé contefter cette maxime. Mais à qui appartient cette autorité? C'eft ici que les Novateurs commencent à s'égarer. Les Anglicans la regardent comme un droit de la couronne. De nouveaux Docteurs, fans ofer défavouer qu'elle appartient à l'Églife, la fubordonnent cependant au tribunal du Prince. Il faut nous appliquer d'abord à combattre les uns & les autres, en établiffant cette vérité fondamentale, que l'Églife a une puiffance fpirituelle qui lui eft propre, & qui eft indépendante de toute autre puiffance, dans l'ordre de la Religion.

Nous examinerons enfuite quelles font dans l'Églife les perfonnes à qui appartient cette puiffance. Nous avons dit que Marfille de Padoue en attribuoit la propriété au corps des fideles, & l'exercice feulement aux pafteurs. Richer eft tombé dans la même erreur. Nous prouverons contre l'un & l'autre, que cette puiffance ne réfide dans le corps des fideles, ni quant à l'exercice, ni quant à la propriété.

Tiers & Travers ont prétendu qu'elle appartenoit indiftinctement aux pafteurs du premier & du fecond ordre: nous montrerons qu'elle n'a été donnée en pleine fouveraineté, qu'à l'épifcopat.

(*a*) V. ci-dev. part. I, ch. I, max. I.

§. I.

Dieu a donné à l'Église une puissance spirituelle dans l'ordre de la Religion, & qui est distincte & indépendante de la puissance temporelle. Cette vérité est de foi.

INdépendance de l'Église dans le gouvernement spirituel, prouvée par les Écritures. 1º. Une puissance immédiatement émanée de Dieu, est de sa nature indépendante de toute autre puissance qui n'a point reçu de mission dans l'ordre des choses qui sont de la compétence de la premiere. Or telle est la puissance de l'Église. J. C. envoyé de son Pere avec une pleine autorité, pour former un nouveau peuple, a commandé en maître en tout ce qui concernoit sa Religion. Quoiqu'il fût soumis aux Empereurs dans l'ordre civil ; quoiqu'il leur payât le tribut comme simple sujet ; il a exercé le pouvoir de sa mission avec une entiere indépendance des magistrats & des princes de la terre. Avant de quitter le monde, il a transmis son pouvoir, non aux Princes ; (pas un mot dans l'Écriture-Sainte qui puisse nous le faire soupçonner) mais à ses Apôtres. *Je vous donnerai, leur dit-il, les clefs du ciel. Tout ce que vous lierez sur la terre, sera lié dans le ciel ; & tout ce que vous délierez sur la terre, sera aussi délié dans le ciel* (a). *Je vous envoie comme mon pere m'a envoyé* (b). *Vous êtes pierre, & sur cette pierre je bâtirai mon Église* (c). Et ailleurs : *Paissez mes agneaux, paissez mes brebis* (d). Or le pouvoir de paître, de lier & de délier, est un pouvoir de gouvernement dans l'ordre de la Religion. Le pasteur paît les brebis lorsqu'il instruit, qu'il juge, qu'il administre les choses saintes. Il lie, lorsqu'il

---

(a) Matth. XVI, 19. — (c) Matth. XVI, 18.
Ib. XVIII, 18. (d) Joan. XXI, 15, 17.
(b) Joan. XX, 21.

commande, ou qu'il défend ; il délie lorsqu'il pardonne ou qu'il dispense.

Après sa Résurrection, J. C. apparoissant à ses Apôtres, ratifie d'une maniere plus encore solemnelle la mission qu'il leur a donnée ; il leur commande *d'enseigner les nations & de les baptiser ;* il leur déclare en même-tems que toute puissance lui a été donnée dans le ciel & sur la terre, & qu'il sera avec eux tous les jours jusqu'à la consommation des siecles. *Data est mihi omnis potestas in cœlo & in terra. Euntes ergo docete omnes gentes, baptisantes eos in nomine Patris & Filii & Spiritûs Sancti ; docentes eos servare omnia quæcumque mandavi vobis. Et ecce ego vobiscum sum omnibus diebus, usque ad consummationem sæculi* (a). S. Paul, dans l'énumération qu'il fait des ministres destinés à l'édification du corps mystique de J. C., compte des Apôtres, des Prophetes, des Évangélistes, des Pasteurs, des Docteurs (9) ; nulle part il ne fait mention des Puissances du siecle. Il fait souvenir aux Évêques assemblés à Milet, qu'ils ont été appellés, non par l'autorité des Princes, mais par la mission de l'Esprit-Saint, pour gouverner l'Église de Dieu. *Attendite vobis & universo gregi in quo vos Spiritus Sanctus posuit Episcopos regere ecclesiam Dei* (b). Il s'annonce lui-même, non comme l'envoyé des Rois de la terre, mais comme l'ambassadeur de J. C., agissant & parlant en son nom, & revêtu de la puissance du Très-Haut. *Pro Christo legatione fungimur* (c).

Or, si la puissance spirituelle a été donnée immédiatement par J. C. à ses Apôtres, si elle n'a été donnée qu'à eux, elle est indépendante, elle est distincte de la puissance des Princes.

Mais, dira-t-on, quoique l'autorité paternelle appartienne au droit naturel, n'est-elle pas cependant subordonnée à celle du souverain ? Oui, sans doute ; mais pourquoi ? Parce que les familles, ainsi que leurs

---

(a) *Matth.* XVIII, 18, 19, 20. (b) *Act.* XX, 28. (c) *II. Cor.* V, 20.

chefs, faifant partie de la fociété civile, font fubordonnés les uns & les autres, par le droit naturel, à celui qui a reçu l'autorité fuprême dans le même ordre de gouvernement. Autorité qui étant de droit public, & regardant le bien général, met, à cet égard, la puiffance paternelle, & le bien particulier des familles entre les mains du fouverain : mais il n'en eft pas de même de la puiffance eccléfiaftique. L'Églife, confidérée comme telle, quoique dans la fociété, quoique foumife par devoir, aux loix du Prince, en ce qui regarde directement le gouvernement temporel, eft pourtant d'un ordre différent. Elle ne forme point une fociété particuliere par rapport à l'État, puifqu'elle ne fait qu'un feul corps avec tous les Catholiques qui font dans le monde. Elle n'eft donc point fubordonnée, ni par fon inftitution, ni par fa nature, à la puiffance civile.

J. C. diftingue lui-même expreffément les deux Puiffances, en ordonnant de rendre à Céfar ce qui appartient à Céfar, & à Dieu ce qui appartient à Dieu. S'il honore la magiftrature dans la perfonne d'un juge même inique ; s'il reconnoît que la puiffance de ce juge lui a été donnée de Dieu (a), il parle auffi avec toute l'autorité d'un maître fouverain, lorfqu'il exerce les fonctions de l'apoftolat. Il déclare que quiconque *ne croit* pas en lui *eft déja jugé* (b). Il dit à fes Difciples, en leur donnant fa miffion : *celui qui vous écoute m'écoute, & celui qui vous méprife me méprife* (c). *Quiconque n'écoute pas l'Églife, qu'il foit regardé comme un payen & un publicain* (d). Bien loin d'appeller les Empereurs au gouvernement de cette Églife, il prédit qu'ils en feront les perfécuteurs ; il exhorte fes Difciples à s'armer de force & de courage, pour fouffrir la perfécution & à fe réjouir d'être maltraités pour l'amour de lui (e).

Indé-

(a) *Matth.* XXI, 7.
(b) *Joan.* III, 18.
(c) *Luc.* X, 16.
(d) *Matth.* XVIII, 17.
(e) *Luc.* VI, 22, 23.

Indépendance de l'Église, prouvée par la Tradition.
2°. La puissance que J. C. a donnée à ses Apôtres, se confirme par l'autorité que les Apôtres ont exercée. Ils enseignent, ils définissent les points de doctrine ; ils statuent sur tout ce qui concerne la Religion ; ils instituent des ministres ; ils punissent les pécheurs obstinés ; ils transmettent à leurs successeurs la mission qu'ils ont reçue. Ceux-ci exercent le même pouvoir, avec la même indépendance, comme nous le prouverons bientôt en détail, sans que les Empereurs interviennent jamais dans le gouvernement ecclésiastique. Or, comme l'Église n'a acquis aucun droit sur le temporel des Rois, en les recevant au nombre de ses enfans ; elle n'a aussi rien perdu de sa puissance : ses pouvoirs sont inaliénables & imprescriptibles, parce qu'ils sont essenciels à son gouvernement (*a*), & fondés sur l'institution divine. Elle doit donc les exercer dans tous les tems, avec la même indépendance.

Grotius ne fait qu'éluder la question, au lieu de répondre à la preuve, en disant que les Empereurs payens méprisoient trop les Chrétiens pour se mêler de leur Religion. Car je lui demande d'abord si les Apôtres avoient reçu mission de J. C. pour gouverner l'Église. S'ils ont agi sans mission, il n'y a point d'Église, puisqu'elle n'a pu ni se former, ni se perpétuer, qu'en vertu d'une autorité légitime, &, dans ce cas, les Apôtres, & les Évêques après eux, au lieu d'exercer un ministere saint, se sont arrogé une domination odieuse, en usurpant les droits du souverain. S'ils ont agi au contraire avec mission, ils ne peuvent l'avoir reçue immédiatement que de J. C., & j'ai déja observé que toute puissance immédiatement émanée de Dieu, étoit indépendante des hommes.

Secondement. En supposant que les Empereurs payens eussent entrepris de connoître des matieres de la Religion, de prescrire des regles touchant le service di-

___
(*a*) V. ci-devant part. 1, ch. 1, max. 8.

vin & l'adminiftration des facremens, de porter des jugemens dogmatiques, ou de déterminer le caractere de ces jugemens, de fixer la mefure de foumiffion que nous leur devons ; en fuppofant qu'ils euffent entrepris de donner miffion aux pafteurs, pour difpenfer les graces de l'Église, pour prêcher, pour adminiftrer les facremens ; qu'ils euffent voulu introduire des miniftres dans le fanctuaire, les affujettir à leur commandement, les obliger à lier ou à délier, fuivant la volonté du magiftrat politique ; en fuppofant qu'ils fe fuffent oppofés à l'exécution du réglement que firent les Apôtres dans le Concile de Jérufalem ; n'euffent-ils pas outre-paffé leurs pouvoirs ? Eut-il été permis d'appeller aux tribunaux féculiers des jugemens & de l'adminiftration fpirituelle des Apôtres ? Les fideles fe fuffent-ils rendus coupables en obéiffant aux Apôtres fur les objets de la Religion, préférablement à ces Princes infideles ? Héfiter fur la réponfe, ce feroit renoncer à la Foi. L'autorité de l'apoftolat étoit donc à cet égard indépendante de celle du Prince.

Il eft faux enfin que les Empereurs payens ne fe foient point mêlés du gouvernement de l'Eglife. Ils n'entroient pas, à la vérité, dans le détail de fon adminiftration ; mais ils profcrivoient fon culte, ils prohiboient les affemblées de Religion, la célébration des faints Myfteres, la profeffion publique de la Foi, la prédication de l'Évangile : falloit-il leur obéir ? Dans la fuite, lorfque les Empereurs chrétiens embraffoient la caufe de l'erreur ; lorfqu'ils faifoient des édits en faveur des héréfies ; lorfqu'ils réprouvoient les décifions des Conciles œcuméniques ; lorfqu'ils vouloient faire adopter les décrets des conciliabules ; lorfqu'ils faifoient dépofer les Athanafe, pour leur fubftituer les fectateurs d'Arius ; lorfqu'ils vouloient réformer la difcipline : étoit-ce un crime de leur défobéir ? Non, fans doute, répondra le Proteftant. Pourquoi donc ? parce que la volonté des Empereurs étoit contraire à la faine doctrine & au bien de l'Église. Mais fur quoi le peuple pourra-t-il juger de la doctrine, & de l'utilité des réglemens eccléfiaftiques ? Comment pourra-t-il en juger avec cette certitude pratique, qui forme la regle de fa conduite, fi ce n'eft par l'autorité (*a*) ? Donc fi cette autorité fe trouvoit du côté des Empereurs, le peuple auroit dû leur obéir. C'eft une maxime que l'injuftice évidente qui autorife la défobéiffance, eft très-rare (*b*). Les Chrétiens ne pouvoient avoir par eux-mêmes une pareille évidence fur la plupart de tous ces objets ; cependant l'autorité du Prince, qu'on fuppofe préfider au gouvernement de l'Églife, parloit en faveur de l'erreur, & pour la deftruction de l'Églife-même. Les fideles devoient donc alors obéir au Prince, & non aux pafteurs ; ou bien ils devoient du moins fe rendre juges de l'autorité, pour fe déterminer fur l'examen qu'ils feroient de la juftice des loix & des volontés du Prince. Mais vouloir juger l'autorité, c'eft renverfer l'ordre du gouvernement (*c*) ; c'eft porter en derniere analyfe toutes les caufes eccléfiaftiques & civiles au tribunal de l'efprit particulier ; & dès-lors plus de fubordination, plus de gouvernement, parce qu'il n'y aura plus d'autorité qui décide en dernier reffort, ainfi que je l'ai démontré (*d*), & que je le prouverai encore plus particuliérement dans la fuite.

Indépendance de l'Églife prouvée par les Peres.
3°. Ajoutons à cela le témoignage des Peres. „ Il eft „ néceffaire de ne rien faire fans l'Évêque, difoit St. „ Ignace Martyr, il faut le révérer comme l'image du „ Pere.... Quiconque appartient à Dieu & à J. C. „ demeure uni à fon Évêque.... Suivez tous l'Évêque, „ comme J. C. a fuivi fon Pere. Que perfonne ne „ faffe rien fans l'Évêque, en tout ce qui concerne l'É„ glife. Qu'on regarde comme légitime, l'Euchariftie „ qui eft adminiftrée par l'Évêque ou par fa permif„ fion.... Quelques-uns nomment encore leur Évêque, „ mais ils font tout fans lui. Ces gens-là ne paroif-

_____

(*a*) V. ci-devant part. I, ch. I, max. I.
(*b*) V. ci-devant part. I, ch. 3, max. 4.
(*c*) V. ci-devant part. I, ch. I, max. 9, 10.
(*d*) V. ci-devant part. I, ch. I, max 9.

» fent pas avoir une bonne confcience (10). » Grotius eut dit au contraire avec les Anglicans : Que l'Évêque fe foumette lui-même aux Empereurs, en ce qui concerne l'Églife : & que les fideles leur obéiffent préférablement à l'Évêque.

S. Athanafe rapporte avec éloge ces belles paroles d'Ofius à Conftance : » Ne vous mêlez pas des affaires » eccléfiaftiques, ne commandez point fur ces matieres, » mais apprenez plutôt de nous ce que vous devez fa- » voir. Dieu vous a confié l'Empire ; & à nous, ce qui » regarde l'Églife. Comme celui qui entreprend fur » votre gouvernement, viole la loi divine ; craignez » auffi, à votre tour, qu'en vous arrogeant la connoif- » fance des affaires de l'Églife, vous ne vous rendiez » coupable d'un grand crime. Il eft écrit : *Rendez à Cé-* » *far, ce qui eft à Céfar ; & à Dieu, ce qui eft à Dieu.* » Il ne nous eft pas permis d'ufurper l'empire de la » terre ; ni à vous, Seigneur, de vous attribuer aucun » pouvoir fur les chofes faintes (11). » Pourroit-on établir d'une maniere plus précife la diftinction & l'indépendance des deux Puiffances ? Le Prince n'a pas plus de jurifdiction fur les matieres fpirituelles que l'Églife fur la fociété civile. Les Évêques ne lui font donc point fubordonnés dans l'exercice de leurs fonctions.

Écoutons parler S. Athanafe lui-même. » Quel eft » le canon, dit-il, qui ordonne aux foldats d'enva- » hir les églifes, aux comtes d'adminiftrer les affaires » eccléfiaftiques, & de publier les jugemens des Évê- » ques en vertu des édits ? ... Quant eft-ce qu'un » décret de l'Églife a reçu de l'Empereur fon auto- » rité ? Il y a eu jufqu'à préfent plufieurs Conciles, » plufieurs définitions de l'Églife : & jamais les Peres » n'ont rien confeillé de pareil à l'Empereur : jamais » l'Empereur ne s'eft mêlé de ce qui regardoit l'Églife. » C'eft un nouveau fpectacle que donne au monde » l'héréfie d'Arius. Conftance évoque à lui dans fon » palais, la connoiffance des caufes eccléfiaftiques, & » préfide lui-même au jugement.... Qui eft-ce qui » en le voyant commander aux Évêques, & préfider

» aux jugemens de l'Église, ne croira voir, avec
» raison, l'abomination de la désolation dans le lieu
» saint (12) ? » Point du tout, eussent ici répondu les
partisans de la Suprématie. L'Empereur ne fait qu'exercer une jurisdiction légitime : la puissance des Évêques n'est qu'un pouvoir dépendant. C'étoit par foiblesse, par erreur, ou par indifférence que les Princes avoient abandonné aux Pontifes le gouvernement de l'Église. C'est par préjugé que ceux-ci ont prétendu à l'indépendance. Les Conciles & les Peres ont ignoré jusqu'aujourd'hui les bornes de leur autorité, & les droits du souverain. Celui-ci doit gouverner, & vous devez obéir. C'est donc ce même Athanase, que l'Église avoit regardé comme une des colonnes de la vérité, qui foule aux pieds l'Évangile, qui insulte aux Empereurs, qui tente de le dépouiller de sa couronne, & qui invite tous les Évêques à la rebellion.

Le Concile de Sardique statue » qu'on priera l'Em-
» pereur d'ordonner qu'aucun juge n'entreprenne sur
» les affaires ecclésiastiques, parce qu'ils ne doivent
» connoître que des affaires temporelles. » Ce sont les paroles rapportées par Dupuy (a). S. Hilaire se plaint à Constance des entreprises de ses juges, & leur reproche de vouloir connoître des affaires ecclésiastiques, eux à qui il ne doit être permis de se mêler que des affaires civiles (13).

S. Cyrille de Jérusalem enseigne qu'on voit aujourd'hui le veau & le lion paître ensemble, suivant la prophétie d'Isaïe, c'est-à-dire, l'Église instruire & commander aux Rois (14) dans l'ordre de la Religion.

» La loi de J. C. vous a soumis à moi, disoit S.
» Grégoire de Nazianze, en s'adressant aux Empereurs
» & aux Préfets : car nous exerçons aussi un empire
» beaucoup au-dessus du vôtre.... » Et ailleurs : » Vous
» qui n'êtes que de simples brebis, ne transgressez pas
» les limites qui vous sont prescrites. Ce n'est pas à

_____

(a) Jurisdiction crimin. part. 1. ch. 19, inséré dans les Lib. Gall. tom. 1, p. 21, édit. 1731.

» vous à paître les pasteurs ; c'est assez qu'on vous
» paisse bien. Juges, ne prescrivez pas des loix aux
» législateurs. On risque à devancer le guide qu'on
» doit suivre ; & on enfreint l'obéissance qui, comme une
» lumiere salutaire, protege & conserve également les
» choses de la terre & celles du ciel (15). » Quel est
donc cet empire des Évêques, cet empire auquel les
Empereurs sont obligés d'obéir, si les Empereurs doivent juger eux-mêmes, en dernier ressort, des matieres ecclésiastiques ? Car alors ne sera-ce pas plutôt à l'Évêque à obéir, qu'au magistrat ?

» Sur les affaires qui concernent la foi ou l'ordre
» ecclésiastique, c'est à l'Évêque à juger, disoit S. Am-
» broise, en citant le rescrit de Valentinien. L'Empereur
» est dans l'Église & non pas au-dessus (16). » Mais,
selon nos adversaires, c'est au contraire au magistrat
politique à statuer. L'Empereur est non-seulement dans
l'Église, mais au-dessus d'elle, puisqu'il a le droit de
lui commander.

Les Donatistes appellent à Constantin du jugement des
Évêques. Mais » le pieux Empereur n'ose juger après
» les Évêques de Rome, (ce sont les paroles de S.
» Augustin,) & s'il cede enfin à leur importunité, il
» en demande pardon aux saints Pontifes (17). » Or,
si Constantin avoit eu une supériorité de jurisdiction,
cet acte respectueux de sa part à l'égard des Évêques,
eut été aussi extraordinaire que le pardon que demanderoit le Roi aux magistrats, pour avoir osé prendre
connoissance de leurs jugemens sur l'appel des parties.

L'antiquité a toujours applaudi à cette fermeté d'un
illustre Pontife (*a*) qui, dans une assemblée d'Évêques
où Constance se mêloit de régler la discipline de l'Église, rompit enfin le silence par ces paroles : *Miror
qui fit ut aliis curandis destinatus, alia tractes ; qui
cùm rei militari & reipublicæ præsis, episcopis ea præscribas, quæ ad solos pertinent episcopos* (*b*). » Je suis

---

(*a*) Léonce, Évêque de Tripoli, dans la Lydie.

(*b*) Paroles rapportées par Suidas.

„ furpris que vous, qui êtes prépofé au gouvernement de
„ la république, vous entrepreniez de prefcrire aux
„ Évêques ce qui n'eft que de leur reffort. „

„ *Ce monde*, dit S. Gelafe, en s'adreffant à l'Em-
„ pereur Anaftafe, *eft gouverné par deux principales*
„ *Puiffances, celle des Pontifes, & celle des Rois.*
„ L'une & l'autre, ajoute M. Boffuet, en rapportant
„ les paroles de ce Pape, l'une & l'autre eft princi-
„ pale, fouveraine & fans dépendance mutuelle pour
„ les chofes de fon reffort. *Vous favez, mon très-*
„ *cher fils*, continue ce Pape, *qu'encore que votre*
„ *dignité vous éleve au-deffus des autres hommes, ce-*
„ *pendant vous vous humiliez devant les Évêques qui*
„ *ont l'adminiftration des chofes divines, & vous vous*
„ *adreffez à eux, pour qu'ils vous conduifent dans la*
„ *voie du falut. Bien loin de leur commander dans ce*
„ *qui concerne la Religion, vous favez que c'eft à vous*
„ *à leur obéir, à recevoir d'eux les facremens, & à*
„ *leur laiffer le foin de les adminiftrer de la maniere*
„ *qui convient. Vous favez, dis-je, que dans tout cela,*
„ *ils ont droit de vous juger, & que vous auriez tort*
„ *par conféquent, de vouloir les affujettir à vos volon-*
„ *tés. Car, fi les miniftres de la Religion obéiffent à*
„ *vos loix dans l'ordre politique & temporel, parce*
„ *qu'ils favent que vous avez reçu d'en Haut, votre*
„ *puiffance;... avec quel zele, je vous prie, avec quelle*
„ *affection, devez-vous leur obéir dans les chofes de la*
„ *Religion, puifqu'ils font chargés de diftribuer nos*
„ *redoutables myfteres?* „

M. Boffuet continuant à commenter ce texte, pour
prouver l'indépendance des Rois quant au temporel,
prouve, en même-tems, leur dépendance à l'égard des
Évêques en matiere eccléfiaftique. „ J'avoue, ajoute-
„ t-il, que le Pape Gelafe repréfente toujours la puif-
„ fance pontificale, comme étant d'un ordre plus re-
„ levé; parce qu'en effet fes fonctions font plus au-
„ guftes & toutes céleftes: mais, quoique la puiffance
„ temporelle foit d'un ordre inférieur, il ne l'affu-
„ jettit pas, par rapport aux chofes qui font de fon

» ressort, à la puissance des Pontifes : il exprime dis-
» tinctement & précisément en quoi les Empereurs leur
» sont soumis : ce n'est que dans l'administration des
» sacremens ; & sur ce point le Pontife est incontesta-
» blement juge de l'Empereur. *Vous savez*, dit-il, *que
» dans tout cela ils ont droit de vous juger*. L'ordre
» entre les deux Puissances ne consiste donc pas en ce
» que celle qui est d'un rang plus excellent, s'attribue
» l'autorité & des droits sur l'autre : mais en ce qu'é-
» tant également souveraines, elles se rendent mutuel-
» lement l'obéissance dans les choses qui sont de leur
» ressort. Le Pape Symmaque dit la même chose dans
» son Apologie au même Empereur Anastase. *L'Em-
» pereur*, dit-il, *prend soin des choses temporelles,
» & le Pontife des spirituelles. Vous réglez les affaires
» de la terre, & le Pontife dispose des choses divines.
» Ce pourquoi sa dignité est égale, & pour ne pas dire
» supérieure, à celle de l'Empereur*. Ce Pape, sans
» être contredit par aucun chrétien, auroit pu dire,
» que la dignité des Pontifes est supérieure à celle des
» Rois, comme étant d'un ordre plus relevé, plus su-
» blime, plus excellent : mais aussi, d'un autre côté,
» il a raison de ne la dire qu'égale ; parce qu'en effet
» les deux Puissances sont également souveraines &
» absolues, l'une dans les choses divines, l'autre dans
» les temporelles. Voilà comment les Papes parloient
» autrefois à un Empereur orgueilleux, qui vouloit
» décider en maître des affaires ecclésiastiques, & con-
» server, ou faire remettre, par son autorité, dans
» les sacrés dyptiques, le nom d'Acace, si justement
» frappé d'anathême. ... En un mot, les Peres s'ac-
» cordent à dire que la divine sagesse a distingué les
» deux Puissances, en donnant à chacune un district
» & un ressort particulier, dans lequel elles ne sont
» assujetties qu'à Dieu seul (18). »

C'est ainsi que deux grands Papes distinguoient la puissance spirituelle de la puissance temporelle, en leur marquant les matieres qui étoient de leur ressort, & sur lesquelles chacune d'elles devoit prononcer avec une égale autorité. C'est ainsi que l'illustre Prélat que nous venons de citer, dans ce même ouvrage consacré à défendre les droits de la couronne, bien loin d'attribuer aux Princes aucune jurisdiction sur le gouvernement ecclésiastique, enseigne expressément que l'Église jouit, à cet égard, de la même puissance dans son ressort, que le Prince dans le gouvernement civil, sans aucune dépendance mutuelle : il déclare même, que c'est une vérité généralement reconnue, *que la dignité des Pontifes, est supérieure à celle des Rois, comme étant d'un ordre plus relevé, plus sublime, plus excellent, quoique celle des Rois soit également indépendante.*

Selon S. Jean Damascene, ce n'est pas au Roi à statuer sur les objets de la Religion. *His de rebus* (ecclésiasticis) *statuere ac decernere non ad Reges pertinet* (a) : & ailleurs : *Prince, nous vous obéissons dans ce qui concerne l'ordre civil, comme nous obéissons à nos pasteurs sur les matieres ecclésiastiques* (19).

Comme il ne nous est pas permis de porter nos regards dans l'intérieur de votre palais, disoit Grégoire II à Léon Isaurien, *vous n'avez pas aussi le droit de vous mêler des affaires de l'Église.*

Les Évêques catholiques tiennent le même langage à Léon l'Arménien qui les avoit assemblés en Orient, au sujet du culte des images (20).

Nicolas I, dans sa lettre à l'Empereur Michel, marque expressément les fonctions que Dieu a prescrites aux deux Puissances : aux Rois, l'administration du temporel ; aux Évêques, l'administration des choses spirituelles (21) : " Si l'Empereur est catholique, il
" est l'enfant, & non pas le prélat de l'Église, dit
" le canon ; *si Imperator.* Qu'il ne se rende donc pas
" coupable d'ingratitude par ses usurpations, contre la
" défense de la loi divine ; car c'est aux Pontifes, non
" aux Puissances du siecle, que Dieu a attribué le
" pouvoir de régler le gouvernement de l'Église (22).

_____

(*a*) *Damasc. orat. primâ de imagin, circa fin.*

Le Concile de Sens tenu fous le Cardinal du Prat, en profcrivant les erreurs de Marfille de Padoue, déclare que l'Église *a reçu, non des Princes, mais du droit divin, la puiffance de porter des loix relatives au falut des fideles, & de réprimer les contumaces par la peine des cenfures* (23).

On pourroit ajouter ici les autorités de plufieurs théologiens rapportés dans les Libertés de l'Église Gallicane (*a*).

Indépendance de l'Église prouvée par les loix des Princes & par le témoignage des magiftrats. 4°. Les loix des Princes catholiques font conformes à la doctrine des Peres. Valentinien III, enfeigne qu'il n'eft pas permis de porter devant les tribunaux féculiers, les caufes qui concernent la Religion (24). Quelque habile que fut ce Prince dans la fcience du gouvernement, il n'ofe toucher à ces objets facrés, qu'il reconnoît être au-deffus de lui (25). Les Empereurs Honorius & Bafile renvoient aux Évêques les matieres eccléfiaftiques, & déclarent qu'étant eux-mêmes du nombre des ouailles, ils ne doivent fur cela avoir en partage que la docilité des brebis (26). L'Empereur Juftinien fe borne à expofer au fouverain Pontife ce qu'il croit utile au bien de l'Église, & lui en laiffe la décifion, proteftant qu'il veut *conferver l'unité avec le S. Siege*. (27). Rien de plus précis que cette loi de Juftinien fur l'origine & la diftinction des deux Puiffances. " Dieu a confié
" aux hommes le facerdoce & l'empire ; le facerdoce
" pour adminiftrer les chofes divines, l'empire pour
" préfider au gouvernement civil, l'un & l'autre pro-
" cédant de la même fource. " *Maxima quidem hominibus funt dona Dei a fupernâ collata Clementiâ, facerdotium & imperium : & illud quidem divinis miniftrans, hoc autem humanis præfidens ac diligentiam exhibens : ex uno eodemque principio utraque procedentia, humanam exornant vitam* (*b*).

(*a*) Preuv. des Lib. de l'Égl. Gall. tom. 2, édit. 1751.

(*b*) *Auth*. Quomodo oport. Epifcopos, *in princ. coll. I.*

Nos Rois ne se sont pas expliqué d'une maniere moins précise. Quelque attentif que soit Philippe le Bel à maintenir les droits de sa couronne, il les renferme dans l'ordre des choses temporelles : *Scias nos in temporalibus alicui non subesse* (a) : il refuse le privilege que lui offre Boniface VIII de nommer aux évêchés, & il allegue pour raison, qu'il ne veut point exposer son salut, en se chargeant de donner des pasteurs aux Églises. Ce soin étoit donc étranger aux droits de la souveraineté. *Gratias agimus tibi, de his quæ in periculum animarum nostrarum imperasti, videlicet ut ecclesiis provideamus* (b). François I (28), Henri III dans l'édit de Melun (29) ; Henri IV dans celui de 1608 (30) ; Louis XIII dans celui de 1610, & dans l'ordonnance de 1629 (31) ; Louis XIV dans l'édit de 1695 (32), défendent aux juges séculiers de prendre connoissance des matieres spirituelles.

On connoît le fameux arrêt du Parlement de Paris rendu le 14 août 1385, au nom de Charles VI. Il enseigne que » Dieu a institué deux jurisdictions distinctes » & séparées, procédant d'un seul & même principe, » celle du sacerdoce & celle de l'empire : » & ensuite de cette maxime, le Roi déclare que » ne reconnoissant point » de supérieur sur la terre, sa jurisdiction temporelle » ne peut aucunement être subordonnée à la jurisdic- » tion spirituelle (33). » On voit qu'en bornant ses droits à l'exercice de la puissance civile, le Prince laisse à la puissance spirituelle sa supériorité & son indépendance dans le gouvernement ecclésiastique.

Le même Parlement ayant proscrit une these, qui attribuoit au Pape le souverain domaine sur le temporel des Rois, les commissaires qui avoient été députés pour faire exécuter l'arrêt du Parlement, se rendirent à la maison de Sorbonne, & là, exposant devant la faculté assemblée, les droits inviolables de la souveraineté, ils

---

(a) Phil. pulchr. Epist. ad Bonif. VIII. Proem. §. Quædam nobis verb. optimus.
(b) Apud Rebuf. in concord.

marquerent exactement en ces termes les fonctions & l'indépendance du pouvoir sacerdotal, & du pouvoir monarchique : " De deux Puissances ordonnées de Dieu
" pour le salut des hommes & la tranquillité publique,
" l'une regarde le spirituel, l'autre le temporel : &
" combien qu'elles fraternissent & s'entraident mutuel-
" lement ; que l'une soit nécessaire à l'autre, & que
" ceux qui en ont le gouvernement soient appellés du
" même nom, *ministres de Dieu* ; toutes fois leurs fonc-
" tions sont tellement différentes, que si elles étoient
" confuses, il s'ensuivroit confusion universelle en l'É-
" tat ecclésiastique & politique.... Il faut donc recon-
" noître que les Apôtres ont laissé à leurs successeurs,
" la puissance qu'ils avoient, & qui est le soin des
" Églises, non pas la domination temporelle, sur le
" temporel des Rois (*a*). "

" Suivant les principes invariables qui sont conte-
" nus dans les loix du royaume, est-il dit dans un
" arrêt du conseil rendu le 24 mai 1766, il est incon-
" testable que l'Église a reçu de Dieu-même une vé-
" ritable autorité qui n'est subordonnée à aucune autre,
" dans l'ordre des choses spirituelles, ayant le salut
" pour objet. Que d'un autre côté, la puissance tem-
" porelle, émanée immédiatement de Dieu, ne relève
" que de lui seul, & ne dépend ni directement ni in-
" directement d'aucune autre puissance qui soit sur la
" terre (*b*). "

Indépendance de l'Église, prouvée par le témoignage des docteurs & des jurisconsultes. 5°. Tous ceux qui ont écrit pour la défense des droits de la couronne, & M. Bossuet se fondent sur l'institution des deux Puissances souveraines & indépendantes, comme étant émanées immédiatement de Dieu. L'illustre Prélat emploie une partie de l'ouvrage qu'il a composé sur cette matiere (*c*), à prouver cette maxime. Il en fait le sujet

---

(*a*). V. le procès-verbal de la commission inséré dans le livre des Lib. Gall. tom. 1, p. 231, édit. 1731.

(*b*) V. le nouveau comm. des Lib. Gall. par M. Durand de Maillane, tom. 5, p. 155.

(*c*) *Défens. cleri gall.*

d'un chapitre entier sous ce titre : *Ambas Potestates ecclesiasticam & civilem in suo quamque ordine esse primas, ac sub uno Deo proximè collocatas Scripturis ac Patrum traditione demonstratur* (a). Il commence ce chapitre par ces termes : *Jam illud considerandum aggredimur.... ambas Potestates ecclesiasticam & civilem, ita esse divino numine constitutas, ut in suo genere & ordine unaquæque sub uno Deo proximè collocata, prima ac suprema sit.* Dans un autre endroit il s'exprime de la sorte : *Satis claruit duas quidem Potestates esse oportere : ecclesiasticam & civilem, distinctis officiis, quæ principales ac supremæ, & tamen sociæ : ac supremæ quidem suo quamque in officio, ne si ad unam omnia referantur, hæc vel onere victa collabescat, vel, ut Gelasius docuit, plus æquò extollatur utrâque potestate suffultus; conjunctâ tamen & amicæ, ne societas humana distrahatur* (b). J'ai déja cité les expressions du même prélat sur le texte du Pape Gelase. M. Duget même ne parle pas d'une maniere moins énergique (34).

La même maxime est supposée incontestable par les jurisconsultes les moins suspects d'avoir voulu favoriser la jurisdiction de l'Eglise au préjudice du souverain. *Il y a plus de trois cens ans*, disoit Fevret, *qu'un procureur-général du Parlement de Paris enseignoit de ces deux Puissances* (la temporelle & la spirituelle) *qu'elles étoient entiérement distinctes & séparées sans aucune dépendance réciproque* (35).

M. Talon, pour prévenir toute équivoque, distingue d'abord deux sortes de jurisdictions, la contentieuse, qui est exercée par l'official, & l'intérieure, qui est confiée au pénitencier ; & il ajoute que l'une & l'autre *sont dans l'Évêque comme dans leur source ; que l'Évêque a reçu l'une & l'autre du ciel* (c). Il enseigne dans un autre endroit qu'elles sont imprescriptibles,

---

(a) *Ib. part. 2, l. 5, cap. 31.*
(b) *Ib. part. 2, lib. 5, cap. 35.*
(c) Plaidoyer rapporté au 3me tom. des Mém. du Clergé, col. 532, 533.

étant d'*institution divine*, & que *c'est sur ces principes que sont fondées nos libertés* (a).

La distinction & l'indépendance des deux Puissances, l'une & l'autre immédiatement émanées de Dieu, avec tout le pouvoir qui convient à leur institution & à leur fin, sont expressément reconnues par Gilbert de Voisin (36). Elles le sont par les auteurs dont on a inséré les ouvrages dans le livre des Libertés Gallicanes, comme venant à l'appui de ces mêmes libertés.

Barclai, dans son Traité en faveur des droits de la Couronne contre Bellarmin, répète les principes de Bossuet, presque dans les mêmes termes (37). Milletot comprend également, dans la jurisdiction spirituelle, que l'Évêque a reçue de Dieu, la jurisdiction qui regarde le tribunal de la pénitence, & celle qui se rapporte au for extérieur (38).

Selon Colombet, *quoique la puissance ecclésiastique n'ait pas paru d'abord au dehors avec éclat, durant les premiers siecles, elle a toujours été reconnue par les Chrétiens* (39). Selon de Launay, *tout ce qui est spirituel & ecclésiastique, doit être gouverné par le jugement & par la puissance de l'Évêque, à qui Dieu a commis le soin de ses ames*, comme tout ce qui est temporel est du ressort de la puissance civile (40).

Perard Castel observe qu'il ne faut pas confondre avec une certaine *jurisdiction temporelle & accidentelle*, dont l'Église ne jouit que par concession, *la véritable jurisdiction spirituelle, qui lui appartient essenciellement & primitivement, pour son gouvernement intérieur & extérieur, & qui lui a été confirmée par J. C.* (41).

La maxime de Chopin est que la *puissance temporelle est toujours au-dessous de celle de l'Église, sur les matieres qui concernent la Religion* (42).

" Il y a, dit Loyseau, deux Puissances en ce monde,

___

(a) Autre plaidoyer rapporté au 6me. tom. des Mém. du Clergé, col. 477, 478. On ne trouve la même doctrine dans un autre plaidoyer en la cause de M. l'Évêq. de Noyon, rapporté au journ. des aud. ch. 5, p. 24.

DES DEUX PUISSANCES.

" par lesquelles il est gouverné, la spirituelle & la
" temporelle, Novelle 6. canon *Duo funt*. 96. dist. &
" §. *Item David* q. 7. Chacune d'elles a son objet sé-
" paré : *Ut Reges præsunt in causis sæculi, ita sacerdo-*
" *tes in causis Dei.* Chacun a son pouvoir direct : *Re-*
" *gum est corporalem exhibere pœnam ; sacerdotum spi-*
" *ritalem inferre vindiĉiam.* Bref chacun a son pouvoir à
" part (*a*)." Et encore : " Voilà la distinction de la puis-
" sance spirituelle & temporelle, qui infere bien que
" l'une n'exclud & ne produit pas l'autre ; même n'est
" pas supérieure de l'autre, mais que toutes deux sont
" ou souveraines ou subalternes, en droit soit, & en
" leur espece (*b*). "

Dargentré rapporte que la faculté de Théologie de Paris ayant été consultée en 1535 par François I, au sujet des douze articles des Prétendus-Réformés, répondit sur le premier article, que la puissance de l'Eglise qui avoit le Pape pour chef, & à laquelle *tous les fideles devoient la soumission, avoit été instituée par le droit divin* (43).

Le procureur-général de la Lorraine & du Barrois, interjettant appel en 1703, d'un bref de Clément XI, pose pour maxime, que *le sacerdoce & l'empire sont deux Puissances qui gouvernent le monde, indépendantes l'une de l'autre* (*c*).

Domat ne cesse d'inculquer, que Dieu ayant établi ses ministres dans l'ordre spirituel de la Religion, & les Rois dans l'ordre temporel de la police ; ces deux Puissances doivent se protéger mutuellement, & respecter les bornes que Dieu leur a prescrites ; en sorte que les Rois soient soumis à la puissance spirituelle, en ce qui regarde les matieres de la Religion, & les Evêques à celle des Rois, dans les matieres civiles (44).

" D'où il suit, ajoute-t-il, que comme les entreprises
" des puissances temporelles sur les fonctions spirituelles,
" sont des attentats qui blessent la Religion & l'ordre

(*a*) Loys. des Seign. ch. 15, n. 1.

(*b*) Ib. n. 14.

(*c*) V. son réquisitoire dans le nouveau comm. des Lib. Gall. tom. 4, p. 713.

„ de Dieu ; celle des ministres de la puissance spiri-
„ tuelle, sur les fonctions des puissances temporelles,
„ sont aussi des attentats qui, blessant le même ordre
„ de Dieu, blessent aussi la Religion (*a*). „

L'aveu de M. Dupuy doit avoir ici d'autant plus de poids, en faveur de la puissance ecclésiastique, qu'il s'est appliqué davantage à la déprimer. *Le second sujet de plainte*, contre les entreprises des Empereurs sur les objets de la Religion, *savoir: que ce qui regarde la Religion & les affaires de l'Église doit être examiné & décidé par les ecclésiastiques ; & non par les séculiers, est reconnu*, dit-il, *des deux partis*. Il apporte en preuve le Concile de Sardique, les paroles d'Osius & de S. Hilaire que j'ai citées ci-dessus (*b*). Et ailleurs: „ Comme
„ il y a deux sortes d'états dans le monde, celui des
„ ecclésiastiques ou des prêtres, & celui des séculiers ;
„ il y a aussi deux Puissances qui ont droit de faire
„ des loix, & de punir ceux qui les violent, l'ecclésias-
„ tique & la séculiere. Mais quoique leur autorité soit
„ distinguée, parce que les peines que l'une & l'autre
„ peuvent infliger sont différentes, elles ne doivent pas
„ néanmoins être séparées. Car les Rois sont naturel-
„ lement obligés d'employer leur autorité pour procu-
„ rer le culte du Roi des Rois.... De même les ecclé-
„ siastiques étant les membres d'un État, sont aussi
„ obligés, par la loi de Dieu, de contribuer de tout
„ leur pouvoir à y établir l'ordre & la paix (*c*). „
Il est évident que cette protection réciproque, qu'ils se doivent, ne leur donne point le droit de s'assujettir réciproquement dans l'exercice de leur jurisdiction (*d*) ; & qu'en se protégeant, il ne leur est pas permis de sortir de la subordination où elles sont sur les matieres qui concernent la puissance protégée, puisque les deux
Puis-

_____

(*a*) Dom. Droit publ. l. 1, tit. 19, sect. 2, n. 2.
(*b*) Dupuy, Jurisd. crimin. part. 1, ch. 10, inféré au livre des Lib. Gall. tom. 1, p. 21, édit. 1731.
(*c*) Ib. ch. 3.
(*d*) V. ci-ap. part. 4, c. 3, §.

Puissances sont totalement distinctes, & par conséquent souveraines & indépendantes dans leurs fonctions.

L'Église d'Allemagne, comme les autres Églises du monde chrétien, regarde la souveraineté de la puissance de l'Église en matiere de Religion, comme un des points fondamentaux du gouvernement ecclésiastique, & qui nous divise d'avec les Protestans (45).

Concluons donc, par cette maxime : *La puissance ecclésiastique est indépendante de la temporelle, & la temporelle est indépendante de l'ecclésiastique* (a). Maxime qu'un écrivain moderne regarde comme l'un des *fondemens de nos libertés*, & son témoignage est d'autant moins suspect qu'il ne semble avoir écrit que pour établir parmi nous la Suprématie anglicane, & pour faire revivre la haine des hérétiques contre le souverain Pontife (b).

Indépendance de l'Église, prouvée par son unité.
6°. J'oppose à nos adversaires le raisonnement même qu'ils emploient contre nous. La souveraine puissance, disent-ils, doit être une : il ne faut donc pas la diviser entre le Prince & l'Église. La souveraine puissance doit être une, sans doute, je l'ai prouvé ailleurs (c), & je ferai voir bientôt que la souveraineté de la puissance spirituelle ne blesse ni l'unité, ni l'indépendance de la puissance civile. Mais le royaume de J. C. sur la terre ne pouvant non plus être divisé, il doit y avoir unité dans le corps de l'Église, comme dans le corps de l'État ; unité qui ne consiste pas seulement dans l'union intérieure formée par la foi & la charité des membres qui la composent, comme le prétendent certains Protestans ; mais dans la subordination de ces membres à une autorité visible, qui préside à l'ordre de la Religion. Les Catholiques & plusieurs Protestans rendent également hommage à cette vérité (46). En effet,

---

(a) Hist. du Droit Can. ch. 10.
(b) On le reconnoît & par la doctrine de l'auteur & par l'affectation qu'il a eu de nous donner à la fin de son ouvrage la vie d'Alexandre VI.
(c) V. ci-devant part. I, ch. I, max. 12.

Tome II. Part. III,

il est démontré que, dans tout gouvernement, dans toute société, il faut non-seulement des loix, mais encore une autorité vivante & souveraine pour les faire exécuter ; autorité qui soit le centre de l'unité ; autorité qui ait le droit de commandement, & qui lie extérieurement tous les membres de la société en la soumettant à la puissance qui préside (*a*).

Que deviendroit en effet la nation, si, en se bornant à donner des loix, & à recommander en général l'amour du bien public & de la justice, on supprimoit le tribunal qui veille au maintien des loix ? Il faut donc, avec la foi & la charité, qui unissent intérieurement les membres de l'Église, il faut donc encore une autorité visible, qui veille au salut du peuple, qui enseigne, qui statue sur tout ce qui a rapport à la Religion, & sans laquelle la foi & la charité ne sauroient subsister ; autorité qui doit être une dans le gouvernement ecclésiastique, comme dans le gouvernement temporel. C'est en ce sens que tous les Peres de l'Église ont entendu le terme d'*unité* ; lorsqu'ils ont enseigné que se révolter contre le corps épiscopal, ou se séparer de la communion du S. Siege, c'étoit rompre l'unité, & perdre la charité qui ne pouvoit subsister hors de l'Église. C'est par rapport à cette unité extérieure qu'ils ont prouvé la nécessité d'un chef visible qui en est comme le centre, en vertu de l'autorité qu'il devoit exercer extérieurement dans l'Église universelle (*b*). C'est par rapport à cette unité que S. Cyprien regardoit l'Église Romaine, comme *l'Église principale, d'où dérivoit l'union sacerdotale* (*c*), de laquelle on ne pouvoit se séparer sans se rendre coupable de schisme & sans perdre la charité.

Or l'Église perdroit son unité, si elle étoit subordonnée à la puissance temporelle en matière de Religion. Car il se formeroit alors autant d'Églises iso-

---

(*a*) V. ci-devant part. 1, ch. cette 3me. part.
1, max. 1.   (*c*) S. Cypr. epist. ad Cor.
(*b*) V. ci-après, ch. 2, de neil.

DES DEUX PUISSANCES.

lées & indépendantes qu'il y auroit de peuples chrétiens; autant d'Églises même qu'il y auroit de royaumes où il existeroit des fideles. Le plus petit nombre dans un État, composeroit un corps d'Église soumis, en matiere de Religion, au Prince Mahométan ou idolâtre dans les États qui sont de la domination de ces Princes, & un corps qui seroit indépendant de l'Église universelle: un corps qui ne pourroit recevoir ni mission pour les fonctions épiscopales; ni loix, ni ordres particuliers que de lui-même, ou de son souverain: il y auroit autant de confessions de foi, autant de loix de discipline différentes qu'il y a de peuples différens. Les unes & les autres varieroient selon la volonté des Princes, & dès-lors, non-seulement plus d'unité, mais encore, plus de stabilité, plus de moyen de réunion, plus d'Église.

Il faut donc nécessairement que les Églises particulieres soient indépendantes de la puissance temporelle, sur les objets qui concernent la Religion, pour former toutes ensemble un seul & même corps, uni extérieurement par l'autorité du corps épiscopal, répandu dans les différentes parties du monde, & présidé par un chef; autorité qui forme une seule & même puissance; autorité qui gouverne, qui enseigne, qui donne mission, & dont l'empire s'étend par-tout le monde chrétien.

Les Luthériens ont si bien senti la nécessité de se soumettre à cette autorité pour éviter la confusion de l'anarchie, que quoique suivant leurs principes, chacun ait la liberté, de suivre son inspiration particuliere; ils enseignent pourtant qu'on est tellement lié par le jugement du consistoire, qu'il n'est pas permis de suivre son jugement particulier contre ce qui a été décidé; & que dans le cas où l'on ne croiroit pas devoir obéir, on devroit passer à une autre Église (a).

(a) Ex deductis principiis duo maximè fluunt. 1°. Pastores ejusmodi constitutionibus ecclesiasticis omninò ligari. 2°. Si rejectis pastoris rationibus consistorium decreverit admissionem, nihil amplius suo privato judicio potest indulgere, sed decreto consistoriali stare tenetur. Interim si putat se strui

Objection contre l'unité de l'Église & réponse. Inutilement nous objecteroit-on que cette Église universelle se trouve divisée elle-même par une multitude de sectes qui la déchirent, par les opinions des théologiens qui la troublent, par la variété de la discipline des Églises particulieres de chaque royaume, & même de chaque diocese; la réponse est facile. Les sectes qui déchirent l'Église ont cessé de lui appartenir; elles sont exclues des promesses que J. C. n'a faites qu'à elle seule. Et cela même prouve son unité, puisqu'elle n'avoue pour ses enfans que ceux qui sont soumis, & à l'infaillibilité de ses décisions, & à l'autorité de son gouvernement. Il prouve la sagesse de sa constitution, puisqu'elle est de sa nature incompatible avec l'esprit de discorde & de révolte. Le vice de ces sectes qu'elle réprouve, bien loin de lui être imputé, releve donc son éclat; comme le vice des mauvais chrétiens, montre la sainteté de la loi qui les réprouve.

Mais l'Église également éloignée du despotisme & du tolérantisme, permet la diversité des opinions, sur lesquelles elle n'a encore rien décidé; parce qu'elles ne blessent point la subordination & l'obéissance; elle proportionne sa discipline aux besoins des peuples, suivant les tems & les lieux. Cette variété n'est pas plus contraire à l'unité de sa puissance, que la variété des loix, des usages & de la jurisprudence, dans les diverses provinces du royaume, ne blesse l'unité du gouvernement & la souveraineté des Rois; & la raison en est évidente; c'est qu'il n'y a que la révolte contre la puissance légitime qui rompe l'unité, & que les loix & les usages différens, soit dans l'ordre civil, soit dans l'ordre spirituel, se trouvent toujours sous cette même puissance, qui les autorise, ou qui les reforme, & qui

---

pulis conscientiæ suæ impediri, quominus morem gerere possit, a consistorio modo modeste & submisse agat, facile impetrabit ut alium confessionarium eligendi ei, quem arcendum esse constituit, potestas fiat, quatenus hoc commode fieri queat. Bohem. de Jur. Canon. Protest. tom. 4, part. 1, l. 3, tit. 41, §. 59, p. 763.

seule a droit de faire céder les opinions & les usages particuliers à des loix uniformes, lorsqu'elle le juge convenable au bien public.

Bien plus l'Eglise, par son unité & par sa souveraineté-même, renfermant dans son sein tous les Princes catholiques, forme entre eux comme un nouveau lien d'unité, même dans l'ordre civil, non en dominant sur eux, mais en les réunissant tous sous l'autorité du corps des pasteurs dans l'ordre de la Religion, en leur inspirant par-là, un intérêt mutuel, & en donnant aux pasteurs les moyens d'employer les soins de leur sollicitude pour inspirer l'amour de la paix & de la concorde. La voix de l'Eglise, ainsi que les invitations d'une mere commune, n'est pas toujours assez efficace, il est vrai, pour éteindre les divisions qui s'élevent entre ses enfans ; mais elle n'en est pas moins capable d'entretenir dans les cœurs d'heureuses dispositions à se réunir & à se protéger. Ce sont des enfans d'une même famille qui, quoique divisés par des intérêts particuliers, ont pourtant toujours un intérêt commun pour se défendre mutuellement contre les ennemis du dehors. C'est par un effet de cette heureuse disposition que, dans ces tems malheureux, où la France livrée à la férocité & à l'ambition d'une multitude de petits tyrans, voyoit ses citoyens s'entre-détruire, par des guerres intestines ; dans ces tems où le feu de la guerre se communiquant à toutes les parties de l'Europe, sembloit la menacer d'un incendie universel ; dans ces tems où des nations barbares & formidables alloient inonder l'Occident, & lui donner des fers, l'Eglise fut le salut des peuples. C'est alors qu'on vit les Évêques, de concert avec leur chef, employer tout le zele & toute la force de l'autorité pastorale, profiter de l'ascendant que leur donnoit leur caractere sur la confiance des souverains & des peuples, pour ménager leur réconciliation, calmer leurs haines mutuelles, & réunir leurs armes contre la fureur des Sarrasins & des Ottomans, pour sauver l'Europe entiere. Si la puissance ecclésiastique a servi quelquefois de prétexte à des entreprises injustes, l'abus qu'on en a fait, ne prouve rien contre la fageffe & les avantages de fon inftitution. C'eft le crime de quelques-uns, jamais le crime de l'Églife qui, continuellement animée de l'efprit de charité & de juftice, a toujours improuvé la conduite de fes Pontifes, lorfqu'ils ont tenté d'étendre leur puiffance au-delà des bornes prefcrites. Combien de fouverains ont abufé de leur pouvoir pour exercer le defpotifme ! Faudroit-il pour cela abolir la fouveraineté, comme une puiffance odieufe & funefte à la fociété ? Faudroit-il pour en prévenir les abus, introduire l'anarchie ? Sera-ce avoir l'efprit des efclaves, de reconnoître au-deffus de nous une puiffance qui domine fur notre volonté ?

Ainfi la puiffance fpirituelle, qu'on veut nous faire redouter entre les mains des Évêques, comme une puiffance qui divife l'empire des Princes, devient, par fa fouveraineté-même, un principe de réunion ; car ce n'eft que parce qu'elle eft fouveraine & indépendante, qu'elle forme de tout le corps épifcopal, répandu dans le monde chrétien, une feule & même puiffance à laquelle tous les fideles doivent être également foumis dans l'ordre de la Religion. Ce n'eft que par-là qu'elle conferve fur chaque membre le pouvoir que lui donne le S. Miniftere fur le cœur & la confcience des peuples & des Rois, pour entretenir la paix entre eux, & pour les intéreffer à leur commune défenfe. Et plus la Religion aura d'influence dans la fociété, plus auffi le facerdoce aura d'efficacité pour opérer les effets qui doivent naturellement réfulter de l'intérêt général de plufieurs peuples qui ne compofent qu'un feul & même peuple dans l'Églife, & de la follicitude des pafteurs qui ne forment qu'un feul corps.

Réfutation d'un Jurifconfulte. Il eft facile, après ce que nous venons de dire, d'apprécier le raifonnement que fait un Jurifconfulte contre l'indépendance de la puiffance fpirituelle. Rappellons fes propres termes. *Dire que les deux Puiffances gouvernent fouverainement le monde, c'eft affimiler les deux Puiffances dans leurs attributs.*

Oüi, c'est les assimiler par rapport au degré d'autorité, non par rapport à la nature de cette autorité, ni par rapport aux objets de leurs fonctions. Il est fâcheux pour l'auteur, que la maxime qu'il réprouve, se trouve si fortement inculquée par les Peres, par les loix civiles, par les plus célebres Jurisconsultes, & prouvée expressément par l'illustre Défenseur de nos libertés. *Duo sunt, Imperator Auguste*, disoit M. Bossuet après S. Gelase, *quibus principaliter mundus hic regitur, sacerdotalis autoritas & regalis potestas* (a).

C'est partager en quelque sorte l'univers entre elles.

Nous venons de voir au contraire que c'est réunir tout le monde chrétien, comme dans une même famille.

C'est renverser l'unité essencielle de la puissance publique, qui n'est autre chose que la puissance temporelle de qui dépend l'ordre public.

Pitoyable équivoque ! La puissance publique, qui regle la société civile, n'est autre que la puissance temporelle ; on en convient ; or l'ordre doit régner aussi dans l'administration des choses spirituelles ; cet ordre est aussi public, puisqu'il regarde le gouvernement extérieur de l'Église. Mais quoiqu'il soit public, peut-on dire qu'il soit de la compétence de la puissance temporelle ? Ne seroit-ce pas-là admettre la Suprématie anglicane, & démentir toutes les autorités que nous avons citées ?

Une puissance qu'on représente comme souveraine, & de plus, comme gouvernant souverainement.

Ce *de plus* est certainement de trop. Une puissance souveraine doit gouverner souverainement. Si elle gouvernoit autrement, elle s'écarteroit des principes qui forment sa propre constitution.

Cette puissance, qui sous ce point de vue est comparée à la puissance temporelle, est déclarée dominatrice par essence, & jusque dans son exercice.

Telle fut l'ancienne calomnie des Protestans, lorsque l'Église voulut les soumettre à l'autorité de ses

---

(a) *Defensio Cleri Gall. part.* 2, *lib.* 5, *cap.* 33.

jugemens. S. Paul vous défend *de dominer sur la foi des fideles*, & vous voulez, disoient-ils aux Catholiques, dominer sur la nôtre, en exigeant de nous une adhésion intérieure à vos décrets. Il faut donc ou que l'écrivain se range du parti des Calvinistes, ou qu'il avoue qu'on peut exercer une autorité souveraine dans l'administration des choses spirituelles, sans se rendre coupable de cette domination réprouvée par l'Apôtre (*a*).

Les actes de la derniere assemblée ont conservé l'idée de deux Puissances établies pour gouverner les hommes. Paroles peu exactes.

Cependant l'idée de ces deux Puissances établies pour gouverner les hommes, se trouve, comme nous venons de le voir, clairement inculquée par S. Gelase. *Quibus principaliter mundus hic regitur, sacerdotalis autoritas & regalis potestas, &c.*; par M. Bossuet; par le 6me. concile de Paris; par tous les Peres que nous avons cités; par les Jurisconsultes qui rapportent l'autorité de ce concile, comme servant de fondement à nos libertés (*b*).

La puissance spirituelle ne gouverne point les hommes, elle gouverne les fideles.

Quelle sagacité dans cette distinction ! Eh quoi, les fideles ne sont-ils pas des hommes ? ou bien parce qu'ils sont chrétiens, pourroient-ils être gouvernés autrement que comme des êtres visibles, & par un ministere extérieur qui appartient à la puissance spirituelle (*c*) ?

Chacune des deux Puissances, dit-on, ailleurs est souveraine. On cite Bossuet, qui l'entend sans doute de la foi & de la nécessité de salut.

Rien de plus commode que le mot de *sans-doute* pour répondre aux autorités les plus expresses. Cependant il ne falloit que lire pour faire cesser le doute (*d*). En supposant même que M. Bossuet ne parlât que de la

---

(*a*) V. ci-apr. dans ce même §.
(*b*) V. ci-dev. dans ce même §.
(*c*) V. ci-apr. ch. 2, §. 1.
(*d*) V. les paroles de Bossuet que nous avons citées dans ce paragraphe, & celles qui sont rapportées ci-après ch. 4. §. 1, de cette 5me. partie.

foi, n'est-il pas évident que les mêmes principes qui établissent la souveraineté de l'Église en matiere de doctrine, prouvent l'indépendance de sa jurisdiction sur les autres objets qui regardent directement la Religion, puisqu'ils sont de même nature ? Ne sent-on pas que les mêmes raisonnemens qu'on fait valoir pour soumettre ces objets aux tribunaux séculiers, tendent à rendre ces mêmes tribunaux, juges suprêmes en matiere de doctrine, puisque la doctrine & la discipline intéressent également l'ordre public & la société civile. Mais qu'entend l'auteur quand il nous dit que la puissance de l'Église est *souveraine de nécessité de salut ?* Si ce terme a quelque signification, c'est que la souveraineté de l'Église, comme celle du Prince, exige notre obéissance de nécessité de salut. Or si cela est, quelle autorité plus sacrée & plus inviolable ?

On ajoute que chacune d'elles (des deux Puissances) est absolue dans ce qui la concerne. Ce dernier trait est en d'autres termes la domination, & la domination étendue à la discipline. Bossuet l'a fortement combattue.

Au contraire, Bossuet l'établit en termes exprès, comme on l'a déja vu, & on en donnera de nouvelles preuves ci-après (*a*). En attendant, on prie l'auteur de nous indiquer le texte sur lequel il se fonde.

Telles sont les armes qu'a employées un Jurisconsulte contre l'autorité de l'Église. Que nous opposent les Anglicans ?

Objections tirées de l'Écriture-Sainte. St. Paul, dit-on, recommande d'obéir aux Puissances ; les Évêques doivent donc obéir aux Princes. Il nous apprend que le souverain est le vengeur du mal ; c'est donc à lui à réformer l'ordre ecclésiastique, comme l'ordre civil.

Réponse. On doit obéir aux Puissances : personne ne conteste cette vérité. Mais l'Église n'a-t-elle pas une véritable puissance qu'elle a reçue de Dieu pour gouverner les fideles ? En supposant même que l'Apôtre n'eut en vue dans cet endroit, que les puissances tem-

---

(*a*) Au ch. 5, §. 1, de cette 3me. partie.

porelles, que suivroit-il delà ? On dit au soldat d'obéir à son général ; au citoyen d'obéir au magistrat ; au serviteur d'obéir à son maître. S'ensuit-il que le général, le magistrat, le maître aient droit de commander en tout ? non sans doute. L'obligation de l'obéissance est donc restreinte de droit à l'égard des souverains, comme à l'égard de ses officiers, aux objets qui sont de leur compétence. S. Paul ordonne d'obéir à ceux qui sont préposés au salut du peuple. *Obedite præpositis vestris.* Que diroient nos adversaires, si nous en concluions qu'on leur doit une obéissance générale, même en matiere civile ?

Objections tirées des faits historiques. On nous allegue l'exemple de Melchisedech, Roi de Salem, qui offrit des sacrifices au Seigneur (*a*) ; de David, qui régla la psalmodie (*b*) ; de Salomon, qui présida à la dédicace du Temple, & qui déposa le Grand-Prêtre Abiathar (*c*) ; d'Asa & de Josaphat, qui abattirent les bois consacrés aux idoles (*d*) ; de Josaphat encore qui donna mission à des prêtres & à des officiers de sa cour, pour aller dans les différens endroits de la Judée, instruire le peuple de la loi du Seigneur (*e*). On nous objecte qu'Ézéchias détruisit le serpent d'airain, parce qu'il étoit devenu un objet d'idolâtrie pour les Juifs (*f*) ; que Josias leur lut la loi de Dieu, & renouvella l'alliance qu'ils avoient faite avec le Seigneur(*g*). Les Princes payens, dit-on, exerçoient la même puissance dans l'ordre de la Religion. Nabuchodonosor défend, sous des peines grieves, de blasphémer contre le Dieu de Juda (*h*). Les Rois de Perse ordonnent la rééedification du temple de Jerusalem. Ptolomée prononce sur la question qui divisoit les Juifs & les Samaritains, sur l'endroit où Dieu devoit être adoré. Sous la loi nouvelle, S. Paul rend compte de sa foi devant le Sanhedrin & devant le gouverneur de la Judée ; il

---

(*a*) Gen. XIV. 18.
(*b*) II Paral. XXIX, 25.
(*c*) III Reg. II, 26.
(*d*) II Paral. XIV, XVII.
(*e*) II Paral. XVII.
(*f*) IV Reg. XVIII, 4.
(*g*) IV Reg. XXIII, 3.
(*h*) Dan. III, 96 & 98. IV, 4, &c.

appelle à l'Empereur sur l'accusation intentée contre lui. Il reconnoît donc la jurisdiction du magistrat politique. L'Église a recours à l'Empereur Aurelien, pour déposer Paul de Samosate, Évêque d'Antioche. L'Évêque Archelaüs dispute sur les points de la foi, contre Manès, devant Marcellus. S. Athanase dispute contre Arius en présence de Probus, commissaire de l'Empereur. Constantin connoît de la cause des Donatistes, sur l'appel interjetté à son tribunal du décret du Pape Melchiade, & d'un concile tenu à Rome. Charlemagne prononce sur la cause des sectateurs d'Élipand de Tolede & de Felix d'Urgel. L'Église Romaine défere à Théodoric, quoiqu'Arien, le jugement des contestations qui la divisent au sujet de l'élection de son Pontife. Le Prince prononce en faveur de Symmaque qui est reconnu Pape, & il expulse Laurent son compétiteur (a). Ainsi parle Marsille de Padoue, Grotius & les nouveaux ennemis de l'Église qui ne font que répéter les objections des Anglicans.

Réponse. Distinguons d'abord les différens âges de l'Église, sous la loi naturelle, sous la loi écrite, & sous la loi de grace. Sous la loi naturelle, nous ne voyons pas que Dieu ait établi des Pontifes par aucune mission particuliere. L'institution du sacerdoce, ainsi que celle de la souveraineté, ont été une suite de la création. Il falloit nécessairement un culte public pour rendre hommage à la Divinité, comme il falloit un gouvernement temporel qui réglât la société civile. Par conséquent, il falloit aussi un Pontife & un souverain. Mais Dieu n'ayant donné aucune mission spéciale, ni pour les fonctions publiques de la Religion, ni pour celles du gouvernement temporel, il avoit laissé à la disposition des peuples la liberté de régler les unes & les autres, de choisir leurs Pontifes & leurs Rois. Un pere fut d'abord naturellement le premier Pontife dans la famille dont il étoit le chef & le représentant. Lorsque les États se furent formés, plusieurs Princes, tels que Melchisedech, Roi de Salem, exercerent les fonctions

(a) En 498.

de Grand-Prêtre dans leurs royaumes. Par cette raison, le Roi de Salem, qui étoit *prêtre du Très-Haut* (a), offrit des victimes à l'Éternel, & bénit Abraham. Cet usage se conserva même chez quelques peuples idolâtres, quoiqu'ils eussent défiguré la majesté du culte divin par les superstitions du paganisme. Numa régla les cérémonies de Religion des anciens Romains. Mais peut-on argumenter de ce premier âge de la Religion, à ce dernier âge où J. C. a institué l'apostolat par un pouvoir spécial, en choisissant lui-même ses ministres ? il faudroit donc attribuer aussi aux Princes le droit d'exercer les fonctions du sacerdoce.

Sous la loi ancienne, Dieu avoit réglé lui-même ce qui concernoit le culte divin ; il avoit désigné les familles qui devoient donner des prêtres à la Synagogue ; il avoit attribué à ceux-ci le droit de décider les questions qui s'élevroient sur l'interprétation de sa loi ; & il ne fut plus libre alors au peuple de changer ces dispositions. Coré, Dathan & Abiron furent dévorés par les flammes dans le désert, & Ozias, frappé de la lepre dans le temple du Seigneur, pour avoir voulu usurper le ministere sacerdotal.

Cependant, outre la mission ordinaire, réglée par la loi, & qui se perpétuoit dans les familles, Dieu suscitoit encore les Prophetes par une mission extraordinaire, avec le pouvoir d'instruire les peuples, de statuer sur les objets de la Religion, & d'exercer même les fonctions sacerdotales. Quoiqu'Élie ne fut point de la famille d'Aaron, il offrit un sacrifice au Seigneur, & le feu du ciel, qui dévora son holocauste, fit connoître que le sacrifice avoit été agréable au Très-Haut (b).

Mais J. C. ayant accompli la loi, il n'y a plus eu d'autre mission que la sienne, la même qu'il a donnée à ses Apôtres, pour se perpétuer dans la personne de leurs successeurs jusqu'à la fin des siecles. Il a fait un commandement aux peuples de les écouter comme lui-même : & il ne peut plus y avoir de Pontife hors de

---

(a) Gen. XIV. 18.   (b) III Reg. XVIII.

cette succession, parce qu'il ne peut plus y avoir d'autre sacerdoce que celui de J. C.

Cependant, quoique sous la loi ancienne, & sous la loi nouvelle, les Rois n'aient plus eu aucun droit aux fonctions sacerdotales, ni aucune jurisdiction sur les objets de la Religion, ils ont toujours été obligés de la protéger, & par conséquent ils ont toujours eu le pouvoir, non de connoître des matieres spirituelles, mais d'employer le glaive temporel pour faire exécuter ce qui étoit prescrit par la loi de Dieu, ou par les sacrés Pontifes, & pour punir ceux qui troubloient l'ordre ecclésiastique (*a*).

Les Princes peuvent encore, du consentement exprès ou tacite de la puissance sacerdotale, exercer, dans l'ordre de la Religion, certaines fonctions de jurisdiction, ou du ministere sacré, qui ne sont point essenciellement annexées au caractere sacerdotal, telles que sont les instructions ou les prieres publiques. Quoique J. C. ne fut point de la tribu de Levi, & que la Synagogue ne le reconnut point pour prophete, on lui présenta le livre des prophetes à lire & à expliquer. Il étoit donc permis aux simples particuliers d'instruire publiquement le peuple; & personne ne doute que les premiers Pasteurs ne puissent encore confier aujourd'hui le ministere de la parole à ceux qui ne sont point initiés dans les ordres sacrés. Mais alors les Princes, comme les autres laïques, n'exercent qu'un pouvoir précaire, subordonné à celui de l'épiscopat de qui il émane.

Ces principes posés, les faits qu'on nous objecte, ne forment plus de difficulté. L'exemple de Melchisedech ne conclud rien, parce qu'il étoit réellement prêtre du Seigneur. Asa, Ezéchias & Josaphat, en abattant les idoles, les autels & les bois qui leur étoient consacrés; Ezéchias, en détruisant le serpent d'airain; les Rois de Perse en permettant, ou même, si l'on

---

(*a*) Ces vérités seront développées avec plus d'étendue dans le Ch. 4; §. 1 de cette 3me. partie.

veut, en ordonnant la réédification du temple de Jérusalem, ne faisoient aucune fonction spirituelle : ils exerçoient seulement un pouvoir temporel, pour faire exécuter la loi divine, conformément aux vœux des Pontifes. Ces actes d'autorité, qui ne statuoient rien, qui ne décidoient rien en matière de Religion, étoient, non des actes de jurisdiction dans l'ordre des choses spirituelles, mais des actes de protection, comme on l'expliquera plus amplement dans la 4$^{me.}$ partie. Les Prêtres de l'ancienne loi n'avoient pas besoin de la mission de Josaphat pour instruire le peuple ; mais les officiers du Prince se joignoient à eux pour protéger l'enseignement. C'est conformément à ce même esprit que Charlemagne & Louis le Débonnaire chargeoient les ducs & les comtes de se joindre aux Évêques pour faire exécuter les loix de l'Église.

David regle la psalmodie, mais c'est conjointement avec Gad & Nathan qui étoient prophetes : il étoit d'ailleurs prophete lui-même. *Secundum dispositionem David Regis & Gad videntis & Nathan prophetæ* (a). Salomon préside à la dédicace du temple, c'est-à-dire, que comme chef de la nation, il a la principale place parmi le peuple ; il fait immoler un grand nombre de victimes ; il prie pour Israël ; il le bénit : mais cet acte public de Religion est autorisé par les vœux des Pontifes. D'ailleurs la priere & la bénédiction du peuple, qui n'est qu'une priere, ne sont point par elles-mêmes des fonctions inséparables du sacerdoce. Un pere même, sans aucune mission, prie au nom de ses enfans & il les bénit, non en qualité de ministre public, mais comme chef de famille. Le même Prince ne dépose point Abiathar, en le privant du droit qu'il avoit au sacerdoce : il l'éloigne seulement de Jérusalem (b), & Sadoc entre en exercice des fonctions sacerdotales, auxquelles il avoit le même droit par sa naissance. Or

---

(a) *II Paral.* XXIX, 25.
(b) *Abiathar quoque sacerdoti dixit Rex : Vade in Anathoth ad agrum tuum, equidem vir mortis es.* III *Reg.* II, 26.

qui doute qu'un souverain ne puisse exiler un Pontife sans usurper la jurisdiction spirituelle ? Josias fait la lecture de la loi ; & il renouvelle l'alliance que la nation a contractée avec Dieu ; c'est-à-dire, qu'il ratifie les promesses solemnelles que le peuple a faites au Seigneur ; mais ces fonctions n'étoient point tellement propres aux ministres de la Religion, qu'elles ne pussent être exercées que par eux. Nous venons d'observer que, du tems de J. C., la Synagogue donnoit à ceux qui se présentoient pour lire la loi, la liberté de faire une instruction publique, & que l'Église pouvoit confier certaines fonctions du ministère sacré, à ceux qui n'avoient point le caractère sacerdotal. Ptolomée prononce sur le différent entre les Juifs & les Samaritains ; mais est-ce par un jugement légal, qui détermine par lui-même quel est le lieu consacré au culte divin ? Est-ce que ce jugement eût lié la conscience des Juifs, si le Prince avoit ordonné d'adorer le Dieu d'Israël à Samarie ? Car tout acte de jurisdiction légitime, oblige les inférieurs à l'obéissance. Il ne s'agissoit donc en cette occasion que de convaincre le Prince du droit des Juifs, pour obtenir sa protection contre les Samaritains.

St. Paul appelle à l'Empereur sur l'accusation intentée contre lui ; mais sur quelle accusation ? Sur ce qu'on lui imputoit d'exciter du trouble parmi la nation ; mais cette accusation qui regardoit l'ordre civil étoit de la compétence du Prince. Il dispute devant le Sanhedrin, devant Festus & Félix, gouverneurs de la Judée, devant le Roi Agrippa & sa femme, devant le proconsul Paulus contre Elymas. Archélaüs dispute devant Marcellus contre l'hérésiarque Manès, & S. Athanase, devant Probus contre Arius. Mais on a vu aussi dans ce dernier siècle, un illustre Prélat entrer en dispute avec le ministre Claude en présence d'une personne privée (a). Prétendoit-il donc l'établir

_____
(a) Conférence de M. Bossuet, avec le ministre Claude, en présence de Mlle. de Duras.

juge de la foi ? nonſans doute. Les Apôtres & les Peres de l'Égliſe n'entreprenoient donc la diſcuſſion de certains points de doctrine, en préſence de ſimples laïques, & même des infideles, que pour confirmer les uns dans la foi, en les convainquant de la foibleſſe de leurs adverſaires ; pour ramener les autres à la vérité ; pour convertir leurs propres adverſaires par le jugement de ceux qui leur étoient les moins ſuſpects : mais jamais ils ne leur ont déféré le jugement légal ſur ce qui faiſoit la matiere des diſputes.

L'Empereur Aurelien condamne Paul de Samoſate, & le chaſſe de ſon ſiege. Théodoric ſe décide en faveur du Pape Symmaque contre Laurent ſon compétiteur. Mais je le demande encore, leur déciſion formoit-elle une autorité capable de déterminer la croyance des peuples ſur les erreurs de l'Héréſiarque, ou de fixer leurs doutes ſur la canonicité de l'élection de Symmaque ? On auroit honte de l'avouer. La protection qu'accorderent ces Princes, n'étoit donc point un acte de juriſdiction. Une conteſtation s'éleve entre deux ſouverains ; ils implorent le ſecours d'un Monarque puiſſant qui, ſur l'expoſé de leurs plaintes, ſe détermine en faveur de la cauſe qui lui paroît la plus juſte. Exerce-t-il dans ce cas une véritable juriſdiction ſur les deux contendans ? non, ſans doute : tous les jours de ſimples particuliers ne prononcent-ils pas de même ſur les plaintes reſpectives de ceux qui réclament leur médiation ? Tel fut le jugement d'Aurelien, de Théodoric ; tel fut le jugement du Roi d'Egypte, dont nous avons déja parlé, avec cette ſeule différence que ces Princes ajouterent à leurs jugemens la puiſſance du bras ſéculier pour les faire exécuter. L'Égliſe qui ne peut employer la contrainte contre ſes ennemis, invoque donc le ſecours du Prince ; mais le Prince ne doit point protéger ſans être éclairé ſur les droits de la juſtice. Il faut qu'il juge avant de ſe déterminer. S'il eſt infidele ou hérétique, on ne peut l'éclairer par l'autorité de la puiſſance ſpirituelle qu'il ne reconnoît pas ; il doit donc s'inſtruire d'ailleurs. Mais un Prince catholique ne peut ſe déci-

décider que par cette même autorité qui a seule le droit de connoître des matieres spirituelles.

Constantin juge la cause des Donatistes sur l'appel interjetté des décrets de plusieurs Conciles, & du Pape Melchiade ; mais Constantin reconnoît qu'il est sans jurisdiction sur cette matiere. *O rabida furoris audacia!* s'écrie-t-il, au rapport de S. Optat de Mileve, *sicut in causis gentilium appellari solet, appellationem interposuerunt* (a). S'il consent à être juge, c'est en qualité de médiateur pour ramener les schismatiques : s'il prononce, c'est, comme nous l'avons déja observé, en prenant le jugement de l'Église pour regle, & en demandant ensuite pardon aux Évêques d'avoir osé juger après eux. *Neque ausus est Christianus Imperator sic eorum tumultuosas & fallaces querelas suscipere, ut de judicio Episcoporum qui Romæ sederant, ipse judicaret.* Et encore : *Eis ipse cessit, ut de ipsa causa post Episcopos judicaret, à sanctis Antistibus postea veniam petiturus* (b).

Charlemagne en use avec la même réserve. « Les » sectateurs d'Élipand, Archevêque de Tolède & de » Felix d'Urgel, qui renouvelloient en Espagne l'hé- » résie de Nestorius, prierent cet Empereur de pren- » dre connoissance de leur différent, avec promesse » de s'en rapporter à sa décision. Le Prince les prit » au mot, & accepta l'offre, dans le dessein de les » ramener à l'unité de la foi, par l'engagement où ils » étoient entrés ; mais il savoit comme un Prince » peut être arbitre en ces matieres. Il consulta le S. » Siege, & en même-tems les autres Évêques, qu'il » trouva conformes à leur chef, &, sans discuter » davantage les matieres, dans la lettre qu'il écrit aux » nouveaux Docteurs, il leur envoie *les lettres, les* » *décisions & les décrets formés par l'autorité ecclésiasti-* » *que*, les exhortant à s'y soumettre avec lui, & à ne se » croire pas plus savans que l'Église universelle, leur

---

(a) Opt. Milev. l. 1, contra Parmen. circa finem.

(b) Aug. epist. 105, n. 8, nov. edit. al. 166.

DE L'AUTORITÉ

» déclarant en même-tems, qu'après ce concours de l'au-
» torité du S. Siege, & de l'unanimité synodale, ni les
» Novateurs ne pouvoient plus éviter d'être tenus pour
» hérétiques, ni lui-même & les autres fideles n'osoient
» plus avoir de communication avec eux. Voilà comme
» ce Prince décida : & sa décision ne fut autre chose
» qu'une soumission absolue aux décisions de l'Église : »
ainsi parle M. Bossuet (a).

L'histoire des premiers siecles de l'Église nous fournit encore de pareils exemples; &, lorsque les Catholiques ont porté leurs plaintes par-devant les Empereurs sur les matieres de Religion, ce n'a jamais été pour les établir juges, mais pour les conjurer d'interposer leur autorité, afin que les causes fussent jugées par un tribunal compétent. Eusebe invoque leur protection contre les excès de Dioscore; Basien d'Éphese, contre les entreprises que faisoit Étienne sur son siege; Eunominius de Nicomédie, contre les usurpations commises sur les droits de sa métropole, par Anastase de Nicée; mais c'est le Concile de Chalcédoine qui prononce sur tous ces griefs (b).

Objection tirée de l'humilité recommandée aux Apôtres.
On affecte encore de prêcher les vertus évangéliques, afin de détruire la puissance de l'apostolat. J. C. recommande, dit-on, la douceur & l'humilité à ses Apôtres; il leur interdit toute domination. Cependant on leur attribue un pouvoir indépendant sur tout le monde chrétien. Son Église est étrangere sur la terre, & on veut qu'elle ait le droit de commander avec une pleine autorité. N'est-ce pas-là se mettre en contradiction avec la loi de J. C. ?

Réponse. Nous convenons que le pouvoir de l'apostolat doit être tempéré par l'humilité & la charité chrétienne; mais nous nions que ces vertus soient incompatibles avec le droit de commandement, comme l'ont prétendu quelques Jurisconsultes (47), d'après les Pro-

---

(a) Boss. Pol. l. 7, art. 4, (b) Act. XI, XIII.
prop. 11.

testans : car ces vertus doivent être aussi le partage des souverains ; cependant auroit-on le courage d'avancer que les Princes doivent descendre du trône pour pratiquer l'Évangile ? J. C., en donnant des leçons d'humilité à ses Apôtres, ne leur donnoit-il pas les clefs du ciel, avec le pouvoir de lier & de délier, & n'imposoit-il point aux peuples l'obligation de leur obéir ? J. C., *quoique doux & humble de cœur*, n'avoit-il pas reçu tout pouvoir dans le ciel & sur la terre, & ne l'exerçoit-il pas avec une pleine indépendance ? Les Apôtres pouvoient donc exercer sa puissance, sans violer son esprit. Une telle puissance qui donnoit droit sur l'obéissance des peuples, n'étoit donc point cette domination odieuse, que J. C. avoit interdite à ses Disciples. Et en effet, les Apôtres, revêtus du pouvoir de J. C., mais fideles imitateurs de son humilité & de sa charité, n'en combattoient pas avec moins de force, le vice & l'erreur ; ils n'en punissoient pas avec moins de sévérité les pécheurs scandaleux. Lors donc que J. C. leur a défendu de dominer comme les Princes de la terre, il ne leur a interdit que l'orgueil de la domination, & non l'autorité du commandement ; il leur a défendu d'avilir leurs inférieurs par le mépris, de leur faire sentir le joug de l'autorité par la dureté du despotisme ; il leur a ordonné d'adoucir cette autorité, & de la faire aimer par la charité. Il a voulu, non qu'ils s'élevassent au-dessus de leurs coopérateurs, en les humiliant ; mais qu'ils se rendissent les serviteurs de tous par leur sollicitude, comme s'il leur eut dit : " *Les Princes des Gentils dominent* au-dehors par la force : vous regnerez seulement " sur les consciences par la Religion. La force suffit au " Prince pour maintenir l'ordre civil : vous ne sauriez " remplir l'objet de votre mission, si vous ne comman" dez à la volonté. Les fideles sont vos freres. Vous " les gouvernerez, sous les yeux de Dieu, non en maî" tres impérieux, mais en pasteurs charitables ; non pour " votre propre utilité, mais pour leur salut." Ainsi parle S. Chrysostôme sur ce passage de l'Écriture (48).

L'Église est étrangere sur la terre, en ce sens qu'elle

n'y fait que paffer, pour parvenir à fa véritable patrie, qui eft le ciel ; en ce fens qu'elle ne doit point y fixer fes defirs, parce qu'elle ne fauroit y trouver fa félicité. Telle eft la condition de tous fes enfans, des pafteurs comme du peuple, du Monarque comme des fujets. Mais cela détruit-il l'ordre que Dieu a établi dans l'un & l'autre gouvernement ? Cela confond-il les conditions ? Faudroit-il donc, que le Monarque, parce qu'il eft chrétien, fe dépouillât de fa puiffance, & que le citoyen renonçât à fes poffeffions ? Car tous doivent croire avec l'Apôtre, que leur demeure eft dans le ciel. C'eft ainfi que nos adverfaires ruinent la fubordination, & renverfent tout, en prêchant leur Évangile.

Conféquences qui fuivent de la thefe pofée. Mais la Puiffance fpirituelle étant indépendante, & fouveraine dans l'ordre de la Religion, comme la Puiffance temporelle, dans l'ordre civil, il fuit :

1°. Que les droits de ces deux Puiffances, font inaliénables & imprefcriptibles (*a*) ; qu'elles ne pourroient difpenfer leurs fujets refpectifs de la fidélité qu'ils doivent à leurs maîtres. Nous avons dit que tous les membres d'une fociété parfaite, étoient foumis fur toutes les parties de l'adminiftration publique, à l'autorité qui gouvernoit (*b*). Tout ufage, tout privilege contraire, feroient effenciellement nuls, parce qu'on ne fauroit déroger ni à la loi naturelle, ni à la loi divine (49).

2°. Il fuit qu'on ne doit pas juger des droits des deux Puiffances par certains actes particuliers de jurifdiction, lorfqu'ils paffent les bornes de leur compétence ; que ces actes ne deviennent valides, que par le confentement au moins tacite de la puiffance qui a jurifdiction (*c*), & qu'ils ne peuvent jamais établir un droit réel en vertu de la prefcription.

(*a*) V. ci-dev. part. 2, c. 1, §. 9.   (*c*) V. ci-dev. part. 2, c. 1,
(*b*) V. ci-dev. part. 1, ch. 1, §. 1.
max. 13.

3°. Il fuit que les deux Puiſſances en ſe communiquant certains privileges, conſervent toujours à l'égard de ces privileges, la ſupériorité de juriſdiction qu'elles avoient ; que c'eſt à elles ſeules à les interpréter ; qu'elles peuvent les modifier ou les révoquer ; que la Puiſſance privilégiée ſe trouve toujours, à cet égard, ſubordonnée à l'autre Puiſſance ; qu'elle ne peut uſer des privileges, que conformément aux loix que celle-ci lui preſcrit ; & que, dans le cas d'oppoſition, la puiſſance qui n'exerce un droit que par privilege, doit céder à celle qui l'exerce en ſouveraineté, parce que le privilege que celle-ci a accordé, ne l'a point dépouillée du droit éminent qu'elle avoit.

On voit par-là qu'il importe de diſtinguer dans l'un & l'autre gouvernement, les pouvoirs que le ſouverain exerce en propriété, de ceux qu'il n'exerce que par conceſſion ; parce que, étant indépendant dans l'exercice des premiers, & ſubordonné par rapport aux ſeconds, il faudroit, ſi les deux Puiſſances ſe trouvoient en oppoſition, connoître quelle eſt la Puiſſance qui a la ſouveraineté du gouvernement, relativement à la matiere dont il s'agit, pour ſavoir à laquelle on doit obéir.

4°. Il ſuit que comme les Évêques, & les miniſtres inférieurs ne ſauroient s'exempter de la juriſdiction du Prince en tout ce qui concerne l'ordre temporel, ni ſe ſouſtraire aux peines civiles, s'ils ſe rendoient coupables d'un délit civil ; de même, ni le Prince, ni ſes officiers ne ſauroient ſe ſouſtraire par aucun privilege à la juriſdiction de la Puiſſance ſpirituelle, ſur les délits eccléſiaſtiques.

5°. Il ſuit que les deux Puiſſances ne peuvent accorder ni diſpenſes, ni privileges, que ſur les objets qui ſont de leur reſſort. Le Pape diſpenſe les enfans illégitimes, à l'effet de recevoir les ordres ſacrés ; & le Prince, pour les rendre habiles à ſuccéder.

6°. Il ſuit que ces Puiſſances ne peuvent décerner que des peines relatives à la nature de leurs gouvernemens. L'une punit les coupables, en les privant des avantages temporels, de leur liberté même, & de leur vie; l'autre, en les privant de la participation aux facremens & aux prieres publiques, & des fonctions du St. Miniftere; en leur interdifant même le commerce de la fociété civile, pour les corriger par une falutaire confufion, ou pour préferver le refte des fideles de la contagion du mauvais exemple (*a*).

7°. Il fuit que les deux Puiffances ne pouvant fe dépouiller directement ni indirectement de leurs droits refpectifs, l'une ne fauroit intercepter par des loix pénales la communication effencielle que Dieu a mife entre l'autre Puiffance & fes fujets. Car ce feroit anéantir la puiffance elle-même, que de l'empêcher de manifefter fes volontés à fes fujets, & de leur commander. Ce feroit l'anéantir, que d'empêcher ceux-ci de recevoir fes ordres & d'en obtenir les fecours qui leur font néceffaires, ou de lui rendre le refpect & l'obéiffance qu'ils lui doivent.

Il eft facile par-là de s'appercevoir des erreurs où l'on eft tombé au fujet de l'excommunication. Comme cette cenfure féparoit le fidele de la communion de l'Églife, plufieurs avoient prétendu qu'elle privoit le Prince du droit de commandement, en le privant de toute communication avec fes fujets, ce qui étoit renverfer manifeftement l'ordre naturel, & violer le droit divin. D'autres avoient foutenu au contraire que les Princes étant indépendans de l'Églife, quant au temporel, ils ne pouvoient être foumis à une peine qui diffoudroit les liens qui les uniffent à leurs fujets.

Ces deux erreurs oppofées ne venoient que de ce qu'on fuppofoit de part & d'autre que l'excommunication interdifoit abfolument tout commerce avec les coupables; & on ne faifoit point attention qu'elle ne pouvoit porter atteinte aux droits civils, parce que le pouvoir des deux Puiffances n'alloit pas jufqu'à bleffer l'ordre établi dans l'un ou l'autre gouvernement; &

(*a*) Cette interdiction a cependant des exceptions & des regles marquées par les canoniftes, & qu'il feroit inutile de rappeller ici.

que par conséquent les Princes, quoique soumis aux censures de l'Église, ne pouvoient, en vertu de ces censures, être dépouillés de leur temporel. C'est ce que M. Bossuet prouve par des exemples tirés de l'histoire de France (*a*). Philippe I & Philippe Auguste sont excommuniés pour avoir contracté des seconds mariages, après avoir répudié leurs femmes légitimes ; mais la censure se borna à la privation des graces de l'Église, sans rien diminuer de leur autorité. " Le Pape
" est le souverain Pontife des brebis de J. C., disoit
" le Prince de Condé à Louis XIII en 1610 ; & votre
" Majesté n'étant que brebis comme la moindre, vous
" ne devez douter que vous ne soyez soumis à cette
" Puissance spirituelle, & pour vous acquérir le salut,
" & pour vous retrancher & excommunier des mem‑
" bres de l'Église, si vos fautes & péchés y donnent
" sujet. Cette excommunication, pour juste cause, livre
" votre ame à Satan, vous exclud de la communion
" de l'Église, de l'usage des sacremens, même de l'en‑
" trée d'icelle. Mais en ce qui touche votre temporel,
" subjection à votre obéissance, qui vous est natu‑
" rellement due, & sacré respect qu'il faut rendre à
" la conservation de l'oint du Seigneur, la Puissance
" spirituelle est de nul pouvoir. Il n'est point douteux
" que, quelque vous soyez, on ne vous doive obéir
" en ce qui n'est chose purement spirituelle (*b*). "

Par la même raison, quoique le magistrat puisse pri‑ ver les citoyens de leur état civil, il ne peut les em‑ pêcher de participer aux graces de l'Église, ni d'exercer les fonctions du sacerdoce dont ils sont revêtus. Si les décrets de prise de corps, ou d'ajournement person‑ nel, suspendent de ces fonctions sacrées, selon la ju‑ risprudence de certains Parlemens, ce ne peut être qu'en vertu du consentement de l'Église, n'y ayant point de Canons exprès à ce sujet.

(*a*) Boss. dans sa défense des 4 propos. du Clergé de France.
(*b*) V. le nouveau Comm. des Lib. Gallic. par M. Durand de Maillanne, tom. 3, p. 810.

Il est vrai que, suivant les Canons, l'infamie emporte suspension des fonctions ecclésiastiques ; mais l'infamie encourue par les peines civiles, est celle qui résulte d'une peine infamante, telle que la condamnation au fouet, aux galeres, &c. Quant à l'infamie qui résulte de la mauvaise réputation, elle n'emporte la suspense de droit, que par la notoriété de certains crimes énormes, énoncés dans les Sts. Canons. Elle ne peut donc être produite par un simple décret, même de prise de corps, qui n'opere ni la notoriété, ni la conviction, mais seulement de violens soupçons. D'où je conclus que la suspension des fonctions ecclésiastiques, en conséquence du décret du magistrat, n'est point une suite de l'infamie énoncée dans le droit canonique, mais de l'usage reçu & consenti par la puissance ecclésiastique. Elle est un interdit de précaution, fondé sur le respect qu'on doit au S. Ministere, non une censure dont l'infraction produiroit l'irrégularité.

Dans les endroits même où cet usage est établi, on ne seroit point soumis à une pareille interdiction, si le décret étoit évidemment injuste, comme si on ne l'avoit encouru que pour avoir défendu les intérêts de la Religion. Les *Stigmates de J. C.*, quelques humiliantes qu'elles soient devant les hommes, ne font que rendre les confesseurs de la foi encore plus respectables aux yeux de l'Église. Les Prélats ne pourroient agir sur d'autres principes, sans se rendre coupables d'une lâche prévarication.

Cette même interdiction ne peut encore avoir lieu contre les Évêques ; il n'y a point d'usage établi sur ce point. On sait d'ailleurs qu'en matieres criminelles, les Évêques sont jugés en France par les Conciles. Et on ne craint pas même de dire qu'il seroit d'une trop dangereuse conséquence de donner aux décrets des juges séculiers, la force de suspendre les Évêques de leurs fonctions, pour que l'Église soit jamais présumée y consentir. Car ce seroit réduire les Évêques en une servitude incompatible avec la liberté nécessaire à la mission apostolique, en faisant dépendre des

DES DEUX PUISSANCES.

tribunaux laïques, l'exercice de leur jurifdiction. Car fi l'héréfie, pour triompher des Évêques qui voudroient l'étouffer; pour décrier leur zele, leur fermeté, leur fidélité, furprenoit la religion du magiftrat jufqu'à le porter à décerner des décrets contre ces Évêques, comme perturbateurs du repos public; elle prétendroit alors, qu'en conféquence de ces décrets, les Évêques & leurs officiers, étant fufpendus de l'exercice du S. Miniftere, la jurifdiction épifcopale fe trouveroit dévolue, ou aux chapitres des cathédrales, ou aux fupérieurs eccléfiaftiques. Elle voudroit maintenir les nouveaux fupérieurs à la place des pafteurs légitimes; le peuple fe partageroit; le fchifme & la confufion qui en eft inféparable, fe répandroient dans l'Église, & il n'y auroit plus de remede dans l'ordre du gouvernement eccléfiaftique, parce que le magiftrat ne reconnoît point la légitimité des appels de fon tribunal par devant les juges d'Église.

Cas du conflit de jurifdiction entre les deux Puiffances. Mais les deux Puiffances étant indépendantes & fouveraines, qu'arrivera-t-il, fi elles ne s'accordent point fur les bornes de leurs jurifdictions?

Je réponds que ce feront comme deux fouverains qui, difputant fur les limites de leurs Empires, & qui ne reconnoiffant point de juges au-deffus d'eux, font chacun juges en leur propre caufe. Je n'excepte que le cas où l'Église univerfelle prononceroit fur les conteftations par un jugement dogmatique; non qu'elle privât alors le Prince de fa jurifdiction; mais parce qu'étant infaillible fur la doctrine, il ne feroit plus permis de douter de l'équité de fon jugement. Les Princes catholiques, qui reconnoiffent l'infaillibilité de fon tribunal, n'ont point à en redouter la prévention ni l'injuftice; parce que l'infaillibilité de l'Église, fur le dogme, n'eft point l'effet de la fcience ou de la fageffe des hommes, mais de la fidélité, de la fageffe & de la toute-puiffance de Dieu, qui éclaire & dirige fon Église.

Nous convenons donc que, jufques alors, le conflit

de jurifdictions entre les deux Puiffances produiroit des incertitudes, mais feulement fur des objets particuliers, & les moins effenciels; car on fait en général que les objets concernant la Religion, font du reffort de l'Église, & que les matieres civiles regardent les tribunaux féculiers. Cette regle fuffiroit alors à un cœur droit, pour lui faire diftinguer, fur les articles effenciels, quelle eft la puiffance qui a droit de lui commander; & s'il s'élevoit des queftions difficiles, l'erreur ne nuiroit point au citoyen qui auroit cherché la vérité, & ne fauroit avoir des fuites funeftes, lorfqu'on fe renfermeroit de part & d'autre dans les bornes de la modération.

Si au contraire l'une des deux Puiffances étoit feule juge de la compétence, elle pourroit envahir toute l'autorité. Le Prince a décidé en Angleterre qu'il avoit jurifdiction fur les matieres fpirituelles. S'il avoit été feul juge de la compétence en dernier reffort, le peuple qui, en matiere d'adminiftration, doit avoir l'autorité pour regle, auroit dû en conféquence de ce décret, fe conformer à la volonté du fouverain fur les confeffions de foi, fur la liturgie, fur le changement de difcipline, enfin fur toute la Réforme. Les Catholiques auroient eu tort de réfifter aux Empereurs, lorfque ceux-ci faifoient publier des édits hétérodoxes; lorfqu'ils abattoient les images; qu'ils profcrivoient le culte des faints, qu'ils vouloient forcer les fideles à communiquer avec les hérétiques; qu'ils dépofoient les Évêques catholiques, pour leur fubftituer des pafteurs mercenaires: car ces Empereurs ne prétendoient point fortir alors des bornes de leur compétence.

Demandons-même à nos politiques, s'ils oferoient dire à deux fouverains dont les États font limitrophes: Le voifinage de vos Empires va ouvrir les fcenes les plus tragiques, s'il s'éleve des conteftations fur vos limites. Il faut donc que, dans ce cas, le jugement en dernier reffort en foit déféré à l'un d'entre vous. Demandons-leur ce qu'ils répondroient à ceux qui, admettant la néceffité d'établir un juge unique de la compétence, voudroient attribuer ce droit au tribunal ecclésiastique, comme étant le plus noble par la dignité de sa fin.

Il faut donc mettre l'inconvénient qu'il résulte du conflit des deux jurisdictions souveraines, au nombre des inconvéniens inévitables que cause l'abus du pouvoir ou les préventions de l'esprit humain ; inconvénient encore plus dangereux pour les Églises nationales, que pour le Prince lui-même. Car le glaive temporel étant en général plus redouté que le glaive spirituel, il sera aussi plus à craindre que dans ce cas le peuple, & les ministres qui sont obligés, par leur caractere, à prendre la défense des autels, ne cedent alors aux promesses ou aux menaces du Prince, qu'il ne le sera que le Prince lui-même, & ses sujets n'abandonnent les droits de la couronne, par la crainte des peines qui ne peuvent avoir leur effet que lorsqu'elles sont justes. Mais inconvénient encore beaucoup moindre, que si on référoit le jugement de la compétence à l'une des deux Puissances, parce qu'on exposeroit l'autre à l'invasion totale de ses droits.

Concluons donc seulement delà, qu'en matiere de compétence, les deux Puissances doivent se juger elles-mêmes avec d'autant plus de sévérité, que ne connoissant point de tribunal supérieur, leurs entreprises auroient des suites plus funestes, & seroient punies plus rigoureusement au tribunal de celui qui juge les justices.

Les Commentateurs de nos libertés supposent, dans ce cas, la compétence des deux tribunaux, en proposant la voie de la réconciliation, comme le moyen le plus propre à terminer les différens qui s'élevent entre le Prince & l'Eglise, sur les limites de leur autorité. Ce moyen fait le sujet du 76e. article de nos libertés. L'histoire eccléfiastique & Mr. Dupui nous en fourniffent plusieurs exemples. » La voie des conférences en per-
» sonne ou par ambaffadeurs, entre les Papes & nos
» Rois, dit le nouveau Commentateur de nos libertés,
» est, de toutes, la plus convenable dans les questions
» qui peuvent s'élever sur les droits du Fils aîné de
» l'Eglife, ou de son Chef. C'est même-là, dans les

„ grandes choses qui intéressent notablement le public
„ ou la Religion ; un préalable nécessaire, & auquel
„ il ne paroît pas que nos pieux souverains aient jamais
„ manqué (a). „ Fevret avoue comme on le verra
bientôt, la nécessité d'établir un tribunal où les deux
Puissances concourent à prononcer sur leurs droits respectifs. Les Évêques portent aujourd'hui leurs plaintes
aux pieds du trône, sur les entreprises faites contre
leur jurisdiction ; & ils trouvent dans la piété & la
justice du souverain, une protection qui conserve leurs
droits : de même qu'on a vu autrefois les Princes, au
lieu d'employer le glaive temporel contre les entreprises
des Évêques, se borner à les déférer au Pape & aux
Conciles : mais ces déférences mutuelles ne dérogent
point à la liberté qu'ont les deux Puissances, en vertu
de leur souveraineté, de se maintenir par elles-mêmes
dans la possession de leur autorité (50).

Fevret observe que „ quand il survient quelque dif-
„ férent en Espagne pour la compétence des officiers de
„ la sainte inquisition, entre les officiers royaux & eux,
„ les ordonnances & la pratique de ce royaume obligent
„ les uns & les autres de se pourvoir par-devant les
„ commissaires du Roi pour terminer ce différent, qui
„ sont deux conseillers de son conseil, & deux de
„ l'inquisition (b). „ On voit par-là que les deux Puissances concourent alors au jugement, dans la personne
de leurs députés.

Mais l'auteur va plus loin : il assimile ce tribunal
aux cours de Parlement, à qui seul il attribue le droit
de connoître de la compétence, & il appuie ce parallèle
sur ce que „ les Parlemens ne sont pas des corps purement
„ laïques, mais plutôt mixtes, composés de conseillers
„ ecclésiastiques & laïques, en sorte que, par ce moyen,
„ les droits de l'Église sont conservés exactement, par
„ les uns, comme y étant obligés par l'honneur &

(a) M. de Maillanne, nouv. Comment. des Lib. Gall. sur le 76me. art.

(b) Fevret, de l'Abus, l. 2, ch. 3, n. 7.

» leur caractere ; & par les autres, puisqu'ils sont
» chrétiens & catholiques (*a*). »

Tout ce que prouve ce raisonnement, cent fois répété d'après Fevret, c'est un aveu formel du droit que les deux Puissances ont au même tribunal ; c'est l'impossibilité de trouver une raison plausible pour dépouiller l'Église de la jurisdiction qui lui appartient à cet égard, car rien de plus frivole que ce raisonnement en lui-même.

Les cours de Parlement font composées, il est vrai, d'ecclésiastiques & de laïques ; mais 1º., les ecclésiastiques ne peuvent occuper les charges de président, ni même présider au tribunal ; avantages qui donnent beaucoup de considération & d'influence dans les jugemens.

2º. Le nombre des conseillers clercs est toujours de beaucoup inférieur à celui des magistrats laïques. Par conséquent, en supposant, dans l'hypothese d'une chambre mixte, que les premiers inclinassent à favoriser l'Église, & les autres à reculer les bornes de la jurisdiction civile ; il est évident que la prévention du plus grand nombre mettroit aussi un plus grand poids dans un des bassins de la balance, en faveur de la jurisdiction séculiere.

3º. Les membres des Parlemens, même les clercs, n'exercent que l'autorité du Prince. La jurisdiction du Prince est donc la leur : il n'est pas même permis aux conseillers clers de faire les fonctions de grands-vicaires, de peur qu'ils ne soient, par cette qualité, trop prévenus en faveur de l'épiscopat ; il doit en résulter que tous les membres, seront naturellement inclinés par l'intérêt personnel, à étendre les limites de la jurisdiction du Prince, au préjudice de la jurisdiction ecclésiastique.

La pratique d'Espagne ne peut donc être assimilée à celle de France ; parce que l'Espagne compose le tribunal de la compétence, d'un nombre égal de juges

---

(*a*) Ib.

laïques, & ecclésiastiques, dont les premiers tiennent leur jurisdiction du Prince, & les autres exercent la jurisdiction de l'Eglise.

§. II.

La puissance ecclésiastique n'appartient au corps des fideles, ni quant à l'exercice, ni quant à la propriété : cette proposition est de foi.

LA puissance ecclésiastique n'appartient point au corps des fideles quant à l'exercice. Cette proposition a été démontrée par la mission que J. C. a donnée aux Apôtres ; par le témoignage des Peres, sur l'autorité de l'épiscopat, & sur les devoirs de l'obéissance, à l'égard des premiers pasteurs, & enfin par la pratique constante de la Tradition. Il seroit inutile d'insister davantage sur une vérité si généralement reconnue, & qui ne peut être désavouée que par le fanatisme des Indépendans. Il nous reste donc à faire voir que la puissance ecclésiastique n'appartient point au corps des fideles, même quant à la propriété. Voici mes preuves.

Elle ne leur appartient point quant à la propriété. Preuve tirée du défaut de titre en faveur du corps des fideles. Le peuple ne peut réclamer la propriété d'une puissance que le Clergé n'a toujours exercée, qu'en vertu d'un droit incontestable ; car la jouissance seule forme déja un titre de propriété en faveur des Évêques. Or dequel droit le peuple peut-il réclamer la propriété de la puissance ecclésiastique ? Est-ce en vertu de l'institution de J. C. ? en vertu des Sts. Canons ? en vertu de la pratique de l'Église, ou de la constitution du gouvernement ecclésiastique ? Qu'on nous cite un seul texte de l'Écriture-Sainte qui attribue cette puissance au corps des fideles. Qu'on nous cite le témoignage d'un seul Pere qui ait pensé à ériger au peuple un tribunal au-dessus des Évêques ; car une puissance propriétaire dans l'espace de plus de dix sept siecles, doit avoir fait quelque acte de propriété : qu'on le produise. Parmi tant de révolutions & d'orages qui ont agité l'Église, qui ont excité des plaintes, fomenté des révoltes, armé la calomnie contre les premiers pasteurs, qu'on nous montre, depuis la naissance du Christianisme, un seul exemple où le peuple ait été autorisé à les juger, à les destituer, à leur prescrire des regles, à infirmer leurs jugemens. Qu'on nous en montre un seul, où le peuple ait osé seulement l'entreprendre, si ce n'est dans ce dernier tems, & dans la secte des Indépendans, la plus extravagante de toutes les sectes. Or, si le peuple n'a point de titre, il n'a point de droit. Et rien de plus absurde, après plus de dix sept siecles, que de révendiquer en sa faveur, la propriété d'une puissance dont il auroit eu si souvent occasion de faire usage, & dont cependant il ne reste aucun vestige. Je dis plus encore, tous les titres sont contre cette prétendue propriété.

Preuve tirée de l'Écriture-Sainte. 1°. L'institution divine. J. C. fonde son Église, en établissant la puissance de l'apostolat, & il donne cette puissance, non au peuple, mais à ses Apôtres, en leur disant : *Je vous envoie comme mon Pere m'a envoyé* (a). *Tout ce que vous lierez sur la terre, sera lié dans le ciel ; & tout ce que vous délierez sur la terre, sera délié dans le ciel* (b) : *allez, enseignez toutes les nations, en les baptisant au nom du Pere & du Fils & du S. Esprit ; je suis avec vous jusqu'à la consommation des siecles* (c). C'est à S. Pierre, non au corps des fideles qu'il commande *de paître ses agneaux & ses brebis*(d). C'est sur les Apôtres seuls, & sur S. Pierre en particulier, qu'il promet de bâtir son Église (e). » Toutes les déclarations de J. C.,
» dit un illustre & savant Prélat de l'Église de France,
» sont aussi générales, aussi absolues qu'elles puissent

(a) *Joan.* XX, 21.
(b) *Matth.* XVIII, 18.
(c) *Matth.* XXVIII, 19, &c.
(d) *Joan.* XXI, 15, 17.
(e) *Matth.* XVI, 18, 19, XVIII, 18.

» l'être. Il n'y excepte rien dans le pouvoir des clefs
» qu'il accorde aux Apôtres & à leurs successeurs.
» Il n'en distingue pas la propriété de l'administra-
» tion. Il ne réserve pas la premiere pour le corps
» entier des fideles. Nous a-t-il averti en d'autres endroits
» de son Évangile, de cette distinction & de cette ré-
» serve, qui ne paroissent point ici ? C'est à nos ad-
» versaires de les citer. Mais s'ils ne le peuvent, parce
» qu'effectivement il n'y en a aucun, les modifica-
» tions qu'ils ne craignent pas d'opposer à des paroles
» qui n'en souffrent point ; les interprétations forcées
» qu'ils substituent à leur sens littéral, n'ajoutent pas
» seulement à l'Évangile, quoique ce fut déja un assez
» grand attentat ; elles le contredisent formellement,
» elles l'exposent à la dérision des impies (*a*). »

S. Paul enseigne que J. C. a donné les Apôtres & les Prophetes à son Église (*b*) ; il déclare qu'il a été lui-même appellé à l'Apostolat, *non par le choix des hommes, ni de leur autorité, mais par J. C., & par Dieu le Pere qui l'a ressuscité d'entres les morts* (*c*). Et ailleurs: *Nous sommes les ambassadeurs de J. C. Dieu exhorte par notre bouche* (*d*). *Que les hommes nous regardent comme les ministres de J. C., & les dispensateurs des mysteres de Dieu* (*e*). Nulle part les Apôtres ne s'annoncent comme les ambassadeurs ou les représentans du peuple, dans l'exercice de leurs fonctions. Par-tout ils commandent au peuple : jamais ils ne soumettent leur jugement ni leur administration à son autorité. S'ils font part aux différentes Églises de ce qu'ils ont défini à Jerusalem sur les observances légales, c'est pour leur enjoindre l'obéissance, non pour soumettre les décisions du Concile à leur examen (*f*).

Or

(*a*) M. de Pompignan, ci-devant Évêque du Puy, à présent Archevêque de Vienne, dans sa défense des actes de l'assemblée du Clergé de 1765, in-4:0., p. 162.

(*b*) *Eph.* IV, 11.
(*c*) *Gal.* I, 1.
(*d*) *II Cor.* V, 20.
(*e*) *I. Cor.* IV, 1.
(*f*) *Act.* XVI.

Or les Évêques ont hérité de la puissance des Apôtres. La maxime est généralement avouée de la Tradition (51). Ce n'est que des mains des Apôtres, & non du peuple, que les premiers Évêques ont reçu leur mission. C'est par eux, que S. Lin est placé sur le siege de Rome (52); S. Polycarpe sur celui de Smyrne (53). S. Jean donne des Évêques à plusieurs villes de l'Asie Mineure (54). S. Pierre, en quittant Antioche, ordonne Évode à sa place (55). Mais les Apôtres, en donnant la mission aux Évêques, leur ont conféré la puissance qu'ils avoient reçue de J. C., & que J. C. avoit reçue de son Pere : puissance qui résidant dans les Apôtres, non-seulement quant à l'exercice, mais encore quant à la propriété, doit avoir été transmise à leurs successeurs dans toute son intégrité.

L'Apologiste des jugemens rendus contre le schisme, est forcé d'avouer *que les pasteurs tiennent immédiatement de J. C. leur autorité* (a). Or s'ils la tiennent immédiatement de Dieu, ils ne l'exercent pas comme les représentans du peuple ; ils ne l'exercent point avec subordination à l'égard du peuple : le peuple ne peut donc ni juger ni réformer leur administration, ni la transférer à d'autres. Puisque J. C. ne lui a point donné sa puissance, il n'a donc aucun droit de propriété. Un pareil droit qui ne pourroit se réduire en pratique ne seroit plus qu'un être chimérique.

Preuve tirée de la doctrine des Peres. 2°. Tous les Peres ont enseigné que les Évêques ne tenoient que de Dieu seul l'autorité qu'ils avoient reçue sur les peuples. *Domine sancte, Pater omnipotens, æterne Deus..... cùm Pontifices summos regendis populis præfecisses, &c.* Ce sont les paroles de S. Léon (b). Le même Pere & le 2me. concile de Séville comparent les Évêques aux prêtres que Dieu institua sous l'ancienne loi, dans la personne d'Aaron & de ses descendans (c). Or ce ne fut pas certainement des

---

(a) *Apol. tom.* 2, p. 92.   (c) *S. Leo. ib.* —— Concil.
(b) *S. Leo. præf. in ordin.* Hispal. II, an. 659, can. 7.
præsbyt.

mains du peuple, mais de Dieu seul, que les prêtres de l'ancienne loi reçurent le pouvoir d'exercer les fonctions du sacerdoce. S. Cyprien enseigne que l'ordination des Évêques & le gouvernement de l'Église, se perpétuent par l'ordre de la succession, afin que l'Église soit établie sur les Évêques, & que les Évêques gouvernent l'Église : il ajoute que cet ordre est fondé sur la loi divine. *Indè per temporum & successorum vices, Episcoporum ordinatio, & Ecclesiæ ratio decurrit, ut Ecclesia super Episcopos constituatur, & omnis actus Ecclesiæ per eosdem præpositos gubernetur. Cùm itaque divinâ lege fundatum sit, &c.* (a). Nous attendons, disoit le même Pere présidant à un concile de 87 Évêques, *Nous attendons le jugement de notre Seigneur qui seul a le pouvoir de nous préposer au gouvernement de l'Église.* Firmilien déclare que la puissance de remettre les péchés, a été donnée par J. C. aux Apôtres & aux Évêques qui leur ont succédé par l'ordination (b).

On voit dans les formules d'excommunication rapportées par Burchard & par Reginon, que l'Évêque excommunioit par l'autorité que Dieu avoit donnée aux Apôtres & à leurs successeurs. *Auctoritate & potestate Apostolis, Apostolorumque successoribus à Deo concessâ* (c). Gelase II enseigne que Dieu a institué les Évêques, juges dans l'Église. *A Deo sunt judices constituti in Ecclesia* (d). Selon Gerson, la puissance ecclésiastique a été donnée spécialement aux Apôtres, aux Disciples & à leurs successeurs légitimes (e). Selon Guillaume de Paris, tout ce qui avoit été donné aux Apôtres, a été donné aux Évêques. C'est pourquoi ceux-ci sont assis sur les sieges des Apôtres, comme étant leurs successeurs de plein droit, dans la puissance apostolique. *Quiquid Apostolis commissum fuit, totum commissum est & Episcopis. Unde & in sedibus in quibus federunt Apostoli, sedent tanquam pleni juris successo-*

(a) *Cyp. Epist. 33.*
(b) *Firmil. inter epist. S. Cyp.*
(c) *Apud Regin. p. 361, 364.*
(d) *Gel. II, epist. ad Gall.*
(e) V. ci-apr. au ch. 2 de cette 3me. part.

res, *tanquam loco apostolicæ potestatis eorum* (a). Nous avons vu les Peres, dans le paragraphe précédent, opposer sans cesse la puissance spirituelle à la puissance civile, & confondre celle-là, non avec la prétendue puissance du peuple chrétien, mais avec la puissance de l'épiscopat.

L'Église a même frappé spécialement d'anathême le nouveau système de propriété en faveur du peuple. Jean XXII l'a proscrit dans Marsille de Padoue par sa bulle du 23 8bre. 1327, qui fut publiée dans tous les royaumes catholiques, & sur-tout à Paris. La Faculté de Théologie de cette capitale l'a proscrit dans ce même écrivain en 1330 (56). Elle l'a censuré dans Luther. Elle l'a encore censuré comme *hérétique* en 1617 dans Antoine de Dominis (57). Léon X l'a censuré aussi dans Luther. Un concile d'Aix, & un autre de la Province de Sens, tenu à Paris sous le Cardinal du Perron, l'ont condamné dans Richer. Paul V, qui étoit alors sur le S. Siege, applaudit à cette censure par plusieurs brefs qu'il adressa aux Évêques (b), au Prince de Condé & au Duc de Soissons. Clément XI l'a condamné dans la 90e. proposition tirée des Réflexions Morales. Richer lui-même a rétracté sa doctrine, reconnoissant qu'elle *étoit contraire à la doctrine catholique, exposée fidelement par les SS. Peres; qu'elle étoit fausse, hérétique, impie, & prise des écrits empoisonnés de Luther & de Calvin* (c). L'Église Gallicane a déclaré dans ses assemblées de 1625, 1630 & 1655, que *les Évêques ont reçu immédiatement de Dieu l'autorité de lier & de délier*; & dans celles de 1714 (d) & 1720, (e) *que le pouvoir d'excommunier fait partie du pouvoir des clefs que J. C. même donna aux Apôtres immédiatement, & dans leurs personnes aux Évêques qui sont leurs successeurs*. Le Clergé a condamné en 1715, comme schisma-

---

(a) Guill. Parif. tom. 1, de ord. p. 553, col. 1.
(b) Coll. judic. tom. 3, part. 2, p. 187, 188, 189.
(c) II *retractatio*, 1630.
(d) Instruct. des 40 Évêques.
(e) Corps de doctrine, donné par les Évêques en 1720, art. 7.

tique & hérétique, la doctrine du livre du *Témoignage de la vérité*, en ce que l'auteur enseignoit que l'autorité de l'Église résidoit dans le peuple, & que les Évêques n'étoient que ses représentans, chargés d'exercer sa puissance & de déclarer ses volontés (58). Les Prélats s'expliquent encore plus au long dans la lettre adressée au Roi en 1728 au sujet de la consultation des 50 avocats. Voici leurs termes:

„ C'est aux pasteurs que J. C. a dit : *Allez, enseignez,*
„ *baptisez, & je suis avec vous jusqu'à la consommation*
„ *des siecles* : c'est à eux qu'il est dit encore : *Le S.*
„ *Esprit vous a établis Evéques pour gouverner l'Eglise*
„ *de Dieu.* C'est par rapport aux brebis qu'il est dit:
„ *Celui qui vous écoute, m'écoute ; & celui qui vous*
„ *méprise, me méprise.* Et encore : *Obéissez à vos pas-*
„ *teurs, & soyez-leur soumis....* Quand les ministres
„ du second ordre enseignent, ils n'enseignent qu'a-
„ véc la mission de ceux du premier ordre, & toujours
„ dans la dépendance exigée par l'institution divine,
„ & par les regles de l'Église : & les fideles ont pour
„ partage la soumission & l'obéissance.... La doctrine
„ contraire est conforme au langage des Novateurs,
„ & au système qu'ils ont sur l'Eglise, copié d'après
„ Dominis, & condamné par la faculté de Théologie
„ de Paris, comme hérétique.... Il suit delà (de leur
„ système) qu'on est obligé de ne regarder l'Église,
„ que comme une république populaire, dont l'autorité
„ législative & coactive réside dans la société entiere,
„ & dans le consentement exprès ou tacite qu'elle
„ donne aux actes de jurisdiction exercée par ses mi-
„ nistres. „

En conséquence de la plainte des Prélats, le Roi rend un arrêt le 3 Juillet 1728, où après avoir rappellé les maximes exposées dans la lettre, il ordonne que la consultation demeurera supprimée, comme contenant des propositions *opposées à la doctrine de l'Eglise, injurieuses à son autorité, & contraires aux loix de l'Etat.*

Preuve tirée de la Tradition pratique de l'Eglise.

3°. La pratique conſtante de l'Égliſe ancienne. Non-ſeulement les peuples n'ont jamais exercé de pareils actes de propriété ſur les Évêques & les prêtres, comme nous venons de l'obſerver ; mais, dans tous les tems, la puiſſance ſpirituelle a été réſervée au ſacerdoce : dans tous les tems ce n'a été qu'en vertu de leur ordination que les Pontifes ont reçu le pouvoir des clefs. " L'Égliſe catholique, dit M. Boſſuet,
" parle ainſi au peuple chrétien : Vous êtes un État,
" un peuple, une ſociété, mais J. C., qui eſt votre
" Roi, ne tient rien de vous, & ſon autorité vient
" de plus haut. Vous n'avez naturellement non plus
" de droit de lui donner des miniſtres, que de l'inſ-
" tituer votre Prince. Ainſi ſes miniſtres qui ſont
" vos paſteurs, viennent de plus haut, comme lui-
" même, & il faut qu'ils viennent par un ordre qu'il
" ait établi. Le royaume de J. C. n'eſt pas de ce
" monde, & la comparaiſon que vous pouvez faire
" entre ce royaume & ceux de la terre, eſt caduque.
" En un mot, la nature ne vous donne rien qui ait
" rapport avec J. C. & ſon royaume ; & vous n'a-
" vez aucun droit, que celui que vous trouverez dans
" les loix ou dans les coutumes immémoriales de
" votre ſociété. Or ces coutumes immémoriales, à
" commencer par les tems apoſtoliques, ſont que les
" paſteurs, déja établis, établiſſent les autres... Le
" pouvoir qu'ils ont d'en-haut, eſt rendu ſenſible par
" l'impoſition des mains ; cérémonie réſervée à leur
" ordre. C'eſt ainſi que les paſteurs s'entre-ſuivent.
" J. C., qui a établis les premiers, a dit qu'il ſeroit
" toujours avec ceux à qui ils tranſmettroient leur
" pouvoir (a). "
Enfin lorſque la miſſion apoſtolique a été modifiée, lorſque l'exercice en a été ſuſpendu à l'égard de certains miniſtres ; ce n'a jamais été que par les Évêques, qui ſeuls l'avoient communiquée dans l'ordination, & non pas le peuple. Lorſque le gouverne-

_____

(a) Boſſ. Hiſt. des var. l. 15, n. 120, 121.

ment de quelques Pontifes a excité des murmures, c'est devant les Évêques que le peuple a porté ses plaintes ; c'est de leur tribunal qu'il en a attendu le jugement. Jamais, ni sur les points dogmatiques, ni sur les points de discipline, les Évêques n'ont appris du peuple ce qu'ils devoient croire, ou ce qu'ils devoient pratiquer ; ça toujours été au contraire de la bouche des Évêques que le peuple a reçu lui-même les décrets auxquels il étoit obligé de se conformer. Dans tous les tems cette maxime a servi de regle : Il faut instruire le peuple, non le prendre pour guide. *Docendus est populus non sequendus : nosque, si nesciunt, eos quid liceat quidve non liceat, commonere, non iis consensum præbere debemus* (a). Ce sont les paroles de S. Célestin. C'est la doctrine du Concile de Laodicée (59), l'un des anciens Conciles qui sont les plus respectés par les commentateurs de nos libertés (60).

Preuve tirée de l'unité de l'Église. 4°. La constitution du gouvernement ecclésiastique. Nous avons dit que la Puissance souveraine devoit être une. Mais, afin qu'elle soit telle, il faut que le corps dans lequel elle réside, puisse l'exercer, & l'exercer sans diviser le gouvernement, & sans dissoudre la société ; autrement, elle seroit une puissance illusoire, une puissance meurtrière, une puissance contraire à la sagesse divine. Mais, le peuple pourroit-il exercer la puissance ecclésiastique, & l'exercer sans diviser le gouvernement ? Oui, dira-t-on peut-être, parce que chaque Église particuliere sera subordonnée à l'Église nationale, & que les Églises nationales le seront à l'Église universelle, c'est-à-dire, à l'universalité des fideles. Mais, comment composer un tribunal de tout le monde chrétien ? Comment connoître avec certitude quelle est la décision de l'universalité ? Nous avons fait voir ailleurs, l'impossibilité de former un pareil tribunal d'une seule nation (b) ; seroit-il plus

---

(a) C. docendus *dist.* 62.　(b) V. ci-devant part. 2, ch. 4, §. 2.

facile de le former de tous les Chrétiens répandus dans l'univers, dont la moitié vit sous la domination de Princes hérétiques ou infideles ? Mais, s'il est impossible de former un pareil tribunal, comment distinguer la pluralité des suffrages, dans l'universalité des membres dispersés sur la face de la terre ? Si on ne peut la distinguer, il n'y a plus rien de fixe, plus de définition dogmatique, qui porte évidemment le caractere de jugement de l'Église universelle ; & l'autorité devient illusoire.

Seroit-il même possible d'assembler le tribunal d'une nation entiere ? J'interroge ici tout homme de bonne foi. Dira-t-on que les Églises particulieres s'assembleront alors pour former une décision, & que, des suffrages de toutes ces Églises, ou au moins de leur pluralité, il en résultera la décision de la nation entiere. Mais je demande encore si une pareille assemblée des fideles de tout un diocese, a jamais été pratiquée ? je demande au moins si elle est praticable ? Ne comptera-t-on que les suffrages de ceux qui s'assembleront ? Mais les autres ne sont-ils pas aussi juges, puisqu'ils sont du corps de l'Église ?

Je veux supposer cependant que toute une Église nationale puisse s'assembler ; quelle est la loi qui oblige les fideles à se soumettre à l'Église nationale ? Si cette loi existe, il faudra donc être Anglican en Angleterre, Calviniste à Geneve, Luthérien en Allemagne, & tout ce qu'on voudra en Hollande, pourvu qu'on ne soit pas catholique : ou bien il faudra examiner si l'Église nationale est d'accord sur la doctrine & sur les autres matieres, avec l'Église universelle, & tout ramener au jugement de l'esprit particulier. Ainsi les réfractaires auront toujours la liberté d'appeller des décrets les plus solemnels, à ce prétendu tribunal, pour se soustraire à l'obéissance.

Réfutation de l'Apologiste des jugemens rendus contre le schisme. L'Apologiste des jugemens rendus contre le schisme, tâche d'éluder la difficulté, en distinguant deux fortes de confentemens, de la part de l'Eglife, pour valider les actes de la jurifdiction épifcopale, l'un exprès, l'autre préfumé. « Ce dernier, dit-il, » exige qu'on fuive les regles de l'Eglife, qu'on » étudie fon efprit & fon vœu. L'autre fuppofe que » la caufe a été déférée aux Eglifes, & qu'après un » examen légitime, elles ont porté leur jugement. » L'un oblige d'attendre la décifion de l'Eglife, pour » y conformer fa conduite ; l'autre ne fait que pré- » fumer fon approbation. Le confentement exprès » n'eft pas néceffaire, au moins dans les cas ordi- » naires. Il n'eft pas même poffible de confulter le corps » entier, toutes les fois qu'il paroît à propos de fé- » parer quelqu'un de fa communion. . . . . Mais quoi- » que les Évêques foient préfentement autorifés à fe » décider par eux-mêmes, il eft toujours de leur devoir » de n'agir que conformément à ce que feroit le » Concile œcuménique, fi la caufe lui étoit déférée. » Et fi l'on refpecte les jugemens qu'ils portent ; c'eft » que le vœu général eft cenfé accompagner toutes » leurs démarches (a). » Arrêtons-nous ici un moment pour examiner la doctrine de l'auteur.

Il diftingue donc d'abord deux fortes de confen- temens, de la part de l'Eglife, dont l'*un* (exprès) *oblige d'attendre la décifion de l'Eglife, pour y confor- mer fa conduite ; l'autre ne fait que préfumer fon appro- bation. Ce dernier* confentement *exige*, felon lui, *qu'on fuive les regles de l'Eglife*, l'autre (c'eft-à-dire le con- fentement exprès) *fuppofe que la caufe a été déférée aux Eglifes & qu'elles ont porté leur jugement.*

Ainfi fuivant cette doctrine, le confentement ex- près *oblige d'attendre les décifions* de l'Eglife, & *fup- pofe*, en même-tems que les *Eglifes ont porté leur juge- ment*. Ainfi le confentement préfumé differe du con- fentement exprès, en ce que le premier exige qu'on fuive les regles de l'Eglife. Mais le confentement exprès

---

(*a*) Apol. des jugemens rendus contre le fchifme, tom. 2, p. 126, 127.

n'exige-t-il pas la même chose ? J'avoue que je n'entends rien à tout cela. C'est à notre Apologiste à nous l'expliquer. Il continue :

Le consentement exprès, n'est pas nécessaire, au moins dans les cas ordinaires. Il n'est pas même possible de consulter le corps entier, toutes les fois qu'il paroît à propos de séparer quelqu'un de la communion.

Eh bien ! qu'on nous dise donc dans quel cas le consentement exprès du corps entier de l'Eglise, est requis. Il est indispensable d'en être instruit, puisque le défaut de cette condition infirmeroit les décrets des Évêques, & même des Conciles généraux. Ces cas n'ayant point de regle fixe, chacun les étendra, ou les restreindra, suivant ses intérêts, pour affoiblir, ou pour faire valoir l'autorité des décrets. Ceux qui voudront se révolter contre les jugemens dogmatiques, ne manqueront pas d'alléguer le défaut d'un pareil consentement. Car si, pour valider une sentence qui sépare un membre de l'Eglise, ce consentement est quelquefois nécessaire ; il le sera, à plus forte raison, pour une infinité d'autres objets encore plus importans, tels que sont la sanction des canons, les définitions de foi, tout ce qui concerne le bien général du gouvernement ecclésiastique. Il faudra donc être approuvé du corps entier des fideles sur tous ces points, pour avoir droit sur leur obéissance.

Mais, puisque l'Apologiste enseigne qu'il est quelquefois nécessaire d'avoir le consentement exprès *du corps entier* des fideles, qu'il nous indique les moyens de les assembler pour recueillir leurs suffrages : sera-ce par la convocation des Conciles œcuméniques, où l'Eglise universelle est censée être réunie dans la personne des Évêques qui la représentent ? Sera-ce par l'unanimité du corps épiscopal, même hors de ces conciles ? Mais dans l'un & l'autre cas, je ne vois point le consentement *du corps entier* des fideles, dont l'auteur distingue l'autorité de celle des premiers pasteurs. D'ailleurs qu'il nous montre dans l'histoire de l'Église un seul exemple où l'Évêque ait été obligé de consulter les fideles de son diocese sur le gouvernement ecclésiastique, & de se conformer aux loix dictées par son peuple. Qu'il nous montre du moins qu'il ait jamais recueilli leurs suffrages, ou que leur improbation ait jamais infirmé son jugement. Qu'il nous fasse voir si jamais l'autorité du peuple a dirigé la croyance & l'administration de l'Évêque. Qu'il nous dise à quelle marque on reconnoîtra que les décrets des pasteurs sont conformes aux vœux des ouailles. Ils sont présumés l'être, me répondra-t-on : mais il s'agit des cas où le consentement exprès de l'Église universelle sera requis. Il s'agit sur-tout de définitions dogmatiques, où la simple présomption ne sauroit suffire, pour asseoir un acte de foi qui doit être fondé sur une certitude absolue.

Ce vœu même présumé, qu'est-ce qui le caractérisera. *Il exige*, dit notre Apologiste, *qu'on suive les regles de l'Église, qu'on étudie son esprit & son vœu : & si l'on respecte le jugement des Évêques, c'est que le vœu général est censé accompagner toutes leurs démarches.*

Nous convenons que les jugemens des Évêques doivent être conformes aux regles de l'Église. Mais doivent-ils être présumés conformes à ces regles par-là-même qu'ils sont émanés de l'autorité épiscopale, ou bien faudra-t-il examiner auparavant s'ils ont en effet cette conformité ? Dans le premier cas, les fideles seront toujours obligés d'obéir, & la propriété de la puissance qu'on leur attribue, deviendra illusoire. Dans le second cas, l'autorité épiscopale deviendra elle-même chimérique. Chaque fidele sera juge en dernier ressort des objets de l'administration. Il faudra qu'il examine si les décrets sont conformes à la doctrine de la Tradition, tout comme il le feroit, si les Évêques n'avoient point parlé : son obéissance à leurs ordres & à leurs réglemens dépendra toujours du jugement qu'il en portera lui-même. Dès-lors le droit du commandement disparoîtra, & la puissance spirituelle demeurera anéantie, ainsi que je l'ai prouvé (a).

De plus, quand est-ce que le peuple sera présumé avoir consenti ? sera-ce lorsqu'il ne réclame point ? Autre subterfuge. Car à quoi reconnoître cette réclamation ? Comment la distinguer du cri de la révolte & du fanatisme ? Ceux qui réclament sont-ils chargés de le faire au nom de tous ? Où est leur commission ? Comment se sont-ils assurés eux-mêmes du vœu général ? Ils le présument, parce qu'ils prétendent que les pasteurs ont abandonnés la vérité. Mais c'est aussi ce que prétendront tous les hérétiques. Or il n'est donc pas question de ce qu'on prétend, mais de ce qui est, & des titres qui nous en convainquent. Si chaque particulier peut réclamer au nom de tous contre la Puissance spirituelle, il n'y a plus de subordination. Faudra-t-il pour opérer une réclamation légitime, le désaveu d'un royaume entier ? Mais l'Angleterre, la Hollande, & plusieurs autres États de l'Europe, ont réclamé contre les canons du Concile de Trente. Faudra-t-il que l'on réclame de toutes les parties du monde chrétien ? Mais les Ariens ont réclamé de tout côté contre le Concile de Nicée. Cependant ces réclamations n'ont pas infirmé les actes des deux Conciles.

D'ailleurs, il n'y a que le vœu du plus grand nombre qui puisse être considéré comme formant le vœu de l'universalité. Or le plus grand nombre, parmi le peuple, reste toujours dans le silence, ou par ignorance, ou par docilité. Le plus grand nombre ne réclame donc jamais. Les clameurs ne prouvent donc rien. On sait que ce n'est pas le plus grand nombre qui fait le plus de bruit. Il ne faut souvent que l'enthousiasme de quelques fanatiques, pour étouffer la voix d'un peuple nombreux, parce qu'il est plus raisonnable & plus soumis. L'esprit de révolte emploie tous les moyens, le fiel des invectives, les noirceurs de la calomnie, les fureurs de la haine, les artifices de l'hypocrisie. Il éclate donc davantage que l'esprit de soumission, qui naît

_____
(a) Part. I, ch. 3, max. 2.

de l'humilité, de la douceur & de la charité chrétienne. Il fera cependant indifpenfable de reconnoître à des fignes certains, fi c'eſt véritablement le corps de l'Eglife, ou feulement une petite portion du troupeau, qui réfifte aux pafteurs, afin de ne pas confondre les accès du fanatifme, avec les gémiffemens des vrais fideles. Mais encore une fois comment le diftinguer ? Ainfi l'infaillibilité des décrets dogmatiques de l'Églife, fera toujours incertaine; & l'obéiffance à l'Églife, toujours arbitraire. C'étoit l'obfervation que faifoit un célebre magiftrat en déférant au Parlement de Paris le livre *du Témoignage de la vérité*, dont l'écrivain que nous combattons n'a fait que renouveller la doctrine, & qui fut flétri par l'affemblée du Clergé en 1715, & fupprimé par arrêt du Parlement.

„ Suivant cet auteur (du Témoignage de la vérité)
„ difoit le magiftrat, *c'eft à tout le corps* (de l'Églife)
„ *qu'il a été donné de conferver l'unité*, & *il eft évident*
„ *aux moins attentifs que le témoignage public du corps*
„ *de l'Églife*, qui eft, felon lui, la même chofe que
„ le corps des fideles, *eft la fouveraine loi du jugement*
„ *des Evêques*. C'eft ainfi qu'il dégrade les juges de la
„ foi, en faifant *dépendre effenciellement leur jugement*
„ *de l'aveu des peuples* : en regardant cet aveu comme
„ néceffaire *pour donner la force de loi à leur jugement*,
„ *& pour le rendre irrévocable ;* & faifant ainfi dépendre
„ *la loi de la foi* & la fûreté des promeffes, non du
„ jugement des Évêques, mais *du témoignage unanime*
„ *de tout le corps des fideles*, il tranfporte au troupeau
„ l'autorité que J. C. n'a confiée qu'aux pafteurs....
„ Vous voyez, Meffieurs, les conféquences dange-
„ reufes de ces principes. L'infaillibilité de l'Eglife
„ reconnue par l'auteur, comme un des principaux
„ fondemens de la Religion, comme la bafe, l'appui
„ & la colonne de la vérité, ne feroit plus dans fon
„ effet, qu'un fondement incertain & toujours prêt
„ à s'ébranler, dès qu'elle dépendroit d'une certitude
„ appuyée fur le confentement des peuples, fur une
„ notoriété qui paroît fouvent évidente aux uns,

» pendant que le contraire paroît souvent évident aux
» autres...... Par-là notre foi, dont le caractere est
» d'être établie sur la soumission, ne seroit plus fondée
» que sur une évidence arbitraire (a). »

Il est vrai que le vœu général du peuple accompagnera toujours les jugemens du corps épiscopal, parce que jamais le troupeau ne se séparera des pasteurs, & que le même esprit qui préside à l'Eglise pour la conserver, & pour la perpétuer jusqu'à la fin des siecles, donnera toujours au corps des fideles, la soumission pour croire & pour obéir; comme il donnera toujours au corps des pasteurs, la lumiere & la sagesse pour instruire & pour commander : la foi sera toujours inaltérable dans la bouche de celui-ci, elle sera toujours indéfectible dans le cœur de celui-là. Mais il s'agit de la prétendue autorité du corps des fideles, non de son indéfectibilité ; & si la croyance, si les vœux du corps des fideles sont toujours essenciellement conformes à la doctrine & aux décrets du corps des pasteurs ; il n'est plus besoin que d'écouter le corps des pasteurs pour nous assurer du consentement du corps des fideles.

2°. Il faut qu'il y ait subordination à l'autorité, pour former une unité dans le gouvernement. Or J. C. a subordonné le peuple aux Evêques. Il a recommandé aux uns d'obéir à ceux qui étoient préposés à leur gouvernement : *Obedite præpositis vestris & subjacete eis* (b). Il a dit aux autres: *Celui qui vous écoute, m'écoute ; & celui qui vous méprise, me méprise* (c). Tous les Peres ont rappellé les fideles au devoir de l'obéissance qui leur étoit prescrite à l'égard des premiers pasteurs (d). Ceux-ci doivent donc servir de guides, non se laisser conduire. Les ouailles doivent donc obéir & non commander. *Docendus est populus non sequendus : nosque, si nesciunt, eòs quid liceat quidve*

(a) Réquis. de Mr. Joli de Fleuri, avocat-gén. au Parl. de Paris, du 21 Fév. 1715 : voy. le Recueil d'arrêts, imprimé en 1753, en 3 v., t. 3, p. 45, &c.

(b) Heb. XIII, 17.
(c) Luc. X, 16.
(d) V. ci-dev. dans ce même §. & le §. suivant.

non liceat, commonere, non iis confenfum præbere debemus (a). Mais, en fuppofant que le peuple ait la propriété de la puiffance fpirituelle, les pafteurs ne font plus que les fimples miniftres de cette puiffance: *ils doivent être avoués de lui* (b); ils ne fauroient agir *comme fes miniftres, fans agir en fon nom, & de fon confentement*, foit qu'ils baptifent, foit qu'ils créent des Pontifes, qu'ils donnent miffion, qu'ils lient ou qu'ils délient, qu'ils publient des réglemens, qu'ils forment des décrets dogmatiques. Toutes ces conféquences font avouées de l'Apologifte des jugemens rendus contre le fchifme (c). Le peuple aura donc le droit de leur demander compte de leur adminiftration, de la réformer, de les dépofer. C'eft encore le fyftême des Richériftes. Ce fera donc au peuple à commander, & aux pafteurs à obéir. Ce fera donc le peuple qui jugera en dernier reffort de la validité des décrets. Ce fera le peuple qui autorifera, ou réformera les actes de la puiffance ecclefiaftique; je dis le peuple, c'eft-à-dire le laboureur, l'artifan, l'ignorant, les femmes, ceux qui favent à peine les premiers élémens de leur Religion; ce qui forme le très-grand nombre du monde chrétien. Or ceux-ci étant établis les juges des pafteurs, la fubordination eft détruite, & l'unité rompue; la confufion & l'indépendance s'introduifent par-tout.

Ce fyftême de propriété *prépare donc la voie à l'Antechrift, & met en pieces le Chriftianifme*. Ce font les expreffions de M. Boffuet (d). A l'abri de ce fyftême, l'héréfie aura donc toujours le moyen de fe fouftraire à l'autorité des décrets de l'Église les plus folemnels. *De ce fyftême*, difent les cinquante avocats confultans en faveur de M. de Soanen, *de ce fyftême, que la plénitude du pouvoir & d'infaillibilité, ne réfide que dans l'Église univerfelle, naît la conféquence que les premiers*

(a) Can. docendus *dift.* 62.
(b) Apolog. des jugemens rendus contre le fchifme, tom. 2, p. 981.
(c) Ib. p. 113.
(d) Hiftoire des var. l. 15, n. 121.

pasteurs, ni le Pape même n'est infaillible, & ne peut s'arroger le droit de soumettre les autres à sa décision particuliere. Delà cette multitude de sectes qui se sont élevées dans le sein de la Religion Prétendue-Réformée, & sur-tout en Angleterre ; & depuis qu'on a mis entre les mains du peuple la propriété du pouvoir épiscopal, Calvin & Capiton ne voient plus d'autre moyen, pour ramener l'ordre dans leur nouvelle Église, que de redonner aux Évêques leur ancienne puissance (61). *Plût-à-Dieu*, s'écrie Melanchton, *que je puisse, non pas infirmer la domination spirituelle des Évêques, mais en rétablir la domination ; car je vois quelle Église nous allons avoir, si nous renversons la police ecclésiastique. Je vois que la tyrannie sera plus insupportable que jamais.* (a).

C'est ainsi que l'hérésie, prétendant établir l'unité dans le gouvernement, introduit par-tout le germe de la division & de la révolte. Nous avons vu que, sous prétexte de conserver l'unité, elle vouloit réunir les deux Puissances dans la personne du magistrat politique, & que par-là-même, elle divisoit l'Église en autant de portions qu'il y avoit de peuples. Ici elle allegue au contraire l'unité de l'Église, pour en inférer que tous les fideles, comme membres d'un même corps, participent à la puissance ecclésiastique, & par-là encore elle divise l'Église, parce que le corps des fideles ne pouvant jamais porter de jugement d'une maniere assez authentique, ni assez caractérisée pour être évidemment apperçue, l'autorité du corps reste toujours muette, ou du moins toujours équivoque ; & laisse à chaque peuple, chaque Église, le droit de décider, de statuer & de réformer, avec une pleine indépendance.

Je dis plus encore : Le même systême de propriété, après avoir divisé l'Église, divisera aussi la monarchie, qu'on sembloit vouloir affermir par l'attribution d'un pouvoir étranger. Le peuple prétendra être pro-

---

(a) Melancht. l. 4, epist. 104.

priétaire de la puissance souveraine dans le gouvernement civil, comme dans le gouvernement ecclésiastique; il prétendra être en droit de se faire rendre compte de l'administration temporelle, & de déposer ses Rois. Nous venons de voir (*a*) que le Prince en a senti les conséquences en proscrivant cette doctrine, non-seulement comme *opposée à celle de l'Eglise*, mais encore comme *contraire aux loix de l'État*. Delà en effet cette maxime détestable de Richer, *que les États du royaume étoient indubitablement au-dessus du Roi, & que Henri III, qui avoit violé la foi en face des États, avoit été justement tué* (62).

Mais si l'autorité épiscopale est nécessaire au gouvernement ecclésiastique; s'il est indispensable que cette autorité soit non subordonnée au peuple, mais qu'elle lui commande : il suit qu'elle est d'institution divine; car J. C., en formant son Église, doit lui avoir donné une constitution conforme à la nature de son gouvernement; il suit encore que les Évêques, étant indépendans du peuple dans leur administration, ce n'est point du peuple, mais de Dieu qu'ils tiennent immédiatement leur puissance; il suit qu'ils en ont, non-seulement l'exercice, mais encore la propriété. Quel prétexte restera-t-il donc aux Novateurs pour soutenir une doctrine si évidemment contraire aux livres saints, à la foi des Peres, à la pratique de l'Église, à l'unité de son gouvernement ? Le voici.

Autres objections. Les pasteurs sont les ministres de l'Église. Ils n'agissent donc qu'en son nom, & en vertu de l'autorité qu'elle leur a communiquée. On dit tous les jours que l'Église enseigne, que l'Église décide, que l'Église commande, &c. C'est à l'Église que J. C. nous ordonne de déférer les pécheurs incorrigibles. *Dic Ecclesiæ.* Elle a donc un tribunal. Or l'Église comprend tous les fideles. Les Peres lui appliquent les promesses que J. C. a faites à ses Apôtres, comme représentant le nouveau peuple dont il

---

(*a*) V. ci-dev. au même §. p. 68.

les inftituoit les pafteurs. Selon S. Auguftin, c'eft en vertu des gémiffemens & des prieres de l'Églife, que fes miniftres conferent la grace. Toftat & Van-Efpen enfeignent qu'elle a reçu de Dieu le pouvoir des clefs pour être exercé par fes pafteurs. " La faculté de Paris
" a mis au rang des maximes indubitables, celle qui
" attribue au corps de l'Églife, par l'inftitution même
" de J. C., l'autorité d'excommunier. Elle s'en ex-
" plique ainfi dans les célebres articles qu'elle dreffa
" contre Luther (*a*). " Les Apôtres rendent compte eux-mêmes de leur adminiftration devant l'affemblée des fideles. Ils proteftent qu'ils ne veulent pas dominer fur la foi de leurs freres. Les premiers Évêques confultoient leur peuple fur les objets de leur gouvernement. Les fimples particuliers avoient la liberté de s'élever contre les Évêques eux-mêmes, lorfqu'ils prévariquoient. Le concile d'Éphefe applaudit au zele d'Eufebe de Dorilée, qui, n'étant encore que laïque, avoit attaqué les erreurs du Patriarche de Conftantinople. Le Pape S. Victor excommunia les Évêques d'Afie pour avoir refufé de fe conformer à l'ufage de l'Églife Romaine fur la célébration de la Pâques: S. Étienne fépara S. Cyprien & les autres Églifes d'Afrique de fa communion, pour avoir perfifté dans leurs erreurs, au fujet du baptême des hérétiques: cependant les Évêques excommuniés par ces deux Papes, ne furent jamais regardés comme féparés de la communion de l'Églife, à caufe du défaveu qu'elle fit de l'excommunication prononcée. Il n'eft pas néceffaire d'une loi expreffe pour admettre un pareil pouvoir dans le peuple, il fuffit de la loi générale qui attribue à toutes les fociétés parfaites, les pouvoirs néceffaires pour maintenir l'ordre au milieu d'elles & pour conferver leur exiftence. Cette loi primitive fait leur titre. Ainfi raifonnent les Richériftes. A cela voici ma réponfe.

Réponfe. 1°. Expliquons le terme de *miniftres de l'Églife*. Signifie-t-il qu'ils font les députés de l'Églife

---

(*a*) Apol. des jugemens rendus contre le fch, tom. 2, p. 95.

universelle, qu'ils agissent en son nom, & en vertu de l'autorité qu'ils en ont reçue ? C'est-là ce qu'on suppose, & précisément ce qu'il faudroit prouver. Les enfans d'Aaron étoient les ministres de la Synagogue ; cependant ce n'étoit point des Juifs, mais de l'institution divine qu'ils avoient reçu les pouvoirs du sacerdoce. *J. C. a été le ministre de la Circoncision* (a), c'est-à-dire du peuple circoncis ; oseroit-on soutenir qu'il tenoit sa mission de la nation juive ? Les pasteurs sont donc les ministres de l'Église, seulement en ce sens, qu'ils sont établis au milieu d'elle, pour y exercer un ministere qui tient à la nature de sa propre constitution, & qui n'a été institué que pour elle ; ministere qu'on peut appeller, selon la plus grande exactitude, le ministere de l'Église, parce que les pasteurs & l'Église ne forment qu'un seul corps avec elle ; & que toutes les propriétés des membres peuvent être attribuées en général au corps entier. C'est par cette raison qu'on dit de l'homme, qu'il voit, qu'il parle, qu'il marche ; quoique ces fonctions ne soient tellement propres qu'à certains membres. C'est par cette raison qu'on dit que l'homme pense, qu'il veut ; quoique la pensée & la volonté ne soient que des opérations de l'ame. C'est encore en ce sens, qu'on défere à l'Église les pécheurs incorrigibles, quand on les défere aux pasteurs qui en composent le sénat. C'est en ce sens, qu'on dit que les clefs de S. Pierre ont été données à l'Église, parce qu'il étoit le chef de l'Église universelle, avec laquelle il ne composoit qu'un même tout.

2°. S. Augustin enseigne que les prieres du peuple fidele donnent l'efficacité au ministere apostolique : & on conclud de ce sentiment, qui est particulier à ce Pere, & qui par cette raison ne peut être regardé que comme une simple opinion ; on en conclud, dis-je, que c'est au nom & par la puissance de l'Église universelle que les Évêques administrent les choses saintes. Fausse conséquence. Un Protestant avoit fait la même objec-

---

(a) Rom. XV, 8.

tion (*a*). M. Nicole lui-même y a répondu (*b*), en diſtinguant, ſelon ce Pere, le pouvoir miniſtériel du pouvoir d'impétration. Les fideles obtiennent par leurs gémiſſemens les graces attachées au miniſtere ſacré : les paſteurs diſpenſent ces graces en exerçant le pouvoir de lier & de délier, qui leur a été donné immédiatement par J. C. Rien en cela qui puiſſe favoriſer le Richériſme.

3°. Toſtat n'a jamais fait autorité parmi les Théologiens ; & l'Apologiſte nous diſpenſera de mettre Van-Eſpen, Antoine Arnaud, l'auteur de la gazette eccléſiaſtique, & d'autres ſemblables écrivains qu'il nous cite (*c*), au rang des docteurs de l'Égliſe.

4°. La Faculté de Théologie de Paris qui avoit condamné ſi ſolemnellement le Richériſme dans Marſille de Padoue, dans Luther dans Richer & dans Antoine de Dominis, ſe ſeroit-elle donc contredite elle-même, en adoptant leur ſyſtême ? Non ſans doute. La Faculté enſeigne que *l'Égliſe a reçu de J. C. la puiſſance d'excommunier*, & la propoſition eſt vraie, parce que, comme nous l'avons déja prouvé, on peut attribuer à l'Égliſe en général, les pouvoirs qui ſont propres à une partie de ſes membres. Mais l'écrivain a traduit : *Le corps de l'Égliſe a reçu de J. C. la puiſſance d'excommunier* (63), & la propoſition devient alors captieuſe, en ce qu'elle ſemble faire entendre que cette puiſſance a été donnée en propriété à tout le corps.

5°. S. Pierre rend compte de ſa conduite dans l'aſſemblée des fideles, parce que l'apoſtolat eſt un miniſtere d'humilité, de douceur & de charité, comme il eſt un miniſtere de force, de puiſſance & de ſageſſe. Mais expoſer devant ſes inférieurs les raiſons de ſa conduite, & la juſtifier contre les murmures de la prévention ; conſulter ſoi-même, pour inſtruire ſa

_____

(*a*) Le miniſtre Jurieu.
(*b*) Nicole, Unité de l'Égliſe, ch. 14.
(*c*) Apol. des jugemens rendus contre le ſchiſme, tom. 2, p. 95.

religion, & pour agir avec plus de prudence, ce n'est point certainement renoncer à l'autorité ; c'est lui donner une nouvelle force, en la faisant aimer, & en préparant ainsi les cœurs à l'obéissance. » Il falloit » que le premier des Apôtres montrat à tous les » pasteurs qu'ils ne doivent jamais rejeter avec dé- » dain, ou avec dureté, les plaintes injustes de leurs » inférieurs ; qu'en supportant & en instruisant les » foibles, ils s'honorent, bien loin de se dégrader; » & que, si l'autorité politique, toute dominatrice » qu'elle est, & sans préjudice de ce droit de domi- » nation, se croit quelquefois obligée d'exposer les » motifs de sa conduite ; à plus forte raison un mi- » nistere établi pour le salut des ames, n'a rien à » perdre dans cette exposition du pouvoir qu'il tient » uniquement de Dieu. » Ce sont les paroles d'un docte Prélat (a) qui, en traçant les devoirs de l'épiscopat, nous fait, sans le savoir, le portrait de son propre cœur.

6°. Quoique S. Paul ne voulut point dominer sur la foi des Chrétiens, il exigeoit pourtant qu'ils crussent à la parole sainte qu'il leur avoit annoncée, & qu'ils disent anathême à un ange-même du ciel qui leur enseigneroit un autre Évangile. Il statuoit sur ce qui concernoit le gouvernement ecclésiastique ; il décidoit, il commandoit, il punissoit, sans attendre que le consentement des fideles, ratifiat les actes d'autorité qu'il exerçoit. Il exigeoit leur soumission au lieu d'attendre leur jugement. S. Cyprien lui-même, quoiqu'il fut dans l'usage de consulter son clergé & son peuple, sur les affaires de son Église, leur laissoit-il le droit de décider ? Ses lettres nous apprennent que c'étoit par son autorité seule que tout se régloit, & qu'il s'élevoit avec force contre ceux qui vouloient se soustraire à son obéissance. Ce n'étoit donc point exercer le pouvoir de domination, que d'exercer le droit de commandement.

(a) M. de Pompignan, Évêq. de l'assemblée de 1765, in-4º. du Puy, dans sa défense des actes part. 2, ch. 2, p. 172.

7°. Les simples fideles ont toujours eu la liberté de combattre les erreurs & les vices, mais comment ? Est-ce en jugeant & en réformant eux-mêmes ? Non: mais en portant leurs plaintes pardevant les tribunaux ecclésiastiques. Eusebe de Dorilée attaque le Nestorianisme, mais ce n'est pas l'autorité d'Eusebe, c'est le décret du concile d'Éphese qui décide.

8°. Les censures décernées par les Papes S. Victor & S. Étienne ont été objectées mille fois par les Protestans, & en particulier par le ministre Jurieu (*a*). Les Richéristes n'ont fait que copier les hérétiques, mais leur raisonnement, pour être répété, en acquiert-il plus de solidité ? Car premièrement, en supposant le décret d'excommunication, il faudroit prouver qu'il fut devenu invalide par le désaveu du peuple, & nos adversaires ne citent que l'improbation des Évêques (*b*). Secondement est-il bien vrai que les décrets aient véritablement existé ? Des faits si constamment affirmés, en preuve d'un point de doctrine aussi essenciel, devroient au moins être vérifiés. Portons un moment le flambeau de la critique sur cet article. La discussion n'en sera ni longue, ni difficile.

Le 24me chapitre du vme livre de l'histoire ecclésiastique d'Eusebe, porte véritablement en titre : Comment Victor, Évêque de l'Église Romaine, sépara les Églises d'Asie de sa communion. *Quomodo Victor Ecclesiæ Romanæ Episcopus, omnes Asiæ Ecclesias à communione excluserit*. Mais un titre ne prouve rien par lui-même ; & il ne se trouve pas même dans l'original grec. Lisons le corps du chapitre : j'y vois seulement que Victor proposa aux autres Évêques de se séparer de la communion des Églises d'Asie. *Totius Asiæ Ecclesias à communitate Ecclesiæ amputare conatur, atque adeo omnes fratres eam incolentes regio-*

(*a*) V. le Traité de l'Unité de l'Église, par M. Nicole.

(*b*) Ils citent entre autres la lettre que S. Irénée écrivit au Pape S. Victor, au nom des Évêques des Gaules, rapportée dans Eusebe, hist. 1, l. 5, ch. 24.

nem, prorsùs à communione fecludendos edixit. Le Pontife, dans la crainte d'irriter le mal par un excès de févérité, ne fait que propofer fon deffein aux autres Évêques. Les Évêques des Gaules le défapprouvent, & nous ne voyons point qu'il ait paffé outre.

Le Pape S. Étienne fe borne aux fimples menaces à l'égard de S. Cyprien. ,, Il ne fe contenta pas, dit ,, Mr. de Tillemont, de rejeter l'opinion de S. Cyprien, ,, ou même de le réfuter, il ufa de commandement & de ,, menaces, pour lui faire quitter fon fentiment, & dé- ,, clara que ceux qui le fuivroient, devoient être ex- ,, communiés, ou, comme parle Facundus, il lui ,, dénonça que ceux qui feroient affez hardis pour ,, rebaptifer les hérétiques, feroient chaffés de l'É- ,, glife (*a*). ,, Mais ce n'eft-là qu'une menace. Il eft vrai que le Pape refufa de communiquer avec les Évêques d'Afrique députés à Rome; mais de pareils refus n'étoient par eux-mêmes, qu'une marque public d'improbation, & non pas effenciellement une fuite de l'excommunication (*b*).

9°. On nous dit qu'en vertu de la loi générale & conftitutive de toute fociété parfaite, la fouveraineté appartient au peuple en propriété. On le dit, & on ne le prouve point. Cependant, une pareille maxime qui décide du droit des fouverains, devroit être démontrée ; & nous l'avons déja amplement réfutée (*c*). Mais quand même elle feroit vraie par rapport à l'ordre civil ; quelle induction pourroit-on en tirer pas rapport au gouvernement de l'Église, qui étant d'un ordre furnaturel, a reçu de fon divin Auteur ; une conftitution particuliere dont il ne faut chercher les principes & les regles que dans la Révélation.

(*a*) Till. Hift. Eccl., tom. 4, art. 47, p. 149, in-4to.
(*b*) V. le ch. fuivant, §. I.
(*c*) V. ci-dev. part. 2, ch. 4 §. I.

§. III.

La souveraine puissance du gouvernement spirituel, ne réside de droit divin, que dans l'épiscopat, exclusivement aux prêtres. Cette proposition approche de la foi.

SUpériorité de la puissance épiscopale prouvée par *l'Écriture-Sainte.* La souveraine puissance, dans l'ordre du gouvernement spirituel, ne réside que dans ceux à qui les autres ministres sont subordonnés dans l'exercice de leurs fonctions. Or, dans tous les tems, tous les ministres de l'Église ont été subordonnés aux Apôtres, & aux Évêques qui leur ont succédé. S. Paul écrit à Tite, qu'il l'a laissé à Crete, pour y établir l'ordre nécessaire (*a*). Il avertit Timothée de ne recevoir d'accusation contre un prêtre, que sur la déposition de deux ou trois témoins. *Adversus presbyterum accusationem noli accipere, nisi sub duobus aut tribus testibus* (*b*). C'est par ces paroles que S. Épiphane prouve contre Aerius la supériorité des Évêques sur les prêtres. " Les » premiers, dit-il, donnent des prêtres à l'Église par » l'imposition des mains; les autres ne lui donnent que » des enfans par le baptême. Eh comment l'Apôtre » auroit-il recommandé à un Évêque de ne point re- » prendre un prêtre avec dureté, & de ne pas recevoir » légèrement des accusations contre lui, si l'Évêque » n'étoit supérieur aux prêtres (64)? "

Prenez garde à vous, & au troupeau sur lequel le S. Esprit vous a établis Évêques, pour gouverner l'Église de Dieu, disoit encore S. Paul aux premiers pasteurs qu'il avoit convoqués à Milet. *Attendite vobis & universo gregi in quo vos Spiritus Sanctus posuit Episcopos regere Ecclesiam Dei* (*c*). Lucifer de Cagliari

---

(*a*) Tit. I, 5.   (*c*) Act. XX, 28.
(*b*) I Tim. V, 19.

rappelle ces paroles à Constance, pour le faire souvenir que les Évêques étant préposés par J. C. au gouvernement de l'Église, ils doivent en écarter les loups (65). Les Papes S. Célestin & S. Martin appliquent aux Évêques les termes de l'Apôtre. *Respiciamus illa nostri verba Doctoris, quibus propriè apud Episcopos utitur ista prædicens* : Attendite, *inquit*, vobis & universo gregi, &c. (*a*). *Et maximè præceptum habentes apostolicum, attendere nos ipsos & gregi in quo nos* Spiritus Sanctus posuit Episcopos, &c. (*b*).

Supériorité de la puissance épiscopale prouvée par les Peres. Par la même raison, les Peres de l'Église recommandent aux prêtres, le respect & l'obéissance à l'égard des premiers pasteurs. Obéir à l'Évêque avec sincérité, dit S. Ignace, c'est rendre gloire à Dieu qui l'ordonne : tromper l'Évêque visible, c'est insulter à l'Évêque qui est invisible (66). Ce Pere défend de rien faire de ce qui concerne l'Église, sans le consentement de l'Évêque. *Sine Episcopo nemo quidpiam faciat eorum quæ ad Ecclesiam spectant* (*c*). Selon Tertullien, les prêtres & les diacres ne doivent conférer le baptême qu'avec la permission de l'Évêque : *Non tamen sine Episcopi auctoritate propter Ecclesiæ honorem* (*d*). Les canons apostoliques prescrivent la même regle ; & la raison qu'ils en donnent, c'est que " l'Évêque étant " chargé du soin des ames, est comptable à Dieu " de leur salut. " *Presbyteri & diaconi sine sententia Episcopi, nihil perficiant. Ipse enim est cujus fidei populus est creditus, & à quo pro animabus ratio exigetur* (*e*).

S. Cyprien nous apprend que l'Évangile a soumis les prêtres à l'Évêque dans le gouvernement ecclésiastique (67). Il se plaint de ceux qui communiquent avec les pécheurs publics, avant qu'il les ait réconciliés (68). Il fait souvenir les diacres que les Évêques

---

(*a*) Tom. 3, concil. Labb. F. 615.
(*b*) Ib. tom. 6, concil. Laterau. ann. 649, p. 94.
(*c*) S. Ignat. Epist. ad Magnes. n. 8.
(*d*) Tert. de Baptismo, cap. 17.
(*e*) Can. 38.

font les succeſſeurs des Apôtres prépoſés par le Seigneur au gouvernement de l'Egliſe (69).

Le concile d'Antioche, tenu en 341, enſeigne que " tout ce qui regarde l'Égliſe, doit être adminiſtré ſelon " le jugement, & par la puiſſance de l'Évêque, chargé " du ſalut de tout ſon peuple (70). "

Selon le concile de Sardique (*a*), les miniſtres inférieurs doivent à l'Évêque une obéiſſance ſincere, comme ceux-ci lui doivent un véritable amour (71). Manquer à cette obéiſſance, c'eſt tomber dans l'orgueil, dit S. Ambroiſe, c'eſt abandonner la vérité (72).

Selon S. Cyrille d'Alexandrie, les prêtres doivent être ſoumis à leur Évêque, *comme des enfans à leur pere* (73), & ſelon S. Céleſtin, ils doivent lui être ſoumis *comme des diſciples à leur maître* (74). Innocent III recommande au clergé de Conſtantinople *de rendre à leur Patriarche, l'honneur & l'obéiſſance canonique, comme à leur pere & à leur Évêque* (75).

Le concile de Chalcédoine porte expreſſément, que les clercs prépoſés aux hôpitaux, & ceux qui ſont ordonnés pour les monaſteres & les baſiliques des martyrs, ſeront ſubordonnés à l'Évêque du lieu, conformément à la Tradition des Peres ; & il décerne des peines canoniques contre les infracteurs de cette regle (76). Le concile de Coignac, & le premier de Latran défendent aux prêtres d'adminiſtrer les choſes ſaintes ſans la permiſſion de l'Évêque (77). Les Capitulaires de nos Rois rappellent les mêmes maximes (78). Le concile de Trente ſuppoſe évidemment cette loi, lorſqu'il enſeigne que les Évêques ſont les ſucceſſeurs des Apôtres, qu'ils ont été inſtitués par l'Eſprit-Saint, pour gouverner l'Égliſe, & qu'ils ſont au-deſſus des prêtres (79).

Enfin les Peres de l'Égliſe, que nous avons cités ſur l'inſtitution des deux Puiſſances, ne diſtinguent point la juriſdiction ſpirituelle de la juriſdiction épiſcopale. *Dans les affaires qui concernent la foi ou l'ordre ec-*

_____

(*a*) En 347.

cléfiaftique, c'eft à l'Évêque à juger, dit S. Ambroife (*a*). Léonce reproche à Conftance de vouloir régler les matieres qui ne competent qu'aux Évêques. C'eft aux Pontifes, difent les Papes Nicolas I & Symmaque, que Dieu a commis l'adminiftration des chofes faintes (*b*).

Concluons donc d'après une tradition fi conftante, fi unanime, fi folemnelle, fi ancienne, que non-feulement l'Évêque a fur les prêtres une fupériorité de jurifdiction, mais encore, que cette fupériorité eft d'inftitution divine, puifqu'elle a commencé avec les Apôtres; que les Évêques l'exercent comme fucceffeurs des Apôtres; que les Peres & le concile de Trente en particulier, enfeignent qu'elle dérive de la puiffance que J. C. a donnée aux Apôtres, & de la miffion que les Évêques ont reçue de J. C. pour gouverner l'Églife; puifqu'enfin dès les premiers fiecles, les Peres, les Canons, les Conciles fuppofent toujours cette fupériorité comme conftante, comme généralement reconnue, fans qu'on trouve aucune trace de fon inftitution que dans les livres faints.

Supériorité de la puiffance épifcopale, néceffaire à l'unité de chaque Églife particuliere. Ajoutons que cette fupériorité de jurifdiction, eft néceffaire au gouvernement eccléfiaftique. Car il faut un chef dans chaque Églife particuliere, avec l'autorité du commandement, pour réunir tout le clergé, & pour le diriger felon les mêmes vues. Qu'on rompe cette unité, il n'y a plus d'ordre. S. Cyprien (80) & S. Jérôme (81) nous annoncent dès-lors le fchifme & la confufion, parce qu'il n'y a plus de fubordination. A peine la Réforme a-t-elle fecoué le joug de l'épifcopat, que la divifion s'introduit parmi les nouveaux fectaires, avec l'indépendance. L'efprit humain n'a plus de frein dès que les Évêques n'ont plus de jurifdiction. Melanchton en gémit (*c*). Dans l'un des douze articles qu'il préfente

---

(*a*) *S. Amb. l.* 2, *Epift. 13*, alias 32.
(*b*) *Nicol. ad Michael. Imp.*
— *Symm. Papa contra Anaftaf. Imper.*
(*c*) *Melancht. l.* 1, *Epift.* 17.

à François I, il reconnoît que les ministres de l'Église sont subordonnés aux Évêques; que ceux-ci *doivent veiller sur leur doctrine & sur leur conduite; & qu'il faudroit les instituer, s'ils ne l'étoient déja* (82). Il est vrai qu'il n'attribue leur institution qu'au droit ecclésiastique : mais dès qu'on reconnoît la nécessité d'une supériorité de jurisdiction, dit M. Bossuet (*a*), peut-on nier qu'elle vienne de Dieu-même ? J. C. en fondant son Église pourroit-il avoir négligé d'y établir l'ordre nécessaire à son gouvernement ?

„ Telle est l'éminence de la dignité épiscopale au-
„ dessus de la sacerdotale, disoit un auteur qui,
„ malgré ses erreurs, a pourtant défendu avec zele les
„ droits de l'Apostolat, telle est l'éminence de la di-
„ gnité épiscopale, que la dignité sacerdotale, ne ren-
„ ferme ni n'exige aucune jurisdiction par sa nature,
„ étant moins parfaite & subordonnée à la dignité épis-
„ copale, par la volonté de laquelle elle doit se gou-
„ verner & s'appliquer aux fonctions ecclésiastiques,
„ conformément aux canons, sans jamais rien entre-
„ prendre au-delà. Au lieu que la dignité épiscopale
„ étant élevée à un degré éminent, & étant par-
„ faite dans son genre, comprend nécessairement une
„ puissance de jurisdiction. Car il est aussi impossible
„ qu'elle existe sans jurisdiction, qu'il est impossible
„ de conserver la dignité royale, à laquelle les Peres
„ comparent quelquefois l'épiscopat, sans le droit de
„ commandement. Les Évêques mêmes qui se sont dé-
„ mis entre les mains de l'Église, pour mener une vie
„ privée, conservent encore une partie de leur ju-
„ risdiction, qu'ils ne peuvent exercer seuls à la vé-
„ rité, parce qu'ils n'ont point de peuple, mais qu'ils
„ exercent conjointement avec le corps épiscopal, dans
„ les conciles provinciaux ou généraux, où ils ont droit
„ de suffrage en qualité de vrais juges de l'Église. De
„ cette maniere, ils exercent leur jurisdiction & sur les
„ Églises particulieres & sur l'Église universelle (83).

(*a*) Hist. des Var. t. 5, n. 27.

Supériorité de la puissance épiscopale prouvée dans le détail de ses principales fonctions. Ne nous bornons pas à faire voir en général la supériorité de la puissance que J. C. a donnée aux premiers pasteurs sur les autres ministres ; analysons encore en particulier les pouvoirs de l'épiscopat. Je les réduis à quatre ; pouvoir *d'institution*, *d'enseignement*, de *législation* & de *jurisdiction*. Voyons comment, dans l'exercice de ces pouvoirs, les Évêques ont toujours joui d'une plénitude d'autorité, à l'égard des ministres inférieurs.

Pouvoir d'institution. 1°. Depuis l'origine de l'Église ce n'a jamais été que de la main de l'Évêque que les Prêtres ont reçu, avec le caractere sacerdotal, la mission ecclésiastique. Au commencement, ceux-ci n'avoient pas besoin d'autre mission pour exercer leurs fonctions. Dans la suite, lorsque les dioceses ont été divisés en plusieurs paroisses, lorsqu'on a assigné à chaque paroisse ses pasteurs particuliers, & qu'il a fallu par conséquent, outre la mission générale, que les prêtres avoient en vertu de leur ordination, une mission plus expresse, pour réduire leur pouvoir en exercice à l'égard d'un certain peuple en particulier, c'est encore des Évêques seuls qu'ils l'ont reçue, soit par de simples commissions révocables, soit par une institution qui formoit un titre inamovible. Eh ! à qui ce droit pouvoit-il appartenir, sinon à ceux qui, en vertu de leur caractere, avoient déja donné la premiere mission ? C'est par cette même raison que les clercs qui ont exercé les fonctions d'un bénéfice, sans avoir reçu cette mission, ont toujours été regardé comme coupable d'un crime pareil à celui d'hérésie (a), & que, par-là-même, ils ont été déclarés incapables de tout droit à leurs bénéfices (b). Dans les premiers siecles de l'Église, l'Évêque seul administroit la sainte Eucharistie (84) & le Baptême (85) ; il réconcilioit les pécheurs publics (86), il annonçoit la parole de

_____

(a) Sidon. hist. l. 2, c. 23.   patron. C. cum qui *de præb.* &
(b) C. Relatum *extra de jure   dign. in 6.*

Dieu, & personne ne pouvoit faire ces fonctions que de son exprès consentement (87). Enfin jamais les prêtres ne les ont exercées en vertu de la mission donnée par d'autres prêtres, à moins que ceux-ci n'eussent reçu de l'Évêque le pouvoir de déléguer.

S. Cyprien expliquant l'économie du gouvernement ecclésiastique par rapport à la succession des pasteurs, rappelle ces paroles de J. C. *Tu es Pierre, & sur cette pierre*, &c.; & il ajoute : ,, C'est ici la source ,, de la succession épiscopale, qui s'est perpétuée en ,, vertu de l'ordination ; en sorte que, suivant la loi ,, divine, l'Église universelle, qui dérive entiere de ,, cette premiere mission, est fondée sur les Évêques, ,, chaque Évêque étant responsable de sa conduite au ,, corps épiscopal qui compose le tribunal de l'É- ,, glise(88).,,Les Papes S. Sirice & S. Innocent enseignent que l'apostolat & l'épiscopat en J. C., ont commencé par S. Pierre, *Per quem* (sanctum Petrum) *Apostolatus & episcopatus in Christo cœpit exordium* (a). C'est donc en vertu de l'institution divine que les Évêques conferent à tous les ministres le pouvoir de faire les fonctions sacrées.

Par une suite de la même puissance, ce n'a jamais été que par les Évêques que les ministres de la Religion ont été jugés & dépouillés de l'exercice de leurs fonctions lorsqu'ils ont prévariqué. Tertullien rapporte que l'Apôtre S. Jean déposa un prêtre d'Asie, pour avoir supposé les faux actes de S. Thecle (b). Marcion fut déposé par son pere qui étoit Évêque ; Arius le fut par S. Alexandre, Évêque d'Alexandrie. Les constitutions apostoliques supposent ce droit établi (89). *Les fautes des clercs*, dit Yves de Chartres, *doivent être punies par la censure des Évêques* (c). Le second concile de Carthage regle le nombre des Évêques qui doivent composer le tribunal pour juger un Évêque,

---

(a) Siric. Epist. 4, ad afric. Episc. —— Innoc. I. Epist. ad vict. init. & Epist. ad afr. inter Epist. S. Aug. Epist. 181, tom. 2.
(b) Tertul. de Bapt. c. 17.
(c) Yvo. Epist. 162.

ou un prêtre, ou un diacre (90). Les conciles de Nicée & de Sardique permettent feulement au clerc condamné d'appeller du jugement de l'Évêque au concile de la province, ce qui fuppofe la compétence du premier tribunal. Il feroit inutile d'infifter davantage fur les preuves d'un fait qu'on ne fauroit contefter. Pas un feul exemple d'un prêtre qui ait été dépofé par un autre prêtre.

Pouvoir d'enfeignement. 2°. Le droit de prononcer fur la doctrine par un jugement légal n'appartient qu'aux premiers pafteurs. Les prêtres reçoivent, par leur ordination, le pouvoir de remettre les péchés, d'offrir le S. Sacrifice, de bénir, de préfider au fervice divin, de prêcher, de baptifer : & les Évêques reçoivent le droit de juger, d'interpréter, de confacrer. *Epifcopum oportet judicare, interpretari, confecrare* (*a*). Jamais les Peres de l'Églife n'ont oppofé d'autre tribunal à l'erreur que celui de l'épifcopat. Le vénérable Sérapion produit contre les Cataphrigiens une lettre fignée d'un grand nombre d'Évêques (*b*). S. Alexandre (*c*), S. Athanafe (*d*), S. Bafile (*e*), S. Auguftin (*f*), S. Léon (*g*) & le Pape Simplicius (*h*) en ufent de même, contre les hérétiques de leur tems. " Croyez ", difent les Peres d'un concile d'Alexandrie, dans une lettre adreffée à Neftorius, " Croyez & enfeignez ce que croient " tous les Évêques du monde, difperfés dans l'Orient " & l'Occident, car ce font eux qui font les maîtres " & les conducteurs du peuple (91). " Les Peres du concile d'Éphefe fondent l'autorité de leur affemblée fur les fuffrages de l'épifcopat (92). Le feptieme concile général donne pour preuve de l'illégitimité du con-

---

(*a*) *Pontif. Rom. in fol.* p. 50, edit. 1615 & p. 89, edit. 1663, in-12.
(*b*) *Eufeb. hift.* l. 5, cap. 18, edit. 1612.
(*c*) *Theodoret*, l. 1, cap. 4, in fine.
(*d*) *Athan. Epift. ad afr.* n. 1, 2.
(*e*) *Bafil. Epift.* 75.
(*f*) *Aug. paffim contra Donat. & Pelag.* l. 3, *contra Crefcon.* col. 473, n. 3, *contra Julian.* cap. 1, n. 5, &c.
(*g*) *S. Leo. Epift.* 15, edit. 1661.
(*h*) *Simpl. tom.* 4, *concil. Labb.* col. 1040.

cile des Iconoclastes, qu'il a été réprouvé par le corps épiscopal (*a*). Le Pape Vigile reproche à Théodore de Capadoce, d'avoir porté l'Empereur à condamner les trois chapitres, contre le droit des Évêques, à qui seul il appartenoit, dit-il, de prononcer sur ces matieres. *Bona desideria nostra.... ita animus tuus quietis impatiens, dissipavit, ut illa quæ fraternâ collatione & tranquillâ, Episcoporum fuerant reservanda judicio, subitò, contra ecclesiasticum morem, & contra paternas traditiones, contraque omnem auctoritatem Evangelicæ Apostolicæque doctrinæ, edictis propositis, secundùm tuum damnarent arbitrium* (*b*). C'est à vous, disoit l'Abbé Eustase (*c*), dans un concile, en s'adressant aux Évêques, au sujet de la regle de S. Colomban, c'est à vous à juger si les articles qu'on attaque, sont contraires aux Saintes-Écritures (93). S. Bernard, déclare que ce n'est point aux prêtres, mais aux Évêques à prononcer sur le dogme (94). Grégoire III écrit à Léon Isaurien dans les mêmes principes. *Non sunt Imperatorum dogmata sed Pontificum* (*d*). Point de partage parmi les catholiques sur cette doctrine. Je la retrouve dans le clergé de France (95), dans Bossuet (96), dans Fleury (97), dans Tillemont (98), dans Gerson même (99), & dans les auteurs les moins soupçonnés de prévention en faveur de l'épiscopat (100).

Pouvoir de législation. 3º. Le droit de faire des canons de discipline n'est pas moins incontestable. Parmi cette multitude de réglemens qui composent le code ecclésiastique, pas un seul qui n'ait été formé ou adopté par l'autorité épiscopale. Rien de mieux contesté par la pratique de l'Église. Nous avons, dans les premiers siecles, la lettre canonique de S. Grégoire Thaumaturge; celle que S. Denis d'Alexandrie adressa à d'autres Évêques, pour la faire observer dans leurs

---

(*a*) Hard. *concil. tom. 7, col.* 395.
(*b*) Hard. *concil. tom.* 3, *col.* 9.
(*c*) Il vivoit au 7me. siecle.
(*d*) *Tom.* 4, *concil.* Hard. *col.* 10 & 15.

diocèses ; celle de S. Basile, & plusieurs autres réglemens du même Pere sur le mariage, sur les ordinations & sur la discipline eccléfiastique. Nous avons, au quatrieme siecle, les réglemens de Pierre d'Alexandrie. Les Évêques ont fait des canons de discipline, soit dans les conciles œcuméniques de Nicée, de Constantinople, d'Éphese, de Chalcédoine ; soit dans les conciles particuliers d'Asie, d'Afrique, des Gaules, d'Espagne, d'Italie, &c. Nous avons les constitutions qu'ont fait Théodule d'Orléans, Riculfe de Soissons, Hincmar de Rheims, dans les siecles postérieurs. Toujours les Évêques se sont maintenus dans le droit de faire des ordonnances & des statuts synodaux pour la discipline de leurs diocèses. Le concile de Trente, qui est le dernier concile œcuménique, & les conciles particuliers qu'on a tenus ensuite, sur-tout en France, ont fait des canons sur le même sujet, sans que jamais on ait osé attaquer la validité de ces décrets par le défaut de consentement des prêtres. Or, un pouvoir constamment exercé depuis la naissance de l'Église, par les seuls Évêques, & sans aucune contradiction, si ce n'est de la part des hérétiques, ne peut avoir d'autre source que l'institution divine.

Par une suite de cette même puissance législative, les Évêques ont toujours été seuls en possession d'interpréter les loix canoniques, à l'effet de juger des causes spirituelles, & de décerner les peines portées par ces canons (*a*) : aucun ministre inférieur n'a jamais exercé ce pouvoir qu'en vertu d'une mission reçue des Évêques, ou par l'institution canonique, ou par délégation.

Diroit-on que les prêtres ont concouru dans les conciles, avec les Évêques, à la sanction des décrets de doctrine & de discipline ? Mais les premiers conciles n'ont été composés que d'Évêques (101). On commença pour la premiere fois à voir des prêtres dans le concile
qu'as-

(*a*) V. ci-dev. part. 1, ch. 2, max. 6, & ci-après ch. 4, §. 2. de cette 3me. part.

qu'assembla Démétrius, Évêque d'Alexandrie, pour juger Origene (a). Les actes du concile de Carthage ne font mention que d'Évêques & de Diacres (b). Il ne paroît nulle part, dans les pieces insérées au code de l'Église d'Afrique, que les prêtres aient eu séances dans ces assemblées. Ce rang ne fut accordé à deux d'entre eux, au concile tenu à Carthage, en 419, que parce qu'ils y assistoient en qualité de députés du S. Siege. Les huit premiers conciles généraux, le second concile de Séville, celui d'Elvire, le second & le troisieme de Brague, n'ont été souscrits que par les Évêques, quoiqu'il y eut des prêtres présens (c). Dans les conciles où ceux-ci souscrivent, ils le font souvent en des termes différens. Dans un concile tenu à Constantinople pour la déposition d'Eutichès, les Évêques se servent de ces expressions : *Ego judicans subscripsi* ; & les prêtres y souscrivent en ces termes : *Subscripsi in depositione Euticheti.* Dans le concile d'Éphese, les Évêques d'Égypte demandent qu'on fasse sortir ceux qui n'ont pas le caractere épiscopal, alléguant pour motif que le concile est une assemblée d'Évêques, non d'ecclésiastiques. *Petimus, superfluos foras mittite. Synodus Episcoporum est, non clericorum* (d) : cette maxime n'est point contredite, malgré l'intérêt des ministres inférieurs qui assistent à ce concile. La lettre de S. Avit, Évêque de Vienne, pour la convocation du concile d'Épaone en 517, porte expressément que les ecclésiastiques s'y rendront autant qu'il sera expédient ; que les laïques pourront s'y trouver aussi ; mais que rien n'y sera réglé que par les Évêques. *Ubi clericos, pro ut expedit, compellimus: laïcos permittimus interesse, ut ea quæ à solis Pontificibus ordinata sunt, & populus possit agnoscere* (e). Celui de Lyon, tenu en 1274, exclut de l'assemblée, tous les procureurs des chapitres, les abbés, les prieurs & les

---

(a) *Phot. cod.* 118.
(b) Hard. *concil. tom.* 1, *col.* 961, 969.
(c) Hard. *concil. tom.* 4, *col.* 250.
(d) Concil. Labb. *tom.* 4, *col.* 111.
(e) Hard. *concil. tom.* 2, *col.* 1046.

autres prélats inférieurs, à l'exception de ceux qui y ont été expressément appellés (102); & de pareils réglemens n'ont point infirmé les actes de ces deux conciles. Point de concile où il y ait eu un plus grand nombre de docteurs & de prêtres que celui de Trente. Aucun pourtant n'y eut droit de suffrage que par privilege. Or, si les prêtres avoient eu jurisdiction, & sur-tout une jurisdiction égale à celle des Evêques, ou pour juger de la doctrine, ou pour faire des réglemens; tous ces conciles qui remontent jusques à l'origine de la Tradition, eussent donc ignoré les droits des prêtres; ils eussent commis une vexation manifeste, en les privant du droit de suffrage qu'ils avoient dans ces assemblées respectables.

Dira-t-on que les prêtres ont consenti, au moins tacitement, à leur exclusion, en adhérant à ces conciles?

Mais, premiérement ces conciles auroient donc prévariqué, en privant les ministres inférieurs de leurs droits. Ces ministres auroient donc prévariqué aussi, en se laissant dépouiller d'une puissance dont ils devoient faire usage, sur-tout dans les conciles où ils voyoient prévaloir l'erreur & la brigue: & cependant leur exclusion n'est jamais alléguée comme un moyen de nullité.

En second lieu, pour supposer un consentement tacite à la privation du droit acquis, il faut au moins un titre qui établisse ce droit; il faut quelque exemple où il paroisse clairement qu'on l'a exercé, comme un droit propre; autrement la pratique la plus constante & la plus ancienne des siecles mêmes où la discipline étoit dans sa premiere vigueur, ne prouveroit plus rien.

En troisieme lieu cette supposition seroit contraire aux faits. On voit des prêtres assister aux conciles, on les y voit en grand nombre; & aucun n'y a droit de suffrage que par privilege. Or il seroit contre la regle, contre la justice & contre la sagesse, contre l'usage établi dans tous les tribunaux, contre la décence, contre le respect dû au caractere sacerdotal, & à la personne des ministres, la plupart si respectables par leurs lumieres & par leurs vertus, qu'ayant par leur inſtitution la qualité de juges, qu'aſſiſtant à un tribunal, où ils avoient juriſdiction, & où ils donnoient leurs avis, on les eut exclu du droit de ſuffrage.

En quatrième lieu cette ſuppoſition ſeroit contraire à la nature des choſes. Car peut-on ſuppoſer en effet que les prêtres qui, au moins dans les ſiecles poſtérieurs, ont toujours été en beaucoup plus grand nombre, que les Évêques, ſe fuſſent laiſſé dépouiller, par une affectation ſi marquée & ſi ſoutenue, de l'exercice d'un pouvoir que J. C. leur auroit donné? Peut-on ſuppoſer que, pendant cette ſuite de ſiecles, ils euſſent été auſſi peu jaloux de la conſervation de leurs droits? Si les hommes oublient quelquefois leurs devoirs, ils n'oublient jamais conſtamment leurs intérêts.

Enfin cette ſuppoſition ſeroit contraire à la doctrine de ces mêmes conciles, qui déclarent expreſſément les prêtres exclus du droit de ſuffrage, comme dans les conciles d'Épheſe, de Lyon & de Trente.

Les Peres & les Hiſtoriens s'accordent avec la pratique conſtante des conciles. Ils ne conſiderent, dans ces aſſemblées ſaintes, que le nombre & l'autorité des Évêques.

Le Pape S. Céleſtin enſeigne expreſſément, en parlant des Évêques, que perſonne ne doit s'ériger en *maître de la doctrine; que ceux qui en ſont les docteurs* (103), c'eſt-à-dire, que les Évêques. Les Papes Clément VII (104), Paul IV (105), Grégoire XIII (106) déclarent que le droit de ſuffrage n'appartient qu'aux Évêques. Les conciles de Cambrai en 1563 (107), de Bordeaux en 1583 (108), un autre de Bordeaux en 1624 (109), rappellent la même doctrine. C'eſt la maxime des cardinaux Bellarmin (110) & d'Aguire (111); de M. Hallier (112), de M. de Marca (113), du pere Thomaſſin (114), de Jeunin (115). On peut y ajouter les témoignages des cardinaux Torquemada (a) & d'Hoſius (b); de Stapleton (c), de

___

(a) *Turre-Crem. Summa-Theol.* l. 3. c. 14.
(b) Hoſ. *l. de confeſſ. Polon.* c. 24.
(c) Staplet. *controv.* 6, *de med. jud. eccleſ. in cauſâ fidei,* q. 3, art. 3.

Sanderus (*a*), de Suarès (*b*), de Duval (*c*). Le clergé de France a déclaré expressément que les Évêques ont toujours eu seuls le droit de suffrage pour la doctrine dans les conciles, & que les prêtres n'en ont joui que par privilege (116). Par cette même raison, il fut délibéré dans l'assemblée de 1700, que les députés du second ordre n'auroient que voix consultative, en matiere de doctrine (117).

Pouvoir de jurisdiction. 4°. La puissance législative renferme essenciellement comme nous avons dit (*d*), le droit d'interpréter ses loix, d'en faire l'application aux cas particuliers, sur les contestations qui s'élevent ; de décerner les peines portées par ces loix, & cela par un jugement légal, & c'est ce que j'appelle ici *jurisdiction*. Or les Évêques ont toujours exercé une pareille jurisdiction sur les prêtres, & ceux-ci ne l'ont jamais exercée sur les Évêques, & ils ne l'ont jamais réclamée ; les Évêques l'ont reçu de J. C., avec le droit de législation, & le pouvoir de lier & de délier. S. Paul la suppose, lorsqu'il recommande à son disciple de ne recevoir d'accusation contre les prêtres que sur la déposition de deux ou trois témoins. Nous aurons occasion d'en donner ailleurs des preuves plus détaillées (*e*).

Mais si l'Évêque a reçu en vertu de l'institution divine une autorité supérieure dans l'Église sur les autres ministres, pour l'enseignement, la mission apostolique, la législation & la jurisdiction, c'est-à-dire en tout ce qui regarde le gouvernement ecclésiastique ; c'est donc au corps épiscopal, non aux prêtres qu'appartient la souveraineté de la puissance spirituelle.

C'est en conséquence de cette supériorité de puissance, que les Évêques ont toujours eu le droit de rappeller

---

(*a*) Sand. *hist. Schism. Angl. regni Elizabeth*, n. 5.
(*b*) Suar. *Dispen. II de concil. sect.* 1.
(*c*) Duv. *part.* 4, *quæst.* 3, *de compet. Summ. Pontif.* &
Concil.
(*d*) Voy. ci-dev. part. 1, ch. 2, m. 6.
(*e*) Voy. ci-ap. ch. 5 de cette 3e. part.

leurs ecclésiastiques dans leurs diocèses, pour les y appliquer aux fonctions du S. Ministere (118); qu'ils ont permis d'y bâtir des monasteres; qu'ils leur ont accordé des exemptions; qu'ils leur ont donné des supérieurs; qu'ils ont exercé leur jurisdiction (119) sur toutes les églises de leurs diocèses, à moins qu'elles ne fussent exemptes de l'ordinaire, par privilege.

Lorsque des écrivains téméraires ont osé s'écarter de ces principes, leur doctrine a été flétrie. En 1618 la Faculté de Théologie de Cologne a censuré comme hérétique, quant à ses deux parties, une proposition d'Antoine de Dominis qui égaloit les prêtres aux Évêques, non-seulement par rapport au pouvoir de paître le troupeau en général, mais encore par rapport au pouvoir de jurisdiction extérieure (120). Le clergé de France a proscrit, en 1606, l'erreur qui attribuoit aux prêtres une jurisdiction égale à celle des Évêques, & aussi ancienne que la leur (a). Il a déclaré, en 1655, que ,, les curés étoient établis dans l'Église ,, recteurs inférieurs des Églises, pasteurs ordinaires ,, & propres prêtres, pour régir leurs paroisses, y ,, administrer les sacremens, prêcher la parole de Dieu ,, sous l'autorité & l'institution des Évêques; & que ,, dans ce pouvoir que les curés reçoivent des Évêques, ,, étoit compris celui d'exercer la jurisdiction intérieure ,, pour administrer le sacrement de pénitence à leurs ,, paroissiens (b). ,, Il a censuré en 1700 deux propositions qui attribuoient à l'institution humaine la supériorité des Évêques sur les prêtres (121).

Après des preuves si multipliées, si convaincantes, en faveur de la jurisdiction épiscopale, il falloit avoir des raisons bien fortes pour former des doutes. Que nous oppose-t-on?

Objections. On nous dit que les curés étant d'institution divine, & chargés du soin des ames, sont ordinaires dans leurs paroisses; qu'en cette qualité, ils ont droit

---

(a) Voy. les Œuvres de Lesch. édit. de Paris, 1649; in-4º. p. 337.
(b) Mém. du Clergé, tome 1, p. 687, 674.

G 3

de déléguer pour les fonctions curiales, & même pour entendre les confessions, & par conséquent un droit de jurisdiction à cet égard, indépendant des Évêques. On ajoute qu'ils avoient autrefois le pouvoir de porter des censures : que les archiprêtres avoient exercé une jurisdiction sur les clercs inférieurs : que les grands-vicaires & les officiaux exercent encore aujourd'hui la jurisdiction épiscopale. On objecte que suivant S. Jérôme, les Évêques doivent gouverner conjointement avec leur clergé (122), & qu'ils n'ont que le pouvoir de l'ordination au-dessus des prêtres. On rappelle l'ancienne discipline, selon laquelle les prêtres formoient le conseil de l'Évêque, pour statuer sur les matieres ecclésiastiques, & pour juger les clercs. On observe que c'est en conséquence de cette jurisdiction exercée en commun par l'Évêque, & par son presbytere, que le clergé jouissoit de toute la jurisdiction épiscopale, par droit d'accroissement, pendant la vacance du siege : jurisdiction qui a été conservée aux chapitres de cathédrale, comme représentans le clergé du diocese. On nous allegue, que les prêtres concouroient à l'élection du nouvel Évêque : que les Facultés de Théologie prononcent tous les jours sur la doctrine, quoique les membres qui composent ces facultés n'aient que le caractere sacerdotal : que les prêtres avoient séance autrefois dans les conciles : que le décret du premier concile tenu à Jerusalem, fût formé par les concours des Apôtres & des *Senieurs* ou des prêtres : que les ministres du second ordre en souscrivant aux décrets des conciles ont quelquefois employé le terme de *confirmamus*, nous confirmons, ce qui suppose une égalité de puissance dans ses ministres : qu'enfin les prêtres ont joui du droit de suffrage aux conciles de Pise & de Constance, & que, s'ils n'avoient eu ce droit par l'institution divine, les conciles n'auroient pu le leur accorder, parce que leur suffrage concourant à former un jugement infaillible sur les points de doctrine, le droit de suffrage ne peut être fondé que sur la promesse de l'assistance divine, à laquelle les Évêques ne peuvent donner d'extension. Discutons ces raisons.

Réponse. J'avouerai, pour un moment, que les curés sont d'institution divine, comme étant les successeurs des soixante & douze Disciples. Mais, par cette même raison, ils ne pourront l'être que quant aux pouvoirs que J. C. donna aux Disciples, de prêcher & de baptiser, en les envoyant devant lui dans les villes de la Judée, non quant au pouvoir sacerdotal, puisque le sacerdoce n'étoit point encore institué; ni quant au pouvoir de jurisdiction, qui ne fut donné immédiatement qu'aux Apôtres, avec la puissance de lier & de délier.

Les curés ne sont donc que des prêtres qui ont reçu des Évêques, outre le caractere sacerdotal, la mission canonique pour gouverner en chef les paroisses; & leur mission ne diffère de celle des simples prêtres approuvés, qu'en ce que la première étant annexée à un bénéfice, les Évêques ne peuvent la révoquer, sans priver le curé de son titre; au lieu que l'autre est révocable à la volonté de l'Ordinaire. On a vu dans les premiers siecles les Évêques employer les prêtres dans les différentes paroisses de leurs dioceses, & les révoquer, selon qu'ils le jugeoient nécessaire. C'étoient des curés amovibles, qui ne différoient en rien des prêtres, que l'Évêque approuveroit aujourd'hui, pour gouverner en chef certaines églises.

De plus, il ne s'agit pas ici des fonctions curiales, mais d'une jurisdiction de gouvernement, & d'une supériorité de jurisdiction à laquelle la mission des soixante & douze Disciples n'a jamais donné aucun droit.

On veut que les curés soient ordinaires, comme les Évêques : j'y consens, pourvu qu'on explique le terme. Ils le sont en ce sens, qu'ils ont, en vertu de leur titre & de la mission qui leur a été conférée avec ce titre, le pouvoir de faire les fonctions curiales annexées à leur bénéfice; non en ce sens, qu'ils aient, comme les Évêques, aucune jurisdiction extérieure; non en ce sens, qu'ils puissent déléguer pour l'exercice de leurs fonctions (123); non en ce sens, qu'ils ne soient point soumis, par l'institution divine, à la puissance épiscopale, dans les fonctions de leur ministere.

Mais, n'est-il pas de droit naturel que la puissance qui est ordinaire, puisse déléguer? Point du tout, à moins que la puissance n'ait une jurisdiction souveraine, parce que, comme nous l'avons dit, le pouvoir de délégation devient alors nécessaire au gouvernement. Mais, lorsque la puissance est dépendante, par sa nature, d'une autre puissance, elle ne peut avoir ce pouvoir, qu'en vertu d'une loi positive, qui peut le modifier, selon que le législateur le trouve nécessaire.

Je veux encore que les curés aient autrefois porté des censures, que les archiprêtres aient exercé une jurisdiction sur les clercs inférieurs. Conclurra-t-on de ces faits que leur jurisdiction n'étoit point un privilege émané de l'épiscopat, ni subordonné au tribunal de l'Évêque?

La jurisdiction qu'exercent les officiaux & les grands-vicaires, est encore moins concluante, puisqu'ils ne l'exercent que par commission, & comme les représentans de l'Évêque. L'Église auroit pu rendre leur dignité inamovible, mais leur pouvoir n'en eut pas moins été un pouvoir de privilege; un pouvoir émané de la jurisdiction épiscopale, & toujours subordonné à l'autorité de l'Évêque. Tel est encore aujourd'hui le pouvoir des Pénitenciers, pour le tribunal de la pénitence; des Théologaux, pour la prédication; de certaines dignités, ou de certains corps ecclésiastiques, pour la collation des bénéfices. " Qu'étoient, dans la
" primitive Église, les chapitres, dit M. le Talon, au-
" tre chose que des assemblées ou compagnies de prê-
" tres, de diacres & autres ministres, établis pour
" assister & soulager les Évêques dans la vaste &
" pesante charge des ames, comme leurs assesseurs,
" leurs conseillers & leurs coadjuteurs? C'étoit le
" college dont étoit composé le clergé que S. Paul &
" les Peres appellent *Presbyterium*. L'Évêque choisis-
" soit les plus capables d'entre eux, pour administrer

» les facremens dans les églifes des villes & de la
» campagne, & les retiroit delà, ou il les y laiſſoit,
» felon que la néceſſité, ou l'utilité des peuples le defi-
» roit. » Et ailleurs : » Cette jurifdiction (de l'Évê-
» que) étant de droit divin, eſt inféparablement at-
» tachée à la perfonne de l'Évêque, fans pouvoir
» appartenir aux autres eccléfiaſtiques. L'exercice
» néanmoins de cette jurifdiction étant de droit po-
» fitif & humain (a), peut être communiqué aux
» autres miniſtres inférieurs, mais avec cette diffé-
» rence, que cet exercice, mis entre les mains des mi-
» niſtres inférieurs, eſt limité à une fonction particuliere;
» au lieu que le miniſtere de l'Évêque eſt univerfel,
» contenant avec plénitude & avec éminence toutes
» les fonctions. Ainſi, un curé n'a que l'adminiſtration
» des facremens fur fes paroiſſiens ; l'Archidiacre, qui
» eſt l'œil de l'Évêque, que le droit de vifite dans
» les limites du diocefe ; le Théologal, qui eſt la lan-
» gue du prélat, que le pouvoir de la prédication ; l'Of-
» ficial, que la jurifdiction contentieufe ; le Pénitencier,
» que le for intérieur de la confcience. La puiſſance
» au contraire de l'Évêque eſt générale, renfermant
» en foi, le droit de prêcher, de baptifer, de confir-
» mer les néophytes, de remettre & retenir les pé-
» chés, d'ouvrir & refermer le ciel. Celle des infé-
» rieurs eſt communiquée, dépendante & fubordonnée ;
» celle de l'Évêque n'eſt reçue que du ciel, ne coule
» d'autre fource que de l'infinie plénitude de Dieu,
» ne dépend que de la feule autorité de J. C., &
» n'eſt foumife qu'à fes ordres... Ce pouvoir de l'É-
» vêque étoit fouverain chez lui, fimple adminiſtration
» chez eux ; primitif dans l'un, dernier dans les au-
» tres ; là la fource, ici le canal (b). » Les auteurs
des notes fur le concile de Trente ont enfeigné la même
doctrine.

(a) Ce terme a befoin d'explication: Nous y reviendrons au
chap. 5e, de cette 3e. part. §. 3.

(b) Mém. du Clergé, tome 3,
p. 523, 583, 534.

S. Jérome ne parle, dans l'endroit qu'on nous objecte, que de la puissance de l'ordre, & non de la puissance de jurisdiction. Il ne faut, pour s'en convaincre, que l'expliquer par lui-même. Il compare l'Évêque à Moyse, & le clergé aux soixante & dix vieillards que ce législateur associa à son gouvernement. Or, peut-on nier que Moyse conservat une supériorité de jurisdiction sur les vieillards, & sur-tout le peuple ? Selon le même Pere, l'Évêque tient dans l'Église la place qu'Aaron occupoit dans la Synagogue ; & les enfans d'Aaron & les Lévites sont représentés par les prêtres & les diacres. Dans une lettre adressée à S. Augustin, vous êtes lui dit-il, l'Évêque & le maître des Églises. *Quandoquidem Episcopus es, Ecclesiarum magister* (a). Dans son traité contre Vigilance ; & dans son apologie contre Ruffin (b), il n'établit la doctrine de l'Église que sur l'autorité des premiers pasteurs ; tout cela n'annonce-t-il pas la supériorité de leur puissance ?

Les prêtres formoient anciennement le conseil de l'Évêque, il est vrai ; mais les Évêques y appellent encore tous les jours plusieurs membres de leur clergé & même des laïques. L'Église pourroit faire une loi de cette pratique ; mais le conseil ne forme pas le tribunal, & s'il le formoit, ce tribunal n'exerceroit jamais que la jurisdiction de l'Évêque. Le Prince juge avec son conseil des affaires d'état, mais le conseil n'exerce qu'un pouvoir précaire émané du Prince, & le Prince seul est juge essenciel, juge suprême, juge en dernier ressort.

Dans les premiers siecles, le clergé & le peuple élisoient leurs Évêques : mais, 1°. leur élection étoit dépendante du jugement du Métropolitain & des Suffragans qui la confirmoient, ou qui la rejettoient selon qu'ils la trouvoient canonique ou irréguliere. Nous voyons dans une lettre de S. Cyprien, que le choix

---

(a) *Aug. Epist.* 74, tom. 4. tom. 4. nov. edit. col. 359. nov. edit. col. 624. 2 classis, ib. l. 1. col. 417.
(b) *Hyer. l.* 1, adv. Ruff.

se faisoit seulement devant le peuple qui rendoit témoignage à l'Évêque élu (124). Le premier concile de Nicée avoit ordonné que l'élection se feroit par les Évêques de la province, sans faire mention du consentement du clergé ni du peuple (a). Le 7me. concile général rappellant ce canon, en confirme la disposition (125). " Quelque participation qu'on don-
" nât au clergé & au peuple dans les élections, dit
" le Pere Thomassin, c'étoit toujours les Évêques
" qui y avoient la souveraine autorité, & sur-tout
" le Métropolitain (b). "

2°. Le droit d'élection a varié dans l'Église, & principalement en France, où la nomination du Roi y a succédé au droit du clergé & du peuple. Il n'étoit donc point d'institution divine.

3°. L'élection ne donne point de jurisdiction ; autrement il faudroit attribuer également la jurisdiction épiscopale au peuple & au clergé, puisqu'ils participoient également au droit de suffrage. Le Prince attribue à certains tribunaux la faculté de choisir leurs membres ; mais c'est toujours lui seul & en vertu de son autorité que l'élu est revêtu des droits & des privileges de sa place.

Les chapitres de cathédrale exercent aujourd'hui la jurisdiction épiscopale pendant la vacance du siege ; & delà on infere que le clergé la partage avec l'Évêque, en vertu de l'institution divine. Mais, il faudroit du moins prouver auparavant que cette pratique a été instituée par J. C. ; & le contraire est démontré par l'histoire, puisqu'il est certain que le clergé n'a pas toujours joui de la jurisdiction épiscopale pendant la vacance. Dans les premiers siecles, il étoit exercé par le Métropolitain, ou par l'Évêque le plus proche. Après la mort de Prétextat de Rouen, ce fut l'Évêque de Bayeux qui prit soin de son Église (c). Le concile de Soissons, ordonna en 853

(a) Concil. Nic. can. 5.   (c) Fleury, Hist. Eccl. l. 34,
(b) Thomass. discipl. t. 1, part. n. 52.
2, l. 2, ch. 29, n. 2.

que l'Archevêque de Sens gouverneroit l'Église de Nevers pendant l'infirmité de l'Évêque Hériman. Le cinquieme concile d'Afrique, & le concile de Macriane, cités par Ferrand, attribuent la jurifdiction épifcopale au Métropolitain pendant la vacance (*a*). Le Pere Thomaffin prouve la conformité des Églifes d'Orient avec les Églifes occidentales fur ce point de difcipline (*b*). „ Si on confidere la pratique an-
„ cienne, dit M. Fleury, il eft conftant que c'étoit
„ le Métropolitain qui avoit l'adminiftration de tout
„ le diocefe, dans la vacance du fiege épifcopal ;
„ lequel s'y tranfportoit, ou commettoit un Évêque
„ de la province, pour en prendre le foin en qua-
„ lité de vifiteur (*c*). „ On fait encore que les chapitres n'exercent, pendant la vacance, qu'une portion du pouvoir épifcopal, puifqu'il ne leur eft pas permis de faire des ftatuts, ni même de donner des lettres dimifforiales pendant la premiere année. On fait qu'il y a des cas de vacance où la jurifdiction n'eft point dévolue aux chapitres. Le 3me. concile général de Latran porte que, fi le concile d'une province déclare un Évêque fufpens, ou incapable de faire les fonctions de fon miniftere, il établira un vicaire-général à fa place. Or, fi la plénitude de la jurifdiction eut appartenu au clergé, en vertu de l'inftitution divine, pendant la vacance, auroit-on pu l'en dépouiller, même priver totalement fans qu'il eut mérité d'en être privé ?

Il y a plus, eft-il bien vrai que les chapitres foient les repréfentans du clergé du diocefe ? Ils ne pourroient l'être qu'autant que ce corps lui-même les auroit choifis & délégués. Or ici point d'élection, point de délégation, point de confentement de la part de ce corps.

Les Facultés de Théologie ne prononcent fur la

(*a*) Can. 8 & Ferrand, c. 23.   (*c*) Fleury, Hift. t. 29, l. 144.
(*b*) Thomaff. difcipl. t. 1, n. 20.
part. 2, ch. 20, l. 4, n. 11.

DES DEUX PUISSANCES. 109

doctrine, par forme judiciaire, qu'en vertu d'un privilege qu'ils ont reçu du S. Siege (126). Ce n'est donc point précisément en vertu du sacerdoce, qu'ils exercent ce genre de jurisdiction.

Les prêtres ont été invités aux conciles : ils y ont même souscrit. Mais les diacres, les empereurs & les juges laïques y ont été aussi invités (127). On y trouve les souscriptions des ministres inférieurs & des laïques, comme dans le second concile d'Orange, en 559 (*a*), dans le 8, 9, 12, 13, 14, 16me. conciles de Tolede (*b*), on y trouve quelquefois la souscription des abbesses (*c*). Dira-t-on qu'elles partageoient aussi la jurisdiction épiscopale ? On ne peut donc pas conclure de la souscription des prêtres, qu'ils eussent droit de suffrage. Ils y étoient invités seulement pour discuter les matieres, pour donner plus de célébrité aux conciles, pour en être les témoins. Souvent même ils n'étoient point invités du tout ; souvent ils ne souscrivoient pas ; souvent les décrets & les lettres des conciles n'étoient dressés qu'au nom des Évêques. Les prêtres ont été invités ; mais quelle est la loi qui leur fait une obligation expresse, comme aux Évêques, de se rendre aux conciles (128). Or, ce devoir eut été commun à tous, s'ils eussent tous composé le même tribunal.

On nous répondra peut-être, que les Évêques n'étoient dans les conciles que les représentans des prêtres de leurs dioceses ; mais un autre les regardera comme les représentans du peuple ; & au moyen de ces représentations imaginées selon le besoin, il sera permis de soutenir les systêmes les plus révoltans, & de substituer les fictions aux raisons les plus convaincantes. Ce seront les prêtres, ce seront les peuples, dans l'un & l'autre gouvernement, qui feront des loix, qui jugeront par la bouche de leurs chefs, qui pourront désavouer leurs représentans, les juger, les destituer. Je demande donc qu'on me donne au moins la preuve de cette prétendue

---

(*a*) *V. conc.* Hard. *tom.* 2, col. 411, 458, 1236, 1270, col. 1102. 1308, 1354.
(*b*) Labb. *concil.* tom. 6, (*c*) *Ib.* col. 1358.

représentation. Quel est le titre qui l'établit ? Quel est le fait qui la suppose ? Les prêtres ont-ils jamais prescrit des loix à l'Évêque ? Ont-ils jamais borné ses pouvoirs ? Lui en ont-ils jamais demandé compte ? L'ont-ils jamais désavoué, comme ayant outre-passé les bornes de sa commission ? L'ont-ils jamais révoqué ? Ont-ils jamais fait des réglemens sur ce droit de représentation ? Lorsque les Évêques, assemblés pour toute autre cause, profitoient de la circonstance pour former des décrets dogmatiques ou des canons de discipline, les presbytères des dioceses, ont-ils jamais allégué le défaut de pouvoir de la part des représentans pour refuser de s'y soumettre ? Comment donc, sur de simples suppositions, fausses, démenties même par les faits, on combattra une doctrine établie sur la tradition la plus constante ? Si les Patriarches & les autres Évêques des grands sieges avoient plus d'autorité dans les conciles, ce n'étoit point à raison de la multitude des clercs inférieurs qu'ils représentoient ; mais à cause de la considération que leur donnoit la supériorité de leurs sieges, ou à cause du grand nombre des Évêques qui étant dépendans de leur jurisdiction, se rangeoient ordinairement de leur parti ; comme on voit dans le concile d'Éphese, par rapport à Jean d'Antioche.

On cite le concile que les Apôtres assemblerent à Jerusalem, pour prononcer sur l'observance des cérémonies légales, & qui fut composé des Apôtres & des Senieurs. *Convenerunt Apostoli & Seniores videre de verbo hoc.* On allegue la lettre circulaire qui fut écrite sur le même sujet, au nom des Apôtres & des Senieurs. *Apostoli & Seniores fratres.*

Mais, 1°. il faut prouver que le terme de *Senieurs* doit s'entendre des prêtres, & non des Évêques. Or la plupart des Peres enseignent tout le contraire. S. Clément Pape, disciple de S. Pierre, & qui touchoit par conséquent à la naissance de l'Église, nous apprend que les Apôtres ordonnoient des Évêques & des Diacres dans les Églises qu'ils avoient formées (129), sans parler des prêtres. S. Épiphane enseigne que les prêtres furent en très-petit nombre dans ces commencemens (*a*). C'eſt la doctrine d'Eſtius (*b*), de M. Fleury & de M. Nicole (*c*).

2°. Quand même les prêtres ſe feroient aſſemblés avec les Apôtres, pour examiner la queſtion des obſervances légales, s'enſuivroit-il qu'ils euſſent jugé conjointement avec eux. Nous venons de voir que la ſéance & la ſouſcription même aux conciles, n'étoient point inſéparables du droit de ſuffrage.

3°. Ce n'eſt pas ſeulement au nom des Senieurs, mais encore au nom des ſimples fideles que le concile écrit aux diverſes Égliſes. Le grec ôte toute équivoque à cet égard : οἱ ἀπόστολοι καὶ πρεσβύτεροι καὶ οἱ ἀδελφοί. *Les Apôtres & les Senieurs & les Freres.* Il faudra donc attribuer au peuple le droit de prononcer auſſi ſur la doctrine, ce qui feroit une erreur, comme nous l'avons démontré ; ou bien convenir que l'énonciation des perſonnes ne prouve point qu'elles aient concouru à la formation du décret.

Le terme de *confirmamus*, ou d'*approbamus*, que nous liſons quelquefois dans les ſouſcriptions des conciles, ne ſignifie pas toujours une approbation d'autorité (130). Le Pape S. Sirice écrit à l'Égliſe de Milan, qu'il a retranché pluſieurs hérétiques de ſa communion, de l'avis, & par conſéquent de l'approbation de ſon presbytere (131), mais le concile eſt diſtingué du juge. S. Alexandre fait part au clergé d'Alexandrie, de la dépoſition d'Arius ; il leur adreſſe en même-tems, la lettre qu'il a écrite contre la nouvelle héréſie, & leur demande leur approbation en ſigne d'unité (132). Mais cette approbation étoit-elle néceſſaire pour valider le jugement que le S. Évêque avoit porté contre la perſonne de l'héréſiarque, & contre ſon erreur ? Dans les premiers ſiecles, où les droits de l'épiſcopat n'étoient point encore conteſté, la charité & la ſimplicité, qui réuniſſoient les

---

(*a*) *Epiph. hæreſ.* 75.
(*b*) *Eſt. in cap.* 3°. *I. ad Tim.* 2.
(*c*) Nicol. Prétend. Réform. part. 3, ch. 10.

cœurs, faifoient négliger les formes fur lefquelles l'expérience a appris dans la fuite qu'il falloit être plus attentif, pour prévenir les abus qu'on pourroit en faire.

Le fecond ordre jouit du droit de fuffrage aux conciles de Pife & de Conftance fur l'article du fchifme. Mais le premier de ces conciles accorda encore ce privilege aux ambaffadeurs (*a*). On ne peut donc pas conclure de ce que le fecond ordre a joui alors du même privilege que ce droit étoit annexé à leur caractere. Dans la lettre que les docteurs de l'univerfité de Paris adrefferent à Charles VI, fur l'extinction du fchifme, ils convinrent que, felon les formes de droit, les conciles généraux ne devoient être compofés que de Prélats. *Concilii generales, aut fecundum formam juris ex Prælatis tantum celebrandi.* Mais ils ajouterent qu'on pourroit y joindre les docteurs, à caufe de la néceffité des circonftances.

La même queftion, fur le droit de fuffrage, fut vivement agitée au concile de Bâle. Le Cardinal de Palerme y foutint, avec beaucoup de force, que ce droit n'appartenoit qu'à l'épifcopat : & , au rapport d'Æneas Sylvius, il ramena plufieurs Évêques à fon avis (133) : cependant l'opinion contraire prévalut, mais ce ne fut qu'aux feffions 34 & 35, c'eft-à-dire, lorfqu'il ne reftoit plus que fept Évêques dans l'affemblée (*b*). Le motif fur lequel le Cardinal d'Arles infifta principalement, fut, que le concile fe difpofant à dépofer Eugene IV, il étoit néceffaire de multiplier les fuffrages, pour donner plus de folemnité, ou pour mieux dire, quelque apparence d'autorité, à la fentence de dépofition (134), je dis quelque apparence d'autorité, puifque cette dépofition fut réellement un acte fchifmatique, & auquel ni Charles VII ni l'Églife Gallicane n'adhérerent jamais (135) ; or, de quelle confidération pourroit donc être, dans ces circonf-

---

(*a*) *Concil. Labb. tom. 11, col. 2218, 2219, &c.*
(*b*) *Aug. Patr. hift. concil.* *Bafil. & Flor. n. 145, apud Harduoin, tom. 9, col. 1196.*

constances, le jugement du concile, réduit d'ailleurs à un si petit nombre d'Évêques ?

Cependant, quoique les Évêques aient seuls par l'institution divine, le droit de suffrage sur les matieres qui concernent le gouvernement ecclésiastique, rien n'empêche que les conciles ne puissent l'accorder aux ministres inférieurs. Ce droit émane à la vérité du pouvoir que J. C. a donné à ses Apôtres pour enseigner, & des promesses de son assistance, qui perpétuent l'infaillibilité dans le corps des premiers pasteurs : mais en communiquant le droit de suffrage, ils ne donnent aucune extension à la promesse qui demeure toujours propre au corps épiscopal. Les Évêques, dans l'examen du dogme, consultent les Livres Saints, la doctrine des Peres, & la Tradition encore vivante dans l'enseignement actuel de l'Église. Ils consultent ceux qui, par la supériorité de leurs lumieres, peuvent les éclairer sur cette Tradition. Par-là-même, ils peuvent statuer que le jugement de ces docteurs concourra, par voie de suffrage, aux décisions du concile, sans que la multitude des privilégiés puisse jamais faire pencher la balance du côté du mensonge, parce que Dieu, en vertu des promesses qu'il a faites, ne sauroit permettre que le corps épiscopal emploie des moyens qui l'induisent jamais en erreur ; ni par conséquent qu'il continuat ce privilege dans le cas où les suffrages des privilégiés feroient prévaloir le mensonge. Le cardinal Cervin, Légat du S. Siege, ayant proposé dans le concile de Trente, d'accorder la même prérogative à trois abbés de l'ordre de S. Bénoît, ajouta, que les Évêques feroient toujours libres d'y avoir tel égard qu'ils jugeroient à propos (136). Cette clause est de droit, & toujours au moins sousentendue dans de pareilles concessions ; parce que l'Église qui est souveraine & indépendante dans son ressort, ne sauroit jamais se lier elle-même par les graces qu'elle accorde.

§. IV.

Quelles sont les obligations des premiers pasteurs, relativement à la nature de leur puissance.

L'Autorité suffit aux Princes de la terre pour gouverner la société civile, mais elle ne suffit point aux pasteurs pour gouverner l'Église. Le Prince n'a besoin que de la force pour se faire obéir. Le pasteur destitué de la force extérieure, ne peut commander qu'à la conscience, & il commanderoit inutilement, s'il ne commandoit à la volonté, & s'il ne faisoit aimer & respecter le ministere qu'il exerce. En vain voudroit-il substituer l'éclat de sa dignité, le faste des richesses, la hauteur de la domination, la protection même du souverain, à l'amour & à la confiance qu'inspirent les vertus pastorales ; il perdroit l'autorité des Pontifes, en voulant exercer la domination des Rois. Cette fausse grandeur, qui sembleroit l'élever en humiliant les inférieurs, qui mettroit l'intérêt de l'amour propre & de l'ambition à la place de la Religion & du devoir, ne serviroit qu'à dégrader le ministre de l'Évangile ; tantôt commandant avec dureté & avec hauteur, lorsqu'il n'auroit à redouter que les gémissemens ou les murmures ; tantôt cédant par pusillanimité, lorsqu'il n'auroit que les droits de J. C. à défendre, & descendant jusqu'à l'adulation & à la servitude, quand il auroit des avantages personnels à ménager. Fausse grandeur, toujours foible, parce qu'elle n'est jamais soutenue de la Foi ; toujours inconstante, parce qu'elle n'est jamais dirigée par la justice : quel effet pourroit-elle produire, sinon de diviser l'Église & de scandaliser les peuples. Ce n'est qu'avec l'esprit de J. C. qu'on peut faire fructifier son ministere. Le souverain Pontife, en étendant ses droits au-delà des limites prescrites, fut-ce pour défendre les intérêts de la Religion, lui porteroit les atteintes les plus mortelles ; il exciteroit l'indignation des Princes, dont il usurperoit les pouvoirs, & les porteroit à entreprendre sur sa propre puissance, dans la crainte d'être subjugués ; il troubleroit la concorde qui doit unir les pasteurs avec leurs chefs, s'il vouloit les asservir : les liens de la charité & de la subordination venant à se relâcher, l'épiscopat perdroit à proportion de sa force. D'un autre côté, les Évêques, en voulant abaisser les ministres inférieurs, en voulant les opprimer sous le joug de l'autorité, sans considérer leurs besoins, leurs répugnances, & même leurs foiblesses, feroient regarder leur empire comme une domination odieuse ; & leur zele n'étant plus secondé, deviendroit impuissant. L'indifférence & le mépris qui humilient, ne rendent point humbles : l'éloignement qu'ils inspirent, fait toujours perdre la confiance, & produit souvent l'esprit de révolte ; & dès-lors, comme l'humanité se retrouve dans les états les plus saints, les ministres inférieurs cesseront d'inspirer au peuple, envers leurs pasteurs, l'amour & le respect dont ils ne seront plus pénétrés. Peut-être s'applaudiront-ils de les voir humiliés à leur tour ; peut-être seront-ils tentés de chercher ailleurs une protection qui leur paroîtra nécessaire contre une autorité qui, quoique légitime en elle-même, aggravera le joug de l'Évangile, par la hauteur du commandement : plusieurs céderont à la tentation. Le peuple scandalisé, & de l'indocilité des ministres, & de l'avilissement où est le sacerdoce auprès des premiers Pontifes, s'autorisera de leur exemple pour mépriser le caractere sacerdotal dans leurs personnes-même. L'impiété & l'hérésie profiteront de ces malheureuses dispositions, pour attaquer la Religion avec avantage, & pour éteindre la Foi dans les cœurs des fideles ; & quel siecle où elles se soient rendues plus redoutables !

Jamais elles ne firent de si puissans efforts ; le sanctuaire est attaqué de tous côtés : le Dieu Saint qui y habite, & les mysteres augustes qu'il couvre des abymes de sa sagesse, sont devenus l'objet des railleries & des mépris des incrédules. L'erreur reproduite sous mille faces différentes, cause par-tout d'affreux ravages dans l'Église, tantôt en se cachant sous les apparences de la charité & de la tolérance, pour séduire ; tantôt en attaquant à force ouverte pour intimider. Ici c'est l'hérésie qui déploie tous ses artifices pour corrompre la foi, qui souffle de tous côtés l'esprit d'indépendance pour exciter à la révolte, qui s'efforce de renverser l'autel & d'ébranler le trône, afin d'établir son empire sur leur ruine. Le siege de Pierre & les Pontifes qui l'occupent deviennent l'objet des satyres & des déclamations de faux zélateurs qui voudroient faire un crime d'état aux fideles de leur attachement au chef de l'Église, tandis que l'hérésie s'insinuant elle-même jusque dans la capitale du monde chrétien, ose se vanter du progrès qu'elle y fait, & de la tolérance qu'elle y éprouve, comme d'un titre qui efface son opprobre. Là c'est l'impiété, enfant de l'orgueil & du mensonge, qui pousse *du fond de l'abyme* un tourbillon de fumée, capable d'obscurcir, s'il étoit possible, la lumiere du ciel qu'elle fuit, pour étouffer des remords qui l'importunent. Ce sont de faux sages qui, enflés d'une vaine science, disputent à la Divinité les hommages de la Religion ; qui, après avoir marché quelque-tems dans les ténebres, *portent* aujourd'hui *leurs têtes jusque dans les nues, & font entendre leurs voix sur la terre* (a) ; qui blasphement contre le Très-Haut ; qui s'indignent contre le frein que la Foi oppose à leurs passions ; qui se vengent sur ses augustes mysteres, de la honte qu'elle imprime à leurs déréglemens ; qui s'efforcent, pour justifier la perversité de leurs cœurs, de dégrader l'humanité & de s'avilir eux-mêmes jusqu'à la condition des brutes. Mille voix s'élevent de tous côtés contre l'épiscopat : mille

---

(a) *Posuerunt in cœlum os suum, & lingua eorum transivit in terrâ.* Psal. LXXII, 9.

efforts, mille artifices pour lui enlever son autorité, pour l'avilir, pour le rendre odieux, & pour anéantir ainsi s'il étoit possible, la plus sainte de toutes les Religions, avec la puissance qui lui sert d'appui. La Foi s'éteint ; la piété devient un titre d'opprobre ; le vice se fait honneur de ses propres désordres, & semble avoir rejetté sur la vertu, la honte qui l'avoit forcé auparavant à se déguiser. La raison abandonnée au gré des passions, se replonge par degrés, dans les ténebres d'où la Religion l'avoit tirée : *Le sel de la terre* s'affadit, le scandale pénetre jusque dans le sanctuaire ; & la Foi ébranlée, jusque dans ses fondemens, nous feroit craindre une ruine prochaine, si elle ne nous rassuroit elle-même contre les scandales, par les promesses que J. C. a faites à son peuple.

Qu'opposer à tant de maux ? Le zele & la piété des Princes chrétiens ? Non, j'ose le dire, & quelqu'utile que leur protection soit à l'Église, ils ne sont pas assez puissans pour commander au cœur de l'homme. La Religion vient de plus haut ; c'est du Fils de Dieu qu'elle emprunte sa force, & c'est de ses pasteurs, qu'elle attend son principal secours. Ses ministres seront toujours invincibles tant qu'ils joindront l'esprit de J. C. à l'autorité de son ministere. L'Église dans sa naissance *n'avoit qu'un seul cœur & qu'une seule ame*: & elle triompha de l'univers entier. Que ses ministres conservent le même esprit ; que les prêtres respectent les premiers pasteurs comme leurs peres ; que les premiers pasteurs honorent les prêtres comme leurs freres, & les ministres de l'autel comme ministres (137) ; qu'ils apprennent aux fideles à respecter le sacerdoce par leur exemple (138) ; que les uns & les autres se concilient l'amour & la vénération des peuples par les soins & les vertus de l'apostolat ; qu'ils se tiennent étroitement unis à la chaire de S. Pierre, qui est le centre de l'unité ; qu'ils n'aient plus qu'un intérêt commun, la gloire de J. C. ; & ils opéreront les mêmes prodiges, parce que le ministere saint n'a rien perdu de sa vertu : sa force est celle de Dieu même.

qui ne change point. C'est dans le cœur qu'on doit le faire régner ; & le cœur qui résiste à la contrainte, se rend de lui même à la charité du pasteur. J. C. en descendant sur la terre pour sanctifier le monde, a laissé, pour ainsi-dire, sa gloire dans le ciel, pour se rendre semblable aux hommes, & pour expier les péchés commis contre lui-même. C'est l'amour qui dicte ses préceptes, qui anime son zele, qui dirige sa puissance. Il veut que ses Apôtres apprennent de lui, à être doux & humbles de cœur ; il veut que celui qui commande soit, à son exemple, comme celui qui sert. L'Apôtre se rend le serviteur de tous pour les gagner tous à J. C. Il recommande à Timothée, *non de réprimander, mais de conjurer les Senieurs comme ses peres, & les jeunes comme ses freres* (a). Que l'Évêque, dit le quatrieme concile de Carthage, soit assis sur un siege éminent dans l'Église parmi les prêtres ; mais qu'il les regarde dans sa maison comme ses collegues (b). Il en coûte peu à ceux qui sont dans l'élévation pour gagner le cœur de leurs inférieurs : l'éminence de leur dignité donne un nouveau prix à leur bonté. On aime naturellement à trouver des peres dans la personne de ses maîtres ; & l'autorité se dédommage bien avantageusement du côté de la confiance, de ce qu'elle semble perdre par l'affabilité. Eh ! comment les ministres du Dieu qui s'est rendu semblable à nous, pour nous faire miséricorde, accompliroient-ils les desseins de sa miséricorde en mettant un intervalle humiliant entre eux & des hommes qu'il est venu sauver. Mais il faut avoir l'ame véritablement grande pour sentir la vraie grandeur ; & il n'y a que l'esprit de Dieu qui puisse nous éclairer sur les vues de sa sagesse divine.

Pontifes sacrés, je ne crains point de vous offenser

(a) *Seniorem ne increpaveris ; sed obsecra ut patrem, juvenes ut fratres.* I Tim. V, 1.
(b) *In Ecclesia & in consessu Presbyterorum, sublimior sedeat* (Episcopus); *intrà domum verò, collegam se Presbyterorum esse cognoscat.* Concil. Carth. IV, ann. 398, cap. 15, 26, 35.

en retraçant ici des devoirs dont vos peuples trouvent au milieu de vous de si beaux modeles. La vérité ne sauroit déplaire à ceux dont elle fait l'éloge, qu'en blessant leur modestie. Et vous, Princes de la terre, ne vous alarmez point d'une union que le Maitre des Rois a si fort recommandée, & dont il doit être lui-même le lien. Ne craignez point que la charité qui unit les membres de l'Eglise entre eux & avec leurs pasteurs, puisse dégénérer en une dangereuse confédération, ni altérer le respect, l'obéissance & l'amour qu'ils vous ont voués, & dont la Religion leur fait un devoir si sacré. Les vertus du sacerdoce qui sont celles du Christianisme, seront toujours le plus sûr rempart de votre trône. Jamais votre puissance ne se déploie avec plus de confiance & avec plus de gloire, que sur ceux que J. C. a déja soumis à son empire. Ses Pontifes même demeureroient sans force pour nuire, parce que n'ayant de pouvoir que sur la conscience, ils ne peuvent rien contre la vérité & la justice.

CHAPITRE II.

De l'autorité du souverain Pontife.

Comme l'Église a une connexité essencielle avec son chef, tous ceux qui ont attaqué directement l'autorité de l'une, se sont aussi appliqués à déprimer la puissance de l'autre. Les Protestans n'ont fait en cela que suivre l'exemple de plusieurs hérétiques qui les avoient devancés, & ils ont été imité de quelqu'uns qui se disent Catholiques. De ce nombre est un écrivain moderne (a) qui, sous le nom de Febronius, a excité

_____

(a) Febronius, dans son livre intitulé : *De Statu Ecclesiæ & legitimâ potestate Romani Pontificis*, édit. in-4to. 1765, en 2 vol.

l'indignation de tous les Catholiques, & (ce qui est encore plus décisif contre lui) qui s'est attiré un applaudissement presque général de la part des Protestans. Par cette raison nous nous attacherons principalement dans ce chapitre, à le faire connoitre & à le réfuter.

Cet écrivain qui semble se proposer de faire connoître quels sont les droits annexés à la primauté du S. Siege, pour engager l'Église à réprimer les abus & les usurpations qu'il impute aux souverains Pontifes, pose d'abord en these que la constitution de l'Église n'est point une constitution monarchique, *formam Ecclesiæ non esse monarchicam* (a).

Son apologiste regarde ce point comme fondamental (b). Mais les censeurs de Febronius avoient déja malheureusement prouvé contre lui, que sa doctrine étoit diamétralement opposée à celle de l'Église Gallicane qu'il avoit invoquée, & que cette Église enseignoit expressément que le gouvernement de l'Église étoit un gouvernement monarchique; ils lui avoient fait voir que sa these n'étoit pas moins opposée à la doctrine de Gerson & du Pape Alexandre (c), dont il réclamoit si souvent l'autorité. Comment se tirer d'embarras ? L'apologiste replique qu'il faut s'étudier à pénétrer le sens des termes, plutôt qu'à chicanner sur les mots (d). On en convient. Mais n'est-ce point par les termes qu'on juge du sens des auteurs ? & puisque ces termes étoient équivoques & qu'il s'agissoit ici d'un point fondamental, ne convenoit-il pas que Febronius se donnât au moins la peine d'en fixer la signification ? L'apologiste va y suppléer.

„ Ne nous arrêtons pas, dit-il, à une question de
„ mots, & voyons ce que c'est que le gouvernement
„ vraiment monarchique, que le Jesuite voudroit
„ introduire (e). „

(a) *Febr. de Stat. Eccl. tom.* 1, *c*. 1, §. 5, *tit. p*. 26.
(b) *Ib. tom.* 2, *flores sparsi*, §. 2, *p*. 534.
(c) *Ib.*
(d) *Ib.*
(e) *Non hæreamus in questione ac controversiâ de nomine; eamus ad rem ipsam, & videamus quid sit regimen verè*

DES DEUX PUISSANCES.

J'arrête d'abord ici l'apologiste, & je lui dis : Vous voulez donc prouver contre le Jesuite que le gouvernement de l'Eglise n'est pas *vraiment monarchique*, & vous prétendez que le clergé de France est de votre avis ; il faut donc que vous souteniez que le clergé de France, en disant que le gouvernement de l'Église *est monarchique*, a voulu dire qu'il n'est pas *vraiment monarchique*. Je laisse au lecteur à juger une pareille solution. Poursuivons :

Il s'ensuivroit d'un gouvernement absolument monarchique.

Mais ce n'est plus là notre these ; car il s'agissoit d'un gouvernement *véritablement* monarchique ; or un gouvernement peut être *véritablement* monarchique, sans l'être *absolument* & dans toutes ses parties. Passons-lui cependant cette inexactitude ; & demandons-lui si le terme d'*absolument* est son dernier mot. Dans ce cas, le voilà parfaitement d'accord avec les docteurs catholiques, & qui plus est, avec Bellarmin qui étoit Jesuite, puisque ce dernier enseigne comme une doctrine généralement reconnue par tous les catholiques, que le gouvernement de l'Église est un gouvernement tempéré par l'aristocratie & la démocratie (*a*). Febronius se gardera donc bien d'être du même avis. Mais qu'il s'explique ; car plus je tâche de le saisir, plus il paroît s'appliquer à m'échapper. Du moins en nous disant que le gouvernement de l'Église n'étoit pas *absolument* monarchique, il a voulu nous dire que ce gouvernement étoit monarchique en partie & à certains égards. La conséquence paroît évidente ; mais s'il est monarchique à certains égards, il doit nécessairement avoir un chef, car il ne peut être monarchique à certains égards qu'à raison de son chef. L'idée de monarchie renferme né-

---

monarchicum quod Jesuita noster vellet adscribere. E regimine absolutè monarchico hæc sequerentur, &c. Febr. de Stat. Eccl. tom. 2, flores sparsi, §. 2, p. 533, 534.

(*a*) *Doctores catholici in hoc conveniunt omnes, ut regimen ecclesiasticum hominibus à Deo commissum, sit illud quidem monarchicum, sed temperatum, ut supra diximus ex aristocratiâ & democratiâ.* Bell. de summ. Pontif. l. 1, c. 5.

cessairement l'idée d'un chef qui préside au gouvernement. Mais Febronius soutient au contraire bien expressément que la nature de la primauté du S. Siege n'a aucun fondement dans l'état ni dans les droits d'un gouvernement monarchique ; il nous dit qu'un pareil gouvernement est absolument étranger à l'Eglise. *Hunc statum (monarchicum) ab Ecclesiâ penitùs exulare* (a). Ici le livre me tombe des mains. Je finis mes recherches, & je désespere de comprendre l'auteur. Il nous apprendra du moins en quoi il fait consister la primauté & les droits naturels du souverain Pontife. Il va nous l'expliquer, ou pour mieux dire, il va nous le promettre par le titre de l'un de ses paragraphes. *In quo consistat natura primatûs, & quæ sint genuina ejus jura* (b). Voyons comment il s'acquittera de sa promesse.

Il enseigne d'abord que la primauté du S. Siege, n'est pas tant une primauté de jurisdiction, qu'une primauté d'ordre & d'association. Il nous dit dans un autre endroit que le Pape a bien une grande autorité, mais qu'il n'a point de jurisdiction proprement dite sur toutes les Églises (c). Enfin il pose en these que S. Pierre n'a reçu en particulier aucune puissance sur les autres Apôtres ; mais qu'il *étoit dans le college apostolique, à-peu-près comme le premier président dans le sénat* (d). Cependant, ajoute-t-il un peu après, les droits de sa primauté ne se bornent pas à une simple direction, il

---

(a) *Nos dùm in naturam Primatûs sollicitè inquirimus, eam in statu monarchico hujusque juribus nullatenùs deprehendimus ; hunc siquidem statum ab Ecclesiâ penitùs exulare, non solùm superiore capite generatim probavimus, sed ne unicum quidem effectum juris monarchici in sacro nostro primatu, qualis à Christo institutus, & ante falsas decretales exercitus est, in Ecclesiâ deprehendi, ... demonstrabimus.* Feb. de Stat. Eccl. tom. 1, c. 2, §. 4, p. 104.

(b) Feb. de Stat. Eccl. tom. 1, c. 2, §. 4, p. 104.

(c) *Principatus summi Pontificis per universam Ecclesiam, non tam jurisdictionis, quàm ordinis & consociationis.* Febr. de Stat. Eccl. tom. 1, c. 2, §. 1, tit. p. 144. — *Ampla quidem autoritas, non tamen jurisdictio propriè talis, Romano Pontifici, in omnes Ecclesias competit.* Ib. cap. 5, §. 4, tit. p. 297.

(d) Ib. tom. 1, c. 2, §. 4, p. 105.

faut quelque chofe de plus pour maintenir l'unité de l'Églife. *Exigit ampliùs aliquid confervatio unitatis in Ecclefia*. Quels font donc felon lui ces droits particuliers néceffaires à l'unité. Les voici.

1°. Le Pape, dit-il, doit veiller au maintien des canons fur la doctrine & fur les mœurs.

2°. Quoiqu'il n'ait pas le pouvoir de faire des loix pour le gouvernement général de l'Églife, il peut cependant les propofer fans qu'on foit obligé de les obferver, à moins qu'elles ne foient reçues d'un commun confentement.

3°. Quoiqu'il n'ait pas le dernier reffort dans toutes les conteftations; quoique fes décrets fur la foi & fur les mœurs, ne foient pas abfolument irréfragables : cependant ils font d'un grand poids ; les Églifes particulieres doivent les révérer, & s'y conformer provifoirement, au moins, dit Gerfon, en n'enfeignant rien de contraire, tant que l'Églife ne réclame pas contre eux.

4°. Il peut affembler les conciles généraux.

5°. On lui référoit les caufes majeures dès le commencement de l'Églife.

6°. Il eft équitable & l'Églife univerfelle fouffre, *æquum eft & patitur univerfalis Ecclefia*, qu'il difpenfe des canons des conciles.

7°. Comme il étoit expédient, à caufe de la multitude des diocefes, d'inftituer certains degrés de jurifdiction, le concile de Sardique a ftatué, pour la premiere fois, que le dernier tribunal, du moins en Occident, feroit celui du Pontife Romain, non pas abfolument, mais avec certaines modifications.

8°. Les Évêques de Rome ayant donné naiffance aux Églifes d'Efpagne & de France, par le miniftere des hommes apoftoliques qu'ils y ont envoyés, le concile de Trente a donné à l'Églife Romaine, par refpect & par reconnoiffance le titre d'*Églife mere & maîtreffe des autres Églifes*.

» Tels font en abrégé, conclud notre écrivain, les
» droits réfervés au fouverain Pontife, qui ont leur

» fondement dans la primauté, & dont la plupart
» émanent immédiatement du droit divin : d'autres se
» déduifent de ce droit par des raifons de convenance;
» d'autres ont été fur-ajoutés par l'Églife, & peu-
» vent aussi être changés lorfque le bien de l'Églife
» l'exige (*a*). »

Mais Febronius nous a promis d'indiquer les droits qui font naturellement annexés à la primauté du S. Siege, & par conféquent les droits effenciels, les droits inféparables du S. Siege. *Quæ funt genuina ejus jura* ; & cependant après un grand étalage des droits du fouverain Pontife, nous ne tenons encore à rien. Le lecteur n'aura-t-il pas droit de foupçonner que Febronius ne confond ici tous les privileges du S. Siege, ceux qui font d'inftitution divine avec ceux qui ne font que d'inftitution humaine, que pour paroître accorder au S. Siege plus qu'il ne lui accorde en effet ? N'eft-il pas vifible qu'il n'a d'abord affecté de les mettre en avant que pour couvrir l'odieux des attaques qu'il alloit diriger contre l'Églife Romaine ? Prenons cependant encore un peu de patience; & pour connoître fi les foupçons font fondés, confrontons Febronius avec lui-même, & tâchons de découvrir quels font, felon lui, les droits naturels de la primauté du S. Siege, qu'il n'a pas jugé à propos de diftinguer. N'oublions pas, fur-tout, qu'il nous avertit que la plupart des droits qu'il vient d'expofer font de cette nature : *Defluentium partim, imò ut plurimùm, immediatè ex jure divino*. Commençons par les derniers articles.

Il faut d'abord rayer du catalogue des droits effenciellement annexés à la primauté, le 8me. article, fondé fur la croyance que l'Églife de Rome a donné naiffance à celle d'Efpagne & de France, & par conféquent fur un titre qui tient à une fimple opinion, à un fimple fait, étranger à l'inftitution divine; titre que l'Églife de Jerufalem pourroit revendiquer avec

---

(*a*) Feb. de Stat. Eccl. tom. 1, c. 2, §. 5, n. 16, p. 108.

beaucoup plus de fondement, & sur l'Église de Rome & sur les autres Églises. Nous ne releverons pas l'affectation avec laquelle Febronius tâche d'atténuer les priviléges qu'il ne peut refuser au S. Siege. Il semble insinuer que le concile de Trente est le premier qui ait donné à l'Église de Rome le titre *de mere, maîtresse*, & il devoit savoir que ce titre est beaucoup plus ancien, comme on verra dans le cours de cet ouvrage.

Il faut rayer le 7me. article qui n'est fondé que sur une hiérarchie d'institution purement humaine ; hiérarchie qui assimile le Pontife Romain aux Patriarches d'Orient ; hiérarchie qui renferme toute la jurisdiction du Pape, dans les limites des Églises occidentales, & qui, par conséquent, ne peut être regardé, ni comme un privilege essenciellement annexé à la qualité de chef, ni comme un privilege nécessaire à l'unité du corps entier de l'Église.

Il faut rayer le 6me. qui, suivant Febronius, n'est que de simple *équité* & de pure *tolérance*.

Nous ne pouvons cependant nous empêcher de faire ici une question à notre jurisconsulte. L'Église souffre, dit-il, & il est équitable que le Pontife dispense des canons des conciles. Mais les Évêques n'ont-ils pas aussi ce privilege en vertu de leur institution ? S'ils ne l'ont pas, il faudra dire que le souverain Pontife l'avoit lui-même en vertu de sa primauté ; car ce pouvoir est essenciel au gouvernement de l'Église, & il falloit nécessairement qu'il existât quelque part hors des conciles œcuméniques qui ne peuvent pas s'assembler tous les jours pour accorder des dispenses. Si les Évêques ont ce pouvoir en vertu de leur institution ; il n'est donc point propre à la primauté de S. Pierre. Febronius dira-t-il que les Évêques s'en sont dépouillés pour le réserver au S. Siege ? Mais si cela est, les Évêques suivant Febronius lui-même, ainsi qu'on verra ci-après, ont violé toutes les loix en se dépouillant d'un droit essenciellement annexé à l'épiscopat ; ils ont fait ce qu'il n'étoit pas en leur pouvoir de faire;

la réserve est abusive & nulle de droit. Pourquoi donc le même auteur nous dit-il ici qu'elle est *conforme à l'équité*.

Il faut rayer le 5me. article. Notre Docteur nous dit qu'on référoit dès le commencement les causes majeures au S. Siege ; mais il ne nous dit pas que ce fut-là un droit essenciellement annexé au S. Siege. Il nous dit ailleurs que les Églises ne déféroient les causes majeures au souverain Pontife que pour l'en instruire, pour recevoir ses avis, pour exciter son zele, non pour qu'il statuat, qu'il jugeat, qu'il ordonnat. Mais c'étoit aussi l'usage d'en instruire les principales Églises ; la prudence exigeoit encore qu'on en fit part aux Évêques qui, par leurs lumieres, leur zele, leur crédit, étoient principalement en état de servir la cause commune. Un pareil droit ne donne donc tout au plus, par lui-même, qu'une autorité de discution ; il ne differe point du droit dont jouissent les premiers présidents dans les sénats. Or Febronius a commencé par nous prévenir qu'une pareille autorité ne suffisoit pas pour conserver l'unité, & que ce n'étoit point de ces sortes de droits qu'il prétendoit nous parler.

Il faut retrancher le 4me. article, puisque Febronius nous dit expressément que le droit de convoquer les conciles, n'est réservé au souverain Pontife par aucune loi divine ni humaine (*a*) ; & que les Papes n'en jouissent qu'en vertu du consentement au moins tacite des Princes chrétiens & de l'Église (*b*).

Il faut supprimer le 3me. article. Car, selon Febronius, le Pape n'ayant point de jurisdiction sur les autres Églises, elles ne sont obligées à se conformer à ses décisions, qu'autant qu'elles les jugent conformes au bien de l'Église, comme le magistrat doit se conformer au jugement des experts, un malade aux or-

---

(*a*) *Nullâ lege divinâ aut humanâ convocatio universalium conciliorum summo Pontifici reservatur.* Feb. de Stat. Eccl. tom. I, c. 6, §. 2, p. 371.

(*b*) *Tacito Principum & Ecclesiarum consensu, jus congregandi universales synodos Romano præsuli dimissum fuit.* Ibid. §. 3. tit. p. 577.

donnances de son médecin ; un homme qui consulte, aux décisions d'un casuiste ou d'un jurisconsulte. Mais ce n'est-là qu'un droit de simple direction, & selon Febronius, un pareil droit ne suffit pas : ce n'est pas encore là ce qu'il nous a promis.

Supprimons de plus le 2me. article. Car il n'y a point d'Évêques qui ne puisse, dans les conciles mêmes œcuméniques, proposer les réglemens qu'il croit utiles au bien de l'Église ; point d'Évêque qui ne puisse les proposer à son Métropolitain ou au Pape lui-même. Les gouverneurs des provinces, les magistrats, les ministres ne proposent-ils pas tous les jours au souverain les réglemens qu'ils croient utiles au bien du service, dans les parties de l'administration qui les concernent ?

Supprimons enfin le premier. Car Febronius nous enseigne lui-même que tous les Évêques sont chargés solidairement du soin de l'Église universelle, & par conséquent chargés de veiller à l'exécution des saints canons. Ce droit n'est donc pas propre à la qualité de chef de l'Église. Le Pape y est plus étroitement obligé en cette qualité, comme le premier président est plus étroitement obligé au maintien des loix ; mais, encore une fois, Febronius nous a promis quelque chose de plus.

Ainsi sur les deux articles qui doivent servir de base à tout son ouvrage, touchant le gouvernement de l'Église, (savoir si ce gouvernement est monarchique, & quels sont les droits naturels de la primauté de son chef,) Febronius, ne sait ce qu'il dit ; ou il veut nous tromper, en voulant nous faire d'abord entendre tout le contraire de ce qu'il enseigne.

Il est vrai que cet auteur enseigne que comme le chef de chaque société est obligé par la loi naturelle de procurer l'exécution des loix, il doit être muni de l'autorité nécessaire pour y obliger les infracteurs par les moyens convenables au système de la société, & qu'il n'est pas douteux que le souverain Pontife n'ait la même autorité en vertu de la primauté de son

Siege (139). Mais ce droit étant commun à tous les chefs des différentes sociétés, il ne suffit point encore pour maintenir l'unité, suivant Febronius lui-même, & ce n'est pas ce que nous cherchons. Nous verrons en son tems, que Febronius ne fait par-là qu'ajouter une contradiction de plus à son système.

Il est vrai encore que suivant cet auteur, quoique le Pape n'ait point le dernier ressort dans toutes les contestations, on doit se conformer à ses décrets provisoirement, en s'abstenant de rien enseigner de contraire, tant que l'Église ne réclame pas contre eux. Mais si le Pape n'a point de jurisdiction, ses décrets ne peuvent avoir la force d'un jugement provisoire; chacun pourra toujours réclamer; & c'est-là une nouvelle contradiction, que nous aurons aussi occasion de relever.

Mais hâtons-nous de finir ces discussions préliminaires, qui auront déja fatigué l'attention du lecteur, & dont je n'ai pas cru devoir me dispenser, pour faire connoître le génie de l'auteur, & donner une idée générale de son ouvrage. Il est tems après avoir analysé les prérogatives qu'il accorde à l'Église Romaine, de le réfuter sur les droits essenciels qu'il lui refuse, & de développer les funestes conséquences de son système. C'est ce que je me propose de faire dans les quatre paragraphes suivans, qui renferment toute sa doctrine.

1°. Les Protestans nient que la primauté du Pape, soit d'institution divine; Febronius lui accorde une primauté d'institution divine, mais seulement une primauté d'ordre & d'association, non de jurisdiction; & nous prouverons contre les Protestans & contre Febronius que le Pape a de droit divin une primauté de jurisdiction dans l'Église universelle (*a*).

2°.

─────────

(*a*) Nous prenons ici le terme de *jurisdiction* dans le sens le plus étendu, & comme disent les Publicistes, *in genere & lato modo*, en ce qu'il comprend le pouvoir de régler tout ce qui

2°. Febronius prétend appuyer son erreur sur l'unité de l'épiscopat, & faire valoir son système comme un moyen de réunir les Protestans à l'Église ; & nous prouverons que son système ne tend, au contraire, qu'à la diviser.

3°. Pour intéresser les Évêques & les Souverains dans sa cause, il semble prendre la défense de leur autorité, en leur transportant les droits qu'il voudroit enlever au S. Siege ; & nous ferons voir qu'en attaquant l'autorité du S. Siege, il sape en même-tems la puissance des Évêques & celle des Souverains.

4°. Il invoque les libertés des Églises nationales pour les opposer aux droits primitifs du Pape ; & nous montrerons que les libertés nationales bien entendues, n'ont rien de contraire à ces droits.

Du reste nous distinguons ici l'ouvrage de Febronius, de sa personne. L'aveu qu'il a fait de ses erreurs, sa docilité à la voix d'un illustre Prélat qui, sans employer la sévérité des loix, sans rien relâcher de son zele, s'est appliqué à l'éclairer sur ses égaremens, & à le ramener à la foi de ses Peres par les invitations de la charité (*a*) ; les regrets qu'il a versés dans son sein, & qu'il a portés aux pieds du souverain Pontife(*b*), tout annonce que s'il a eu le malheur de se tromper, il a su aussi, par la générosité de son ame, s'élever au-dessus de tous les sentimens humains pour rendre hommage à la vérité. Nous le félicitons ici d'un triomphe d'autant plus glorieux pour lui, qu'il l'a remporté sur lui-même ; & nous déclarons que, pénétré de respect pour sa personne, ce n'est que contre son livre seul que nous dirigeons des attaques

---

gouvernement ecclésiastique ; à la différence de cette jurisdiction particuliere *in specie*, & *stricto modo*, qui n'est qu'une portion de la première, & qui se renferme dans l'ordre judiciaire pour prononcer sur les contestations qui s'élevent, & pour décerner les peines canoniques contre les coupables.

(*a*) Lettre de son Alt. Sér. Électorale de Treves, Mgr. Clément de Saxe, dont l'auteur étoit Suffragant.

(*b*) Lettre de Febronius, au souverain Pontife.

que la nécessité de la défense & l'intérêt de la Religion, ont rendues quelquefois un peu vigoureuses. Malgré sa rétractation, le livre reste. Son repentir n'arrêtera pas totalement le mal, & ne reparera qu'en partie celui qui est déja fait. Bien loin de soupçonner l'auteur qu'il se crut offensé par la réfutation d'un ouvrage qui n'est plus à lui, nous osons l'inviter à se joindre à nous pour adoucir ses regrets, en s'opposant aux progrès de l'erreur, & en effaçant les préventions qu'il avoit inspirées.

§. I.

Le Pape a de droit divin une primauté de jurisdiction dans l'Église universelle sur tous les autres Évêques en particulier.

CEtte proposition est de foi, & je la prouve par l'Écriture-Sainte, par la pratique de l'Église, par le témoignage des Peres & des Conciles, par l'autorité de l'Église Gallicane, & par les aveux mêmes de Febronius.

ARTICLE PREMIER.

Preuves tirées de l'Écriture-Sainte.

PReuve tirée de ces paroles de J. C. à S. Pierre: TU ES PETRUS, &c. Cette primauté de jurisdiction a sa source dans l'institution de l'apostolat. J. C. interroge d'abord ses Apôtres sur leur foi. *Vos autem quem me esse dicitis?* S. Pierre répond: Vous êtes le Christ, le Fils du Dieu vivant: *Tu es Christus Filius Dei vivi.* J. C. loue la foi de cet Apôtre, & lui promet, en récompense, de lui donner les clefs du ciel, & de bâtir sur lui son Église. *Beatus es Simon Bar-Jona;*

DES DEUX PUISSANCES.

quia caro & sanguis non revelavit tibi, sed Pater meus qui in cœlis est. Et ego dico tibi, quia tu es Petrus, & super hanc petram, ædificabo Ecclesiam meam, & portæ inferi non prævalebunt adversus eam. Et tibi dabo claves Regni cœlorum. Et quodcumque ligaveris super terram, erit ligatum & in cœlis ; & quodcumque solveris super terram, erit solutum & in cœlis (a).

On sait qu'il n'étoit rien de plus ordinaire parmi les Orientaux, que de donner un nouveau nom aux lieux & aux personnes, relativement à certains événemens qui s'étoient passés, ou aux qualités qu'on leur attribuoit. Dieu se conformoit à cet usage (b). Ici il appelle Simon, fils de Jona, du nom *de Pierre*, & il nous en indique la raison, en ajoutant tout de suite, *& sur cette pierre je bâtirai mon Église* ; c'est-à-dire, je la bâtirai, non sur la pierre en général, mais sur *cette pierre* dont il vient de parler. Tel est la doctrine des Peres, & en particulier d'Origenes (140). De S. Athanase (141), de S. Grégoire de Naziance (142), de S. Épiphane (143), de S. Chrysostome (144), de S. Cyrille (145), de Théophilacte, (146), parmi les Grecs ; de Tertullien (147), de S. Hilaire (148), de S. Jérome, (149), de S. Augustin (150), de S. Maxime (151), de S. Paulin (152), de S. Léon (153), de S. Grégoire le Grand (154) parmi les latins. Tous enseignent que S. Pierre est cette pierre mystérieuse sur laquelle J. C. avoit promis de bâtir son Église. L'Église latine a solemnellement adopté cette explication dans l'hymne qu'elle a insérée dans les prieres publiques, en l'honneur de cet Apôtre : *Hoc*, *ipsa petra Ecclesiæ*, *canente* (gallo) *culpam diluit*.

(a) *Matth.* XVI, 17, 18, 19.

(b) Nous en voyons plusieurs autres exemples dans les Livres Saints ; deux entr'autres : l'un dans l'Ancien Testament : Dieu y donne à Jacob le nom d'*Israël*, pour marquer la victoire que le Patriarche avoit remportée, en luttant contre l'Ange du Seigneur. *Prævalens Deo*. L'autre dans le Nouveau Testament : J. C. y donne aux enfans de Zébédée, le nom de *Boanerges*, *enfans du tonnerre*, pour signifier la force de la parole sainte qu'il mettoit dans leur bouche, pour détruire l'empire du démon.

Preuve tirée de ces paroles de J. C. à S. Pierre : PASCE AGNOS MEOS : PASCE OVES MEAS. J. C. accomplit sa promesse lorsque sur le point de monter au ciel, il interroge, jusqu'à trois fois S. Pierre en ces termes : *Pierre m'aimez-vous ?* & la derniere fois : *m'aimez-vous plus que les autres ?* L'Apôtre s'afflige de cette question réitérée, dans la crainte de tomber de nouveau dans la présomption. *Seigneur,* lui dit-il, *vous savez que je vous aime.* Il est évident que l'Apôtre répond ici au nom de lui seul, & que les autres sont formellement exclus dans la réponse qu'il donne, puisqu'ils le sont dans la question que J. C. lui fait : *Diligis me plus his ?* Or, que dit J. C., ensuite de cette réponse ? Comme il avoit récompensé la foi de son Apôtre, en lui promettant d'établir sur lui son Église, il récompense ici son amour, en lui donnant le pouvoir qu'il lui a promis. Paissez mes agneaux : paissez mes brebis. *Pasce agnos meos : pasce oves meas.* C'est une mission propre à Pierre, une puissance particuliere qui le distingue des autres Apôtres, une supériorité de jurisdiction sur le troupeau de J. C. Le Fils de Dieu lui ordonne, non-seulement de paître les agneaux, mais encore les brebis qui sont les meres des agneaux, c'est-à-dire, non-seulement les simples fideles, mais encore les Évêques qui sont les peres du peuple. Or le pasteur ne peut paître le peuple & leurs pasteurs, s'il n'a droit de les gouverner ; & il ne peut les gouverner, s'il n'a jurisdiction sur chacun d'eux.

Les Docteurs de l'Eglise ne donnent point d'autres interprétations à ce second texte. Celui, dit S. Épiphane, *qui a entendu ces paroles de la bouche de J. C. : Paissez mes brebis, est celui-là même à qui le troupeau a été confié* (155). S. Chrysostome commentant le même texte, enseigne que *ce n'est qu'à Pierre que J. C. a commis le soin de confirmer ses freres* (156). Selon S. Ambroise, *J. C. l'a institué son vicaire sur la terre, avant de monter dans le ciel ; il l'a préferé à tous, parce qu'il est le seul d'entre tous qui l'a confessé publiquement* (157). Mais quelles sont les paroles que J. C.

DES DEUX PUISSANCES.

adressa à S. Pierre avant de monter au ciel, pour le distinguer des autres Apôtres, sinon, le commandement qu'il lui fit de *paître les agneaux* & de *paître les brebis*. Selon S. Léon, *Pierre seul dans le monde entier a été préposé sur la vocation des Gentils, sur tous les Apôtres, sur tous les Peres de l'Eglise, ensorte que, bien qu'il y ait plusieurs prêtres & plusieurs pasteurs parmi le peuple de Dieu, Pierre cependant les gouverne proprement tous, comme J. C. les gouverne principalement tous* (148). S. Grégoire le Grand, après avoir dit que J. C. a commis à Pierre le soin de l'Eglise universelle, en donne pour raison ces paroles que nous venons de citer : Paissez mes brebis. *Ipsi quippe dicitur: Pasce oves meas* (a). Théophilacte enseigne que J. C. ayant apparu à ses Disciples sur le rivage, après sa Résurrection, *donna, non aux autres Apôtres, mais à Pierre seul, le gouvernement de ses brebis dans tout le monde* (159). S. Bernard adresse ces paroles à Eugene III : *A qui est-ce, d'entre les Évêques, d'entre les Apôtres-mêmes, que J. C. a commis aussi absolument, & aussi distinctement, le soin de toutes les brebis ? Si vous m'aimez, Pierre paissez mes brebis. Eh quelles brebis ? Le peuple de telle & telle ville, de tel pays, de tel royaume ? mes brebis. Qui ne voit que ce n'est pas quelques brebis en particulier ; mais toutes les brebis que J. C. lui a confiées* (160) ?

En conséquence de cette primauté d'honneur & de jurisdiction, Pierre est chargé par J. C. même de confirmer ses freres dans la foi : *Tu aliquandò conversus, confirma fratres tuos* (b). Il est toujours nommé le premier par les Évangélistes, entre les Apôtres ; il se montre toujours le premier dans les fonctions qu'exerce le college apostolique ; il parle le premier dans le concile de Jerusalem, pour décider la question sur les observances légales ; il rend témoignage le premier à la Résurrection de J. C. : après la descente du S. Esprit, il annonce le premier l'Evangile aux Gentils. *Meritò*

(a) *Greg. l. 4, epist. 32.*   (b) *Luc. XXII, 32.*

primus omnium auctoritatem usurpat in negotio, dit S. Chrysostome, *ut qui omnes habeat in manu ; ad hunc enim Christus dixit* : Et tu aliquando conversus, confirma fratres tuos (*a*).

Objections sur les textes allégués. Ici les Protestans & Febronius déploient toute leur érudition pour détourner les textes de l'Écriture en tout autre sens qu'à la mission de S. Pierre.

1°. J. C., nous disent-ils, est le chef de l'Église selon l'Apôtre. *Christus est caput Ecclesiæ* (*b*). Il en est le fondement, & personne ne peut en poser d'autre. *Fundamentum aliud nemo potest ponere* (*c*). S. Pierre n'est pas cette pierre fondamentale sur laquelle l'Église a été bâtie.

2°. Le terme de *Pierre* qui exprime la personne de l'Apôtre, est du genre masculin, *tu es Petrus*. Le même terme employé pour désigner la pierre fondamentale, est du genre féminin, & *super hanc petram*. Donc l'Apôtre S. Pierre n'est pas cette pierre mystique sur laquelle J. C. a promis de bâtir son Église. S. Augustin frappé de cette réflexion, s'est rétracté de l'application qu'il avoit faite du texte de l'Écriture au Chef des Apôtres.

3°. Quand même cet Apôtre auroit été véritablement appellé le fondement de l'Église ; S. Paul ne nous dit-il pas que l'Église est bâtie sur la foi ? S'ensuivra-t-il delà que la foi soit la maîtresse de l'Église ? L'Esprit-Saint ne nous apprend-il pas expressément que l'Église est bâtie sur le fondement des Prophetes & des Apôtres ? *superædificati super fundamentum Apostolorum & Prophetarum, ipso summo angulari lapide Christo Jesu, in quo omnis ædificatio constructa crescit* (*d*). Faudra-t-il dire que les Prophetes & les Apôtres étoient autant de chefs de l'Église universelle ?

4°. S. Pierre, en confessant la Divinité de J. C., parloit au nom de tous les Apôtres, la promesse que

---

(*a*) *Chrys. hom.* 3, *in act. apost.*
(*b*) *Eph.* IV, 15.
(*c*) *I Cor.* III, 11.
(*d*) *Eph.* II, 20, 21.

J. C. lui fait en conséquence de lui donner les clefs du ciel, ne s'adresse donc qu'au college apostolique. C'est donc encore au college apostolique que s'adresse la mission donnée ensuite à S. Pierre de paître les brebis de J. C. Les Protestans que Febronius n'a fait que copier, citent quelques textes des SS. Peres à l'appui de cette interprétation. J. C., continuent-ils, s'explique lui-même dans un autre endroit, où ce n'est plus à S. Pierre seul, mais à tous les Apôtres qu'il promet les clefs de son royaume. *Tout ce que vous lierez sur la terre, sera lié dans le ciel; & ce que vous délierez sur la terre, sera délié dans le ciel* (a). Tous les Apôtres ayant donc reçus les mêmes promesses, doivent avoir aussi la même puissance. Febronius, ajoute enfin après les Protestans, que ces paroles du Fils de Dieu à S. Pierre: *J'ai prié pour vous, afin que votre foi ne manquât point: mais quand vous serez converti, confirmez vos freres*, ne regardent que sa personne, & non ses successeurs. Répondons à ces objections.

Réponse. 1°. Nous avouons que J. C. est l'unique chef, l'unique fondement de l'Eglise par nature, dans le même sens qu'il en est le seul Pasteur & le seul Évêque, *Pastorem & Espiscopum animarum vestrarum* (b); c'est-à-dire en ce sens, qu'il agit par sa propre puissance, & qu'il donne à tous la force & la vie en vertu de ses propres mérites. Mais, comme il y a des pasteurs ministériels, qui exercent dans l'Église une véritable autorité en son nom; il y a aussi un chef ministériel, chargé de veiller en son nom, sur tous les pasteurs & de les confirmer dans la foi.

2°. Il convenoit que dans le texte de l'Écriture, il y eut une différence de genre entre la personne de Pierre, & la pierre de l'édifice, pour ne pas confondre dans l'allégorie, la personne de Pierre avec la pierre à laquelle il est ici comparé. Mais cela empêche-t-il que dans le sens allégorique, qui est ici le sens littéral, S. Pierre ne soit cette pierre fondamentale, dont parle

---

(a) *Matth.* XVIII, 12.   (b) *I Petr.* II, 25.

J. C. Il y a plus, la difficulté se trouve levée dans la langue originale; car le terme de Cephas, qui est Syriaque, est également employé pour signifier la personne de Pierre & la pierre fondamentale de l'Église. Et par cette même raison, l'opinion de S. Augustin ne peut former aucune autorité à cet égard, étant appuyée sur une erreur évidente. Elle peut encore moins nous être opposée comme contraire à la doctrine de l'Église, puisque ce Pere n'improuve point les inductions qu'on tire de ce texte en faveur du S. Siege, & qu'il enseigne lui-même avec nous, comme nous l'avons montré, que le Pape a une puissance de jurisdiction dans l'Église universelle.

3°. On dit que S. Pierre est le fondement de l'Église: on dit aussi que la Foi est le fondement de l'Église: mais dans le style métaphorique, la signification des termes est toujours analogue à la nature des objets. La Foi étant une vertu, ne peut être susceptible d'un attribut ministériel. S. Pierre étant un ministre de la Religion, ne peut être susceptible des propriétés qui caractérisent les vertus. La Foi est donc le fondement de l'Église, en ce qu'elle est le germe qui lui donne naissance, & la premiere des vertus surnaturelles qui operent la sanctification de ses membres. S. Pierre en est le fondement, en ce que, par sa qualité de chef, il est le centre de l'unité & chargé en vertu de sa mission, de gouverner le monde chrétien ; mission qui lui impose par-là-même l'obligation de *confirmer ses freres* dans la foi.

4°. Pour connoître le véritable sens des paroles de J. C. à S. Pierre, il ne faudroit que les lire tout simplement. Elles sont claires & naturelles. J. C. s'adresse à S. Pierre seul & non aux autres, à lui seul qu'il désigne par un nouveau nom pour marquer la nouvelle puissance qu'il lui donnera : *Vous êtes Pierre, & sur cette pierre je bâtirai mon Eglise.*

S'il étoit besoin après cela de montrer de quel côté se trouve l'unanimité morale des Peres sur le sens des textes sacrés, il nous suffiroit de comparer cette foule de Docteurs de tous les siecles que nous avons cités, & une multitude d'autres que l'on pourroit citer encore(*a*), avec le petit nombre de ceux que nous oppose Febronius ; mais pour simplifier ma preuve, pour la rendre plus sensible & plus complette, voici mon raisonnement :

C'est une vérité généralement reconnue, que les paroles de l'Écriture-Sainte peuvent avoir différentes significations, toutes également vraies, également approuvées par l'Église, toutes également conformes à sa doctrine ; & que par conséquent l'explication que certains Peres leur ont donnée, n'emporte point l'improbation des autres interprétations. S'il falloit chercher des preuves de ce que j'avance, je les trouverois dans les divers sens que les mêmes Peres ont donnés aux mêmes textes de l'Écriture. Febronius nous fournit ces preuves sans le vouloir. Les Peres dont il rapporte les textes, & qui appliquent ou à l'Église ou au college apostolique ou à la foi, les paroles que J. C. a adressées à S. Pierre, tels que S. Hilaire, S. Chrysostome, S. Léon, S. Grégoire le Grand, S. Augustin, ces mêmes Peres les expliquent ailleurs de la primauté de S. Pierre, comme on peut s'en convaincre par les passages que nous avons cités. S. Grégoire de Nysse qui avoit expliqué de la foi de Pierre, ce que J. C. a dit de la pierre fondamentale de l'Église (*b*), nous dit expressément dans un autre endroit rapporté par Febronius lui-même, que S. Pierre est cette pierre mystérieuse sur laquelle le Sauveur a bâti son Église. *Hic* (Petrus) *juxta prærogativam sibi à Domino concessam, firma & solidissima petra est super quam Salvator Ecclesiam ædificavit* (*c*).

Cela posé, je dis : Une doctrine constamment enseignée en différens siecles, en interprétation des Stes. Ecritures, par une multitude successive de Peres de l'Église, sans être improuvée, sans être jamais con-

---

(*a*) V. entr'autres, Bellarmin, d'Aguire & Tournely.
(*b*) *Febr. de Stat. Eccl. tom.* 1, *c.* 1, §. 2, *n.* 1, *p.* 13.
(*c*) *Ib. c.* 2, §. 1, *p.* 92.

credite, comme contraire à l'esprit des Écritures, & à la doctrine catholique, forme un témoignage certain de la Tradition de l'Église universelle, puisqu'elle constitue elle-même l'enseignement & la tradition de cette Église. Or telle est la doctrine des Peres, qui appliquent à S. Pierre les textes de l'Écriture, sans qu'on puisse alléguer les explications différentes comme une improbation des premieres : donc cette doctrine est aussi celle de la Tradition.

Ajoutons à cette preuve l'autorité des conciles généraux sur l'interprétation du texte sacré. La formule de réunion qui fut souscrite par le 4me. concile de Constantinople (*a*) porte : « On ne peut passer sous « silence cette parole de notre Seigneur : *Tu es Pierre,* « *& sur cette pierre je bâtirai mon Église* ; & l'effet « en a montré la vérité ; parce que le S. Siege a tou-« jours conservé sans tache *la Religion catholique...* « *Donc pour n'en être pas séparés,* nous anathémati-« sons Photius, usurpateur de l'Église de Constantino-« ple, *jusqu'à ce qu'il obéisse au jugement que le S.* « *Siege a porté, tant contre lui qu'en faveur du Patriar-« che Ignace* (*b*). »

Nous lisons dans le concile de Florence que *Pierre a reçu de J. C. le commandement de confirmer ses freres, avec la puissance & l'autorité sacerdotales sur tous les Chrétiens.* Le concile de Bâle, enseigne que c'est

---

(*a*) 8me. concile œcuménique.

(*b*) *Quia non potest Domini nostri Jesu-Christi prætermitti sententia dicentis* ; Tu es Petrus & super hanc petram ædificabo Ecclesiam meam ; *hæc quæ dicta sunt rerum probantur effectibus, quia in sede apostolicâ immaculata est semper catholica reservata Religio & sancta celebrata doctrina. Ab hujus ergo fide & sanctâ celebratâ doctrinâ, minimè separari cupientes, & Patrum præcipuè sanctorum Sedis Apostolicæ præsulum sequentes in omnibus constituta, ... anathematisamus Photium qui contra sacras regulas & sanctorum Pontificum veneranda decreta, repentè de curiali administratione sublatus, &c.... Donec Sedis Apostolicæ sanctionibus inobediens perseverans, ejus sententiam tam de se quàm de Patriarchâ nostro Ignatio spreverit.* Concil. Labb. tom. 8, col. 988.

une vérité généralement reconnue, que Pierre seul a été appellé à une plénitude de puissance, étant le seul à qui J. C. a dit : Vous êtes Pierre &c. (*a*).

Secondement Febronius avoue que la primauté du S. Siege est d'institution divine, & il prétend le prouver par les Livres Saints. Mais si les textes de l'Écriture que nous venons de citer, ne se rapportent pas particuliérement à la personne de S. Pierre, sur quel texte établira-t-il cette primauté ? S. Pierre, dit-il, est toujours nommé le premier des douze Apôtres dans les Évangiles ; il annonce le premier la parole sainte aux Juifs & aux Gentils ; il parle le premier dans le concile de Jérusalem, &c. Fort bien, tout cela prouvera véritablement une primauté de considération, une supériorité de zele, de foi, de lumiere, de courage ; mais jamais tout cela détaché des autres textes, ne prouvera une primauté d'institution divine. Combien de sociétés particulieres, où certains membres acquierent par leurs qualités personnelles & par la déférence des autres membres un crédit, une autorité, une considération qui les fait regarder comme les chefs de ces sociétés, dont ils sont les principaux mobiles, sans avoir pourtant aucun privilege personnel ? Nous disons plus, & nous défions Febronius de nous produire un seul docteur catholique, qui ait entrepris de prouver la primauté du souverain Pontife, sans produire en preuve au moins quelques-uns des textes sacrés que nous avons allégués.

Mais, je le répete, si les textes de l'Écriture que nous avons cités se rapportent spécialement à St. Pierre ; si c'est sur St. Pierre que J. C. a promis de bâtir son Église ; s'il lui a donné en conséquence les clefs du ciel pour lier & pour délier ; il suit évidemment qu'il lui a donné aussi une puissance de jurisdiction ; puisque la puissance de jurisdiction qu'ont reçue les Apôtres, n'a pas de titres plus expressifs ; il suit évidemment qu'il peut exercer cette puissance sur toute

_____

(*b*) V. ci-après art. 3 de ce paragraphe.

l'Église : si J. C. lui a ordonné de paître non-seulement les agneaux, mais encore les brebis, c'est-à-dire, non-seulement les simples fideles, mais encore les Évêques eux-mêmes ; non-seulement telles & telles brebis, mais toutes les brebis, il suit qu'il a le droit de les gouverner toutes : si J. C. lui a recommandé de confirmer ses freres dans la foi, il suit, suivant S. Gelase (161) & S. Bernard (*a*) qu'il les a soumis à son autorité & à sa correction. Febronius lui-même & les Protestans avant lui, l'ont si bien senti, qu'ils n'ont point trouvé d'autre moyen, pour contester au Pape l'autorité de jurisdiction qui découloit naturellement de la mission donnée à S. Pierre, que de soutenir, malgré tant de témoignages contraires, que les paroles de J. C. ne s'adressoient qu'au corps apostolique ou à l'Eglise universelle. Ils l'ont si bien senti que c'est sur ces mêmes textes rapportés au corps apostolique & à l'Eglise universelle, qu'ils fondent l'autorité de jurisdiction qu'ils leur attribuent.

Febronius ne peut donc tenir dans ce milieu qu'il voudroit prendre entre les Catholiques & les Protestans : ou il faut nécessairement qu'il abandonne avec ceux-ci la primauté de S. Pierre, s'il ne veut point appliquer à S. Pierre les textes de l'Ecriture ; ou s'il en fait l'application à S. Pierre, il faut nécessairement qu'il reconnoisse avec les Catholiques, une primauté de jurisdiction dans le siege de Rome.

ARTICLE II.

Preuves tirées de la pratique de l'Église.

LEs Protestans n'avoient garde d'adopter indistinctement la pratique de tous les siecles, comme la regle de ce que nous devons croire sur l'autorité des sou-

---

(*a*) V. ci-apr. §. 5, les témoignages de S. Bernard & de plusieurs autres Peres.

verains Pontifes. Les exemples leur paroissoient trop décisifs. Ils ont donc jugé à propos de se débarrasser tout-à-coup du témoignage des derniers siecles de l'Église. Febronius qui marche sur leurs traces, nous abandonne les dix derniers (a). Ces siecles étoient selon lui un tems d'ignorance, où les préjugés avoient fait oublier les vrais principes du gouvernement ecclésiastique. Passons-lui actuellement cette odieuse imputation, nous y reviendrons ailleurs. Voilà d'abord pour nous une partie de la chaîne de cette précieuse Tradition qu'il ne pourra plus désormais revendiquer. Il avoue ensuite que pendant les huit premiers siecles, les Pontifes Romains ne sont point sortis des bornes de la jurisdiction que J. C. avoit prescrites à S. Pierre. Prenons encore acte de cet aveu, & consultons avec lui l'ancienne Tradition, en remontant jusqu'aux tems apostoliques.

Les plus anciens monumens que nous ayions après les écrits des Apôtres, sont les lettres des Papes recueillies par Isidore le Marchand. Febronius les rejette toutes avec la plus noire indignation comme supposées. Nous avouons qu'en effet plusieurs de ces décratales sont évidemment apocryphes, & que par conséquent aucune de ces lettres en particulier ne peut faire autorité ; mais de prétendre, comme fait notre écrivain, que la collection d'Isidore prise dans sa totalité morale, ne puisse former une preuve de la discipline de ces tems reculés, c'est certainement pousser trop loin le rigorisme de la critique, comme nous le prouverons dans un autre endroit (b). Cependant pour ne pas l'inquiéter, mettons encore cette collection à part ; & cherchons nos preuves dans les autres monumens de l'his-

---

(a) *In primævo statu, in quo primatus octo sæculis perstitit, bono unitatis optimè perspectum fuit.* Febr. de Stat. Eccl. tom. 1, c. 2, §. 12, tit. p. 152. —— *Quandiu continebatur auctoritas Romani Pontificis, intra fines Petro præscriptos, & primis octo sæculis observatos, tollebantur omnes hæreses per media Ecclesiæ connata.* Ib. n. 3, p. 153.

(b) V. la fin de ce §. n. 4 à la rép. aux obj.

toire ecclésiastique. Quoiqu'ils soient toujours plus rares à mesure qu'ils s'éloignent de nous, cependant nous y trouvons assez de lumiere, pour appercevoir les premiers chaînons de la Tradition apostolique.

Premier siecle de l'Église. Je vois dès le premier siecle, le Pape S. Clément, disciple de S. Pierre, étendre sa sollicitude pastorale sur l'Église de Corinthe, & lui adresser une lettre véhémente pour lui reprocher les dissentions qui la troublent (*a*).

Deuxieme siecle de l'Église. Au milieu du second siecle Marcion ayant été déposé par son Évêque, vient à Rome solliciter son rétablissement auprès de S. Anicet : tentative qui prouve l'autorité dont jouissoit alors l'Église Romaine. Le Pape ne promet de l'absoudre qu'à condition qu'il satisfera à la pénitence qui lui est imposée (*b*).

S. Polycarpe, disciple de S. Jean, vient à Rome conférer avec le même Pape, au sujet de la Pâque que les Orientaux célébroient le 14me. de la lune de Mars (*c*). Il ne paroît pas à la vérité, que le S. Siege exerçât dans cette occasion aucun acte d'autorité ; mais la différence qu'il y avoit sur ce point de discipline entre les Églises d'Orient & celles d'Occident, commença peu de tems après à causer des troubles ; le Pape Victor voulant réunir l'Église universelle par une pratique uniforme sur ce point de discipline, ordonna qu'on ne célébreroit plus désormais la Pâque dans tout le monde chrétien, que le premier dimanche après le 14me. de la lune (*d*). Il chargea Théophile de Césarée en Palestine, d'assembler un concile pour y publier le décret. Les Évêques d'Asie tinrent plusieurs conciles sur le même sujet, & persis-

---

(*a*) V. les lettres de S. Clém. Pape, dans la bibliotheque des Peres, tom. 1.

(*b*) *Marcion, pœnitentiam confessus, cùm conditioni datæ sibi occurrit, ita pacem recepturus si cœteros quos perditioni erudisset, Ecclesiæ restitueret, morte præventus est.* Tert. de præscript. n. 30.

(*c*) V. l'Hist. Eccl. d'Eusebe, lib. 5, c. 24.

(*d*) Labb. concil. tom. 1, c. 596.

terent à vouloir retenir leur ancien ufage. Le Pape condamne leur réfiftance (*a*); il forma même le deffein de les excommunier. S. Irenée, au nom des Évêques des Gaules, fans lui contefter fon pouvoir, l'exhorta feulement à en ufer avec plus de modération (*b*).

Troifieme fiecle de l'Églife. Dans le 3.me fiecle, c'eft au S. Siege que S. Cyprien adreffe fon apologie contre ceux qui blâmoient fa fuite; c'eft fon autorité qu'il invoque, contre ceux qui, étant tombés dans la perfécution, vouloient forcer le S. Pontife à les réconcilier à l'Églife, fans accomplir la pénitence prefcrite par les canons. Le clergé de Rome affemble un concile pendant la vacance du fiege (*c*), il approuve la fuite de l'Évêque de Carthage; il confirme les regles de la pénitence qu'il avoit fait obferver, & il adreffe fes décrets à toutes les Églifes (*d*). Féliciffime porte fes plaintes au Pape S. Corneille, fur l'excommunication que S. Cyprien avoit décernée contre ce fchifmatique; le même Évêque, à la tête d'un concile d'Afrique, inftruit ce Pape des raifons qu'ils avoient eu de modérer la rigueur des canons fur la pénitence, & il demande fon approbation. *Quod credimus vobis quoque paternæ mifericordiæ contemplatione placiturum* (*e*). Point d'aveu plus folemnel de la fubordination de ces Églifes à l'égard du S. Siege. Si le S. Évêque réfifte, conjointement avec les Évêques d'Afrique, au décret de S. Étienne (*f*) fur la rébaptifation; ce n'eft jamais en lui conteftant la fupériorité de fa jurifdiction; puifqu'ils lui adreffent des députés pour lui expofer les raifons de leur réfiftance (*g*); ce n'eft jamais en oppofant le défaut d'autorité aux menaces

_____

(*a*) *Ib. col.* 598.
(*b*) *Apud Eufeb. hift. l.* 5, c. 24. Il eft vrai que le titre du chapitre annonce que le Pape Victor excommunia les Évêques d'Afrique; mais ce titre n'eft ni dans l'original, ni conforme au corps du chapitre, & ne peut avoir par lui-même aucune autorité, comme je le remarque dans un autre endroit.
(*c*) Par la mort du Pape S. Fabien.
(*d*) *Labb. concil. tom. 1, col.* 653.
(*e*) *Ib. col.* 718.
(*f*) Succeffeur de S. Corneille.
(*g*) *Epift. Firmiani inter Epift. Cyp.* 75, *edit. Pammel.*

de ce Pape. S. Cyprien la reconnoît lui-même dans une autre occasion, lorsqu'il l'invite à convoquer un concile pour excommunier Marcien, Évêque d'Arles, & pour faire ordonner un autre Évêque à sa place (*a*). Faustin, Évêque de Lyon, avoit écrit, avec les autres Évêques de sa Province, à ce Pontife, sur le même sujet (*b*); il supposoit par conséquent, comme les Évêques d'Afrique, la même jurisdiction dans le S. Siege.

Les Évêques d'Espagne ayant déposé Bazilide & Martial de l'épiscopat, pour avoir apostasié pendant la persécution, ceux-ci en appellent à Rome. Les Évêques d'Espagne consultent les Églises d'Afrique sur la sentence de déposition qu'ils ont prononcée, & ils les conjurent de l'appuyer de leurs suffrages auprès du Pape S. Étienne (*c*). Les Évêques d'Afrique répondent par un simple avis, que le décret est juste, que les coupables s'arrogent mal-à-propos le nom d'Évêque, & le droit d'en faire les fonctions (162). C'est avec ce témoignage que les députés des Églises d'Espagne vont à Rome poursuivre la confirmation du jugement porté contre les apostats. On voit par-là le tribunal du S. Siege exerçant toujours une jurisdiction supérieure aux Églises nationales.

S. Denis d'Alexandrie, accusé de Sabellianisme, porte la cause devant le Pape du même nom, qui le déclare innocent dans un concile tenu à Rome (*d*). Le même Pape convoque deux conciles à Antioche (*e*), contre Paul de Samosate qui est déposé dans le dernier concile.

Quatrieme siecle de l'Église. En 313 le Pape S. Melchiade juge la cause de Cécilien contre les Donatistes (*f*). Les Évêques des Gaules assemblés à Arles en 314, y sont présidés par les Légats du Pape. Ils lui adressent

les

(*a*) *Epist.* 68. V. Fleury, Hist. Ecclef. tom. 2, l. 7, n. 24.

(*b*) Fleury, ib.

(*c*) *Concil.* Labb. tom. 1, col. 718.

(*d*) Labb. *concil.* tom. 1, col. 831.

(*e*) En 266 & en 272.

(*f*) Labb. *concil.* tom. 1, col. 1402.

les canons qu'ils ont fait touchant la discipline, pour lui en demander l'approbation (*a*). Le même Pontife, instruit des troubles que l'hérésie d'Arius commence d'exciter dans Alexandrie, y députe Osius pour y rétablir la paix. Cet Évêque préside au nom du S. Siege à un second concile assemblé à ce sujet, en 321, & que S. Athanase appelle plénier (*b*). Il préside encore en qualité de Légat du Pape S. Silvestre au premier concile général de Nicée, en 325.

S. Athanase, calomnié & condamné par les Ariens, a recours au Pape S. Jules I.. Paul de Constantinople, Marcel d'Ancyre & Asclepas de Gaze, en appellent aussi à son tribunal ; le Pape reçoit leurs plaintes comme étant chargé en qualité de chef des pasteurs, dit Sozomene, de veiller sur toutes les Églises, & il les rétablit sur leurs Sieges (*c*). ″ Ignorez-vous, écrit ce Pontife, en ″ cette occasion, aux Évêques d'Orient, qu'il est ″ d'usage de commencer par nous informer de ce qui se ″ passe en pareil cas, afin que nous puissions régler ce qui ″ paroît juste. Il falloit donc vous adresser à nous, si ″ vous aviez des sujets de plaintes contre un Évêque.... ″ C'est ce que nous avons appris de l'Apôtre S. Pierre, ″ & ce dont je ne vous parlerois pas, parce que ″ je vous crois suffisamment instruits, si ce que vous ″ venez de faire, ne nous avoit affligé (163).″ C'est encore par l'autorité de ce Pape, & par celle des Empereurs, que les Évêques d'Orient & d'Occident s'assemblent à Sardique, en 347, pour dissiper les nuages que les Ariens avoient élevés au sujet de la formule de Nicée (*d*).

Ursace & Valens, les suppôts de l'Arianisme, s'étant rétractés au concile de Milan, en 350, le concile les adresse au S. Siege, & lui en réserve le jugement (164).

(*a*) *Ib. col.* 1426.
(*b*) *Ib. col.* 1493.
(*c*) Sozom. *hist. lib.* 3, *c.* 7, *édit.* 1612. — Socrat. *hist. l.* 2, *c.* 15. — Labb. *concil.* tom. 2, col. 470.
(*d*) Labb. *concil.* tom. 2, *col.* 624.

Eustathe de Sébaste ayant été déposé par le concile de Mélitine, en Arménie, s'adresse au Pape Libere qui le restitue à son siege (a).

Lorsqu'Ursace & Valens retournent à leurs premieres erreurs, c'est encore de Rome que part la sentence qui les soumet à l'anathême. Le Pape S. Damase, après les avoir comdamnés dans un concile, en donne avis à tous les Évêques (b). Le même Pape concourt avec l'Empereur à la convocation du second concile général contre Macédonius: & il a déja proscrit l'erreur à Rome, lorsque les Peres l'anathématisent à Constantinople (c).

Nous avons les lettres décrétales du Pape S. Sirice, successeur de S. Damase, à l'Évêque de Tarragone, touchant les abus qui s'étoient glissés dans son Église: Il ne nous est pas permis, dans la place que nous occupons, dit le Pape, de garder le silence sur ces désordres. *Pro officii nostri consideratione, non est nobis dissimulare, non est tacere libertas* (d). Il charge l'Évêque de faire parvenir aux autres Églises les réglemens qu'il lui adresse à ce sujet. Il donne avis à l'Évêque de Milan de la condamnation qu'il a portée de l'hérésie de Jovinien (e). Il adresse encore à tous les fideles plusieurs décrets sur différens points de discipline (f).

Cinquieme siecle de l'Église. En 417, Innocent I, répondant aux Évêques d'Afrique, les loue de lui avoir demandé la confirmation de la sentence qu'ils ont prononcée contre Pélage, *conformément à la Tradition des Peres qui avoient ordonné qu'on ne termineroit rien sur les contestations qui s'élevent dans les endroits mêmes les plus éloignés, sans en avoir instruit auparavant le S. Siege, & sans avoir obtenu de lui la confirmation de ce qui auroit été statué, ainsi qu'il avoit été réglé, non par les loix humaines, mais par la loi*

(a) *Basil. epist.* 72, ad occident. *Episcop.*
(b) *Labb. concil. tom.* 2, col. 886.
(c) V. ci-après ch. 3, §. 5.
(d) *Labb. concil. tom.* 2, col. 1017.
(e) *Ib. col.* 1024.
(f) *Ib. col.* 1028, &c.

divine (165). Vous avez déféré, dit-il, en s'adreſſant aux Pères du concile de Mileve, vous avez déféré, comme il convenoit à l'honneur apoſtolique, de celui qui, outre ſes affaires particulieres, eſt encore chargé de la ſollicitude des autres Égliſes. *Diligenter ac congruè apoſtolico conſulitis honori, honori illius quem præter illa quæ extrinſecùs ſunt, ſollicitudo manet omnium eccleſiarum* (*a*). Pélage ayant été condamné par les Évêques d'Afrique, porte ſa cauſe devant le S. Siege: Innocent I confirme le décret; & S. Auguſtin déclare à l'héréſiarque que la cauſe eſt finie, après que Rome a prononcé (166).

Zoſime, ſucceſſeur d'Innocent, ayant été ſurpris par les artifices de Céleſtius, ſuſpend l'exécution de la ſentence que les Évêques avoient prononcée contre celui-ci; & il ordonne aux Évêques de députer à Rome, pour convaincre l'héréſiarque des erreurs qu'ils lui avoient attribuées. Les Évêques acquieſcent à cet ordre: leurs députés éclairent la religion du ſouverain Pontife, & Zoſime confirme la ſentence qu'Innocent avoit déja prononcée contre Céleſtius, & contre Pélage (167).

S. Jean Chryſoſtome ayant été dépoſé par le conciliabule du Chêne, en appelle à Innocent I; après lui avoir expoſé ſes griefs contre la canonicité de cette aſſemblée, le Saint Patriarche le conjure de le rétablir ſur ſon Siege, & de punir les Évêques qui ont prévariqué (168). Le Pape caſſe en effet le décret du concile, rétablit S. Chryſoſtome, & dépoſe Acace qu'on lui avoit ſubſtitué (*b*).

Ce Pape étend encore ſa ſollicitude ſur les Égliſes Occidentales. Il recommande à l'Évêque de Salerne de ne promouvoir au ſacerdoce aucun de ceux qui briguent les dignités: Leur ambition, dit-il, ayant été réprouvée par nos prédéceſſeurs, comme il conſte par

___

(*a*) *Epiſt. Innoc. I, ad concilium Milevit. inter epiſt. S. Aug. epiſt. 182, nov. edit. al. 93.*

(*b*) Labb. *concil. tom. 2, col.* 1368.

les lettres qui ont été adreſſées aux Évêques des Gaules & d'Eſpagne. *Hoc enim ſpecialiter & ſub prædeceſſoribus noſtris interdictum, conſtat litteris ad Gallias, Hiſpaniaſque tranſmiſſis* (a).

Le Pape Zoſime confirme les privileges du Métropolitain d'Arles, & il ordonne que les Évêques de la province de Vienne & des deux Narbonnoiſes, ſeront ſacrés par ce dernier, à peine de dépoſition (169). Il avertit Patrocle, qui étoit alors ſur le ſiege d'Arles, de ne point élever de néophytes aux ordres (b).

Le prêtre Apiarius ayant été condamné en Afrique, en appelle à Rome. Zoſime reçoit l'appel, Boniface I, ſon ſucceſſeur, députe Fauſtin pour le rétablir. Les Évêques d'Afrique réclament à la vérité contre cette députation, comme contraire à l'uſage, & aux canons de Nicée, qui ordonnent de juger les cauſes ſur les lieux. Mais obſervons qu'ils ne conteſtent pas au Pape ſa juriſdiction ; que cette juriſdiction & le droit de députation pour les cauſes majeures, étoient univerſellement reconnus, & que la pratique en étoit conſtante, par tous les faits que nous venons de rapporter : obſervons encore que peu de tems après, les mêmes Évêques, parmi leſquels étoit S. Auguſtin, ayant dépoſé Antoine de Fuſale, & celui-ci en ayant appellé au S. Siege, Céleſtin ordonna de rétablir l'accuſé, ſi l'expoſé de ce dernier ſe trouvoit véritable. Les Évêques récuſerent-ils alors le tribunal ? non : S. Auguſtin, parlant au nom de tous, ſe contenta de juſtifier le jugement qu'ils avoient rendu, & de ſupplier le Pape de ne point perſiſter à vouloir ſouſtraire le coupable à la peine qu'il avoit méritée. Nous verrons ailleurs (c) la différence que mettoient les conciles d'Afrique, entre les cauſes majeures qui pouvoient être portées devant le S. Siege, & les cauſes moins importantes, qui devoient ſe terminer en dernier reſſort ſur les lieux, par le concile national (d).

(a) *Ib. col.* 1556.
(b) Labb. *concil. tom.* 2, *col.* 1571.
(c) V. l'art. 5, du dernier §. du préſent chapitre.
(d) On peut conſulter pour

En 419, sur les plaintes du clergé de Valence, Boniface I, charge les Évêques de France de procéder contre l'Évêque de cette ville, & d'envoyer à Rome la sentence qui interviendra, pour y être confirmée (a). Le clergé de Lodeve accuse Patrocle d'Arles devant le même Pape, de leur avoir donné un Évêque, sans observer la disposition des canons. Boniface commet Hilaire, Évêque de Narbonne, pour prendre connoissance de cette plainte (b).

En 428, Célestin I, ordonne aux Évêques de la province de Vienne & de Narbonne, de réformer les abus qui se sont glissés dans leurs Églises (c). Le Nestorianisme qui s'éleve dans ce tems-là, excite le zele de ce Pontife. Il convoque le concile d'Éphese, commet S. Cyrille d'Alexandrie pour déposer Nestorius, s'il persiste dans son erreur. *Quoiqu'éloigné de vous,* écrit-il au concile, *nous portons par-tout nos regards de sollicitude* (170). Les Peres d'Éphese déclarent que c'est par l'autorité des SS. Canons, & en vertu de la lettre du souverain Pontife, qu'ils se sont assemblés, & qu'ils condamnent Nestorius (171). Ils blâment Jean d'Antioche d'avoir refusé de se présenter au concile, & au Siege Apostolique qui leur étoit uni, pour se justifier des accusations intentées contre lui, & pour rendre à l'Église Romaine l'honneur & l'obéissance qu'il lui devoit (172). S. Cyrille, en qualité de Légat du S. Siege, ordonne au clergé & au peuple de Constantinople de se séparer de la communion de leur Patriarche, s'il persiste dans ses erreurs, au-delà du tems marqué par le Pape (d), & ce terme étant expiré, il demande au Pontife s'il lui plaît d'accorder de nouveaux délais (e).

---

le moment là-dessus Labb. concil. tom. 2, col. 1148. —— Fleury, Hist. Eccl. tom. 5, l. 24, n. 34.
(a) Epist. Bonif. I, ad Gall. Episc. apud Labb. concil. tom. 2, col. 1584.
(b) Epist. Bonif. I, ad Hilar. Episc. Narb. ann. 422, apud Labb. concil. tom. 2, col. 1585.
(c) Labb. concil. tom. 2, col. 1619.
(d) Epist. 11, ad clerum & popul. Constantin.
(e) Epist. 18, ad Celestin.

C'est devant Sixte III, successeur de Célestin, qu'on accuse Polycrone, Évêque de Jerusalem. Le Pape nomme des députés pour juger la cause sur les lieux (a).

S. Léon juge S. Hilaire d'Arles dans un concile; réforme la sentence de cet Évêque contre l'Évêque Célidonius (b), que S. Hilaire avoit déposé; il rétablit ce dernier; il prive l'Évêque d'Arles du droit qu'il avoit sur l'Église de Vienne, & il prétend lui faire grace de ne pas le déposer (c). Il recommande à Dioscore d'Alexandrie de se conformer aux canons pour le tems des ordinations, d'observer les jeûnes accoutumés, & il résoud les doutes qui s'étoient élevés sur l'interprétation de ces canons (173). Flavien, Évêque de Constantinople, déposé par le faux concile d'Éphese, en appelle au Pontife Romain, qui casse la sentence du concile.

Dans le concile de Chalcédoine, en 451, Pascasin, l'un des Légats du Pape, requiert que, conformément à l'ordre du souverain Pontife, Dioscore soit exclu de l'assemblée (174). Lucentius, autre Légat, reproche à cet hérésiarque, d'avoir assemblé un concile hors de sa province, sans l'autorité du S. Siege (175). Dans la 3me. action, ce Patriarche est déclaré déchu de sa dignité par les Légats & par le S. Concile (176). A la 4me. action, les Peres du concile exigent que les Évêques d'Égypte souscrivent à la lettre de Saint Léon (177). A la 5me., les Légats demandent que les réfractaires soient envoyés à Rome pour y être jugés. Le concile écrit enfin à S. Léon, pour lui demander la confirmation de ses décrets (178). Le Pape, en confirmant les actes du concile, en excepte expressément le canon qui accorde à l'Évêque de Constantinople la seconde place après l'Évêque de Rome (d), & qui par cette raison n'a jamais eu la même autorité que

---

(a) Labb. concil. tom. 3, col. 1. 27, n. 4, 5.
(b) Ib. col. 1396.
(c) Fleury, Hist. Eccl. tom. 6.
(d) S. Leo. Epist. 54, edit. 1661.

les autres canons. Si dans la suite, l'Evêque de Constantinople a conservé la place qui lui avoit été assignée par le concile, ce n'a été qu'en vertu de l'usage introduit d'abord par la complaisance des Patriarches d'Orient, & qui a été adopté enfin par le S. Siege.

Anatolius de Constantinople, principal auteur du canon dont nous parlons, avoit été ordonné par l'hérésiarque Dioscore à la place de Flavien, que celui-ci avoit déposé, parce qu'il s'opposoit à ses erreurs. De plus, il avoit ordonné ensuite lui-même, Maxime, Evêque d'Antioche, à la place de Domnus aussi injustement déposé que Flavien. Cette double irrégularité rendoit Anatolius indigne de son Siege : & par cette raison S. Léon pouvoit le faire déposer ; mais pour le bien de la paix, il use d'indulgence à son égard en considération de ce que Anatolius a abandonné le parti de Dioscore : indulgence qui marque bien clairement la jurisdiction du S. Siege. ,, Quoiqu'il ait abandonné ,, l'erreur de ceux qui l'ont ordonné, écrit le Pape ,, à l'Empereur Marcien, il devroit avoir soin de ne ,, point troubler par son ambition, ce qu'on sait qu'il ,, a acquis par notre indulgence ; car nous avons été ,, plus indulgens que justes à son égard.... La dispen- ,, sation m'est confiée ; & je me rendrois coupable, ,, si je permettois qu'on violât la foi de Nicée (a). ,, S. Léon déclare ensuite que, ,, si le nouveau Patriar- ,, che persiste dans son entreprise, il le séparera de ,, la paix de l'Église universelle (b). ,,

A mesure que nous avançons, l'histoire de l'Église étant mieux connue, nous offre aussi plus de monumens de la jurisdiction que le S. Siege exerçoit dans tout le monde chrétien. Afin d'abréger, je quitte la collection des conciles, pour prendre l'histoire de l'Église. M. Fleury sera mon guide ; Febronius ne sauroit suspecter son témoignage, après les éloges qu'il donne à cet historien.

(a) *Ibid.* tom. 6, l. 28, n. 33, p. 461 &
(b) *Ib.* & Fleury, Hist. Eccl. 462.

Le même Anatolius avoit déplacé l'archidiacre Ætius, dont la foi étoit irréprochable, pour lui ſubſtituer un nommé André, ami d'Eutychès, & qui s'étoit porté pour délateur contre Flavien. S. Léon le reprend de cette double prévarication (*a*). L'Évêque de Conſtantinople ſatisfait le Pape ſur ces deux points : il lui mande qu'Ætius a été rétabli ” en ſon premier rang
” d'honneur, & qu'André qui avoit été honoré de la
” qualité d'archidiacre, a été ſéparé de l'Égliſe, avec
” ceux qui étoient contre Flavien ; & il ajoute qu'ils
” demeureront ainſi, juſqu'à ce que le Pape en ait
” ordonné. Quant à ce qui a été décidé en faveur du
” Siege de Conſtantinople au concile de Chalcédoine,
” pourſuit-il, ſoyez ſûr qu'il n'y a point de ma faute,
” mais le clergé de Conſtantinople l'a deſiré ; & les
” Évêques de ces quartiers en ont été d'accord. Ana-
” tolius ayant ainſi ſatisfait ; S. Léon lui écrit, approu-
” vant le rétabliſſement d'Ætius, & la dépoſition d'An-
” dré, & ajoute : Si André & Euphratas, que j'ap-
” prends avoir inſolemment accuſé Flavien de ſainte
” mémoire, condamnent par écrit, authentiquement l'er-
” reur d'Eutychès, auſſi-bien que celle de Neſtorius ;
” *vous les ordonnerez prêtres, après avoir choiſi pour*
” *archidiacre un homme qui n'ait jamais été ſoupçonné*
” *de ces héréſies ; les autres qui étoient dans la même*
” *faute, ſeront rétablis, s'ils ſatisfont de même* ; mais
” il ne faut mettre aux premieres places, que ceux
” qui conſtamment n'auront jamais été engagés dans
” aucune erreur (*b*).

Le Pape Hilarius, ſucceſſeur de S. Léon, ” ayant
” appris que Mamert, Évêque de Vienne, avoit or-
” donné un Évêque à Die, malgré le peuple & par
” violence, & ayant trouvé par les archives de l'É-
” gliſe Romaine, que cette Égliſe n'étoit pas du nom-
” bre de celles qui dépendoient de Vienne, il ſe
” plaignit à l'Évêque d'Arles, de ne l'avoir pas averti
” de cette entrepriſe. Examinez, dit-il, cette affaire

(*a*) Fleury, lb. n. 40.   (*b*) Ib. n. 52, p. 489, 490.

» dans un concile ; faites-y rendre compte à Mamert
» de sa conduite, & vous nous en inftruirez par une
» lettre commune. Il en écrivit auffi aux Évêques des
» provinces de Vienne, de Lyon, de Narbonne &
» des Alpes, par un Évêque nommé Antoine. Celui-
» ci rapporta la réponfe du concile de Gaule, comme
» il paroît par une lettre que le Pape leur écrivit ;
» où il dit que l'Évêque de Vienne devoit être dépofé
» avec celui de Die qu'il avoit ordonné contre les re-
» gles ; *toute fois il en ufe modérément* pour con-
» ferver la paix des Églifes ; il charge l'Évêque Ve-
» ran, *comme délégué du S. Siege*, d'aller trouver
» Mamert de Vienne, *pour l'admonetter de ne plus
» faire de pareilles entreprifes, fous peine d'être privé
» de fa jurifdiction fur les quatre Églifes de fa pro-
» vince, qui feront attribuées à l'Évêque d'Arles* (a).»

Le même Pape ayant reçu plaintes de plufieurs Évêques d'Efpagne contre Sylvain, Évêque de Calahorre,
fur ce que celui-ci avoit ordonné un Évêque contre
le gré du peuple, affembla un concile à Rome, où
après avoir examiné cette affaire, il écrivit aux Évêques d'Efpagne, *qu'il pardonnoit à Sylvain pour le
paffé, pourvu qu'à l'avenir il obfervat les canons ; &
il permit que les Évêques ordonnés contre les canons à
l'infu d'Afcagne, Évêque de Tarragone, demeuraffent
Évêques*, pourvu que leur ordination n'eut point d'autre irrégularité ; il leur prefcrivit enfuite plufieurs réglemens de difcipline (b).

Étienne, Évêque d'Antioche, ayant été tué dans fon
Églife, par les Eutychiens, l'Empereur Zenon fit punir les coupables ; & pour éviter les défordres que
les hérétiques pourroient caufer, » il engagea Acace
» à ordonner Évêque d'Antioche, un autre Étienne
» que l'on nommoit Étienne le Jeune, recommanda-
» ble pour fa piété. Cette ordination étant contre les
» regles, l'Empereur & le Patriarche en écrivirent à
» Simplicius, fucceffeur d'Hilarius, le priant de l'ap-

(a) Ib. l. 29, n. 23.   (b) Ib. n. 24.

» prouver, comme étant faite par nécessité pour le
» bien de la paix; » & le Pape confirma ce qui avoit
été fait (*a*).

Nous avons encore plusieurs lettres d'Hilarius,
» l'une à Zenon, Évêque de Seville, par laquelle étant
» informé de son zele, il le fait son vicaire en Espa-
» gne, pour veiller à la conservation des canons; une
» autre lettre à Jean, Évêque de Ravenne, où il le
» reprend sévérement de ce que par envie, il avoit
» ordonné Évêque, un nommé Grégoire, malgré lui,
» & avec violence. Celui, dit-il, qui abuse de sa puis-
» sance, mérite de perdre son privilege; c'est pourquoi
» mon frere *Grégoire gouvernera l'Église de Modone*,
» *à la charge de n'avoir rien à démêler avec vous. S'il*
» *a quelque affaire ou en demandant ou en défendant,*
» *il s'adressera à nous.* Au reste nous vous déclarons
» que si à l'avenir vous entreprenez d'ordonner un
» Évêque, un prêtre ou un diacre malgré eux, vous
» serez privé des ordinations de l'Église de Ravenne
» ou de la province d'Émilie.

» Nous avons appris, dit le Pape, dans une troi-
» sieme lettre adressée à Florentius, Équitius & Sé-
» vere, Évêques, que Gaudence, Évêque d'Ausinium
» a fait des ordinations illicites: c'est pourquoi nous
» lui ôtons entiérement la puissance d'ordonner, &
» nous avons écrit à notre frere l'Évêque Sévere,
» qu'il exerce cette fonction dans cette Église, s'il en
» est besoin (*b*). »

Les Églises d'Orient continuoient toujours à donner de l'exercice à la sollicitude des souverains Pontifes. Jean Talaïa, patriarche d'Alexandrie, ayant été
calomnié auprès de l'Empereur Zenon par Acace, fut
chassé de son siege. Le Prince écrivit au Pape Simplicius, » que Jean étoit indigne de l'épiscopat, comme
» coupable de parjures, & qu'il jugeoit que pour pro-
» curer la paix, il étoit plus à propos de rétablir
» Pierre Monge dans ce siege. Le Pape répondit qu'il

(*a*) Ib. n. 50.   (*b*) Ib. n. 55.

» fufpendoit la confirmation de l'ordination de Jean,
» mais que pour le rétabliffement de Pierre, il ne pou-
» voit y confentir. Il a été, difoit-il, complice &
» même chef des hérétiques ; & j'ai demandé plufieurs
» fois qu'il fut chaffé d'Alexandrie (*a*). »

Jean Talaïa porta de fon côté fes plaintes à Simplicius (*b*) ; mais le Pape prévenu par la mort, n'eut pas le tems de juger cette affaire. Ce fut Félix, fon fucceffeur, qui prononça dans un concile. Il envoya en conféquence des Légats à Conftantinople, avec cette inftruction. » *Que Pierre Monge fut chaffé de l'Église*
» *d'Alexandrie : qu'Acace répondît au libelle que Jean*
» *Talaïa avoit préfenté au Pape contre lui ; & qu'on*
» *lui dénonçât de prononcer anathême contre Pierre*
» *Monge* (*c*). »

Le Pape ayant été informé enfuite qu'Acace ne fe féparoit point de la communion de Pierre Monge, *procéda canoniquement à la condamnation de ce Patriarche dans un autre concile, & donna fa fentence*, où après avoir expofé les fautes dont ce dernier s'étoit rendu coupable, il ajoute, comme parlant à lui-même :
» *Vous n'avez pas voulu répondre devant le S. Siege*,
» *fuivant les canons, au libelle de mon confrere Jean*,
» *qui a intenté contre vous des accufations très-graves*,
» *& par ce filence affecté vous les avez confirmées* :
» Il conclud : *Ayez donc part avec ceux dont vous*
» *embraffez fi volontiers les intérêts, & fachez que*
» *par la préfente fentence, vous êtes privé de l'hon-*
» *neur du facerdoce & de la communion catholique*,
» *étant condamné par l'autorité du S. Efprit & l'au-*
» *torité apoftolique, fans pouvoir être jamais abfous*
» *de cet anathême* (*d*).

L'Église d'Afrique attira encore les attentions du fouverain Pontife. Comme la perfécution qu'Hunéric, Prince Arien, y avoit excitée contre les Catholiques,

---

(*a*) Ib. n. 52.
(*b*) Ib. n. 54.
(*c*) Ib. n. 57.

(*d*) Ib. tom. 7, l. 39, n. 16 ; p. 30, 31.

avoit occasionné la chute de plusieurs ; Félix adressa aux Évêques une lettre où il leur prescrit la pénitence qu'on doit imposer à ceux qui sont tombés, relativement à la griéveté de leurs fautes (a).

Acace étant mort peu de tems après, & Flavita son successeur, ayant fait part au Pape de son élection, en lui envoyant sa lettre synodale ; le Pape demanda aux députés si le Patriarche „ ne promettoit pas de „ rejetter les noms de Pierre d'Alexandrie & d'Acace „ de Constantinople ; & les députés ayant répondu „ qu'ils n'avoient point cet ordre ; le Pape surpris, „ différa de les admettre à sa communion (b), „ & il écrivit à Flavita & à l'Empereur pour exposer les raisons de sa conduite. Euphémius, successeur de Flavita, „ effaça de sa main le nom de Pierre Monge des sa- „ crés dyptiques, & y mit celui du Pape Félix, à qui „ il envoya aussi-tôt des lettres synodales suivant la „ coutume. Le Pape les reçut, mais il n'accorda pas „ à Euphémius sa communion, parce qu'il n'avoit pas „ effacé des dyptiques les noms d'Acace & de Fla- „ vita (c). „

S. Gélase marcha sur les traces de Félix, son prédécesseur. Il envoya une instruction à ses Légats, pour répondre aux plaintes des Grecs contre l'Église Romaine ; & comme Euphémius soutenoit qu'Acace, par sa qualité de Patriarche, ne devoit être condamné que dans un concile général ; le Pape combat cette fausse prétention en ces termes : „ Ce sont les canons „ qui ont voulu que les appellations de toute l'Église „ fussent portées à ce siege, & que l'on ne pût en „ appeller nulle part : en sorte qu'il jugeat de toute „ l'Église sans être jugé de personne, & que ses ju- „ gemens demeurassent sans atteinte. En cette même „ affaire, Timothée d'Alexandrie, Pierre (d) d'Antio- „ che, Paul (d'Éphese), Jean (d'Apamée) & les autres „ qui se prétendoient Évêques, ont été déposés par

---

(a) Ib. n. 20.
(b) Ib. n. 21.
(c) Ib. n. 22.
(d) Pierre le Foulon.

» la feule autorité du Siege Apoſtolique ; & Acace lui-
» même en eſt témoin, puiſqu'il a été l'exécuteur de
» ce jugement..... S'il s'agit de la Religion, la fouve-
» raine autorité de juger n'eſt due ſelon les canons
» qu'au Siege Apoſtolique (*a*).
» Le même Pontife avertit les Évêques de Dalmatie
» de ſe donner de garde de l'Évêque de Theſſaloni-
» que, qui n'ayant pas voulu condamner le nom
» d'Acace, avoit enfin été retranché de la communion
» du S. Siege (*b*) ; & comme ces Évêques paroiſſoient
» touchés de cette objection des *ſchiſmatiques*, qu'A-
» cace n'avoit pas été légitimement condamné, ne
» l'ayant point été dans un concile tenu exprès, vu
» principalement qu'il étoit l'Évêque de la ville impé-
» riale, le Pape leur répondit par une autre lettre,
» où il dit entr'autres : Les Évêques catholiques ont
» jugé ſuffiſant de condamner l'héréſie avec ſon au-
» teur, & de déclarer que quiconque, à l'avenir, com-
» muniqueroit à la même erreur, ſeroit compris dans la
» même condamnation. Tout cela bien confidéré, nous
» nous aſſurons qu'aucun vrai chrétien ne peut igno-
» rer que c'eſt principalement au premier Siege à exé-
» cuter les décrets des conciles approuvés par le con-
» ſentement de l'Égliſe univerſelle, puiſque ce Siege
» confirme les conciles par ſon autorité. Acace a donc
» été condamné en vertu du concile de Chalcédoine,
» & le S. Siege l'a retranché de ſa communion (*c*). »
On voit que le ſouverain Pontife diſtingue ici l'héréſie, qui avoit été preſcrite par les Peres de Chalcédoine, d'avec la cauſe perſonnelle d'Acace ; car
quoique celui-ci eut été compris fous l'anathême général du concile prononcé contre les hérétiques ; il
étoit néceſſaire de le juger ; & c'eſt le S. Siege qui
en connoît.
Le Pape pourſuit : » C'eſt ainſi que Timothée Élure,
» & Pierre d'Alexandrie, qui paſſoient pour Évêques

(*a*) Ib. n. 28. (*c*) Ib. p. 67, 68, 69.
(*b*) Ib. n. 36.

„ du second Siege, ont été condamnés sans un nou-
„ veau concile, par la seule autorité du S. Siege, à
„ la poursuite d'Acace. C'est à nos adversaires à mon-
„ trer que Pierre a été justifié. Toute l'Église sait que
„ le siege de S. Pierre a droit d'absoudre des juge-
„ mens de tous les Évêques & des jugemens de toute
„ l'Église, sans que personne puisse juger son jugement,
„ puisque les canons veulent que l'on puisse y ap-
„ peller de toutes les parties du monde, & qu'il n'est
„ pas permis d'appeller de lui. Acace n'avoit donc aucun
„ pouvoir d'absoudre Pierre d'Alexandrie, sans la par-
„ ticipation du Siege qui l'avoit condamné. Qu'on dise
„ par quel concile il l'a fait, lui qui n'étoit qu'un
„ simple Évêque dépendant de la Métropole d'Hé-
„ raclée ? Souvent-même, sans un concile précédent,
„ le S. Siege a absous ceux qu'un concile avoit con-
„ damnés injustement, & condamné ceux qui le méri-
„ toient. „ Le Pape Gélase rapporte ensuite les exemples de S. Athanase, de S. Jean Chrysostome, de
S. Flavien (a).

Sixieme siecle de l'Église. Symmaque qui succéda
à Gélase, ayant été accusé de plusieurs crimes,
Théodoric, Roi des Goths, Prince Arien, assembla
un concile pour juger le Pontife ; mais „ les Évêques
„ dirent que le Pape lui-même *devoit convoquer le*
„ *concile ; que le S. Siege avoit ce droit, & par*
„ *sa primauté tirée de S. Pierre*, & par l'autorité des
„ conciles ; & *qu'il n'y avoit point d'exemple qu'il eut*
„ *été soumis au jugement de ses inférieurs.* Le Roi dit que
„ le Pape avoit consenti à la convocation du concile,
„ & leur fit donner les lettres qu'il en avoit écrites.
„ Le concile étant assemblé, le Pape Symmaque entra
„ dans l'Église, témoigna sa reconnoissance envers le
„ Roi pour la convocation du concile, & déclara qu'il
„ l'avoit desiré lui-même. Ainsi les Évêques n'eurent
„ plus aucun scrupule. „ Cependant le Pape ayant été
attaqué par des séditieux, lorsqu'il venoit au concile,
ne voulut plus se présenter, & répondit aux invita-

(a) Ib. p. 69.

tions qu'on lui faisoit , ,, que le desir de se justifier
,, l'avoit fait *relâcher de son droit & de sa dignité* ; mais
,, qu'après le danger qu'il avoit courut , où il avoit
,, pensé périr, le Roi feroit ce qu'il lui plairoit ; que
,, pour lui *on ne pouvoit le contraindre par les canons.* ,,
En conséquence le concile prononça le jugement en
ces termes : ,, Nous déclarons le Pape Symmaque ,
,, quant aux hommes , déchargé des accusations intentées
,, contre lui , laissant le tout au jugement de Dieu (*a*). ,,

Un pareil jugement, bien loin de blesser l'autorité
du S. Siege, étoit au contraire un aveu solemnel de
sa jurisdiction. Cependant l'Église des Gaules ne laissa pas
de l'improuver hautement. S. Avit, Évêque de Vienne,
écrivant au nom de tous, se plaignit que ,, le Pape
,, étant accusé devant le Prince , les Évêques se fussent
,, chargés de le juger au lieu de le défendre. Car, dit-il,
,, comme Dieu nous ordonne d'être soumis aux Puis-
,, sances de la terre ; aussi n'est-il pas aisé de *compren-*
,, *dre comment le supérieur peut être jugé par les infé-*
,, *rieurs , & principalement , le chef de l'Église.* Il loue
,, toutefois le concile d'avoir réservé au jugement de
,, Dieu cette cause, dont il s'étoit chargé un peu légé-
,, rement (*b*). ,,

Peu de tems après , S. Avit entra en contestation
avec Éonius, Évêque d'Arles, au sujet du district de
leurs Métropoles ; ce dernier en porta ses plaintes à
Symmaque, qui manda aux deux Évêques de lui envoyer à jour nommé, des députés pour exposer leurs
droits respectifs ; & après les avoir entendus , le Pape
décida en faveur d'Éonius (*c*).

Cependant le schisme continuoit en Orient. L'Empereur Anastase qui favorisoit les Eutychiens, employa
inutilement toute son adresse pour surprendre la religion du S. Siege. Les Papes toujours attachés aux
regles , refuserent constamment d'admettre les Grecs
à leur communion, à moins qu'ils ne condamnassent,

(*a*) Ib. n. 50. (*c*) Ib. n. 53.
(*b*) Ib. n. 51.

également, & l'hérésie d'Eutychès & ses fauteurs; ils ordonnerent à leurs Légats qui résidoient à Constantinople de recevoir les requêtes qu'on présenteroit contre les Évêques Eutychiens, mais *d'en réserver la cause au jugement du S. Siege* (a). Ils les chargerent d'un formulaire de réunion, auquel les schismatiques devoient souscrire (b), pour être reçus à la communion de l'Église Romaine; formulaire qu'anathématisoit *tous les Évêques Eutychiens, & leurs complices, & nommément Acace de Constantinople*; ils ne voulurent jamais permettre qu'on mit dans les dyptiques ni Euphémius ni Macédonius, successeurs d'Acace, parce qu'ils y avoient laissé subsister le nom de ce dernier, quoiqu'ils eussent été exilés pour la défense du concile de Chalcédoine (c).

Le Pape Hormisda termina enfin cette grande affaire avec le secours de l'Empereur Justin, conformément aux conditions prescrites. Jean Patriarche de Constantinople souscrivit au formulaire ainsi que les autres Évêques d'Orient. " On effaça des dyptiques le nom
" d'Acace ; ceux des Patriarches suivans, Flavita,
" Euphémius, Macédonius & Timothée, & ceux des
" Empereurs Zenon & Anastase. Tous les Évêques
" qui se trouverent à Constantinople donnerent aussi
" leur libelle ; & les Légats eurent grand soin de ne
" communiquer avec aucun qui ne l'eut donné aupara-
" vant. Tous les Abbés en firent autant (d). "

Il s'agissoit après cela de donner un Évêque catholique à l'Église d'Antioche à la place de Sévere, chef des Eutychiens. L'Empereur choisit un prêtre de l'Église de Constantinople, nommé Paul, qui avoit constamment résisté à l'hérétique Sévere. " On vouloit l'ordonner à
" Constantinople ; mais le Légat Dioscore l'empêcha,
" soutenant que le Pape vouloit qu'il fut ordonné
" sur les lieux (e). " Quelques Églises Orientales desiroient

---

(a) Ib. l. 31, n. 22, p. 174.
(b) Ib. n. 26, p. 179, n. 41, p. 212.
(c) Ib p. 212.
(d) Ib. n. 43, an. 519.
(e) Ib. n. 44.

DES DEUX PUISSANCES.

foient de retenir encore dans leurs dyptiques les noms de leurs Évêques qui avoient été unis de communion avec Acace. Mais Hormifda demeura toujours inflexible fur cet article : ils furent obligés de fe conformer à ce qu'il avoit ordonné. Ainfi fe confomma la réunion des Églifes, conformément aux regles que le S. Siege avoit prefcrites, après un fchifme de 35 ans (*a*).

En 531 l'Évêque de Lariffe porta fes plaintes à Boniface I, contre l'Évêque Épiphane, & le Patriarche de Conftantinople. La caufe fut examinée dans un concile tenu à Rome. Théodofe d'Échine, chargé de pourfuivre cette plainte, y dit entr'autres : ,, Encore ,, que le S. Siege s'attribue, à bon droit, la primauté ,, de toutes les Églifes du monde, il a un droit particulier ,, pour gouverner l'Église d'Illyrie (*b*). ,,

Il s'éleva dans ce même-tems une conteftation en Orient au fujet de cette propofition : *Un de la Trinité a fouffert.* Le Patriarche de Conftantinople condamna les moines Acemetes qui la combattoient ; ils en appellerent au Pape & vinrent à Rome plaider leur caufe devant Jean II, qui confirma la fentence, & qui après avoir tenté inutilement de les ramener, ,, les déclara ,, exclus de fa communion, & de toute l'Église catholi- ,, que, comme ils l'étoient déja de celle de leur Évêque, ,, le Patriarche de Conftantinople (*c*). ,,

En 536 Anthime fut transféré du fiege de Trébifonde à celui de Conftantinople ; mais on preffa inutilement le Pape Agapet, qui étoit alors dans cette derniere ville, de confirmer cette tranflation. Non-feulement il réfifta aux follicitations de l'Empereur Juftinien, aux offres & aux menaces de l'Impératrice : il affembla encore un concile à Conftantinople même, où il dépofa Anthime, parce que celui-ci étoit ennemi du concile de Chalcédoine (*d*), & il donna avis de ce qu'il venoit de faire à Pierre, Patriarche de Jerufalem, par une lettre fy-

---

(*a*) Ib. n. 52. (*c*) Ib. n. 39.
(*b*) Ib. l. 32, n. 24. (*d*) Ib. n. 54.

Tome II. Part. III.

nodale, où il dit entr'autres : Anthime a refusé de quitter l'erreur d'Eutychès. » C'eſt pourquoi, après l'avoir
» attendu à pénitence, *nous le déclarons indigne du*
» *nom de catholique & d'Évêque*, juſqu'à ce qu'il reçoive
» pleinement la doctrine des Peres (*a*). »

Le Pape étoit encore à Conſtantinople, lorſque pluſieurs Évêques d'Orient lui porterent leurs plaintes contre Sévere, Patriarche d'Antioche, qui avoit déja été dépoſé, à cauſe de ſes erreurs, auſſi-bien que contre l'Évêque d'Apamée, & contre un nommé Zoara. Ces Évêques qualifient le Pape de *Pere des Peres* & de *Patriarche*. Les abbés de Conſtantinople, de Jeruſalem & d'Orient, lui préſenterent auſſi une requête contre les ſchiſmatiques Acéphales, ſectateurs d'Eutychès, & dans laquelle les abbés lui donnerent le titre d'*Archevêque de l'ancienne Rome*, & de *Patriarche œcuménique* (*b*).

La mort qui le prévint, n'empêcha pas la pourſuite de la cauſe d'Anthime & des autres Évêques accuſés. L'Empereur Juſtinien aſſembla un concile le ſecond jour de Mai l'an 536, où ſe trouverent les Légats du Pape Agapet, nommés avant ſa mort pour demeurer auprès de l'Empereur. On y fit lire la requête des abbés de Conſtantinople, d'Antioche, de la Paleſtine, contre Anthime, Sévere & Zoara. Les abbés y diſoient à l'Empereur : » Quoique vous euſſiez pu chaſſer ces ſchiſ-
» matiques, *vous êtes louable d'avoir voulu qu'ils fuſſent*
» *jugés canoniquement par l'Archevêque de l'ancienne*
» *Rome*, que Dieu a envoyé ici, comme il envoya
» à Rome S. Pierre pour diſſiper les preſtiges de Simon.
» Nous vous ſupplions de faire exécuter ſon jugement,
» & de délivrer l'Égliſe d'Anthime & de ces autres
» hérétiques (*c*). »

» On rapporta dans ce même concile, les lettres du
» Pape Hormiſda, du 10 Février 518, & du 26 Mai
» 521, dans leſquelles il condamnoit Sévere d'Antioche
» & Pierre d'Apamée. Les Romains dirent enſuite,

(*a*) Ib.   (*c*) Ib. n. 55.
(*b*) Ib. p. 346.

» les premiers, leurs avis en ces termes : *Il paroît que
» Sévere, Pierre & leurs complices, sont condamnés
» depuis long-tems par les décrets du Pape Hormisda ;
» c'est pourquoi nous les tenons pour condamnés ;* nous
» comprenons sous le même anathême, Zoara & tous
» ceux qui communiquent avec eux. Le concile dit en-
» suite : *Anathême à Sévere & à Pierre comme déja con-
» damnés*, & à Zoara, &c. Le Patriarche Mennas con-
» firma l'avis du concile par le jugement solemnel qu'il
» prononça (*a*). »

On connoît les contestations qui diviserent l'Église au sujet des trois Chapitres (*b*), & qui donnerent occasion au second concile de Constantinople (*c*), qui fut le cinquieme œcuménique. Le Pape Vigile refusa d'y assister, quoiqu'il se trouvât alors à Constantinople même. Il promet seulement de donner son jugement par écrit. Le concile procéda donc en son absence à la condamnation de ces trois écrits ; mais bien loin d'enjoindre au souverain Pontife de se soumettre au décret, comme en avoient usé les autres conciles généraux à l'égard des Patriarches qui refusoient de se joindre aux Peres de ces conciles ; ils s'expriment ainsi : » Après que nous
» avons souvent invité le Pape Vigile, & que l'Em-
» pereur lui a envoyé des magistrats ; il a promis de
» donner en particulier son jugement sur les trois
» Chapitres. Ayant ouï cette réponse, nous avons
» considéré ce que dit l'Apôtre, que chacun rendra
» compte à Dieu pour lui : & d'ailleurs nous avons
» craint le jugement dont sont menacés ceux qui
» scandalisent leurs freres. *Ce discours du concile,
» ajoute M. Fleury, est remarquable pour marquer
» combien on étoit persuadé de l'autorité du Pape (d).* »

Vigile confirma en effet les actes du concile. Plusieurs Églises séduites par le bruit qu'on avoit répandu, que le concile de Chalcédoine avoit approuvé les écrits

---

(*a*) Ib. n. 56.
(*b*) C'est-à-dire des écrits de Théodore de Mopsueste, des Anathématismes de Théodoret & de la lettre d'Ibas à Maris.
(*c*) En 553.
(*d*) Ib. l. 33, n. 50, p. 458.

qui venoient d'être condamnés dans celui de Conſtantinople (*a*), refuſerent d'adhérer à ce dernier concile, & ſe ſéparerent même de la communion du Pape. Pélage, ſucceſſeur de Vigile, écrit à ce ſujet aux Évêques de Toſcane en ces termes: " Comment ne croyez-vous pas être ſéparés de la communion de tout le monde, ſi vous ne récitez pas mon nom ſuivant la coutume, dans les ſaints myſteres ? puiſque tout indigne que j'en ſuis, c'eſt en moi que ſubſiſte à préſent la fermeté du Siege Apoſtolique, avec la ſucceſſion de l'épiſcopat (*b*). "

Pélage écrivit encore aux Évêques des Gaules pour diſſiper les mêmes préventions, & il déclara ſuſpens l'Évêque d'Arles, qui étoit ſon vicaire apoſtolique dans toute la Gaule (*c*).

Mais il n'eſt point de Pape qui ſe ſoit occupé dans un plus grand détail, du ſoin des Égliſes particulieres, que S. Grégoire le Grand, ſucceſſeur de Pélage. Ce Pape caſſa les actes du concile de Conſtantinople tenu en 589; parce que le Patriarche Jean, ſurnommé le Jeûneur, avoit pris dans ces actes, le titre d'*Évêque univerſel*, & il défendit au Nonce du S. Siege, qui étoit à Conſtantinople, d'aſſiſter à la Meſſe avec le Patriarche. (*d*).

Les Évêques de Numidie prierent le S. Pontife, de conſerver ſelon leur uſage, la primatie au plus ancien Évêque de la province. S. Grégoire leur accorda leur demande, mais avec cette clauſe, que les Évêques qui auroient été Donatiſtes, ſeroient exclus de cette dignité (*e*).

Il s'appliqua lui-même à purger cette Égliſe du vice

(*a*) Le concile de Chalcédoine avoit ſeulement reçu à la communion Ibas & Théodoret, en conſéquence de la profeſſion de foi qu'ils avoient faite. Théodore de Mopſueſte étoit mort, mais le concile n'avoit point prononcé ſur leurs écrits que condamna enſuite le concile de Conſtantinople.
(*b*) Fleury, ib. l. 33, n. 56, p. 470.
(*c*) Ib. n. 57, p. 472.
(*d*) Ib. l. 34, n. 58, p. 595, 596.
(*e*) Ib. tom. 8, l. 35, n. 14, p. 28.

de simonie. Argentius, Évêque de Lamige, fut accusé d'avoir permis pour de l'argent, d'établir de nouveau un Évêque Donatiste dans le lieu de sa résidence: ce Pape en écrivit en ces termes à Colomb, Évêque de Numidie : " Je vous exhorte qu'à l'arrivée d'Hilaire, " notre cartulaire, vous assembliez un concile géné- " ral, où l'affaire soit examinée ; & si ce fait est " prouvé, que Maximien (l'Évêque Donatiste) soit " déposé absolument (*a*). "

Honorat, archidiacre de Salone, ayant été promu à la prêtrise contre son gré, par Natalis son Évêque, & privé par-là de sa dignité d'archidiacre, en porta ses plaintes à S. Grégoire. L'Évêque lui écrivit de son côté. Le Pape " ordonna à Honorat de *conti-* " *nuer à exécuter ses fonctions d'archidiacre ;* il admo- " neta l'Évêque de Salone de *le rétablir dans sa* " *fonction*, & s'il reste encore, ajoute-t-il, entre vous " quelque différend, *qu'il vienne ici, & quelqu'un pour* " *vous*. Natalis n'ayant point satisfait à cette lettre, " S. Grégoire lui écrivit en ces termes : J'apprends " que vous abandonnez le soin de votre troupeau, & " que vous êtes occupé à tenir une grande table, &c. " Après tant d'avertissemens *rétablissez Honorat en sa* " *place, si-tôt que vous aurez reçu cette lettre : si vous* " *différez encore, sachez que vous êtes privé de l'usage* " *du pallium*, qui vous a été accordé par le S. " Siege ; & *si vous continuez dans votre opiniâtreté,* " *vous serez privé de la participation du corps & du* " *sang de notre Seigneur*. Après quoi nous examinerons " juridiquement, si vous devez demeurer dans l'épisco- " pat. Quant à celui qui s'est laissé promouvoir à l'ar- " chidiaconat, au préjudice d'Honorat, nous le dépo- " sons de cette dignité ; & s'il continue à faire ses " fonctions, il sera privé de la Ste. Communion. Na- " talis se rendit enfin ; *il se soumit aux ordres du* " *Pape* : & le Pape remit à l'arrivée de ses députés, " *à juger son différend avec Honorat*. Mais Natalis " mourut environ six mois après (*b*). "

(*a*) Ib. (*b*) Ib. n, 26.

Adrien, Évêque de Thebes, injustement déposé par Jean de Lariffe, son Métropolitain, fut renvoyé sur son appel, à Jean Évêque de la premiere Justiniene, Primat d'Illyrie & vicaire du S. Siege ; le Primat confirma la sentence. " Adrien de Thebes appella au
" Pape de ce nouveau jugement, & signifia son appel
" à Jean de Justiniene, qui par ses Nonces promit
" au diacre Honorat, Nonce du Pape à Constanti-
" nople, d'*envoyer des gens à Rome pour soutenir son*
" *jugement.* Adrien s'y rendit lui-même, & se plaignit
" au Pape des injustices qu'il avoit souffertes de son
" Métropolitain & de son Primat. Le Pape Grégoire
" attendit long-tems s'ils enverroient quelqu'un pour
" soutenir leurs sentences : mais enfin ne voyant personne
" paroître de leur part ; & trouvant (après un mûr
" examen) leurs sentences irrégulieres dans la forme
" & injustes dans le fond, *il cassa la sentence du Pri-*
" *mat, & le condamna à trente jours de pénitence,*
" *pendant lesquels il seroit privé de la Ste. Commu-*
" *nion, sous peine d'être puni plus sévérement s'il*
" *n'obéissoit.* Quant au Métropolitain, Jean de Lariffe,
" S. Grégoire lui parle ainsi : Vous méritez d'être
" privé de la communion du corps de notre Seigneur,
" pour avoir méprisé l'admonition de mon prédécef-
" seur, par laquelle il exemptoit de votre jurisdiction
" Adrien & son Eglise de Thebes. *Toute fois nous*
" *nous contentons d'ordonner l'exécution de cet ordre ;*
" en sorte que si vous avez quelque prétention civile
" ou criminelle contre l'Évêque Adrien, *elle soit dé-*
" *cidée par nos Nonces à Constantinople, ou renvoyée*
" *ici au S. Siege, si elle est considérable ; le tout, sous*
" *peine d'excommunication, dont vous ne pourrez être*
" *absous, que par ordre du Pontife Romain, excepté à*
" *l'article de la mort.* S. Grégoire ayant appris ensuite
" qu'Adrien s'étoit réconcilié avec ses accusateurs,
" envoya sur les lieux un diacre de l'Église Romaine,
" pour savoir s'il n'y avoit point de prévarication
" dans cet accord (*a*). "

_____

(*a*) lv. ll. 27.

Un prêtre d'Isaurie ayant été maltraité avec plusieurs autres prêtres, dans l'Église de Constantinople, S. Grégoire en reprit le Patriarche Jean; & comme celui-ci prétendoit se justifier sur ce qu'il avoit ignoré les violences qu'on avoit commises, le Pape lui reprocha sa négligence à l'instruire de ce qui se passoit dans son Église. Il déclara même dans une lettre au Patrice Narsès, » qu'il étoit résolu de poursuivre cette » affaire de tout son pouvoir ; & si je vois, ajoute- » t-il, qu'on ne garde pas les canons du S. Siege, » Dieu m'inspirera ce que je dois faire contre ceux » qui les méprisent (*a*). »

Un prêtre de l'Église de Milan, nommé Magnus, injustement excommunié par son Évêque, en porta ses plaintes au Pape qui, » ayant reconnu qu'il en » étoit ainsi, permit à Magnus d'exercer ses fonctions » & de communier, laissant à sa conscience, s'il se » trouvoit coupable de quelque faute, de l'expier en » secret (*b*). »

L'archidiacre Honorat ayant été élu Évêque de Salone, après la mort de Natalis; Maxime lui disputa le siege, & s'y fit introniser à main armée. S. Grégoire instruit de ce désordre, cita Maxime à Rome, & » défendit par l'autorité de S. Pierre, d'ordonner » un Évêque à Salone, sans le consentement du S. » Siege, sous peine d'être privé de la participation du » corps & du sang de notre Seigneur, & de nullité » de l'élection, excluant nommément la personne de » Maxime (*c*). »

Janvier, Évêque de Cagliari, en Sardaigne, & Métropolitain de la province, négligeoit la conversion des infideles qui étoient encore en grand nombre dans cette Isle; il souffroit même que des Évêques en eussent au nombre de leurs serfs, sans qu'ils se missent en peine de les faire instruire. Le Pape l'en reprend, & il ajoute : » Si je puis trouver quelque

---

(*a*) Ib. n. 28.   (*c*) Ib. n. 36.
(*b*) Ib. n. 32.

L 4

» Évêque de Sardaigne qui ait un payſan payen, je l'en
» punirai ſévérement. » Cependant voulant ſuppléer
à leur négligence, il envoya des miſſionnaires dans
cette Iſle, pour y travailler à la converſion des Idolâtres (a).

Dans une autre lettre, il écrit au même Métro-
» politain. » Les prêtres ne doivent pas marquer ſur
» le front avec le S. Chrême, les enfans baptiſés, mais
» ſeulement ſur la poitrine, afin que les Évêques le
» faſſent enſuite ſur le front ; mais ſi quelques-uns
» en ſont contriſtés, *nous permettons de même aux*
» *prêtres de faire aux baptiſés l'onction du Chrême ſur*
» *le front, au défaut des Évêques* (b). »

Jean, prêtre de Chalcédoine, eſt condamné par le
Patriarche de Conſtantinople, comme hérétique. Il
en appelle au S. Siege, qui caſſe le jugement du Patriarche, *& renvóie le prêtre abſous* (c).

» Peu de tems après, S. Grégoire écrit à Virgile
» d'Arles, lui accordant le *vicariat des Gaules* &
» le *pallium*. Il lui recommande la *réformation de deux*
» *abus qui régnoient dans les Gaules & la Germanie* ; la
» ſimonie & l'ordination des laïques, que l'on élevoit
» tout d'un coup à l'épiſcopat, ſans avoir mené la
» vie cléricale. Il conclud ainſi ſa lettre : *Nous vous*
» *faiſons notre vicaire dans les Égliſes de l'obéiſſance du*
» *Roi Childebert, ſans préjudice du droit des Métro-*
» *politains. Si quelque Évêque veut faire un grand*
» *voyage, il ne le pourra ſans votre permiſſion. S'il*
» *ſurvient quelque queſtion de foi, ou quelque autre*
» *affaire difficile, vous aſſemblerez douze Évêques pour*
» *la juger. Si elle ne peut être décidée, vous nous en en-*
» *verrez le jugement* (d). »

Le même Pontife reçut en même-tems de nouveaux
ſujets de plaintes contre Janvier de Cagliari, au ſujet
des violences que celui-ci avoit exercées, & il lui en fit
une vive réprimande. » *Je pardonne*, lui dit-il, à vos

(a) Ib. n. 37. (c) Ib. n. 44, p. 98.
(b) Ib. p. 78. (d) Ib. n. 45, p. 99.

» cheveux blancs. *Vous mériteriez une févere con-
» damnation, fi la connoiffance que nous avons de
» votre fimplicité, & de votre vieilleffe, *ne nous fai-
» foit diffimuler* (*a*). »

Maxime, Évêque de Salone, bien loin d'obéir à la citation du Pape, avoit ajouté de nouvelles vexations aux premiers délits, il avoit même demandé que le Pape envoyât quelqu'un à Salone, devant qui il pût fe juftifier, foutenant que l'Empereur l'avoit ainfi ordonné. S. Grégoire répond : Quand même on auroit furpris quelque ordre de la part de l'Empereur, *nous connoiffons fi bien fon zele & fon refpect pour les canons, que nous ne laifferions pas de faire notre devoir.* Quant à ce que vous craignez fi fort, que *nous ne vous puniffions, d'avoir été ordonné fans notre confentement*, quoique ce foit-là une faute intolérable, *nous vous la remettons,* pourvu que vous ne demeuriez pas davantage *dans votre défobéiffance.* Mais on nous a dit d'autres chofes que nous *ne pouvons nous empêcher d'examiner. Il lui réitere enfuite la défenfe de célébrer la meffe, & le commandement de venir à Rome dans le terme de trente jours* (*b*).

Le Pape ne fe contenta pas d'exhorter Virgile d'Arles à réformer les abus ; il envoya Cyriaque en Gaule pour faire tenir un concile à ce fujet ; & il écrivit en ces termes à Virgile, à Syagrius d'Autun, à Éthérius de Lyon, & à Didier de Vienne : » Affemblez un concile
» pour toutes ces chofes à la diligence de l'Évêque
» *Syagrius & de l'abbé Cyriaque, & y condamnez*
» *fous peine d'anathême,* tout ce qui eft contraire aux
» canons. » Mr. Fleury remarque le choix que le Pape fait de l'Évêque d'Autun, préférablement aux Évêques de Lyon & d'Arles, pour la tenue du concile (*c*).

S. Grégoire apporta le même foin pour corriger les abus des Églifes d'Afrique. Ce fut-là le fujet d'une lettre qu'il adreffa à Déodat, Primat de Numidie, & à Colomb, Évêque de la même province. Il *chargea*

(*a*) Ib. l. 36, n. 5, p. 117.   (*c*) Ib. n. 10.
(*b*) Ib. n. 7, p. 121.

même ce dernier d'en informer, quoique celui-ci n'eut par son siege aucun droit de supériorité sur les autres sieges (*a*).

Vers ce même-tems, trois Évêques persécutés par le Patrice Gennade, vinrent à Rome pour se justifier des crimes dont on les accusoit ; & leurs accusateurs n'ayant point comparus, S. Grégoire les renvoya absous.

" Le même Pape ayant appris qu'il se devoit tenir un concile à Constantinople, & craignant que le Patriarche ne s'en prévalût, pour faire autoriser ses prétentions d'*Évêque universel*, prévint les principaux Évêques qui devoient assister à ce concile, " de se tenir en garde contre cette innovation. " Et " quand même, ajoute-t-il, il ne seroit pas question " de ce titre odieux, soyez vigilans, pour empêcher " que l'on n'ordonne rien au préjudice de quelque " siege ou de quelque personne que ce soit, & que " les canons ne soient point violés ; car si quelqu'un " manquoit à quelque chose du contenu dans cette " lettre, il seroit retranché de la communion de S. " Pierre (*b*).

" Deux Évêques d'Espagne, Janvier de Malaca, & " Étienne d'une autre Église, s'étoient plaints au " Pape d'avoir été déposés & chassés de leurs sieges " par injustice & par violence : & le Pape envoya " sur les lieux le défenseur Jean, pour juger ces deux " affaires, comme délégué du S. Siege (*c*). "

C'est ainsi que S. Grégoire veilloit au gouvernement de l'Église universelle, alliant toujours l'humilité chrétienne avec l'autorité apostolique, exhortant, avertissant, mais, en même-tems, décidant, statuant, jugeant, & punissant. On sait qu'il fonda l'Église d'Angleterre (*d*),

---

(*a*) Ib. n. 13, p. 133.
(*b*) Ib. n. 23.
(*c*) Ib. n. 8, p. 197.
(*d*) Quoique la foi eut été prêchée en Angleterre avant S. Grégoire, elle y avoit pourtant fait si peu de progrès, qu'on ne date la naissance de cette nouvelle Église, que de la mission que S. Grégoire donna à S. Augustin & à ses compagnons, pour prêcher la foi dans cette île.

par les missionnaires qu'il y envoya. On fait l'ordre qu'il établit dans cette nouvelle Église.

Ses successeurs continuerent à exercer la même jurisdiction dans tout le monde chrétien. Je me bornerai, pour abréger, aux faits principaux.

Septieme siecle de l'Eglise. Environ trente ans après la mort de S. Grégoire, l'hérésie d'Eutychès donna naissance à celle des Monothélites, ainsi appellés, parce qu'ils n'admettoient qu'une seule volonté & une seule opération en J. C.. Sergius, Patriarche de Constantinople, fut un des principaux chefs de la nouvelle secte: & S. Sophrone, Patriarche de Jérusalem, l'un des plus illustres défenseurs de la foi : l'un & l'autre porterent la cause devant le Pape Honorius qui, pour ménager une fausse paix, imposa silence aux deux partis (*a*). L'Empereur Héraclius donna son Ecthese, qui étoit une exposition dogmatique, dans laquelle il n'admettoit qu'une seule volonté en J. C.. Elle fut souscrite de Sergius & de plusieurs Évêques. Cela n'empêcha pas le Pape Jean IV de l'anathématiser (*b*). Sergius mourut peu de tems après la publication de l'Ecthese; Pyrrhus, son successeur, abdiqua son siege, & Paul, qui succéda à Pyrrhus, adressa au Pape ses lettres synodales, selon l'usage, avec sa profession de foi. Théodore occupoit alors la chaire de S. Pierre. Dans la réponse que fit ce Pontife au Patriarche de Constantinople, il lui reprocha d'avoir laissé subsister l'Ecthese, & il lui déclara que son ordination ne pouvoit être regardée comme légitime, malgré la rénonciation de Pyrrhus; mais qu'il falloit assembler un concile pour prononcer sur les griefs dont ce dernier étoit accusé. « Nous avons donné des ordres, » ajoutoit-il à l'archidiacre Séricus & à Martin, diacre » & apocrysiaire, que *nous avons délégué pour tenir » notre place*, & examiner canoniquement avec vous » cette cause.... Que si les partisans de Pyrrhus appor- » tent quelque retardement à cette affaire, on peut

---

(*a*) Fleury, Hist. Eccl. tom. 8,   (*b*) Ib., n. 35.
l. 38, n. 7, p. 330, 331.

» obtenir un ordre de l'Empereur pour envoyer
» Pyrrhus à Rome, *afin qu'il soit jugé par notre con-*
» *cile* (a). »

Cependant l'hérésie s'accréditoit en Orient par la protection de l'Empereur & du Patriarche. Sergius, Évêque de Joppé, s'étant emparé du vicariat de Jerusalem, après la mort de S. Sophrone, ordonnoit des Évêques de la dépendance de ce Patriarchat, sans aucune forme ecclésiastique, & leur faisoit souscrire l'Ecthese. Étienne de Dore, qui en étoit le premier suffragant, en porta ses plaintes au S. Siege. Le Pape voulant réprimer ces entreprises, *le fit son vicaire en Palestine, & lui donna ses lettres, portant pouvoir de régler les affaires ecclésiastiques, & de déposer les Évêques que Sergius de Joppé avoit irrégulièrement ordonnés, s'ils ne se corrigeoient point. Etienne exécuta sa commission, & ne reçut que ceux qui renoncerent par écrit à l'erreur* (b). Enfin le Pape voyant que ni ses lettres ni ses recommandations n'avoient pu ramener le Patriarche Paul à la foi de l'Église catholique, prononça contre lui la sentence de déposition (c).

Théodore mourut peu de tems après. S. Martin qui le remplaça, soutint les intérêts de la foi avec la même intrépidité. Incontinent après son ordination, il assembla un concile à Rome, où il anathématisa entr'autres, Cyrus d'Alexandrie, Sergius de Constantinople, & les Patriarches qui lui avoient succédé avec l'Ecthese & le Type (d). Le Pape définit dans ce concile, que les deux natures subsistoient distinctes en J. C. avec leurs propriétés, & qu'il y avoit aussi en lui une volonté & une opération divine, une volonté & une opération humaine (e). S. Martin adressa en conséquence, une lettre circulaire à toutes les Églises, avec les actes du concile, *afin de se justifier*, disoit-

---

(a) Ib. n. 33, p. 371, 372.
(b) Ib. n. 34, p. 373.
(c) Ib. n. 45, p. 394, an. 646.
(d) Le Type étoit un nouvel édit que l'Empereur Constant avoit substitué à l'Ecthese, & par lequel il imposoit silence aux deux partis.
(e) Fleury, ib. n. 53.

il, *devant Dieu, & de rendre inexcufables ceux qui n'obéiffoient pas* (a). » Il exhorta les Évêques d'O-
» rient à demeurer fermes dans l'Églife Romaine, &
» à éviter les hérétiques, particuliérement Macédo-
» nius, ufurpateur du fiege d'Antioche, & Pierre
» d'Alexandrie. Il *établit Jean, Évêque de Philadel-*
» *phie, fon vicaire, par-tout l'Orient, c'eft-à-dire, dans*
» *toutes les Églifes dépendantes de Jerufalem & d'An-*
» *tioche : & cela, ajoute-t-il, en vertu du pouvoir que*
» *nous avons reçu de S. Pierre, & à caufe du mal-*
» *heur du tems & de l'oppreffion des Gentils ; de peur*
» *que l'ordre facerdotal ne périffe en ces quartiers, &*
» *que notre fainte Religion y foit ignorée. C'eft pour-*
» *quoi rempliffez inceffamment les Églifes catholiques,*
» *d'Évêques, de prêtres, de diacres..... Exhortez ceux*
» *qui font déja dépofés à fe convertir ; faites-leur don-*
» *ner leur profeffion de foi par écrit, après quoi, vous*
» *les rétablirez chacun dans leur ordre, pourvu qu'il*
» *n'y ait rien d'ailleurs qui empêche leur confirma-*
» *tion* (b). »

Paul, Évêque de Theffalonique, ayant refufé de fe conformer au décret du Pape, S. Martin lui déclara qu'il » *étoit dépofé de toute dignité & de tout*
» *miniftere dans l'Églife catholique*, jufques à ce qu'il
» eut confirmé par écrit, fans aucune omiffion, tout
» ce qui avoit été décidé dans le concile de Rome.
» Il écrivit en même-tems à l'Églife de Theffalonique,
» de n'avoir plus de communion avec Paul, & de faire
» célébrer l'office par les prêtres & les diacres catholi-
» ques, jufqu'à ce qu'il fut rentré dans le devoir (c). »

Le Monothélifme fut enfin folemnellement profcrit dans le 6me. concile général, qui étoit le 3me. de Conftantinople, tenu en 681 fous le Pape Agathon, & fous l'Empereur Conftantin Pogonat.

Le S. Siege intervint encore dans les troubles qui, vers ce même-tems, divifoient l'Églife naiffante d'Angleterre.

(a) Ib. n. 54, p. 411.]   (c) Ib. n. 56.
(b) Ib. p. 412, 413.

Le Roi Ecfrid ayant fait déposer S. Wilfrid, Évêque d'Yorck, par Théodore de Cantorberi, persuada à ce dernier de partager le diocese d'Yorck en trois Évêchés. S. Wilfrid porta sa plainte devant le Pape Agathon qui, après avoir examiné la cause dans un concile, ordonna que ” Wilfrid seroit rétabli dans son ” Évêché; que ceux qui y avoient été mis irréguliè- ” rement, seroient chassés; mais que les Évêques qu'il ” choisiroit avec le concile assemblé sur les lieux pour ” l'aider, seroient ordonnés par l'Archevêque : le ” tout, sous peine de déposition & d'anathême, con- ” tre les Évêques, les prêtres, les diacres, & d'ex- ” communication contre les autres (*a*). ”

Huitieme siecle de l'Église. S. Wilfrid rentra en effet dans son Église; mais il y fut bientôt exposé à de nouveaux orages. Belthérard, successeur de Théodore, le déposa une seconde fois : & le S. Prélat implora aussi une seconde fois la protection du S. Siege. L'Archevêque de Cantorberi envoya de son côté des députés à Rome. Jean VI qui occupoit alors la chaire de S. Pierre, après avoir entendu les défenses respectives des parties, *renvoya S. Wilfrid absous* (*b*); & ordonna à l'Archevêque de Cantorberi de le rétablir sur son siege. L'Archevêque assembla un concile en Angleterre, où assista le Roi Osred avec ses Seigneurs. L'Archevêque leur dit ” que le Pape ordonnoit aux ” Évêques anglois de se réconcilier avec Wilfrid, de ” lui rendre ses Églises, ou d'aller tous ensemble à ” Rome pour être jugés..... Les Évêques consulterent ” entr'eux, & la conclusion du concile fut, que tous ” les Évêques, le Roi & les Seigneurs feroient de ” bonne foi la paix avec l'Évêque Wilfrid (*c*). ”

L'Allemagne attiroit en même-tems les regards du S. Siege; les hommes apostoliques que les souverains Pontifes y avoient envoyés, étendoient le Royaume de J. C. dans ces contrées : il fallut fonder de nou-

---

(*a*) Ib. tom. 9, l. 40, n. 5, p. 10.   (*b*) Ib. l. 41, n. 9, an. 704.   (*c*) Ib. n. 18.

velles Églises, & leur donner des réglemens de discipline relativement aux circonstances. C'est ce que fit Grégoire II : « Vous établirez des Évêchés, écrit-il » à l'Évêque Martinien, vous réglerez les dépendan- » ces, vous réserverez le principal siege pour l'Ar- » chevêque ; vous nous l'envoyerez avec vos lettres, » ou vous l'amenerez avec vous. Si vous n'en trou- » vez pas de capable de remplir ce siege, vous nous » le ferez savoir, afin que nous vous l'envoyions » d'ici (*a*). »

L'hérésie des Iconoclastes qui s'éleva en Orient, donna un nouvel exercice à la sollicitude pastorale des souverains Pontifes. Elle eut pour auteur l'Empereur Léon Isaurien, & un puissant adversaire dans la personne de S. Germain, Patriarche de Constantinople. L'Empereur irrité de la résistance du Patriarche, le fit déposer (*b*), pour lui substituer Anastase. S. Germain porta ses plaintes au S. Siege, & mourut peu de tems après : » Anastase envoya à Rome sa lettre synodique : mais » Grégoire II le voyant soutenir l'hérésie des Icono- » clastes, ne crut pas devoir le reconnoître pour son » confrere ; & il lui écrivit pour l'avertir, que s'il ne » revenoit à la foi catholique, il seroit privé du sa- » cerdoce (*c*). »

Pour accélérer les progrès de la foi dans l'Allemagne, les souverains Pontifes joignirent de nouveaux missionnaires aux premiers. S. Boniface y érigea de nouveaux Évêchés, & en demanda *la confirmation au S. Siege* (*d*). Le Pape Zacharie *confirma* en effet ces établissemens, *avec défense à aucun autre qu'à son vicaire d'y ordonner des Évêques* (*e*).

L'Empire d'Orient ayant changé de maître, les affaires de l'Église changerent aussi de face. L'Empereur Constantin & Taraise, Patriarche de Constantinople, prierent le Pape Adrien d'envoyer ses Légats

---

(*a*) Ib. n. 30.
(*b*) Ib. l. 42, n. 1, 2, &c.
(*c*) Ib. n. 7.
(*d*) Ib. n. 32. an. 740.
(*e*) Ib. n. 35.

au concile qui devoit s'assembler à Nicée, au sujet du culte des images (a). Le Pape dans sa réponse " con- " jure l'Empereur de rétablir les images..... que si " cela est impossible, ajoute-t-il, à cause des héréti- " ques, *il faut premiérement que le faux concile* (des " Iconoclastes) *tenu à Constantinople, contre toutes les* " *regles, soit anathématisé en présence de nos Légats*... " & un peu après : " Nous avons été troublés de voir " que Taraise a été tiré de l'état laïque & du ser- " vice de l'Empereur, pour être élevé tout-à-coup à " la dignité de Patriarche. Ce qui est tellement con- " tre les regles, *que nous n'aurions point consenti à* " *son ordination*, si nous n'espérions qu'il concourra " fidellement au rétablissement des images (b). "

Vers ce tems, commencerent à paroître les fausses Décrétales (c), auxquelles nos adversaires attribuent les prétendues préventions, qui ont donné naissance à la jurisdiction des Papes. Par cette raison nous ter- minerons la Tradition des faits à cette époque, comme nous l'avons promis ; & il seroit inutile d'aller plus loin, puisque Febronius avoue que les Papes ont exercé une autorité de jurisdiction dans les siecles postérieurs.

Neuvieme siecle de l'Église. Schisme de Photius. Ce- pendant je ne puis me dispenser de remarquer un fait qui touche de fort près à ce tems, & qui est trop im- portant, & trop décisif, pour être omis. Je veux parler du schisme de Photius, & du 8me. concile gé- néral de Constantinople, tenu à cette occasion (d). Fe- bronius ne reprochera pas sans doute à ce concile d'avoir adopté de fausses maximes, ni aux Églises d'Orient de s'être laissées entraîner par l'autorité des

Décré-

(a) Ce concile qui fut tenu en 787, est le second concile de Ni- cée & le 7me. général.

(b) Fleury, l. 44, n. 25, p. 456, 457.

(c) C s Décrétales portent le nom d'Isidore le Marchand. Elles parurent pour la premiere fois en 785, dans la collection d'Enguer- ran ou Ingelram, Évêque de Metz. V. Fleury, Hist. Eccl. tom. 9, l. 44, n. 22, p. 444.

(d) En 868.

DES DEUX PUISSANCES. 177.

Décrétales qu'elles ne connoissoient pas encore, ou que du moins elles n'avoient pas certainement adoptées.

César Bardas qui gouvernoit alors l'Empire sous Michel Porphyrogenete, scandalisoit l'Église par ses désordres ; S. Ignace après l'avoir exhorté plusieurs fois à se corriger, usa enfin de son autorité, & le retrancha de sa communion. Bardas en fureur jura de s'en venger. S'il eut accusé le Patriarche devant le tribunal de l'Empereur, qui étoit à la disposition de Bardas, il lui auroit été facile de le faire condamner, mais sentant l'incompétence de ce tribunal, & voulant garder au moins quelque apparence d'équité dans la forme, il assembla un concile à Constantinople ; les Évêques dévoués, à la faveur, déposerent le Patriarche, & lui substituerent l'eunuque Photius, quoiqu'il ne fut que simple laïque. Le nouveau Patriarche ayant tenté inutilement d'engager Ignace à donner sa démission, tourna ses vues du côté du S. Siege. Il écrivit à Nicolas I, pour lui faire part de son ordination, & de la déposition d'Ignace, en y ajoutant des circonstances toutes propres à surprendre la religion du souverain Pontife ; il le pria en même-tems d'envoyer ses Légats à Constantinople, sous prétexte de prendre avec eux les mesures nécessaires pour éteindre les restes de l'hérésie des Iconoclastes ; mais en effet dans la vue de faire autoriser son ordination par l'autorité du S. Siege (*a*).

Quoique le Pape n'eut pas encore reçu les plaintes de S. Ignace, il sentit l'irrégularité du jugement porté contre lui ; & en envoyant ses Légats, il les chargea *de faire seulement* à ce sujet, *les informations juridiques, & de les lui apporter* (*b*). Il se plaignit en même-tems dans une lettre à l'Empereur, de ce que le dernier concile de Constantinople avoit déposé Ignace, sans avoir consulté le S. Siege, & de ce qu'on lui avoit substitué un laïque ; puis il conclud ainsi :

(*a*) Fleury, Hist. Eccl. tom. 11, l. 50, n. 4, p. 9.   (*b*) Ib. n. 11, p. 22.

Tome II. Part. III.   M

« Nous ne pouvons y donner notre consentement jus-
» qu'à ce que nous ayions appris par nos Légats,
» tout ce qui s'est passé dans cette affaire : & pour ob-
» server l'ordre, nous voulons qu'Ignace vienne en
» préfence de nos Légats & de tout le concile ; qu'on
» lui demande pourquoi il a abandonné son peuple,
» & qu'on examine si sa déposition est canonique. Quand
» le tout aura été rapporté, nous déciderons ce qu'il fau-
» dra faire pour la paix de votre Église (a). »

Dans sa réponse à Photius (b), le Pape » blâme l'ir-
» régularité de son ordination. C'est pourquoi, ajoute-
» t-il, nous ne pouvons y confentir en aucune sorte,
» jusques au retour de ceux que nous avons envoyés à
» Conftantinople, afin que nous puissions connoître votre
» conduite (c). »

Les Légats du Pape, au lieu de se conformer à
ses intentions, cédèrent aux follicitations de Photius ;
& ayant assemblé un concile, ils y appellerent Ignace :
le saint Patriarche leur reprocha leur prévarication,
déclara qu'ils lui étoient sufpects, & refusa de répondre. *Menez-moi au Pape*, leur dit-il, *& je subirai volontiers son jugement* (d). Les Légats & le concile ne laif-
ferent pas de paffer outre & de le déposer. L'Empereur
demanda au Pape la confirmation de ce décret & de
l'ordination de Photius (e).

Nicolas I informé de la conduite de ses Légats,
assembla un concile, où » il déclara en préfence de
» l'ambassadeur de l'Empereur, qu'il n'avoit jamais
» envoyé des Légats pour la déposition d'Ignace, ni
» pour la promotion de Photius ; & que *jamais il
» n'avoit consenti ni ne confentiroit à l'une ni à l'au-
» tre* (f). Il adressa ensuite une lettre à tous les fideles
» d'Orient, où après leur avoir expliqué sommairement
» l'affaire & la prévarication de ses Légats, il dit:

(a) Ib.
(b) Cette réponse ainsi que la lettre à l'Empereur sont datée du 25 Septembre 860 : cette obfer-vation est ici nécessaire, comme on le verra bientôt.
(c) Fleury, ib. p. 23.
(d) Ib. n. 12, p. 26.
(e) Ib. n. 15, p. 32.
(f) Ib. n. 16, p. 38.

Sachez que nous n'avons aucunement consenti à l'ordination de Photius ni à la déposition d'Ignace. Et adressant la parole en particulier aux trois Patriarches d'Alexandrie, d'Antioche & de Jerusalem, aux Métropolitains & aux Évêques : *Nous vous enjoignons*, dit-il, *& vous ordonnons par l'autorité apostolique, d'être dans les mêmes sentimens à l'égard d'Ignace & de Photius, & de publier cette lettre dans vos dioceses, afin qu'elle vienne à la connoissance de tout le monde* (a). » Par une autre lettre du 19 Mars 62, il déclara à l'Empereur Léon qu'il désapprouvoit ce qui s'étoit fait à Constantinople, & qu'il ne pouvoit ni condamner Ignace ni recevoir Photius.

Le souverain Pontife ayant reçu de plus amples informations par les envoyés d'Ignace, assembla un nouveau concile (b) où il le rétablit & déposa Photius (c). Celui-ci n'ayant plus rien à espérer du S. Siege, ne garda plus aussi de mesure ; il adressa une lettre circulaire à tous les Évêques d'Orient, où il accusoit l'Église Romaine de plusieurs innovations dans sa discipline, entr'autres de l'addition du mot *Filioque*, qu'elle avoit faite au symbole de Nicée. Remarquons cependant qu'il ne lui contestoit pas sa jurisdiction, & que jusque-là, il l'avoit même expressément reconnue. Ce Patriarche soutenu de la puissance de l'Empereur, sembloit être affermi pour toujours sur son siege, lorsqu'une révolution arrivée dans l'Empire par la mort de Bardas & de l'Empereur Michel, entraîna sa chûte. L'Empereur Basile le chassa, rétablit Ignace, & il écrivit en ces termes à Adrien II : » Nous avons chassé Photius & rappellé Ignace notre Pere, manifestement opprimé *& justifié par plusieurs de vos lettres. Nous vous laissons maintenant à approuver ce que nous avons fait, & à régler ce qui reste à faire, c'est-à-dire, comment doivent être traités ceux qui ont communiqué avec Photius* (d). »

(a) Ib. n. 18, p. 42. (c) Fleury, ib. n. 26.
(b) En 863. (d) Ib. l. 51, n. 18.

Le Patriarche Ignace écrivit auſſi au Pape à-peu-près dans les mêmes termes. *Il commença ſa lettre par la reconnoiſſance authentique de la primauté du Pape, & de ſon autorité pour remédier à tous les maux de l'Égliſe* (a). Ces deux lettres ſont d'autant plus remarquables qu'elles furent approuvées peu de tems après par le concile général de Conſtantinople.

Les envoyés grecs s'étant préſentés à Adrien II,
„ lui rendirent graces d'avoir tiré du ſchiſme, l'Égliſe
„ de Conſtantinople ; puis ils ajouterent : L'Empereur
„ Baſile & le Patriarche Ignace, après que Photius a
„ été chaſſé, ont trouvé un livre plein de fauſſetés
„ contre l'Égliſe Romaine & le Pape Nicolas, qu'ils
„ vous ont envoyé ſcellé pour l'examiner, *& déclarer,*
„ *comme chef de l'Égliſe, ce qu'elle doit croire du*
„ *prétendu concile* (b). „ Ce livre contenoit en effet les actes du faux concile de Conſtantinople qui avoit dépoſé Ignace.

Le Pape aſſembla à ce ſujet un concile à Rome, où il anathématiſa Photius, avec les actes de ſon conciliabule, & ajouta : „ Quiconque après avoir eu
„ connoiſſance de ce décret apoſtolique, retiendra les
„ exemplaires de ce conciliabule, ſans les déclarer ou
„ les brûler, *ſera excommunié, ou dépoſé s'il eſt clerc.*
„ *Ce que nous ordonnons, non-ſeulement pour Conſtan-*
„ *tinople, mais pour Alexandrie, Antioche & Jeruſalem,*
„ *& généralement pour tous les fideles* (c). „

Cependant les Légats du Pape arriverent à Conſtantinople chargés de deux lettres, l'une adreſſée à l'Empereur, l'autre au Patriarche. Dans la premiere, on remarque ces paroles : „ Quant aux ſchiſmatiques, comme
„ ils ont péché diverſement, ils doivent être diverſe-
„ ment jugés, *& nous en remettons la connoiſſance à*
„ *nos Légats avec notre frere Ignace. Vous pouvez*
„ *compter que nous uſerons de clémence envers eux,*
„ excepté Photius, dont l'ordination doit abſolument

(a) Ib.
(b) Ib.
(c) Ib. n. 19.

» être condamnée. Nous voulons que vous faffiez célé-
» brer un concile nombreux, où préfident nos Légats,
» & où l'on examine les différentes fautes des perfonnes...
» Nous vous demandons encore *que les décrets du con-*
» *cile de Rome contre ceux de Photius, foient foufcrits de*
» *tous dans le concile* qui fera tenu chez vous (a). »

L'Empereur reçût les Légats avec beaucoup d'honneur, & leur dit : *Nous attendons depuis deux ans,*
avec tous les Patriarches d'Orient, les Métropolitains
& les Évêques, le jugement de l'Églife Romaine, notre
mere ; c'eft pourquoi nous vous prions de vous appliquer
fortement à rétablir ici l'union & la tranquillité (b).

Le concile s'affembla en conféquence à Conftantinople ;
on y lut dès la premiere feffion, la formule de réunion
que les Légats avoient apportée de Rome, & qui devoit
être foufcrite de tous, pour être reçus à la communion de
l'Églife Romaine. Elle portoit entr'autres : » On ne peut
» paffer fous filence cette parole de notre Seigneur :
» *Tu es Pierre, & fur cette pierre je bâtirai mon Eglife ;*
» & l'effet en a montré la vérité, parce que le S. Siege
» a toujours confervé fans tache la Religion catholique,
» donc pour n'en être point féparé... nous anathé-
» matifons Photius, ufurpateur du Siege de Conftantino-
» ple, jufqu'à ce qu'il fe foumette au jugement du
» S. Siege, & qu'il anathématife fon conciliabule.
» *Nous recevons le concile, célébré par le Pape Nicolas,*
» *& foufcrit par vous, Adrien, fouverain Pontife, celui*
» *que vous venez de tenir vous-même...* moi N., Évêque,
» j'ai foufcrit de ma propre main cette déclaration,
» & vous la préfente à vous Adrien, fouverain Pontife,
» *Pape univerfel*, par vos Légats..... *Ce formulaire*
» *fut approuvé de tout le concile* (c)...»

» Les Légats firent lire à la troifieme feffion la
» lettre de l'Empereur Bafile & celle du Patriarche
» Ignace à Nicolas, & le concile leur donna fon ap-
» probation (d). »

(a) Ib. n. 26. (c) Ib. n. 27.
(b) Ib. (d) Ib. n. 30.

Dans la quatrieme feſſion, on lut les lettres de Nicolas à l'Empereur Léon & à Photius du 25 ſeptembre 860, & celle du même Pape à l'Empereur du 19 mars 862, pour prouver que l'Égliſe Romaine n'avoit jamais reçu Photius, & qu'elle avoit condamné au contraire le conciliabule de Conſtantinople. Les ſénateurs demanderent enſuite ce que contenoit la confeſſion de foi que l'Égliſe Romaine avoit coutume de demander aux étrangers pour les laiſſer entrer à S. Pierre ; les Légats répondirent *de tenir & de défendre la foi de l'Égliſe catholique, & ſuivre en tout le jugement de l'Égliſe Romaine* (*a*).

A la 5me. ſeſſion on lut l'avis des Légats en ces termes : " Nous ne prononcerons point un nouveau " jugement, mais celui qui a été prononcé par le Pape " Nicolas & confirmé par le Pape Adrien.... Nous " défendons ſous peine d'anathême, que jamais à l'a- " venir, dans tous les ſieges, un Évêque légitime ſoit " chaſſé par une faction ſéculiere. Après cette lecture, " les Légats demanderent l'avis du concile *qui l'approuva* " *entiérement* (*b*). "

Les Peres de Conſtantinople prierent le Pape de confirmer les actes du concile (*c*), & le Patriarche lui demanda, en même-tems, diſpenſe pour conſerver dans leurs ſieges pluſieurs Évêques qui avoient communiqué avec Photius (*d*).

Quelle preuve plus authentique de la juriſdiction du S. Siege ? Le Pape juge la cauſe des Patriarches de Conſtantinople ; il condamne le conciliabule tenu contre Ignace ; il exige qu'on ſe ſoumette au décret qu'il a porté & contre le faux concile & contre Photius, & qu'on promette de ſouſcrire au jugement de l'Égliſe Romaine ; il accorde des diſpenſes au Patriarche : tout cela avec l'approbation, avec l'adhéſion d'un concile œcuménique ; enfin il confirme les actes du nouveau

---

(*a*) Ib. n. 32.
(*b*) Fleury, Hiſt. Eccl. tom. 11, 41, n. 33, p. 231, édit. in-12.
(*c*) Ib. n. 46, p. 265.
(*d*) Ib. l. 42, n. 16, p. 317.

toncile. Aucune réclamation, aucune plainte de la part des trois Patriarches d'Orient, ni des Églises particulieres, contre l'injonction que le Pape leur avoit faite de se conformer au jugement qu'il avoit déja porté lui-même. Les Grecs pouvoient-ils reconnoître d'une maniere plus solemnelle l'autorité du S. Siege, & sur les Patriarches, & sur les Églises particulieres?

Résultats des faits sur la jurisdiction du Pape. Ainsi depuis la naissance de l'Église jusqu'au neuvieme siecle, c'est-à-dire, pendant tout le tems, où Febronius avoue lui-même expressément, que les Papes n'avoient jamais franchi les bornes que J. C. avoit prescrites à leur autorité (a), on voit constamment le Pontife Romain, du haut de son siege, comme du centre de l'unité, porter ses regards sur toutes les parties du monde chrétien, non pas seulement avec une sollicitude de charité & de direction, pour avertir & pour exhorter, mais avec cette autorité de commandement & de jurisdiction, qui statue, qui décide, qui ordonne, qui punit, qui dispense. C'est à son tribunal qu'on appelle des conciles des Gaules, d'Espagne, d'Afrique, d'Angleterre, de tout l'Orient. C'est-là que sont confirmées ou réformées les sentences des Patriarches comme des autres Évêques. C'est-là que sont jugés les hérétiques; & que les Évêques des plus grands sieges calomniés & opprimés, adressent leurs plaintes & trouvent un asyle contre les artifices & la violence. C'est delà que le souverain Pontife adresse ses lettres décrétales à toutes les Églises, pour régler leur administration; qu'il envoie des députés pour présider aux conciles, pour juger les Évêques accusés, pour réformer les abus. Il nomme sur les lieux des vicaires apostoliques, pour connoître des causes les plus importantes & les plus difficiles. Il regle le gouvernement des nouvelles Églises; il prescrit le nombre & les limites des Métropoles & des Évêchés; il en détermine les droits; il dépose les Évêques intrus, où

(a) *Febr. de Stat. Eccl. tom. 1, c. 2, §. 12, p. 153.*

il use d'indulgence à leur égard, lorsqu'il le juge nécessaire au bien de l'Église. On appelle à son tribunal de toutes les parties du monde, & jamais on n'appelle de son jugement à aucun autre siege, ni à aucun concile. Enfin il lie & il délie avec une pleine autorité, sans que les Évêques catholiques dont il réforme les sentences ou qu'il punit ; sans que les Empereurs, lors-même qu'ils emploient la violence, ou contre sa personne, ou contre ses Légats, ou contre ses décrets ; sans que les accusés qui se plaignent de l'injustice de ses jugemens ; sans que presqu'aucun hérétique lui contestent jamais sa jurisdiction : sans qu'aucun concile légitime, soit général, soit particulier, traite d'usurpation le droit qu'il exerce ; sans que Photius lui-même ni ses partisans osent désavouer ce droit dans le 8me. concile œcuménique, se contentant d'opposer à son autorité, cette maxime générale qui a toujours servi de prétexte aux hérétiques : *Les canons sont au-dessus de Nicolas & de tous les Patriarches ; & quand ils feront quelque chose contre les canons, nous ne nous y soumettrons pas* (a).

Examinons à présent ce que Febronius répond à quelques-uns des faits que nous venons de rapporter.

Objection sur le fait de S. Denis d'Alexandrie. S. Denis d'Alexandrie se justifie auprès du S. Siege, des accusations formées contre lui. Febronius répond que cette justification n'étoit qu'une simple apologie, non une défense juridique (b).

Réponse. Mais il ignore donc que S. Denis avoit déja été déféré au souverain Pontife, que le souverain Pontife avoit déja condamné la doctrine qu'on lui attribuoit, & que quant au fait personnel, savoir si S. Denis avoit enseigné véritablement cette doctrine, le Pape exigea une explication de sa part ; ce qui donna lieu à l'apologie (c). Or tout cela ne supposoit-il pas que le S.

(a) Fleury, Hist. Eccl. tom. 1, c. 2, §. 9, n. 4, p. 136.
23, l. 51, n. 35, p. 234. (c) Fleury, Hist. Eccl. tom. 2,
(b) Febr. de Stat. Eccl. tom. 1. 7, n. 54, p. 353, 354, in-12.

Siege avoit une autorité de jurisdiction sur l'Évêque d'Alexandrie ?

Objection sur le fait de S. Athanase. Febronius nous dit que le Pape Jules rétablit S. Athanase, parce qu'il avoit été condamné injustement, en son absence, par violence, par intrigue, & contre les formes juridiques (a).

Réponse. Nous convenons de l'injustice de la sentence portée contre S. Athanase, mais cela suffisoit-il pour le rétablir sur son siege, & pour imposer au peuple l'obligation de reconnoître comme leur pasteur légitime, un Évêque qui avoit été déposé ? Ne falloit-il pas pour cela, faire encore intervenir la sentence d'un juge supérieur à celui qui avoit prononcé la sentence de déposition, d'un juge dont le décret revêtu d'une puissance de jurisdiction, annullât le premier décret, & fît regle dans la pratique ? Autrement chacun seroit juge ; l'obéissance deviendroit arbitraire, & le gouvernement ecclésiastique tomberoit dans l'anarchie.

Autre objection. Febronius ajoute que S. Athanase, en recourant au S. Siege, n'y avoit d'abord cherché qu'un asyle contre la violence des Eusébiens, mais que ceux-ci y ayant aussi porté leurs plaintes, ,, le Pape Jules étoit ,, devenu par-là *arbitre de leur cause*, & qu'il pou-,, voit alors, *comme juge choisi par les parties*, ap-,, peller les Eusébiens à son tribunal, les condamner ,, s'ils refusoient de s'y rendre, & absoudre S. Atha-,, nase. Cependant, ajoute-t-il, le Pape ne fit ni l'un ,, ni l'autre ; *il ne porta aucun jugement* : mais seu-,, lement, après avoir entendu la justification d'Atha-,, nase, il *s'unit de communion* avec lui, & le recon-,, nut pour Évêque. Le concile de Sardique examina ,, de nouveau la cause d'Athanase, *en vertu du rescrit* ,, *de l'Empereur*, & déclara qu'il devoit être rétabli sur ,, son siege. Celui-ci non content de la sentence que ,, les Occidentaux avoient rendue dans ce concile, ,, *sollicita encore le jugement des Orientaux*, qui le dé-

(a) *Febr. de Stat. Eccl. tom. 1, c. 5, §. 9, p. 346.*

» clarerent innocent, foit en foufcrivant à la lettre
» fynodale du concile, foit par des lettres particu-
» lieres (a). » Notre Jurifconfulte nous renvoie là-deſſus
au témoignage du P. Alexandre, differt. 22me. de fon
Hiſtoire Eccléfiaſtique.

Réponſe. Je conſulte cette diſſertation; mais quelle
eſt ma ſurpriſe! J'y vois préciſément tout le contraire.
Car que prétend Febronius? Il prétend que le Pape,
en jugeant la cauſe de S. Athanaſe, n'avoit fait que
la fonction d'arbitre, & que par ſa qualité de chef, il
n'étoit point juge de l'appel de la ſentence portée
contre S. Athanaſe. Or que dit le P. Alexandre? le
voici : il partage ſa diſſertation en trois propoſitions.

Premiere propoſition. *S. Athanaſe ayant été condamné
& dépoſé par le ſynode de Tyr, n'appella point au
Pape Jules.*

Febronius conclud delà que le Pape ne fut que
ſimple arbitre; & moi j'en tire une conſéquence toute
contraire. Car pourquoi ſelon le Pere Alexandre, S.
Athanaſe n'appella-t-il point au S. Siege? (je n'examine
point ici la vérité de ce fait.) Pourquoi? parce que
les Euſébiens y avoient eu recours les premiers, pour
demander la confirmation du concile de Tyr; & qu'en
conſéquence S. Athanaſe avoit été cité à Rome, ainſi
que les Euſébiens. Mais que ce ſoit S. Athanaſe qui
ait appellé de la ſentence des Euſébiens, ou que ce
ſoient les Euſébiens qui aient demandé la confirmation
de leur ſentence contre S. Athanaſe, & que le Pape
ait appellé enſuite les parties, & jugé de nouveau pour
confirmer ou pour réformer la ſentence; il en réſultera
toujours que le ſouverain Pontife ne fit pas ſimplement
la fonction d'arbitre, mais de juge d'appel. Toutes les
preuves qu'apporte ici le Pere Alexandre, établiſſent
donc notre theſe, contre la doctrine de Febronius lui-
même, qui le cite en ſa faveur (179).

Seconde propoſition. *Le Pape Jules a connu de la
cauſe d'Athanaſe, & en a jugé, en vertu d'un droit*

_____

(*a*) *Febr. de Stat. Eccl. tom.* 1, *c.* 5, §. 9, *n.* 1, *p.* 347.

suprême, & de l'autorité apoſtolique du premier ſiege, non comme arbitre choiſi par les parties.

Cela, comme on voit, ne reſſemble pas trop à cette propoſition de Febronius: *le Pape pouvoit juger, comme arbitre choiſi par les parties, parce que les Euſébiens avoient appellé à ſon tribunal.* Le Pere Alexandre prouve enſuite ſa theſe contre le ſyſtême de Febronius, par la lettre du Pape Jules aux Orientaux, dans laquelle le Pontife dit que, quand même ceux-ci n'auroient pas demandé la tenue du concile de Rome pour connoître de l'affaire d'Athanaſe, ils auroient dû s'y rendre, y étant appellés. Or, ajoute-t-il, ſi le Pape a pu citer les Euſébiens, il n'a pas exercé la fonction de ſimple arbitre. M. Fleury a remarqué dans la même lettre ces paroles du Pape: „ C'étoient des Évêques & des Égliſes qui ſouf-
„ froient ; & non pas des Égliſes du commun, mais
„ celles que les Apôtres ont gouvernées par eux-mêmes.
„ Pourquoi ne nous écriroit-on pas, principalement
„ touchant la ville d'Alexandrie ? Ne ſavez-vous pas
„ que c'étoit la coutume de nous écrire d'abord, &
„ *que la déciſion devoit venir d'ici* (*a*). „ On n'oubliera pas que c'eſt ici l'obſervation d'un écrivain que Febronius regarde comme l'un des mieux inſtruits de la diſcipline de l'Égliſe.

Le P. Alexandre allégue encore le témoignage de Théodoret & de Sozomène. Le premier nous apprend que le Pape cita les Euſébiens & S. Athanaſe à Rome, afin qu'ils y vinſſent plaider leur cauſe conformément aux ſaints canons. Sozomène enſeigne que Jules I blâma les Euſébiens de ne l'avoir pas invité à leur concile, les avertiſſant que les canons déclaroient nuls les actes qui n'étoient point munis du conſentement du Pontife Romain.

Il auroit pu y ajouter que les Euſébiens voulant obliger les Peres du concile de Sardique à ſe ſéparer de la communion d'Athanaſe & des autres Évêques, que le concile de Tyr avoit condamnés; „ les Occidentaux

___

(*a*) Fleury, Hiſt. Eccl. tom. 3, l. 12, n. 25.

» soutinrent que cela n'étoit ni convenable *ni poſſible*,
» puiſque S. Athanaſe avoit pour lui le jugement du
» Pape Jules & le témoignage de quatre-vingt Évê-
» ques (*a*) : » Or il étoit de regle & il l'a toujours.
été, qu'un Évêque dépoſé & excommunié, ne pouvoit
plus être reçu à la communion des autres Évêques, à
moins qu'il ne fût rétabli par un jugement légitime, &
par conféquent par un tribunal ſupérieur à celui qui
l'avoit condamné.

Le P. Alexandre auroit pu y joindre encore ces
paroles du même concile de Sardique à l'Égliſe d'A-
lexandrie : *Le concile a reconnu la juſtice & l'exactitude
du jugement rendu par le Pape* (*b*).

Enfin le P. Alexandre s'objecte lui-même le paſſage
de S. Athanaſe, que Febronius allegue en preuve. Ce
Patriarche nous apprend dans cet endroit que les Euſébiens déférerent l'arbitrage de leur cauſe au S. Siege ;
d'où Febronius avoit conclu que le Pape n'avoit fait
que la fonction d'arbitre. C'eſt-à-dire que Febronius.
après avoir cité en preuve de ſa doctrine le témoignage
du Pere Alexandre, donne enſuite comme une preuve
de la doctrine du Pere Alexandre, l'objection à laquelle
le P. Alexandre a répondu (*c*). Mais enfin pour répondre à l'objection de Febronius ; peut-on inférer des
paroles des Euſébiens que le Pape ne fait que la fonction
d'arbitre (180), lorſque tout nous annonce, de la part
du Pape, un jugement juridique & une ſupériorité de
juriſdiction dans le décret qu'il a porté ?

Troiſieme propoſition du Pere Alexandre. *Le Pape
Jules ne rétablit S. Athanaſe dans la communion de
l'Égliſe & dans ſon Siege, qu'avec le ſuffrage des cin-*

(*a*) Fleury, Hiſt. Eccl. tom. 3,
l. 12, n. 34, p. 318, in-12.
(*b*) Ib. n. 36, p. 284.
(*c*) *Euſebiani adverſarii
Athanaſii ad Julium litteras
miſére ut nos terrerent, synodum juſſerunt convocari & ei
ſi vellet, cauſæ arbitrium detulerunt, inquit Athanaſius.
Sicque Julius tanquam judex
à partibus electus, potuiſſet
Euſebianos ad ſe vocare, detrectantes damnare, atque Atha-
naſium abſolvere.* Febr. de Stat.
Eccl. tom. 1, c. 5, §. 9, p. 347.

quante Peres assemblés avec lui dans le concile de Rome.

Ce docteur rapporte en preuve ces paroles de S. Athanase lui-même : " Nous avons été jugés plus
" d'une fois. Premiérement nous l'avons été dans no-
" tre province par près de cent Évêques assemblés à
" ce sujet ; *ensuite à Rome*, & en troisieme lieu par
" le grand concile de Sardique (181). "

N'oublions pas que selon Febronius, le Pape ne condamna ni n'absout S. Athanase ; & qu'il ne le rétablit point en la communion de l'Église, mais qu'il le reçut seulement à sa communion ; & observons comment il s'accorde avec le Pere Alexandre qu'il nous cite (182). Remarquons encore que suivant les principes mêmes de Febronius (*a*), S. Athanase, frappé d'une excommunication épiscopale, ayant été retranché par-là du corps de l'Église, le Pape n'auroit pu l'admettre à sa communion, ni le reconnoître pour Évêque, qu'en vertu d'un jugement rendu par un tribunal supérieur au concile qui avoit excommunié S. Athanase.

Enfin Febronius osera-t-il soutenir que le Pape n'avoit fait que la fonction d'arbitre en rétablissant dans leurs sieges, non-seulement S. Athanase, mais encore Paul de Constantinople, Marcel d'Ancyre, Asclepas de Gaze & plusieurs autres Évêques que les Ariens avoient déposés, & qui " avoient eu aussi recours au
" Pape ; parce que la dignité & la prérogative de son
" siege, lui donnoient droit de prendre soin de toutes
" les Églises ? Car c'est ainsi, ajoute M. Fleury, qu'en
" parlent Socrate & Sozomene, auteurs grecs, &
" par conséquent non suspects de flatter l'Église Ro-
" maine (*b*). " Notre Jurisconsulte dira-t-il aussi que les Ariens avoient déféré la cause de tous ces Évêques à l'arbitrage du souverain Pontife ?

Mais pourquoi donc le Pape après avoir jugé S.

(*a*) V. ci-apr. dans ce même paragraphe.   (*b*) Fleury, Hist. Eccl. tom. 3, l. 12, n. 20.

Athanase, & les autres Évêques, avoit-il renvoyé leur cause au concile de Sardique ? Pourquoi ? parce que les accusateurs ne s'étant point présentés au concile de Rome, le Pape n'avoit rendu qu'une sentence provisoire, en indiquant un concile qui jugeât définitivement, où ils pussent déduire leurs raisons, afin de leur ôter tout prétexte de plainte. C'est à-peu-près dans des cas semblables que les arrêts des cours souveraines contre les coupables, condamnés par contumace, ne sont réputés que provisoires en France, lorsque les accusés se présentent pour être entendus, dans un certain délai prescrit par les ordonnances (*a*).

Je vais plus loin encore, & je demande de quel droit le concile de Sardique, auroit-il pu réformer le jugement du concile de Tyr ? Car les actes du concile de Sardique ne furent souscrits que de 59 Évêques. Les autres qui étoient au nombre de 75 (*b*), s'étant retirés à Philippopolis, donnerent un décret tout opposé. Ce n'étoit donc qu'en vertu de la supériorité de la puissance du Pape, qui autorisa le concile par la présence de ses députés ?

Febronius prévoit la difficulté, & il tâche de la prévenir par une absurdité. Il enseigne que, ,, S. Athanase ,, au lieu d'appeller au S. Siege, eut recours à l'Em- ,, pereur, afin qu'il cassât ou qu'il déclarât nul ce qui ,, s'étoit fait contre la forme juridique & contre les ,, loix ; & que le concile de Sardique jugea de nouveau ,, la cause de S. Athanase en vertu du rescript de ,, l'Empereur, & déclara qu'il devoit être rétabli sur ,, son siege (*c*). ,,

Nous nions le fait, & nous défions Febronius d'en

(*a*) Ordonn. de 1670, tit. 17, art. 18.

(*b*) V. les souscriptions qui sont à la fin du concile de Sardique & de la lettre encyclique du concile de Philippopolis, dans Labbe.

(*c*) *Athanasius ita damnatus, non provocavit ad Romanum Pontificem, sed confugit ad Imperatorem, ut is, quæ contra formam judiciorum & leges, ab adversariis facta fuerant, rescinderet aut irrita declararet.* Febr. de Stat. Eccl. tom. I, c. 5, §. 9, n. 1, p. 347.

donner la preuve. Dans quels abymes ne se jette-t-on point quand on s'obstine à fuir la lumiere ! Quoi S. Athanase au lieu de s'adresser au chef de l'Eglise, se sera adressé au Prince, non pas précisément pour obtenir la convocation d'un concile qui jugeât de l'appel, ce qui ne passoit pas les bornes du droit de protection qui appartient au souverain, mais pour rescinder ou déclarer nulle une sentence de déposition portée par un concile contre un Évêque ? Le Prince aura donc le droit de rétablir ainsi les Évêques déposés, en jugeant que les sentences de déposition, que les sentences d'excommunication sont *contraires à la forme judiciaire & aux loix*. Ce ne sera plus en vertu de l'autorité apostolique, ce ne sera plus en vertu de la supériorité du souverain Pontife; mais en vertu de la mission du Prince qu'on pourra réformer les décrets des conciles & des Évêques, en déclarant qu'ils sont contraires aux loix & à la forme juridique. On s'apperçoit aisément que notre Jurisconsulte voudroit ici faire remonter bien haut l'usage, la forme & les moyens des appels comme d'abus, à l'effet de lier & de délier en matiere spirituelle (*a*). C'est ainsi qu'il prétend défendre les droits de l'épiscopat, en attaquant la jurisdiction des souverains Pontifes. L'Empereur procura l'assemblée des Peres de Sardique, j'en conviens ; mais s'ensuit-il que les Peres aient jugé en vertu d'une commission de l'Empereur ?

Febronius ajoute que S. Athanase, *non content de la sentence rendue par le concile de Sardique, sollicita le jugement des Orientaux, qui le déclarerent innocent, soit en adhérant à la lettre synodale du concile, soit par des lettres particulieres* (*b*).

Mais qu'est-ce que cela prouve ? Est-ce que le jugement du concile étoit insuffisant pour rétablir l'Évêque

---

(*a*) V. sur ces appels, la 4me. partie de cet ouvrage, ch 3, §. 1.
(*b*) *Synodus Sardicensis, ex Imperatorum rescripto, causam Athanasii retractavit, eumque suæ sedi restituendum declaravit.* Febr. de Stat. Eccl. tom. 1, c. 5, §. 9, n. 1, p. 347.

d'Alexandrie avant l'adhésion des Orientaux ? Febronius oseroit-il le soutenir ? Fallut-il recueillir les suffrages des Orientaux pour juger de la validité du décret de Sardique ? S. Athanase eut-il besoin d'attendre leur adhésion, pour reprendre ses fonctions ? Les Églises catholiques l'accuserent-elles d'avoir violé les regles, en rentrant en possession de son siege avant de s'être assuré de leurs suffrages ? Fut-il même permis aux Orientaux de le refuser après le jugement du concile ?

Objection sur le fait de S. Chrysostome. S. Chrysostome s'adressa aussi à Innocent I, pour être rendu à son siege. Febronius répond à cela que le Patriarche pria le Pape, non de casser de son autorité, les actes du concile du Chêne, tenu contre ce Patriarche, mais seulement de les déclarer nuls, ce que tout autre Évêque, dit Febronius, pouvoit faire comme le Pape (*a*).

Réponse. Mais qu'est-ce que casser une sentence, sinon la déclarer invalide avec cette autorité de jurisdiction, qui fait regle dans la pratique ? Car si une telle déclaration est dépouillée de cette autorité, ce n'est plus qu'un simple avis, que tout autre Évêque peut donner, que chacun peut examiner, & adopter ou rejetter selon qu'il le juge à propos ; parce qu'elle n'impose aucune obligation, qu'elle ne statue rien, qu'elle ne commande rien, & qu'on ne lui doit aucune obéissance (*b*). Or est-ce-là à quoi se bornoit le recours de S. Chrysostome au S. Siege, pour arrêter les progrès du schisme ? Une telle déclaration eut-elle été suffisante ? Pourquoi donc en envoyant ses Légats en Orient, pour juger la cause de S. Chrysostome dans un concile, le Pape leur recommande-t-il expressément de restituer le St. Évêque à son siege, avant de procéder à son jugement (*c*) ? Une simple décla-

---

(*a*) Febr. t. 1, c. 5, §. 9, n. part 4, ch. 3, §. 2
2, p. 349. (*c*) Fleury, Hist. Eccl. tom. 5,
(*b*) V. ci-devant ch. 1, §. 1 l. 22, n. 3.
de cette 3me. partie, & ci-après

claration avoit-elle la force de réformer le décret d'un concile ou d'en fufpendre l'exécution ?

Mais quelle preuve nous donne Febronius, que la déclaration du Pape n'étoit point revêtue de cette autorité de commandement qui exige l'obéiffance ? C'eft, dit-il, que S. Chryfoftome avoit adreffé aux Évêques d'Aquilée & de Milan, la même lettre qu'au Pape Innocent, & que ceux-ci n'avoient point de jurifdiction pour réformer le concile du Chêne. C'eft encore que le Pape Innocent écrivit au clergé d'Alexandrie, qu'il ne voyoit point d'autre moyen pour éviter le fchifme, que la convocation d'un concile œcuménique. Febronius nous cite enfuite Boffuet à l'appui de fon opinion.

Les Évêques de Milan & d'Aquilée n'avoient pas, fans doute, par eux-mêmes, le droit de réformer les conciles d'Orient ; mais ils l'avoient, étant convoqués en concile par le Pape, comme il étoit d'ufage, en pareilles circonftances ; & ils l'avoient, comme ne formant alors qu'un même tribunal avec le S. Siege, en qui réfidoit la jurifdiction ; & par la même raifon que le concile de Sardique fut compétent pour connoître des actes du concile de Tyr, comme nous venons de l'obferver. C'eft pourquoi, fuivant la remarque de M. Fleury, S. Chryfoftome dans fa lettre au Pape, commence par parler à lui feul, & la termine comme s'adreffant à plufieurs (a).

Cependant le fouverain Pontife dirigé par la prudence, ne prononça point fur le fond, il fe contenta de déclarer le jugement invalide : il envoya enfuite fes Légats fur les lieux, pour y procéder dans un concile à un jugement définitif, après avoir pris les informations requifes. S'il dit que le concile œcuménique étoit néceffaire, ce n'étoit point qu'il n'y eut d'autre autorité fupérieure à celle du concile du Chêne ; ce n'étoit point qu'il fut néceffaire d'affembler un concile général, toutes les fois qu'il faudroit juger un

---

(a) Fleury, Hift. Eccl. tom. 5, l. 22, n. 2.

Patriarche, ou juger du décret d'un concile particulier ; mais seulement, parce que dans le cas présent, le concile paroissoit le seul moyen efficace pour ramener tous les Évêques à l'unité, par un jugement plus solemnel, par une discussion plus exacte, & pour les éclairer personnellement par la preuve des faits, sur une affaire qui partageoit tout l'Orient, & où l'Empereur s'étoit déja si ouvertement déclaré contre l'innocence opprimée.

Bossuet que Febronius invoque, est expressément contre lui. Le Pape Innocent, dit ce Prélat, regarda le jugement comme nul & invalide, cependant il réserva la derniere sentence au concile œcuménique. *Innocentius Papa Theophili judicium cassum & irritum habuit, ultimam tamen sententiam concilio œcumenico reservavit* (a). Mais si le Pape réserva la *derniere sentence* au concile qui devoit s'assembler, le décret que le Pape avoit porté, étoit donc une véritable sentence.

Objection sur le fait de Nestorius. Point de jugement juridique mieux caractérisé, que celui du Pape S. Célestin contre Nestorius. „ Ce Pontife, dit M. Fleury, „ assembla un concile à Rome (b), où les écrits de „ Nestorius furent examinés & comparés avec la doc- „ trine des Peres... après quoi sa doctrine fut con- „ damnée, & S. Cyrille chargé de l'exécution du ju- „ gement... *Vous exécuterez ce jugement par l'autorité „ de notre Siege*, lui écrit le Pape, *agissant à notre „ place & en vertu de notre pouvoir*, ensorte que si „ dans l'espace de dix jours, à compter depuis cette „ admonition, Nestorius n'anathématise en termes for- „ mels sa doctrine impie... que votre sainteté pour- „ voie aussi-tôt à *l'Église* de Constantinople, *& qu'il „ sache qu'il sera absolument séparé de notre corps* (c). „

(a) Boss. apud Febr. de Stat. Eccl. tom. 1, c. 5, §. 9, n. 3, p. 350.

(b) Vers le commencement du mois d'Août 430.

(c) *Auctoritate igitur tecum nostræ Sedi adscitâ, vice nostrâ usus, hanc exequeris, districto rigore, sententiam, ut aut infra decem dies ab hujus conventionis die numerandos, pravas prædicationes suas, scripti*

DES DEUX PUISSANCES.

Febronius répond ici que le Pape en excommuniant Nestorius, ne faisoit que ce que tout Évêque pouvoit faire à l'égard des hérétiques, & ce que S. Cyrille avoit déja fait en anathématisant l'erreur de Nestorius, enfin ce que Nestorius avoit déja fait lui-même contre S. Cyrille, qu'il traitoit d'hérétique : disons encore ce que Dioscore fit ensuite contre le Pape S. Léon (*a*) ; il ajoute que l'ordination d'un nouvel Évêque à la place de Nestorius, n'étoit qu'une suite de l'excommunication (*b*).

Réponse. C'est-à-dire que tout Évêque a le droit, non-seulement d'anathématiser la doctrine qu'il regarde comme hérétique, ainsi qu'avoit fait S. Cyrille, (ce que personne ne conteste) ; mais encore d'excommunier les autres Évêques qui refuseront d'adhérer à ses décisions, avant même que le jugement de l'Église soit intervenu, ainsi qu'a fait Célestin ; c'est-à-dire *qu'il a droit* de leur prescrire un terme pour se rétracter, de leur faire signifier ses décrets par ses députés, de les déposer, s'ils persistent dans leur désobéissance, d'enjoindre à leurs peuples de se séparer de leur communion, & de faire ordonner de nouveaux Évêques à leur place ; c'est-à-dire que chaque Évêque a ce pouvoir même à l'égard du Pape, puisqu'il lui est égal en jurisdiction. En attendant que nous développions les affreuses conséquences de cet étrange paradoxe (*c*), nous laissons au lecteur à prononcer sur cet article. Observons cependant, que le terme donné par S. Célestin à Nestorius, étant expiré, S. Cyrille demanda au souverain Pontife, s'il lui plaisoit d'accorder de nouveaux délais. S. Cyrille avoit donc tort de ne vou-

---

professione condemnet... aut nisi hoc fecerit, mox sanctitas tua illi Ecclesiæ provisura, à nostro eum corpore, modis omnibus, sciat esse removendum. Celest. Pap. apud Febr. de Stat. Eccl. tom. 1, c. 5, §. 4, n. 2, p. 200. — *Voyez* Fleury, Hist. Eccl. tom. 6, l. 25, n. 14, p. 47.

(*a*) Fleury, Hist. Eccl. tom. 6, l. 27, n. 41, p. 349.
(*b*) Febr. de Stat. Eccl. tom. 1, c. 5, §. 4, p. 297, &c.
(*c*) V. le §. suivant.

loir agir qu'en vertu de la miffion du Pape, & comme dépendant de fa volonté, en exerçant un pouvoir, qu'il avoit lui-même par fa qualité d'Évêque comme le Pape. Les Peres du concile d'Éphefe avoient donc tort encore, fans doute, de déclarer que c'étoit par l'autorité des Sts. Canons & en vertu de la lettre du fouverain Pontife qu'ils condamnoient Neftorius. Pourfuivons :

Objection fur le fait de Célidonius. S. Léon rétablit l'Evêque Célidonius que S. Hilaire d'Arles avoit dépofé ; il punit S. Hilaire en le privant de l'autorité qu'il avoit fur la province de Vienne. Febronius répond que le Pape ne fit en cela que révoquer un privilege qu'il avoit donné, fans exercer aucun acte de jurifdiction (*a*).

Réponfe. Mais quoi ? Lorfque S. Léon appella S. Hilaire à Rome pour lui faire rendre compte de la fentence de dépofition qu'il avoit portée contre Célidonius ; lorfqu'il reçut & jugea les griefs de plaintes contre S. Hilaire ; lorfqu'il le priva de l'autorité qu'il avoit fur la province de Vienne, il ne fit aucune acte de jurifdiction ? Lorfqu'il le priva du droit qu'il avoit d'affifter aux ordinations, comme Métropolitain, il ne fit que révoquer un fimple privilege qu'il lui avoit accordé ? Rien ne prouve mieux la fauffeté d'une doctrine, qu'une pareille défenfe.

Non-feulement cette réponfe eft abfurde, mais elle contredit le fyftême même que Febronius veut foutenir. Car fi S. Hilaire avoit un droit d'infpection par conceffion du S. Siege, comme vicaire apoftolique fur la province de Vienne (& on voit en effet, par l'hiftoire, que les Évêques de ce Siege ont joui long-tems de ce privilege fur une partie des Gaules,) droit qui donnoit jurifdiction fur ces provinces ; comment le Pape pouvoit-il accorder un pareil privilege de jurifdiction ? Comment pouvoit-il le révoquer à fa volonté, s'il n'avoit point de jurifdiction lui-même ? Comment pouvoit-il priver S. Hilaire d'un devoir at-

---

(*a*) *Febr. de Stat. Eccl. tom. 1, c. 4, §. 11, n. 2, p.* 265.

taché par les canons à fa qualité de métropolitain, s'il n'avoit point de jurifdiction fur lui ?

Objection fur le fait de S. Flavien. Flavien, condamné par le faux concile d'Éphefe, en appelle au Pape avec environ dix autres Évêques (*a*). S. Léon annulle les actes du concile ; mais pour procéder avec plus de maturité & plus de concert fur le fond de la caufe, entre Flavien & Diofcore, l'un Patriarche de Conftantinople, l'autre d'Alexandrie, & qui partageoient tout l'Orient, il imite la conduite que les Papes Jules & Innocent I avoient tenues à l'égard de S. Athanafe & de S. Chryfoftome ; il invite l'Empereur à convoquer un concile en Italie, comme un moyen néceffaire, dans les circonftances préfentes, pour rétablir la paix dans l'Églife.

Delà Febronius conclut que le jugement du fouverain Pontife n'étoit qu'une fimple déclaration, dénuée de jurifdiction, & dès-lors un jugement auquel chacun pouvoit avoir tel égard qu'il jugeoit à propos. Il conclut que l'appellation de Flavien n'étoit qu'un fimple recours de protection (183).

Réponfe. Mais peut-il fe diffimuler que le jugement par lequel on déclare une fentence nulle, quoiqu'on renvoie pour le fond à un autre tribunal, n'en eft pas moins un jugement juridique ? Comment ne voit-il pas que le Pape lui-même n'auroit pu ni déclarer la fentence nulle, ni exiger, ni demander, ni propofer même qu'on la regardât comme telle, s'il n'avoit point eu une jurifdiction fupérieure ; puifqu'il eft de maxime qu'une fentence, quoiqu'injufte, ne peut être regardée comme nulle qu'en vertu d'un jugement émané d'un tribunal fupérieur. Nous ne répéterons pas ici ce que nous venons de dire là-deffus, parlant du jugement d'Innocent I.

D'ailleurs qu'on life les actes du concile de Chalcédoine, auquel S. Léon renvoya le jugement définitif de la caufe de Flavien ; & on verra, ainfi que

_____
(*a*) Fleury, Hift. Eccl. tom. 6. l. 27, n. 41, p. 351.

nous l'avons déja observé, que les Légats du Pape y soutiennent la dignité du S. Siege, comme présidant dans l'Église universelle avec l'autorité du commandement. On y verra le reproche qu'ils font à Dioscore *d'avoir usurpé l'autorité de juge* à l'égard d'un Patriarche, *& d'avoir osé tenir un concile à ce sujet, sans l'autorité du S. Siege*, ce qui ne s'est jamais fait, disent les Légats, *& ce qui n'est jamais permis* (a). Déclaration que le concile consigne dans ses actes, & qui suppose dans le S. Siege une autorité de jurisdiction, pour autoriser la tenue & le jugement d'un concile contre un Patriarche.

Objection sur le fait de Jean de Constantinople. Febronius prétend que le reproche fait à Jean de Constantinople, de la part de S. Grégoire le Grand, pour avoir souffert qu'on maltraitât dans l'Église, un prêtre d'Isaurie, ne passoit pas les bornes du droit d'inspection qu'avoit le S. Siege sur toutes les Églises, pour faire observer les canons (b).

Réponse. Je le veux bien. Mais quand le Pape déclare qu'il est résolu de poursuivre cette affaire de tout son pouvoir, & d'agir contre les infracteurs des canons, c'est-à-dire, de les punir, ne suppose-t-il pas qu'il a le droit de les juger? Pourroit-il le faire s'il ne l'avoit pas?

Notre écrivain apporte en preuve de sa these ces paroles du même Pape à Jean de Syracuse: " Je ne » connois point d'Évêque qui ne soit soumis au Siege » Apostolique, s'il est en faute. Que s'il n'est pas » coupable, nous sommes tous égaux. "

Mais qui ne voit que ces paroles mêmes, annoncent dans le souverain Pontife, le droit de punir les Évêques coupables, par conséquent le droit de les juger, par conséquent un droit de jurisdiction sur eux. Si les Évêques ne sont point coupables, ils sont tous égaux, en ce sens que le souverain Pontife n'a point alors le

---

(a) Fleury, Hist. Eccl. tom. 6, l. 28, n. 3, p. 375.   (b) Febr. de Stat. Eccl. tom. 1, c. 5, §. 4.

droit de les punir, ni de les priver de leurs fonctions; en ce sens que l'humilité fait alors descendre le souverain Pontife de la dignité de son rang, pour s'égaler aux autres Évêques, & pour se rendre même le serviteur de tous; mais non en ce sens, qu'il perde le droit de supériorité, ainsi que, ce Pape s'en explique lui-même ailleurs (*a*). Febronius ne sauroit soutenir le contraire sans se contredire lui-même, puisqu'il reconnoît dans le Chef de l'Église, une primauté de puissance & d'autorité.

Objection sur le fait de Janvier de Malaca. Quant à l'affaire de Janvier de Malaca, & d'un autre Évêque nommé Étienne, il faut observer que Febronius ne fait mention que du premier, & qu'il suppose que sa cause ne fut dévolue au S. Siege, que parce qu'il n'avoit ni Métropolitain ni Patriarche au-dessus de lui (184).

Réponse. Mais 1°. il y a ici une étrange méprise de la part de Febronius. Car S. Grégoire dans l'endroit cité (*b*), parle d'abord de l'affaire de Janvier, ensuite de celle d'Étienne. Or les paroles que rapporte Febronius, ne regardent que la cause d'Étienne, qui n'avoit effectivement point d'autre supérieur que le Pape: au contraire, Janvier de Malaca, dont il est ici question, n'étoit point dans le même cas: il fut pourtant jugé par le défenseur Jean qui, en qualité de député du S. Siege, rétablit cet Évêque, & condamna ceux qui l'avoient déposé à faire pénitence dans un monastere (*c*). Or par quelle autorité le Légat du Pape pouvoit-il prononcer un pareil jugement, si le Pape qui l'avoit envoyé, étoit sans jurisdiction?

(*a*) *Sit rector benè agentibus per humilitatem socius, contra delinquentium vitia per zelum justitiæ erectus; ut & bonis in nullis se præferat, & cùm pravorum culpa exigit, potestatem protinus sui prioratùs agnoscat: quatenùs & honore suppresso, æqualem se subditis benè viventibus deputet, & erga perversos jura rectitudinis exercere non formidet.* Greg. Past. l. 2, c. 6.

(*b*) Greg. tom. 2, l. 13, epist. 45.

(*c*) V. la sentence qui se trouve à la fin de la 45me. lettre de S. Grégoire que nous venons de citer.

2°. Quand à la cause d'Étienne, à quel titre le Pape pourroit-il avoir droit de juger les Évêques qui n'ont ni Métropolitain ni Patriarche au-dessus d'eux, s'il n'avoit point de jurisdiction sur tous les Évêques en qualité de chef de l'Église ? Dans la naissance de l'Église, il n'y avoit ni Métropolitain ni Patriarche. Febronius sera donc forcé de reconnoître que les Papes avoient alors jurisdiction sur toutes les Églises.

Imputation injurieuse à S. Grégoire le Grand & à S. Léon. L'Apologiste de notre Docteur prend un chemin plus court pour couper le nœud de la difficulté sur les actes de jurisdiction que S. Grégoire a exercés. Il accuse respectueusement ce grand Pape, de s'être trop livré à son zele pour étendre les bornes de la puissance pontificale (*a*). Febronius avoit déja imputé un pareil excès de zele à S. Léon (*b*).

Point de moyen plus aisé de secouer l'autorité des Peres: *Ils se sont laissés entraîner par le zele*; un autre dira, ils ont été séduits par la prévention; un troisieme, par l'amour propre, par l'intérêt personnel, par les vues d'une prudence humaine, &c. Telle est la foiblesse de l'humanité, trop ordinaire, hélas! même aux plus grands hommes. *Quæ summorum quoque virorum infirmitas est.* Car il est bon d'observer que ces Pontifes que l'on accuse d'avoir ignoré les bornes de leur jurisdiction, & de s'être livrés à un zele indiscret pour

---

(*a*) *Apparebit multa quæ magnus hic Pontifex sine exemplo & cum authoritate suscepit, vere tamen jurisdictionis Papalis actus non esse, quamvis tales esse videantur: nonnulla à sancto Pontifice ex abundanti zelo, ex singulari confidentiâ Episcoporum, ex Imperatorum beneplacito suscepta fuisse, quæ ad universalis Primatis officium non pertinent, etiam à sancto Gregorio (quæ summorum quoque virorum infirmitas est) pro extensione Pontificiæ potestatis, ultra nativos fines, allaboratum fuisse.* Febr. de Stat. Eccl. tom. 2, sparsi flores, p. 420.

(*b*) *Leo disciplinam continuâ serie custoditam prætergressus, suæque sedi amplitudini (quæ sanctorum etiam virorum infirmitas est) plus æquo indulgens, in hoc negotio, vel ab ipsorum etiam Sardicensium canonum, quorum maximè authoritati incumbebat, sanctione recessit.* Idem, tom. 1, c. 4, §. 11, n. 2, p. 265, 266.

étendre les limites de leur puissance, ont été en effet, après S. Pierre, les deux plus grands Papes qui aient été assis sur la Chaire apostolique, & les plus célebres par leurs lumieres & par leur sainteté.

L'Apologiste prend cependant la précaution d'assurer que S. Grégoire n'avoit point fait d'acte de jurisdiction papale à l'égard d'Étienne & de Janvier. Le lecteur jugera du mérite de cette assertion par ce que nous avons déja dit : & nous ne prendrons pas la peine de la réfuter. Nous nous permettons seulement de faire quelques questions à notre Docteur ou à son Apologiste, qui est peut-être Febronius lui-même.

Contradiction de Febronius & de son Apologiste. 1°. L'Apologiste nous dit en parlant de la conduite de S. Grégoire à l'égard d'Étienne, que de pareils actes qui reculoient les bornes de la puissance papale, étoient sans exemple, *quæ sine exemplo* ; & voilà cependant que, selon Febronius, le Pape S. Léon avoit donné le même exemple *d'infirmité humaine* plus d'un siecle auparavant. Comment le Docteur se concilie-t-il donc avec l'Apologiste ?

2°. Ils nous assurent & ils le répetent en plus d'un endroit, que pendant les huit premiers siecles, les Pontifes Romains se sont renfermés dans les bornes de la jurisdiction que J. C. avoit prescrite à S. Pierre. *Quandiu continebatur auctoritas Romani Pontificis intra fines Petro præscriptos, & primis octo sæculis observatos*, &c. (*a*). Or, si les Papes se sont renfermés pendant les huit premiers siecles dans les bornes prescrites à S. Pierre, peut-on dire que S. Léon & S. Grégoire qui vivoient l'un au cinquieme, l'autre au sixieme siecle, se sont permis d'étendre la puissance pontificale au-delà de leurs bornes primitives ? *A S. Gregorio, pro extensione Pontificiæ potestatis, ultra nativos fines, allaboratum fuisse.*

3°. L'Apologiste ajoute que S. Grégoire, en allant au delà des bornes de sa puissance primitive, n'a fait aucun acte de jurisdiction papale. Qu'il nous dise donc

_____
(*a*) *Febr. de Stat. Eccl. tom. 1, c. 2, §. 12, p. 153.*

quel est ce genre de pouvoir qui est entre la puissance primitive du Pape & la jurisdiction papale, c'est-à-dire, qui est plus que la premiere & moins que la seconde. En attendant sa réponse nous continuerons d'examiner les raisonnemens de son Docteur.

Febronius se doutant bien que le lecteur n'aura pas assez de confiance à ses assertions, pour les préférer aux preuves de fait, se replie sur d'autres réponses générales pour éluder les difficultés.

Objection contre les preuves de fait en général. Febronius reconnoît que les Papes ont quelquefois exercé dans les autres dioceses, presque la même puissance que les propres Évêques; mais il ajoute que c'est par le droit & non par les faits qu'on doit juger du pouvoir primitif du souverain Pontife (a).

Réponse. Mais si ces actes de jurisdiction ont été exercés dans ces tems où, de l'aveu de Febronius, la discipline ecclésiastique n'avoit point encore reçu d'atteinte; s'ils ont été exercés par les plus grands Papes; s'ils se sont répétés en toutes manieres pendant même les huit premiers siecles, où Febronius est forcé de reconnoître que les souverains Pontifes n'ont point excédé les bornes de la puissance que J. C. leur avoit marquées; s'ils ont été avoués par les Peres de l'Église, sans aucune réclamation de la part des catholiques pendant ces premiers siecles; s'ils ont été soutenus dans les siecles postérieurs par un usage constant jusques à nous; dira-t-on que ce n'est point par les faits qu'on doit juger du droit?

Erreur de Febronius au sujet de l'excommunication décernée par les Papes. Parmi les actes de jurisdiction que le S. Siege a exercés dans les différentes Églises du monde chrétien, nous remarquons sur-tout l'excommunication & la déposition. Febronius, qui ne

_____

(a) *Altera cautela est, ut non factis sed à jure normam in hac materia sumamus. negari equidem non potest exstare etiam exempla quibus Romani Præsules, majore libertate usi, tantumdem ferè authoritatis & potestatis in alienis diœcesibus exercuerint, quantùm propriè earum ordinarii.*

DES DEUX PUISSANCES.

fauroit les contefter, imagine un nouveau fyftême pour éviter l'induction qu'on en tire. Il diftingue deux fortes d'excommunication ; l'excommunication papale que portent les fouverains Pontifes contre les Evêques, & l'excommunication épifcopale que décernent les Évêques ou les Églifes particulieres contre leurs inférieurs (*a*). Selon lui, l'excommunication épifcopale eft à la vérité un acte de jurifdiction qui retranche les coupables du corps de l'Églife univerfelle : mais la jurifdiction papale, n'eft qu'un acte pour ainfi dire, purement œconomique ; elle ne confifte que dans le refus que fait le fouverain Pontife de communiquer avec les Évêques, fans intercepter la communication qui les unit avec le corps de l'Églife.

« Cependant, ajoute-t-il, fi le Pontife Romain portoit
» un excommunication fans caufe légitime ; fi l'Églife
» ou une grande partie de l'Églife jugeoit qu'il ne
» devoit pas la porter ; alors l'excommunié ne devroit
» point être traité comme fchifmatique, pourvu qu'il
» fût dans l'intention de conferver l'unité avec le fou-
» verain Pontife, & qu'il fît tous fes efforts pour
» rentrer dans fa communion. Du refte, perfonne
» n'ignore que la validité & l'effet de l'excommunication
» du droit & du canon, dépendent de la validité &
» de l'obligation de la loi (185). »

Avant que de difcuter le nouveau fyftême de Febronius, il nous permettra de relever, finon quelques bévues, du moins quelques méprifes ; & nous lui confeillerons en paffant d'éviter la prolixité, quand il voudra établir fes paradoxes. Car c'eft le propre de l'erreur de fe contredire quand elle veut faire des circuits pour fe rapprocher de la vérité. Voici donc nos obfervations préliminaires.

(*a*) Ces termes : *que les Eglifes ou les Évêques décernent*, font ici remarquables, en ce qu'ils indiquent que le corps des fideles d'un diocefe particulier, peut excommunier comme fon Évêque. Mais cette erreur n'eft qu'une fuite du Richérifme que l'Auteur enfeigne ailleurs, comme nous le verrons dans la fuite.

1°. Febronius enseigne d'abord que l'excommunication papale ne sépare point du corps de l'Église, & il nous avertit ensuite que si l'excommunication du Pape étoit injuste, & si elle étoit désapprouvée d'une grande partie de l'Église, l'excommunié ne devroit point être traité comme schismatique, c'est-à-dire, qu'il ne devroit point être regardé comme séparé du corps de l'Église. Donc l'excommunié seroit véritablement séparé du corps de l'Église, si l'excommunication papale étoit juste : donc l'excommunication papale ne consiste pas dans un simple refus de communiquer avec les coupables, mais elle opere une véritable séparation d'avec le corps de l'Église : donc elle ne differe pas de l'excommunication épiscopale, puisque celle-ci n'opere une véritable séparation (*a*), qu'autant qu'elle est juste. Febronius nous fait remarquer lui-même que la *validité & l'effet de l'excommunication dépendent de la validité & de l'obligation de la loi.*

2°. Il suppose que celui qui est excommunié pour cause légitime, est schismatique ; & il ne fait pas attention que l'excommunication même juste, ne rend pas schismatique, quoique l'excommunié persévere dans son crime. Car le schisme est une révolte ouverte contre l'autorité ; & l'on peut être séparé du corps de l'Église par l'excommunication, sans être pourtant coupable de révolte.

3°. Il nous dit que celui qui est excommunié injustement, ne devroit point être traité comme schismatique, pourvu qu'il fut dans l'intention de conserver l'unité avec le souverain Pontife. Mais comment peut-on faire dépendre de l'intention d'un excommunié, la conduite qu'on doit tenir à son égard ; puisque l'intention est une disposition intérieure qu'on ne peut appercevoir,

---

(*a*) Je dis *véritable séparation*; parce que dans le cas d'une excommunication injuste, le fidele ne laisseroit pas que de participer aux prieres & aux mérites de l'Église, quoiqu'il dût se comporter extérieurement comme excommunié pour éviter le scandale, jusqu'à ce que la censure eut été levée par le supérieur légitime.

& dont les excommuniés ne manquent jamais de protester.

4°. Febronius fait dépendre la validité de l'excommunication papale, de l'approbation de l'Église ou d'une grande partie de l'Église : *Si le Pontife Romain*, dit-il, *portoit une excommunication sans cause légitime, & si l'Église ou une grande partie de l'Église jugeoit qu'il ne devoit pas la porter, alors l'excommunié ne devroit point être regardé comme schismatique*. Cette opinion est une suite du Richérisme qui attribue le pouvoir des clefs au corps de l'Église, & que nous avons déja combattu (a). Mais sans répéter ce que nous avons dit sur cet article, contentons-nous de proposer ce cas de conscience à notre écrivain.

Lorsque le Pape ou l'Évêque excommunient (car cela est égal pour la question présente) faut-il attendre, pour que l'accusé soit censé véritablement excommunié, que l'approbation de l'Église, ou d'une grande partie de l'Église soit intervenue, ou bien, l'accusé est-il dès-lors véritablement excommunié ? & dans ce dernier cas l'improbation d'une partie de l'Église qui surviendra, le déliera-t-elle de l'excommunication ? La question ne sera pas certainement facile à résoudre. Mais revenons.

Faits que Febronius rapporte, en preuve de son erreur. Comment Febronius prouve-t-il que l'excommunication papale ne sépare pas les coupables du corps de l'Église ? Il cite les faits que voici :

S. Cyrille écrit au Pape S. Célestin qu'il n'a pas voulu *se séparer publiquement de la communion de Nestorius, avant que d'avoir appris du souverain Pontife comment il devoit se comporter* à l'égard de ce Patriarche *; savoir s'il falloit communiquer avec Nestorius, ou lui dénoncer que personne ne communiquera avec lui.* — Ursace & Valens, chefs de l'Arianisme, se rétractent devant le Pape Jules, & *lui demandent d'être admis à la communion & à la pénitence.*—S. Chrysostome, déposé par le conciliabule

---

(a) V. ci-devant part. 2, ch. 1, §. 2.

du Chêne, supplie le Pape *de déclarer que ce qui s'est fait dans cette assemblée, est nul, & que ceux qui ont condamné le Patriarche, sont soumis aux peines ecclésiastiques ; & il demande que le Pape lui accorde la société de sa communion dont il jouissoit auparavant* (*a*). Voilà dit Febronius, ce qui regarde l'excommunication portée par le S. Siege contre les Orientaux qui n'étoient point soumis à sa jurisdiction.

Réponse. Mais quand même il ne s'agiroit dans les endroits cités que d'un simple refus de communion, de la part du S. Siege, l'auteur n'auroit encore rien prouvé. Car nous convenons (& tous les monumens de l'histoire de l'Église déposent en faveur de cette vérité) que le simple refus de communion n'opéroit point par lui-même la séparation d'avec le corps de l'Église ; que ce refus n'étoit point une peine canonique, qu'il ne supposoit ni accusation, ni conviction, ni sentence préalable, ni jurisdiction ; qu'il pouvoit être fait de la part des Évêques, à l'égard d'un autre Évêque ; de la part même des simples fideles, à l'égard de leurs pasteurs, en signe d'improbation. Ainsi les Évêques catholiques refuserent de communiquer avec ceux qui avoient souscrit la formule de Rimini, quoiqu'ils ne fussent point excommuniés. S. Ambroise refusa de communiquer avec le tyran Maxime & avec les Ithaciens, quoiqu'ils ne fussent point excommuniés (*b*). Le Pape Félix reçut les lettres synodales d'Euphémius, Patriarche de Constantinople : il ne le traita donc pas comme un excommunié : cependant il ne lui accorda pas sa communion, parce que Euphémius avoit laissé subsister les noms d'Acace & de Flavita dans les dyptiques (*c*). Lorsque Nestorius commença à répandre ses erreurs, plusieurs Catholiques se séparerent de sa communion, quoiqu'il ne fut pas encore condamné (*d*). S. Grégoire défend à ses Nonces à Constantinople, d'assister

---

(*a*) Febr. de Stat. Eccl. tom. 1, c. 2, §. 4.
(*b*) Fleury, Hist. Eccl. tom. 4, l. 18, n. 57.
(*c*) Ib. tom. 7, l. 30, n. 31.
(*d*) Ib. tom. 6, l. 25, n. 8.

à la messe avec le Patriarche Jean, cependant il ne l'excommunie pas (a). Je le répete, une pareille séparation n'a jamais été regardée que comme une improbation publique, non comme une peine, & jamais comme une excommunication. Jamais les théologiens ni les canonistes n'ont connu qu'une sorte d'excommunication, qui consiste dans une séparation du corps de l'Église, qui prive les coupables de la participation à ses graces & au mérite de ses œuvres, & qui emporte à l'égard des clercs, interdiction des fonctions ecclésiastiques ; excommunication dont le pouvoir est entre les mains des Évêques, relativement à leurs diocésains, & dans les mains du Pape, relativement à tous les fideles & à tous les Évêques en particulier ; or c'est de cette excommunication qu'il s'agit ici.

Il ne suffisoit donc pas de prouver que les Papes se sont quelquefois bornés à un simple refus de communion, il falloit prouver encore que les excommunications qu'ils avoient décernées, n'avoient jamais eu d'autre effet.

Mais comment le prouver? Eh quoi! Lorsque S. Damase frappoit d'anathême les Évêques Ursace & Valens, fauteurs de l'Arianisme (b) ; lorsque Simplicien citoit à son concile Acace de Constantinople, qu'il lui reprochoit de *n'avoir pas voulu répondre devant le S. Siege suivant les canons*, qu'il lui déclaroit que *par la présente sentence, il étoit privé de l'honneur du sacerdoce & de la communion catholique, étant condamné par l'autorité du S. Esprit & l'autorité apostolique, sans pouvoir jamais être absous de cet anathême* (c), ces Papes n'exerçoient-ils pas alors une véritable jurisdiction ? L'*anathême* prononcé, & la privation de la communion *catholique*, n'opéroient-ils pas une véritable séparation d'avec le corps de l'Église catholique ? n'étoient-ils qu'un simple refus de la part de l'Évêque

―――――――――――――――――――
(a) Ib. tom. 7, l. 34, n. 58.   (c) Fleury, Hist. Eccl. tom. 7,
(b) Labbe, *concil. tom.* 2, *col.* l. 30, n. 16, p. 30, 31.
866.

de Rome de communiquer avec les coupables, & tel qu'auroit pu faire tout autre Évêque du monde chrétien ? Lorsque les Légats du Pape demandoient, soit dans le concile de Chalcédoine, soit à l'Empereur Anastase (a), que les Eutychiens fussent renvoyés devant le Pape pour être jugés, ne supposoient-ils donc point que le Pape avoit une véritable jurisdiction pour leur infliger des peines canoniques, telles que l'excommunication & la déposition ? Lorsque S. Grégoire défendoit *par l'autorité de S. Pierre, d'ordonner un Évêque à Salone sans son consentement, sous peine d'être privé de la participation du corps & du sang de notre Seigneur* (b); menaçoit-il donc seulement les infracteurs de ne point assister avec eux aux offices divins ? Enfin lorsque les Papes recevoient les appels de ceux que leurs propres Évêques, que leurs Patriarches, que les conciles particuliers avoient excommuniés, ou qu'ils avoient déposés; lorsqu'ils appelloient les accusés à Rome; lorsqu'ils y appelloient les Évêques qui avoient prononcé les décrets; lorsqu'ils envoyoient des Légats sur les lieux pour revoir leurs jugemens ; lorsqu'ils confirmoient ou qu'ils réformoient ces jugemens; lorsqu'ils déposoient les juges qui avoient prévariqués ; n'exerçoient-ils donc point une véritable jurisdiction ? n'exerçoient-ils point le pouvoir de lier & de délier ? J'interroge ici la conscience de Febronius ; & je l'interpelle de répondre.

Les faits mêmes qu'il cite, sont contre lui. S. Célestin après avoir proscrit l'hérésie de Nestorius, dans un concile tenu à Rome, commet S. Cyrille pour exécuter son décret. Il lui mande si Nestorius, *dans l'intervalle de dix jours, ne condamne pas sa mauvaise doctrine ; que votre sainteté pourvoie à son Eglise, & qu'il sache lui-même qu'il est séparé en toute maniere de notre corps* (c). Voilà donc une séparation *en toute maniere du corps de l'Église*, voilà une déposition qui
devoit

(a) Fleury, Hist. Eccl. tom. 7, l. 31, n. 22, p. 174.
(b) Ib. tom. 8, l. 35, n. 36.
(c) Febr. de Stat. Eccl. tom. 1, c. 5, §. 4, n. 1, p. 298.

devoit être exécutée en vertu de la fentence du Pape, & cependant le Pape n'auroit eu que le pouvoir de refufer fa communion particuliere à Neftorius. Mais Febronius a pris la précaution de ne point faire mention de ce paffage dans l'exemple rapporté (*a*); il fe contente de citer la lettre de S. Cyrille. Mais cette lettre n'étoit qu'une fuite de la commiffion dont il étoit chargé; S. Cyrille y confulte le S. Siege pour favoir fi le tems du délai étant expiré, *on doit communiquer encore avec Neftorius, ou lui dénoncer que perfonne ne communiquoit avec lui* (*b*). Or qui ne voit que cette dénonciation même de la féparation de tous les Évêques catholiques d'avec Neftorius, n'étoit que l'exécution de la fentence que le Pape avoit déja prononcée, & dont le Pape lui-même pouvoit auffi fufpendre l'exécution?

Pour en revenir donc à ma preuve, que répondra Febronius à cette même fentence de dépofition & d'excommunication, que S. Céleftin prononce contre le Patriarche de Conftantinople, s'il n'anathématife fa doctrine; fentence que S. Cyrille devoit notifier à ce Patriarche, & qu'il étoit chargé d'exécuter après les délais marqués? *Ut, nifi decem dierum intervallo (Neftorius) ab hujus noftræ admonitionis die numerandorum, nefariam doctrinam fuam, conceptis verbis anathematifet... illico fanctitas tua illi Ecclefiæ profpiciat; is verò modis omnibus à noftro corpore fegregatum effe intelligat* (*c*). Que répondra-t-il à l'ordre que donne le Pape d'élire un nouvel Évêque, à la place de l'héréfiarque?

Febronius répond que l'ordination d'un nouvel Évêque n'étoit qu'une fuite du refus que faifoient les Évêques de communiquer avec Neftorius. *Negatâ igitur Neftorio reliquorum Epifcoporum communione, per fe fluebat, ejus cathedræ de alio antiftite providendum fuiffe, mediante Alexandrino* (*d*).

(*a*) Il le rapporte feulement dans un autre endroit.
(*b*) *Febr. c. 3, §. 4, n. 1, p. 170.*
(*c*) *Celeft. Epift. ad Cyrill.*
(*d*) *Febr. de Stat. Eccl. tom. 1, c. 5, §. 4, n. 2, p. 309.*

Mais cette réponse ne résout point l'objection. Car en vertu de quoi Nestorius avoit-il été exclu de la communion des autres Evêques ? n'étoit-ce pas en vertu du décret du souverain Pontife, qui avoit déclaré Nestorius, séparé de la communion du corps de l'Église ? En vertu de quoi devoit-on élire un nouveau Patriarche ? n'étoit-ce pas en vertu de ce même décret qui frappoit Nestorius de l'excommunication ? Le Pape avoit-il ordonné d'attendre que les autres Evêques eussent adhéré à son jugement, avant de signifier la sentence d'excommunication ? Bien loin de recevoir sa validité de l'adhésion des autres Evêques, le décret n'obligeoit-il pas au contraire les autres Evêques à se soumettre au jugement du souverain Pontife, & à se séparer de Nestorius ? & ne rendoit-il pas en effet coupables de schisme, ceux qui refuserent d'obéir ? Autrement le décret eut été annullé par le refus même des Evêques, qui demeurerent encore attachés à Nestorius ; & Nestorius n'auroit jamais pu être regardé comme légitimement déposé ; ni son successeur, comme Patriarche légitime.

« La procédure du concile d'Éphese, dit M. Bossuet,
» est fondée sur le décret du Pape Célestin, où il
» donnoit dix jours à Nestorius pour se rétracter,
» sinon il le déposoit, & commettoit S. Cyrille pour
» exécuter sa sentence. Il est constant, par tous les actes,
» que cette sentence fut reçue avec soumission par tout
» l'Orient, & même par les partisans de Nestorius,
» dont Jean, Patriarche d'Antioche, étoit le chef. Le
» Pape lui donna part de sa sentence, afin qu'il s'y
» conformât. S. Cyrille qui étoit chargé de lui envoyer
» la lettre du Pape, y joignit quelques-unes des siennes, & une entr'autres, dans laquelle il lui témoignoit
» qu'il étoit résolu d'obéir, c'est-à-dire, que non-seulement, il se soumettoit quant à lui, mais encore qu'il
» acceptoit la commission du Pape, & se disposoit à
» l'exécuter (*a*). » Eh combien d'exemples semblables

(*a*) Boss. Remarq. sur l'hist. des conciles d'Éphese & de Chalcédoine, ch. 1, rem. 1, tom. 2. p. 550 des Œuvres Posth. édit. in-4to. d'Amsterd. 1753.

dans l'histoire de l'Église ! Qu'on se rappelle la sentence d'excommunication décernée contre Acace, fauteur des Eutychiens, prononcée par le Pape Félix ; & qu'on considere avec quelle fermeté les Papes exigerent toujours qu'on effaçât des dyptiques, non-seulement le nom d'Acace, mais encore les noms de Flavita, d'Euphémius, de Macédonius, de Timothée, ses successeurs, qui avoient refusé de se conformer à cet ordre, & qui furent regardés par cette raison comme schismatiques, parce qu'ils avoient persisté à conserver le nom d'Acace dans les dyptiques, ce qui étoit un signe de communion.

Ursace & Valens avoient été retranchés de la communion de l'Église, par le concile de Sardique (a). Le concile de Milan les renvoya au S. Siege pour être absous : & c'est en effet le S. Siege qui les délia de l'excommunication qu'ils avoient encourue, après qu'ils lui eurent présenté leur libelle de rétractation (b). Mais cela prouve-t-il que le Pape qui avoit le pouvoir d'absoudre de l'excommunication, n'avoit pas le pouvoir de la prononcer ? Cela prouve-t-il que le Pape n'ait absous Ursace & Valens qu'en vertu d'un pouvoir qui lui ait été donné par le concile de Milan ? C'est à Febronius à le prouver.

S. Chrysostome supplie le Pape S. Innocent de déclarer nulle la sentence de déposition, que le conciliabule du Chêne a prononcée contre ce Patriarche. Mais cela prouve-t-il que le Pape n'avoit point de jurisdiction sur le concile ? ou pour mieux dire, cela ne prouve-t-il pas tout le contraire ? Car (je ne me lasse point de le répéter) il ne fut jamais permis d'admettre à sa communion, ceux qui avoient été retranchés de la communion de l'Église par une sentence juridique, qu'après que la sentence avoit été réformée par un tribunal supérieur.

Febronius nous dit encore que le Pape avoit, en

(a) Fleury, Hist. Eccl. tom 3, l. 12, n. 35.   (b) Ib. n. 54, p. 362.

qualité de Patriarche, une certaine jurisdiction sur les Églises occidentales, pareille à celle qu'exerçoient les autres Patriarches sur les Églises d'Orient ; & que cette jurisdiction n'étant que d'institution humaine, étoit étrangere à la qualité de chef de l'Église.

Nous convenons que le souverain Pontife joignoit à la dignité de chef de l'Église, celle de Patriarche des Églises occidentales ; & que ces Églises étoient par cette raison, quant à la pratique, dans une plus grande dépendance à l'égard du S. Siege, en ce que le Pape entroit dans une connoissance plus particuliere des affaires qui regardoient ces Églises, comme en ce qui regardoit l'ordination des Métropolitains. Mais 1°. point de canon qui bornât la jurisdiction du Pape aux Églises occidentales, parce qu'en effet sa jurisdiction s'étendoit sur toutes les parties du monde chrétien.

2°. Souvent les souverains Pontifes, en jugeant, en réformant, en punissant, déclaroient eux-mêmes qu'ils exerçoient leur pouvoir, en vertu de l'autorité de S. Pierre, & comme chefs de l'Église.

3°. Les exemples que nous avons rapportés, démontrent que les Papes ont exercé leur jurisdiction, non-seulement sur les Églises d'Occident, mais encore sur les Églises orientales, en jugeant par appel des sentences des Patriarches & des conciles d'Orient, en jugeant les Évêques & les Patriarches eux-mêmes, en nommant des commissaires sur les lieux, en y envoyant des Légats pour y exercer la jurisdiction du S. Siege, en dispensant des canons, &c. Or ils ne pouvoient avoir une pareille jurisdiction comme Patriarches d'Occident, ils l'avoient donc comme chefs de l'Église universelle.

Febronius dira-t-il que les souverains Pontifes ne jouissoient de cette jurisdiction qu'en vertu du concile de Sardique (a)? Mais il seroit en contradiction avec les faits historiques, car en 313 le Pape Melchiade avoit déja jugé la cause de Cécilien : en 343 le Pape Jules avoit annullé les décrets des conciles

---

(a) Tenu en 347.

de Tyr(*a*), de Constantinople (*b*) & d'Antioche(*c*), contre Paul de Constantinople, S. Athanase, Marcel d'Ancyre, Asclepas de Gaze, & plusieurs autres Évêques. Il seroit en contradiction avec les premiers principes, puisque le concile de Sardique n'étant composé, comme nous l'avons remarqué, que de 59 Évêques, n'auroit pu faire un réglement de discipline pour tout le monde chrétien, ni donner aux Évêques de Rome sur les Églises orientales, une jurisdiction qu'il n'avoit pas lui-même. Il seroit en contradiction avec ses propres assertions, puisqu'il prétend que le canon de Sardique ne fut reçu ni en Orient, ni en Afrique, ni dans les Gaules, ni dans plusieurs autres Églises d'Occident, & que ce canon ne donnoit d'autre pouvoir au S. Siege, que de déclarer s'il y avoit lieu à la révision du jugement, & d'envoyer ses députés au concile qui jugeroient de nouveau (*d*). Ce n'est donc point en vertu du canon du concile de Sardique, mais en vertu du droit essenciellement annexé à leur primauté, que les Papes ont connu des causes portées à leur tribunal, de toutes les parties du monde chrétien ; qu'ils ont jugé les Évêques, infirmé leurs décrets, & les décrets des conciles ; qu'ils ont décerné des peines canoniques ; qu'ils ont excommunié, qu'ils ont déposé, qu'ils ont dispensé, qu'ils ont nommé des vicaires apostoliques sur les lieux pour présider aux conciles, ou pour exécuter les rescrits du S. Siege, &c. ; & cela dans un tems où, de l'aveu de Febronius, les Papes ne sortoient point encore des bornes de leur jurisdiction primitive (*e*).

Faux subterfuge de Febronius sur la jurisdiction extraordinaire des Papes dans l'Église universelle. Notre Docteur se ménage encore un subterfuge, en nous disant que dans le cas d'urgente nécessité, ou d'utilité manifeste, les Papes, comme chefs de l'Église, ont entrepris par un droit extraordinaire & de dévo-

---

(*a*) Tenu en 335.
(*b*) Tenu en 340.
(*c*) Tenu en 341.
(*d*) *Febr. de Stat. Eccl. tom.* 1. *c.* 5, §. 6 & 8.
(*e*) *Ib. t.* 1, *c.* 2, §. 2, *p.* 153

lution, plusieurs choses qu'ils n'auroient pu, en vertu de leur droit ordinaire (186).

Mais sur cela nous lui demandons, si ce droit extraordinaire, dévolu aux Papes, à raison de la nécessité ou de l'utilité manifeste, renfermoit un véritable pouvoir de jurisdiction propre au S. Siege pour juger, statuer, ordonner, punir, &c? S'il ne renfermoit point un pareil pouvoir, ce n'étoit plus en vertu de ce droit de dévolution, que les Papes agissoient, puisque les inférieurs n'eussent pas été tenus d'obéir, & que les Papes n'eussent pu véritablement ni lier ni délier. Si au contraire ce droit renfermoit un pouvoir de jurisdiction, ce droit ne pouvoit dériver que de la mission que J. C. avoit donnée à S. Pierre : *Tu es Pierre, & sur cette pierre je bâtirai mon Église. Je te donnerai les clefs du ciel*, &c. Mission qui étant exprimée en termes généraux & sans aucune distinction, ni restriction aux cas particuliers de nécessité ou d'utilité, ne devoit point aussi recevoir de modification à cet égard. D'ailleurs, la jurisdiction du chef de l'Église devenant au moins nécessaire dans ces cas d'utilité ou de nécessité, dans un gouvernement aussi étendu que celui du monde chrétien, sans cesse agité par des disputes, par des schismes, par des hérésies, par les orages qu'excitent les passions des hommes dans tous les gouvernemens; ce seroit laisser le tribunal incertain, que de le faire dépendre des cas généraux de nécessité ou d'utilité manifeste; parce que l'application des cas particuliers, donneroit toujours lieu à des incertitudes; ce seroit allumer le feu de la discorde par de nouvelles disputes, au lieu de l'éteindre, chacun se déterminant sur la question de la nécessité ou de l'utilité dans les cas proposés, suivant ses intérêts, ses inclinations, son jugement particulier. Il s'agiroit toujours de savoir si les décrets du souverain Pontife sont justes ; & de plus, s'ils sont portés dans des circonstances où les besoins de l'Église donnent jurisdiction au S. Siege. Ceux qui ne voudroient pas se conformer à ces décrets, seroient bien éloignés d'en convenir.

Erreur de Febronius sur la jurisdiction des Évêques dans l'Église universelle. Febronius va plus loin : il enseigne que l'épiscopat appartenant à tous les Évêques par indivis, ils sont tous solidairement obligés, même après la division des dioceses, de veiller à la conservation de la foi & de la discipline, au défaut les uns des autres, quoique ce droit regarde principalement le chef de l'Église (*a*); il ajoute, qu'une pareille obligation est commune de droit naturel, à tous les membres qui composent une société quelconque, *in quâvis societate singulis ejus membris jure naturali incumbit obligatio procurandi observationem legum communium* (*b*). Il dit enfin nettement que " la division des " dioceses n'empêche pas que chaque Évêque ne soit " censé appellé à donner les soins de pasteur à tous " les fideles, lorsque la nécessité & le salut des peu- " ples l'exigent ; que ce droit extraordinaire est com- " mun en quelque maniere à tous les Évêques (*c*). " D'où il résulte que, suivant notre Docteur, le Pape, en intervenant dans les cas que nous avons cités, n'a pas exercé un droit qui lui fut propre, mais un droit commun *en quelque maniere* à tous les Évêques ; un droit que tous les Évêques pouvoient exercer en pareil cas.

Réfutation de l'erreur de Febronius. Il est facile d'appercevoir au premier coup d'œil la confusion & les désordres où un pareil systême plongeroit le gouvernement de l'Église. Cependant pour ne pas prévenir ce que nous dirons bientôt là-dessus (*d*), bornons-nous à examiner le principe sur lequel Febronius s'appuie, & les exemples par lesquels il prétend le confirmer. Mais demandons-lui auparavant ce qu'il entend lorsqu'il dit *que ce droit extraordinaire est commun, en quelque maniere, à tous les Évêques.* En quelle maniere ce droit est-il commun & au Pape & à tous les Évêques ? Si

---

(*a*) Febr. *de Stat. Eccl. tom.* 1, *c.* 3, §. 2, *p.* 162.
(*b*) *Ib. p.* 163.
(*c*) *Ib. c.* 7, §. 1, *n.* 4, *p.* 538. §. 3, *p.* 550, 552, 553, 556.
(*d*) V. le §. suivant.

c'est en ce sens que le Pape est principalement obligé d'user de ce droit dans le cas de nécessité, cela n'empêche pas que ce droit ne lui soit réellement commun en toute maniere avec les autres Évêques. Mais ce n'est pas la premiere fois que Febronius tâche de s'envelopper sous des généralités ou des équivoques pour pallier l'odieux de son systême. Venons à présent aux preuves de notre Docteur.

L'Église, nous dit-il, est une, l'épiscopat est un, & les intérêts de l'Église doivent exciter le zele de tous les Évêques. Nous en convenons. Les mêmes intérêts doivent exciter encore le zele de tous les fideles, mais pour agir seulement, selon la mesure des dons qu'ils ont reçus pour l'édification du corps mystique de J. C. L'épiscopat est un; mais en quel sens? car rien de plus ordinaire que d'abuser de l'équivoque des termes, pour étayer une fausse doctrine. L'épiscopat est un, comme le sacerdoce est un, comme le ministere ecclésiastique est un; il est un, à raison de l'autorité suprême, au nom de laquelle tous les ministres agissent, & qui donne l'efficacité aux fonctions du sacerdoce. Mais s'ensuit-il delà que tous les prêtres aient un égal pouvoir; que les Évêques & le Pape aient une égale jurisdiction, & qu'ils puissent l'exercer sur toutes les parties du monde chrétien? Passons aux exemples (a).

1°. S. Athanase revenant de son exil, ordonne des prêtres dans les endroits par où il passe. Febronius nous cite le 24me. chap. du 2me. livre de l'histoire de Socrate: je ne trouve ce fait que dans le 19me. chapitre du même livre. Le voici:

S. Athanase revenant de son exil, passa par Jerusalem. Maxime qui en étoit Évêque, y assembla un concile des Évêques de Syrie & de Palestine, qui reçurent S. Athanase à leur communion avec des marques de vénération & de respect, que tous les Catholiques devoient à un si illustre défenseur de la foi. Delà il se rendit à Peluse, qui étoit à l'entrée de l'Égypte, pour

---

(a) *Febr. de Stat. Eccl. tom. 1, c. 3, §. 2, n. 3.*

arriver à Alexandrie, prêchant dans toutes les villes par où il passoit, exhortant les fideles à éviter la société des Ariens, & donnant même des ministres à quelques Églises. Mais ces Églises n'étoient-elles pas du nombre de celles qui avoient des Ariens pour Évêques, & auxquelles il devoit pourvoir en qualité de Patriarche? Ces ordinations n'avoient-elles pas déja été prévues & autorisées par le concile de Jerusalem? Ne l'étoient-elles pas par la présence ou par le consentement au moins présumé des Évêques des lieux? Voilà sur quoi Socrate ne s'explique point, & ce que notre écrivain devoit approfondir; puisque c'étoit delà que dépendoit la force de sa preuve.

2°. Selon Théodoret, Eusebe de Samosate parcourut la Syrie & la Phénicie, ordonnant des ministres dans plusieurs Églises qui en manquoient.

Ici même réponse. Eusebe venoit du concile d'Antioche, où S. Mélece avoit été élu Patriarche de cette ville. Les Ariens qui avoient consenti à cette élection, dans la persuasion que le nouveau Patriarche leur seroit favorable, le firent exiler lorsqu'ils se virent déchus de leur espérance, & voulurent même forcer Eusebe de Samosate à rendre le décret d'élection qui lui avoit été confié (*a*). Eusebe résista courageusement; & au retour du concile, il ordonna des prêtres & des ministres inférieurs dans les endroits par où il passa. Ne peut-on pas affirmer qu'il ne fit en cela que se conformer aux vœux du concile d'Antioche, aux vœux du Patriarche par rapport aux Églises qui étoient dans le district de son Patriarchat, & qui étoient gouvernées par des Évêques Ariens, aux vœux enfin des Évêques diocésains catholiques? Febronius doit prouver le contraire, avant d'argumenter contre nous.

3°. Il nous cite l'exemple de S. Épiphane, qui ordonna un prêtre dans le diocese de Jean, Patriarche de Jerusalem. Mais il ignore, ou il fait semblant d'ignorer que ce Patriarche s'en plaignit amérement; &

(*a*) Fleury, Hist. Eccl. tom. 3, l. 14, n. 32.

que S. Épiphane s'en excufa fur la néceffité des circonftances, fur le confentement préfumé de Jean, fur ce qu'il avoit ignoré la défenfe, que Jean avoit faite, enfin fur ce que le monaftere où il avoit fait l'ordination, n'étoit point de la jurifdiction de l'Évêque de Jerufalem (187). Ce fait prouve donc tout le contraire de ce que Febronius voudroit prouver; puifqu'il fuppofe, ce qui étoit vrai, favoir, qu'on préfumoit alors facilement, le confentement des Évêques diocéfains, pour les actes de la jurifdiction volontaire, felon la néceffité des circonftances, & d'un autre côté qu'on ne pouvoit exercer aucune jurifdiction dans leurs diocefes contre leur volonté. D'ailleurs, il s'agit ici des actes d'une jurifdiction contentieufe, où l'Évêque s'ingere dans l'adminiftration d'un autre diocefe pour le réformer, pour juger les Évêques diocéfains, pour les dépofer, pour invalider leurs décrets, pour les obliger à fe juftifier, à répondre aux accufations portées contre eux, quoique l'Évêque réformateur n'ait aucune fupériorité de jurifdiction, ni par le droit de fon fiege, ni par la miffion d'un juge fupérieur. Que Febronius me cite dans toute l'hiftoire un pareil exemple avoué au moins tacitement par l'Église.

4°. Ofius, dit-il, exerce la fonction de Juge à l'égard du Patriarche S. Alexandre, dans le concile d'Alexandrie, touchant l'affaire d'Arius.

Point du tout, & voici l'hiftoire : Conftantin s'étant laiffé perfuader par les artifices d'Eufebe de Nicomédie, que les troubles que l'Arianifme commençoit à exciter, n'avoient pour fondement que des difputes de mots, envoya Ofius à Alexandrie pour y rétablir la paix. Ofius y affembla un concile nombreux, qui mit fin au fchifme qui divifoit cette Église au fujet du prêtre Colluthe. *Et c'eft*, ajoute M. Fleury, *tout l'effet que nous connoiffons de ce concile d'Ofius, car il ne put appaifer la difpute qu'Arius avoit émue* (*a*). Mais Febronius ne s'apperçoit-il pas, que fi un Évê-

_____

(*a*) Fleury, Hift. Eccl. tom. 3, l. 10, n. 43, p. 100. édit. in-12.

que pouvoit être jugé & réformé dans l'administration de son diocese par un autre Évêque ou égal ou inférieur à lui en jurisdiction, tout seroit confondu ? Nous dira-t-il que dans le cas présent, Osius agissoit en vertu de la mission de l'Empereur ? Mais 1°. ce seroit mettre la jurisdiction spirituelle entre les mains du Prince. 2°. Ce seroit sortir de la these, puisqu'il s'agit de savoir, si précisément en vertu du caractere épiscopal, tout Évêque peut non-seulement faire les fonctions épiscopales sur les autres dioceses, mais encore en réformer l'administration, juger les Évêques, les déposer, leur substituer d'autres Évêques.

5°. S. Chrysostome réforma quelques Églises d'Asie ; il jugea plusieurs Évêques dans un concile ; il envoya des missionnaires chez les Scythes, qui habitoient les bords du Danube.

Mais cela passoit-il les bornes de la jurisdiction qu'il avoit en qualité de Métropolitain ou de Patriarche ? Ne sait-on pas que les Patriarches assembloient souvent des conciles pour juger les Évêques & pourvoir aux besoins des Églises ? Ne sait-on pas que nonobstant la division des dioceses, les Évêques avoient la liberté d'envoyer prêcher l'Évangile aux peuples infideles, sur-tout dans les pays limitrophes de leurs dioceses, de leurs métropoles ou de leurs patriarchats, quand cette mission ne pouvoit causer, dans le gouvernement ecclésiastique, la confusion qu'on avoit voulu prévenir par la division des dioceses ?

6°. S. Cyrille d'Alexandrie condamne Nestorius.

Distinguons ici l'erreur de Nestorius, d'avec sa personne. S. Cyrille anathématise l'erreur de Nestorius : & tout autre Évêque avoit le même droit ; mais à l'égard de la personne de l'hérésiarque il ne le juge, il ne le sépare de la communion de l'Église, que quand il est muni de l'autorité du S. Siege.

7°. Acace de Constantinople condamne Pierre Monge, Patriarche d'Alexandrie.

Nous nions ce fait. L'auteur prend la précaution de ne pas citer ses garans ; nous l'interpellons de le faire ; & nous lui déclarons que d'après les recherches que nous avons faites fur ce point d'hiftoire, il confte feulement que les hérétiques ayant chaffé Timothée Solofaciole, Patriarche d'Alexandrie, & lui ayant fubftitué Pierre Monge, l'Empereur Zenon donna ordre de chaffer le dernier, & de rétablir Timothée ; que celui-ci envoya des députés à l'Empereur, & qu'Acace les reçut à fa communion. Quelle jurifdiction exerça donc alors le Patriarche de Conftantinople fur celui d'Alexandrie ?

Faux fubterfuge de Febronius. Febronius nous dira fans doute encore, conformément à fes principes, que les actes de jurifdiction que les Papes ont exercés dans le monde chrétien, n'ont été valides qu'en vertu du confentement au moins tacite de l'Églife univerfelle.

Mais cependant antérieurement à tout confentement, les fouverains Pontifes ftatuoient fur les affaires des différentes Églifes. Ils rendoient des fentences, ils réformoient ou confirmoient les décrets des conciles, ils dépofoient ou rétabliffoient les Évêques. Cependant bien loin de demander le confentement des Églifes particulieres, auxquelles ils adreffoient leurs refcrits, ils exigeoient l'obéiffance de leur part, comme un devoir de confcience : cependant les conciles confacroient par leur approbation ces prétendus actes de difcipline : les Évêques dépofés étoient exclus du fanctuaire : ceux qui leur étoient fubftitués, étoient reconnus Évêques légitimes, avant que ce confentement pût encore exifter ; enfin les refcrits faifoient regle pour les Églifes auxquelles ils étoient adreffés dès le moment qu'ils leur étoient parvenus. Ni les conciles généraux ni les Églifes difperfées n'ont jamais réclamé contre la légitimité de pareils actes. Or l'Églife eft cenfée approuver lorfqu'elle ne réclame pas : l'Églife & les conciles généraux ont même approuvé expreffément ces actes d'autorité, en traitant de fchifmatiques ceux qui avoient refufé de fe foumettre, avant que le confentement univerfel ou exprès ou tacite pût être préfumé.

Nous demandons de plus, quand est-ce qu'un pareil consentement à un rescrit pouvoit être présumé? Car 1°. il faut qu'un décret soit connu, afin de pouvoir y avoir consenti : or les décrets qui concernoient les Églises particulieres, n'étoient adressés qu'à ces Églises; ils étoient connus tout au plus des Églises voisines, quand ils ne regardoient pas les grands Sieges, ou si l'on veut d'une Église nationale, dans un tems où les moyens de communication entre les Églises, étoient beaucoup moins faciles & moins fréquens qu'il ne le sont aujourd'hui.

2°. Pour donner un consentement légitime, il falloit le faire avec connoissance de cause; il falloit s'instruire des raisons respectives des parties : on ne doit condamner un accusé que sur les pieces du procès. Or quand les Églises étoient-elles censées assez instruites pour avoir consenti? Febronius remarque au sujet des décrets dogmatiques, qu'il faut un certain intervalle de tems pour s'assurer du consentement de l'Église (*a*). Cependant ces décrets sont notifiés à toutes les Églises, au moins par la voie des principaux Sieges auxquels ils sont adressés. Ils roulent sur des points de droits, dont tout le monde a les preuves en main. Combien l'intervalle doit-il être plus considérable pour les décrets qui ont beaucoup moins de publicité, & sur des questions qui dépendent de titres & de faits particuliers, dont il est si difficile de s'assurer, quand on est dans des pays éloignés? Il nous dit que Dieu peut susciter un seul ou plusieurs ministres, même du second ordre, pour réclamer contre les décrets dogmatiques, & qu'il peut donner assez de force à leur réclamation pour préparer les voies au triomphe de la vérité (*b*).

(*a*) *Quæ* (constans Ecclesiæ conformitas) *tractum temporis desiderat.* Febr. de Stat. Eccl. tom. 1, c. 6, §. 8, n. 14, p. 431.

(*b*) *Episcopi neque soli sunt in Ecclesiâ doctores, neque soli fidei custodes, neque soli Spiritûs Sancti habent assistentiam, neque soli, extra concilium, universalem Ecclesiam constituunt & repræsentant. Potest autem Deus, antequam constans Ecclesiæ universalis consensus, separatis Episcoporum decretis, superveniat, unum vel plures, etiam ex secundi*

Cette réclamation suffira donc aussi pour empêcher qu'on ne puisse présumer facilement le consentement de l'Église par son silence, sur un jugement de discipline ; puisqu'il s'agit ici de ce qui caractérise le consentement de l'Église en lui-même. Cependant n'a-t-on pas vu lorsque les troubles divisoient les Églises patriarchales ; lorsque les Papes intervenoient, en définissant, en ordonnant, en statuant, en déposant les Évêques ? n'a-t-on pas vu au sujet de Nestorius, d'Eutychès, des Monothélites, des Iconoclastes, d'Acace, de Photius ? n'a-t-on pas vu des réclamations multipliées dans tout l'Orient, sans que ces réclamations aient pu mettre obstacle à l'exécution des décrets du S. Siege, sans que les catholiques aient jamais douté de leur validité, sans que les réfractaires aient jamais été excusés sur le prétendu défaut de jurisdiction de la part des Papes, ou sur le défaut de consentement de la part des Églises ? Ce n'étoit donc point ce consentement qui donnoit la validité aux décrets du S. Siege. Il seroit inutile d'insister davantage sur une erreur que nous avons déja amplement réfutée dans un autre endroit (*a*).

ARTICLE III.

Preuves tirées du témoignage des Peres & des Conciles.

Quoique ce que nous avons déja rapporté de la doctrine des Peres, en expliquant les textes sacrés qui concernent la primauté de S. Pierre, & en exposant la tradition des faits, soit plus que suffisant pour faire voir quel a toujours été l'enseignement de l'Église, sur la jurisdiction des Papes ; cependant nous

---

ordinis sacerdotibus, excitare, atque eorum in gratiam orthodoxæ fidei reclamantium verbis vim & efficaciam addere ad præparandum veritati triumphum. Febr. de Stat. Eccl. tom. 1, l. 6, §. 8, n. 14, p. 430, 431.

(*a*) V. ci-devant ch. 1, §. 3 de cette 3me. partie.

ajouterons ici une suite de textes des Peres & des Conciles, qui montrent d'une maniere encore plus sensible, que l'enseignement de l'Église sur ce point a toujours été constamment d'accord avec la pratique de tous les siecles. Commençons par le témoignage des Peres, qui touchoient aux tems apostoliques.

S. Irenée. Nous confondons, dit S. Irenée, ceux qui s'écartent de la vérité, en les rappellant à la tradition que l'Église Romaine a reçue des Apôtres, & à la foi qu'elle professe. *C'est à elle que les autres Églises doivent s'adresser à cause de sa primauté* (188). Il est vrai que le terme de *primauté* n'exprime pas précisément par lui-même *une primauté de jurisdiction*, mais il doit être interprété conformément à la doctrine des Pères qui sont venus ensuite; & cela me suffit, quant à présent, pour faire entrevoir les premiers chaînons de la tradition.

Tertullien. Quoique Tertullien fut dans l'erreur des Montanistes, lorsqu'il composa son livre *de Pudicitiâ*, il y cite pourtant en sa faveur la constitution du souverain Pontife qu'il appelle l'Évêque des Évêques (189), comme une autorité victorieuse.

S. Cyprien. S. Cyprien donne à l'Église Romaine le nom d'*Église Mere*. Il écrit à S. Corneille, que certains hérétiques, après avoir été condamnés, avoient osé passer les mers, pour chercher un asyle auprès de la chaire de Pierre, la premiere de toutes les Églises d'où dérive l'union sacerdotale (190), & il n'a garde de récuser le tribunal du S. Siege comme incompétent.

S. Athanase. S. Athanase s'adressant au Pape Félix, *Dieu vous a placé*, dit-il, *vous & vos prédécesseurs, sur le haut de la forteresse, & vous a commis le soin de toutes les Églises, afin que vous vinssiez à notre secours* (191).

S. Basile. S. Basile, parlant des troubles que les Ariens avoient suscités au sujet de la formule de Rimini, mande à S. Athanase, *qu'il a paru convenable d'exposer l'état des choses à l'Evêque de Rome, de l'engager à interposer l'autorité de son jugement & à annuller ce qui s'étoit fait dans ce concile par violence* (192).

S. Grégoire de Nazianze. Selon S. Grégoire de Nazianze, l'Évêque de Rome préside sur tout le monde chrétien (*a*).

S. Ambroise. Théophile d'Alexandrie ayant été commis pour connoître des contestations qui s'étoient élevées dans l'Église d'Antioche, S. Ambroise l'avertit qu'il doit faire part de son jugement au souverain Pontife, dont l'approbation préviendra tout schisme (193).

S. Jérome. S. Jérome écrit en ces termes à S. Damase au sujet de la question qu'on agitoit sur le nom *d'hypostase* : „ Je ne sais point de premier Maître que J. C. ; je
„ m'unis à la communion de votre Béatitude, c'est-à-
„ dire, de la chaire de Pierre, sur laquelle je sais que
„ l'Église a été bâtie. Quiconque mange l'agneau hors de
„ cette maison, est un profane ; s'il ne demeure pas
„ dans l'arche de Noé, il périra par le déluge. „ Et ensuite : „ Je ne connois point Vitalis ; je rejette Mélece,
„ j'ignore Paulin : celui qui n'amasse point avec vous,
„ dissipe ; c'est-à-dire, celui qui n'est pas à J. C. est
„ un antechrist (194). „

S. Augustin. „ Puisque, par un bienfait particulier
„ de sa grace, Dieu vous a placé sur le Siege Apostoli-
„ que, avec les qualités que vous avez, „ écrit S. Augustin, au nom du concile de Mileve, à Innocent I,
„ nous nous rendrions coupables de négligence, si nous
„ ne vous représentions ce que nous croyons nécessaire
„ pour le bien de l'Église.... Que votre sollicitude
„ pastorale daigne donc détourner les périls extrêmes
„ qui menacent ce qu'il y a de foibles parmi les mem-
„ bres de J. C. (195). „

S. Prosper. Selon S. Prosper, Rome étant devenue la capitale du monde à cause du siege de S. Pierre, *gouverne encore par la Religion, ce qu'elle ne possede plus par les armes* (196).

Théodoret. Théodoret écrit à S. Léon en ces termes. „ J'appelle à votre tribunal, j'en attends un juge-

---

(*a*) *In carmine de vitâ suâ.*

» jugement équitable ; & je supplie votre sainteté de
» m'appeller auprès de vous, pour montrer la confor-
» mité de ma doctrine avec celle des Apôtres (197). »
Le même Pere prie le prêtre Renat d'engager le S.
Pontife » à user de son autorité apostolique, pour
» appeller les parties à un concile. Car *ce Siege,*
» ajoute-t-il, *a le gouvernement de toutes les Églises du*
» *monde* (198). »

S. Gélase & Nicolas I. S. Gélase & Nicolas I enseignent que les Évêques de Rome ont le pouvoir de
délier ce que les autres ont lié (199).

Febronius répond à cette autorité, que le Pape Gélase
ne parle que du pouvoir accordé au S. Siege par le
concile de Sardique, & non de celui que S. Pierre
avoit reçu de J. C. (*a*).

Mais cette réponse est formellement contraire à ce
que dit S. Gélase, puisqu'il cite en preuve le jugement
que le Pape Jules I avoit porté en faveur de S.
Athanase, & qui étoit antérieur au concile de Sardique.
Nous avons montré qu'elle étoit encore contraire à
ce que Febronius enseigne dans le même chapitre ;
puisqu'il prétend que le canon du concile ne fut point
reçu dans la plupart des Églises, & sur-tout en Orient,
& qu'il ne donnoit aucune jurisdiction au Pape pour
réformer les jugemens des Évêques (*b*) ; & nous avons
observé qu'un concile, composé seulement de 59 Évêques, ne pouvoit donner de jurisdiction à un Évêque
sur toutes les Églises du monde chrétien.

S. Grégoire le Grand. S. Grégoire le Grand ne fait
pas difficulté d'assurer qu'aucun des quatres Patriarches
ne pourroit refuser de se conformer aux jugemens du
S. Siege, sans causer un très-grand scandale (200). Il
ne s'agit pas ici, comme on voit, de la justice de ces
jugemens, mais de l'autorité des décrets en eux-mêmes.
Eh ! qui doute, dit ailleurs, le même Pere, que l'Église
de Constantinople ne soit soumise au Siege Aposto-

(*a*) Febr. *de Stat. Eccl. tom.* (*b*) *Ib.* §. 6.
2, *c.* 5, §. 8.

lique ? *De Constantinopolitanâ Ecclesiâ , quis eam dubitet Sedi Apostolicæ esse subjectam (a)* ?

S. Anselme. S. Anselme dit que „ la divine Provi-
„ dence ayant commis au souverain Pontife le gou-
„ vernement de son Église ; on ne sauroit mieux s'a-
„ dresser qu'à lui , pour corriger par son autorité les
„ nouveautés qui attaquent la foi (*b*). „

S. Bernard. S. Bernard parle en ces termes à
Eugene III : „ Dieu vous a confié les clefs du ciel & le
„ soin de ses brebis. Ces clefs ont été véritablement
„ aussi données à d'autres avec la garde du troupeau ;
„ mais vous les surpassez tous autant en dignité , que
„ vous avez reçu un nom plus éminent. Ils ont chacun
„ un troupeau particulier qui leur a été assigné : à vous
„ seul ont été confiés tous les troupeaux , qui n'en
„ forment qu'un seul. Vous êtes , vous seul , non-seu-
„ lement le pasteur des brebis , mais vous êtes encore
„ le pasteur de tous les pasteurs. „ *Tu es cui claves traditæ, cui oves creditæ sunt. Sunt quidem & alii cœli janitores & gregum pastores : sed tu tantò gloriosiùs , quantò & differentiùs utrumque præ cæteris nomen hæreditasti. Habent illi assignatos sibi greges , singuli singulos : tibi universi crediti , uni unus : nec modò ovium sed & pastorum tu es omnium pastor* (201). Ce Pere repete la même maxime en plus d'un endroit (202).

„ Il est vrai , répond ici Febronius , que J. C. n'a
„ commis à chaque Évêque qu'un troupeau particulier ,
„ & qu'il a commis tous les troupeaux au Pape seul ;
„ mais non pas dans le même sens , ni avec la même
„ efficacité , c'est-à-dire , avec la même puissance. Les
„ Évêques exercent une jurisdiction proprement dite
„ sur leurs dioceses : il n'en est pas de même du Pape.

(*a*) Greg. Mag. l. 7, indict. 2, epist. 12.

(*b*) *Quoniam divina Providentia vestram elegit sanctitatem, cui vitam & fidem christianam custodiendam & Ecclesiam regendam committeret, ad nullum alium rectius refertur, si quid contra catholicam fidem oritur in Ecclesiâ, ut ejus auctoritate corrigatur.* Ansel. l. de Verbi incarnat. c. 1 , ad Urban. Pap.

« J. C. lui a bien commis, en qualité de chef, la folli-
» citude de toutes les Églises; mais une follicitude,
» qui après la division des troupeaux, ne doit s'exercer
» que par une inspection générale, par une surinten-
» dance sur les autres diocèses, telle que je l'ai marquée,
» non par des fonctions épiscopales & pastorales pro-
» prement dites. C'est en ce sens que le Pape est le
» seul gardien, le seul pasteur de tous les troupeaux;
» ce qui ne signifie rien moins qu'une plénitude de
» puissance, comme si le Pape pouvoit tout dans toutes
» les Églises du monde chrétien, & comme si les Évêques
» n'étoient que les délégués du Pape dans leurs diocèses;
» ce qui est faux (*a*). »

Rien de plus commode pour éluder les autorités les plus expresses, que de rendre comme Febronius la signification des termes arbitraires; ainsi ces mots, *les Évêques sont les pasteurs de leurs troupeaux*, signifieront que les Évêques ont reçu une puissance de jurisdiction pour les gouverner, pour les instruire, pour les juger; mais lorsqu'on dira que le *Pape est le pasteur des pasteurs*, le même terme de *pasteur* ne signifiera plus qu'une puissance de direction pour veiller à l'obser-vance des canons, pour avertir, pour conseiller, pour exciter la vigilance des autres pasteurs; ainsi le terme de *paître* consacré dans les Écritures & dans les Peres, pour signifier l'autorité du gouvernement; ce terme sur lequel sont fondés les droits de la jurisdiction épiscopale, ne signifiera plus rien que ce qu'on voudra lui faire signifier.

Que l'Auteur soit du moins d'accord avec lui-même; car il nous dit ici que J. C. a commis tous les troupeaux au Pape seul, en ce sens qu'il l'a chargé lui seul de la follicitude de tous les troupeaux; & il nous dit ailleurs que tous les Évêques sont également chargé de la même follicitude pour veiller au maintien de la foi & de la discipine (*b*). Cette mission n'étoit

---

(*a*) Febr. de Stat. Eccl. tom. (*b*) V. au §. suivant.
2. Resp. ad Epist. Ladisl. p. 89.

donc pas particuliere à S. Pierre selon Febronius. Ce n'étoit donc point par-là que J. C. avoit distingué S. Pierre des autres Apôtres.

Mais prétendez-vous donc, dit notre Docteur, que le Pape peut tout dans les autres Églises, qu'il est au-dessus des loix canoniques, & que les Évêques ne sont que ses subdélégués ?

Non sans doute, nous ne le prétendons point. Nous disons, au contraire, avec l'Église Gallicane, que le Pape est soumis aux canons, qu'il doit gouverner selon les canons, qu'il est subordonné aux conciles généraux dans les cas énoncés par le concile de Constance. Nous disons que les Évêques sont ses coopérateurs, non ses subdélégués, & qu'ils ont reçu leur pouvoir immédiatement de J. C.. Mais nous disons aussi avec l'Église Gallicane, & avec tous les Docteurs catholiques, que le Pape a reçu une jurisdiction proprement dite sur toutes les Églises & sur tous les Évêques en particulier. Ces deux points vont toujours ensemble dans les ouvrages des Théologiens françois : il ne faudroit qu'ouvrir les livres pour s'en convaincre. Mais c'est un artifice grossier de Febronius, c'est un vice qui règne dans tout son ouvrage, de tout confondre, pour échapper aux yeux du lecteur, à la faveur de cette confusion. Au lieu de répondre aux raisons qui établissent la jurisdiction du Pape, il entreprend de prouver que le Pape n'a point une jurisdiction illimitée, & que les Évêques ont reçu immédiatement leur mission de J. C.. C'est abandonner l'état de la question pour aller combattre un fantôme.

Innocent X. On peut ajouter aux autorités des Peres la censure d'Innocent X, contre la doctrine qui admettoit deux chefs de l'Église dans la personne de S. Pierre & de S. Paul ; doctrine que le souverain Pontife a frappé d'anathême, comme étant contraire à la supériorité de puissance que S. Pierre avoit sur S. Paul, dans le gouvernement de l'Église universelle (203).

Résultat des autorités rapportées. Reprenons à présent en peu de mots ce que nous venons de rapporter de la doctrine des Peres, & disons: Si l'Église Romaine est la premiere de toutes les Églises, à laquelle les autres doivent principalement avoir recours; si elle a le droit de réformer les abus qui se glissent dans les autres Églises, le droit de corriger les pasteurs, de les punir ou de les rétablir sur leurs Sieges ; si J. C. a commis aux Papes le gouvernement de toutes les Églises & de tous les Évêques; les Papes ont donc sur chacun d'eux en particulier, non-seulement une primauté d'honneur & de direction, mais une primauté de jurisdiction; puisque ce n'est qu'en vertu d'une jurisdiction réelle qu'ils peuvent exercer tous ces droits, & remplir les devoirs de leur mission.

Febronius tâche de se défendre contre l'autorité des Peres, en répondant que leurs expressions *figurées & ampoulées* ne changent point la nature des choses (204); que ce n'est point d'après le sens propre & strict des termes, dont *l'infirmité humaine* abuse trop facilement, qu'on doit argumenter (205). Nous avons vu que lorsqu'on lui avoit produit la pratique des Papes les plus respectables, il avoit répondu que par un effet de *l'infirmité humaine*, les plus saints Papes avoient poussé trop loin les bornes de leur jurisdiction; que ce n'étoit point par les faits, mais par la doctrine des Peres qu'il falloit se décider. A présent ce n'est point par le sens propre & strict des paroles dont les Peres se sont servis, qu'il faut juger de leur doctrine. Par quoi faudra-t-il donc en juger, pour connoître l'enseignement de l'Église, puisque les faits & les termes des Peres ne sauroient plus servir de regle? Faudra-t-il recourir à l'Écriture interprétée suivant l'esprit particulier ? Mais que répondra notre Écrivain à l'autorité des conciles?

Concile de Constantinople. Les Peres du concile de Constantinople nous apprennent qu'ils ont été convoqués par l'ordre du souverain Pontife, dont l'Empereur leur a adressé le rescrit (*a*). Or la convocation *canonique* suppose la jurisdiction, puisqu'elle impose à ceux qui sont convo-

(*a*) *Epist. concil. Constantip. ad Damas. apud Theodor. Hist. l. 5, c. 9.*

qués, l'obligation de se rendre à l'assemblée indiquée.

Concile de Chalcédoine. Le concile de Chalcédoine appelle S. Léon, *le Pontife de l'Église universelle.* Dioscore, disent les Peres du concile, en s'adressant au Pape, " met le comble à la folie en s'élevant contre celui à " qui le Sauveur a confié la garde de sa vigne, c'est- " à-dire, contre votre Siege Apostolique (206). Ils demandent à S. Léon la confirmation des actes du concile, & ils lui réservent la cause de ceux qui avoient embrassé le parti de Nestorius.

Deuxieme concile de Nicée. La lettre du Pape Adrien inférée dans le 7me. concile œcuménique, porte que " le " Siege de Rome ayant la primauté, éclaire tout l'uni- " vers comme chef de toutes les Églises; que c'est " delà que Pierre paissant l'Église, embrasse tout; qu'il " a joui & qu'il jouit encore par-tout de la principa- " lité (207); " principalité, comme on voit, toujours jointe au droit de *paître*, c'est-à-dire, au droit de gouverner.

Concile de Latran en 649. Un concile de Latran tenu en 649, enseigne que le souverain Pontife " a reçu dispen- " sativement la puissance & l'autorité sacerdotale sur " ses coopérateurs, & sur-tout de la part de celui " qui s'est incarné pour nous (208). " Or recevoir la puissance sur les autres, c'est recevoir sur eux l'autorité du commandement.

Autre concile de Latran en 1215. Un autre concile de Latran tenu en 1215 sous Innocent III, déclare que c'est en vertu de l'institution divine, que l'Église Romaine a la primauté d'une puissance ordinaire sur toutes les autres, comme la mere & la maîtresse de tous les fideles; que les Patriarches de Constantinople, d'Alexandrie & d'Antioche, après avoir reçu le pallium du Pape, comme un signe de la plénitude du ministere pontifical, & après lui avoir juré la fidélité & l'obéissance, donnent le pallium à leurs Suffragans, en leur faisant aussi promettre l'obéissance envers l'Église Romaine (209).

Concile général de Lyon en 1274. La bulle que publia Grégoire X en 1274, dans le concile général de Lyon, avec l'approbation de ce concile (*hoc sacro approbante concilio*) appelle le successeur de S. Pierre, le recteur de l'Église universelle & le directeur du troupeau du Seigneur. *Rectoris universalis Ecclesiæ, gregis Domini directoris.* Or régir le troupeau, c'est le gouverner : & pour gouverner, il faut nécessairement avoir le pouvoir du commandement, c'est-à-dire, le droit de jurisdiction.

Concile de Constance. Martin V déclare dans le concile de Constance " qu'il est contre le droit divin & " le droit humain, d'appeller du tribunal du juge su- " prême, c'est-à-dire, du tribunal du Siege Apostoli- " que (210). " L'Église Romaine a donc, de droit divin, une supériorité de jurisdiction sur les autres Églises.

Concile de Florence. Le concile de Florence si célebre par la réunion des Grecs avec l'Église, définit que " le Pontife Romain est le chef, le pere & le " docteur de toutes les Églises ; & qu'il a reçu dans " la personne de Pierre, un plein pouvoir pour paî- " tre, pour diriger, pour gouverner l'Église univer- " selle, ainsi qu'il est porté par les conciles œcuméni- " ques & par les saints canons (211). "

Oui, répond Febronius, le Pape a reçu de J. C. un plein pouvoir pour gouverner l'Église universelle, mais *ainsi qu'il est porté par les conciles & les canons*, comme ajoutent les Peres de Florence. Il faut donc, poursuit Febronius, consulter les conciles & les canons pour connoître quel est ce genre de pouvoir (*b*). C'est-à-dire, que comme Febronius trouve que les conciles n'attribuent au Pape qu'un pouvoir de direction sans jurisdiction ; ce *plein pouvoir* ne sera même plus un véritable *pouvoir* ; car en matiere de gouvernement les termes de pouvoir, de commandement, de jurisdiction, sont synonimes, en ce qu'ils supposent toujours dans les inférieurs, l'obligation d'obéir : c'est-à-dire, que les Peres de Florence en prononçant sur un

---

(*a*) *Febr. de Stat. Eccl. tom. 1, c. 5, §. 4, n. 5.*

des articles les plus essenciels, qui divisoient les Grecs d'avec l'Église Romaine, & en déterminant les droits du S. Siege, n'avoient en effet rien défini, car quel est le Grec schismatique qui n'eut pu souscrire au décret de réunion, en accordant au Pape un plein pouvoir tel qu'il étoit porté par les conciles, & en se réservant ainsi la liberté de donner au terme de *pouvoir*, tel sens qu'il jugeroit à propos. Qu'a donc entendu le concile de Florence par ces paroles : *Le souverain Pontife a reçu un plein pouvoir pour gouverner l'Église universelle, ainsi qu'il est porté par les conciles ?* Il a entendu que le souverain Pontife avoit reçu le pouvoir de gouverner l'Église universelle, conformément aux regles prescrites par les conciles.

Febronius ajoute : La preuve que le concile de Florence n'attribue point au Pape une puissance de jurisdiction, c'est que Bellarmin lui-même (l. 2. concil.) *reconnoît que ce concile ne l'a pas expressément défini*. Une autre preuve, c'est que la même question fut vivement débattue au concile de Trente, & que ce concile eut encore l'attention de ne rien décider sur cet article (*a*).

Deux insignes faussetés. Car 1°. qu'est-ce que les Peres de Florence n'ont pas expressément défini, suivant Bellarmin ? ce n'est pas certainement si le Pape avoit jurisdiction sur toutes les Églises en particulier, mais s'il étoit au-dessus du concile œcuménique. *Cœperunt quærere Patres* (Basileenses) *an tenerentur obedire Pontifici, an Pontifex potiùs teneretur obedire ipsis, id est, generali concilio.... Florentinum concilium non ita expressè definivit* (*b*).

2°. La question qui resta indécise au concile de Trente, ne fut pas non plus, si le Pape avoit jurisdiction sur les Églises particulieres, mais s'il l'avoit sur l'Église universelle. Febronius nous cite Palavicin en preuve de ce qu'il avance, & le discours que fit

---

(*a*) *Ib*. V. aussi le 1er. tom. du même Auteur, c. 1, §. 8, n. 7.   (*b*) Bell. *controv. concil. l.* 2, c. 13, *col. 928, edit. 1690.*

Lainez dans ce concile (*a*). Mais a-t-il lu ce difcours dans Palavicin ? & s'il l'a lu, comment n'y a-t-il pas remarqué, que bien loin qu'on mit toute la jurifdiction du Pape fur les Églifes particulieres, cette jurifdiction étoit au contraire fi généralement & fi conftamment reconnue, que c'eft de ce point de doctrine, que Lainez argumente pour prouver la jurifdiction du Pape fur l'Églife univerfelle (212). Mais fi Febronius a lu cet article dans Palavicin qu'il cite, pourquoi affirme-t-il le contraire ? pourquoi fuppofe-t-il ce qui eft évidemment faux ? pourquoi allegue-t-il en fa faveur une autorité qui prouve précifément contre lui ?

Il nous affure encore que le concile de Florence n'eft pas reconnu pour œcuménique par l'Églife Gallicane, & qu'il n'étoit compofé que de quelques Italiens & de quatre Peres Grecs (*b*).

Autre fauffeté dans tous les points. Car 1°. il eft faux que le concile de Florence ne foit point reconnu comme œcuménique par l'Églife Gallicane, j'en appelle aux témoignages les moins fufpects, de Boffuet (*c*), de Habert (*d*), de Du Pin (*e*), du P. Alexandre (*f*), du Cathéchifme de Montpellier (*g*), enfin de tout le clergé de France (*h*). Je parle de l'œcuménicité de ce

---

(*a*) Febr. de Stat. Eccl. tom. 1, c. 1, §. 8, n. 1, p. 54.
(*b*) Idem, tom. 1, c. 5, §. 4, n. 5, p. 307, 308.
(*c*) *Conftantienfem fynodum pro œcumenico jam inde ab initio valuiffe... probavimus tot deinde decretis, Senenfis, Papienfis, Bafileenfis, Florentini, œcumenicorum conciliorum.* Boff. Def. 4 prop. Cleri Gal. tom. 1, p. 390, in-4to.
(*d*) Tom. 1, p. 171.
(*e*) Du Pin, Traité de la Puiff. eccl. & temp. p. 430, &c.
(*f*) Nat. Alexand. differt. 10.
(*g*) Catéch. de Montp. part. 1, fect. 2, ch. 3, §. 7, édit. de Lyon, 1713.

(*h*) Les Évêques de France affemblés en 1655, exhortoient tons les Évêques du royaume " à faire " enfeigner que Dieu a établi " l'autorité de Notre S. Pere le " Pape dans toute l'Églife, & " celle des Évêques dans leurs " diocefes, conformément à la " doctrine de Latran fous Inno- " cent III, de Florence & de " Trente. " Mém. du Clergé, tom. 1, col. 683. On pourroit ajouter une infinité d'autres témoignages, tels que celui des Auteurs de l'ouvrage fur l'art de vérifier les dates, celui de Bail, de Cabaffut, de Gibert, de Pontas, &c.

concile, qui établit la jurifdiction du Pape, du moins quand au décret d'union (a). Décret qui réconcilia les Grecs avec l'Églife Romaine, & qui fut publié dans un tems où le concile de Bâle réduit à fept Évêques, étoit tombé évidemment dans le fchifme par l'élection de l'anti-pape Amedée de Savoye, fous le nom de Félix V.

2°. Il eft faux que le concile de Florence ne fut compofé que de quelques Italiens & de quatre Peres Grecs. Car on trouve dans le P. Labbe, à la fin du concile de Florence, les noms de dix-fept Évêques Grecs, tous Métropolitains, dont plufieurs foufcrivirent encore ou pour d'autres Métropolitains, ou pour les Patriarches d'Alexandrie, d'Antioche & de Jerufalem, fans compter la foufcription de l'Empereur Grec & de plufieurs Docteurs de la même nation, tous conftitués en dignité; fans compter le Patriarche de Conftantinople, qui mourut immédiatement avant la conclufion du concile, après avoir dreffé & figné de fa propre main une profeffion de foi, conforme au décret d'union. J'y trouve encore de la part des Latins, outre la foufcription des Cardinaux & d'une multitude de Docteurs, les noms de 58 Archevêques ou Évêques, dont quelques-uns font François, d'autres Efpagnols, tels que ceux de Conferans, de Troyes, de Bayeux, de Grenade, de Léon. Que le lecteur voie par lui-même, & qu'il juge de la confiance que mérite un écrivain, je n'oferois dire affez impudent, mais je dis au moins affez peu foigneux de fa réputation, pour vouloir en impofer à tout l'univers, fur un fait fur lequel il étoit fi aifé de le convaincre de fauffeté.

Concile de Bâle. Mais puifque Febronius déprime l'autorité des Peres de Florence, nous lui oppoferons le concile qui forma la plus grande autorité auprès de lui. Que répondra-t-il à cette déclaration des Peres de Bâle : » Nous reconnoiffons que le fouverain Pon-

---

(a) Nous convenons que les premieres feffions de ce concile n'ont pas la même autorité en France.

» tife eſt le Chef & le Primat de l'Égliſe ; qu'il eſt le
» Vicaire de J. C., inſtitué par J. C. même, non par
» les hommes ni par les conciles ; qu'il eſt le Prélat
» & le Paſteur des Chrétiens ; qu'il a reçu du Seigneur
» les clefs du ciel ; *qu'il eſt le ſeul à qui il a été dit:*
» *Vous êtes Pierre* ; le ſeul qui ſoit appellé à une plé-
» nitude de puiſſance, les autres n'étant appellés qu'à
» une partie de la ſollicitude ; que c'eſt-là enfin une
» vérité généralement reconnue (213). »

Le concile de Trente enſeigne encore que » les Papes
» ont pu, en vertu de la ſuprême puiſſance qu'ils ont
» reçue dans l'Égliſe univerſelle, ſe réſerver la con-
» noiſſance de certaines cauſes, concernant les crimes
» les plus graves (214). »

Febronius s'objecte ce dernier texte, & il répond
que le concile n'a point défini de qui les Papes avoient
reçu cette ſuprême puiſſance ; & que rien n'empêche
de dire qu'ils l'ont reçue de l'Égliſe, non de J. C.

Mais qu'on faſſe attention que c'eſt l'Égliſe elle-même
qui parle dans cette auguſte aſſemblée. Or je demande
ſi, l'Égliſe en déclarant que les Papes ont reçu une
ſuprême puiſſance, il eſt naturel d'entendre que c'eſt
l'Égliſe elle-même qui leur a donné cette puiſſance. Si
Febronius s'obſtine à le ſoutenir, qu'il apprenne des
conciles de Florence & de Bâle, que nous venons de
citer, que cette plénitude de pouvoir dérive de l'inſtitution de J. C.

D'ailleurs, comment Febronius, qui aſſure par-tout
dans ſon ouvrage que cette puiſſance ſuprême, que
les Papes exercent, eſt contraire à l'inſtitution de J. C.
& au bien de l'Égliſe, lui qui invite tous les Princes
chrétiens à tenter tous les moyens pour rétablir
l'épiſcopat dans ſes droits primitifs, fut-ce au riſque de
s'attirer les anathêmes du S. Siege, & de cauſer un
ſchiſme dans l'Égliſe ? comment peut-il attribuer l'inſtitution de cette puiſſance à l'Égliſe elle-même, ſans
l'accuſer d'avoir introduit le plus énorme de tous les
abus ?

ARTICLE IV.

Preuves tirées du témoignage particulier de l'Église Gallicane, & des aveux de Febronius.

Nous ne saurions qu'applaudir aux justes éloges que donne Febronius à l'Église Gallicane : mais plus nous respectons cette Église, plus nous sommes indignés de ce que cet auteur ose en calomnier la doctrine pour la rendre complice de ses propres erreurs, & plus nous devons nous appliquer à la justifier. Commençons par le témoignage de ses premiers Docteurs.

S. Irenée, S. Eucher, Hincmar, Yves de Chartres, Pierre de Blois & Lanfranc. Nous avons vu que suivant S. Irenée, le siege de Pierre étoit le centre auquel toutes les autres Églises devoient recourir à cause de sa primauté. S. Eucher nous apprend encore que le successeur de Pierre a été *proposé sur les autres pasteurs* du troupeau de J. C. (215). Hincmar de Rheims, nous dit qu'*on doit se conformer à ce qui a été réglé par l'Église Romaine, comme étant la mere, la maîtresse & le docteur des autres Églises* (a). Selon S. Yves de Chartres, le souverain Pontife est *le pasteur universel des brebis, & commis à la garde de toutes les Églises* (b). Pierre de Blois l'appelle le Maître de toutes les Églises. *Eminentiam apostolicæ sedis, magistram omnium Ecclesiarum profitemur* (c). Lanfranc le regarde comme la sentinelle placée au lieu le plus élevé, pour veiller sur toute la Religion chrétienne (d).

S. Bernard. S. Bernard vient de nous dire que les successeurs de Pierre sont préposés au gouvernement

---

(a) *Hincm. Epist. nomine car. 2 ad Joan. III Papam, n. 21, inter opera Hincm. tom. 2, edit. 1645, p. 778.*

(b) *Ivo Carn. Serm. 2, de cath. S. Petri & Epist. 48, 83, 247.*

(c) *Petr. Bles. Epist. 68.*

(d) *Lanfr. Epist. 3, ad Alexand.*

de tout le troupeau de J. C.. Écoutons ce qu'il enseigne encore dans ses lettres. " La plénitude de la puissance " sur toutes les Églises du monde, dit-il, a été donnée " par un privilege particulier au Siege Apostolique. " Quiconque donc lui résiste, résiste à l'ordre établi " de Dieu. Le Pape peut créer de nouveaux évêchés, " supprimer ceux qui existent, ou les ériger en mé- " tropoles : " & dans un autre endroit, en s'adressant au Pape : " On doit référer, à votre Apostolat, tous " les dangers & tous les scandales qui naissent dans le " regne de Dieu, sur-tout ceux qui concernent la foi. " Car je crois convenable que les pertes que souffre " la foi, soient réparées là où elle ne peut manquer. " Telle est la prérogative de ce Siege. A quel autre, " en effet, a-t-il été dit : *J'ai prié pour vous Pierre,* " *afin que votre foi ne manquât pas.* Le successeur de " Pierre est donc obligé à ce qui est dit ensuite : *Et* " *vous, quand vous serez converti, confirmez vos freres...* " Vous remplissez le ministere de Pierre dont vous " occupez le Siege, si par votre admonition vous " confirmez ceux qui chancellent dans la foi, & *si* " *par votre autorité vous terrassez les corrupteurs de la* " *foi* (216). " Ces termes n'ont pas besoin de com- mentaires, nous ferons seulement observer comment S. Bernard, à l'exemple des autres Peres de l'Église, appli- que à S. Pierre & à ses successeurs les textes de l'Écriture que nous avons rapportés pour établir la jurisdiction du S. Siege.

S. Thomas. S. Thomas enseigne la même doctrine: " On voit par les autorités des Docteurs grecs, dit-il, " que le Pontife Romain a une plénitude de puissance " dans l'Église ; & que J. C. n'a donné qu'à Pierre " seul la plénitude de pouvoir qu'il avoit (*a*). "

(*a*) *Habetur ex Græcorum Doctorum auctoritatibus, quòd Romanus Pontifex habeat in Ecclesiâ plenitudinem potesta- tis. Dicit Cyrillus Patriarcha Alexandrinus in loco Thesau-* *rorum : Sicut Christus accepit à Patre sceptrum Ecclesiæ Gen- tium ex Israël egrediens, super omnem principatum & potesta- tem, super omne quodcumque est ut ei cuncta curventur, sic*

Charlemagne. Charlemagne ordonne dans ses capitulaires, *qu'on portera les causes majeures devant le S. Siege* (217), conformément aux saints canons.

Conciles de France. Le concile de Pontigny enseigne que ce qui a été statué par Jean VIII, *le Pape universel, en vertu de l'autorité apostolique, doit être reçu de tous, avec beaucoup de respect, & avec l'obéissance qu'on lui doit* (218).

Dans les siecles postérieurs, le concile de Sens assemblé à Paris en 1527, de Rouen en 1582, de Rheims en 1583, reconnoissent la jurisdiction du S. Siege. Ceux de Bourges en 1583 & d'Aix en 1585, lui adressent leurs réglemens de discipline, en les soumettant à son jugement, & lui en demandent la confirmation (219).

Clergé de France. Le Clergé de France assemblé à Melun, propose aux fideles pour regle de leur croyance, ce que croit & ,, enseigne la sainte Église de Rome, ,, qui est la maîtresse, la colonne, & l'appui de la ,, vérité, parce que toute autre Église doit s'accorder ,, avec celle-là, à cause de sa principauté (220). ,,

En 1653, trente un Évêques de France écrivant à Innocent X, reconnoissent comme une maxime fondée sur ,, les promesses de J. C. & confirmée par les actes des an- ,, ciens Pontifes, que les jugemens, rendus par les Papes, ,, pour affermir la regle de la foi, sur la consultation ,, des Évêques, sont appuyés de l'autorité souveraine ,, que Dieu lui a donnée dans toute l'Église, autorité à ,, laquelle tous les Chrétiens sont obligés de soumettre ,, leur esprit (221). ,,

Les Évêques assemblés à Paris en 1653, au nombre de 85, à l'occasion des cinq propositions de Jansenius, déferent ces propositions au S. Siege, en lui disant que le Clergé s'adresse au souverain Pontife, conformément à l'usage établi dans l'Église, de lui rapporter les causes majeures (222).

& Petro & ejus successoribus plenissimam potestatem, plenissimè commisit, ut etiam nulli alii quàm Petro, Christus quod suum est, plenum ipsi soli dedit. S. Thom. contra errores Græc. c. 32.

Ils tiennent le même langage en 1660 (223) & en 1662 (224). Ils déclarent folemnellement en 1681, que le Pontife Romain „ eſt le Chef de l'Égliſe, le centre „ de l'unité ; qu'il a reçu de J. C. fur les autres Évêques, „ dans la perſonne de S. Pierre, une primauté *d'au-* „ *torité & de juriſdiction* ; & que quiconque s'écarte „ de cette vérité, eſt *ſchiſmatique & même héréti-* „ *que* (225). „

Ils ſe plaignent en 1682 que „ ſous prétexte de dé- „ fendre les Libertés Gallicanes, pluſieurs affoibliſſent „ la primauté que J. C. a donnée à S. Pierre & aux „ ſouverains Pontifes ſes ſucceſſeurs ; qu'ils bleſſent „ l'obéïſſance qui leur eſt due de la part de tous les „ Chrétiens, & qu'ils diminuent la majeſté du Siege „ Apoſtolique, par lequel l'unité de l'Égliſe ſe conſerve, „ & dans lequel la foi eſt annoncée. . . . . Ils ajoutent „ que les queſtions ſur la foi ſont principalement du „ reſſort du Pape, & que ſes décrets regardent toutes „ les Égliſes en général & en particulier, quoiqu'ils „ ne deviennent irréformables que par le conſentement „ de l'Égliſe univerſelle. „ M. l'Évêque de Tournay répete la même doctrine dans cette aſſemblée (226).

C'eſt ainſi que pour prévenir les abus que l'héréſie pouvoit faire de la déclaration du Clergé, au ſujet de la ſupériorité des conciles généraux ſur le Pape, les Évêques de France commencent par établir la plénitude de puiſſance que le Siege Apoſtolique & les ſucceſſeurs de S. Pierre ont reçue ſur les choſes ſpirituelles (227). C'eſt-à-dire qu'ils commencent par diſtinguer ce que Febronius s'applique ſans ceſſe à confondre dans la doctrine de l'Égliſe Gallicane. Ils rappellent la même maxime en 1700, au ſujet de la condamnation du livre des Maximes des Saints (228).

Profeſſion de foi des Évêques. Tous les Évêques profeſſent unanimement cette doctrine en recevant le caractere épiſcopal, lorſqu'ils promettent l'obéïſſance au S. Siege (229). „ C'eſt en conſéquence de cette foi, dit „ M. Boſſuet, qu'on monte ſur le ſiege épiſcopal. C'eſt „ par elle, qu'on rentre dans le ſein de l'Égliſe. Il ne

» peut y avoir de difpute parmi les Catholiques fur
» cet article (230). »

Univerfité de Paris. Febronius invoque en fa faveur, la Faculté de Théologie de Paris, mais cette célebre Faculté marchant fur les traces de fes premiers pafteurs, déclare en 1545, dans la célebre cenfure contre les erreurs de Luther, qu'il n'y a qu'un feul fouverain Pontife, inftitué de droit divin, dans l'Églife militante, & auquel tous les Chrétiens font obligés d'obéir (231). Elle enfeigne la même doctrine dans les articles préfentés à Charles IX (232), & dans fon avis doctrinal du 1 Décembre 1554, au fujet des bulles de Paul III (*a*), de Jules III (*b*), en faveur de la Société de Jefus (233). Elle condamne en 1617, *comme hérétique & fchifmatique*, la doctrine de Marc Antoine de Dominis, fur l'égalité des Apôtres, en entendant, dit-elle, cette égalité *de la jurifdiction apoftolique ordinaire, qui n'appartient qu'à S. Pierre* (234). En 1683, elle parle en ces termes dans fon jugement doctrinal, adreffé au Parlement de Paris : » La facrée Faculté a cru,
» par le refpect qu'elle a toujours confervé pour le
» Siege Apoftolique, devoir s'expliquer là-deffus en
» peu de mots, & répéter ici expreffément ce qu'elle
» a plus d'une fois enfeigné, favoir, que l'Évêque de
» Rome étoit inftitué, de droit divin, fouverain Pon-
» tife dans l'Églife ; que tous les Chrétiens étoient
» tenus de lui obéir ; & qu'il avoit reçu de J. C.,
» non - feulement une primauté d'honneur dans toute
» l'Églife, mais encore *une primauté de puiffance & de*
» *jurifdiction*(235).» Elle enfeigne ailleurs avec Gerfon, que J. C. a inftitué le gouvernement de l'Églife felon la forme monarchique, & elle qualifie la doctrine contraire *d'hérétique, de fchifmatique, d'impie, &c.* (236).

Febronius nous cite fans ceffe l'autorité de Gerfon comme un des plus célebres défenfeurs des droits de l'épifcopat. Eh bien ! confultons Gerfon, qu'on ne foupçonnera point d'adulation, & apprenons de lui quelle
étoit

(*a*) De l'année 1543.   (*b*) De l'année 1550.

étoit de son tems la doctrine de tous les Docteurs catholiques, même les moins favorables au S. Siege.

« L'état de la Papauté, dit le Chancelier de l'Église
» de Paris, a été institué surnaturellement & immé-
» diatement de J. C., comme ayant une Primatie *monar-*
» *chique & royale* dans la hiérarchie ecclésiastique. Car
» de même que les prélats mineurs, tels que les curés,
» sont soumis à leurs Évêques, quant à l'exercice de
» leur puissance, & qu'il peut limiter & restreindre
» l'usage de leurs pouvoirs, il n'est pas douteux aussi que
» les prélats majeurs ne soient soumis au Pape, &
» *qu'il ne puisse en user de même à leur égard*, pour
» des causes raisonnables (237). »

On a allégué ce texte à Febronius : son Apologiste a répondu d'abord en y opposant un autre texte, où Gerson enseigne seulement que les Évêques ne sont pas tellement soumis à la volonté du Pape, qu'il puisse faire arbitrairement tout ce qui lui plaît, sans faire tort à personne & sans pécher (*a*).

C'est, comme on voit toujours, abandonner l'état de la question, pour prouver tout autre chose. Nous avons déja protesté plus d'une fois, qu'en confessant la primauté de jurisdiction du Pape sur tout le monde chrétien, nous sommes bien éloignés de lui attribuer une jurisdiction arbitraire.

L'Apologiste donne une seconde réponse aussi frivole que la premiere ; il ajoute que « si l'on veut en-
» tendre les paroles de Gerson, selon le sens qu'elles
» présentent, on peut dire *prudemment* que Gerson ne
» parle point conformément au droit ecclésiastique ni
» à la pleine notion qu'on doit avoir de l'ordre épis-
» copal, mais avec un certain esprit prévenu par
» l'usage & la discipline de ce tems là (*b*). »

(*a*) Febr. de Stat. Eccl. tom. 2, p. 283.

(*b*) *Verùm si crudè omninò, generaliter & pro ut sonant, accipi velint Gersonis verba, prudenter dici potest, eum non loqui ex fonte juris ecclesiastici, & plenâ notione ordinis episcopalis, sed animo quodam praeoccupato ex usu & disciplinâ.* Febr. de Stat. Eccl. tom. 2, apol. p. 282.

Nonobstant cette *prudente* explication, nous ne laisserons pas cependant d'insister, & de faire remarquer à Febronius & à son Apologiste, que suivant le même Docteur " la plénitude de la puissance ecclésiastique, " qui comprend celle de l'ordre & de la jurisdiction, " tant dans le for interne que dans le for externe, & " qui peut s'exercer immédiatement & sans limitation " sur quiconque est de l'Église, ne peut résider que " dans le souverain Pontife, parce qu'autrement le " gouvernement de l'Église ne seroit plus *monarchi-* " *que* (238). " Observons sur-tout ces termes : *de plénitude de puissance;* ces termes *de puissance, de jurisdiction, tant dans le for interne que dans le for externe,* de cette puissance, résidant nécessairement dans le Pape, par la raison que le gouvernement de l'Église est un gouvernement monarchique ; & si les Febroniens persistent à accuser Gerson de prévention, nous leur demanderons où il falloit donc chercher alors la doctrine de l'Église, puisque les Docteurs les moins prévenus en faveur de l'autorité du Pape, ne s'étoient point défendus de l'erreur ni du préjugé général sur ce point de doctrine. Sera-ce chez les Hussites de ce tems-là ?

Le Cardinal du Perron. Febronius déclare qu'il reconnoît dans le Pape une autorité telle que le Cardinal du Perron l'enseigne dans sa lettre à Casaubon, & il m'indique cette lettre que je dois trouver à la tête de la replique de ce Cardinal au Roi de la Grande-Bretagne.

J'ai recours à cette lettre ; & je vois que le célebre Prélat ne s'énonce dans cet endroit qu'en termes généraux : mais sans recourir à d'autres livres, je consulte la replique même, que j'ai encore entre les mains, & que Febronius a eu la mal-adresse de m'indiquer, & j'y lis ces termes : L'Église Romaine a *la primauté & la suprême intendance sur toutes les choses religieuses & ecclésiastiques.* Ce savant Cardinal y prouve cette these avec autant d'érudition que d'énergie. Il y dit expressément que " le droit déféré au Pape, par le concile de Sar-

» dique, de reconnoître des causes des Évêques, après
» les jugemens des conciles provinciaux, ne prenoit
» point origine, mais bien aveu & reconnoissance de
» ce concile. Car, ajoute-t-il, Sozomene, auteur grec,
» né au même siecle, témoigne que le Pape Jules I
» rétablit en vertu des privileges de son Siege, S.
» Athanase Patriarche d'Alexandrie, Paul Évêque
» de Constantinople, Marcellus Primat d'Ancyre en
» Galatie, Asclepas Évêque de Gaze en Palestine,
» Lucius Évêque d'Andrinople, déposés par divers
» conciles orientaux de la faction Arienne, & *pour
» ce*, dit-il, *qu'à l'Évêque de Rome, à cause de la
» dignité de son Siege, appartenoit le soin de toutes
» choses, il leur restitua à chacun son Église* (a).
Voilà, comme on voit, une doctrine diamétralement
opposée à tous les principes & à tous les raisonnemens de Febronius, dans ce même auteur que Febronius nous cite, comme garant de sa doctrine. Son Apologiste proteste qu'il n'a point d'autre sentiment sur
l'autorité du Pape que celle de M. Bossuet dans son
exposition de la doctrine catholique : mais il prend
comme son maître, la précaution de citer des endroits
qui ne touchent point à l'état de la question (b).

M. Bossuet. Nous avons déja fait voir quelle étoit
la doctrine de l'Évêque de Meaux, qu'on regarde
avec raison comme l'un des plus illustres Prélats de
l'Église Gallicane, & des moins suspects d'adulation.
Voyons encore ce qu'il enseigne ailleurs.

Rome, dit-il, en parlant devant le Clergé de France
assemblé, » Rome prédestinée à être le chef de la Re-
» ligion, doit devenir par cette raison, la propre
» Église de S. Pierre. Ainsi fut établie & fixée à Rome
» la chaire éternelle de S. Pierre. C'est cette Église
» Romaine qui, enseignée par S. Pierre & ses succes-
» seurs, ne connoît point d'hérésie.... Ainsi l'Église

(a) *Sozom. Hist. l. 3, c. 8.* 1633, p. 264, 265.
— Du Perron, Repl. au Roi de (b) V. ci-devant au prélim. de
la Grande-Bret., édit. de Paris ce chapitre.

« Romaine est toujours vierge ; & la Foi Romaine est
« toujours la foi de l'Église. On croit toujours ce qu'on
« a cru, la même voix retentit par-tout ; & Pierre
« demeure dans ses successeurs, le fondement des
« fideles. C'est J. C. qui l'a dit : Le ciel & la terre pas-
« seront plutôt que sa parole (*a*). » Cela ressemble-
t-il à l'imputation scandaleuse de Febronius qui accuse
l'Église de Rome, non-seulement d'avoir usurpé un droit
de jurisdiction qui ne lui appartenoit pas, mais encore d'avoir entraîné les autres Églises dans son erreur. Bossuet dit dans un autre endroit : « Voici les
« sentimens de l'Église Gallicane, dans les articles de
« la Faculté de Paris contre Luther, (21 art. infailli-
« bilité de l'Église & art. 22.) *Il n'est pas moins cer-*
« *tain qu'il y a dans l'Église de J. C. un seul souve-*
« *rain Pontife établi de droit divin, à qui tous les*
« *Chrétiens doivent obéir*. Il ne faut donc pas lui re-
« fuser cette obéissance & cette primauté de droit di-
« vin, sous prétexte des sentimens de l'Église Galli-
« cane qui n'a jamais révoqué en doute, le moins du
« monde, ce droit du Pape & du S. Siege (*b*). »

Ajoutons à ces témoignages celui que nous trouvons
dans l'Apologiste même de Febronius. « Les termes
« du décret de Florence, dit le célebre Évêque de
« Meaux, n'ont rien de contraire au décret de Cons-
« tance. Car on nous objecte ces paroles, que le Pape
« a reçu du Seigneur une pleine puissance pour paî-
« tre, pour régir & pour gouverner l'Église univer-
« selle. Or ces paroles n'annoncent point que cette
« puissance soit telle que le Pape seul puisse l'empor-
« ter sur le sentiment de l'Église assemblée, ce que
« les Peres de Constance condamnent : donc les Peres
« de Florence, ne sont point opposés aux Peres de
« Constance. Personne ne nie que toute cette province
« ne soit soumise à son Archevêque, qu'elle ne soit

_____
(*a*) Boss. Serm. sur l'unité de l'Égl. p. 15, 17.
(*b*) Réflex. de M. l'Évêque de Meaux, sur l'écrit de M. l'Abbé Molanus, sur le projet de réunion. Part. 1, sur le Pape. Œuvres posth. édit. d'Amsterd. 1753.

» régie par lui, mais avec prudence & felon certaines
» loix; car il n'y a aucune partie de la province qui
» ne lui foit fubordonnée; à combien plus forte raifon,
» le fouverain Pontife gouverne-t-il l'Église univer-
» felle, quelque loin qu'elle s'étende, puifqu'il n'y a
» aucune portion de l'Église qui ne lui obéiffe (239)? »

On voit que ce Prélat n'a garde de nier, comme Febronius, que le concile de Florence ait l'autorité d'un concile œcuménique, quant au décret qui concerne l'autorité du S. Siege, ni que la plénitude de puiffance du Pape renferme un pouvoir de jurifdiction dans l'Église univerfelle. M. Boffuet reconnoît au contraire cette jurifdiction, puifqu'il la compare à celle que les Métropolitains exercent fur leurs provinces; qu'il enfeigne même que toutes les portions de l'Églife font fubordonnées au fouverain Pontife, & qu'elles lui doivent l'obéiffance, & que cette *plénitude de puiffance*, le Pape l'a reçue, non de l'Églife, comme Febronius voudroit nous le perfuader, mais *du Seigneur*. M. Boffuet ajoute feulement que fi le fouverain Pontife a jurifdiction fur toutes les Églifes particulieres, il eft foumis à fon tour à l'Églife univerfelle.

M. de Marca. Febronius rappelle fouvent l'autorité de l'illuftre M. de Marca, *præftantiffimus de Marca* (*a*). Eh bien ! voyons M. de Marca. » On doit enfeigner,
» dit ce Prélat, que les François, depuis la naiffance
» de l'Églife, jufqu'aujourd'hui, ont reconnu dans la
» chaire de S. Pierre, l'origine de la communion ec-
» cléfiaftique, & qu'ils ont toujours honoré *la fouve-*
» *raine autorité que le S. Siege avoit reçue fur l'E-*
» *glife*, fuivant les différens degrés que les Pontifes
» Romains ont accoutumé d'exercer, conformément
» aux *circonftances des tems, pour le bien de la dif-*
» *cipline commune* (240). Ce qui ne peut certainement être reftreint à une autorité de fimple direction, ni à un fimple privilege d'inftitution eccléfiaftique.

Nous lui citerons encore ces paroles du même auteur :

_____
(*a*) *Febr. de Stat. Eccl. tom. 1, c. 3, §. 1, n. 2, p. 159.*

» La primauté du Pontife Romain a brillé dans le fep-
» tieme concile œcuménique. Car non-feulement on y
» a reconnu la prérogative & la dignité du rang du
» Siege Apoftolique ; mais encore cette *autorité fouve-*
» *raine*, qui doit donner aux affemblées eccléfiaftiques,
» la force des conciles œcuméniques (241). »

Nous lui rappellerons ces autres paroles au fujet du décret d'union avec les Grecs : » Le fens de ce décret
» eft, que J. C. a donné au fouverain Pontife une fu-
» prême & pleine puiffance pour gouverner l'Églife,
» à condition qu'il en uferoit conformément aux con-
» ciles œcuméniques & aux canons (242). » On voit ici combien l'interprétation que M. de Marca donne au décret de Florence, eft différente de l'interprétation de Febronius.

Le même Évêque enfeigne encore que le Pape a toujours connu en dernier reffort, par appel, des caufes eccléfiaftiques, dans les Gaules ; qu'il peut difpenfer licitement & validement des canons, même fans caufe (*a*), pourvu que la difpenfe ne tende pas à ébranler l'état de l'Églife ; qu'enfin il peut, fuivant la neceffité des circonftances, faire de nouvelles loix pour le bien public (243). Il prouve fort au long en plufieurs endroits, l'obligation où font tous les fideles de lui obéir (*b*).

Mais quand on fuppoferoit, ce qui n'eft pas vrai, dit Febronius, que le gouvernement de l'Églife eft arbitraire, & qu'il dépend de la volonté d'un feul, ne feroit-il pas du devoir des Évêques d'examiner mûrement fi les loix & les décrets de Rome font utiles au peuple (*c*) ?

Oui fans doute, il le feroit, parce que les loix peuvent devenir préjudiciables relativement aux circonftances des lieux, dont le Pape peut n'être pas toujours

___

(*a*) C'eft-à-dire, fans caufe particuliere, mais par des raifons générales de prudence & d'économie, relatives au bien de la Religion.

(*b*) *Marca, conc. facerd. & Imp. l.* 1, *c.* 10, *n.* 14, 15, *l.* 3, *c.* 2, 6, 7, 10, 11, 12.

(*c*) *Febr. de Stat. Eccl. tom.* 1, *c.* 5, §. 2, *n.* 4, *p.* 281.

DES DEUX PUISSANCES.

bien instruit, & que dans ces cas, il est du devoir des pasteurs, d'éclairer sa religion ; comme il est du devoir des officiers du Prince de lui représenter les inconvéniens qu'ils apperçoivent dans l'exécution des ordres ou des loix qui leur sont adressés. Mais résulte-t-il delà que le Pape ni le Prince n'ont point de jurisdiction sur ceux à qui ils adressent leurs lettres ?

Febronius réclame l'autorité de M. Fleury, comme de l'Écrivain le mieux instruit de la discipline de l'Église (a). Qu'il écoute donc cet habile canoniste.

M. Fleury. » Comme J. C., dit-il, donna particuliére-
» ment à S. Pierre la conduite de son troupeau, & *lui*
» *ordonna de confirmer ses freres* ; nous croyons que le
» Pape a *jurisdiction de droit divin sur tous les Evêques*
» *& par toute l'Église*, pour empêcher qu'il ne se glisse
» aucune erreur dans la foi & faire observer les ca-
» nons (b). » Remarquons que ces paroles sont pri-
ses de l'ouvrage que Febronius nous cite comme le plus propre à nous instruire des vrais principes du *Droit canonique & de la Théologie*. Et dans un autre endroit :
» Nous croyons aussi *avec tous les Catholiques*, que le
» Pape, Évêque de Rome, est le successeur de S.
» Pierre, & comme tel, le chef visible de l'Église ; &
» qu'il l'est de droit divin, parce que J. C. a dit :
» *Tu es Pierre, & sur cette pierre je bâtirai mon Église ;*
» & encore : *M'aimez-vous Pierre ? Paissez mes brebis.*
» Nous espérons que Dieu ne permettra jamais à l'er-
» reur de prévaloir dans le Siege de Rome..... parce
» que J. C. a dit : *J'ai prié pour vous, afin que votre*
» *foi ne manquât pas.* Nous croyons que le Pape est
» principalement chargé de l'instruction & de la con-

(a) *Æterna magni & pii hujus viri opera* (dit Febronius en parlant de Fleury) *apud omnes prudentes catholicos sunt in pretio... Utinam Agrippinensibus magistris datum esset ut è cathedris suis prælegerent & ... interpretarentur Fleurii institutiones juris ecclesiastici. Doctiores in jure canonico & theologia ex eorum scholis exirent discipuli.* Febr. de Stat. Eccl. tom. 2, Jud. accad. &c. p. 34 in notis.

(b) Fleury, Inst. au droit eccl. ch. 2.

Q 4

» duite du troupeau ; parce qu'il eſt dit : *Quand vous*
» *ferez converti, confirmez vos freres* ; & encore : *Paiſ-*
» *ſez mes brebis*, non-ſeulement les agneaux, mais les
» meres (244). »

Remarquons, comment M. de Fleury, non-ſeulement établit la juriſdiction du Pape par les termes les plus exprès, mais encore comment il ſe fonde, à l'exemple de tous les Peres, de tous les Théologiens, & de tous les Canoniſtes catholiques, ſur ces mêmes textes de l'Écriture, que Febronius ne veut entendre que du college apoſtolique, ou du corps de l'Égliſe univerſelle.

Témoignage du P. Alexandre. Notre Juriſconſulte nous cite encore le P. Alexandre (245). Ce Docteur enſeigne, il eſt vrai, dans l'endroit cité, que l'univerſalité de l'Égliſe a reçu immédiatement de J. C. la puiſſance des clefs, pour être exercée par les Pontifes ; que l'Égliſe peut exercer cette puiſſance par elle-même ; & que c'eſt-là un des points fondamentaux de la doctrine de l'Égliſe Gallicane & de la Faculté de Théologie de Paris (246). Je ne dirai point que ce Docteur, dont je ne prétends point d'ailleurs adopter tous les ſentimens, ſe contredit ſur cet article, puiſqu'il enſeigne dans un autre endroit que » le ſouverain Pontife exerce
» la puiſſance des clefs, comme le Prince exerce la puiſ-
» ſance du glaive au nom du peuple, c'eſt-à-dire, pour
» être employée au bien du peuple & à la défenſe de
» l'état. » Je ne dirai point que ce Docteur impute fauſſement à l'Égliſe Gallicane ſes propres erreurs à cet égard ; mais puiſque Febronius s'en rapporte à l'autorité du P. Alexandre ; ce Docteur lui apprendra que le Pape » a
» reçu le ſouverain empire ſur toutes les Egliſes du
» monde chrétien ; que toutes lui doivent obéiſſance,
» qu'il a reçu le gouvernement de l'Égliſe univerſelle
» en vertu de ces paroles : *Vous êtes Pierre* ; & que
» les clefs de l'Égliſe ſont entre ſes mains, comme la
» puiſſance du peuple entre les mains du Prince (247). »

Qu'il conſulte encore le P. Alexandre au ſujet du jugement rendu par le Pape Melchiade dans la cauſe de Cécilien ; notre Juriſconſulte avoit ſoutenu, que le souverain Pontife n'avoit agi en cette occasion, qu'en vertu des ordres de l'Empereur, & qu'autrement il se seroit arrogé un droit qui ne lui étoit pas dû. *Melchiades ab Imperatore jussus est judicium suscipere, alioquin id sibi usurpasset.* Cependant le Docteur dominicain pose en thèse que « le souverain Pontife « n'avoit pas jugé la cause de Cécilien comme délégué « de l'Empereur, mais en vertu d'un droit qui lui « étoit propre, & comme juge suprême dans les con- « troverses de Religion, quoiqu'en disent, ajoute-t-il, « quelques mauvais Théologiens de la secte de Cal- « vin. (248). »

Témoignage du P. Thomassin. Febronius cite encore le P. Thomassin, comme l'un des plus célebres écrivains, *præstantissimus Thomassinus* (a). Mais le P. Thomassin lui apprendra que la « plénitude de puissance « qui avoit été donnée aux Apôtres, n'a été transmise « qu'aux successeurs de Pierre (249). »

Témoignage de Pierre d'Ailly. Il nous cite Pierre d'Ailly; & il verra dans Pierre d'Ailly que « Pierre « est le pasteur général, à qui appartient l'administration « & le gouvernement général des brebis & du trou- « peau (250). »

Témoignage d'Hincmar. Il nous cite Hincmar comme l'un des plus illustres défenseurs des droits de l'épiscopat contre les prétentions des Papes; & cependant Hincmar appelle l'Église Romaine la maîtresse, la mere, le chef de l'Église; il nous dit que c'est à elle qu'appartient la follicitude de l'Église universelle (251). Le concile de Donzi où préside Hincmar, fait lire le canon du concile de Sardique, & après avoir déposé Hincmar de Laon, lui laisse la liberté d'en appeler au S. Siege (b).

Témoignage de Gibert. Febronius nous cite Gibert comme un excellent théologien, un excellent canoniste (c); & selon Gibert, le Pape « a une souveraine

---

(a) *Febr. de Stat. Eccl. tom.* 1, c. 3, §. 1, n. 1 p. 159.
(b) Fleury, Hist. tom. 11, l. 52, n. 13, p. 313, n. 21, p. 219,
(c) *Gibert, eximii theologi & canonistæ.* n. 22, p. 332.

» puissance dans l'Église ; il est appelé au gouvernement
» de l'Église universelle, avec le droit de faire des ca-
» nons de discipline, comme étant le chef & le centre
» de toutes les Églises (252). »

Témoignage de Tournely. Il nous cite Tournely avec son abréviateur ; & ceux-ci posent en these, que le Pontife Romain a de droit divin, une primauté d'honneur & de jurisdiction sur les autres Évêques. *Romanus Pontifex, jure divino, primatum honoris & jurisdictionis obtinet in Ecclesiâ supra alios Episcopos* (a).

Ajoutons à tous ces témoignages celui de Cabassut ; il dit que la puissance du souverain Pontife s'étend sur toute l'Église (b).

Febronius abandonné des Prélats, des Théologiens & des Canonistes de cette même Église Gallicane, dont il invoque l'autorité, cherchera-t-il un asyle parmi les Jurisconsultes françois ? nous voulons bien encore les consulter. Voyons ce qu'ils disent.

Témoignage de M. Talon. M. Talon reconnoît l'autorité spirituelle du Pape dans toutes les parties du monde chrétien (c).

Témoignage de M. de Harlay. » Nous avons toujours
» honoré ceux qui ont rempli le S. Siege Apostolique,
» comme les chefs visibles de l'Église, » disoit en 1680 M. de Harlay, procureur-général du Parlement de Paris...... » Nous avons reconnu en eux une puissance
» sans bornes, pour l'édification, c'est-à-dire, pour
» la conservation de la foi & de la discipline ecclé-
» siastique (d). »

Témoignage de Hotman. Hotman avoue, dans son

(a) *Tourn. Inst. Theol. de Eccl.* tom. 2, quæst. 5, art. 2, concl. p. 5, edit. Parif. in-8vo. 1726. V. encore la note (247) à l'article du P. Alexandre.

(b) *Convocatio œcumenicarum synodorum ad solum Romanum Pontificem pertinet, cujus est solius summa per omnem Ecclesiam, toto terrarum orbe* diffusam, *Potestas, & cui uni cæteri omnes Patriarchæ subjiciuntur.* Notitia conciliorum. Lovan. 1776, p. 185.

(c) Journal du Palais, Plaid. du 16 Juillet 1672.

(d) Plaid. de M. de Harlai, inféré dans l'arrêt du Parlem. de Paris, rendu le 24 Sept. 1680.

DES DEUX PUISSANCES.

Traité des droits ecclésiastiques, que le droit d'appel au souverain Pontife a toujours été reconnu en France (a), & son témoignage ne sera point certainement suspect. Il cite les capitulaires en preuve de sa doctrine (b).

Témoignage de M. le Blanc de Castillon. Si l'auteur des theses que nous déférons à la cour, disoit dans ces derniers tems un avocat-général du Parlement de Provence, aussi peu soupçonné qu'Hotman, de prévention envers le S. Siege : " Si l'auteur des theses se fut con-
" tenté d'établir dans les successeurs de S. Pierre la
" primauté de droit divin, pour l'affermissement de la
" foi, l'exécution des canons, le maintien de la dis-
" cipline & de l'unité ; s'il avoit dit que les décrets
" émanés du S. Siege concernent tous les fideles &
" toutes les Églises, pour parler comme le Clergé de
" France ; s'il avoit attribué au Pape une inspection
" plus étendue que celle des autres pasteurs, une sol-
" licitude universelle, enfin un droit de supériorité
" sur les Églises particulieres ; nous applaudirions à
" cet enseignement (c). "

Témoignage de M. Lambert, Évêque de S. Paul-Trois-Châteaux, nous instruisant de la doctrine de l'Église Gallicane sur la puissance du Pape. Écoutons enfin un Prélat de nos jours aussi respectable par sa piété, son zele & ses lumieres, que par la dignité de son caractere, rendant témoignage à la doctrine de l'Église Gallicane. " Pour nous, dit-il, conservons avec soin les
" vérités que nous avons apprises de nos Peres,
" comme intéressant la foi catholique, savoir que J. C.
" a institué dans son Église, une forme de monarchie
" visible dont S. Pierre est le chef ; que J. C. a voulu
" que S. Pierre & ses successeurs fussent ses Vicaires sur
" la terre, & le représentassent en sa qualité de chef ;
" & que le Pape a de droit divin, une primauté d'honneur

_____

(a) Libertés de l'Égl. Gall. tom. I, p 150, édit. 1731.
(b) Entr'autres le l. 6, c. 46 & 269, le l. 7, c. 124, 134, 135.
(c) Réquisit. de M. de Castillon, avocat général au Parl. de Prov. du 3 Décemb. 1753.

» & *de jurisdiction* (a). Vérités puisées dans l'Écriture-
» Sainte, consignées dans l'enseignement des conciles
» généraux, transmise par une tradition unanime & non
» interrompue, & constamment professée par toutes
» les Églises catholiques, & singuliérement par l'Église
» Gallicane (b). »

Où est donc à présent cette Église Gallicane de qui Febronius dit avoir emprunté son système ? Où est cette Église illustre, toujours si jalouse du maintien de la discipline & des droits de l'épiscopat ? Où sont ces Évêques, ces Docteurs, ces Universités qui ont refusé au S. Siege cette primauté de jurisdiction que lui conteste Febronius ? Qu'il nous cite un seul Théologien catholique en France, nous ne craignons pas même de le dire, dans tout le monde chrétien, qui ait osé soutenir avant lui la doctrine qu'il enseigne ? Pouvoit-il mieux en montrer la fausseté, qu'en produisant comme son principal appui, le témoignage d'une Église qui dépose unanimement contre lui.

Il nous dira que son ouvrage a été reconnu orthodoxe à Vienne (c). Mais un écrivain qui ose affirmer que l'Église Gallicane refuse au S. Siege le droit de jurisdiction sur toutes les Églises particulieres du monde chrétien, sans pouvoir produire le témoignage d'un seul docteur, reconnu catholique : un écrivain qui est si évidemment démenti par la doctrine unanime du Clergé de cette Église : un écrivain qui ose affirmer que la constitution *Unigenitus* n'est point regardée par la nation françoise comme un décret de l'Église universelle, malgré les actes les plus solemnels des assemblées du Clergé, & l'adhésion de tous les Évêques de France, à l'exception d'un très-petit nombre qui se sont contentés de garder le silence : un écrivain qui ose l'affirmer malgré les édits de nos Rois (d) : un tel écri-

(a) Lettre de 31 Evêques au Roi en 1728.
(b) M. de Lambert, Évêq. de S. Paul-Trois-Châteaux, dans son mandement du 15 Août 1770. Il cite à l'appui de cette doctrine une multitude d'autorités, & notamment le concile de Florence.
(c) Febr. de Stat. Eccl. tom. 2, Jud. accad. p. 22.
(d) V. ci-après ch. 4 de cette 3me. part.

vain mérite-t-il d'être cru fur fa parole ? Qu'il nous faſſe donc connoître les Théologiens & les Évêques qui, dans cette capitale de l'Autriche, ont reconnu l'orthodoxie de fa doctrine; & qu'il en donne la preuve. Autrement nous lui déclarons que nous regarderons fon ſilence comme une conviction de la fauſſeté de ſon aſſertion. Mais quand même le fait feroit vrai, que prouveroit-il contre la doctrine de l'Égliſe univerſelle ? Il n'y a point d'Égliſe particuliere, point d'Univerſité qui ait reçu de J. C. la promeſſe de l'infaillibilité.

Il nous dira que ſon livre a été imprimé avec approbation à Veniſe, nonobſtant les repréſentations du Nonce. Nous ne connoiſſons point cette anecdote; & l'auteur n'a pas aſſez de droit ſur notre confiance, pour exiger qu'on s'en rapporte à ſon témoignage. Cependant nous voulons bien en ſuppoſer la vérité, que s'enſuit-il delà encore ? N'a-t-on jamais imprimé de mauvais livres avec approbation ?

Il nous dira que ſon ouvrage a été cité par un avocat du Roi en Portugal, dans une cauſe grave *contre la cour de Rome* (a). Un pareil fait ne bleſſe point la vraiſemblance : nous voulons bien l'admettre. Mais la citation d'un livre, porte-t-elle approbation de tout ce qui eſt contenu dans le livre ? Une citation faite par un avocat du Roi en matiere de doctrine, a-t-elle jamais imprimé à un ouvrage le ſceau de l'autorité publique, & le ſceau d'une Égliſe nationale ? Eſt-ce le parquet ou le corps épiſcopal qu'il faut conſulter ſur les articles de foi ? A quelle indigence de preuves faut-il être réduit pour aller d'Allemagne juſqu'aux colonnes d'Hercules, recueillir de la bouche d'un procureur du Roi, un mot qui ne dit rien.

Il nous dira que ſon livre s'eſt répandu en Flandre & en France, qu'il ſe trouve entre les mains de pluſieurs ſavans; qu'il a été traduit en françois. Nous voulons bien encore l'en croire. Mais les ouvrages de Luther furent encore plus répandus dès leur naiſſance.

(a) *Febr. de Stat. Eccl. tom. 2, Jud. accad. p. 22.*

Eh de quelle vogue ne peut pas se flatter un écrivain, qui tient à un parti, dont les émissaires appliqués à fomenter la haine contre l'Église, répandent & vantent par-tout avec enthousiasme les plus minces productions, lorsqu'elles servent leur cause! Nous apprendrons même à Febronius, puisque cela paroit le flatter, qu'on a fait encore en françois un abrégé de son livre; mais nous devons lui faire savoir en même-tems, que cet abrégé demeure enseveli dans le fond des boutiques, que l'ouvrage en lui-même n'a été lu qu'avec une indignation générale de la part des Catholiques, & qu'il n'a pu encore trouver en France des Apologistes déclarés, que parmi ceux dont le blâme sera toujours un honneur, & les éloges, une flétrissure.

Ne nous contentons pas d'avoir prouvé à Febronius la jurisdiction du Pape par la pratique de l'Église, par l'autorité des Peres de l'Église Gallicane. Montrons-lui encore que cette jurisdiction est une suite nécessaire des aveux qu'il a été forcé de faire pour se rapprocher du langage des Peres.

Jurisdiction du Pape prouvée par les aveux de Febronius. Selon cet auteur le *Pape a dans l'Eglise universelle une puissance supérieure à celle qu'a un premier président dans le sénat; donc le Pape a une puissance de jurisdiction dans l'Église universelle.* 1°. Après avoir enseigné que S. Pierre étoit à-peu-près dans le college apostolique, ce qu'est le premier président dans le sénat (*a*); il convient cependant que le maintien de l'unité de l'Église, exige dans le chef quelque chose de plus qu'un simple droit de direction, pareil à celui d'un premier président. *Verùm inter hos nudi directorii fines jura primatûs non subsistunt; exigit ampliùs aliquid conservatio unitatis in Ecclesiâ.*

Mais si le Pape n'a point de jurisdiction, il suit qu'il n'a plus qu'un pouvoir de simple direction, qui con-

---

(*a*) *Qualis in senatu est præses, talis propemodùm est in collegio apostolorum Petrus.* Febr. de Stat. Eccl. t. 2, §. 4, n° 1, p. 195.

fifte à instruire, à conseiller, à avertir, &c. Il fuit qu'il n'a plus qu'un pouvoir pareil à celui d'un premier président dans le sénat. Car que pourroit de plus le souverain Pontife dans l'Église? La seule différence qu'il y a entre le droit de direction & le pouvoir de jurisdiction, c'est que l'un se borne à avertir & à exhorter, & que l'autre renferme l'autorité du commandement, & impose aux inférieurs, l'obligation d'obéir. Le chef d'un sénat propose son avis & les réglemens qu'il croit convenables au bien public ; il les appuie des motifs qui peuvent déterminer les suffrages des membres, sans pouvoir leur donner la sanction. Quel droit auroit de plus le souverain Pontife s'il n'avoit celui du commandement ? Or s'il a le droit du commandement, il a en même-tems le droit de jurisdiction : s'il a le droit de jurisdiction sur un seul article, il l'a sur tous, parce que les titres de sa mission sont généraux & illimités ; & qu'il n'y a pas plus de raison de l'appliquer à un objet qu'à un autre. D'ailleurs, la même raison de conserver l'unité, exige que ce pouvoir s'étende sur tous les objets; autrement, l'objet qui ne seroit point soumis à sa jurisdiction, pourroit devenir un sujet de division dans l'Église.

Selon Febronius, le Pape a une autorité & une puissance dans l'Église universelle ; donc le Pape a un pouvoir de jurisdiction dans l'Église universelle. 2°. Febronius convient que le Pape a une puissance & une autorité au-dessus des autres Évêques, puissance & autorité qui sont plus qu'un simple droit de direction. Mais en matiere de gouvernement, les mots de *puissance, d'autorité & de jurisdiction* sont synonimes. Je demande en effet qu'est-ce que cette puissance, qu'est-ce que cette autorité sans le droit de commandement, sinon une simple direction, sinon une certaine considération que donne la qualité de chef dans un corps de magistrature, ou que donnent en général les supériorités de lumieres & de talens, le crédit & la confiance dans les places éminentes?

Selon Febronius, tous les Évêques doivent l'obéissance

au Pape ; donc le Pape a jurifdiction fur eux. 3°. Febronius ne peut défavouer que tous les Évêques en particulier doivent au Pape la foumiffion & l'obéiffance, puifqu'ils l'ont promis folemnellement à leur facre. Mais la foumiffion & l'obéiffance fuppofent le droit du commandement, & par conféquent un droit de jurifdiction (a).

Selon Febronius, le Pape a le pouvoir de forcer à l'obéiffance les infracteurs des loix canoniques ; donc le Pape a un pouvoir de jurifdiction. 4°. Febronius enfeigne encore que le Pape étant obligé de procurer le maintien des loix eccléfiaftiques, doit avoir en main les moyens néceffaires, proportionnés à l'ordre du gouvernement, & réglés par les canons, pour forcer les réfractaires à les obferver (b). Or ces moyens proportionnés à l'ordre du gouvernement eccléfiaftique, capables de forcer les réfractaires au devoir, & réglés par les canons, font les peines canoniques : mais pour infliger ces peines, ne faut-il pas avoir le droit de juger des délits qui méritent de pareilles punitions ? ou bien fera-t-il permis de punir fans connoiffance de caufe ? Or le Pape peut-il avoir le droit de connoître de ces délits & d'infliger des peines, fans avoir une véritable jurifdiction ? Et peut-il avoir cette jurifdiction, fi ce n'eft en vertu de la miffion de J. C., puifque cette jurifdiction eft un complément néceffaire au gouvernement de l'Églife pour maintenir l'unité ?

Selon Gerfon, dont Febronius adopte les fentimens, les décrets dogmatiques obligent tous les fideles au moins au filence fur la doctrine condamnée ; donc le Pape

―――――――――――――――

(a) V. ci-après au §. 3 de ce chap.

(b) *Quifquis enim primus eft in aliquâ focietate, is lege naturali tenetur invigilare, ut leges focietatis ferventur. Cùm verò qui id procurare tenetur, neceffariâ autoritate inftructus effe debeat, refragantes ad id compellendi mediis fyftemati convenientibus, & per canones in eum finem ftatutis ; hinc minimè dubitandum eft, quin talis auctoritas Romano Pontifici, quâ Primati univerfali competat.* Febr. de Stat. Eccl. tom. 1, c. 2, §. 4, n. 3, p. 106.

Pape a une autorité de jurifdiction. 5°. Febronius nous allegue le témoignage de Gerfon, pour prouver la faillibilité du Pape : mais le même Docteur nous apprend que les décrets dogmatiques du S. Siege, obligent les inférieurs, fous peine d'excommunication, à ne rien enfeigner de contraire, à moins qu'on n'ait des raifons manifeftes de s'y oppofer (253). Or, pour obliger les inférieurs fous des peines graves, il faut avoir l'autorité du gouvernement, l'autorité de jurifdiction, l'autorité légiflative.

Selon le décret, l'Univerfité de Cologne, que Febronius rapporte en entier, en preuve de fa doctrine, & fuivant l'Apologifte de Febronius, le Pape a une autorité de jurifdiction dans l'Église univerfelle. 6°. Il nous rapporte en entier le décret de l'Univerfité de Cologne, comme un témoignage de la doctrine de l'Église. Je lis ce décret, & j'y trouve que le Pape *eft établi par l'autorité de Dieu & de fon Église, le recteur, le pafteur & le docteur des fideles; qu'il a la premiere préfidence fur les Églifes particulieres & fur les Sieges inférieurs, mais non fur l'univerfalité.* Or, cette préfidence du Pape *fur les Églifes particulieres, & non fur l'univerfalité*, ne peut être une préfidence de fimple infpection, ni de fimple direction, puifque le Pape jouit d'une pareille préfidence d'infpection & de direction fur l'univerfalité ; elle doit donc néceffairement s'entendre d'une préfidence de jurifdiction : les Docteurs de Cologne ajoutent que celui qui refufe d'obéir à l'Église *affemblée en concile ou au Siege Apoftolique, paroît faire fchifme & fe féparer de l'Église & du Siege Apoftolique.* Enfin ils affimilent l'autorité du Pape à celle d'un Vice-Roi, auquel on ne peut réfifter fans fe rendre coupable de révolte. Or une pareille autorité renferme certainement une puiffance de jurifdiction : donc fuivant l'Univerfité de Cologne, le Pape a une véritable jurifdiction (254) fur toutes les Églifes particulieres, *diftributivè non collectivè*. L'Apologifte de Febronius avoue que telle eft en effet la doctrine de cette Uni-

versité (*a*). » Tous sont obligés, dit l'Apologiste de
» Febronius, d'obéir à J. C. & à son épouse, suivant
» le décret de cette Université de 1440. Le Siege Apos-
» tolique a la première présidence dans cette Église
» sur toutes les Églises particulieres & les sieges infé-
» rieurs, non sur toute l'Église universelle. S. Thomas
» & S. Bonaventure accordent au souverain Pontife la
» suprême puissance ecclésiastique : fort bien sans doute,
» mais c'est relativement aux Églises particulieres.....
» Le concile de Bâle définit que tous les hommes &
» toutes les Églises particulieres doivent obéir au sou-
» verain Pontife, si ce n'est en ce qui porteroit pré-
» judice à ce concile, & à tout autre légitimement as-
» semblé. » L'Apologiste cite encore un grand nombre
d'autorités à l'appui de cette doctrine (*b*).

Ainsi de l'aveu même de l'Apologiste, cette surintendance du souverain Pontife sur toutes les Églises particulieres, renferme une puissance suprême, une puissance à laquelle les inférieurs sont obligés d'obéir ;
par conséquent une puissance de commandement, une
puissance de jurisdiction.

*Suivant Barthelius, dont Febronius a eu soin de
nous donner une collection de différens passages, le
Pape a une autorité de jurisdiction.* Febronius a une
si haute idée des lumieres de Barthelius, qu'il a fait
un supplément à son propre ouvrage, pour recueillir
les paroles de cet écrivain, qui ont rapport à la doctrine de notre Jurisconsulte. Il le qualifie de grand
homme, & je lui rends le même hommage. Il nous
assure que ce Docteur est regardé comme le premier
canoniste d'Allemagne (*c*). Febronius devroit donc

(*a*) Febr. de Stat. Eccl. tom.
2, apol. p. 192.
(*b*) Ibid.
(*c*) *Nonnulla Barthelii nunc
supplementi loco hîc subjicio,
non eo tantùm fine, ut mea as-
serta tanti viri, qui omnium
canonistarum Germaniæ princeps reputatur, testimonio &
authoritate roborentur.* Febr. de
Stat. Eccl. tom. 1, app. 1, p.
779.

au moins avoir quelque déférence à l'autorité de ce Docteur sur un point aussi important que celui de la jurisdiction du souverain Pontife. Or Barthelius suppose cette jurisdiction incontestable, comme étant *fondée sur celle que J. C. a donnée à S. Pierre sur les autres Apôtres* (a).

Citons enfin à Febronius.... Eh qui ? Le concile schismatique d'Utrecht, tenu en 1763, dont Febronius ne désapprouve pas la doctrine (b). Car que dit ce concile ? Il enseigne, que *la primauté de S. Pierre est une primauté d'autorité & de puissance* (c), & sans vouloir former des équivoques sur le mot de *puissance* & *d'autorité*, pour les distinguer du terme de *jurisdiction*, il condamne ceux qui disent que le Pape n'a point de jurisdiction de droit divin sur les autres Églises (d), & ceux qui prétendent que les textes de l'Écriture qu'on allègue, pour prouver la primauté de S. Pierre, doivent s'entendre de tous les Apôtres conformément à la doctrine des SS. Peres (e).

Après avoir prouvé la jurisdiction du Pape par le texte sacré, par l'enseignement & la pratique de l'Église,

---

(a) *Prolixum nimis & superfluum foret hoc loco Petri & successorum ejus Primatum honoris & authoritatis & jurisdictionis à Christo super alios Apostolos & Episcopos concessum, & ab eodem Petro, ejusque successoribus jugiter exercitum, ex apertis Scripturæ textibus, innumeris Patrum sententiis & testimoniis, invictis rationum momentis speciatim demonstrare.* Barth. Differ. de Jure ref. antiq. art. 1, §. 13. Vid. ib. art. 3.

(b) V. ci-après §. 2 de ce ch.

(c) *Declarat sancta synodus Episcopum Romanum tanquam Petri successorem, jure divino, eodem primatu frui (quo Petrus) supra cæteros Episcopos. Hunc Primatum Romani Pontificis, tanquam Petri successoris, non esse tantùm Primatum honoris, sed etiam ecclesiasticæ potestatis & auctoritatis* acta synodi Ultraj. Decret. 3.

(d) *Sequitur quod Primatus quo fruitur (Episcopus Romanus) non est Primatus jurisdictionis; sed tantùm Primatus honoris.* Prop. 7. condemn.

(e) *Præcipui textus Novi Testamenti qui afferuntur ad probandum Primatum & superioritatem Episcopi Romani in alios Episcopos, non possunt applicari unicè sancto Petro; omnibus his textibus adhibitis, & explicatis à Patribus, etiam primatui addictissimis, in sensu dissimili.* Prop. 1, act. synodi, ib.

par la doctrine de l'Église Gallicane en particulier, enfin par les aveux de Febronius, il nous reste à répondre à ses objections & à celles des Protestans.

ARTICLE V.

Réponse aux objections.

Les Protestans nous ont objecté que les Apôtres étant égaux en jurisdiction, les Évêques qui avoient succédé à leur pouvoir, devoient jouir de la même égalité ; & par conséquent que le Pape n'avoit sur eux aucune supériorité de jurisdiction. Febronius n'a fait que répéter leur raisonnement.

Objection tirée de l'Écriture-Sainte. S. Paul, disent-ils, parle de la sollicitude dont il est animé pour toutes les Églises (*a*) : il avoit donc jurisdiction sur elles, comme S. Pierre. Il dit qu'il n'est *pas moins que ceux qui sont Apôtres sans mesure* (*b*) : S. Pierre ne lui étoit donc pas supérieur. Il dit qu'il a été l'Apôtre des Gentils, comme S. Pierre l'a été des Circoncis (*c*) : S. Pierre n'avoit donc pas la surintendance sur toutes les Églises. Il résiste à S. Pierre lui-même : il ne lui étoit donc pas subordonné. Les Apôtres envoient S. Pierre prêcher l'Evangile à Samarie (*d*), & il leur rend compte de sa conduite : ils avoient donc un pouvoir de jurisdiction sur lui.

Réponse. Qui peut douter que S. Paul, ainsi que les autres Apôtres, n'aient été chargés du soin de l'Église universelle ; & que les Évêques qui leur ont succédé, n'eussent encore le même pouvoir, s'il n'avoit été restreint pour le bien général des fideles, à certains peuples particuliers ? Mais cela est-il contraire à la supériorité de leur chef ?

S. Paul n'étoit pas moins que les autres Apôtres, par rapport aux fonctions de l'apostolat ; mais ces

---

(*a*) II Cor. XI, 28. (*c*) Gal. II, 7.
(*b*) II Cor. XII, 11. (*d*) Act. VIII, 14.

fonctions ne sont-elles pas distinguées de la qualité de chef du college apostolique ? Il n'étoit pas moins que les autres Apôtres par les travaux de l'apostolat ; mais cela dérogeoit-il à la prééminence de leur chef ? Il étoit l'Apôtre des Gentils, comme S. Pierre l'étoit des Juifs ; mais ces dénominations n'étoient pas exclusives. Nous voyons au contraire que S. Pierre fut le premier qui annonça l'Évangile aux Gentils, & qu'il finit sa carriere à Rome, qui étoit le centre de la gentilité. Nous voyons que S. Paul commença à Damas, & à Rome, par prêcher J. C. aux Juifs. Il dit de lui-même, qu'il est pressé par la sollicitude de toutes les Églises (a), & nous venons de voir que le pouvoir des Apôtres s'étendoit sur toutes les nations du monde. Cependant chacun d'eux s'étoit dévoué principalement à l'instruction de certains peuples en particulier (b), sans y borner absolument l'exercice de son ministere.

Quand même Céphas, dont il est parlé dans l'épître aux Galates, seroit le même que S. Pierre ; (de quoi tous les interpretes ne conviennent pas) que prouveroit la résistance de S. Paul ? sinon le zele de S. Paul & l'humilité de S. Pierre, & non une égalité de jurisdiction entre ces deux Apôtres. Les ministres du souverain n'ussent-ils pas même tous les jours de la liberté que leur donne la confiance de leur maître, pour lui faire des remontrances sur les abus de l'administration ? Le souverain regarde-t-il cette liberté comme un attentat contre son autorité, & se dégrade-t-il quand il défere à leur avis ?

S. Pierre rend compte de sa conduite au college apostolique, mais un supérieur peut rendre compte de ses actions pour les justifier, sans déroger à son autorité (255). Supposons même qu'il l'ait fait par devoir de subordination : supposons que les Apôtres aient envoyé S. Pierre à Samarie, non par une simple invitation, mais par une mission *ministérielle* : il s'ensuivra seulement que le college apostolique étoit au-dessus de

---

(a) II Cor. XI, 28.   (b) Euseb. Hist. l. 2, c. 1.

S. Pierre, comme le corps épiscopal est au-dessus du souverain Pontife; & c'est ce que nous enseignons avec l'Église Gallicane.

Objections tirées de la prétendue égalité de S. Pierre & de S. Paul. On allegue encore l'autorité des Peres sur cette prétendue égalité. S. Ambroise enseigne que ce dernier n'est pas inférieur à S. Pierre (*a*). Il ne sait *auquel des deux donner la préférence. Il les trouve égaux en mérites & en souffrances* (*b*). C'est par l'autorité de ces deux Apôtres que les Papes exercent leurs fonctions; comme on voit dans les bulles de convocation (*c*), & de clôture (*d*) du concile de Trente. *Auctoritate Apostolicâ Petri & Pauli, quâ nos quoque in terris fungimur.* Les sceaux du S. Siege portent l'empreinte de l'un & de l'autre. Les Papes succedent donc à tous les deux, comme étant égaux en puissance. A cela voici ma réponse.

Réponse. S. Ambroise parle du mérite & des travaux des deux Apôtres, & non de leur jurisdiction; puisqu'il reconnoît lui-même la supériorité du souverain Pontife. Ces deux Apôtres ont formé conjointement l'Église Romaine par la prédication de l'Evangile; ils l'ont gouvernée. Le Pape a succédé à l'un & à l'autre, quant à l'épiscopat, mais il n'a succédé qu'à S. Pierre, quant à la primauté. Par cette raison, il parle dans ses bulles, par l'autorité de ces deux Apôtres; il porte leurs images gravées sur ses sceaux; mais les bulles ne sont scellées que de l'anneau du pêcheur, qui est le caractere distinctif du Chef de l'Église. *Sub annullo piscatoris.*

Réfutation du paradoxe de ceux qui prétendent que S. Pierre n'a jamais été à Rome. On a poussé le paradoxe jusqu'à soutenir que S. Pierre n'avoit jamais été à Rome. Mais tous les monumens de l'histoire ecclésiastique déposent en faveur de ce fait. Cet Apôtre

---

(*a*) *S. Ambr. l. 2, de Spiritu Sancto, cap. ult.*
(*b*) *Ib. Serm. 12, de sanctis.*
(*c*) De Paul III.
(*d*) De Sixte IV.

écrivant aux autres Églises : *L'Église assemblée dans Babylone*, leur dit-il, *vous salue* (*a*). Cette Babylone étoit, au rapport de Papias, la ville de Rome d'où l'Apôtre écrivoit alors (*b*). S. Jérome (*c*), & les autres interpretes s'accordent avec Papias, sur l'explication de ce texte. Heggesippe qui, comme ce dernier, touchoit aux tems apostoliques, avoit publié l'histoire du martyre, que S. Pierre avoit souffert à Rome (*d*). S. Irenée nous apprend que cet Apôtre avoit fixé son Siege à Rome (*e*), & il nous donne la suite de ses successeurs (*f*). Tertullien rappelle les hérétiques au témoignage de l'Église Romaine, fondée par S. Pierre (*g*). S. Cyprien appelle souvent cette Église, la chaire de Pierre. Arnobe (*h*), S. Épiphane (*i*), Origene (*k*), S. Athanase (*l*), Eusebe (*m*), Lactance (*n*), S. Ambroise (*o*), Optat (*p*), S. Jérome (*q*), S. Augustin (*r*), S. Chrysostome (*s*), Paul Orose (*t*), S. Maxime (*u*), Théodoret (*x*), S. Paulin (*y*), S. Léon (*z*), & plusieurs autres, nous ont laissé le catalogue des Évêques de Rome, depuis S. Pierre jusqu'au Pontife qui occupoit le S. Siege de leurs tems. Cependant, malgré des témoignages si authentiques, dont la chaîne remonte, sans interruption, jusqu'aux Apôtres, les Luthériens

---

(*a*) *I Petr.* V, 13.
(*b*) *Euseb. Hist. l.* 2, *c.* 15.
(*c*) *Hyeron. de viris illustrib. in Marco.*
(*d*) *Hegg. l.* 3, *de excidio Hyerosol.*, *c.* 2, *apud Euseb. Histor.*
(*e*) *Iren. apud Euseb. Hist. l.* 2, *c.* 14.
(*f*) *Iren. hæres. l.* 3, *c.* 3.
(*g*) *Tert. de præscript. c.* 32, 36.
(*h*) *Arnob. l.* 2, *contra gent.*
(*i*) *Epiph. hæres.* 27.
(*k*) *Orig. in Genes. apud Euseb. Hist. l.* 3, *c.* 2.
(*l*) *Athan. apol. pro fuga.*
(*m*) *Euseb. chron. an.* 44 & 71.
(*n*) *Lact. divin. instit. c.* 21.
(*o*) *Ambr. orat. contra Aux. l.* 5, *Epist.*
(*p*) *Optat. contra Parm. l.* 2.
(*q*) *Hyeron. de viris illust. in Petr. & Epist. ad Dam.*
(*r*) *Aug. contra Petil. l.* 2, *c.* 51. *De consens. Evang. l.* 1, *c.* 10.
(*s*) *Chrys. in ps.* 48.
(*t*) *Paul Oros. Hist. l.* 5, *c.* 6.
(*u*) *Max. de natal. apost. sem.* 5.
(*x*) *Theod. Epist. ad Leon.*
(*y*) *Paulin Natali* 3.
(*z*) *Leo, Serm.* 1, *de natali apost.*

s'avisent pour la premiere fois de s'inscrire en faux contre ce fait, après quinze siecles. Eh! sur quelles raisons?

Les auteurs, dit-on, ne s'accordent, ni sur le tems de la venue de S. Pierre à Rome, ni sur le tems de sa mort, ni sur le nom de son successeur immédiat. Mais s'ensuivra-t-il delà que le fait en lui-même est incertain, les circonstances étant douteuses? Il faudra donc douter aussi de la naissance & de la mort de J. C., puisqu'on n'est pas d'accord sur le tems précis de ces deux événemens. Il faudra douter des Empires des Assyriens & des Perses; des guerres d'Alexandre & des faits les plus constans, puisqu'il n'en est aucun sur les circonstances duquel les historiens même contemporains soient unanimes. Je n'excepte que l'histoire de la vie de J. C., parce que les historiens sacrés étoient dirigés par l'Esprit-Saint : la variation des écrivains, à l'égard des circonstances, n'affoiblit donc point leur témoignage quant aux faits en eux-mêmes sur lesquels ils sont d'accord. Elle leur donne au contraire un nouveau degré de certitude, puisqu'elle prouve qu'ils ne se sont ni concertés ni copiés.

En quel tems S. Pierre est-il venu à Rome? Mais en quel tems, continuent nos adversaires, S. Pierre seroit-il venu à Rome? Il n'a pu s'y rendre avant la 18me. année après la mort de J. C. ; puisque quatre ans après la mort de J. C., c'est-à-dire, la 3me. année de la conversion de S. Paul (*a*), ce dernier conféra avec lui à Jerusalem, & que quatorze ans après cette entrevue, il s'y trouva avec lui au concile que les Apôtres y assemblerent. Il n'a pu être venu à Rome après la dix-huitieme année, puisque suivant la commune tradition, cet Apôtre a occupé le Siege de Rome pendant vingt-cinq ans, ce qui le conduiroit jusqu'à l'Empire de Vespasien, qui n'a jamais persécuté les Chrétiens ; & beaucoup au-delà de l'Empire de Néron, sous lequel on dit qu'il a été martyrisé.

(*a*) Gal. 1, 18.

Réponse. Toute l'objection se réduit à ce raisonnement: S. Pierre étoit à Jerusalem la 4me. année après la mort de J. C.: il y étoit encore à la 18me. année; donc il n'a pu y venir à Rome dans cet intervalle de quatorze années. Mais S. Paul se trouva aussi avec lui à Jerusalem à ces deux époques: il faut donc effacer de ses épîtres & des actes des Apôtres, tout ce que nous y lisons des courses apostoliques qu'il a faites pendant cet intervalle. Un pareil raisonnement mériteroit-il seulement d'être réfuté?

Quoique il ne seroit pas nécessaire après cela, pour résoudre l'objection, de déterminer le tems où S. Pierre a été à Rome; cependant par surabondance de droit, nous donnerons les conjectures des critiques sur cette époque, selon la commune opinion.

S. Pierre établit son Siege à Rome la seconde année de l'Empereur Claude. Delà il parcourut plusieurs provinces de l'Empire Romain; & se rendit ensuite à Jerusalem, où il assista au premier concile.

Pourquoi l'Évêque d'Antioche n'a-t-il pas succédé à la primauté de S. Pierre. Mais pourquoi l'Évêque d'Antioche n'a-t-il pas succédé à la primauté de S. Pierre, comme l'Évêque de Rome?

Parce que la primauté de cet Apôtre n'étoit point attachée aux Églises qu'il fondoit, mais à sa personne; au-lieu que la jurisdiction des Évêques, successeurs des Apôtres, est déterminée & circonscrite par le siege qu'ils occupent. Cette primauté le suivoit donc partout, &, comme il ne pouvoit y avoir plusieurs chefs, elle ne passa qu'après sa mort à l'Église de Rome qu'il gouvernoit alors. Les Évêques qui lui succéderent dans les autres Églises, n'eurent donc que la puissance épiscopale.

La primauté des Papes cesseroit-elle si Rome étoit détruite? Mais la qualité de chef de l'Église étant annexée au Siege de Rome, n'y auroit-il donc plus de chef, si Rome étoit détruite?

L'objection n'est qu'apparente, parce qu'on confond la ville de Rome avec le Siege de S. Pierre.

Quand même la ville de Rome ne subsisteroit plus, S. Pierre auroit toujours un successeur, qui résideroit ailleurs, avec la qualité de chef de l'Église.

Voici de nouvelles objections, que Febronius a prises des Protestans.

Objections tirées des Conciles & des Peres. 1°. Le concile de Chalcédoine enseigne expressément que les privileges de l'ancienne Rome sont d'institution humaine. *Antiquæ Romanæ trono, quod urbs illa imperaret, jure Patres privilegia tribuerunt* (*a*).

2°. Le 14 & le 15me. canons du concile d'Antioche, tenu en 341, portent que, si dans la cause d'un Évêque, le concile de la province se trouve divisé, le Métropolitain appellera les Évêques des provinces voisines, qui se joindront aux premiers, afin que leur jugement demeure stable ; que si au contraire le jugement du concile se trouve unanime, l'Evêque ne pourra plus être jugé de nouveau. Il n'étoit donc pas permis d'appeller au S. Siege (*b*).

3°. Le concile de Sardique est l'époque dont on date les appels au S. Siege, en ce qu'il donne aux Évêques qu'on aura déposés, la liberté de recourir au souverain Pontife (256).

4°. Le concile de Milet permet seulement d'appeller devant le concile & le Primat d'Afrique, & défend les appels au delà des mers (*c*).

5°. S. Cyprien enseigne que l'épiscopat est un, & que chaque Evêque en possede solidairement une portion. *Episcopatus unus est, cujus pars à singulis in solidum tenetur* (*d*). Il résiste lui-même au Pape S. Étienne, conjointement avec les Évêques d'Afrique ; & il traite de domination odieuse, la soumission que ce Pape exige de sa part (257). Il ne reconnoissoit donc point la jurisdiction du souverain Pontife.

6°. S. Grégoire le Grand traitoit de blasphême le

(*a*) Conc. Chalced. c. 28.
(*b*) Febr. de Stat. Eccl. tom. 2, p. 310.
(*c*) Can. 22.
(*d*) Cypr. de unit. Eccl.

titre d'*Évêque œcuménique*, que s'arrogeoit le Patriarche de Constantinople. Il étoit donc bien éloigné de se l'approprier : il n'avoit donc point le gouvernement de l'Église universelle.

Réponse. Nous répondons à ces objections, 1°. que le canon de Chalcédoine qu'on nous oppose, & qui donnoit aux Évêques de Constantinople le premier rang dans l'Église, après le souverain Pontife, n'a jamais eu l'autorité du concile œcuménique; que les Légats de S. Léon protesterent contre ce canon dans le concile même; que S. Léon le réprouva expressément; & que si nonobstant cette opposition, l'usage a prévalu en faveur du Siege de Constantinople; c'est l'usage seul, joint au consentement de l'Église, qui a formé dans la suite un titre légitime; mais qui n'a jamais donné pour cela plus d'autorité au canon du concile.

En supposant même l'autorité de ce canon, il ne prouveroit rien contre notre these. Nous avons fait voir que dès ce tems, la jurisdiction du Pape dans l'Église universelle, étoit généralement reconnue; & que ses Légats avoient soutenu leur caractere dans le concile, par l'autorité qu'ils y avoient exercée. Cependant outre cette jurisdiction générale, les souverains Pontifes exerçoient encore certains droits particuliers sur les Églises occidentales, en qualité de Patriarche ; droits qui étoient réglés par l'usage ou par les canons, & pareils à ceux dont jouissoient les autres Patriarches en Orient (*a*).

2°. Le concile d'Antioche n'a jamais formé autorité par lui-même; puisque la profession de foi qu'on y publia, & où on affecta de supprimer le terme de *consubstantiel*, qui caractérisoit la doctrine catholique, a toujours été réprouvée par l'Église. Les Ariens & les demi-Ariens, qui dominoient dans ce concile, voulant empêcher S. Athanase, S. Eustathe d'Antioche & plusieurs autres Évêques qu'ils avoient déposés dans les conciles précédens, de recourir au S. Siege,

---

(*a*) V. le concile de Chalc. act. 16.

firent les deux canons dont on vient de parler; mais qui n'eurent pas plus d'autorité que leur profession de foi. On voit, en effet, que le Pape Jules ne laissa pas de rétablir (*a*) les Évêques déposés; que l'Église y applaudit; que le concile de Sardique confirma expressément le droit d'appel en 347, & que les deux canons d'Antioche furent toujours réprouvés par l'Église Romaine. « Présentez-vous au concile qui se tiendra à » Rome, » écrivoit le Pape Innocent I à Théophile d'Alexandrie, en parlant de la déposition de S. Chrysostome, » Présentez-vous & expliquez les accusations » suivant le concile de Nicée; car l'Église Romaine » n'en reconnoît point d'autre. » M. Fleury observe: que le Pape *vouloit marquer par-là qu'elle n'avoit point d'égard aux canons d'Antioche* (*b*). Que si l'on s'est conformé dans la suite à quelques réglemens qui ont été fait dans ce même concile, c'est de l'autorité de l'Église & non de la canonicité du concile qu'ils ont tiré leur force.

3°. Le canon du concile de Sardique n'a rien de contraire à la jurisdiction que le S. Siege avoit reçue par l'institution de J. C.. Il faut seulement distinguer le droit de jurisdiction en lui-même, d'avec l'exercice de ce droit. Le droit en lui-même avoit toujours été généralement reconnu; & les Papes l'avoient exercé, avant le concile, dans la cause de Cécilien, de S. Athanase, de Paul de Constantinople, de S. Eustathe d'Antioche, de Marcel d'Ancyre, d'Asclepas de Gaze & de plusieurs autres; cependant ils ne l'exerçoient pas encore à l'égard des simples prêtres, dont les causes étoient jugées en derniere instance par les conciles particuliers; & ils ne l'exerçoient presque jamais à l'égard des Évêques des moindres sieges. Cet usage étoit dicté par la discrétion & la sagesse des Papes, qui ne vouloient point retarder l'exécution des jugemens, en recevant indistinctement tous les appels, ni se trop oc-

---

(*a*) En 342.
(*b*) Fleury, Hist. Eccl. tom. 5, l. 21, n. 50, p. 224.

cuper du détail des affaires particulieres, pour ne pas se diſtraire du ſoin qu'ils devoient au gouvernement général de l'Égliſe. C'eſt par de pareils motifs, que le Prince, quoiqu'il ait la ſuprême juriſdiction dans ſon royaume, n'admet pourtant l'appel des cours ſouveraines à ſon conſeil, que dans certains cas particuliers déterminés par la loi, ſans être cependant tellement lié par la loi & les uſages, qu'il ne puiſſe y déroger, ſelon que l'exigent l'importance des cauſes & l'intérêt de l'État.

Dans la ſuite les troubles de l'Arianiſme, ayant mis la foi en péril, il fallut venir aux ſecours des Égliſes déſolées & des Évêques perſécutés par la faction des hérétiques. Le Pape Jules reçut les appels de ceux que les Ariens avoient dépoſés, il les rétablit dans leurs Sieges; &, pour aller au-devant de toutes les conteſtations ſur la légitimité de ces appels, le concile de Sardique déclara qu'il étoit permis aux Évêques d'appeller au S. Siege, non en attribuant un nouveau droit au ſouverain Pontife, comme l'a remarqué le Cardinal du Perron (a), mais en rendant hommage à la juriſdiction qu'il avoit déja en vertu de ſa primauté. En effet, puiſque les Papes exerçoient déja cette juriſdiction ſur les grands Sieges, comment ne l'auroient-ils pas eue ſur les autres? Et à quel titre l'auroient-ils eue ſur les grands Sieges, ſinon en vertu de leur primauté? Nous avons déja obſervé qu'un concile particulier, tel que celui de Sardique, n'auroit pu la leur accorder de ſa propre autorité, ni introduire ainſi une nouvelle forme de gouvernement dans l'Églife univerſelle. Mais la diſpoſition de ce décret paroiſſoit très-convenable dans ces tems orageux pour prévenir les difficultés, en faiſant connoître les droits du S. Siege. L'expérience montra combien cette précaution étoit néceſſaire, puiſque l'appel que S. Athanaſe avoit interjeté, forma un nouveau grief de la part des Ariens, contre cet illuſtre Défenſeur de la divinité de J. C. (b).

(a) V. ci-devant art. 4 du préſent paragraphe.

(b) V. l'Hiſt. Eccl. de Fleury, tom. 3, l. 12, n. 22.

4°. Le concile de Milet défend à la vérité d'appeller au-delà des mers ; mais cette défense ne regarde que les prêtres & les ministres inférieurs. *Placuit ut Presbyteri, Diaconi & cæteri inferiores clerici, in causis quas habuerint, si de judiciis Episcoporum*, &c.

S. Augustin qui avoit été l'ame de ce concile, en explique lui-même le sens, en nous apprenant qu'il étoit permis aux Évêques, non aux ministres inférieurs, d'appeller au-delà des mers (*a*). Par cette raison, ni ce Pere, ni les autres Évêques d'Afrique, ne désapprouverent pas l'appel des Donatistes au sujet de l'ordination de Cécilien. Ils en reconnurent même expressément la légitimité. Ils avouerent aussi la légitimité de l'appel d'Antoine, Évêque de Fussale. Ils se plaignirent seulement de l'appel d'Apiarius, comme dérogeant à l'usage de l'Église d'Afrique, parce qu'Apiarius n'étant que simple prêtre, ne devoit point jouir du même privilege.

Cette derniere regle souffroit même des exceptions dans les causes importantes ; car Pélage & Cœlestius, qui n'étoient que laïques, ayant appellé du jugement des Évêques d'Afrique au S. Siege, les Évêques, bien loin de réclamer contre l'appel, les poursuivirent devant le Pape.

5°. Nous avons déja observé que l'épiscopat étoit un, en ce que tous les Évêques agissoient en vertu de la même puissance, qui étoit celle de J. C., & qui donnoit seule l'efficacité à leur ministere, ainsi que l'enseigne S. Paul (*b*) ; mais non en ce sens que tous les Évêques fussent égaux en jurisdiction. S. Cyprien reconnoît lui-même la nécessité d'un chef dans l'Église pour conserver l'unité : or ce chef ne peut la conserver que par une supériorité de jurisdiction (*c*) : jamais en effet ce Pere ne prétendit contester ce droit au sou-

---

(*a*) *Aug. Epist. 43.*
(*b*) *Neque qui plantat est aliquid, neque qui rigat ; sed, qui incrementum dat, Deus.* *Qui autem plantat & qui rigat, unum sunt.* I Cor. III, 7, 8.
(*c*) V. le §. suivant.

verain Pontife ; jamais il ne nia qu'il eut le droit de faire des réglemens de discipline : il regardoit seulement comme un abus du pouvoir, l'usage qu'il en faisoit pour obliger les Églises d'Afrique, à se conformer à l'Église Romaine, au sujet du baptême des hérétiques, & il se trompoit en cela. Il accusoit le Pape d'une domination odieuse, & il se trompoit encore. S. Augustin l'avoue (*a*), & dit que cette faute fut expiée par le martyre, *martyrii falce purgatum* (*b*). S. Cyprien ne doit donc point être imité sur cet article dans sa conduite, comme il ne doit point l'être dans son erreur. Il agissoit alors contre ses propres principes sur l'unité de l'Église, contre les regles qu'il avoit suivie par-tout ailleurs, en établissant la nécessité d'un chef pour veiller au gouvernement du monde chrétien, & en réclamant son autorité pour réprimer les abus. Combien faut-il qu'une cause soit désespérée, pour vouloir détruire les témoignages les plus exprès des Peres & la Tradition de tous les siecles par un seul fait isolé, qui étoit une faute & que S. Cyprien a eu besoin d'expier ?

6°. Le terme *d'Évêque œcuménique* ou *universel*, seroit certainement un blasphême, si on le prenoit en ce sens que l'Évêque concentrat en sa personne toute l'autorité épiscopale, en sorte que les autres Évêques ne fussent que des simples délégués de sa part. S. Grégoire attentif, comme ses prédécesseurs, à réprimer l'ambition des Patriarches de Constantinople, ne vouloit point leur permettre un titre fastueux, qui pouvoit donner lieu à des fausses prétentions : mais le terme n'est point un blasphême, si on l'entend d'une supériorité de jurisdiction dans l'Église universelle. S. Grégoire pouvoit-il le prétendre, lui qui exerçoit tous les jours cette jurisdiction, lui qui enseignoit que J. C. avoit commis à S. Pierre le soin de toutes les Églises ? Or il est ici question de la chose en elle-même, &

(*a*) *Cyprianum iratum & Stephanum* Aug. de bapt. c. 25.
paulò commotiorem fuisse in (*b*) *Ib. Ep. 108, alias 255.*

non pas d'un mot équivoque. J. C. avoit défendu à fes Apôtres de prendre le titre de *maîtres* (*a*); c'eſt-à-dire, de prendre cet eſprit de domination qui caractériſoit les Phariſiens; mais il leur en avoit donné la puiſſance, avec le droit du commandement. Et par cette raiſon, le nom de *mere, maîtreſſe de toutes les Égliſes* a été attribué dans la ſuite à l'Égliſe Romaine, par les Peres & par les Conciles. Le terme même d'*Évêque univerſel* a été conſacré par un concile œcuménique (*b*).

Nouvelles objections. Febronius prétend prouver encore que le Pape même, après le concile de Sardique, ne jouiſſoit pas du droit d'appel : il allegue la Novelle 123me. de Juſtinien, ch. 22, qui, en parlant des différens degrés de juriſdiction, s'arrête à celle du Primat ou du Patriarche, dont le jugement, ajoute l'Empereur, ne pourra être contredit. Il cite le concile de Lyon, tenu en 567, portant que, s'il s'éleve des conteſtations entre pluſieurs Évêques de la même province, ils *doivent être contens* du jugement du Métropolitain & de ſes comprovinciaux; & que ſi les contendans ſont de diverſes provinces, la cauſe ſera jugée par les deux Métropolitains & par leurs Suffragans. Le capitule d'Adrien I, de l'année 785, ch. 22, enſeigne que les canons de Nicée & d'Afrique ont ſagement ordonné que les affaires ſeroient jugées ſur les lieux, " d'autant mieux qu'il a été permis à chacun " d'appeller du jugement au concile de la province ou " au concile univerſel. " Le concile de Francfort, aſſemblé en 794, ordonne que les clercs inférieurs pourront appeller du jugement de leurs Évêques au Métropolitain; & que s'il y a des abus que l'Evêque & le Métropolitain ne puiſſent corriger, les accuſateurs & l'accuſé viendront devant le Prince avec des lettres du Métropolitain, pour l'inſtruire du fait. A Dieu ne plaiſe, diſoit Hincmar en s'adreſſant à Nicolas, que nous fatiguions votre autorité, en lui rapportant les con-

---

(*a*) Matth. XXIII, 8.
(*b*) Le 8e. concile œcum. V. ci dev. art. 2 de ce paragraphe.

contestations qui s'élevent entre les personnes, tant du premier que du second ordre. Les canons ordonnent de les terminer dans les conciles provinciaux (a). La réponse à ces autorités, n'exige pas de longues discussions.

Réponse. La Novelle de Justinien & le canon du concile de Lyon, ne peuvent s'entendre que des causes mineures; & on le prouve par la jurisdiction que les Papes exerçoient alors dans les causes majeures, ainsi qu'il l'a été démontré.

Le capitule d'Adrien I ordonne que les affaires soient jugées sur les lieux: mais cela ne contredit point notre these. Il ajoute que chacun peut appeler du jugement au concile de la province ou au concile général (de l'Église nationale,) nous en convenons encore; mais cela n'exclut pas les appels à Rome pour les causes majeures. Nous avons observé que, selon les conciles d'Afrique, ces appels n'étoient point permis indifféremment dans tous les cas. Nous avons vu que Charlemagne qui vivoit sur la fin de ce même siecle, ordonnoit par un de ses capitulaires, que les causes des Évêques, seroient portées par appel devant le S. Siege, selon l'usage.

Le concile de Francfort restreint expressément aux clercs inférieurs la défense des appels au S. Siege. Eh! comment auroit-il pu s'accorder autrement avec le capitulaire de Charlemagne, qui assembla le concile de Francfort, & qui rend témoignage à l'usage établi, de référer les causes majeures au souverain Pontife?

Hincmar ne parle point du droit d'appel. Il se borne à dire qu'on ne doit point fatiguer le S. Siege en lui rapportant toutes les contestations qui s'élevent sur les lieux: cela étoit en effet conforme à l'ancienne discipline; mais il ne conteste point au S. Siege le droit de connoître par appel des jugemens des Évêques. Nous venons de voir au contraire qu'il avoit reconnu

---

(a) *Febr. de Stat. Eccl. tom. 1, cap. 5, §. 6, p. 328, 329.*

expressément ce droit dans le concile de Donzi, au sujet d'Hincmar de Laon.

Nouvelles objections. Dans les premiers siecles de l'Église, les Évêques dispensoient des canons & s'assembloient en concile, sans la participation du Pape : ils élisoient & ordonnoient d'autres Évêques, sans avoir recours à Rome ; quelquefois même les Évêques & les Princes ont résisté aux souverains Pontifes. La nouvelle discipline qui s'est introduite à cet égard, n'ayant d'autre fondement que les fausses décrétales, doit être réformée avec elles.

Réponse. De pareilles objections ne mériteroient pas même une réfutation, si elles n'étoient cent fois répétées avec ce ton de confiance, plus capable souvent d'en imposer, que les raisons les plus victorieuses. Il convient donc d'y répondre.

Dans les premiers siecles de l'Église, les Évêques dispensoient des canons, ils s'assembloient en concile, ils ordonnoient d'autres Évêques, &c., sans avoir recours au S. Siege : nous en convenons. Que suit-il delà ? Que tous les Évêques avoient ces pouvoirs en vertu de leur mission ? nous en conviendrons encore. Mais s'ensuit-il delà que ces mêmes pouvoirs ne fussent subordonnés à la jurisdiction du Pape ? S'ensuit-il que par des raisons de sagesse & d'économie, ils ne pussent être restreints ; & qu'ils ne dussent l'être en effet à certains égards pour le bien général de l'Église ?

On a résisté au Pape : mais on a souvent aussi résisté aux Évêques ; on a résisté aux Princes mêmes ; faudra-t-il pour cela leur contester le droit de jurisdiction ? faudra-t-il s'en faire un titre pour autoriser sa résistance, toutes les fois qu'on jugera à propos de désobéir ? Distinguons donc deux genres de résistance. Il y a une résistance légitime opposée au despotisme, & qui est même quelquefois un devoir de Religion. Elle consiste, non à se révolter contre l'autorité, ce qui seroit dans tous les cas, le plus grand de tous les crimes, mais à refuser d'obéir si la puissance, quoique légitime, étend sa jurisdiction sur les matieres qui ne sont pas de son ressort, ou si elle commande une injustice manifeste ; tel seroit le cas où le Pape ordonneroit aux sujets de se soustraire à l'obéissance du souverain, ou bien le cas où le souverain ordonneroit aux fideles de se soustraire à l'obéissance du Pape. Mais il y a aussi une résistance criminelle, opposée à tout genre de gouvernement, & qui consiste à désobéir à des ordres émanés d'une puissance légitime, sur les matieres de son administration, lorsque ces ordres ne sont pas manifestement injustes.

D'après ces principes que nous avons démontrés ailleurs (a), je demande, sans entrer dans la discussion des faits particuliers : La désobéissance aux souverains Pontifes, dans les cas proposés, étoit-elle de la premiere classe ? nous y applaudissons. Étoit-elle de la seconde classe ? nous la condamnons. Mais dans aucun cas, elle ne sauroit préjudicier à la jurisdiction du S. Siege, comme elle ne sauroit porter atteinte à celle des Évêques, ni à la souveraineté des Princes.

Les fausses décrétales, ont introduit, dit-on, un changement notable dans la discipline de l'Église qu'il faut réformer. Sans doute, il y a de fausses décrétales dans la collection d'Isidore le Marchand ; mais 1°. quoique plusieurs de ces lettres paroissent suspectes à cause de la fausseté des dates, à cause des noms des Papes à qui on les attribue, ou à cause des titres d'*Archevêques* qui n'étoient point encore en usage dans les tems où l'on suppose qu'elles ont été écrites ; on ne peut cependant conclure delà qu'elles soient certainement fausses quand au fond. Car est-il bien surprenant qu'un compilateur peu éclairé dans la critique, ait adopté des écrits infideles pour les dates ou pour le nom des Papes ? Est-il surprenant qu'il ait substitué mal-à-propos le titre d'*Archevêque* à celui d'*Évêque*, pour les Sieges qui avoient le titre d'Archevêché dans le tems où il écrivoit ? On ne peut donc accuser le compilateur d'avoir fabriqué ces écrits pour en imposer à la postérité, ni le traiter

(c) V. ci-dev. part. 1, ch. 3.

de faussaire, & d'imposteur, comme a fait Febronius.

2°. Quoiqu'il y ait de fausses décrétales, on ne peut en inférer que toutes celles qui supposent la jurisdiction du Pape, sont apocryphes. Est-il croyable en effet qu'un imposteur ayant dessein de surprendre la bonne foi des Églises, & de leur faire adopter des lettres supposées, n'eut pas observé au moins la vraisemblance sur la discipline qui s'étoit observée jusqu'alors ? Est-il croyable que ce rédacteur eut pu, au moyen d'une suite de décrétales jusqu'alors ignorées, persuader à toute l'Église occidentale, qu'elle avoit suivi jusqu'à ce tems, un usage contraire à celui qu'elle avoit toujours pratiqué effectivement, & cela sur un fait aussi important & aussi public que celui du gouvernement général de l'Église, & dont il devoit rester encore beaucoup de monumens authentiques ?

Ne nous arrêtons pas encore-là, & distinguons ici le point de dogme du point de discipline. Le Pape a-t-il exercé une véritable jurisdiction dans l'Église universelle avant le neuvieme siecle ? C'est-là un point de discipline qui a déja été discuté ; & quand même les fausses décrétales auroient introduit une nouvelle pratique à cet égard, il ne s'ensuivroit pas que le changement feroit contraire au bien de l'Église. C'est ce que nous examinerons dans un autre endroit (*a*). Le Pape a-t-il effectivement, en vertu de l'institution divine, une jurisdiction véritable dans l'Église universelle ? Tel est le point dogmatique où je m'arrête à ce moment ; & je dis : L'Église ne peut jamais varier dans sa doctrine ; elle ne peut jamais enseigner l'erreur : ces deux propositions sont de foi. Or il est certain par les autorités que nous avons rapportées (& Febronius sera forcé de l'avouer) que du moins, postérieurement aux décrétales, la jurisdiction du Pape a été généralement enseignée dans l'Église, comme de droit divin, non-seulement par les conciles, mais en particulier par les Évêques, par les Docteurs, par les souverains Pontifes ; il est certain

---

(*a*) V. le paragraphe suiv. art. 3.

que l'enseignement a toujours été uniforme à cet égard, qu'il n'a jamais été contredit par aucune Église particuliere, par aucun Docteur catholique. Donc tel a été aussi l'enseignement de l'Église avant les décrétales : donc cet enseignement est conforme à la foi : donc la doctrine opposée est diamétralement opposée à la doctrine de l'Église, & par conséquent hérétique.

Subterfuge de Febronius. Febronius a voulu prévenir cette objection, en nous avertissant, dès le commencement, que ce qu'il appelle simplement *autorité* dans le Pape, plusieurs autres l'ont appellé *jurisdiction* ; qu'on est peut-être d'accord sur le fond ; & qu'alors la dispute ne rouleroit plus que sur le mot & deviendroit inutile. *Quod multi in Papâ* jurisdictionem *vocant, nos* auctoritatem *dicimus. Quis rectius loquatur, judicent peritiores. Fortè de re convenimus ; sicque inutilis effet de voce concertatio* (a).

Mais s'il avoit soupçonné qu'il ne fut question ici que d'une dispute de mot, pourquoi n'auroit-il pas commencé par expliquer les termes, pour établir l'état de la question, & pour ne pas risquer de se battre contre un fantôme, en composant deux gros volumes in-4°.? Car tout son systême porte uniquement sur ce point de doctrine. Mais parmi ceux qui ont enseigné la jurisdiction du Pape, Febronius en nommera-t-il un seul, qui ait soutenu comme lui que les Papes en faisant des loix, en recevant les appels des conciles ou des Églises particulieres, en statuant, en jugeant, en réformant, en déposant les Évêques, en envoyant des commissaires sur les lieux pour corriger les abus des Églises particulieres, n'étoient point revêtus de cette autorité de commandement qui lie & qui délie ; que les Églises particulieres n'étoient obligées d'obéir qu'autant qu'elles approuvoient le jugement du S. Siege ; ou que les souverains Pontifes n'agissoient alors qu'en vertu d'une jurisdiction extraordinaire qui leur étoit commune avec tous les autres Évêques ? Parmi les auteurs qui ont soutenu la juris-

_____
(a) *Febr. de Stat. Eccl. tom. 1, c. 2, §. 1, n. 2, p. 147.*

S 3

diction du Pape, y en est-il un seul qui transforme cette jurisdiction en une simple direction (*a*)? un seul qui nie que les promesses de J. C. à S. Pierre ne le regardassent personnellement comme chef de l'Église? qui n'avoue qu'elles lui donnerent le droit de la gouverner, de corriger les Évêques, & de réformer leur administration?

ARTICLE VI.

Conséquences de la these posée.

LA jurisdiction du Pape étant ainsi invinciblement établie, il suit 1°. que le Pape a, par son institution, le droit de gouverner l'Église universelle, de connoitre au moins par appel des contestations qui s'élevent dans les Églises particulieres (258), de réformer les abus de ces Églises, de leur adresser ses décrets, de leur envoyer des commissaires (259), de leur prescrire des réglemens de discipline, &c.

2°. Il suit qu'aucune puissance humaine n'a le droit d'intercepter la correspondance qui est entre le chef & les membres de l'Église universelle, parce que cette correspondance est de droit divin, & qu'elle est nécessaire au chef pour gouverner, pour instruire, pour commander, pour réformer, pour corriger. C'est par une semblable raison, que nous avons prouvé ailleurs que les censures de l'Église ne pouvoient suspendre la communication qu'il y avoit entre le Prince & ses sujets (*b*).

Cependant, comme le souverain Pontife pourroit abuser de son pouvoir pour entreprendre sur les droits de la couronne, le Prince a le droit d'examiner les

---

(*a*) On a montré au commencement de ce chapitre que, malgré ce que prétendoit Febronius, l'autorité qu'il attribuoit au Pape se réduisoit en effet à une puissance de direction.

(*b*) V. ci-dev. ch. 1, §. 1 de cette 3e. part. conséq. 6.

rescrits de Rome, relativement à cet objet, lorsqu'il a sujet de l'appréhender, & le droit de supprimer les clauses qui blesseroient son temporel. Telle est la doctrine de Van-Espen & de l'Église germanique (26c). Les officiers du Roi sont commis en Espagne, par la disposition des édits de Charles V, & de Philipes II, « pour examiner ces rescrits, afin d'examiner s'il y « a quelque chose de contraire à la puissance & ju-« risdiction du souverain, & pour en sursoir l'exécu-« tion (*a*). » Un savant jurisconsulte observe pourtant qu'il est facile d'abuser de ce droit, pour entreprendre sur la puissance spirituelle ; & il en recommande l'examen à ceux qui sont chargés de cette importante fonction (261).

3°. Il suit que, le Pape peut dispenser de tous les canons de discipline : car l'exercice habituel de ce pouvoir étant nécessaire au gouvernement ecclésiastique, & les conciles œcuméniques ne pouvant s'assembler que rarement, il faut que l'exercice de ce pouvoir réside au moins dans le chef de l'Église.

4°. Il suit qu'il peut seul, en vertu de sa primauté, convoquer les conciles généraux, puisque la convocation canonique suppose un droit de jurisdiction sur les membres qui sont convoqués. D'ailleurs ces assemblées saintes regardent le gouvernement général de l'Église, & ce gouvernement n'appartient qu'au Pape seul. Par la même raison, il a le droit de présider à ces conciles, ou par lui-même, ou par ses Légats.

5°. Il suit que le respect & l'amour doivent se réunir dans le cœur de tous les fideles, & principalement des premiers pasteurs, à l'égard de leur chef. Le mépris pour les souverains Pontifes a sa source dans le mépris de l'épiscopat, & dans la haine de la Religion. Il est toujours le fruit de l'impiété ou de l'hérésie, & le prélude des schismes les plus funestes.

Suit-il, de la these posée, que le Pape ait jurisdiction sur les conciles œcuméniques ? Mais si le Pape a jurisdiction

---

(*a*) Fev. de l'abus, l. 1, ch. 5, §. 7.

sur toutes les Églises particulieres, ne s'ensuivra-t-il pas qu'il a jurisdiction sur l'Église universelle, & par conséquent sur les conciles œcuméniques?

C'est ce que Febronius suppose sans cesse, afin de persuader que l'Église Gallicane, qui soutient la supériorité des conciles œcuméniques sur le Pape, enseigne aussi que le Pape n'a point de jurisdiction dans l'Église universelle. Mais nous lui avons aussi toujours reproché de confondre ces deux points tout-à-fait différens. Nous lui avons opposé les conciles de Bâle & de Constance, & la doctrine du Clergé de France même, qui reconnoît la jurisdiction du Pape dans l'Église universelle, & qui enseigne en même-tems la supériorité des conciles œcuméniques sur le Pape. Nous renvoyons là-dessus le lecteur aux savans ouvrages qui ont été écrits sur cette matiere (*a*).

§. II.

Febronius, en attaquant la jurisdiction du Pape, détruit en même-tems l'unité de l'Église.

Il détruit cette unité, 1º. par-là-même qu'il conteste au Pape un droit de jurisdiction qui est nécessaire pour la maintenir. 2º. Par les maximes schismatiques, qui sont une suite de son système. 3º. Par les moyens qu'il conseille pour abolir cette jurisdiction. 4º. Par la nature des motifs qu'il allegue.

(*a*) Voy. entr'autres M. Bossuet, *Defensio Cleri Gall.*

ARTICLE I.

Febronius détruit l'unité de l'Église par-là-même qu'il conteste au Pape une jurisdiction qui est nécessaire pour maintenir cette unité.

Preuve tirée de la nécessité d'un chef qui ait jurisdiction dans l'Église universelle. Il faut nécessairement un chef à l'Église pour maintenir l'unité. Cette maxime de S. Jerôme (a) est avouée de tous les Catholiques, de Febronius lui-même (b), & de ses Apologistes. « S'il » n'y avoit dans chaque Église un premier pasteur, » auquel les autres pasteurs de la même Église doivent » obéir, dit l'un de ces Apologistes; s'il n'y avoit » dans l'Église universelle un chef auquel s'unissent » les Églises particulieres, comme au centre de l'unité; » il seroit à craindre que, par un effet de la cupidité » ou de l'amour de l'indépendance, si naturelles à » l'homme, on ne rompit bientôt l'unité; & qu'il ne » s'élevât autant de schismes qu'il y a de Pontifes (c). » On auroit dû dire que le schisme seroit inévitable. Un chef ne peut maintenir l'unité dans une société quelconque qui est indépendante dans son administration, que par la subordination des membres : cette maxime a été démontrée (d). Mais la subordination suppose le droit de commandement, & par conséquent le droit de jurisdiction dans le chef, d'où il suit qu'en abolissant le droit de jurisdiction, dans le chef de l'Église, on détruit la subordination des membres, & par conséquent l'unité de l'Église entiere.

(a) *Propterea unus de duodecim electus est, ut capite constituto schismatis occasio tolleretur.* Hyeron. adv. Jovin. tom. 4, part. 2, p. 168, nov. edit.

(b) Febr. de Stat. Eccl. tom. 1. c. 2, §. 1 & 2.

(c) Ib. tom. 2, Flor. sparsi, c. 2, p. 323.

(d) V. ci-dev. part. 1, ch. 1.

Qu'on nous dise en effet comment cette unité pourra alors se maintenir. Sera-ce par l'autorité des Métropolitains dans les provinces, par celle des Primats, des Patriarches, enfin par l'autorité des conciles ?

Mais 1°. les Églises nationales, qui n'ont ni Primats ni Patriarches, n'auroient aucun centre d'unité au milieu d'elles.

2°. Les Métropolitains, les Primats & les Patriarches ne font que d'institution humaine ; mais l'Église étant une par sa propre constitution, doit avoir aussi par sa propre constitution, antérieurement à l'institution des Primats & des Patriarches une autorité vivante, capable de maintenir l'unité.

3°. Les Métropolitains, les Primats & les Patriarches n'ayant jurisdiction que sur certaines portions de l'Église universelle, ne pourroient réunir par leur autorité, que ces mêmes portions, plus ou moins grandes, selon l'étendue de leur ressort. Leur jurisdiction seroit donc insuffisante, puisque l'Église doit être une dans sa totalité. D'ailleurs les Primats & les Patriarches peuvent être divisés. Il faut donc un autre chef auquel ils soient tous subordonnés, & qui ait par conséquent jurisdiction sur toutes les Églises, & sur tous les Évêques, pour les réunir dans un centre commun, & pour les ramener au devoir, s'ils prévariquent.

4°. Febronius ne peut disconvenir que le Pape, en qualité de Patriarche, n'ait au moins sur l'Église occidentale la même autorité que les autres Patriarches en Orient. Il ne peut disconvenir que les privileges du S. Siege soient encore plus anciens & mieux constatés que les privileges de ces derniers. Mais si l'autorité du S. Siege n'est point une autorité de jurisdiction, au moins sur l'Église occidentale dont il s'agit ici, ou s'il est permis aux Églises particulieres de s'y soustraire, l'autorité des Patriarches, & même des Métropolitains, ne pourra pas être ni plus puissante ni plus immuable. Elle ne sauroit donc suffire par sa nature pour maintenir l'unité dans les portions de l'Église universelle, qui leur sont soumises ; il doit donc y avoir une autre autorité que l'autorité patriarchale, pour maintenir l'unité de l'Eglise.

5°. Les Évêques n'ont pas toujours la liberté de s'affembler en concile. D'ailleurs, on a vu des conciles nombreux, & prefque des nations entieres errer dans la foi ou dans la difcipline, foit qu'ils aient été entraînés par l'autorité de leurs Patriarches, féduits par l'intérêt perfonnel, fubjugués par les préjugés, vaincus par le refpect humain ou intimidés par la crainte ; on les a vu fe divifer eux-mêmes, ou s'oppofer à d'autres conciles. A qui recourir alors pour ramener les membres à l'unité, s'il n'y avoit un chef avec l'autorité du dernier reffort ?

Seroit-ce aux conciles œcuméniques ? Mais ces conciles ne peuvent s'affembler que rarement, que très-difficilement, qu'après bien du tems, qu'après avoir furmonté bien des obftacles : fouvent même les obftacles font invincibles, & les befoins de l'Église font continuels, quelquefois très-urgents. Ce feront des héréfies qui fe répandront avec une rapidité effrayante fous la protection de perfonnes puiffantes. Ce feront des abus fcandaleux ; ce feront des fchifmes qui défoleront les Églifes, appuyés de la faveur, & quelquefois foutenus par la force.

Invoqueroit-on l'autorité du corps des pafteurs difperfés ? Mais, fi le chef en prononçant d'abord, n'a le droit au moins de faire exécuter provifoirement fes décrets, le mal continue ; Febronius nous dit qu'il faut un certain intervalle de tems pour fuppofer que le corps ait adhéré aux décrets du premier Pafteur. Mais dans les matieres de difcipline, quand le corps épifcopal fera-t-il cenfé être affez inftruit pour avoir jugé le procès ? Nous verrons bientôt, que fuivant les principes de notre écrivain, l'autorité d'un pareil tribunal devient toujours chimérique dans les plus preffans befoins.

On voit, il eft vrai, des États gouvernés par des fénateurs, dont le chef n'a qu'une primauté d'honneur & de direction ; mais fi chaque fénateur avoit un peuple particulier à gouverner ; si ces différens peuples qui ne formeroient pourtant qu'un seul État, étoient dispersés par pelotons sur la surface de la terre, enclavés dans plusieurs royaumes différens, & assujetis sous certains rapports à la domination de différens Princes ; conçoit-on, que ces sénateurs, s'ils étoient indépendans entr'eux & subordonnés seulement au corps du sénat ; & s'ils ne pouvoient se rassembler que difficilement, que du consentement des Princes, & jamais qu'en partie ; conçoit-on que leur gouvernement put conserver cet ordre, cette harmonie nécessaire à l'unité ? Conçoit-on même qu'il put subsister, si le chef n'avoit une autorité de jurisdiction sur chaque sénateur, & sur les peuples qu'ils gouvernent ? Mais si l'unité d'un pareil gouvernement ne sauroit subsister, ne seroit-ce pas insulter J. C. de supposer qu'en instituant dans son Église un chef sans jurisdiction, il lui eut donné une constitution aussi vicieuse ? Rendons cette vérité encore plus sensible.

» Si chaque Église particuliere n'avoit un premier » pasteur, auquel les ministres inférieurs de la même » Église doivent obéir, il seroit à craindre, dit l'un » des Apologistes de Febronius, qu'on ne rompit bientôt » l'unité (a). » Febronius enseigne lui-même la même chose : delà l'un & l'autre concluent, comme nous l'avons déja fait ailleurs (b), que les Évêques doivent avoir une autorité de jurisdiction sur leurs troupeaux, & telle est aussi la doctrine de S. Jerôme (c).

Mais s'il faut un chef avec jurisdiction dans chaque Église particuliere, pour y maintenir l'unité ; à combien plus forte raison sera-t-il indispensable pour conserver cette même unité entre les Églises particulieres, que leur chef commun ait jurisdiction sur elles ? Car seroit-il plus facile au chef de l'Église universelle de maintenir cette unité dans tout le monde chrétien, sans jurisdiction

---

(a) Febr. de Stat. Eccl. tom. de cette 3e. part.
2. Flor. Sparsi, c. 2. p. 373.   (c) Hyeron. adv. Jovin. tom.
(b) V. ci-dev. ch. 1, §. 3, 4, part. 2, p. 168, nov. edit.

qu'il ne le feroit à chaque Évêque de la maintenir dans fon diocefe ? ou bien cette unité feroit-elle moins néceffaire à l'Eglife univerfelle, la feule qui foit effenciellement l'époufe de J. C. qu'aux Eglifes particulieres ? Que de troubles, que de confufion, que de relâchement, que d'abus ne produifit pas le grand fchifme d'Occident, occafionné par la pluralité des Papes ! Que de maux ce même fchifme ne préparoit-il pas encore, fi par une difpofition particuliere de fa providence, Dieu ne fut venu au fecours de fon Églife pour le faire ceffer par un heureux concours des Princes catholiques & du corps épifcopal ! Que de foins ne fallut-t-il pas employer encore, que d'efforts, que de tems, que de conciles nombreux pour confommer l'ouvrage de la réunion ! Que feroit-ce fi l'Églife étoit partagée, non entre deux chefs, mais en autant de pafteurs indépendans entr'eux qu'il y auroit d'Évêques ? Que feroit-ce fi cette divifion venoit, non pas d'un événement accidentel & très-rare, mais de la propre conftitution que J. C. auroit donnée à fon Églife ?

Preuve tirée de la doctrine des Peres. C'eft par cette raifon que S. Cyprien en rappellant les paroles de J. C. à S. Pierre, remarque que le Fils de Dieu a établi une chaire unique, pour manifefter l'unité. *Ut unitatem manifeftaret unam cathedram inftituit* (a). Chaire unique, non en ce fens qu'elle foit la fource de l'épifcopat, mais en ce qu'elle réunit l'épifcopat par l'autorité de fa jurifdiction. Le même Pere nous enfeigne ailleurs qu'il " n'y a qu'un Dieu, qu'un Chrift, qu'une Églife,
" qu'une Chaire fondée fur Pierre par la voix de J. C.,
" & qu'on ne peut établir d'autre autel ni d'autre
" facerdoce (262). "

S. Léon explique la penfée de S. Cyprien en nous difant : " Pierre feul dans tout le monde chrétien
" a été prépofé à la vocation des Gentils & fur tous
" les Peres de l'Églife ; en forte que, bien qu'il y ait
" plufieurs Pontifes parmi le peuple de Dieu, Pierre

(a) *Cyp. de Unit. Eccl. p.* 180.

» néanmoins les gouverne proprement tous, comme
» J. C. les gouverne principalement tous (263). »

Concluons de tout ce que nous venons de dire, que la jurifdiction du Pape étant nécessaire pour conferver l'unité du gouvernement eccléfiaftique, Febronius détruit l'unité de l'Église, en attaquant cette jurifdiction.

ARTICLE II.

Febronius détruit encore l'unité de l'Église par les fausses maximes dont il s'efforce d'étayer son système.

Nous avons montré que la jurifdiction du Pape étoit fondée fur la miffion que J. C. avoit donnée à S. Pierre, fur l'enfeignement de l'Église, fur l'unité de fon gouvernement, enfin fur l'ufage conftant de la Tradition.

Febronius oppofe à ces preuves quatre maximes erronées. 1°. Pour détruire la preuve tirée de la miffion que J. C. a donnée à S. Pierre, il enfeigne que les clefs du ciel n'ont été données qu'au corps de l'Église univerfelle, dont le Pape & les Évêques ne font que les repréfentans. 2°. Il enfeigne qu'il n'y a de jugement légal que celui qui eft porté par les pafteurs affemblés, afin d'affoiblir la preuve que l'on tire du témoignage des Peres, en faveur de la jurifdiction du S. Siege. 3°. Il enfeigne que l'épifcopat étant un, tous les Évêques ont reçu comme le Pape, le droit d'exercer leur jurifdiction, dans toutes les parties du monde chrétien, dans le cas de néceffité ou d'utilité manifefte ; & qu'il n'eft pas befoin par conféquent de recourir à la jurifdiction du Pape pour réprimer les abus du gouvernement eccléfiaftique, & pour en maintenir l'unité. 4°. Il enfeigne que les droits primitifs des Évêques étant imprefcriptibles, ils ne peuvent être reftreints, ni par les canons ni par les ufages ; il en infere que l'on doit rejeter comme abusifs & les canons & les usages qui confirment la jurisdiction du Pape. Or je dis que ces quatre maximes détruisent l'unité, & je vais le prouver.

1°. *Maxime de Febronius, destructive de l'unité. La jurisdiction spirituelle réside dans le corps des fideles.* Jesus-Christ a donné la puissance des clefs à l'universalité de l'Église, qui l'exerce par des ministres, parmi lesquels S. Pierre tient le premier rang, quoiqu'il soit subordonné à l'universalité. *Potestas clavium universitati Ecclesiæ à Christo data est, illam per suos ministros exercet, inter quos Romanus Pontifex primarius quidem est, nihilominùs tamen universitati subordinatus* (a).

Febronius enseigne, en conséquence que, hors du concile, l'Église ne ,, consiste pas dans les seuls Évêques, ,, mais encore dans les autres clercs & même dans les ,, laïques (b); que chaque Évêque juge de la foi au ,, nom & par l'autorité de l'Église, mais non pas en ,, dernier ressort, ni d'une maniere infaillible; au lieu ,, que le corps (de l'Église) composé de laïques & ,, de clercs, conserve la foi comme un fidele dépôt, ,, & nous la transmet dans toute sa pureté; quoique ,, hors du concile, le corps ne puisse agir par lui-même, ,, comme personne morale, c'est-à-dire, ni juger, ni ,, définir, ni condamner, ni excommunier. Il nous dit ,, que les conciles ne sont infaillibles que conditionnel,, lement, savoir en tant que les Peres sont légitimement ,, convoqués & qu'ils se comportent de maniere qu'on ,, doivent les regarder comme les représentans de l'Église ,, universelle ; & il ajoute qu'on reconnoît que ces ,, conditions sont remplies, quand les conciles sont ,, avoués & acceptés par l'Église ,, , (c'est-à-dire par le corps des fideles (264).

(a) *Febr. de Stat. Eccl. tom.* 1, *c.* 1, §. 6, *p.* 32, *tit.*

(b) Personne ne conteste cette vérité. Mais il est question de savoir si tous les membres de l'Église participent à la puissance qu'elle a reçue.

Il nous dit ailleurs, sur le témoignage du Père Alexandre (a) que « l'Eglise peut exercer la puissance » de jurisdiction par elle-même, préférablement à » chaque Evêque & au souverain Pontife, en portant » des censures & en accordant des indulgences plé- » nieres (b). »

On voit par-là que ce sont les fideles qui exercent la jurisdiction ecclésiastique dans les conciles, comme personne morale, c'est-à-dire, dans la personne de leurs représentans ; & qu'ils peuvent l'exercer par eux-mêmes par-tout ailleurs ; & qu'ils donnent par leur acceptation, la sanction aux conciles œcuméniques. Il n'est pas question de combattre ici cette maxime, nous l'avons fait ailleurs (c), mais d'en faire voir les conséquences.

Je dis donc que cette maxime une fois posée, il faudra en conclure que les conciles œcuméniques ont eu tort d'anathématiser & de déposer comme hérétiques obstinés, ceux qui refusoient de se soumettre aux décisions de ces conciles, avant l'acceptation de l'Église universelle ; puisqu'avant cette acceptation, les conciles ne pouvoient être regardés comme ayant les conditions nécessaires à leur légitimité, ni leurs décisions comme certainement infaillibles. Il faudra dire que l'Église universelle elle-même a erré en applaudissant aux actes de ces conciles, quoique injustes, & en regardant comme coupables d'hérésie, ceux qui n'étoient point encore assurés par l'acceptation de l'Église universelle, de la légitimité, & de l'infaillibilité du tribunal qui avoit proscrit leurs erreurs (d). Il faudra dire que le corps épiscopal, soit dispersé, soit assemblé, ne pourra jamais être censé avoir condamné par un jugement infaillible, les sectes qui

---

(a) V. ce que nous avons dit du P. Alexandre au 1er. §. art. 4 de ce chap.

(b) Quamvis & Ecclesia per seipsam potestatem jurisdictionis præ singulis Episcopis & ipso Romano Pontifice, exercere possit, ferendo censuras & conferendo plenarias indulgentias. Febr. tom. 2, Flores sparsi, p. 536.

(c) V. ci-dev. ch. 1, §. 2 de cette 3me. partie.

(d) V. ci-après part. 3, ch. 4, §. 1.

qui s'éleveront à l'avenir, à moins que leurs décrets ne soient censés acceptés par le corps des fideles. Mais a quel tems les décrets seront-ils censés avoir été ainsi acceptés ?

Febronius nous prévient qu'il faut toujours mettre un certain intervalle de tems entre le jugement & l'acceptation. « Quoique le corps de l'Église, dit-il, ne » puisse jamais consentir à une fausse doctrine, il » ne s'ensuit pas cependant, que lorsqu'il s'élève une » question sur la foi, il forme & il publie aussi-tôt » sa décision. Autre chose est de ne point consentir à » de nouvelles erreurs; autre chose est de les com-» battre aussi-tôt, & de les condamner comme des » hérésies, par un consentement unanime. Le concile » même ne le fait qu'après beaucoup de discussion. » On fit de grandes recherches, dit l'Evangéliste dans » les Actes des Apôtres(a). A combien plus forte raison » la promesse de J. C. exigera-t-elle que la décision » de l'Église soit plus tardive (265)?» Or je le répete, à quel tems l'Église sera-t-elle censée avoir jugé de la doctrine & avoir adopté le jugement porté ?

Febronius aura beau nous dire qu'il ne parle dans ce dernier endroit, que d'un décret émané du souverain Pontife; il n'évitera pas les funestes conséquences qui suivent de son système. Car si un pareil décret adressé à tous les Évêques dispersés, & qui dès-lors est censé accepté par les Évêques lorsqu'ils ne réclament point, a cependant besoin d'un certain intervalle de tems assez considérable, pour que le corps de l'Église soit censé avoir accepté le décret, & avoir fait pour cela toutes les recherches & tout l'examen nécessaire; n'en faudra-t-il pas aussi pour examiner un décret émané d'un concile & pour y donner son approbation? La discussion, je l'avoue, aura été déja faite par les Évêques assemblés; mais cette discussion n'éclairera pas les juges dispersés sur toute la surface de la terre : l'erreur, quoique frappée d'anathême, aura donc toujours la

---

(a) Act. XV.

liberté de se répandre en soutenant que l'Église universelle n'a point encore jugé ; & que les peuples n'ont point encore été assez instruits, qu'ils n'ont point encore examiné, & que le décret qui les condamne, n'a point encore reçu du corps des fideles, le consentement nécessaire pour former un jugement infaillible. Ils diront que, si après le jugement des Évêques dispersés, il faut laisser écouler un certain intervalle de tems assez considérable pour que le peuple soit censé avoir examiné & adopté leur décret, quoique la discussion & l'examen de la doctrine aient déja été faits au milieu d'eux, & pour ainsi dire sous leurs yeux par leurs Évêques ; il faut, à bien plus forte raison, un intervalle de tems & un intervalle encore plus considérable pour examiner les matieres qui auront été discutées dans des conciles assemblés en des pays éloignés.

Or ce que je dis des décrets dogmatiques, pourra s'appliquer aux décrets de discipline ; soit que les souverains Pontifes ou que les conciles œcuméniques prononcent ; & si les causes sont assez intéressantes pour former des partis, & qu'aucun d'eux ne veuille céder, la réclamation de l'un des partis suffira pour que les décrets de discipline ne soient plus censés avoir acquis l'autorité nécessaire pour faire cesser les schismes.

Ainsi le tribunal de l'Église sera toujours, par le fait, un tribunal chimérique, tant qu'il y aura un certain nombre de schismatiques capables de causer du trouble & des divisions. Plus les réfractaires seront nombreux, c'est-à-dire plus ce tribunal sera nécessaire, pour faire cesser les divisions, moins la réunion sera possible ; & le gouvernement ecclésiastique tombera dans la confusion de l'anarchie. Febronius détruit donc l'unité par sa premiere maxime.

Deuxieme maxime de Febronius, destructive de l'unité: point de jugement légal hors des conciles. " L'antiquité,
" dit Febronius, n'a point connu d'autre moyen pendant
" les huit (premiers) siecles pour ramener les contu-
" maces en matiere de foi, que l'autorité des conciles.
" Or ce qui a été regardé pendant huit siecles, comme

» une regle naturelle pour terminer en dernier reſſort,
» les conteſtations qui regardent la foi, paroît influer
» tellement dans la forme du gouvernement eccléſiaſtique,
» qu'on ne doit point la changer pour ſuivre la nouvelle
» opinion de ceux qui s'élevent contre la convocation
» des conciles, ſi reſpectés des Peres & ſi deſirés par
» les gens de bien (*a*). »

Febronius n'oſe trancher encore le mot, il le fera
tout-à-l'heure. Cependant arrêtons-nous un moment
ſur cette aſſertion: *Pendant les huit premiers ſiecles,
l'antiquité n'a point connu d'autre moyen pour ramener
les contumaces en matiere de foi, que l'autorité des
conciles*; & demandons à notre Écrivain ſi les Saturniens, & les Valentiniens, ſi les Manichéens, les
Marcionites, &c. n'avoient point été condamnés par
un jugement capable *de les ramener*? Car ils n'avoient
point encore été condamnés par aucun concile avant le
4me. ſiecle, je dis au moins par aucun concile général,
qui ſeul auroit pu fixer leur croyance. Pourquoi donc
les Peres de l'Égliſe ont-ils anathématiſé comme contumaces tous les hérétiques qui ont exiſté avant le
premier concile général de Nicée? Pourquoi l'Égliſe
& les conciles généraux ont-ils applaudi au zele de
ces Peres (*b*)? Comment Febronius a-t-il ſitôt oublié
lui-même ce qu'il nous avoit dit à la page précédente,
ſavoir qu'on n'avoit pas eu beſoin de conciles pour
ſupprimer les héréſies de Ménandre, d'Ébion, de
Cérinthe, de Marcion (*c*). Comment a-t-il oublié que

(*a*) Perſonne ne s'eſt jamais élevé contre la convocation des conciles. Tout le monde en reconnoît l'utilité. Mais les conciles ſont-ils abſolument néceſſaires pour former un jugement définitif en matiere de doctrine, & pour ramener les hérétiques, en les éclairant par une autorité infaillible? C'eſt ce que tous les Catholiques nient. Il falloit donc diſtinguer ces deux points, pour ne pas calomnier les Catholiques, ni ſurprendre la bonne foi des lecteurs.

(*b*) V. ci-après part. 3, ch. 4, §. 1.

(*c*) *Ad ſupprimendas hæreſes Menandri, Ebionis, Cerinthi, &c., nullo opus fuit concilio*. Febr. de Stat. Eccl. tom. 1, c. 6, §. 8, p. 413, 423.

selon S. Augustin (266), & selon M. Bossuet, qu'il avoit cité lui-même, il n'avoit pas toujours été besoin d'assembler des conciles pour porter un jugement irréfragable contre les hérésies; & que l'adhésion du corps épiscopal, soit dans les conciles, soit hors des conciles, formoit un jugement définitif (267)? Qu'il écoute au moins son apologiste: il lui dira qu'avant le concile de Nicée, qui est le premier œcuménique, une multitude d'hérésies avoient été étouffées, ou dans les conciles particuliers, ou par le seul consentement des Églises, sans recourir aux conciles (a).

Febronius s'explique encore plus clairement dans la suite, sur la nécessité absolue des conciles. " Per-
» sonne n'ignore, ajoute-t-il, la différence qu'il y a
» entre le jugement des membres d'un corps dispersé,
» quoiqu'ils concourent tous au même but, & le juge-
» ment de ce même corps lorsqu'il est assemblé. Elle
» est naturellement si grande aux yeux de tous, qu'il
» n'y a jamais eu jusqu'aujourd'hui, ni société, ni
» nation, ni tems, où on ait reconnu comme une
» sentence véritable & légale, celle qui n'avoit point
» été approuvée par les magistrats assemblés. En effet,
» chaque sénateur, dans son cabinet, ne juge que suivant
» ses lumieres particulieres; au lieu qu'étant assemblés,
» les matieres s'éclaircissent par les lumieres & les
» réflexions qu'ils se communiquent (268). " Nous montrerons ailleurs la fausseté de cette doctrine (b): la conséquence naturelle qui suit de cette assertion, c'est que l'Église étant une véritable *société*, ne peut porter un jugement légal, si elle n'est assemblée (c).

Enfin il enseigne clairement que l'Église ne peut exercer aucun acte de *jurisdiction*, ni définir aucun point

---

(a) *Sexcentæ hæreses, Nicænam ante synodum, exortæ oppressæque sunt, aut in particularibus tantùm synodis, aut solâ Ecclesiarum, sine synodis, consensione.* Febr. de Stat. Eccl. tom. 2, Sparsi Flores, c. 4, §. 2, p. 405.
(b) V. ci-apr. ch. 4, §. 1 de cette 3me. part.
(c) Cette erreur sera réfutée ci-apr. ch. 4, §. 1 de cette 3e. part.

sententialement & infailliblement, à moins qu'elle ne soit assemblée (269).

« Cependant, dit notre Docteur, si un décret du sou-
» verain Pontife est accepté même tacitement par les
» Évêques, & si les choses restent tranquilles en cet
» état, en sorte que par-là se manifeste la doctrine
» constante & uniforme, ou qui a été manifestement,
» persévéramment transmise & reconnue par tout &
» de tous, aussi-bien que l'observance fidele, alors la
» cause est finie (270). »

Cette modification apparente qui semble adoucir la premiere maxime de l'auteur, en manifeste tout le venin, & y ajoute une contradiction de plus.

Je dis 1°. qu'elle y ajoute une contradiction de plus; car selon Febronius, les causes ne peuvent être finies que par un jugement légal. Or il n'y a point de jugement légal selon l'auteur, de la part d'une société quelconque, à moins que les juges qui composent le tribunal, ne soient assemblés; donc, malgré l'adhésion des Évêques, la cause ne sera pas encore terminée.

Je dis 2°. que cette modification manifeste tout le venin de la doctrine que l'auteur semble vouloir adoucir. Car s'il faut, afin que la cause soit censée finie, non-seulement que le décret du souverain Pontife soit accepté par les Évêques, mais encore que les choses restent tranquilles, c'est-à-dire, qu'il n'y ait ni trouble ni réclamation de la part de ceux qui auront été condamnés; il s'ensuit qu'un petit nombre d'hérétiques indociles qui leveront la voix, qui semeront des écrits, qui exciteront des murmures & des révoltes, suffira pour rendre le décret douteux, & par conséquent insuffisant pour captiver notre foi. S'il faut encore que le silence, qui surviendra sur ce décret, soit de nature à faire connoitre que la doctrine enseignée dans ce décret, est la doctrine qui a été *constamment & uniformément enseignée par tout & de tous* : il faudra toujours examiner, malgré cet état de paix & de tranquillité, si la doctrine consignée dans le décret, est conforme en effet à celle que l'Église a constamment enseignée dans tous les tems & dans tous les lieux. Il faudra examiner si le silence des Églises n'est pas un effet de la timidité, de la foiblesse, de l'insolence, de l'ambition de la part des uns ; ou de l'oppression, de l'intrigue, de la séduction de la part des autres. Mais quand est-ce que cette question sera assez clairement décidée pour ne plus laisser de doute, ni de prétexte raisonnable ? Chacun pourra donc juger après les Évêques ; chacun aura la liberté d'examiner, de rejeter ou d'adopter le décret selon qu'il le croira contraire ou conforme à la doctrine de l'Église. Le commun des fideles qui est incapable d'examen, restera dans l'incertitude ; les hérétiques persévéreront dans leurs erreurs, & jusques à ce que les Évêques se soient assemblés des quatre coins du monde pour prononcer sur les questions dogmatiques par un jugement légal, tout restera en suspens ; & il n'y aura plus d'unité.

Les Luthériens & les Calvinistes, justifiés selon Febronius avant le concile de Trente. Febronius ne dément point ces conséquences. Il enseigne que " si les oppo-
" sans, à un décret du souverain Pontife, étoient aussi
" nombreux que les Luthériens & les Calvinistes au
" seizieme siecle, il n'y auroit point d'autre remede
" pour proscrire l'erreur, que le jugement formel de
" l'Église universelle ; & que ce jugement deviendroit
" nécessaire, quand même les opposans seroient en
" moindre nombre (271). "

D'où il suit que les Luthériens & les Calvinistes n'étoient point hérétiques avant le concile de Trente, quoiqu'ils eussent déja été condamnés par l'Église dispersée. Febronius avoue la conséquence, & la preuve qu'il en donne, c'est que la cause fut de nouveau discutée dans le concile de Trente (272). C'est que Adrien VI ne fit aucune mention du décret de Léon X, lorsqu'il tenta de ramener les Princes Luthériens d'Allemagne à la foi (*a*). Mais delà il s'ensuivra, par

---

(*a*) On pourroit par la même raison inférer de la conférence qu'eut M. Bossuet avec le ministre Claude, que le Prélat ne recevoit point le concile de Trente, puisqu'il ne l'objecte point à ce ministre.

une conséquence ultérieure, que Luther n'a jamais été hérétique, puisqu'il mourut avant la conclusion du concile de Trente (*a*).

Pélage justifié suivant la maxime de Febronius. Ce que nous venons de dire de Luther, pourra s'appliquer à Pélage. Les erreurs de ce dernier ayant été proscrites par deux conciles d'Afrique, l'hérésiarque en appella au Pape Innocent I, qui confirma leur jugement. S. Augustin dit alors aux hérétiques que la cause étoit finie. *Causa finita est.* Cependant les *choses n'étoient point tranquilles.* Pélage avoit encore dix-huit Évêques de son parti, & un très-grand nombre de sectateurs qui réclamoient contre le décret d'Innocent. Comment Febronius accordera-t-il sa maxime avec la doctrine de S. Augustin ?

Il répond que la cause étoit finie, parce que le Pape avoit décidé conformément à la doctrine du Siege Apostolique & des autres Églises (273). C'est-à-dire, que ce n'étoit point précisément en vertu du décret du S. Siege que la cause étoit finie, mais à cause de la conformité de ce décret avec la doctrine de l'Église : c'est-à-dire, que la cause n'étoit pas encore finie en effet, puisque la question restoit toujours indécise, savoir si le décret étoit conforme à la doctrine de l'Église, ou ce qui est la même chose, savoir si la doctrine de Pélage, condamnée par ce décret, avoit été justement condamnée, si elle étoit hérétique ou orthodoxe : c'est-à-dire, que chacun après ce décret, pouvoit & devoit examiner le décret, & l'adopter ou le rejeter, selon qu'il le trouveroit juste ou injuste : c'est-à-dire, que les Pélagiens qui n'en jugeoient pas de même que S. Augustin, avoient la liberté de réclamer contre le jugement, & de persévérer dans leurs erreurs. Aussi Febronius nous assure-t-il par cette raison, que la *cause ne fut pas effectivement ni pleinement terminée* (274), & la preuve qu'il allegue, c'est qu'elle

---

(*a*) Luther mourut au mois de Février 1546, & le concile de Trente ne fut terminé qu'en 1563.

fut examinée de nouveau par le Pape Zozime, & que le Pélagianisme fut condamné une seconde fois au concile d'Éphese (275).

Ainsi suivant Febronius la cause fut finie, mais de maniere que le jugement d'Innocent I n'exigeoit point de soumission de la part de ceux qui croyoient que le Pape avoit mal jugé ; que la *cause fut finie*, mais cependant qu'elle ne fut pas *effectivement ni pleinement terminée*. Voudroit-on bien nous expliquer en quoi consiste cette différence entre une cause *finie* & une cause non *effectivement terminée ?* Quoiqu'il en soit, voilà Pélage & ses sectateurs à couvert de l'anathême jusqu'au concile d'Éphese. C'est de cette maniere que Febronius conserve l'unité, en faisant rentrer dans l'Église ceux qu'elle a rejetés de son sein. Il est fâcheux pour lui de se trouver ici en contradiction avec les Peres de l'Église & avec son apologiste même (276).

Les Jansénistes justifiés suivant la maxime de Febronius. Luther & Pélage étant absous, les Jansénistes n'auront pas de peine à obtenir grace. Febronius semble d'abord les désapprouver : mais il nous apprend en même-tems qu'ils n'ont pas encore été condamnés par un jugement *légal & irréformable :* " Quoique, le Janséniste, dit-il,
" ne soit pas encore condamné *en dernier ressort & en*
" *forme*, il doit cependant reconnoître qu'il y a aujour-
" d'hui *tout le matériel*, pour prévoir qu'il sera condamné
" dans un futur concile général. Or, non-seulement
" on peche contre Dieu & contre l'Église, lorsqu'on
" continue à s'attacher à *ce qui a été condamné de*
" *fait par un dernier jugement des Peres* ; mais encore
" lorsque les matieres ayant été discutées, on répand,
" on s'obstine à soutenir une doctrine qu'on prévoit
" ou qu'on doit prévoir prudemment devoir être con-
" damnée, quand les Peres seront assemblés avec le
" souverain Pontife. Ce pourquoi S. Augustin regardoit
" la cause des Pélagiens comme finie, quoiqu'il n'ignorât
" pas que parmi ces hommes obstinés, il y avoit encore
" dix-huit Évêques qui persistoient dans leurs erreurs,
" après avoir interjeté appel au concile général (277)."

Jamais notre Docteur ne s'enveloppe avec plus de foin, que lorsqu'il devroit s'expliquer avec plus de précision. Que veut-il en effet nous faire entendre par ces mots : *Tout le matériel est déja posé pour faire prévoir au Janséniste, qu'il sera condamné dans un futur concile général* ? Qu'est-ce que ce *matériel* ? Est-ce le jugement du souverain Pontife & des Évêques dispersés ? Mais si un pareil jugement n'est pas infaillible, il ne peut être la regle de ma foi. Je ne suis donc point obligé de croire & je dois examiner. Aussi notre jurisconsulte se borne-t-il à blâmer seulement ceux qui s'obstinent à *répandre* ou à *soutenir* la doctrine de Jansénius.

Mais le Janséniste conduit par les principes de Febronius, l'opposera ici à lui-même. Car ce Docteur enseigne que le zele ardent d'un petit nombre d'Évêques, soit dans les conciles, soit hors des conciles, peut ramener les autres à la vérité ; & que Dieu peut se servir de la réclamation d'un seul ou de plusieurs ministres, même du second ordre, pour la faire triompher (278) ; mais si un petit nombre d'Évêques ou même de ministres du second ordre peut, par sa réclamation, préparer la voie au triomphe de la vérité, cette réclamation n'est donc plus un crime de leur part, malgré le jugement du souverain Pontife & des autres Évêques dispersés. Elle deviendra même un devoir, lorsqu'on se croira destiné de Dieu à ramener les Évêques à la saine doctrine, & plus le parti opposé sera nombreux, plus on se croira obligé d'élever la voix & de redoubler ses efforts pour empêcher l'erreur de prévaloir. Le Janséniste pourra se tromper ; mais sa bonne foi lui conservera devant Dieu tout le mérite de son zele. Comment Febronius pourroit-il le condamner ?

Ce Docteur entend-il au contraire par le mot de *matériel*, la discussion déja faite des points contestés, & la lumiere qu'elle a répandue sur ces points ? Mais alors la soumission qu'on doit à un décret émané du souverain Pontife & des Évêques dispersés, dépendra encore de l'examen qu'on fera de la doctrine condamnée ;

& l'autorité disparoîtra avec le devoir de l'obéiffance. Les chofes refteront au même état où elles étoient avant le jugement, ainfi que nous venons de l'obferver au fujet des Pélagiens. Le Janféniste en appellera du jugement des Évêques à fon jugement particulier, à l'exemple des Proteftans, & fe gardera bien de convenir de la juftice du décret : il dira qu'il voit tout le contraire de ce qu'on veut lui faire voir. De quel droit Febronius iroit-il fcruter les cœurs ? Comment pourra-t-il le convaincre du contraire ?

Bien plus, ce Docteur qui a déja condamné les Janféniftes, n'ofe ailleurs les juger. " Je n'approuve " ni ne défapprouve, dit-il, le concile d'Utrecht tenu " en 1763. Il me paroît feulement (abftraction faite " de la conftitution *Unigenitus*, dont on a fouvent " parlé,) que le dogme de la grace y a été expofé " d'une maniere affez catholique (279). "

Cependant on fait que la doctrine de la Petite Église fur la grace, eft la même que celle que le corps épifcopal a condamné dans Janfénius (280), c'eft-à-dire cette même doctrine qu'on ne fauroit *foutenir* ni *repandre* fans crime, fuivant Febronius. Mais voici une nouvelle contradiction.

Selon Febronius, on peche contre Dieu & contre l'Église, en foutenant la doctrine de Janfénius qu'on doit prévoir, devoir être condamnée par un futur concile général. Or la petite Église d'Utrecht foutient cette doctrine ; donc elle peche contre Dieu & contre l'Église. Donc le Pape a eu raifon de la féparer de l'Église univerfelle. Donc le concile d'Utrecht étoit une affemblée au moins fchifmatique. Donc fes actes étoient un attentat fûr de l'autorité épifcopale, à laquelle il n'avoit aucun droit. Pourquoi donc Febronius n'ofe-t-il pas condamner ce concile ?

Paffons-lui cependant toutes ces contradictions, & fuppofons, avec lui, que la Petite Église puiffe être excufée. Si elle peut être excufée fur fon obftination, elle peut l'être lorfqu'elle s'eft donnée des Évêques, lorfqu'elle a érigé de nouveaux évêchés, lorfqu'elle en a réglé les limites, indépendamment de l'autorité du S. Siege. Elle pourra être autorisée à envoyer des Évêques dans toutes les parties du monde, pour y faire des ordinations, pour gouverner les dioceses, pour réformer la discipline, pour administrer les sacremens, & pour y exercer toutes les fonctions de l'épiscopat. Ces conséquences sont révoltantes je l'avoue ; mais elles sont une suite nécessaire des maximes de Febronius. Le Pape a exercé ce droit dans le monde chrétien, le fait est incontestable ; or Febronius nous apprend que ce même droit est commun à tous les Évêques, qu'ils peuvent l'exercer par-tout comme le Pape, & à son défaut, dans le cas d'utilité ou de nécessité. En partant de ce principe, la Petite Église qui se prétend seule dépositaire de la foi des Apôtres, ne se croira-t-elle pas autorisée à étendre son zele sur toutes les Églises du monde chrétien, pour empêcher les pasteurs mercenaires de séduire les peuples, & pour y conserver l'intégrité de ce dépôt sacré, auquel les décrets des souverains Pontifes, & la doctrine des Évêques portent une si mortelle atteinte ? Quelle nécessité plus urgente ? Si l'Église d'Utrecht peut être excusée dans son erreur, elle le sera dans toutes les conséquences qui, dans le système de Febronius, doivent nécessairement s'en suivre. Mais est-ce-là le moyen de maintenir l'unité du gouvernement ?

Les Quesnélistes justifiés selon la maxime de Febronius. Les Quesnélistes qui viennent à la suite de Jansénius, vont être traités avec encore plus de faveur. Febronius nous apprend que « la constitution *Unigenitus*, (qui » a proscrit les cent & une propositions de Quesnel,) » n'est point généralement reconnue en France, comme » un jugement dogmatique de l'Église universelle ; » qu'à la vérité la cour de Rome affirme que cette » constitution est un décret dogmatique ; mais que » la nation françoise le nie, elle qui doit être mieux » instruite sur ce fait que les autres Églises (281); » & Febronius doit le nier encore plus fortement, puisque les Quesnélistes n'ont pas encore été condamnés par un concile œcuménique.

Il allegue en preuve le silence imposé à ce sujet par les déclarations des Rois de France, & par les arrêts des Parlemens. Reprenons.

La constitution Unigenitus *n'est pas généralement reconnue en France comme un jugement dogmatique de l'Église universelle.*

Cependant le Clergé de France l'a expressément reconnue comme *un jugement de l'Église universelle en matiere de doctrine*, dans plusieurs de ses assemblées générales, sur-tout dans celle de 1765 (*a*), dont les actes ont été souscrits de tous les Évêques du royaume, à l'exception de quatre (*b*). Le Prince l'a reconnue comme telle par sa déclaration de 1730. Tous les Parlemens l'ont reconnue comme telle en enrégistrant la déclaration, & il n'est aujourd'hui aucun Évêque dans l'Église catholique, il n'en est aucun, pas même parmi les quatre qui ont refusé de souscrire aux actes de l'assemblée de 1765, qui ait réclamé contre la déclaration du Clergé. Aussi Febronius, d'ailleurs si hardi dans ses fausses attestations, n'ose-t-il dire que c'est le corps épiscopal, mais seulement que c'est la *nation françoise*, qui refuse à la constitution, la dénomination *de jugement dogmatique de l'Église universelle*. Mais delà deux fatales conséquences qui tendent encore à diviser l'Église.

Car 1º. si l'enseignement du corps épiscopal est contraire à la foi des peuples, voilà le corps des fideles séparé du corps des premiers Pasteurs, puisque

---

(*a*) »En reconnoissant, comme nous l'avons toujours *reconnu*, que la constitution *Unigenitus* est un jugement dogmatique de l'Église universelle, ou, ce qui revient au même, un jugement irréformable de cette même Église, en matiere de doctrine, nous déclarons avec le souverain Pontife Benoît XIV, que les réfractaires, à ce décret, sont indignes de participer aux sacremens, & qu'on doit les leur refuser même publiquement comme aux pécheurs publics.» Exposition sur les droits de la puissance spirituelle, extraite du procès verbal de l'assemblée du Clergé de France en 1765. Sur ce mot *reconnu*, le Clergé cite les lettres des Évêques assemblés extraordinairement en 1738, la lettre de l'assemblée de 1730, la lettre des Évêques au Roi en 1752, les remontrances de 1755, de 1760 & de 1761.

(*b*) V. ci-après, ch. 4 de cette 5me. part.

leur foi n'est plus la même. S'il n'y a plus d'unité dans la doctrine, il n'y a plus aussi d'unité dans le gouvernement, puisque les brebis & les pasteurs marchent par des routes opposées : où faudra-t-il donc chercher la foi ? Sera-ce dans la croyance des fideles, sera-ce dans l'enseignement des pasteurs ? Et que deviendra l'Eglise ainsi divisée ?

2°. Si lorsqu'un décret a été reconnu pour un jugement de l'Église universelle, en matiere de doctrine par le corps épiscopal, & sur-tout par les Évêques du royaume, où l'hérésie a pris naissance ; si lorsque ce décret a été reconnu comme un jugement de l'Église universelle, par le Prince lui-même, & par tous les tribunaux du royaume ; la réclamation de quelques tribunaux postérieurs à la déclaration du Prince & à l'enrégistrement ; si les appels de quelques prêtres & de quelques laïques, peuvent empêcher que le décret soit censé adopté par la nation, & qu'il porte le caractere d'infaillibilité attaché à un décret dogmatique de l'Église universelle ; dès-lors l'autorité de l'Église s'écroule avec la foi, puisqu'il n'y aura presque plus de décision de l'Église à laquelle on ne puisse contester ce caractere. La réclamation d'un petit nombre d'Évêques, de quelques prêtres, de quelques laïques, suffira pour rendre le jugement douteux ; je n'en excepte pas même les décrets des conciles œcuméniques, qui n'ayant point reçu des promesses plus spéciales de l'assistance divine, que l'Église dispersée, ne sauroit avoir aussi plus d'autorité.

Dès-lors encore les sectes les plus pernicieuses, celles des Ariens, des Nestoriens, des Sociniens, des Luthériens, des Calvinistes, toutes celles qui sont plus nombreuses que les Quesnélistes, celles qui datent de plus haut, qui s'étendent beaucoup plus loin, qui réclament depuis plus long-tems & avec plus de force, ne pourront plus être traitées d'hérétiques, puisque les décrets qui les proscrivent, n'auront plus le caractere d'infaillibilité nécessaire pour régler notre croyance. L'Église assemblée ou dispersée, dût-elle prononcer mille fois anathême contre ces sectes : de pareils décrets ne seront plus regles de foi ; & les fideles n'ayant plus d'autorité qui fixe leur croyance, marcheront tous par des routes différentes, selon leurs jugemens particuliers, s'anathématiseront réciproquement, sans pouvoir jamais se réunir, tant qu'il y aura un certain nombre de réfractaires qui soutiendra que l'Église a mal jugé.

Ce n'est point ici le lieu d'examiner quelle est la nature du silence imposé par les déclarations du Prince, sur la constitution *Unigenitus* (a). Il nous suffira de remarquer qu'un décret revêtu de l'autorité de l'Église, ne peut changer de nature par la disposition des loix politiques ; qu'il n'est point au pouvoir des hommes de l'infirmer, ni de dispenser les fideles de l'obéissance qu'ils lui doivent ; & qu'enfin, les déclarations de 1752 & 1754, qui parlent du silence, reconnoissent que la bulle *Unigenitus* est un jugement de l'Église universelle en matiere de doctrine ; car elles renouvellent toutes les déclarations précédentes, données à l'occasion de la constitution, & conséquemment la déclaration de 1730, qui donne cette dénomination à la bulle.

Troisieme maxime de Febronius, destructive de l'unité : égalité de pouvoir dans tous les Évêques. Tous les Apôtres ayant reçu mission pour gouverner l'Église universelle, & chaque Évêque étant héritier de la puissance apostolique, chacun d'eux a reçu aussi le droit d'exercer la même puissance dans l'Église universelle, nonobstant la division des dioceses, lorsque la nécessité ou l'utilité évidente de l'Église l'exigent : & non-seulement il en a le droit, mais encore il le doit ; quoique le Pape y soit plus spécialement obligé, en vertu de sa primauté (282).

Delà il suit que comme le Pape peut de l'aveu de Febronius, en vertu de cette jurisdiction qui lui est commune avec tous les Évêques, réformer les décrets des autres Évêques & des conciles ; comme il peut excommunier & déposer les coupables, casser les ordi-

___
(a) V. ci-après ch. 4 de cette 3me. partie, §. 6.

nations irrégulieres, ordonner de nouveaux Évêques, rétablir ceux qu'il juge avoir été injustement déposés ; les Évêques pourront exercer aussi le même droit dans toutes les parties du monde chrétien, lorsqu'ils le croiront nécessaire. Et comme il n'y a guere de dioceses où il n'y ait des abus à corriger : il n'y en aura presque point où les Évêques ne se croient en droit d'intervenir, sur-tout si les plaignans les appellent à leur secours, de la même maniere que le Pape est intervenu pour connoître des abus qui s'étoient glissés dans les Églises particulieres. L'Église Romaine où on croit appercevoir les plus grands désordres, sera elle-même comme le champ commun où chacun se croira en droit de venir exercer son zele, pour statuer, pour corriger, pour gouverner, d'autant mieux que le Pape n'a point d'Évêque supérieur dans la hiérarchie auquel on puisse recourir. Mais ce que les uns voudront réformer comme des abus, les autres voudront le maintenir comme de louables pratiques. Tous étant égaux, personne ne sera obligé d'obéir : & il n'y aura plus de subordination, plus de gouvernement, plus d'unité.

Aura-t-on recours aux Métropolitains, aux Patriarches, aux conciles pour terminer les contestations ? mais qu'on se rappelle ce que nous avons déja dit là-dessus, pour en montrer l'insuffisance ; & qu'on n'oublie pas sur-tout qu'il s'agit ici d'un gouvernement tel qu'il a été établi par J. C., & qui, antérieurement à toute loi humaine, devoit avoir, en vertu de son institution primitive, la forme nécessaire pour conserver son unité.

Quatrieme maxime destructive de l'unité : inséparabilité de la puissance d'ordre & de la puissance de jurisdiction, même quant à l'exercice. Tous les Évêques étant originairement égaux en jurisdiction (283), & cette jurisdiction étant aussi immuable que les autres vérités évangéliques ; il n'y a ni prescription ni aucun autre titre qui puisse prévaloir contre elle. " Ces titres " seroient préjudiciables au troupeau de J. C. & au " salut des ames, par la négligence ou par l'abdication " des droits épiscopaux, ou de quelques-uns de ces

» droits. On ne fauroit prefcrire contre la volonté , ni le
» commandement de J. C. , ni contre le droit des gens, ni
» enfin contre l'intérêt public du monde chrétien (284).
» La puiffance de l'ordre & la puiffance de jurifdiction
» font donc tellement connexes par l'inftitution de
» J. C., qu'il répugne à leur nature de les féparer ; ce
» feroit même un crime de l'entreprendre (285) , ainfi ,
» malgré les ténebres de l'erreur que la fuperftition a
» répandues dans l'Églife, les Évêques peuvent fe
» réintégrer dans leurs droits primitifs , en aboliffant
» les réferves faites au S. Siege (286). »

Tous les théologiens avouent que la puiffance de l'ordre & la puiffance de jurifdiction font inféparables, fi on les entend de ce pouvoir *radical* que les Évêques reçoivent en vertu de leur ordination , & qui confifte dans le droit d'en exercer les fonctions fur le peuple , à moins que l'exercice de ce droit ne foit fufpendu pour des caufes légitimes. Mais tous les Catholiques enfeignent auffi que ces pouvoirs ne font pas inféparables quant à l'exercice, c'eft-à-dire que ces pouvoirs peuvent être modifiés, ou fufpendus par les fupérieurs eccléfiaftiques.

Or ce n'eft pas du pouvoir *radical* que Febronius veut parler ici : autrement il ne prouveroit rien: puifque ce pouvoir exifte toujours dans toute fon intégrité , quoiqu'il foit modifié , ou fufpendu par les réferves faites au S. Siege. Il ne peut donc l'entendre que de l'exercice du pouvoir , ou pour parler le langage des théologiens , du pouvoir *in actu fecundo*.

Cela pofé , je dis que Febronius en foutenant que l'exercice du pouvoir de jurifdiction eft inféparable du pouvoir de l'ordre , infulte à la pratique de l'Églife univerfelle qui , depuis les premiers fiecles, a introduit les réferves. Je dis qu'il contredit le concile de Trente, puifque fuivant ce concile le Pape peut en vertu de fa puiffance , fe réferver les cas les plus graves. Je dis qu'il fe met en contradiction avec lui-même , puifqu'il enfeigne d'après Barthelius , qu'*on ne doit point fupprimer toute réferve , mais feulement réformer*

les

les abus (a). Il avoue même qu'il est convenable de réserver au S. Siege la connoissance de certaines causes majeures (b); je dis, enfin pour me renfermer dans mon sujet, qu'il renverse l'ordre établi dans la hiérarchie de l'Église par les loix canoniques, qui restreignent la liberté du pouvoir que J. C. a donné aux Évêques dans la personne des Apôtres.

En effet, si la restriction du pouvoir épiscopal, quant à l'exercice, est contraire au droit divin; la division des dioceses sera aussi contraire au droit divin, puisqu'elle restreint la jurisdiction des Évêques dans un territoire particulier; l'érection des Églises patriarchales & métropolitaines sera contraire au droit divin, à cause du pouvoir annexé à ces Églises, en ce qu'elle déroge à l'égalité que J. C. a établie entre les Apôtres, quant à la jurisdiction; les réserves faites aux Patriarches en vertu de leurs titres, les réserves mêmes faites au souverain Pontife, comme Patriarche d'Occident, seront abusives; la supériorité de puissance qu'ils ont reçue, sera illégale, en ce qu'elle leur donne jurisdiction pour connoître des causes qui concernent le gouvernement des Églises de leur patriarchat, & de réformer les décrets des Évêques; car il n'est pas plus contraire à l'institution de J. C. de restreindre l'étendue des pouvoirs primitifs des Évêques, que de restreindre leur liberté, en les mettant dans la dépendance.

(a) " *Non omnis propterea reservatio Papæ deneganda : servetur modus, tollatur abusus, aurea in omnibus servetur mediocritas.* " Febr. de Stat. Eccl. tom. 1, c. 17, §. 4, n. 11, p. 568.

(b) *Hæc summa pontificiorum reservatorum quæ in primatu fundantur, defluentium partim, imò ut plurimum, immediatè ex jure divino, partim deductorum ex convenientiâ hujus juris & instituti, partim ab Ecclesiâ, ad melius esse, adjectorum.* Ib. c. 2, §. 4, n. 10.

ARTICLE III.

Les moyens que propose Febronius pour enlever la jurisdiction à l'Eglise Romaine, sont aussi destructifs de l'unité, que ses maximes mêmes.

Parmi ces moyens, j'en remarque six qui ont ce caractere, savoir: les appels des rescrits des Papes au futur concile œcuménique; l'assemblée des conciles nationaux pour réduire la jurisdiction des souverains Pontifes; la soustraction d'obéissance au S. Siege; la résistance à ses décrets; la rétention des bulles; l'autorité des Princes catholiques pour réformer le gouvernement ecclésiastique. Examinons chacun de ces moyens en particulier.

Premier moyen que suggere Febronius, destructif de l'unité de l'Église, savoir: Les appels des rescrits des Papes au futur concile. Les appels des rescrits des Papes au futur concile œcuménique (*a*).

Je fais d'abord là-dessus cette question à Febronius: De pareils appels suspendront-ils l'exécution des rescrits, ou ne la suspendront-ils pas? s'ils ne la suspendent point, ils deviendront inutiles pour empêcher les prétendus abus. Aussi n'est-ce pas-là certainement ce qu'il a prétendu. Mais s'ils suspendent l'exécution des rescrits, ils deviennent un mal réel & le plus grand de tous les maux; en ce qu'ils infirment la seule autorité existante, hors des conciles généraux, capable de conserver l'unité de l'Église sur les contestations qui s'éleveront, & de réprimer les abus & les schismes qui peuvent s'introduire, ainsi que nous l'avons déja expliqué. On appellera également des décrets justes & injustes; & en attendant l'assemblée d'un concile œcuménique, qui ne se tiendra peut-être qu'après plusieurs siecles, tout demeurera en suspens, chacun aura la liberté de suivre son opinion particuliere.

Le jugement même de l'Église dispersée sera insuffisant; car l'Église, suivant Febronius, ne juge *en dernier ressort & en forme* que dans les conciles; &

(*a*) Febr. de Stat. Eccl. tom. 1, c. 9, §. 9, p. 765.

nous avons vu que suivant ce même Docteur, le jugement de l'Église devenoit toujours équivoque & insuffisant, quand il y avoit de la division & du trouble.

Ainsi les rescrits du chef de l'Église, n'ayant plus d'exécution, il n'y aura plus dans l'Église d'autorité suffisante & nécessaire pour ramener l'ordre, hors le tems de la tenue des conciles œcuméniques. L'esprit de parti & les hérésies confondront tout ; & plus le zele des sectaires sera ardent, plus ils seront nombreux, plus aussi les maux seront incurables.

Febronius reconnoît lui-même qu'il y a des appels abusifs (*a*) ; & seroit-il possible en effet d'en disconvenir ? Mais en attendant que les conciles généraux s'assemblent, qui prononcera sur la légitimité des appels ? il faudra donc les supprimer tous, ou les admettre tous indistinctement, à moins que ces rescrits n'aient un caractère évident d'injustice, (ce qui ne se suppose presque jamais (*b*),) & qui rendroit nul par-là-même, le jugement du S. Siege, indépendamment de tout appel.

Subterfuge de Febronius. Febronius répond que les appels seront nuls, si le Pape dont il est appellé, met obstacle à la convocation des conciles, & si l'appellant est d'ailleurs disposé à se soumettre au jugement de ce tribunal.

Mais l'auteur a-t-il bien réfléchi sur cette réponse ? Car 1°. la nullité de l'appel vient de ce qu'il est inutile, de ce qu'il est contraire à l'ordre de tout gouvernement, en ce qu'il introduit l'anarchie : or ces raisons prises dans la nature de ces sortes d'appels, sont indépendantes des obstacles que les Papes pourroient apporter à la convocation des conciles.

2°. Si l'appel est invalide lorsque les Papes mettent de pareils obstacles ; il faudra donc savoir s'ils les mettent en effet, pour juger de la validité de l'appel ; or comment s'en assurer ? comment le prouver ? Rien qui soit plus sujet à des conjectures arbitraires. Rien

---

(*a*) Febr. Ib. §. 11, p. 451.
(*b*) V. ci-dev. part. 1, ch. 3, max. 4 & part. 3. ch. 1, §. 2.

qui soit plus facile de supposer ou de nier. Chacun prononcera donc suivant ses intérêts ou ses préjugés, sur la validité d'un acte qui doit décider de l'obéissance des inférieurs, & d'où dépend l'ordre du gouvernement ecclésiastique.

3°. Si la validité de l'appel dépend encore des dispositions de l'appellant ; il faudra de plus, s'assurer de ces dispositions. Or comment sonder les cœurs ? comment établir sur une connoissance qui ne peut être que conjecturale, l'autorité des actes les plus importans du gouvernement de l'Église universelle ? car il ne s'agit pas ici du for de la conscience, par rapport à l'appellant : il s'agit du for externe, par rapport à la validité des actes juridiques qui concernent le gouvernement.

4°. Si l'appel est valide, lorsque le Pape ne met aucun obstacle à la convocation des conciles, le Pape a donc une véritable jurisdiction dans l'Église : autrement en vertu de quel titre pourroit-il connoître des appels ? Or si l'appel est valide lorsque le Pape ne met aucun obstacle à la convocation des conciles, & lorsqu'il n'y a plus d'autre moyen pour maintenir l'ordre, la jurisdiction du Pape devient alors nécessaire ; elle doit donc être de droit commun ; elle doit être de droit divin ; autrement J. C. en instituant son Église, lui auroit donné une forme défectueuse, en manquant d'établir au milieu d'elle une jurisdiction qui lui devenoit nécessaire.

5°. Les conciles œcuméniques deviennent rarement possibles, sur-tout dans la situation où se trouve l'Europe, actuellement partagée en une multitude d'États, & cette possibilité étant dépendante de la volonté de plusieurs Princes, de leurs intérêts respectifs, de leurs positions, d'une infinité de circonstances qui concourent rarement ensemble. On ne peut donc pas présumer, encore moins affirmer, sur-tout dans les circonstances présentes, où Febronius conseille de pareils appels, que les obstacles qui s'opposent à la convocation des conciles, viennent de la part des souverains Pontifes, & nous ne craignons pas de le défier hardiment de prouver le contraire.

D'ailleurs, fi l'on peut appeller du décret des Papes au futur concile ; on pourra y appeller aussi, des décrets des Métropolitains & des conciles particuliers.

Febronius prévoit cette fatale induction ; & il tâche de l'écarter en nous avertissant que les jugemens des Papes ne sont pas *ordinairement des jugemens juridiques & proprement dits* ; mais *une simple déclaration du sentiment des souverains Pontifes*, & cette déclaration ne peut *faire regle pour tout le monde chrétien, qu'en vertu de l'autorité & du sceau de l'Église*, qui intervient (287).

Notre Docteur ne se corrigera-t-il donc jamais de ces généralités qui, ne montrant aucun point fixe, répandent des doutes sur la validité des actes les plus essenciels de la jurisdiction ecclésiastique, & ouvrent une libre carriere à l'indépendance ? Les jugemens des Papes, dit-il, *ne sont pas ordinairement des jugemens juridiques & proprement dits*. Mais 1°., quels sont donc ces jugemens des Papes qu'on peut appeller juridiques, & auxquels on est obligé de se conformer ? Car il est d'une absolue nécessité pour l'ordre du gouvernement, que l'on puisse reconnoître à des caracteres distinctifs & manifestes, la validité d'une regle qui doit déterminer l'obéissance de toutes les Églises du monde chrétien.

2°. Que Febronius réponde à ce dilemme : Ou les Papes ont jurisdiction dans l'Église occidentale, (car il n'est question dans ses ouvrages que des abus introduits par rapport à cette Église) ou ils ne l'ont pas ; s'ils ne l'ont pas, il faudra abolir aussi la jurisdiction des Patriarches & des Métropolitains ; car Febronius ne sauroit disconvenir au moins, que les Papes n'aient jurisdiction dans l'Église occidentale, en qualité de Patriarche ; & qu'il n'est aucun Métropolitain, aucun Patriarche, dont les droits soient aussi évidemment établis par l'usage, par l'autorité des canons & la doctrine des Peres : donc si les Papes n'ont point de jurisdiction sur l'Église occidentale, les jugemens des Patriarches &

des conciles mêmes particuliers, dont la jurifdiction n'eft fondée que fur le droit eccléfiaftique, n'auront pas plus d'autorité pour réformer les abus, que les décrets du S. Siege ; & comme il fera permis d'appeller des jugemens du S. Siege au futur concile œcuménique, il fera auffi permis d'appeller à ce futur concile des jugemens des Patriarches, des Primats & des conciles particuliers.

Deuxieme moyen deftructif de l'unité. L'affemblée des conciles nationaux, pour régler les droits du S. Siege. Deuxieme moyen. Affembler un concile national, où après avoir expofé les anciens ufages & les anciens canons de l'Eglife, on laiffera à Rome les droits qui lui appartiennent, & on reprendra ceux qu'elle a ufurpés.

Eh bien fuppofons qu'on réduife ce moyen en pratique : voilà chaque Eglife particuliere affemblée dans un concile national, chacune jugera donc en dernier reffort, des bornes qu'elles doivent mettre à l'autorité de leur chef ; chacune la reftreindra plus ou moins, & fera tel autre changement qu'elle jugera convenable dans fa difcipline, dérogeant felon fa volonté, à l'ordre établi par les canons, par les conciles, par l'ufage conftant & général de l'Eglife univerfelle. Chacune inftituera pour elle, un gouvernement particulier fans aucune fubordination, ni à l'égard du S. Siege ni à l'égard des autres Eglifes : enfin on inftituera un Patriarche, (Febronius nous l'infinue, & nous apprend qu'on le peut malgré l'oppofition du S. Siege,) dans le cas où cela paroîtra néceffaire pour rétablir l'ordre , fi le Pape s'oppofe aux réglemens de réforme, arrêtés dans le concile national ; & s'il fe fépare de l'Eglife nationale (288). L'Eglife anglicane n'aura donc fait qu'ufer de fes droits fous Henri VIII, en fe fouftrayant à la jurifdiction du S. Siege, en s'élevant contre le décret, qui caffoit le mariage d'Anne de Boulen. Car quoiqu'elle fe foit trompée fur ce point de droit, fon jugement n'aura pas été moins juridique ; & par conféquent fon jugement auroit dû prévaloir fur celui du S. Siege, qui n'avoit point de jurifdiction. Elle n'aura fait encore qu'ufer de ſes droits en méprifant les cenſûres de Rome, en aboliſſant l'état monaſtique, en permettant le mariage des Prêtres, en inſtituant une nouvelle liturgie, & en établiſſant ainſi ſa réforme, par la ſuppreſſion des prétendus abus de la Cour Romaine. Mais ſi toutes les Égliſes nationales ont la même liberté, où ſera l'unité ? Le concile même œcuménique n'aura plus d'autorité ſur ces Égliſes nationales. Leur réclamation ſuffira ſelon les principes de Febronius (*a*), pour empêcher que ſes déciſions puiſſent porter le ſceau de l'Égliſe univerſelle. Ainſi les Égliſes nationales ne ſeront plus que de grandes portions d'un grand tout, qui, étant indépendantes & entr'elles & à l'égard de leur chef & à l'égard des conciles œcuméniques, n'auront plus de lien extérieur pour conſerver l'unité. Voilà d'abord un premier ſchiſme.

En ſecond lieu, s'il s'élève des conteſtations entre les Égliſes nationales, ou au ſujet des limites des dioceſes limitrophes, ou au ſujet des cauſes nées dans la partie d'un dioceſe qui ſera ſous le domaine de deux ſouverains, quel moyen alors d'y remédier ? Qui jugera ? Car on doit toujours ſuppoſer (ce qui eſt évident) que les conciles œcuméniques ne s'aſſemblent & ne peuvent s'aſſembler que rarement, & qu'il faut cependant toujours un tribunal de dernier reſſort. Que ſera-ce encore ſi ces Égliſes nationales entreprennent de ſe réformer mutuellement. Une pareille ſuppoſition n'eſt point certainement chimérique dans le ſyſtême de Febronius, puiſqu'il prétend que ſi un Évêque néglige de réprimer les abus ou s'il les autoriſe, tous les Évêques pourront indifféremment venir exercer leur juriſdiction ſur ſon troupeau, afin d'y maintenir l'ordre. Ainſi l'Égliſe d'Eſpagne ſe prétendra fondée ſur ce principe, à connoître du gouvernement de l'Égliſe Gallicane, & celle-ci de s'immiſcer dans le gouvernement de l'Égliſe d'Eſpagne, d'Allemagne, d'Italie, &c; Nouvelles diviſions.

―――

(*a*) V. ci-devant art. 2 de ce paragraphe.

Ce n'est pas assez. Comment les Églises nationales, après s'être formé un gouvernement arbitraire & indépendant des autres Églises & du S. Siege, pourront-elles conserver leur unité particuliere ? Sera-ce par la tenue des conciles nationaux ? Mais ces conciles sont encore très-rarement possibles, sur-tout dans les États où la Religion catholique n'est pas la Religion dominante. Sera-ce par l'institution d'un Patriarche dans chaque nation ? Mais à quel titre un concile national pourra-t-il l'instituer ? Ce titre, tel qu'on veuille le supposer, sera toujours au moins douteux. S'il est douteux, la validité de l'institution le sera aussi ; la jurisdiction attachée à cette institution, le sera de même ; or une jurisdiction douteuse ne peut jamais former une autorité suffisante pour maintenir l'unité, par le devoir de la subordination ; puisqu'on n'est tenu d'obéir qu'à une autorité connue.

Supposons cependant l'institution d'un Patriarche généralement reconnu, supposons la tenue même d'un concile national qui ait réglé la forme du gouvernement ; chaque Église provinciale ne sera pas plus obligée à l'obéissance envers ce concile national, ni envers le Patriarche institué tout récemment par une Église particuliere, institué sans aucun titre primitif, qui tienne à l'institution divine, que ne l'étoient les Églises nationales à l'égard des conciles œcuméniques, & à l'égard du chef de l'Église universelle ; de ce chef dont l'autorité prenant sa source dans la mission de S. Pierre, a été si bien établie par les canons & par l'usage constant de plusieurs siecles. Chaque Église provinciale sera donc, au moins, à l'égard du Patriarche de la nation, & à l'égard du concile national, ce que sont les Églises nationales elles-mêmes à l'égard du souverain Pontife & des conciles œcuméniques ; car l'autorité du souverain ne sauroit influer par elle-même sur la validité des actes de la puissance spirituelle. Chaque Église provinciale pourra donc aussi réformer son Patriarche, en restreindre ou en révoquer les pouvoirs, & déroger aux réglemens du concile national. Par la même raison chaque Évêque aura le même droit à l'égard de son Métropolitain ; les clercs du second ordre & les laïques l'auront aussi à leur tour à l'égard de l'Évêque diocésain ; car, suivant Febronius, la jurisdiction ecclésiastique appartient en propriété au corps des fideles : ils peuvent l'exercer, & ils l'exercent même en effet personnellement par le consentement qu'ils donnent aux décrets des Évêques, ou par leur réclamation. C'est ainsi qu'en brisant la chaîne qui tient toutes les Églises réunies par la subordination à leur chef commun, on rompt, non-seulement les liens qui unissent l'Église universelle, mais encore ceux qui unissent chaque Église nationale.

En voulons-nous des exemples ? Jettons les yeux sur les Églises qui se sont soustraites au S. Siege. L'Église greque schifmatique, est partagée en autant d'Églises indépendantes qu'il y a de patriarchats ; & chacune de ces Églises patriarchales, ne conserve encore quelque unité, que parce que les Grecs respectent les canons qui établissent la jurisdiction des Patriarches sur les Églises de leur ressort. En Allemagne, presque autant d'Églises indépendantes qu'il y a de petits États protestans. Les Protestans d'Angleterre, de Hollande, de Suisse, de Geneve, composent tout autant d'Églises isolées. Celle de Hollande est divisée en plusieurs sectes, chacune indépendante dans son gouvernement. Celle d'Angleterre en renferme une multitude d'autres sectes, également indépendantes ; & si celle des épiscopaux qui est la dominante, y conserve encore une espece d'unité, c'est qu'elle se trouve subordonnée au Prince ; car c'est-là qu'il faut en effet nécessairement aboutir en derniere analyse, pour maintenir l'ordre dans le gouvernement ecclésiastique, quand on s'est une fois soustrait à l'autorité de son chef; parce qu'il faut toujours une autorité vivante, qui soit en état d'agir, de juger en dernier ressort, de manifester ses volontés d'une maniere non équivoque, & de se faire obéir.

Troisieme moyen destructif de l'unité de l'Église La soustraction à l'obéissance du S. Siege. La soustraction à l'obéissance du souverain Pontife, non pas, dit Febronius à cette obéissance qui est de droit divin, mais à celle qui est de droit humain, comme en ce qui regarde la collation des bénéfices, la confirmation des élections, le droit d'appel, &c. *non quidem illa quæ est juris divini, sed quæ humani, quales, ergo gratiâ, esset collatio, &c. (a).*

Ce moyen rentre dans le précédent, parce que les Églises nationales ne peuvent se soustraire à l'obéissance du S. Siege, sans se concentrer chacune dans un genre de gouvernement indépendant, qui lui soit propre; & delà toutes les suites de l'affreuse anarchie que nous venons de remarquer.

Il est vrai que Febronius tâche de pallier ce moyen odieux, en se bornant à la soustraction de cette obéissance, qui n'est que de droit humain.

Mais 1°. si les Églises doivent au Pape une obéissance de droit divin, le Pape a donc sur elles un pouvoir de commandement, & par conséquent un pouvoir de jurisdiction de droit divin: il l'a en vertu de la mission qu'il a reçue de veiller au bien général de l'Église; il l'a par conséquent sur toutes les parties qui regardent son gouvernement; il l'a sur la discipline comme sur le dogme; il l'a, soit dans la partie législative, soit dans la partie judiciaire. La loi de Dieu est générale. *Tu es Petrus & super hanc petram ædificabo Ecclesiam meam. Cùm conversus fueris, confirma fratres tuos. Pasce oves meas, pasce agnos meos.* On ne doit point faire d'exception, lorsque la loi n'en fait pas (b).

2°. Que Febronius nous donne une regle précise pour distinguer cette obéissance de droit divin à laquelle on ne peut se soustraire, de l'obéissance de droit humain à laquelle il est permis de résister. Cette derniere obéissance regarde sans doute la jurisdiction que le Pape exerce dans l'Église universelle, par rapport aux réserves qui restreignent les droits des Ordinaires. Mais ces

---

(a) *Febr. de Stat. Eccl. tom.* 2, c. 9, §. 4, n. 6, p. 727.   (b) V. le §. 1 & 3 de ce chap.

réserves sont fondées sur les canons adoptés par l'Église universelle. Or s'il est une fois permis de se soustraire à ces canons; ils perdent par-là-même toute leur force; & il n'y a plus de moyen de corriger les abus, de prévenir les schismes, & d'établir une uniformité dans la discipline générale de l'Église.

Quatrieme moyen destructif de l'unité. La résistance au Pape. « Plusieurs des moyens qu'on vient d'exposer, » dit Febronius, sont compris dans la résistance que » les théologiens les plus graves & les canonistes les » plus attachés à la cour de Rome, ne désapprouvent » point, lorsque ses rescrits, ses décrets, ses autres » lettres, ou les faits des souverains Pontifes, sont » contraires à l'institution de J. C., aux saints ca-» nons, &c. (289). »

Oui sans doute, on doit résister aux souverains Pontifes, comme on doit résister à toute puissance humaine, lorsque leurs volontés sont évidemment injustes, ou lorsqu'il est à présumer qu'on a surpris leur religion. On doit leur résister, mais comment? Dans le premier cas, en refusant de coopérer à l'injustice; & dans le second cas, en suspendant seulement l'exécution de leurs volontés, pour leur représenter auparavant avec respect les inconvéniens qui en résultent (*a*). Mais si sous ce prétexte, on se permet, comme Febronius le conseille, d'examiner les ordres émanés d'une puissance supérieure, d'examiner les loix, la forme du gouvernement établi, pour obéir ou pour résister selon qu'on jugera à propos, & pour réformer l'administration; dès-lors il n'y aura plus d'unité, parce qu'il n'y aura plus de subordination; & chacun, à l'exemple des Protestans, entreprendra de réformer comme il le trouvera bon.

Cinquieme moyen destructif de l'unité. La rétention des bulles apostoliques (*b*). Mais pourquoi Febronius oublie-t-il jusqu'à ses propres principes? car il avoit

---
(*a*) V. ci-dev. part. 1, ch. 3.
(*b*) Febr. de Stat. Eccl. tom. 1, c. 9, §. 8, sit. p. 729.

enseigné auparavant que " le Pontife Romain étant le
" premier d'entre les Evêques, la suprême fonction atta-
" chée à son Siege, étoit de s'appliquer à faire observer
" les canons dans tout le monde, d'y maintenir la
" pureté de la foi, & la pratique des mêmes rits
" essenciels dans l'administration des sacremens, afin
" que tous professassent la même doctrine & la même
" morale. " Il avoit dit que " le souverain Pontife avoit,
" en conséquence, la liberté de proposer à l'Église les
" réglemens de discipline, d'avertir ses freres, de les re-
" prendre, &c. (*a*). " Il avoit dit enfin que la primauté du
souverain Pontife à laquelle ce pouvoir avoit été annexé,
étoit nécessaire pour conserver l'unité de l'Église (*b*).

Mais si le souverain Pontife a reçu de J. C. le
pouvoir de faire observer les canons dans tout le monde
chrétien, d'y maintenir la pureté de la foi & la vigueur
de la discipline, le pouvoir de proposer aux différentes
Églises les réglemens de discipline, d'avertir ses freres
& de les reprendre ; il a donc reçu en même-tems
le droit d'adresser ses lettres & ses décrets à toutes
les Églises du monde chrétien. Cette correspondance
est donc d'institution divine. Il n'est donc pas permis
aux Princes de l'interrompre par la rétention des rescrits apostoliques. Pourquoi donc Febronius ose-t-il la
conseiller (*c*) ?

De plus, si ce pouvoir est annexé à la primauté du
S. Siege, pour conserver l'unité dans l'Église, c'est porter atteinte à l'unité, que d'empêcher l'exercice de ce
pouvoir.

*Sixieme moyen destructif de l'unité. L'intervention des
Princes avec pouvoir de réformer.* Sixieme moyen. Faire
intervenir l'autorité des Princes catholiques qui, pour

(*a*) Ib. c. 2, §. 4, n. 1, 2, p. 105, 106. Ib. §. 6, tit, p. 112.

(*b*) *Ideo autem ad Papam referenda sunt quæ ad statum Ecclesiæ pertinent, quia servandæ unitatis in fide, & incorruptæ, in substantialibus, disciplinæ primaria sollicitudo ei incumbit.* Ib. §. 6, n. 6, p. 114.

(*c*) V. ci-dev. part. 2, ch. 1, §. 1, & sur la fin du §. 1. art. 6 du présent chapitre.

se diriger sur les moyens de réformer les Églises, prendront l'avis des ecclésiastiques, & sur-tout des Évêques. *Remedium haberi potest in concordi constituto catholicorum Principum, adhibito, pro eorum directione, ecclesiasticorum, maximè Episcoporum consilio(a).* Febronius enseigne en conséquence, après Duarenus, que *le magistrat a droit de régler ou de réformer la discipline de l'Église* (290).

Ainsi chaque Prince réglera suivant sa volonté, à l'exemple des Rois d'Angleterre, la discipline & le gouvernement particulier des Églises de son royaume; il réglera en dernier ressort tout ce qui regarde les fonctions du S. Ministere, tout ce qui concerne l'ordre public du gouvernement ecclésiastique, avec une pleine indépendance du S. Siege & des autres Églises. Mais où sera donc l'unité de l'Église, lorsqu'il n'y aura plus d'unité dans l'autorité du gouvernement général de l'Église universelle ?

Ce n'est pas assez, les Princes peuvent abuser de leur pouvoir pour favoriser les abus, pour protéger les hérésies, pour scandaliser les peuples. Nous n'en avons que trop d'exemples. C'est Febronius qui nous fournit cette réflexion. *Quandoque Principes, propter propria sua commoda, exorbitantes Romanorum prætentiones tolerant, imò sustinent (b).* Il n'étoit pas à présumer, en effet, que les Princes seroient plus infaillibles sur les matieres de religion, que les successeurs des Apôtres établis de Dieu pour gouverner son Église, avec la promesse solemnelle d'une assistance spéciale. Les Évêques & les fideles ne devront donc pas une obéissance plus absolue aux Princes sur ces matieres, qu'au souverain Pontife. Chacun aura donc aussi le droit de juger après eux, d'acquiescer ou de résister à leurs volontés, selon son jugement particulier; & dès-lors, plus de frein aux abus, plus de termes aux contestations, plus de remede aux troubles & aux schismes, parce

---

(a) *Febr. tom. 1, c. 9, §. 6, tit. p. 721.*   (b) *Ib. de Stat. Eccl. tom. 2, c. 9, §. 5, p. 718.*

que l'autorité ne servira plus de regle. Le Prince ordonnera & punira; mais la contrainte ne fait pas la loi, & la force extérieure ne sauroit agir sur la conscience (a).

Citons sur cet article, à Febronius, le témoignage d'un célebre Protestant, le plus savant de son siecle, & qui ne sera pas certainement soupçonné d'adulation envers le S. Siege. Grotius, ce profond politique, examine les causes des divisions qui se multiplient dans les Églises protestantes; & il en trouve l'origine dans le défaut d'une autorité qui réunit toutes les Églises dans un centre commun; & il ne voit point d'autre moyen de conciliation que " de se joindre à ceux
" qui sont unis à l'Église Romaine. Il enseigne donc
" que la primauté de S. Pierre est nécessaire pour
" conserver l'unité; que cette primauté ne soumet pas
" l'Église à l'arbitraire du Pape, mais qu'elle rétablit
" l'ordre qui avoit été sagement institué (291); que
" la doctrine des Catholiques Romains, sur l'obéissance
" qu'on doit au souverain Pontife, comme successeur
" de S. Pierre pour la gouverner, pour paître les bre-
" bis, & pour maintenir l'unité, n'est pas contraire
" au consentement de l'ancienne Église, puisque S.
" Ambroise appelloit S. Damase, alors Évêque de Ro-
" me, le Recteur de l'Église universelle de J. C. (292).
" Il observe que comme un navire ni une armée ne
" peuvent être bien gouvernés que quand les chefs,
" qui commandent, se terminent à un seul; il doit en
" être de même dans l'Église, quand même elle ne
" seroit composée que de Saints; que Dieu n'aime
" pas toujours à faire des miracles; & que dans les
" meilleures choses, il indique aussi les meilleurs moyens,
" tels qu'un certain ordre dans l'Église pour conserver
" l'unité, ordre que J. C. a établi quand il a donné
" les clefs à S. Pierre (293). "

Dans un autre endroit, après avoir rapporté ces paroles de S. Jerôme: *un des douze Apôtres a été choisi pour en être le chef*, il ajoute: " Sans cette primauté il n'eut

---

(a) V. ci-dev. ch. 1, §. 1 de cette 3me. part.

« pas été possible de mettre fin aux disputes. Aussi n'est-
» il plus de moyens de terminer celles des Protestans.
» Cette primauté est demeurée à l'Église Romaine,
» comme il paroît manifestement par l'histoire : & par
» la même raison d'ordre, il falloit qu'il y eut un chef
» perpétuel dans chaque Église, comme il devoit y avoir
» un chef parmi les douze Apôtres qui présidât au col-
» lege apostolique (294). »

Cet auteur propose, en même tems, »l'un de ces trois
» moyens pour réunir les Protestans, savoir : l'autorité
» d'un bon Pape, ou la convocation d'un concile géné-
» ral, légitimement assemblé parmi les Papistes, ou des
» conférences entre les Princes chrétiens, dont le ré-
» sultat sera communiqué aux Évêques, pour être le
» tout référé au S. Siege, comme étant le lien de la
» concorde ; & il nous apprend qu'il est d'accord sur
» ce point avec de célebres théologiens & d'illustres
» politiques, même parmi les Protestans (295). Enfin,
» dit-il, puisqu'il est impossible d'avoir la paix, si on
» n'observe un certain ordre dans le gouvernement,
» j'aime l'ordre dont l'expérience de plusieurs siecles a
» prouvé la sagesse (296). »

C'est donc ici un auteur protestant, un docte écrivain,
un profond politique, qui tout bien examiné, ne connoît
point d'autre cause des divisions qui partagent les Églises réformées, que le défaut de subordination à l'égard
de l'ancienne Église. Un Protestant qui n'apperçoit point
d'autre moyen pour rétablir l'unité au milieu d'elles, que
de les réunir à cette même Église, qui ne voit point de
possibilité à conserver cette unité, sans reconnoître la
primauté du souverain Pontife ; primauté fondée sur les
promesses spéciales que J. C. a faites à S. Pierre ; primauté qui donne le droit de gouverner & de paître les
brebis ; primauté que l'ancienne Tradition a avouée ;
dont l'expérience a fait sentir la nécessité, à qui toutes
les Églises doivent l'obéissance, & une obéissance telle
que les Églises particulieres doivent à leurs Évêques,
telle que les officiers d'une armée ou d'un navire doivent
à leur général ou à leur capitaine ; obéissance indispen-

sable pour maintenir l'ordre dans tout gouvernement. Enfin c'est un Protestant qui ne permet aux Princes de se concerter sur les moyens de concilier les Églises, qu'en faisant part de leurs projets aux Évêques, & en les soumettant en derniere analyse au jugement du souverain Pontife.

D'un autre côté, c'est un docteur prétendu catholique, qui pour faire rentrer les Protestans dans l'unité, exhorte les Églises nationales à réformer chacune leurs gouvernemens, selon qu'elles le jugeront convenable. C'est un prétendu catholique, qui, au défaut des Évêques, exhorte les Princes à exécuter eux-mêmes son projet de réforme, à regler la discipline & la forme du gouverment ecclésiastique, malgré l'improbation, malgré les anathêmes du S. Siege, après avoir pris seulement l'avis de quelques ecclésiastiques & de quelques Évêques. C'est un prétendu catholique qui reconnoît à la vérité la primauté d'un chef pour maintenir l'unité; mais seulement à l'effet d'inviter, d'avertir, de menacer, &c. qui lui accorde une certaine autorité, mais une autorité destituée de jurisdiction, & par conséquennt du droit de commandement; une autorité à qui on doit l'obéissance, mais une obéissance subordonnée au jugement que les inférieurs porteront de ses décrets. C'est un prétendu catholique qui soutient que l'obéissance suppose dans les Évêques un droit de jurisdiction; que cette jurisdiction leur devient nécessaire pour conserver l'unité dans leurs dioceses, mais qui ne veut point admettre de jurisdiction dans le Pape pour maintenir l'unité dans l'Église universelle. Selon lui, l'obéissance conserve l'ordre lorsqu'elle rend hommage à une autorité de jurisdiction dans la personne des Évêques; l'obéissance renverse l'ordre si elle reconnoît une autorité de jurisdiction dans le souverain Pontife. C'est un Évêque qui traite de nouveauté, d'abus énorme, de despotisme, la puissance de jurisdiction que les Papes ont exercée dans tout le monde chrétien, à la faveur, dit-il, des ténebres de la superstition & de l'ignorance qui s'étoient répandues sur la face de la terre. Enfin c'est un prétendu

tendu catholique qui invite tous les Évêques à secouer le joug de la dépendance, pour redonner à toutes les Églises leur premiere liberté, à briser toutes les entraves que les canons avoient mises à l'exercice de leurs pouvoirs, comme injurieuses à la loi divine, & qui ne voit point d'autre moyen pour redonner à l'Église son ancien lustre, pour y ramener les Protestans, & pour y faire régner l'ordre & l'harmonie. Mais n'insistons pas davantage sur ce parallele, & poursuivons.

ARTICLE IV.

Les motifs que Febronius allegue pour justifier la soustraction d'obéissance, sont aussi destructifs de l'unité que les moyens qu'il propose.

CEs motifs sont fondés sur les droits prétendus abusifs que les Papes exercent : examinons ces droits. Ils peuvent être abusifs ou en eux-mêmes ou par l'usage que les Papes en font : or je dis que vouloir se soustraire à l'obéissance du S. Siege, parce que ces droits sont abusifs ou en eux-mêmes, ou par l'usage que les Papes en font, c'est introduire un germe de schisme dans l'Église, par des principes qui attaquent sa constitution. C'est ce que je vais prouver.

Les droits que le Pape exerce dans l'Église universelle sont-ils abusifs, par leur nature ? Quels sont d'abord en eux-mêmes les droits du S. Siege, que Febronius voudroit principalement supprimer comme abusifs ? Les voici.

Premier droit abusif selon Febronius : droit de jurisdiction. Mais nous avons déja montré que la jurisdiction du souverain Pontife sur toutes les Églises particulieres du monde chrétien, étoit nécessaire à l'unité du gouvernement ecclésiastique, & nous n'insisterons pas d'avantage sur cet article.

Deuxieme droit abusif selon Febronius : le droit d'annate. J'avoue d'abord que ce droit n'est pas immédiatement annexé à l'autorité que le chef de l'Église a reçue de J. C., parce que son autorité est purement spirituelle ; mais j'ajoute qu'il y est annexé d'une maniere médiate & indirecte.

Pour cela il faut observer que les biens ecclésiastiques sont comme les biens d'une grande famille, dont l'Église en corps a la propriété, le clergé l'administration, & les Princes le domaine suzerain. Ces biens doivent donc être administrés pour l'avantage de la Religion, & par les supérieurs ecclésiastiques, qui sont comme les peres de cette grande famille. Par cette raison le Pape, en qualité de chef de l'Église, doit avoir une inspection générale sur le temporel qu'elle possede. Par la même raison ce temporel doit contribuer aux dépenses que fait le S. Siege pour le bien général de l'Église, comme celles qui concernent les missions étrangeres, l'entretien des colleges où sont élevés les missionnaires, l'entretien des hôpitaux où les étrangers arrivent de toutes les parties du monde chrétien, pour visiter les lieux saints, le salaire des consulteurs & des officiers employés à l'expédition des rescrits, les frais des légations, enfin les dépenses nécessaires pour soutenir la dignité du souverain Pontife & la majesté de son Siege.

Le droit d'annate considéré sous ce rapport, (abstraction faite de la quotité) est donc annexé à la primauté du S. Siege : le concile de Bâle lui-même en a reconnu la légitimité, puisqu'en supprimant le nom d'*annate*, il en a admis le droit quant à l'essence, en ordonnant qu'on fourniroit d'ailleurs aux Papes un subside convenable (*a*) : subside qui doit être encore considéré comme un signe d'hommage de la part des principaux bénéficiers, en reconnoissance de la primauté du S. Siege ; subside dont la quotité a été confirmée dans tous les royaumes catholiques par le concours des deux Puissances, & qui depuis le concordat

---

(*a*) *Ut congruum aliundè veretur*. Apud Feb. de Stat. Eccl. *subsidium Romano Pontifici sol-* tom. 1, c. 7, §. 5, n. 5, p. 574.

entre Léon X & François I , a diminué de plus de deux tiers en France , & continuera toujours à diminuer, par la diminution de la valeur intrinfeque des fommes fixées (297).

Ce droit ne peut donc point être abufif par fa nature ; il ne l'eft point dans fon objet , puifqu'il fe rapporte au bien général de la Religion ; il ne l'eft point dans fa quotité ni dans la forme, puifqu'il a été réglé par les deux Puiffances, & muni de leur autorité. A quel titre voudroit-on le fupprimer, comme un abus ? Qu'on nous montre le préjudice qu'il porte à la Religion. Car c'eft de quoi il s'agit ici. Quel nom donnerons-nous donc à ce faux zele, qui fous prétexte de réformer l'Églife, infifte fi fouvent & avec tant d'aigreur fur cet abus prétendu ; & qui pour l'abolir, ne craindroit pas de divifer l'Églife entiere ? N'a-t-on pas lieu de foupçonner que ce n'eft ici qu'un piege qu'on voudroit tendre aux Princes catholiques, pour les foulever s'il étoit poffible contre le S. Siege, par la confidération de quelque intérêt temporel ? Que ces zélateurs nous difent du moins, fi les fouverains Pontifes accumulent des tréfors par le moyen de ces annates ; s'ils portent bien loin la fomptuofité de leurs tables & la magnificence de leurs ameublemens ; fi leurs officiers qui partagent une portion de ces droits, bâtiffent de grandes fortunes : ou pour mieux dire qu'ils s'inftruifent eux-mêmes des libéralités immenfes que font les Papes pour le foulagement des malheureux & pour la propagation de la foi.

Troifieme droit abufif felon Febronius : la réferve faite au S. Siege des caufes majeures & de certaines difpenfes. Dans les gouvernemens politiques, les loix ont fagement réfervé les caufes les plus importantes, aux cours fouveraines ou aux confeils des Princes , parce qu'on fuppofe toujours à ces tribunaux plus de lumieres & plus d'intégrité, comme étant plus inacceffibles aux préventions & à l'intrigue ; & on a toujours applaudi à ces réglemens, bien loin de les regarder comme un renverfement de l'ordre public : par la même raifon, il convenoit que les caufes majeures fuffent réfervées à un Siege qui, par fon droit de primauté, étoit devenu le centre du corps épifcopal; à ce Siege refpectable qui, de l'aveu de Febronius, devoit toujours être confulté fur les matieres importantes; qui a toujours été regardé par les Peres, comme la grande lumiere du monde chrétien; & qui, en effet, a le moins varié dans la difcipline & jamais dans la doctrine.

Je dirai plus: dans l'état actuel de l'Églife, les conciles particuliers étant très-rares, & fouvent impoffibles, fur-tout dans les pays des infideles & des hérétiques, il étoit indifpenfable que les caufes majeures, telles que la confirmation & la tranflation des Évêques, l'érection des évêchés ou des métropoles, & les autres caufes qui ne fe traitoient & qui ne devoient fe traiter que dans les conciles provinciaux ou nationaux, fuffent portées immédiatement à Rome. Quel moyen fur-tout de réprimer les Évêques qui fcandaliferoient leurs troupeaux par leurs mœurs ou par leur doctrine, fi, n'y ayant prefque plus de conciles pour connoître de leurs délits, le fouverain Pontife n'avoit le droit d'en connoître? Car fi le gouvernement eccléfiaftique ne peut fe maintenir fans un tribunal, qui foit en état d'arrêter les fcandales des miniftres inférieurs; à combien plus forte raifon eft-il néceffaire qu'il y ait un tribunal pour contenir les premiers pafteurs qui abuferoient de leur miniftere? On fait que plus les places font éminentes, plus les abus qu'on y commet, ont des fuites funeftes; & on ofe même affurer que la Religion feroit bientôt perdue dans un royaume, fi on n'y reconnoiffoit un pareil tribunal, capable de les réprimer, ou fi l'exercice d'un pareil tribunal, devenoit impraticable. Les réferves deviennent encore néceffaires au bien général de l'Églife, en ce que l'Évêque de Rome étant abfolument indépendant des autres Princes, il eft par-là-même plus au-deffus des motifs d'intérêt & de crainte, & des autres confidérations humaines, capables de faire la plus forte impreffion fur les Évêques particuliers,

& de porter par-là, les plus grands préjudices à la Religion sur les matieres les plus importantes.

Quatrieme droit abusif selon Febronius : le droit d'appel au S. Siege. Nous avons prouvé que le droit de ces appels en général étoit d'institution divine ; & quoique dans les premiers siecles l'usage en ait été restreint aux causes les plus graves, nous osons défier notre censeur de prouver qu'il soit devenu abusif, précisément parce qu'on appelle au S. Siege de toutes les causes ecclésiastiques. Les commissaires que le Pape nomme sur les lieux pour en connoître, ainsi qu'il se pratique en France, & dans la plupart des États catholiques, sont-ils présumés avoir moins d'intégrité & de lumieres que les juges dont il est appel ? Je dis les commissaires nommés sur les lieux, car nous ne saurions désavouer les inconvéniens qui résulteroient de l'obligation imposée aux parties indistinctement dans tous les cas de poursuivre leurs appels à Rome. Mais alors ce ne seroit plus le droit d'appel qui seroit abusif, mais la maniere de l'exercer : & il ne s'agit encore ici que du droit en lui-même.

Cinquieme droit abusif selon Febronius : l'exemption des religieux. Comme Febronius tâche d'avilir les ordres monastiques, par le mépris révoltant qu'il voudroit inspirer contre les membres qui les composent, & qu'il ne cesse de nous rappeller à l'ancienne discipline pour combattre leur exemption, il est indispensable de remonter à l'origine de leur institution, d'en faire connoître l'esprit, d'en suivre les progrès, & de faire remarquer les causes des variations qu'on apperçoit à ce sujet dans la discipline de l'Église.

Histoire abrégée des ordres monastiques. La vie monastique est un état de perfection ; on y voue à Dieu l'obéissance, la chasteté & la pauvreté pour s'unir plus intimement à lui, par le renoncement à ce qui flatte des passions qui sont la source de tous les vices. Elle prit naissance en Orient ; S. Antoine en est regardé comme le premier instituteur. Ce fameux solitaire s'étant retiré dans un lieu désert pour vaquer à la contemplation des vérités du salut, attira auprès de lui, par l'éclat de ses vertus, une multitude de Chrétiens, qui vinrent se mettre sous sa conduite. Plusieurs autres solitaires, d'une éminente sainteté, tels que les Hilarion & les Pacôme imiterent son exemple. Les déserts qu'ils habitoient, se peuplerent ainsi d'un grand nombre de disciples qui se bâtirent auprès d'eux des petites cellules, & dont ils prirent la conduite. Les cellules furent bientôt converties en monasteres ; & ces monasteres ne pouvant plus contenir la foule de ceux qui venoient se ranger sous la direction des supérieurs, on en bâtit de nouveaux à peu de distance des premiers. Les abbés peuplerent ces nouvelles maisons de moines fervens : ils leur donnerent des supérieurs, & conserverent cependant sur eux une certaine autorité, par la confiance qu'inspiroit l'éminence de leurs vertus. Delà vinrent les Archimandrites qui étoient comme les supérieurs généraux de plusieurs monasteres, mais leurs districts étoient très-resserrés, & par cette raison, les monasteres devoient demeurer soumis à l'ordinaire des lieux. L'Evêque leur donnoit des abbés, ou il confirmoit ceux qui avoient été élus, & il choisissoit les plus vertueux d'entre les moines pour les élever au S. Ministere.

S. Benoît institua son ordre sur ce modele en Occident. Il fonda un grand nombre de monasteres, & il y établit des supérieurs, sans aucune dépendance entr'eux ni à l'égard de leur ancien monastere ; par cette raison ils durent rester encore sous la jurisdiction des Evêques.

Peu de tems après, l'Europe fut désolée par des peuples barbares qui, après l'avoir dévastée, s'y fixerent dans plusieurs provinces. La férocité de ces nouveaux maîtres changea presque tout-à-coup les mœurs des peuples. L'ignorance s'introduisit en Occident, & tous les vices vinrent à sa suite. L'Eglise se ressentit de ces maux. Le relâchement des mœurs amena le relâchement de la discipline ; l'instruction des peuples fut négligée. Dans plusieurs endroits les fideles manquerent de pasteurs ; dans d'autres, ils furent livrés à des pasteurs mercenaires ; & par une suite nécessaire, l'ignorance & les vices, en introduisant la barbarie parmi les peuples, les rendirent moins dociles, & l'autorité des Princes s'affoiblit à proportion. Mais Dieu qui veille sur son peuple, lui avoit préparé des ressources dans l'ordre de S. Benoît. Cet ordre qui s'étoit étendu dans tous les royaumes, ne se bornoit pas à édifier l'Église par ses vertus, il la servoit encore par ses lumieres & par son zele. Les moines dans leur solitude s'appliquoient à élever la jeunesse, à cultiver les lettres & les sciences, à transcrire les livres. Les Évêques les employerent utilement à l'instruction des fideles & au gouvernement des paroisses ; & on vit sortir de leurs monasteres une multitude de grands hommes qui furent élevés aux premieres dignités de l'Église, qui porterent la lumiere de l'Évangile dans les pays de l'Europe encore infideles, & qui se distinguerent dans les places les plus éminentes de l'État.

Lorsque cet ordre commença à décheoir, il se releva en France dans la maison de Cluni, par les soins de S. Odon. La réputation de la nouvelle réforme, y attira un grand nombre de moines : les monasteres se multiplierent, & commencerent alors à former un corps sous la conduite de l'abbé de Cluni. Ce fut, dit M. Fleury, " la premiere congrégation de plusieurs maisons réunies " sous un seul chef, pour ne faire qu'un seul corps. " Elle fut mise par le titre de sa fondation, sous la " protection particuliere de S. Pierre & du Pape, avec " défense à toutes les puissances séculieres ou ecclé- " siastiques, de troubler les moines dans la possession " de leurs biens, ou dans l'élection de leur abbé (a). " Ce fut-là l'origine des exemptions.

S. Bernard fit ensuite revivre à Clairveaux la ferveur de S. Benoît, & donna naissance à la congrégation qui porte son nom. Elle fut gouvernée par les

---

(a) Fleury, Inst. au Droit Eccl. part. 1, ch. 21, p. 192, édit. 1752.

abbés assemblés dans des chapitres généraux, en forme d'aristocratie.

L'utilité que l'Église retiroit des moines, fit concevoir le dessein d'une nouvelle institution qui réunit les travaux de l'apostolat à la perfection de la vie monastique. Delà les ordres Religieux. S. Dominique & S. François furent les fondateurs des instituts qui portent leurs noms. Albert, Patriarche de Jerusalem, donna une regle aux hermites qui vivoient sur le Mont-Carmel. Leur regle fut confirmée par le Pape Honoré III en 1226. Plusieurs colonies de ces Religieux passerent en Europe. S. Louis en amena avec lui à Paris, au retour de sa premiere croisade en 1254, & ils prirent le nom de Carmes. Enfin en 1256 Alexandre IV unit les différentes congrégations d'hermites sous le titre de S. Augustin, & leur donna des constitutions. Telle fut l'origine des quatre grands ordres mendians, tous institués sur le même plan.

Ces ordres se répandirent en peu de tems jusque dans les pays des infideles. L'Église vit avec joie les fruits de leur zele & de leur édification. Le Pape les chargea d'annoncer la parole de Dieu dans tout le monde chrétien. Mais pour perpétuer leurs services, il falloit pourvoir à la conservation de ces différens corps par l'uniformité des regles monastiques. Plus ils étoient répandus, plus aussi il étoit nécessaire de les rapprocher en les réunissant chacun sous une forme de gouvernement. Par cette raison, chacun de ces corps fut gouverné par son Général, & immédiatement soumis au S. Siege.

Mais il n'arrive que trop souvent que les privileges produisent des abus. Les religieux se crurent autorisés par leur exemption à exercer leur ministere dans les dioceses avec une pleine indépendance à l'égard des Évêques : on sentit la nécessité de réprimer ces prétentions. Le concile de Trente statua que les réguliers ne pourroient prêcher dans les Églises de leurs ordres, qu'après avoir demandé la bénédiction de l'Évêque, & qu'ils ne pourroient le faire ailleurs, sans avoir obtenu fa permiffion (a). En même-tems, pour empêcher que les défordres ne s'introduififfent dans les maifons religieufes par la négligence des fupérieurs réguliers, le concile ordonna que fi les fupérieurs après avoir été avertis par l'Évêque, négligeoient de les corriger, il pourroit vifiter lui-même les monafteres, & les réformer conformément aux inftituts de leurs ordres, nonobftant toutes exemptions, appellations & privileges quelconques (b). Grégoire XV, par fa bulle du 25 Février 1622, défend à tous les eccléfiaftiques & religieux, exempts & non exempts de prêcher ni de confeffer fans l'approbation & la permiffion de l'Ordinaire. Les religieux ont été encore foumis aux Évêques, foit en ce qui concerne la cloiture, foit dans l'exercice du S. Miniftere, foit dans les délits qu'ils pourroient commettre hors de leurs cloîtres. Enfin lorfque les relâchemens des religieux & la négligence des fupérieurs, ont paru exiger une réforme générale, les Papes fe font toujours fait un devoir de feconder le zele des Évêques & des Princes catholiques qui l'ont follicitée.

L'exemption des corps religieux ainfi modifiée, bien loin de nuire au bien général, en protégeant les ordres monaftiques, en maintenant parmi eux l'uniformité du gouvernement, fans les fouftraire à l'obéiffance des Évêques; & en uniffant par une communication plus intime le S. Siege avec toutes les Églifes du monde chrétien, où ces corps fe trouvent répandus, eft au contraire un avantage : avantage, dont Febronius ne conviendra pas fans doute, mais que les Catholiques ne fauroient affez prifer, fur-tout dans un tems où les ennemis de la Religion réuniffent leurs efforts pour divifer l'Églife, en excitant à la révolte contre leur chef.

Après avoir juftifié les droits du S. Siege que Febronius traite d'abus, il nous refte à faire voir que ce Docteur détruit l'unité en alléguant ces droits prétendus abufifs, comme autant de motifs fuffifans pour

---

(a) Trid. Seff. 5.   (b) Ib. Seff. 21, de ref. c. 8.

se soustraire à l'obéissance du S. Siege : & je le prouve par ce raisonnement bien simple :

1°. C'est détruire l'unité que de calomnier comme des abus, les droits légitimes, dont jouit le S. Siege, au moins en vertu des décrets des conciles, confirmés par un usage constant & autorisés par les deux Puissances, & d'inviter les Évêques & les Princes à se soustraire à son obéissance, pour les abolir, au risque même de causer un schisme dans l'Eglise. Or voilà ce que fait Febronius, comme nous l'avons montré. Donc Febronius détruit l'unité.

2°. C'est détruire l'unité que de supposer que l'Église peut autoriser par ses décrets des usages contraires à l'institution de J. C., & qu'il est permis aux Églises nationales & aux Princes de les réformer. Car l'Eglise peut bien tolérer des abus ; mais elle ne sauroit y concourir, elle ne sauroit les autoriser par ses loix, parce qu'elle est toujours assistée de l'Esprit de vérité & de sagesse. Or Febronius prétend que les Princes & les Églises nationales peuvent & doivent même réformer les décrets de l'Église universelle, concernant les droits qu'exerce le S. Siege, comme contraires à l'institution de J. C.. Cette proposition est trop évidente pour avoir besoin d'être prouvée. Donc Febronius détruit l'unité.

Invectives de Febronius contre les Papes. Notre écrivain se repliera sans doute sur l'abus que les Souverains Pontifes font de ces droits. Car c'est principalement ici que brille l'éloquence des nouveaux ennemis de l'Église Romaine. Luther & Calvin leur ont servi de modeles. Febronius nous représente le S. Pere assis sur la Chaire Apostolique, comme un nouvel Antechrist dans Babylone, qu'il faut réprimer, » renversant l'ordre établi par J. C., violant les SS. » Canons & les usages prescrits & approuvés ; faisant » une plaie profonde aux droits & aux libertés des » Rois, des Églises, des Évêques ; renversant les loix » générales par de fréquentes dispenses ; scandalisant » le monde chrétien (*a*) & gouvernant en despote. »

_____
(*a*) V. la note 289.

Il falloit bien charger le tableau pour difpofer les efprits au fchifme. Mais eft-ce ainfi que s'énonçoient les
Peres de l'Églife ?

Aucun n'a peint avec plus d'énergie que S. Bernard, les abus qui s'étoient introduit de fon tems, dans l'Églife Romaine ; mais ç'a été en excitant le zele du fouverain Pontife, non en invitant les fideles à fe fouftraire à fon obéiffance : s'il fe plaint de la multitude des appels interjetés au S. Siege, admis indiftinctement, & fouvent jugés fans examen, il reconnoit expreffément la légitimité de ces appellations, & ne s'adreffe jamais qu'au S. Pere lui-même pour l'engager à réformer les abus qu'il releve ; le faint zele ne s'eft jamais expliqué autrement. " Les vrais enfans
" de l'Églife qui demandent la réformation, en dé-
" plorent les maux fans aigreur, en propofent avec
" refpect la réformation, dont ils tolerent humblement
" le délai ; & loin de vouloir la procurer par la rup-
" ture (avec le S. Siege,) ils regardent au contraire,
" la rupture comme le plus grand de tous les maux.
" Au milieu des abus, ils admirent la divine Provi-
" dence qui fait, felon fes promeffes, conferver la foi
" de l'Églife. Et fi on femble leur refufer la réforma-
" tion des mœurs, fans s'aigrir & fans s'emporter, ils
" s'eftiment affez heureux de ce que rien ne les em-
" pêche de la faire parfaitement en eux-mêmes. Ce font-
" là les forts de l'Églife, dont nulle tentation ne peut
" ébranler la foi, ni les arracher de l'unité (a). " Ainfi parloit le célebre Boffuet, en démafquant le faux zele des Proteftans pour la réforme. Febronius voudroit-il qu'on le jugeat d'après cette regle ? Et lorfque nous l'entendons encore infulter à ceux qui font profeffion de l'état religieux, dont les Peres de l'Églife ont fi fouvent pris la défenfe ; quand il les repréfente comme des hommes inutiles, onéreux à l'État ; des hommes qui fcandalifent l'Églife par leur oifiveté, leurs divifions & leur luxe ; lorfqu'il leur fait un crime de leur atta-

---

(a) Boff. Hift. des Var. l. 1, n. 5.

chement au S. Siege (a), ne nous décele-t-il pas lui-
même, le motif de son mépris & de sa haine ? C'est
ainsi que Luther en prêchant la réforme, se déchaîne
contre le S. Siege & contre les moines; mais on passa
bientôt de la haine & du mépris à l'extinction de l'é-
tat monastique. Les monasteres furent détruits dans les
pays protestans. Ceux qu'on y a laissé subsister pour
servir au moins d'asyle à l'infortune & à la vertu du
sexe, ne sont plus que des maisons profanes. Les vier-
ges de J. C. venoient y faire autrefois le sacrifice de
tout ce qu'elles possédoient, en se vouant à la pratique des conseils évangéliques : » on n'y vient aujour-
» d'hui, qu'après avoir peut-être perdu l'espoir de trou-
» ver un établissement dans le monde, non pour se
» consacrer à la piété, mais uniquement pour se pro-
» curer les secours nécessaires, & les commodités de
» la vie : comme on n'y est plus lié par les vœux, ni
» astreint à la regle, on y vit dans une liberté qui
» dégénere en licence, & qui se contient à peine ex-
» térieurement dans les bornes de la décence & de
» l'honnêteté. » Je ne fais que rapporter ici les paroles d'un auteur protestant (298), mais revenons à
notre these.

*Les abus que peuvent commettre les Papes dans l'exer-
cice de leurs droits, ne sont point une raison pour les
supprimer.* Nous avouerons, si l'on veut, qu'il y
a des abus dans l'Église de Rome; mais nous nous
inscrivons en faux contre les calomnies dont ses ennemis la noircissent : si on y a vu plusieurs Papes scandaleux sur la chaire de Pierre, on peut dire qu'elle a
eu encore un plus grand nombre de saints; & qu'il
n'y a point de royaume qui ait eu de plus grands Princes; point de sieges qui ait eu de plus grands Évêques; point d'Église où la doctrine se soit conservée avec
plus d'intégrité. Il y a des abus dans l'Église Romaine,
mais il y en a aussi dans les autres Églises ; il y en a

(a) *Feb. de Stat. Eccl. tom. 2, c. 7, §. 8, n. 7, p. 616, 617, &c.
& n. 10, p. 624, 625.*

dans la Religion chrétienne, il y en a dans tous les gouvernemens ; parce que l'homme porte par-tout ses propres foibleffes. Or s'il eft permis aux inférieurs de fe foulever contre les droits d'une puiffance légitime, parce qu'elle abufe quelquefois du pouvoir ; s'il leur eft permis de changer les loix, & la forme d'un gouvernement lorfqu'elles occafionnoient des abus ; il n'y aura bientôt plus ni Papes, ni Évêques, ni Monarques, ni Gouvernement, ni Religion.

Il y a des abus dans l'Églife de Rome, foit : mais, quoiqu'en difent les ennemis du S. Siege, il n'y a point d'Églife où les affaires eccléfiaftiques foient difcutées avec plus de foin & de conduite, avec plus de fageffe ; aucune où les difpenfes foient accordées avec plus de précautions (*a*). Febronius peut-il nous garantir que les Évêques feroient plus éclairés, plus prudens, plus integres ? qu'ils feroient plus inacceffibles aux motifs d'intérêt perfonnel, de crainte ou d'efpérance, qui font les grands mobiles du cœur humain & les premieres fources des abus ? c'eft-là une obfervation qu'on ne fauroit trop inculquer. Lorfque Henri VIII voulut faire caffer fon mariage avec Anne de Boulen, prefque tous les Évêques d'Angleterre fe rangerent de fon parti. Lorfque les Empereurs d'Orient fe déclarerent les protecteurs des héréfies ou des fchifmes, ils y entraînerent un très-grand nombre des Églifes de leur empire. Le S. Siege feul n'a jamais fléchi, en autorifant par fes décrets, ni les erreurs ni les abus. Toujours la fermeté, le zele, l'héroïfme des grands Papes ont oppofé une

---

(*a*) Je pourrois citer en preuve les procédures que l'on fait à Rome pour la canonifation des Saints. Mais pour me borner à des faits qu'on peut vérifier, qu'on jette feulement les yeux fur les brefs de difpenfe, que les Papes adreffent tous les jours aux Ordinaires des lieux. On verra avec quelle circonfpection ils accordent les graces qu'on follicite, en fuppofant toujours comme une condition indifpenfable, la vérité des faits expofés *quatenùs hæc ita funt;* qu'ils chargent la confcience des Evêques de les vérifier, *fuper quibus confcientiam tuam oneramus;* & on fait que l'omiffion faite dans la fupplique d'une circonftance qui auroit rendu la grace plus difficile à obtenir, forme une nullité de plein droit.

digue invincible aux tempêtes qui se sont élevées contre l'Église : & M. Fleury remarque que c'est par l'effet d'une providence spéciale, qu'ils ont été élevés à la dignité de souverains, afin qu'étant dans une pleine indépendance à l'égard des Princes, ils gouvernassent l'Église avec plus de liberté.

§. III.

Febronius en attaquant la jurisdiction des Papes, renverse par une suite de ses principes, la puissance des Évêques & des souverains.

ARTICLE I.

Febronius renverse par une suite de ses principes la puissance des Évêques.

Febronius renverse la puissance des Évêques en attaquant la constitution de l'Église. Car 1°. la puissance des Évêques tient essenciellement à la constitution de l'Église ; la maxime est incontestable : or la constitution de l'Église tient essenciellement à la jurisdiction du S. Siege, sans laquelle il n'y auroit plus d'unité. Cette derniere proposition a été démontrée : donc la puissance des Évêques, tient essenciellement à la jurisdiction des Papes : donc Febronius en attaquant la jurisdiction du Pape, tend à détruire la puissance des Évêques.

Febronius détruit cette puissance en détruisant l'unité. 2°. L'épiscopat tire sa force de l'unité ; car au moyen de cette unité, l'Évêque agit par le ministere des prêtres qui lui sont subordonnés, & se trouve soutenu lui-même avec ses ministres par la force de tout le corps épiscopal, dans la personne du chef de l'Église auquel il est uni. Que les ministres inférieurs sortent de la subordination où ils doivent être, ils perdent dès-lors l'autorité qui résulte du concours de l'Évêque avec ses coopérateurs : de même, que l'Évêque se souſtraie à la juriſdiction du Pape, il n'eſt plus alors qu'un paſteur iſolé ; & ayant perdu la force qu'il avoit de ſon unité avec le corps épiſcopal, ſon autorité ceſſe, & cette ombre de puiſſance qui lui reſte encore, ſera bientôt ſubjuguée, aſſervie, anéantie. J'en atteſte l'état actuel des Évêques anglicans.

Febronius détruit cette puiſſance épiſcopale, en confondant les juriſdictions. 3°. Febronius, pour égaler les Évêques à leur chef, enſeigne que malgré la diviſion des dioceſes, les Évêques dans le cas de néceſſité ou d'utilité manifeſte, peuvent exercer ſur leurs Égliſes reſpectives la même juriſdiction qu'ils exercent dans leurs propres dioceſes. Ainſi chaque Évêque étant le juge de la néceſſité ou de l'utilité, par rapport aux abus qu'il y aura à corriger dans les autres dioceſes, pourra, lorſqu'il le trouvera bon, y exercer toutes les fonctions de l'épiſcopat ; ſur-tout ſi les ſchiſmes ou les héréſies les diviſent, ou ſi des intérêts oppoſés y forment des partis. On détruit donc l'autorité épiſcopale en voulant égaler les Évêques à leur chef.

Febronius détruit la puiſſance épiſcopale, en attribuant la propriété au corps des fideles. 4°. Febronius, pour enlever des mains de S. Pierre les clefs que J. C. lui a données, enſeigne encore que le corps de l'Égliſe a reçu en propriété les clefs du ciel, pour en exercer la puiſſance par le miniſtere de ſes paſteurs. Mais comme par une ſuite de cette maxime, la réclamation d'un certain nombre de clers & de laïques peut, ſuivant Febronius, être regardée comme un déſaveu de la part du corps des fideles qui infirme les décrets du ſouverain Pontife ; de même une pareille réclamation de la part d'un certain nombre proportionné de laïques ou de clercs, pourra infirmer les ordonnances, les décrets, les cenſures des Évêques. Le même principe tend donc à ruiner la puiſſance de l'épiſcopat.

Febronius détruit la puiſſance épiſcopale, en établiſſant, qu'un corps ayant juriſdiction, ne peut former de jugement légal qu'autant qu'il eſt aſſemblé. 5°. Febronius, pour fouftraire les fideles à l'obéiffance qu'ils doivent aux décrets des fouverains Pontifes, malgré l'adhéfion des Évêques difperfés, affimilé l'autorité des Évêques à celle des fénateurs, qui ne peuvent porter de jugement légal, à moins qu'ils ne foient affemblés. D'où il fuit que le jugement particulier des Évêques difperfés, n'étant point légal, il n'oblige point à l'obéiffance ; & par une conféquence ultérieure que les fideles ayant reçu la puiffance des clefs, les Évêques qui les repréfentent, ne peuvent faire aucun acte de jurifdiction, ou qu'ils ne peuvent du moins porter aucun jugement légal, que conjointement avec leur clergé affemblé, & même avec les chefs du peuple.

Febronius détruit la puiffance épifcopale, en enfeignant que les pouvoirs qu'on reçoit en vertu du facrement de l'Ordre, ne peuvent être reftreints. 6°. Febronius, pour engager les Évêques à abolir les réferves faites en faveur du S. Siege, enfeigne que les pouvoirs de l'épifcopat, étant imprefcriptibles, ne peuvent être reftreints ni par les loix ni par les canons (299), que le *déchirement* qui fépare la puiffance d'ordre de la puiffance de jurifdiction, eft contraire à l'inftitution divine ; & que ces deux puiffances font inféparables de leur nature (300).

Mais les prêtres concluront des mêmes principes, que l'Évêque ne peut lier la puiffance qu'ils ont reçue dans leur ordination pour prêcher, pour baptifer, &c. (301). Que toute réferve eft contraire au droit divin ; & qu'ils ont droit comme l'Évêque, & malgré l'Évêque même d'exercer les fonctions de leurs miniftéres dans leurs diocefes, & même dans toutes les parties du monde chrétien, quand ils le jugeront néceffaire pour l'utilité de l'Églife.

Les Évêques feront-ils valoir en leur faveur l'ufage établi & les canons des conciles ? Mais les prêtres leur répondront avec Febronius, que les pouvoirs du facerdoce étant imprefcriptibles, toute loi, tout ufage qui déroge aux pouvoirs du facerdoce, comme aux pouvoirs de l'épifcopat, eft nul de fa nature. Ils liront dans fon ouvrage

ouvrage ces paroles remarquables, au sujet de la jurisdiction épiscopale.

» Les principes sur lesquels est appuyée la liberté
» ecclésiastique, sont fondés sur le droit divin, sur les
» oracles de J. C., sur la pratique des premiers siecles.
» Cependant l'ignorance & la simplicité de la superstition, ont pu les obscurcir, & les ont obscurcis en
» effet. Comme l'autorité des Papes a son fondement
» dans la Religion, personne ne sera surpris que l'ignorance & le fanatisme aient mêlé un culte superstitieux
» au respect légitime qu'on lui devoit; en sorte qu'en
» sacrifiant sa liberté à l'ambition, on ait cru sacrifier
» à la Religion. Le respect à l'égard du S. Siege a
» induit le peuple à un excès pareil à celui où il a
» été entraîné par la vénération des images. Les superstitieux s'imaginent toujours n'avoir jamais assez fait,
» parce qu'ils ne connoissent pas les bornes de leurs
» obligations. Agités par leurs scrupules, ils cherchent
» à tranquilliser leur conscience, en faisant au-delà de
» ce qu'ils doivent; dans ce siecle même de lumiere
» où nous vivons, par rapport aux choses sacrées,
» le monde catholique ne peut se défaire encore de
» ses préjugés. Quelques constans, quelques certains
» que soient les droits de la liberté, il ne les soutient,
» pour ainsi dire, qu'avec timidité & en tâtonnant.
» Les Princes, les Peuples & les Évêques, tous ont
» été également entraînés dans l'erreur: ils ont persécuté, comme à l'envi, ceux qui tentoient de la
» dissiper & de leur dessiller les yeux. Le crime de
» schisme & d'erreur dont on les accusoit, & les excommunications dont on les menaçoit, les effrayoient;
» & le désir qu'ils avoient de s'en mettre à couvert,
» ne leur permettoit pas d'examiner ni de connoître si
» leur crainte étoit bien, ou mal fondée (302). »

Une fois pénétrés de ces principes, les ministres du second ordre & les simples fideles ne seront plus retenus ni par les canons de l'Église, ni par les décisions des Évêques, ni par les menaces de l'excommunication. Ils diront qu'on veut les forcer *à sacrifier les droits du sacerdoce à l'ambition* des Prélats ; *que les Princes, les Évêques & les peuples sont tous dans l'erreur;* qu'ils persécutent à l'envi ceux qui tentent de la dissiper ; qu'ils les accusent injustement de schisme & d'hérésie, & qu'on veut faire violence à leur conscience, par *la crainte de l'excommunication.*

Febronius détruit la puissance épiscopale, en faisant disparoître le devoir de l'obéissance. 7°. Pour lever tout scrupule sur l'obéissance que les Évêques ont promise au S. Siege, Febronius prétend que cette obéissance n'a lieu „ qu'autant que les Évêques jugent
„ si les décrets des Papes sont conformes à la Religion ;
„ que quand même on supposeroit le gouvernement de
„ l'Église arbitraire, & dépendant de la volonté d'un
„ seul, il seroit toujours du devoir des Évêques d'exa-
„ miner & de peser avec maturité, si ces décrets sont
„ utiles aux peuples qui leur sont confiés, ou s'ils ne
„ sont propres qu'à exciter des troubles, & que dans
„ ce dernier cas la fin de la loi, qui est le plus grand
„ bien, manqueroit son effet (303). „ C'est-à-dire, (car Febronius ne s'explique pas toujours bien clairement lorsqu'il avance des paradoxes révoltans,) c'est-à-dire, qu'on doit alors les regarder comme nuls.

Qu'on remarque qu'il n'est pas ici question des décrets évidemment injustes ; puisqu'il s'agit de les examiner avec beaucoup de maturité.

D'après ces principes, la rétorsion sera aisée de la part des ministres du second ordre, & des simples fideles, lorsque l'Évêque voudra les obliger à l'obéissance. Nous devons vous obéir, lui diront-ils après Febronius, „ non en tout, mais seulement en ce que Dieu
„ commande ; si vous ordonnez quelque chose de con-
„ traire à la loi de Dieu & aux constitutions des
„ Peres, vous perdez, par-là-même, le droit de com-
„ mander, & nous ne sommes pas obligés de vous
„ obéir (304). „ Nous devons donc *examiner vos* ordonnances, vos jugemens, vos ordres particuliers, & si nous les trouvons préjudiciables au bien de la Religion, nous devons vous résister, par la même

raison que vous devez résister aux décrets des Papes, lorsque vous les croyez injustes, malgré l'obéissance que vous leur avez promise; nous le devrions *même*, quand on supposeroit que votre gouvernement est arbitraire & dépendant de votre seule volonté.

Febronius détruit la puissance épiscopale, en attribuant la jurisdiction spirituelle à la puissance séculiere. 8°. Febronius exhorte les Évêques à faire intervenir le Prince pour réformer les rescrits du S. Siege, lorsqu'ils les jugeront abusifs, & par-là il rend le magistrat juge de la justice ou de l'injustice des décrets apostoliques, en matiere spirituelle. « Le magistrat, dit-il, contient les
» prêtres dans le devoir, regle & réforme la disci-
» pline ecclésiastique. Le Prince peut faire des loix
» qui obligent les Évêques & les autres ministres qui
» sont dans son royaume, à l'obéissance des canons
» & de l'ancienne discipline. Les Rois de France ont
» toujours usé de ce droit, non-seulement à l'égard
» des Évêques qui étoient dans leurs États, mais encore
» à l'égard des Pontifes Romains eux-mêmes, lors-
» qu'ils paroissoient violer les canons, & la discipline
» de l'Église dans le royaume (*a*). » — « L'Empereur,
» avec tout le concile *qui lui est soumis*, pourroit,
» après avoir examiné les besoins de la république (chré-
» tienne) obliger le clergé à observer les anciens canons,
» & proscrire tout privilege & toute exemption con-
» traire (305). » « Et si le Roi de France, du consente-
» ment de son clergé, *& même sans son consentement*,
» portoit une loi qui ramenât la discipline à l'ancien &
» véritable droit, que feroit Rome (306) ? »

Selon Febronius, ce n'est pas seulement au Prince, c'est encore à la nation dont le Prince est le représentant, à décider quand on peut se soustraire à l'obéissance des Papes, & à juger des abus qu'ils commettent au préjudice des fideles. « Si on ne pouvoit, ajoute-t-il,
» se soustraire à l'obéissance du Pape, la France auroit été
» schismatique en 1408 (307). » C'est-à-dire que les sou-

(*a*) V. la note 290.

verains peuvent aujourd'hui à l'égard du Pape, quoiqu'il soit généralement reconnu, ce qu'ils pouvoient, & ce qu'ils ont fait en effet dans un tems de schisme où l'Église étant divisée entre plusieurs Papes, aucun des contendans n'avoit un droit certain sur l'obéissance des peuples. Enfin les Princes peuvent, selon Febronius, réformer les Églises de leurs royaumes ; ils peuvent juger de tout ce qui concerne l'extérieur de la puissance ecclésiastique (308) ; ils peuvent abroger les décréts du concile de Trente, sur l'exemption des religieux, & remettre ceux-ci sous la jurisdiction des Évêques (*a*). Or ces maximes une fois reçues, voilà le schisme établi dans les Églises. Les ministres inférieurs se croiront autorisés à implorer le secours du magistrat, toutes les fois qu'ils ne voudront point obéir aux ordonnances de leurs Évêques, ou qu'ils seront frappés d'excommunication. Les simples fideles traduiront aussi leurs pasteurs devant les tribunaux séculiers, toutes les fois qu'ils voudront se plaindre des prétendus abus commis à leur préjudice, dans l'administration des choses saintes. Le ministere public interviendra de lui-même, & sans être provoqué par les parties, pour statuer en matiere de Religion, pour juger, réformer en dernier ressort, pour changer la discipline de l'Église, sur-tout ce qui n'est que d'institution ecclésiastique, selon qu'il trouvera convenable, & pour punir les Évêques s'ils refusent d'obéir.

Ainsi le magistrat exercera sur les Évêques une jurisdiction beaucoup plus étendue, beaucoup plus absolue que n'ont jamais fait les Papes ; & c'est Febronius qui, pour rétablir l'autorité épiscopale, voudroit soulever les Évêques de toutes parts contre le S. Siege, au risque même de diviser l'Église universelle. C'est Febronius lui-même qui livre, pour ainsi dire, les Évêques, pieds & points liés, aux tribunaux séculiers: c'est lui qui les soumet à leur jurisdiction, dans toutes les fonctions de leur gouvernement ; & cela, non-

---

(*a*) *Febr. de Stat. Eccl. tom.* 2, *Flores Sparsi*, *p.* 506.

seulement par les conséquences qui découlent de sa doctrine ; mais par les termes les plus exprès & les plus énergiques (a).

Febronius détruit la puissance épiscopale, en conseillant la soustraction d'obéissance & les appels aux futurs conciles.
9°. Febronius conseille de se soustraire à l'obéissance du Pape, ou d'appeller des décrets du S. Siege au futur concile œcuménique.

Mais si on ouvre une fois cette voie, il n'y aura plus d'autorité dans l'épiscopat, parce qu'il n'y aura plus de subordination dans le peuple, ni dans le clergé : on se soustraira à l'obéissance de l'Évêque, comme on se sera soustrait à l'obéissance du Pape ; on appellera comme d'abus des ordonnances des Évêques aux futurs conciles, comme on aura appellé des décrets du Pape.

Nous dira-t-on que la jurisdiction des Évêques est de droit divin, & que celle qu'exercent les Papes n'est que de droit ecclésiastique ? Mais qui le dira ? Car aucun catholique n'oseroit le dire. En supposant même que la jurisdiction des Papes n'est que de droit ecclésiastique, en seroit-elle moins réelle ; & obligeroit-elle moins à l'obéissance ? Donc si on peut se soustraire à celle qu'on doit au souverain Pontife, si on peut éluder l'autorité de ses décrets par des appels au futur concile, on aura la même liberté à l'égard des Évêques : donc si le Prince peut empêcher que les rescrits du S. Siege, en matiere purement spirituelle, soient publiés dans le royaume, il pourra empêcher la publication des ordonnances des Évêques, & de leurs instructions pastorales, quoiqu'elles ne regardent que le dogme ou la discipline ecclésiastique.

J'avois donc raison de dire que Febronius, en atta-

___

(b) Nous savons que le Prince, en qualité de protecteur, a droit d'intervenir dans le gouvernement de l'Église ; mais seulement pour faire exécuter les décrets des Evêques ; & jamais pour juger du fond des matieres ecclésiastiques, ni pour faire revivre par leur autorité, les canons qui ont été abrogés, ainsi que nous l'expliquerons ci-après part. 4, ch. 3.

quant la jurifdiction des Papes, renverfoit par les mêmes principes la puiffance des Évêques. Mais l'accroiffement qu'il voudroit donner à la puiffance des Princes, en y joignant celle de l'épifcopat, affermira-t-il du moins les fondemens de leur trône ? Tout au contraire, & nous allons le prouver.

ARTICLE II.

Febronius en détruifant l'autorité du Pape & des Évêques, renverfe du même coup la puiffance des fouverains.

Pour former ma preuve, je pofe d'abord en maxime, que tous les droits de la fouveraineté font fondés fur celui du commandement, & que le droit du commandement eft relatif au devoir de l'obéiffance. Car les fouverains n'ont droit de commander qu'autant que les fujets font obligés d'obéir.

De cette maxime évidente, fuit cette conféquence néceffaire, que la doctrine qui porte atteinte au devoir de l'obéiffance, ruine l'autorité du fouverain. Or telle eft la doctrine de Febronius, & voici comment.

Febronius détruit la puiffance des fouverains, en confondant les droits de leur fouveraineté avec la jurifdiction qu'il leur attribue fur les matieres fpirituelles. 1°. Febronius attribue aux Princes une jurifdiction fur la difcipline eccléfiaftique. Mais cette jurifdiction fe trouvant confondue dans leur perfonne avec la jurifdiction féculiere, il eft naturel que le peuple fe regle par les mêmes principes, quant à l'obéiffance qu'il doit aux fouverains, & fur les matieres eccléfiaftiques & fur les matieres civiles. Or le peuple fentira toujours que les Princes ne peuvent exercer une puiffance abfolue fur le gouvernement eccléfiaftique ; qu'ils ne peuvent ni en changer la difcipline actuelle, ni introduire une nouvelle liturgie, ni prononcer fur la légitimité des conciles, fur la validité des cenfures, fur les fonctions du S. Miniftere, fur l'administration des choses saintes ; qu'ils ne peuvent ni faire de nouvelles loix, ni abolir celles que l'Église à faites ; & que par conséquent leur autorité ne peut, par elle-même, former à cet égard une obligation de conscience. Delà il conclura naturellement qu'ils ne peuvent pas avoir plus d'autorité dans l'ordre civil, il en conclura que l'obéissance qu'il leur doit, n'est que conditionnelle, qu'elle lui laisse toujours le droit d'examiner & de juger après le souverain : & dès-lors le droit de commandement cessera avec le devoir de l'obéissance : dès-lors plus de souverain ; & cela par une suite même du système qui attribue aux Princes la jurisdiction sur le gouvernement ecclésiastique. C'est ainsi qu'un bâtiment ruineux entraîne dans sa chûte l'édifice auquel il sembloit devoir servir d'appui.

Febronius détruit la puissance des souverains, en faisant disparoître le devoir de l'obéissance. 2°. Nous avons vu que, suivant Febronius, l'obéissance que les Évêques doivent au Pape, leur laissoit la liberté de recevoir ou de rejeter ses décrets, suivant qu'ils les jugeoient utiles ou préjudiciables à la Religion. Le Pontife Romain a, dit-il, en vertu de sa primauté, « le droit » de proposer les loix que la nécessité ou l'utilité » semblent exiger selon les occurrences, & les Évê- » ques seront tenus de les accepter, à cause de *l'équité* » *intrinseque* de ces loix, lorsqu'ils les trouveront con- » venables au bien de la Religion (309). »

Delà on conclura que les sujets du Prince doivent avoir la même liberté malgré l'obéissance qu'ils lui ont vouée.

Febronius prévoit cette fatale induction, & pour l'éluder, il distingue l'obéissance qu'on doit à une autorité qui est revêtue de la jurisdiction, telle qu'est l'autorité des Princes, de l'obéissance qu'on doit à une autorité destituée de tout ce qu'il appelle *jurisdiction*, telle qu'est l'autorité des Papes dans l'Église, celle des peres à l'égard de leurs enfans, celle des maîtres à l'égard de leurs domestiques.

Nous pourrions d'abord répliquer à cela, que toute

autorité immédiatement émanée de Dieu, est nécessairement jointe à une espece de jurisdiction ; & que l'autorité paternelle même, donne le droit non-seulement de commander aux enfans, mais encore de leur demander compte de leur conduite, de les juger, de les corriger, de les punir. Il est vrai que cette espece de jurisdiction ne s'exerce point dans la forme juridique. Il est vrai que la correction paternelle est circonscrite dans des bornes étroites ; qu'elle est proportionnée à la douceur de l'autorité qui l'exerce ; & qu'elle est subordonnée à celle du Prince ; parce que chaque famille étant une portion de la société, doit être nécessairement soumise à la puissance qui préside à cette société, soit dans l'ordre civil, soit dans l'ordre ecclésiastique. Mais ce droit n'est pas moins réel ; il n'est pas moins annexé de sa nature au droit de commandement ; il n'est pas moins vrai qu'il fait l'essence de toute autorité légitime, & que malgré la différence qu'il y a entre cette espece de jurisdiction & celle du Prince, la nature de l'obéissance est toujours la même. Or si cette obéissance est compatible de sa nature avec le droit d'examiner les ordres du supérieur, de juger de la justice de ses ordres, de désobéir lorsqu'on le trouve à propos, (toujours le cas d'injustice évident excepté) on ne prouvera jamais que l'obéissance qu'on doit au Prince, n'est point compatible avec cette même liberté ; on ne le prouvera jamais ni avec cette évidence nécessaire pour éclairer la conscience des peuples, ni à des esprits inquiets & disposés à la révolte. La force coactive & les autres attributs qui caractérisent la puissance civile, ne sont donc qu'un accessoire du droit de commandement : ils viennent à sa suite pour le rendre plus efficace par la crainte des peines ; mais ils ne donnent pas plus d'extension au droit de commandement en lui-même, ni au devoir de l'obéissance ; en sorte que si le droit de commandement n'oblige qu'à une obéissance conditionnelle, la force extérieure qui survient, ne peut rien exiger de plus sans devenir une force tyranique ; & on n'est pas alors obligé de lui obéir.

S'il étoit possible de douter que telle fut la doctrine de Febronius, il leveroit lui-même le doute. " En supposant, " dit-il, ce qui n'est pas, que le gouvernement de l'Église " fût arbitraire, & qu'il ne dépendit que de la volonté " d'un seul, ne seroit-il pas du devoir des Évêques d'exa-" miner avec beaucoup de maturité, si les loix & les " décrets de Rome seront utiles aux peuples confiés à " leurs soins, ou s'ils ne seroient pas plutôt capables " d'exciter du trouble (310) ? "

Voilà donc dans la supposition même d'un gouvernement monarchique, & qui ne dépend que de la volonté d'un seul, dans la supposition même d'un *gouvernement arbitraire*. (Eh ! quel gouvernement plus absolu ?) Voilà l'autorité toujours dépendante du jugement des inférieurs, comme celle du Pape est dépendante des Églises particulieres. Il n'y aura donc plus de souverain qui soit en droit d'exercer une puissance plus absolue. Il n'y aura donc plus de sujet qui soit obligé à une obéissance plus entiere.

Febronius ne s'explique pas moins clairement dans un autre endroit. " Terminons, dit-il, cet ouvrage " par ce que disoit Gerson, en parlant devant les " Peres de Constance, & c'est ce que nous avons prouvé " amplement ailleurs, savoir que *quoique l'Église ou* " *le concile général ne puisse détruire la plénitude de* " *la puissance papale, qui a été conférée d'une maniere* " *surnaturelle & par miséricorde, elle peut en borner* " *pourtant l'usage par certains réglemens, pour l'édifi-* " *cation de l'Église, en faveur de laquelle l'autorité* " *papale & toute autre puissance ont été instituées : & tel* " *est le fondement solide de toute la réformation de* " *l'Église*. Donc pour ne pas donner prise aux censeurs, " nous ajoutons qu'il a fallu même donner des bornes " à la puissance paternelle. Je sais qu'on doit craindre, " honorer, respecter les Rois, les Princes du siecle, " les Pontifes, les Prélats de l'Église ; mais on doit " encore plus ces hommages à la vérité. Le respect " ne consiste pas à couvrir par une basse adulation & " un honteux aveuglement, les maux publics qui atta-

„ quent les mœurs, mais à les manifester avec une piété
„ chrétienne & à les combattre modestement (311). „

On voit ici comment notre docteur comprend l'autorité des Princes, celle des Papes & des Évêques dans la même classe ; on voit qu'il les soumet à la même regle ; & on n'aura pas oublié que selon le langage de Febronius, combattre les maux publics, c'est s'élever contre les ordres, les loix, les décrets que l'on juge contraires au bien public, non encore une fois, contre ceux qui sont manifestement contraires au bien public, mais ceux qu'on juge tels, après les avoir *murement examinés*.

Observation importante sur une contradiction de Febronius. Observons encore, comment Febronius en terminant son ouvrage, renverse tout son système d'un seul trait de plume. Il nous dit après Gerson, & il prétend l'avoir amplement prouvé, que bien qu'il ne soit pas au pouvoir d'un concile de détruire la puissance que J. C. a conférée au Pape *d'une maniere surnaturelle, il peut pourtant en borner l'usage par certains réglemens,* & il ajoute que cette maxime est *le fondement solide de toute la réformation de l'Église.* Jusqu'ici, notre jurisconsulte s'étoit borné à vouloir réintégrer les Evêques dans l'exercice de tous les pouvoirs de l'épiscopat, par la suppression des réserves : & il termine son ouvrage en invitant les Évêques à restreindre au contraire l'usage des pouvoirs essenciellement annexés à la primauté du S. Siege. Pour réintégrer les Évêques dans l'exercice de leurs pouvoirs, il avoit mis en principe, comme le fondement de sa réforme, que les droits primitifs de l'épiscopat étant d'institution divine, les canons & la pratique de l'Église universelle, qui en bornoient l'usage par des réserves faites aux souverains Pontifes, étoient abusifs, & contraires au droit divin, & il met à présent en maxime que la puissance du Pape, quoique d'institution divine, peut cependant être restreinte par les canons, quant à l'usage. Il avoit allégué, pour rétablir les prétendues libertés nationales, que l'exercice de l'autorité épiscopale ne pouvoit être lié ni modifié par les loix canoniques, parce que cette autorité étoit de droit divin ; & les libertés nationales, sur-tout les libertés de l'Église Gallicane qu'il réclame sans cesse, ont au contraire pour principe, que la puissance du Pape, quoiqu'elle soit de droit divin, peut être pourtant réglée & modifiée par les canons *(a)*. Ce n'est pas la premiere fois que nous avons relevé les contradictions de ce docteur ; mais aucune n'a été plus frappante, ni plus ruineuse pour son système.

Febronius détruit la puissance des souverains, en attribuant la puissance de l'Église au corps des fideles.
3°. Febronius enseigne que l'autorité épiscopale réside dans le corps des fideles, & qu'ils peuvent infirmer les décrets & les ordonnances des premiers pasteurs lorsqu'ils les jugent abusifs. Or nous avons déja fait voir combien cette doctrine étoit capable d'accréditer cette maxime aujourd'hui si fort répandue, que la souveraineté réside dans le peuple, avec le droit de réformer l'administration des souverains. Nous ne répéterons pas ce que nous avons dit là-dessus *(b)*, & nous aurons occasion de le rappeler encore ailleurs *(c)*. Mais il est bon d'entendre sur cet article un des apologistes de Febronius.

« Zacharie, dit-il, compare mal-à-propos la puissance
» ou la forme des royaumes du monde avec la fonction
» du premier pasteur ; car la forme des royaumes du
» monde, étant *dépendante de la volonté arbitraire des*
» *peuples (d)*, elle peut être changée, elle peut être
» étendue ou restreinte, & s'éloigner ainsi de sa premiere
» institution, au lieu que la forme ecclésiastique étant
» d'institution divine, elle ne peut varier (312). »

On vient de l'entendre : *la forme des royaumes du monde, dépend de la volonté arbitraire des peuples, elle peut être changée & restreinte.* Mais par qui peut-elle être changée ? Ce ne peut être que par la volonté arbitraire des peuples de qui *elle dépend*, & qui ont

---

(*a*) V. le §. suivant n. 1.
(*b*) V. ci-dev. ch. 1, §. 2 de cette 3me. part.
(*c*) V. ci-apr. part. 4, ch. 1, §. 2.
(*d*) Ces mots se trouvent en lettres italiques dans l'ouvrage.

par conséquent, non-seulement le droit de s'opposer aux volontés du Monarque, mais de modifier sa puissance, & même de la lui enlever, en changeant la forme monarchique. Aussi l'apologiste a-t-il soin de nous prévenir que le gouvernement civil est encore plus dépendant des peuples que le gouvernement ecclésiastique.

Quel est après cela le Monarque qui se croira suffisamment affermi sur son trône ? Dans quels désordres, dans quels malheurs, dans quelle confusion vont se précipiter les peuples, s'ils sont une fois imbus de ces détestables maximes (*a*) ?

C'est ainsi qu'en dépouillant le souverain Pontife de sa jurisdiction, sous prétexte de réformer l'Église, Febronius attente tout-à-la-fois par ses principes & à l'autorité de l'épiscopat, dont il semble vouloir défendre les droits, & à la puissance des souverains, entre les mains de qui il voudroit, par une sacrilege adulation, transporter les clefs de S. Pierre, & au bonheur des peuples, qu'il tente de séduire par l'idée d'une fausse liberté & d'un pouvoir chimérique.

Courte exposition de la doctrine de l'Église, par opposition à celle de Febronius. L'Église, dirigée par d'autres principes, & quoiqu'en dise Febronius, toujours animée de l'esprit de vérité & de sagesse, marche aussi par une route toute opposée ; elle assure en même-tems & le salut des peuples, & la puissance des Rois & celle des Pontifes, en enseignant aux uns les devoirs de l'obéissance, & en montrant aux autres les bornes de leurs pouvoirs.

Elle dit aux peuples: La souveraine puissance n'a été instituée que pour vous. Si elle tient le glaive, c'est pour vous protéger. Vos maîtres ne sont les images de la divinité, que pour être à votre égard les instrumens de sa bonté & de sa providence, lors même qu'ils sont forcés d'être les ministres de sa justice. Un jour elle lui demandera compte de l'administration qu'elle leur

---

(*a*) V. la premiere partie de cet ouvrage, & sur-tout la derniere maxime du 3me. ch.

aura confiée ; elle vous vengera s'ils vous oppriment ; mais, en attendant, il ne vons est pas permis de les juger, ni de leur désobéir, hors le cas d'injustice manifeste, & jamais il vous est permis de vous révolter : en les choisissant pour vos maîtres, vous avez renoncé au droit de leur commander.

Elle dit aux Princes : Quoique vous soyiez placés au-dessus des hommes, vous avez les loix au-dessus de vous. Votre autorité doit vous paroître d'autant plus redoutable, que n'y ayant aucune puissance capable de l'arrêter, l'abus que vous en feriez, deviendroit plus funeste ; & vous subiriez un jour devant le Maître des rois, un jugement d'autant plus vigoureux, que vous auriez été plus indépendans. Vous êtes les protecteurs, non les chefs de l'Eglise. Votre puissance doit s'arrêter à la porte du sanctuaire. S'il vous est permis d'y entrer, ce n'est qu'à la suite des premiers pasteurs ; pour les seconder lorsqu'ils vous invoquent, non pour les prévenir, ni les diriger, ni les réformer, ni les assujetir dans l'exercice de leurs fonctions sacrées. Donnez à vos peuples, par votre obéissance dans l'ordre de la Religion, l'exemple de celle qu'ils vous doivent dans le gouvernement civil.

Elle dit aux souverains Pontifes : Placés sur le haut de la montagne sainte, comme la sentinelle d'Israël, vous avez été établis par J. C. même pour être les Peres de son troupeau, & les serviteurs de tous. La puissance des clefs, déposée entre vos mains pour gouverner l'Église, n'a point été livrée à la volonté arbitraire de l'homme. Les saints canons en sont la règle ; le salut des peuples en est la fin ; la Religion seule doit en être l'objet. Les clefs du ciel ne donnent aucun droit au royaume de la terre : & les Évêques, quoique subordonnés à votre autorité, sont vos coopérateurs, non vos ministres.

Elle dit aux Évêques: J. C., en vous appellant à l'apostolat, vous a imposé l'obligation de faire fructifier le talent qu'il vous a confié. Quoique vous ne teniez votre puissance que de lui, vous ne pouvez l'exercer avec fruit, qu'autant que vous demeurerez unis ; & vous ne pouvez l'être que par la subordination à celui qu'il vous a donné pour chef. Vous ne sauriez vous y soustraire sans rompre l'unité, & en rompant l'unité, vous cesseriez d'appartenir à l'Église, & vous ne seriez plus que de foibles roseaux que le moindre souffle feroit plier. Les ministres inférieurs sont vos freres, ils partagent vos travaux. Le sacerdoce est un : vous en seriez indignes si vous ne le respectiez dans leur personne. Faites-leur sentir votre supériorité plutôt par votre bonté que par votre puissance, & n'aggravez pas le joug du commandement par la hauteur du despotisme. Lors même qu'il vous est ordonné de les punir, il vous est défendu de les outrager.

Elle dit aux ministres inférieurs : Les Évêques sont vos pasteurs. Ils ont la plénitude du sacerdoce, vous n'en avez qu'une portion ; vous devez les respecter & les aimer comme vos peres, leur obéir comme à vos maîtres : & jamais les défauts personnels ne seront un titre pour vous dispenser de l'honneur que vous devez à leur caractere.

Elle dit à tous les fideles : La puissance qui vous commande, est la même qui vous protege. Partagée entre les Princes & les Pasteurs, elle dérive de la même source qui est Dieu, & se rapporte à la même fin, qui est le bonheur de la société. Obéissez aux Princes dans l'ordre civil, aux pasteurs dans l'ordre de la Religion. Vous ne pouvez sortir de cette regle sans vous précipiter dans le cahos de l'anarchie.

Ainsi parle l'Église ; & tout rentre dans l'ordre en rentrant dans la subordination.

§. IV.

Febronius invoque mal-à-propos les libertés nationales, pour détruire la jurisdiction du Pape. Les prétendues libertés qu'il voudroit établir, n'ont ni la légitimité qu'il leur suppose, ni les avantages qu'il leur attribue.

ARTICLE I.

Febronius allegue mal-à-propos les libertés nationales, pour détruire la jurisdiction du Pape.

Nécessité de donner une exacte notion des libertés nationales. Il n'est rien qu'on allegue plus souvent, &, j'ose le dire, qu'on connoisse moins, que les libertés nationales. Ce nom se trouve par-tout. Veut-on attaquer un décret du souverain Pontife, faire réformer l'ordonnance d'un Évêque, ou un acte quelconque de sa jurisdiction? La prétendue infraction des libertés nationales, se trouve ordinairement à la suite de la plainte, comme un terme de style, qui donne la forme au tableau. Mais en quoi consistent les libertés nationales? c'est ce qu'on ne définit point, lors-même qu'on les fait sonner si haut : c'est sur quoi les plus célebres canonistes ne s'accordent pas. Il faudroit cependant commencer par donner une exacte notion de l'autorité qu'on réclame avant de l'alléguer. Il faudroit indiquer le code où sont renfermées ces libertés (*a*), lorsqu'on nous les rappelle, ou du moins

---

(*a*) Le livre des Libertés Gallicanes n'a aucune autorité par lui-même. On sait que le clergé a toujours réclamé contre cet ouvrage, & c'est le clergé qui doit être principalement consulté, sur les libertés de l'Église.

faire connoître les caracteres précis & manifestes auxquels on doit les distinguer. Il faudroit articuler dans les cas particuliers quels sont les points où les libertés ont été violées. Mais c'est ce qu'on ne fait presque jamais, parce qu'il seroit souvent trop difficile de le faire avec quelque apparence de droit. Cependant ces griefs vagues sont des moyens toujours prêts dans le besoin, pour s'élever contre la puissance de l'Église, lorsqu'on juge à propos de la contredire en matiere spirituelle. Rien de plus commode pour les réfractaires, & rien de plus meurtrier pour elle.

Il est donc nécessaire de donner une notion exacte des libertés nationales en général. Il n'en faudra pas davantage pour montrer que Febronius les invoque mal-à-propos. Rappellons pour cela plusieurs vérités qui ont déja été démontrées.

Premiere vérité préliminaire pour avoir une notion exacte des libertés nationales : Le Pape a une jurisdiction de droit divin sur toutes les Églises particulieres. Premiere vérité. La jurisdiction du Pape sur les Églises particulieres étant d'institution divine, aucune Église particuliere ne peut y mettre des bornes, ni s'établir juge des décrets qui en émanent, ni réformer ses décrets, ni en appeller au futur concile, tant qu'ils se renferment dans les matieres spirituelles, ni empêcher qu'ils ne parviennent aux autres Évêques, ni y résister, si ce n'est dans le cas d'injustice manifeste (*a*) ; d'où il suit que les libertés nationales ne sauroient consister à soustraire les Églises nationales à la jurisdiction du souverain Pontife, ni à l'empêcher d'exercer sur elles tous les actes de cette jurisdiction.

Deuxieme vérité préliminaire : La puissance spirituelle ne réside que dans l'Église. Seconde vérité. L'Église ayant reçu elle seule une puissance souveraine & indépendante en matiere spirituelle, par la mission que J. C. lui a donnée ; elle doit l'exercer dans toutes les parties

---

(*a*) V. là-dessus le §. 1 de ce chapitre.

parties du monde chrétien avec une pleine indépendance (a). D'où il suit que les libertés nationales ne sauroient transporter à aucun tribunal laïque, le privilege de restreindre cette puissance, de l'assujetir, de la juger, de la réformer sur les matieres de sa compétence, ni de s'en approprier les droits ; autrement les libertés dégénéreroient en servitude.

Troisieme vérité préliminaire : Aucune loi ne peut tirer les Églises particulieres de la dépendance où elles sont à l'égard de l'Église universelle & de son chef. Troisieme vérité. L'Église étant essentiellement une dans son gouvernement, & son unité ne pouvant subsister que par la subordination de toutes les Églises particulieres à l'égard de l'Église universelle & de son chef (b), il n'est aucune loi, aucun usage qui puisse les tirer de cette dépendance. D'où il suit, que les libertés nationales ne peuvent dispenser les Églises particulieres de l'obéissance qu'elles doivent à l'Église universelle & au souverain Pontife, soit qu'ils veuillent établir de nouvelles loix ou abroger les anciennes ; soit qu'ils jugent ou qu'ils commandent. Si les Églises nationales ont la liberté de rejeter ou d'adopter les nouveaux canons de discipline qui émanent des souverains Pontifes ou des conciles œcuméniques, c'est, comme nous l'avons déja dit, avec la permission, du moins tacite, des législateurs : & c'est en ce sens qu'on doit interpréter la doctrine de M. de Marca sur cet article (313). Autrement on ne pourroit le concilier ni avec les principes de la foi, ni avec ce qu'il enseigne ailleurs, que les Papes peuvent faire dans la discipline des Églises particulieres, les changemens qu'ils jugent nécessaires au bien de la Religion (314).

On ne peut donc dire avec Gilbert de Voisin, que les libertés des Églises nationales consistent dans le droit qu'elles ont, en matiere de discipline, de se gouverner comme elles le jugent convenables aux mœurs de la nation (c).

(a) V. ci-dev. ch. 1, §. 1 de cette 3me. part.
(b) V. ci-dev. §. 2 du présent chapitre.
(c) V. le nouv. Comment. des Lib. Gall. tom. 5.

Cette proposition prise à la rigueur seroit non-seulement schismatique, mais encore contraire au bien des Églises particulieres : car ces Églises pouvant introduire des abus, ou les autoriser, il faut qu'il existe en tous tems au-dessus d'elles, une puissance supérieure dans l'ordre de la Religion pour les réformer, & par conséquent une puissance à qui elles soient obligées d'obéir, soit qu'elle fasse de nouveaux réglemens ou qu'elle révoque les anciens, soit pour corriger les abus ou pour les prévenir.

Quatrieme vérité préliminaire : Les droits de l'Église sont imprescriptibles. Quatrieme vérité. Les droits que l'Église a reçus de J. C. étant imprescriptibles & invariables, elle doit avoir dans tous les tems la même puissance, & par conséquent le même pouvoir de faire de nouvelles loix ou d'abroger les anciennes. Il n'est aucun titre qui puisse attribuer aux Églises nationales le droit de faire revivre, qu'avec son consentement au moins présumé, les anciens canons qui ont été abrogés par des loix expresses, ou par un usage contraire. Les libertés des Églises nationales ne consistent donc point à se gouverner suivant les anciens canons.

Car il ne faut point confondre, comme on fait ordinairement, l'esprit de l'ancienne discipline avec les canons de l'ancienne discipline. L'esprit de l'ancienne discipline doit être toujours proposé pour modele ; il est un témoignage de la ferveur des premiers fideles : mais les anciens canons ne peuvent pas toujours être proposés pour regle. J. C. institua le S. Sacrifice de la Messe, le soir après le repas. Le premier concile de Jerusalem régla qu'on s'abstiendroit du sang des animaux. Les premiers fideles prenoient un repas commun dans les Eglises ; ils s'y assembloient les nuits qui précédoient les grandes fêtes, pour se disposer, par la priere, à les solemniser. Le baptême, par immersion, a été long-tems en usage. La discipline a changé sur tous ces points, quelques respectables qu'en fussent les instituteurs. La pénitence publique qui servoit autrefois à inspirer plus d'horreur du péché, a été sagement abolie, pour ne pas rebuter les pécheurs : seroit-il aujourd'hui au pouvoir des Églises nationales de faire revivre ces anciens usages? L'ancien code de l'Église (*a*), que Leschassier & la plupart des jurisconsultes françois, nous proposent comme le fondement des Libertés Gallicanes, n'est plus en usage ni en France, ni ailleurs, si ce n'est sur un très-petit nombre d'articles. Ce seroit donc une absurdité de soutenir que les libertés des Églises nationales consistent dans la pratique des anciens canons.

Dira-t-on avec Gilbert de Voisin, que ces libertés consistent du moins à se rapprocher autant qu'il est possible, de l'ancienne discipline, en exceptant les points qui ont de la connexité avec le dogme, tels que sont la communion sous une seule espece, & la célébration de la Pâque au premier dimanche après le 14e. de la lune de Mars (*b*)?

De pareilles maximes peuvent bien diriger la sagesse du législateur; mais il est évident qu'elles ne sauroient être érigées en loix, parce que n'ayant rien de déterminé, elles introduiroient l'arbitraire, & deviendroient la matiere d'une infinité de contestations.

La restriction qu'on voudroit y mettre, seroit encore moins admissible. Car quel est le point de discipline qui n'ait de la connexité avec le dogme ? Il faudroit donc encore fixer la nuance que devroit avoir ce degré de connexité ; & alors nouvelle matiere de dispute & d'incertitude.

Conséquence des vérités préliminaires, relativement à la nature des libertés nationales. Ces vérités ainsi supposées, il en résulte que les libertés nationales ne peuvent consister que dans les loix & les usages qui forment la discipline particuliere de certaines Églises, avec l'approbation expresse ou tacite de l'Église uni-

---

(*a*) Ce code renferme les canons des quatre premiers conciles généraux, avec les canons des conciles d'Ancyre, de Néocésarée, de Gangres, d'Antioche & de Laodicée.

(*b*) V. le nouv. Comment. des Lib. Gall. tom. 5.

verselle ou de son chef. On peut mettre au nombre de ces loix, les concordats passés entre les deux Puissances pour les Églises de Portugal (*a*), d'Allemagne (*b*) & de France (*c*).

Les libertés de l'Église Gallicane sont encore appuyées au rapport des canonistes, & entr'autres, de M. du Puy (315) & de M. Fleury, sur ces deux maximes.

1°. *Que la puissance donnée par J. C. à son Église, est purement spirituelle, & ne s'étend ni directement ni indirectement sur les choses temporelles* (*d*).

2°. *Que la plénitude de la puissance qu'a le Pape, comme chef de l'Église, doit être exercée conformément aux canons reçus de toute l'Église, & que lui-même est soumis au jugement du concile universel, dans les cas marqués par le concile de Constance* (*e*).

La notion des libertés nationales, déterminée suivant les principes ci-dessus, ne peut être contraire à la jurisdiction du Pape. Or il est évident que les libertés nationales, ainsi renfermées dans leurs bornes légitimes, ne sauroient nuire à la jurisdiction du souverain Pontife. Les maximes de l'Église Gallicane conservent seulement aux Princes la souveraineté sur le temporel, auquel la puissance spirituelle ne sauroit avoir en effet aucun droit; elles excluent encore tout pouvoir arbitraire, en soumettant le souverain Pontife aux canons de l'Église, & au jugement des conciles œcuméniques, dans les cas énoncés par le concile de Constance; car, je l'ai déja dit plus d'une fois, la jurisdiction que l'Église Gallicane attribue aux conciles œcuméniques sur le Pape, ne déroge point à la jurisdiction qu'il a de droit divin sur les Églises particulieres, & que l'Église Gallicane elle-même a tant de fois reconnue. Je ne me lasse

---

(*a*) Concordat passé en 1289, entre Denis, Roi de Portugal & le clergé de son royaume, confirmé par Nicolas IV.

(*b*) Concordat pour l'Église Germanique, confirmé en 1448, par Nicolas V.

(*c*) Concordat pour l'Église Gallicane, passé en 1515, entre François I & Léon X.

(*d*) Fleury, Instit. au Droit eccl. ch. 25.

(*e*) Ib.

point de répéter cette vérité, parce que Febronius ne cesse de vouloir tout confondre.

ARTICLE II.

Les prétendues libertés que Febronius voudroit établir dans les Églises nationales, n'ont ni la légitimité qu'il leur suppose, ni les avantages qu'il leur attribue.

Ceci me donnera occasion de rappeller par une courte analyse, les suites funestes de la doctrine de Febronius.

Les prétendues libertés que Febronius voudroit établir, sont illégitimes. Premiérement ces prétendues libertés n'ont point la légitimité que Febronius leur suppose. Cet auteur en distingue de deux sortes : les unes sont particulieres : elles consistent, selon lui, dans les loix & les usages propres à chaque Église : & comme cet écrivain n'entre dans aucun détail sur cet article, je n'ajouterai rien de plus là-dessus à ce que je viens de dire.

Les autres libertés sont générales. « Elles consistent, » dit-il, « dans l'exemption de tout droit injuste, & prin- » cipalement dans l'exemption des loix qui émanent » d'une puissance illégitime, & qui sont onéreuses à » toutes les Églises, telles que sont les loix fondées » sur la collection d'Isidore le Marchand (*a*). »

Cette derniere proposition, ainsi prise dans sa généralité, ne renferme certainement rien que de vrai ; mais dans Febronius, elle doit être expliquée suivant ses principes. Or suivant les principes de Febronius, quelle est cette exemption qui constitue les libertés générales des Églises ? C'est une exemption qui les soustrait à la jurisdiction du S. Siege, qui rétablit tous les Évêques dans les mêmes pouvoirs qu'avoient les Apô-

---

(*a*) *Febr. tom. 1, c. 8, p. 637, 638.* — V. ci-dev. p. 275.

tres, pour les exercer dans tout le monde chrétien, quand ils les croiront évidemment utiles, nonobstant la division des dioceses. C'est une exemption qui annulle les réserves faites au souverain Pontife, nonobstant les canons des conciles généraux & l'usage de tant de siecles; une exemption qui attribue aux Églises nationales, le droit de réformer le gouvernement de l'Église universelle, comme ayant laissé prévaloir les superstitions & les préjugés. C'est le droit de se soustraire à l'obéissance du S. Siege, de résister à ses décrets, de les supprimer, d'en appeler au futur concile. C'est une exemption qui, mettant les clefs de S. Pierre entre les mains du peuple & des souverains, donne aux simples fideles le pouvoir d'infirmer les décrets des premiers pasteurs & des conciles œcuméniques, & qui attribue aux souverains le pouvoir de réformer & les Évêques. & les conciles, quant à la discipline : or nous avons prouvé que de pareilles libertés sont diamétralement opposées à la doctrine de l'Église & à son unité : qu'elles introduiroient le schisme & l'anarchie dans le gouvernement ecclésiastique. Elles n'ont donc point la légitimité que Febronius leur suppose.

Les prétendues libertés que Febronius voudroit introduire, bien-loin d'être utiles, seroient très-funestes à l'Eglise. Secondement ces libertés n'ont pas les avantages que Febronius leur attribue. Quels sont en effet ces avantages?

1°. Il nous dit qu'elles supposent l'union (*a*) de l'Église avec le siege de Rome, comme étant le centre de l'unité (*b*).

Mais nous avons fait voir au contraire qu'elles rompoient cette unité, non-seulement en ce qu'elles anéantissoient la jurisdiction du chef de l'Église ; mais

(*a*) Cette union ne peut être en effet des libertés, ni par conséquent être mise au nombre des avantages qu'elles produisent, puisqu'elles supposent ces libertés, & que l'effet ne sauroit exister avant sa cause ; mais ces sortes d'inexactitudes ne sont pas ce qu'il y a de plus répréhensibles dans Febronius.

(*b*) *Febr. ib. n. 3, p. 640.*

encore en ce qu'elles anéantiſſoient par une ſuite néceſſaire la juriſdiction des Patriarches, des Primats, des
Métropolitains, qui ne ſauroient avoir des titres plus
anciens, plus conſtans, plus univerſellement reconnus
que le S. Siege. Nous avons montré encore qu'elles
diviſoient l'Égliſe univerſelle, en une multitude d'Égliſes
iſolées, & indépendantes.

2°. Il nous dit que ces libertés tendent à faire reſpecter le gouvernement du ſouverain Pontife, en le
rappellant à ſon inſtitution primitive.

Mais peut-il y avoir de gouvernement ſans juriſdiction?
Quel reſpect peut-on inſpirer pour un gouvernement,
ſi on dit aux inférieurs que le chef n'a point le droit
de leur commander, ou, ce qui eſt la même choſe,
qu'ils ne ſont tenus de lui obéir qu'autant qu'ils approu-
veront les décrets qui leur ſeront adreſſés? Si l'écrivain
a voulu faire reſpecter ce gouvernement; pourquoi a-t-il
répété tout ce que les ennemis du S. Siege ont dit contre
les Papes? Pourquoi a-t-il relevé des abus commis autrefois par les ſouverains Pontifes, & qui n'exiſtent plus?
Pourquoi veut-il nous alarmer par la crainte des mêmes
entrepriſes, que les Proteſtans n'ont ceſſé de rappeller,
afin de rendre le S. Siege odieux, & qui ne ſont plus
aujourd'hui à craindre, de l'aveu même d'un célebre
Proteſtant (a)? Pourquoi affecte-t-il de rappeller les
vices, dont quelques Pontifes ont terni la ſainteté de
leur caractere, ſans dire un ſeul mot de tant d'autres
Pontifes qui ont illuſtré le S. Siege par leurs vertus,
leurs lumieres, leur ſageſſe? Pourquoi laiſſe-t-il ignorer
les grands ſervices qu'ils ont rendu, non-ſeulement à
l'Égliſe, mais aux Princes chrétiens, en les conciliant, en
les réuniſſant, pour oppoſer une barriere invincible à un
peuple féroce qui menaçoit d'envahir l'Europe entiere?
Pourquoi ne nous parle-t-il pas de la fermeté avec
laquelle ils ont repouſſé les aſſauts que l'erreur & le

(a) Ne Papæ jura Regum invadant, video nunc Reges ita benè ſibi cavere, ut non ſit cur privatos ea cura remordeat. Grot. in animadv. Riveti p. 643, col. 2, tom. 4, in-fol. 1679.

schisme ont livrés à la Religion ? Pourquoi ne dit-il rien, ni de l'intrépidité avec laquelle ils ont bravé tous les efforts des hommes, & la mort même pour la défense de la vérité ; ni de la protection que les défenseurs de la foi & les Évêques persécutés, ont toujours trouvée auprès du S. Siege ? Qu'il consulte encore sur cet article le savant écrivain protestant que je viens de citer (*a*).

3°. Il nous dit que ces libertés ferment la bouche à tous ceux qui se plaignent de la domination des Papes.

Mais tous les ennemis de l'Église se sont plains de cette prétendue domination ; & les Protestans s'en plaindroient encore, quand même on la réduiroit aux termes dans lesquels Febronius voudroit la circonscrire ; puisqu'ils n'accordent au S. Siege ni autorité sur les autres Églises, ni puissance, ni primauté de droit divin. Le moyen de faire cesser les plaintes, c'est non de calomnier une puissance légitime & nécessaire au gouvernement ecclésiastique, non de la détruire, parce qu'on la calomnie ; mais d'éclairer ses ennemis sur la légitimité de ses droits, & de lui concilier ainsi le respect & l'obéissance des peuples.

4°. Il nous dit que ces libertés préviennent les schismes que cause l'abus du pouvoir.

L'abus du pouvoir est sans doute capable de causer des schismes ; mais détruire le pouvoir pour corriger les abus, c'est vouloir guérir le mal en se privant du remede : détruire la jurisdiction du Pape pour prévenir les schismes, c'est introduire véritablement le schisme que l'on redoute, en abolissant une puissance qui est le lien de l'unité.

5°. Il nous dit que ces libertés empêchent que les Princes n'interviennent dans le gouvernement de l'Église, pour défendre les opprimés.

(*a*) *Quot dissidia sanata sint auctoritate Romanæ sedis, quoties oppressa innocentia ibi præsidium repererit, non alium testem quàm eundem Blondellum volo.* Grot. pro pace ecclesiast. p. 659, col. 1, tom. 2, edit. 1679.

Nous avons montré au contraire qu'en abolissant la jurisdiction du Pape, il étoit nécessaire de lui substituer celle des Princes dans le gouvernement de l'Église, pour empêcher les désordres de l'indépendance.

D'ailleurs, Febronius accorde aux Princes l'autorité de jurisdiction sur la discipline de l'Église: il les invite même à faire usage de leur droit pour la réformer. Comment donc regarde-t-il comme un avantage réel, d'empêcher que les Princes interviennent ? Ne seroit-ce pas au contraire un très-grand mal que la puissance instituée, pour faire régner l'ordre & l'harmonie dans une société, cessât de la gouverner ? Et quand même les conciles assemblés, & l'Église universelle entreprendroient la réforme que Febronius voudroit introduire, empêcheroient-ils les souverains de venir aussi réformer à leur tour ce qu'ils croiroient abusif, après que Febronius leur auroit ouvert les portes du sanctuaire ?

6°. Il nous dit que ces libertés sont plus conformes à la plus ancienne & à la plus saine discipline de l'Église.

Mais j'ai prouvé que la jurisdiction du S. Siege, que Febronius voudroit abolir pour établir ces libertés, avoit été reconnue dès les premiers siecles de l'Église, & qu'elle avoit sa source dans la mission de J. C. Quant à la maniere de l'exercer, j'ai encore montré que l'ancienne discipline ne devroit pas être la regle de la nôtre; que les changemens que l'Église y a faits, supposent que les anciens usages ne seroient ni sages ni utiles, eu égard à son état actuel.

Qu'on juge après cela de la nature des libertés que Febronius réclame : qu'on juge des prétendus avantages qu'il nous promet : qu'on juge de la réforme vraiment *singuliere* qu'il nous propose pour conserver l'unité, & pour y ramener les Dissidens. *De statu Ecclesiæ & legitimâ potestate Romani Pontificis liber singularis, ad reuniendos Dissidentes* (a).

_____

(a) C'est le titre de l'ouvrage que nous venons de réfuter. Ainsi quelque pure que puissent être les intentions de l'auteur, il est évi-

§. V.

La dignité du souverain Pontife, en lui donnant une puissance de jurisdiction dans le gouvernement de l'Église universelle, lui impose aussi des obligations plus étroites.

„ Vous êtes (très-saint Pere) le Grand Prêtre,
„ le souverain Pontife, le Prince des Évêques, l'hé-
„ ritier des Apôtres. J. C. vous a donné les clefs du
„ ciel, il vous a confié ses brebis. D'autres ont aussi
„ reçu ces clefs : il y a d'autres pasteurs ; mais ce
„ privilege est d'autant plus éminent en vous, que vous
„ avez hérité d'un nom plus glorieux. Ceux-ci ont,
„ chacun leurs troupeaux particuliers : vous seul avez
„ été préposé à la garde de tous. Vous êtes vous
„ seul, non-seulement le Pasteur des brebis, mais encore
„ des Pasteurs-mêmes. Car quel est l'Évêque, quel est
„ l'Apôtre à qui toutes les brebis ont été confiées
„ aussi absolument & aussi indistinctement qu'à vous,
„ par ces paroles : *Si vous m'aimez, Pierre, paissez*
„ *mes brebis* ? Eh ! quelles brebis ? Non le peuple de
„ telle & telle ville, de tel pays, de tel royaume,
„ mais mes brebis. Qui n'en distingue aucune, les
„ comprend toutes. Les autres pasteurs ont été appellés
„ à une portion de sollicitude, & vous, à une plé-
„ nitude de puissance. Le pouvoir des autres est cir-
„ conscrit dans certaines limites : le vôtre s'étend
„ même à l'égard de ceux qui ont reçu l'autorité sur
„ les autres. Car ne pouvez-vous pas fermer le ciel
„ à l'Évêque s'il l'a mérité ? Ne pouvez-vous pas le
„ déposer ? Ne pouvez-vous pas le livrer à satan ?
„ Votre prérogative est donc inébranlablement établie

---

dent que son ouvrage, bien loin de ramener les Protesians à l'unité de l'Eglise, renverse tous les principes de l'autorité, & introduit tous les désordres dans le gouvernement civil, comme dans le gouvernement eccléfiastique.

„ & fur les clefs que vous avez reçues, & fur les
„ brebis qui vous ont été confiées (a). „

Mais en établiffant les auguftes prérogatives du S.
Siege, S. Bernard lui rappelloit en même-tems l'étendue de fes obligations, la néceffité de veiller au bien
commun des fideles, avec la charité & la follicitude
de pere, avec l'autorité & la force des Apôtres ; de
maintenir la vigueur de la difcipline dans les Églifes;
de réprimer les abus qui s'y étoient introduits ; de s'oppofer à l'*homme ennemi* qui femoit la zizanie dans le
champ du Seigneur ; de fe rendre lui-même à l'imitation de J. C., le modele des Évêques, par l'éminence
de fes vertus, comme il en étoit le chef par la fupériorité de fa puiffance ; de penfer qu'il feroit refponfable à fon tribunal, des brebis qui auroient été confiées à fes foins, & que la perte d'une feule fuffiroit
pour la condamnation du pafteur qui auroit négligé
de la fauver.

„ Vous vous devez aux fideles & aux infideles, lui
„ difoit-il : vous vous devez aux Juifs, aux Grecs & aux
„ Gentils. Que, par vos foins, les incrédules fe con-
„ vertiffent ; que ceux qui font convertis, perféverent;
„ que ceux qui ont été pervertis, reviennent ; que
„ ceux qui pervertiffent, foient convaincus, ou du
„ moins, qu'on les empêche de nuire. Je parle des
„ hérétiques & des fchifmatiques, de ces hommes les
„ plus méchans de tous, de ces hommes qui font,
„ tout-à-la-fois, corrompus & corrupteurs, fembla-
„ bles aux chiens par leur difcorde, & aux renards
„ par leurs artifices. Ils doivent être corrigés, de peur
„ qu'ils ne périffent, ou être réprimés, de peur qu'ils
„ ne faffent périr les autres (316). „

Mais laiffons parler la Religion elle-même dans le
cœur de l'illuftre Pontife qui la gouverne. Placé fur
la montagne fainte, comme la fentinelle d'Ifraël, témoin
des fléaux qui affligent fon peuple, mieux inftruit que
nous de leurs befoins, encore plus affligé de leurs

(a) *S. Bernard, de confid. l. 2, c. 8.*

maux ; après avoir levé les mains au ciel, il defcendra dans la maifon du Seigneur, pour confirmer fes freres dans la foi. Nous le verrons, foutenu par le courage qu'infpirent l'autorité de l'apoftolat, la force de la vérité & la fupériorité de la vertu, s'armer contre le menfonge, le démafquer, l'humilier, le terraffer ; réprimer les abus qui fe font introduits jufque dans le fanctuaire, redonner au facerdoce toute fa dignité ; & toujours renfermé dans les bornes de la puiffance fpirituelle que J. C. lui a donnée, il défendra avec une fermeté inflexible les droits de l'apoftolat. Dirigé par la fageffe & la charité qui le caractérifent, il s'empreffera de ramener au bercail, par le miniftere des hommes apoftoliques, les brebis qui fe font égarées ; il verfera l'huile & le vin dans les plaies ; il foutiendra les foibles, défendra les opprimés, confolera les affligés, excitera le zele de fes coopérateurs ; il fera refpecter l'épifcopat dans leur perfonne ; il les attachera encore plus au S. Siege par fon amour paternel, que par les devoirs de l'obéiffance. Nous le verrons encourager les talens, les mettre en œuvre pour l'intérêt de l'Église, les réunir tous, comme dans une force centrale, pour porter par-tout dans le monde chrétien, des fecours prompts & efficaces, qui diffipent l'erreur & qui rétabliffent la difcipline. Nous le verrons oppofer un mur d'airain aux ennemis de l'Églife, prier, exhorter, folliciter, reprendre, corriger avec patience, avec bonté, avec force ; agir par-tout avec la puiffance & l'efprit de J. C. ; commander enfin aux flots & faire ceffer l'orage.

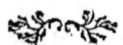

CHAPITRE III.

De la compétence des deux Puissances.

Nous avons vu (*a*) comment certains auteurs, en changeant la signification des termes, réduisoient les objets spirituels à ce qui étoit purement intérieur, & rangeoient au contraire dans la classe des matieres temporelles, tout ce qui étoit extérieur dans le gouvernement de l'Église & dans les fonctions sacerdotales. Nous avons vu que d'autres en attribuant à la jurisdiction séculiere, tout ce qui intéresse l'ordre civil, soumettoient encore par un nouveau détour, toute la Religion aux tribunaux des magistrats. Souvent même ils emploient ces deux moyens à la fois, pour envahir la jurisdiction ecclésiastique. Leur raisonnement est assez singulier pour être rapporté.

" Quoique la société de l'Église, & son autorité
" soient toutes spirituelles, dit l'un d'eux, cette auto-
" rité & cette société n'en sont pas moins visibles,
" parce que ce sont des hommes qui les composent,
" & que les hommes ont un besoin indispensable des
" actes extérieurs, pour se communiquer les diffé-
" rentes opérations de leurs ames.

" La puissance spirituelle est donc toute spirituelle
" en elle-même & dans tout ce qui lui est propre,
" c'est-à-dire, dans ses sujets, dans son objet, dans son
" action, dans sa fin, dans son principe. Les actes
" extérieurs de l'homme ne lui sont nécessaires qu'en
" conséquence de la nature humaine, qui ne comporte
" pas que nous nous communiquions les différentes opé-
" rations de nos ames, autrement que par le ministere
" du corps. De même la puissance temporelle est toute

(*a*) Au commencement de cette 3me. partie.

» extérieure par elle-même, & n'a besoin de la direc-
» tion de l'esprit, qu'en conséquence de cette même
» nature humaine, qui ne comporte pas que, même
» par rapport aux choses extérieures, l'homme puisse
» se conduire comme tel, sans la direction & le con-
» cours de son esprit; & la nécessité de sa direction dans
» la puissance temporelle ne donne aucune puissance,
» aucune action que sur le corps, & ne sauroit jamais le
» rendre une puissance spirituelle.

» De ces principes il suit nécessairement, que l'hom-
» me extérieur est du ressort de la puissance tempo-
» relle; & par conséquent, qu'il faut, dans tout ce
» qui regarde cet homme extérieur, reconnoître une
» soumission, que le ministere spirituel doit à la puis-
» sance temporelle, en cette hypothese....

» C'est par rapport à ces mêmes actes extérieurs,
» (qui entrent dans l'ordre de la Religion, en tant
» qu'ils en sont des effets ou des moyens nécessaires,
» pour la former ou l'entretenir dans les ames,) qu'on
» ne sauroit refuser à la puissance temporelle le droit
» d'en connoître, & de s'en faire rendre compte, non
» dans l'ordre de la Religion, c'est-à-dire, eu égard
» au rapport que ces actes peuvent avoir avec les opé-
» rations de l'ame, mais dans ce qu'ils ont de purement
» extérieur, & relativement à ce qui peut s'y rencontrer,
» qui intéresse l'ordre public (317).

» Or, de ce droit du Prince résulte, de la part de
» l'Église, l'obligation de les lui exposer avec toute la
» simplicité possible, pour obéir au droit qu'il a sur
» l'extérieur de ces actes, & qu'on ne peut lui contes-
» ter, au moins (318) quant au pouvoir d'en connoître.
» Si le souverain, en prenant connoissance de ces actes,
» y découvre un abus certain, & une atteinte constante
» que quelques-uns donneroient à l'ordre public, il a
» le droit, & est dans l'obligation d'en arrêter le
» cours, & ce droit impose aux ministres de l'Église,
» le devoir de lui obéir dans ce cas, soit en réformant
» ces actes, soit en apportant les tempéramens nécessai-
» res, pour que l'ordre public ne s'y trouve aucunement

» bleſſé. » Ainſi parle l'auteur de l'Autorité du Clergé & du Magiſtrat politique (a).

Nous nous réſervons de répondre dans la ſuite à ce raiſonnement. Mais il faut combattre auparavant le principe, en déterminant la regle générale qui fixe la compétence des deux Puiſſances. Ce point important, une fois éclairci, il ſera aiſé de connoître quel eſt le tribunal auquel les différentes matieres en particulier, doivent ſe rapporter, & quelles ſont les matieres mixtes qui, ſous leurs diverſes relations, reſſortiſſent aux deux tribunaux.

Je range dans la claſſe des matieres purement ſpirituelles, la doctrine, les ſacremens, la diſcipline de l'Égliſe, les aſſemblées de Religion.

Je compte parmi les matieres mixtes, les ordres religieux, les bénéfices, les mariages ; enfin les aumônes, les fêtes, les pélerinages.

§. I.

Ce n'eſt, ni ſelon que les objets ſont intérieurs ou extérieurs, ni par l'influence qu'ils peuvent avoir ſur l'un ou l'autre gouvernement, qu'on doit déterminer la compétence des deux Puiſſances ; mais par la fin ſpirituelle ou temporelle à laquelle ils ſe rapportent directement, & par leur nature. La propoſition approche de la foi, quant à ſes trois parties.

LA compétence des deux Puiſſances ne ſe détermine point, parce que les objets ont d'intérieur ou d'extérieur. Cette doctrine eſt une conſéquence néceſſaire de la diſtinction & de l'indépendance que nous avons établi entre les deux Puiſſances. Et premiérement ſi la compé-

_____

(a) De l'Autor. du Clerg. & du Pouv. du Magiſt. polit. imprimé en 2 vol. in-12 ; ch. 3.

tence se déterminoit, selon que les objets sont intérieurs ou extérieurs, il y auroit dépendance & confusion entre elles ; car, d'un côté, toutes les fonctions eccléfiaftiques deviendroient de la compétence du magiftrat, puifqu'elles ne peuvent s'exercer que par des actes extérieurs ; &, par une conféquence néceffaire, tous les objets de la Religion fur lefquels elles s'exercent, même la doctrine & les facremens, feroient foumis au même tribunal, puifque le Pontife ne peut agir rélativement à ces objets, que par un miniftere extérieur. Ainfi, la puiffance fpirituelle deviendroit entiérement dépendante du magiftrat politique, & cela, quand même le magiftrat feroit hérétique ou idolâtre. Une femme même fur le trône auroit le droit de régler tout ce qui regarde le gouvernement de l'Églife, puifqu'elle réunit dans fa perfonne tous les droits de la fouveraineté. Édouard, Roi d'Angleterre, n'auroit donc point franchi les bornes de fa jurifdiction, en publiant des confeffions de foi ; en prefcrivant le filence fur certains points de doctrine définis par l'Églife ; en fe réfervant l'approbation des prédicateurs ; en nommant des commiffaires pour réformer les abus, avec le pouvoir de ftatuer fur tout ce qu'ils croiroient utile au bien fpirituel des fideles. Il auroit donc pu réellement interdire toute jurifdiction extérieure aux Évêques, pendant la vifite des commiffaires ; les obliger à foufcrire aux réglemens des vifiteurs qui n'avoient pas même le caractere épifcopal. Il auroit donc pu permettre le mariage des prêtres, faire adminiftrer la communion fous les deux efpeces, réformer la liturgie, publier un nouveau code de difcipline, commettre les Évêques pour ordonner ou pour dépofer les miniftres en fon nom, & par fon autorité, & fe réferver le droit de dépofer les Évêques eux-mêmes, *quand ils ne fe comporteroient pas bien*. La Reine Élifabeth n'auroit donc fait qu'ufer de fes droits en exerçant le même pouvoir, puifque l'exercice de ce pouvoir ne tomboit que fur des objets extérieurs. On ne peut fe défendre des conféquences, dès qu'on admettra le principe. Nos adverfaires les ont en effet déja adoptées fur les objets
les

DES DEUX PUISSANCES.

les plus importans, & les plus évidemment spirituels de leur nature, tels que l'instruction publique, les dispositions nécessaires pour recevoir les sacremens, l'institution canonique, la mission pour les fonctions du saint ministere, la canonicité des instituts religieux, le caractere des jugemens qui forment regle de foi. Ils s'appuient sur les mêmes raisons qu'on avoit alléguées en faveur de la suprématie (319). Leur système est donc le même, quant au fond, quoique sous différens termes. Les éloges des Anglicans n'annoncent que trop la conformité de leur doctrine avec celle des nouveaux réformateurs (320).

D'un autre côté, si tout ce qui est intérieur est de la compétence de la puissance spirituelle, elle sera en droit, non-seulement de soumettre la volonté des fideles à tous les systêmes de gouvernement qu'elle prétendra être les plus conformes aux loix de la raison, & à l'utilité publique, mais encore de prescrire aux Princes tout ce qu'ils doivent faire relativement à ces objets; &, comme la volonté est le principe nécessaire de tous les actes extérieurs de l'homme, la puissance spirituelle, en commandant à la volonté, réglera en dernier ressort tous les actes extérieurs, même ceux qui se rapportent directement à la société civile, à l'administration de la justice, à l'emploi des finances, à l'imposition & à l'exaction des tributs, aux opérations de la guerre, & à tout l'ordre économique du gouvernement temporel. Quel renversement d'idées !

La compétence ne se détermine point par l'influence que les objets ont sur l'un ou l'autre gouvernement. En second lieu, si la compétence se déterminoit par l'influence indirecte que les objets ont sur l'un ou l'autre gouvernement, il y auroit encore dépendance & confusion entre les deux Puissances ; car les deux Puissances influent nécessairement dans leurs gouvernemens respectifs. La Religion est la base du gouvernement civil, puisqu'il n'y a point de gouvernement sans Religion (*a*) : le gouvernement civil sert à son tour la Religion ;

(*a*) V. ci-devant 1ere. partie, ch. 1, max. 6.

en maintenant l'ordre & en protégeant la justice. Le Prince commande & contraint même à l'obéissance : l'Évangile fait obéir volontairement. Les loix civiles sont établies sur l'humanité & la justice ; & la Religion inspire ces vertus & les éclaire. L'objet de la Religion est d'extirper les vices, de procurer la paix, de sanctifier les hommes : les loix civiles répriment les crimes, maintiennent la paix, reglent l'extérieur des mœurs, & préparent ainsi la voie à l'Évangile. Il importe à l'Église que le Prince veille sur l'administration publique, pour faire observer l'ordre, protéger l'innocence & la justice ; qu'il fasse respecter les loix : il importe de même à la société civile, que les disputes de Religion, ne troublent point l'ordre public ; que les pasteurs n'abusent point de l'autorité sacrée dont ils sont revêtus, pour vexer les citoyens par un gouvernement arbitraire, ou par une sévérité indiscrete. Les peines canoniques impriment une sorte d'infamie ; le sacrement de mariage décide de l'état des sujets & du droit aux successions ; les vœux solemnels séparent un religieux de la société civile ; la doctrine regle les consciences, & par conséquent les mœurs publiques. Ainsi, en réglant la compétence par l'influence des objets sur l'un ou l'autre gouvernement, il n'y aura plus rien dans l'Église qui ne ressortisse au tribunal du souverain, plus rien dans l'administration temporelle qui ne soit de la compétence des Évêques. Dès-lors, les deux Puissances se mêlent, se confondent, s'embarrassent mutuellement ; &, par les mêmes principes, elles s'érigent en souveraines dans les deux gouvernemens, sans qu'il soit possible de les concilier, ni de les distinguer, puisqu'elles ont une égale jurisdiction sur les mêmes matieres. Mais dans le cas d'opposition entr'elles, quelle sera donc la puissance à laquelle on devra obéir ? « Si les cho-
» ses purement temporelles sont au pouvoir de l'Église
» & des Papes, par cela seul qu'elles sont utiles à
» l'Église, le prétexte d'utilité ne manquera jamais,
» disoit M. Bossuet, & les Papes pourront décider

» toutes fortes d'affaires temporelles, fans confulter
» les Princes, & même malgré eux. Ils auront par
» conféquent toute l'autorité fouveraine (a). » On
doit dire la même chose des matieres fpirituelles, par
rapport au gouvernement civil. Nous avons vu que
certains docteurs prétendoient prouver le domaine in-
direct des Papes fur le temporel des Rois, par l'influence que le temporel avoit fur le gouvernement de
l'Églife (b).

La compétence des deux Puiffances fe regle par le rapport direct qu'ont les objets avec la Réligion ou avec l'ordre civil. Mais, fi ce n'eft, ni felon qu'un objet eft intérieur ou extérieur, ni par l'influence qu'il peut avoir fur l'un ou l'autre gouvernement, qu'on doit déterminer la compétence des deux Puiffances, il fuit néceffairement qu'elle ne peut fe décider que par la fin fpirituelle ou temporelle à laquelle l'objet fe rapporte directement, & par fa nature, puifqu'on ne peut affigner d'autre regle pour la diftinguer.

Par-là, les deux Puiffances, quoique analogues dans leurs fonctions, fe trouvent évidemment caractérifées felon le rapport immédiat que ces fonctions ont avec la Religion, ou avec l'ordre civil : l'une & l'autre font des loix, elles jugent, déleguent, difpenfent, créent des dignités, diftribuent des emplois, décernent des honneurs, accordent des privileges, puniffent & récompenfent ; mais l'Évêque n'exerce ces fonctions que fur des objets qui fe rapportent directement au culte de Dieu, ou à la fanctification des ames ; & le Prince, que fur ce qui intéreffe directement le gouvernement temporel. Ainfi, les affemblées convoquées pour le bien de l'État, les difcours publics prononcés dans le fanctuaire de la juftice, les réglemens de difcipline fur l'adminiftration civile, les cérémonies inftituées pour relever la majefté du trône, font des actes de pure police, foumis à l'autorité du Prince. Les affemblées de

---

(a) *Def. decl. cler. gall. l. 4,* &5.   (b) V. ci-dev. part. 2, ch. 5, §. 2.

Religion, les cérémonies instituées dans la célébration des saints mysteres, sont des actes qui relevent de la jurisdiction eccléfiastique. Telle étoit la doctrine de M. l'Abbé de la Feuillade, expofant, en qualité de promoteur, les maximes de l'Églife Gallicane dans l'affemblée de 1645. " Les limites de la puiffance fpiri-
" tuelle, difoit-il, doivent juftement fe prendre de la
" nature du fujet dont il s'agit, & de la fin où il fe
" rapporte. De forte que, fi la chofe qui eft mife en
" controverfe, eft purement fpirituelle ; fi de fa nature,
" elle tend à une fin furnaturelle, comme à l'augmen-
" tation de la grace, & à l'avancement du falut,
" il n'y a point de doute que cette matiere eft nécef-
" fairement du reffort de la puiffance fpirituelle....
" Gerfon, chancelier de l'Univerfité de Paris, définit
" la puiffance fpirituelle, *une puiffance inftituée de*
" *J. C., qui a pour objet une chofe fpirituelle, & qui*
" *fe rapporte à une fin furnaturelle* (*a*), " & cette doctrine eft généralement reconnue dans les autres royaumes, comme diftinguant les Catholiques des Proteftans (321). Mais ne nous bornons pas à cette preuve : rappellons les raifons que nous avons alléguées, au fujet de l'indépendance des deux Puiffances, & nous verrons qu'elles en caractérifent en même-tems la compétence, en indiquant la nature des objets qui reffortiffent à leurs tribunaux.

Preuve tirée de l'Ecriture-Sainte. J. C. déclare à fes difciples que toute puiffance leur a été donnée dans le ciel & fur la terre, & qu'il les envoie, comme fon Pere l'a envoyé, c'eft-à-dire, avec la même puiffance qu'il a reçue de fon Pere, & par conféquent, avec une pleine indépendance dans l'ordre de la Religion. Or l'exercice de cette miffion étoit certainement extérieur ; il intéreffoit effenciellement l'ordre civil, puifque la Religion devoit former les mœurs, régler la confcience, & les obligations des fujets & des Princes : mais en plaçant tout ce qui eft extérieur, tout ce qui

___

(*a*) V. les Mém. du Clergé, tom. 4, col. 314.

intéresse la société civile, dans la classe des matieres temporelles, ressortissantes au magistrat politique, il faudra dire au contraire, que J. C. même & ses Apôtres n'avoient reçu, pour fonder l'Église, qu'une puissance subordonnée à celle des Empereurs. Le Fils de Dieu donne pouvoir à ses disciples d'enseigner, de baptiser, d'administrer les autres sacremens ; & nous avons prouvé que cette puissance étoit souveraine, comme étant immédiatement émanée de Dieu, & qu'elle ne ressortissoit qu'à son tribunal. Mais il faudra dire, au contraire, qu'elle est soumise aux tribunaux séculiers, puisqu'elle influe sur les mœurs des citoyens. *Quiconque vous écoute, m'écoute*, disoit encore J. C. à ses Apôtres, *& quiconque vous méprise, me méprise*. Il auroit dû dire au contraire : " Quiconque écoute les
" Empereurs sur l'enseignement de la doctrine, m'écoute
" moi-même, puisque rien de plus extérieur, rien de
" plus intéressant pour l'État, que l'enseignement. "

Preuve tirée des Peres. S. Ignace, disciple de S. Jean, & l'héritier de son esprit, insiste principalement sur l'obéissance qu'on doit aux Évêques dans le gouvernement de l'Église. Le concile de Sardique, S. Ambroise, S. Cyrille, S. Célestin, Innocent III, le concile de Chalcédoine (*a*) inculquent la même maxime, comme une loi commune à tous les Chrétiens, aux Princes mêmes, comme aux simples fideles. Or il est évident que cette obéissance ne se rapportoit pas, & ne pouvoit se rapporter qu'aux objets extérieurs qui concernoient la Religion.

" Dieu vous a confié l'empire, disoit Osius à Cons-
" tance, & à nous les matieres ecclésiastiques : & comme
" ce seroit s'élever contre l'ordre de Dieu, d'usurper
" les droits de votre puissance, craignez aussi qu'en
" attirant les affaires de l'Église à votre tribunal, vous
" ne vous rendiez coupable d'un grand crime (*b*). "
Crainte frivole selon nos adversaires, puisqu'il s'agissoit

(*a*) V. ci-dev. ch. 1 de cette 3me. part. §. 3. (*b*) V. ch. 1 de cette 3me. part. §. 1.

ici de la publication d'un concile, & de ceux qu'on devoit admettre à la communion de l'Église, c'est-à-dire, de matieres concernant la police extérieure, & qui influoient dans l'ordre civil. Constance ne faisoit donc qu'exercer une jurisdiction légitime, & c'étoit Osius qui se rendoit coupable en résistant.

S. Athanase n'oppose aux violences de ce Prince, & aux efforts des Ariens, que cette regle invariable qui, dans tous les tems, a servi de digue à l'hérésie & au schisme : « Quel canon ordonne que les comtes gou-
» vernent les affaires ecclésiastiques ? Quand est-ce
» qu'on a publié les jugemens des Évêques en vertu
» des édits ? Quand est-ce qu'un décret de l'Église a
» reçu de l'Empereur son autorité (*a*) ? » Ce Pere ignoroit donc que la jurisdiction de l'Église se bornoit aux actes intérieurs & invisibles, & que les jugemens des Évêques & les autres affaires ecclésiastiques étoient dans l'ordre des choses temporelles, ressortissantes au tribunal de l'Empereur.

S. Hilaire se plaint au même Prince des jugemens rendus par des juges laïques en matieres ecclésiastiques, comme d'entreprises faites sur la jurisdiction de l'Église (*b*). Dira-t-on que ces objets ne concernoient que les opérations de l'ame, ou les dons purement spirituels, dépouillés de toute opération sensible, & de toute relation à la société civile ?

« Par quelle autorité les Apôtres ont-ils prêché
» l'Évangile ? disoit encore le même Pere. Appelloient-
» ils quelque officier de la cour, quand ils chantoient
» les louanges de Dieu, en prison, dans les fers,
» après les coups de fouet? S. Paul assembloit-il l'Église
» de J. C. par les édits de l'Empereur, quand il se
» donnoit en spectacle dans le théatre ? Se soutenoit-
» il par la protection de Néron, de Vespasien, de
» Déce, dont la haine n'a fait que rendre la prédica-
» tion plus éclatante ? Lorsque les Apôtres se nour-
» rissoient du travail de leurs mains, qu'ils s'assem-

(*a*) V. ch. 1 de cette 3e. part. §. 1. (*b*) Ib.

DES DEUX PUISSANCES. 375

» bloient en secret dans les maisons particulieres, qu'ils
» parcouroient les bourgades, les villes, les différen-
» tes contrées de la terre, malgré les ordonnances du
» sénat & les édits des Princes, n'avoient-ils pas les
» clefs du royaume du ciel? Jamais au contraire, la
» Toute-Puissance divine ne se manifestoit davantage,
» que quand, malgré la haine des hommes, ils prê-
» choient J. C. avec d'autant plus de force, qu'ils
» trouvoient plus d'opposition à leur zele (322). » Or
ces fonctions de l'apostolat ne consistoient-elles que dans
les opérations invisibles de l'ame? La prédication publique de l'Évangile sur les échafauds, les assemblées
de Religion dans les maisons particulieres, n'avoient-
elles rien d'extérieur, point de connexité avec la police de l'État? ou bien les Apôtres étoient-ils donc
soumis, quant à ces objets, à la puissance de l'Empereur? Pourquoi donc ce Pere loue-t-il leur résistance
qui eut été un crime? Pourquoi propose-t-il leur conduite comme le modele de la fermeté épiscopale, &
leur indépendance dans l'exercice de leurs fonctions,
comme une preuve du souverain pouvoir que les Évêques ont reçu dans le gouvernement de l'Église?

Lorsque S. Grégoire de Nazianze avertissoit les magistrats qu'il ne leur étoit pas permis de prescrire des
loix aux Évêques, seuls législateurs dans l'Église, & de
devancer leurs guides, ne savoit-il pas que les loix
devoient être marquées à des caracteres publics & manifestes? Ignoroit-il qu'il falloit se rendre visible pour
servir de guide? que le guide décide de la conduite
des citoyens, & intéresse essenciellement l'État? Lorsque S. Ambroise enseignoit que *c'étoit à l'Évêque à
juger des affaires qui regardoient la foi, ou l'ordre eccle-
siastique* (323), vouloit-il dire que l'Évêque jugeoit à la
vérité de la catholicité de la doctrine, mais que les
jugemens de l'Évêque, ne pouvant se manifester que
par des actes extérieurs, se trouvoient par-là subordonnés à la puissance temporelle, qui avoit droit de
les réformer, ou du moins d'en suspendre l'exécution?
entendoit-il par l'ordre ecclésiastique, les mouvemens

intérieurs de la conscience ? Lorsque S. Léonce reprochoit à Constance *de vouloir régler ce qui regardoit l'épiscopat* (a) : lorsque S. Jean Damascene disoit que *les Rois n'ont pas droit de statuer sur les matieres ecclésiastiques* (b) : lorsque S. Gélase enseignoit que *c'étoit aux Pontifes, non aux puissances du siecle, que Dieu avoit donné le pouvoir de régler le gouvernement de l'Église*, prétendoient-ils donc que les Évêques ne régleroient qu'un gouvernement invisible ? Qu'entendoient-ils donc par *gouvernement de l'Église*, ou par *matieres ecclésiastiques*, s'ils ne vouloient désigner l'ordre des choses qui se rapportoient directement à la Religion ? S. Ambroise se rendoit-il coupable, lorsqu'il désobéissoit aux ordres de l'Impératrice Justine, en refusant de livrer les basiliques aux Ariens ; lorsqu'il privoit Théodose le Grand de la participation aux saints mysteres ? Les Empereurs Valentinien III, Honorius & Basile renonçoient-ils aux droits de la souveraineté, lorsque renvoyant aux Évêques le jugement des matieres ecclésiastiques, ils avouoient qu'ils ne devoient avoir eux-mêmes en partage, sur ces objets sacrés, que la docilité de la brebis ? Lorsque l'Empereur Justin réservoit aux souverains Pontifes le droit de statuer sur les réglemens qu'il croyoit utiles au bien de l'Église, avoit-il donc oublié que la Providence, en déposant le sceptre entre ses mains, l'avoit établi seul législateur, & que les loix qui concernent la police extérieure, ne pouvoient être que de son ressort ?

Preuve tirée de l'autorité des loix civiles & des jurisconsultes. Les loix de Justinien, les ordonnances de nos Rois, la doctrine des plus habiles jurisconsultes & des plus zélés défenseurs des droits de la couronne, de Bossuet, de Fevret, de Talon, &c. déja cités, en établissant l'indépendance & la souveraineté des deux Puissances, supposent tous, que les matieres de leur compétence se reglent par le rapport direct qu'elles ont à

_____

(a) V. le ch. 1 de cette 3me.   (b) Ib.
part. §. 1.

DES DEUX PUISSANCES.

l'ordre de la Religion, ou à l'ordre civil, & non selon qu'elles sont intérieures ou extérieures ; & nous défions hardiment de pouvoir donner un autre sens à leurs expressions. Justinien distingue exactement les causes eccléiastiques qui doivent être discutées devant le tribunal des Evêques, des causes civiles, dont ils ne connoissent que par privilege, & que les parties ont la liberté de porter devant les tribunaux séculiers (a).

« Tous les Etats, dit Domat, où l'on professe la
» véritable Religion, sont gouvernés par deux sortes
» de puissances, par la spirituelle & par la temporelle,
» que Dieu a établies pour en régler l'ordre. Et comme
» l'une & l'autre ont leurs fonctions distinguées, &
» qu'elles tiennent immédiatement de Dieu leur auto-
» rité, elles sont indépendantes l'une de l'autre ; mais
» de telle sorte, qu'encore que ceux qui ont le minis-
» tere de l'une, puissent l'exercer indépendamment de
» l'autre, ils doivent cependant être réciproquement
» soumis au ministere les uns des autres, en ce qui en
» dépend. Ainsi les Princes temporels doivent être sou-
» mis aux puissances spirituelles, en ce qui regarde le
» spirituel ; & les ministres de l'Eglise doivent être
» aussi de leur part soumis à la puissance des Princes,
» en ce qui regarde le temporel (b). » Les expressions de ce sage jurisconsulte préviennent toute équivoque. La puissance spirituelle a ses fonctions distinguées, qu'elle tient immédiatement de Dieu, qu'elle exerce avec indépendance, & auxquelles les souverains sont soumis sur les matieres de la Religion. Quelles sont ces fonctions, si ce ne sont pas les fonctions extérieures du saint ministere ?

(a) Has autem actiones, si quidem ad ecclesiastica negotia pertinent, necesse fore jubemus, ut à solis religiosissimis Episcopis.... cognoscantur : si verò civilium rerum controversia fit, volentes quæstionem apud antistites instituere, patiemur ; invitos tamen, non cogemus, cùm judicia civilia sint, si ea adire malint, apud quæ licet etiam de criminibus agnoscere. L. sancimus 29, §. has autem 4. Cod. de episc. audient.

(b) Domat, Droit publ. l. 1, tit. 19, sect. 3, n. 1 & 2.

Preuve tirée de la pratique de l'Église. Toutes les fois que les Empereurs chrétiens ont violé cette regle, ils se sont rendus coupables d'usurpation, & ont excité les plaintes de l'Église. Zenon, Constans, Héraclius, ayant entrepris de régler l'enseignement, afin de ménager une prétendue paix avec les Catholiques; les Empereurs Léon ayant proscrit le culte des Stes. Images; l'Église les a anathématisés. A qui les fideles devoient-ils alors obéir? Cependant le culte des images & les loix des Empereurs étoient non-seulement des objets extérieurs, mais des objets qui avoient la publicité la plus authentique. L'enseignement, la profession religieuse, la discipline ecclésiastique, l'administration des sacremens, l'institution des ministres, sont certainement des fonctions extérieures, & qui intéressent l'ordre civil; cependant les ordonnances royaux les rangent dans la classe des matieres qui appartiennent à la puissance spirituelle (*a*). Louis XV a déclaré expressément qu'il " regardoit comme son premier devoir d'empê-
" cher, qu'à l'occasion des disputes qui s'étoient éle-
" vées, on ne mit en question les droits sacrés d'une
" puissance, qui a reçu de Dieu seul l'autorité de dé-
" cider les questions de doctrine sur la foi ou sur la
" regle des mœurs, de faire des canons ou des regles
" de discipline, pour la conduite des ministres de l'É-
" glise & des fideles, dans l'ordre de la Religion;
" d'établir ces ministres ou de les destituer conformé-
" ment aux mêmes regles, & de se faire obéir, en
" imposant aux fideles, suivant l'ordre canonique, non-
" seulement des pénitences salutaires, mais des véri-
" tables peines spirituelles, par les jugemens ou par
" les censures que les premiers pasteurs ont droit de
" prononcer & de manifester, & qui sont d'autant plus
" redoutables qu'elles produisent leur effet sur l'ame
" du coupable, dont la résistance n'empêche pas qu'il
" ne porte malgré lui, la peine à laquelle il est con-

―――――――――――――――――――――――
(*a*) V. le 1er. ch. de cette 3me. part. §. 1, & les §. suivans de ce ch. 3.

« damné (a). » Or toutes ces fonctions, que l'Église exerce, en vertu d'une puissance qu'elle a reçue immédiatement de Dieu seul, étant extérieures & publiques, ne peuvent être de sa compétence, qu'à raison de la fin spirituelle à laquelle elles se rapportent directement & par leur nature.

De plus, le ministere sacré ayant tant de force sur les cœurs, & par conséquent tant d'influence sur le bien public, l'institution & la déposition des ministres, intéressent par-là essenciellement la société civile. Cependant ces fonctions sont reconnues par tous les Catholiques, appartenir à la jurisdiction ecclésiastique. Elles sont partie de la mission que J. C. a donnée à ses Apôtres, puisqu'elles doivent durer jusqu'à la fin des siecles, & qu'elles ne peuvent se perpétuer que par l'institution de nouveaux ministres; or les saints Peres prescrivent sur ces fonctions l'obéissance, non envers les Princes de la terre, mais envers les Évêques; & le Clergé de France a déclaré en 1765 ne ressortir qu'au tribunal de l'Église, *avec tout ce que la Religion a d'extérieur dans son culte* (324). Ce n'est donc pas précisément l'influence que les matieres ont sur la société civile, qui en détermine la nature, ni qui fixe la compétence des tribunaux.

Preuve tirée des absurdités qui s'ensuivroient de la doctrine contraire. La cause des Ariens partage le monde chrétien, & les Empereurs mêmes; la cause de S. Athanase & de S. Chrysostome divise les Églises; les anciennes hérésies causent les plus violentes secousses à l'Empire d'Orient; celles de Luther & de Calvin embrasent l'Europe: qu'y avoit-il de plus intéressant pour les États? Cependant ces causes ont-elles jamais ressorti à d'autres tribunaux qu'à celui de l'Église? Jamais, après son jugement, a-t-il été permis d'appeller au magistrat politique? Les Empereurs chrétiens ne se sont-ils pas soumis au contraire eux-mêmes à l'autorité épiscopale? & c'est principalement lorsque des Princes, séduits par les artifices de l'hérésie, ont voulu, sur ces matieres,

---

(a) Arrêt du conseil, donné le 10 Mars 1731.

réformer ses jugemens, ou asservir les Évêques à leur volonté, qu'on a vu les Athanase, les Ambroise, les Léon, les Gélase, les Basile, leur représenter qu'il ne leur appartenoit pas de toucher aux choses saintes. L'Église elle-même s'est armée quelquefois de toute la fermeté du zele, pour soumettre les Empereurs aux peines canoniques. Dira-t-on que leur cause n'influoit pas alors dans le gouvernement civil? ou bien auroient-ils pu être soumis à ces peines, si elles avoient été de leur compétence? Quelle est la puissance sur la terre capable de lier les souverains dans les choses qui sont de leur ressort? N'avons-nous pas prouvé qu'ils ne peuvent être assujettis ni à leurs sujets dans l'ordre civil, ni aux loix pénales de l'État (a)?

De toutes les fonctions ecclésiastiques, il n'en est aucune qui influe davantage sur la société civile, aucune dont l'abus puisse avoir des suites plus funestes au bien public, que celle que le pontife exerce dans le tribunal de la pénitence. C'est-là qu'il décide, sans appel & sans témoin; qu'il commande, qu'il lie & qu'il délie; qu'il façonne, pour ainsi-dire, les consciences; qu'il menace, qu'il effraie, qu'il encourage, qu'il dirige; c'est-là que, par l'ascendant que donne l'autorité des clefs, par le respect qu'inspire la Religion, par l'obligation du secret, par la confiance qui naît des graces que le fidele reçoit, & de la confidence qu'il y fait de ses peines & de ses foiblesses, le ministre tient le cœur de l'homme entre ses mains. Osera-t-on dire cependant que l'approbation des confesseurs soit de la compétence du magistrat politique?

C'est donc introduire la suprématie, c'est confondre les deux Puissances; c'est contredire les Peres de l'Église, les loix, les ordonnances, les jurisconsultes ou les rendre absurdes, & inintelligibles, que de décider la compétence, par ce que les objets ont d'intérieur ou d'extérieur, ou par l'influence qu'ils ont sur le gouvernement civil ou ecclésiastique.

(a) V. ci-dev. part. 2, ch. 2, §. 3.

Pour rendre cette abfurdité encore plus fenfible, fuppofons que les deux Puiffances foient en oppofition en matiere de Religion ; que l'Évêque déclare, par exemple, qu'on doit refufer la grace des facremens aux pécheurs publics & fcandaleux, & que le magiftrat ordonne de les adminiftrer. Les pécheurs, fe trouvant liés par la puiffance fpirituelle, qui eft la puiffance compétente, (puifqu'il n'eft rien qui foit plus dans l'ordre fpirituel que les graces de l'Églife,) ne pourront recevoir les facremens, & les miniftres ne pourront les leur adminiftrer, fans fe rendre facrileges. Mais, puifque d'un autre côté, l'adminiftration eft extérieure, que le refus peut exciter des troubles, par le dépit des coupables, & qu'il imprime une efpece d'infamie, elle fera auffi de la compétence du magiftrat. Ces pécheurs feront donc en droit de demander les facremens, & le miniftre ne pourra s'y refufer fans être criminel, fi le magiftrat l'ordonne. A qui obéir ? Faudra-t-il donc alors que, pour fatisfaire à deux obligations fi diamétralement oppofées, le miniftre fe partage lui-même, que fa volonté refufe, & que fa main accorde ?

La doctrine eft certainement dans l'ordre des matieres fpirituelles. Cependant l'enfeignement de la doctrine eft extérieur, il intéreffe la fociété, puifqu'il regarde les mœurs. Il fera donc de la compétence de la puiffance féculiere, fuivant nos adverfaires ; &, fi le magiftrat ordonne d'enfeigner une fauffe doctrine, les Pontifes feront obligés d'obéir, & le peuple fera forcé de l'adopter, puifqu'il ne peut s'inftruire que par l'enfeignement. Ainfi tout eft contradiction & abfurdité dans le fyftême des Novateurs.

Tout rentre, au contraire, dans l'ordre, tout devient conforme aux notions naturelles, à la loi de l'Évangile, à la doctrine de la Tradition, je dis plus, à la faine raifon, en déterminant la nature des matieres fpirituelles, & la compétence de l'Églife, par la fin à laquelle elles fe rapportent. Quels font en effet les objets que les Peres de l'Églife ont revendiqués, comme appartenant à leur jurifdiction ? Quels font les objets que les loix des Empereurs, que les édits & déclarations de nos Rois (a), les arrêts des Parlemens, antérieurs aux nouveaux troubles, les Canoniftes, les Théologiens, les Jurifconfultes (325) renvoient à l'Évêque comme feul compétent ? N'eft-ce pas la doctrine, les réglemens de difcipline, les facremens, la prédication de l'Évangile, l'inftitution canonique, le culte divin ? Objets qui font tous caractérifés par cette fin principale.

Preuve tirée des notions des Proteftans fur la nature des matieres fpirituelles. Il y a plus, qu'ont entendu les Rois d'Angleterre par matieres fpirituelles, lorfqu'ils ont déclaré être feuls compétens fur ces matieres ? qu'ont-ils même pu' entendre, finon les objets de la Religion ? Grotius, dans l'ouvrage duquel nos adverfaires ont puifé leur fyftême & leurs objections, Grotius, qui n'avoit pas befoin de s'envelopper comme eux, dans l'ambiguité des termes, enfeigne clairement, que les matieres concernant la Religion, quoiqu'elles foient extérieures, font pourtant des chofes facrées & fpirituelles, mais il ajoute (ce que nos adverfaires n'ofent dire,) que les matieres fpirituelles reffortiffent au tribunal du magiftrat politique, enforte que, par-là, le magiftrat exerce encore indirectement fa jurifdiction fur les opérations intérieures, c'eft-à-dire, fur la volonté & la confcience ; puifque, par-là-même, qu'il a droit d'ordonner en matiere de Religion, il impofe l'obligation d'obéir (326).

Preuve tirée de l'aveu d'un magiftrat. Un jurifconfulte, qu'on ne foupçonnera point de prévention en faveur du clergé, après avoir rappellé l'autorité de M. Fleury & de Gibert (b), au fujet de la puiffance eccléfiaftique, continue ainfi : " Avec eux, " nous reconnoîtrons dans l'Églife, le pouvoir qu'elle

_____

(a) Ordonn. de 1539. Édit de 1610. Ordonn. de 1629. Décl. de 1666. Édit de 1695. La difpofi- tion de ces Édits ci-après §. 3.
(b) V. les not. rapportées par. 3, ch. 1, §. 1, & ch. 5, §. 2.

„ a reçu de Dieu, pour conferver, par l'autorité de
„ la prédication, des loix & des jugemens, la regle
„ de la foi & des mœurs, la difcipline néceffaire à
„ l'économie de fon gouvernement, la fucceffion & la
„ perpétuité de fon miniftere, qui doit fubfifter fans
„ interruption, jufqu'à la confommation des fiecles.
„ L'Églife enfeigne, décide, anathématife. Son minif-
„ tere, qui eft vifible, a un rapport fenfible à des objets
„ vifibles : mais ce pouvoir fenfible ne s'exerce que
„ fur ce qui eft purement fpirituel (a). „ Mais fi
l'Églife a reçu de Dieu le pouvoir de faire les fonctions épifcopales, de prêcher, de faire des loix, de porter
des jugemens, de conférer les faints ordres, pour conferver la foi & la difcipline, & pour perpétuer le faint
miniftere ; elle doit être indépendante, & quant à
ces fonctions, & quant à tous les objets fur lefquels
elles s'exercent. Ces fonctions & ces objets font vifibles, ils font extérieurs, ils intéreffent la fociété
civile ; donc l'extérieur d'un objet, ni l'influence
qu'il a fur la fociété civile, ne le foumettent pas à
la puiffance féculiere, & ne déterminent pas la compétence du magiftrat.

Preuve tirée des principes-mêmes de nos adverfaires.
Rappellons encore les propres termes de l'Auteur *de
l'Autorité du Clergé*, que j'ai déja rapportés (b), &
voyons comment il nous fournit lui-même les principes qui font évanouir les ridicules fubtilités de fon
fyftême. „ L'homme, dit-il, eft tout enfemble inté-
„ rieur & extérieur. Il ne fauroit agir, traiter, ni
„ vivre en fociété avec ceux qui lui font unis, comme
„ homme intérieur, autrement que par le miniftere de
„ l'homme fenfible & extérieur. . . . Or, il eft des actes
„ extérieurs & fenfibles, néceffaires au gouvernement
„ fpirituel, comme des actes intérieurs, néceffaires à
„ la puiffance temporelle. Celle-ci ne fauroit exercer

(a) M. le Blanc de Caftillon, avocat-général au Parlement de Provence, dans fon requifitoire contre les actes de l'affemblée du clergé en 1765.

(b) V. le commencement de ce chapitre.

« ses fonctions sans le secours de l'esprit, c'est-à-dire,
« sans le concours de connoissances, de réflexions,
« de jugemens, qui sont toutes opérations de l'ame,
« comme la puissance spirituelle ne sauroit communiquer
« ses opérations, sans le ministere du corps. Comme
« donc la nécessité du concours de l'esprit, dans les
« fonctions de la puissance temporelle, ne sauroit faire
« qu'on l'appelle, ni qu'elle devienne une puissance
« spirituelle : de même la nécessité des actes extérieurs
« par rapport aux fonctions spirituelles, ne sauroit
« jamais faire qu'elle cesse d'être puissance spirituelle,
« ni qu'elle devienne une puissance extérieure & tem-
« porelle (a). »

Mais si la nécessité des actes extérieurs, pour remplir les fonctions spirituelles, n'empêche pas que la puissance qui les exerce, soit véritablement spirituelle, elle ne peut empêcher aussi que ces actes & ces fonctions, quoiqu'extérieurs, ne soient du ressort de la puissance ecclésiastique, puisqu'ils ont une connexité nécessaire avec elle : autrement, sa jurisdiction seroit chimérique, tout comme la volonté humaine & les autres opérations de l'ame, quoique spirituelles, ne cessent pas d'être du ressort de la puissance temporelle, lorsqu'elles ont pour objet l'ordre civil, parce que la puissance qui commande les fonctions & les actes civils avec une pleine autorité, doit commander avec une égale autorité les actes de la volonté d'où dérivent les actes extérieurs ; sans quoi la puissance temporelle n'auroit plus aussi qu'un pouvoir subordonné. Donc si les actes de la volonté, quoiqu'intérieurs, sont soumis au commandement du Prince ; si ses loix, si ses ordres lient la conscience, & imposent une obligation réelle à la volonté, lorsqu'ils se rapportent directement au gouvernement civil ; de même le Pontife, en commandant à la volonté ce qui est relatif à la Religion, doit

---

(a) De l'Autorité du Clergé & du Pouvoir du Magist. politiq. ch. 3.

doit commander, avec un égal pouvoir, les opérations extérieures & les fonctions du ministere qui en font une suite nécessaire; & le magistrat ne peut s'y opposer sous prétexte que ces actes sont extérieurs, sans blesser les droits du sacerdoce, sans porter atteinte aux droits des souverains, sans confondre les deux Puissances. Ne nous arrêtons pas aux autorités, consultons les notions communes.

Preuves tirées des notions généralement reçues. Lancelot définit le droit canonique, le droit qui dirige les actions des citoyens à la béatitude éternelle. *Est jus canonicum quod civium actiones ad finem æternæ beatitudinis dirigit* (a). Gerson enseigne que la puissance ecclésiastique est celle que J. C. *a donnée à ses Apôtres, pour l'édification de l'Église militante, afin qu'elle parvienne au salut éternel* (327). Les matieres qui se rapportent directement au salut des peuples & à la Religion, sont donc l'objet du droit canonique; elles sont donc l'objet de la jurisdiction spirituelle, qui a donné la sanction aux saints canons; elles sont donc l'objet de la puissance que J. C. a donnée à ses Apôtres. Un jurisconsulte protestant nous apprend que les Luthériens suivent à cet égard la disposition du droit canonique, suivant lequel, toutes les causes ecclésiastiques ressortissent aux tribunaux des consistoires (328).

De plus, quoiqu'en terme de physique, le *spirituel* annonce un être dépouillé de toute forme corporelle, cependant jamais, en jurisprudence, le terme de *matiere spirituelle* n'a signifié que des objets extérieurs, en tant qu'ils se rapportent directement à la Religion, puisque l'être spirituel, considéré comme tel, & dépouillé de tout caractere sensible, ne peut être la matiere de la puissance ecclésiastique. *Ecclesia non judicat de internis* (b).

(a) *Instit. Jur. can. lib. 1, tit. 1.*
(b) J'ai déia averti qu'on ne prétendoit point parler de la juris- diction sacramentelle, que les prêtres exercent dans le tribunal de la pénitence.

C'est encore une maxime généralement reconnue, que, dans l'ordre moral, & par conséquent dans l'ordre qui concerne les mœurs & le gouvernement, les espèces se distinguent par la nature de leur fin immédiate. D'où il suit, que les matieres doivent être regardées comme spirituelles ou temporelles, comme ressortissantes à l'un ou l'autre tribunal, selon qu'elles ont pour fin immédiate ou la Religion ou le gouvernement civil.

Autre maxime. Toute puissance instituée immédiatement de Dieu, doit avoir reçu de lui les pouvoirs nécessaires pour remplir l'objet de son institution. Or, la puissance spirituelle a été instituée immédiatement de Dieu pour former le peuple chrétien, l'instruire, le sanctifier, le gouverner relativement à la Religion. Elle doit donc avoir reçu de lui tous les pouvoirs relatifs à cette fin, & par conséquent, le pouvoir de régler les objets, & de faire les fonctions publiques, qui y ont rapport : autrement la constitution de l'Église ne seroit ni digne de la sagesse de Dieu, ni proportionnée aux besoins de l'homme. Dieu auroit donné la mission, sans donner le pouvoir de la remplir ; il auroit voulu la fin, sans accorder les moyens.

Preuve tirée de l'unité de l'Église. D'ailleurs nous avons déja prouvé, dans un autre endroit (*a*), que la puissance spirituelle devoit être une : mais si le gouvernement extérieur de l'Église étoit de la compétence des tribunaux séculiers, cette puissance se trouveroit divisée, puisque chaque Prince réglant en dernier ressort le gouvernement de l'Église dans ses États, il y auroit autant d'Églises indépendantes, qu'il y auroit d'États chrétiens. Et, dans le cas où le magistrat favoriseroit le schisme ou l'erreur, tout seroit perdu sans ressource, parce que l'autorité qui devroit servir de guide dans tout gouvernement, & au Pontife & au peuple, les égareroit. Delà toutes les funestes suites que j'ai déja remarquées dans la doctrine des Anglicans (*b*), puisque c'est ici exactement le même système.

_____

(*a*) V. ci-dev. part. 3, ch. 1, (*b*) Ib.
§. 1.

Objection tirée de l'Écriture-Sainte. Mais voilà que l'auteur que nous combattons, prend ensuite le ton d'un moraliste. Rien de plus singulier que d'entendre de pareils écrivains se mêler de commenter les Écritures, avant que d'avoir appris les élémens de leur Religion. ,, C'est ,, le citoyen, dit-il, qui est propriétaire de la terre. ,, C'est à lui que Dieu l'a donnée pour y résider ; mais ,, il est défendu au Chrétien de s'y attacher, parce ,, qu'il n'y est qu'en passant, comme dans une route qui ,, le conduit ailleurs." Et pour prouver que le Chrétien ne fait que passer sur la terre, l'auteur cite un texte où S. Paul dit de l'un de ses disciples, qu'il lui a été donné par les Églises pour être le compagnon de ses voyages (*a*). Notre commentateur n'est pas fort heureux, comme on voit, en citation. Ensuite : ,, L'Église ne doit ,, donc avoir aucunes prétentions : elle n'a aucun droit ,, sur la terre.... Elle est ici étrangere, & ne demande ,, pour toute grace que la liberté du passage. L'Église ,, est dans l'empire : mais elle n'est pas de l'empire. ,, Tout esprit de domination, toute affectation d'autorité ,, suprême, sont donc diamétralement contraires à l'es- ,, prit du Christianisme.... Le maintien du bon ordre, ,, dont le maître du pays est chargé, lui impose la ,, nécessité de se faire informer exactement de toutes ,, les vues, de tous les desseins de ces étrangers qui ,, lui demandent passage. Il doit connoître leur doctrine, ,, leurs mœurs, leurs cérémonies, leur ministere, leurs ,, motifs, les usages, les objets & les résultats de leurs ,, assemblées, leur gouvernement & leurs mysteres. Ce ,, n'est pas qu'il doive, ni qu'il puisse être le juge du ,, dogme qu'ils professent ; mais il doit savoir si le bon ,, ordre de l'État n'y est point blessé.... Quand l'Église ,, entre dans un État, quand un gouvernement l'admet ,, dans les terres soumises à sa domination, il se fait ,, un pacte entr'elle & l'Empire, qui lui accorde l'entrée ,, & le passage chez lui. D'un côté, elle s'engage à se

---

(*a*) *Ordinatus est ab Ecclesiis comes peregrinationis meæ.* II Cor. VIII, 19.

„ renfermer strictement dans les bornes de la regle
„ établie par J. C., & le souverain à son tour s'oblige
„ à la maintenir dans l'exercice libre de ses dogmes,
„ de la morale & de la discipline, sur lequel le contrat
„ a été formé.... Si au contraire il nous refuse, nous
„ n'avons aucun droit chez lui (*a*). „

Cette comparaison a paru si ingénieuse aux novateurs, qu'elle est répétée par-tout dans leurs écrits, avec l'air de confiance qu'inspireroit la démonstration la plus complette; & moi j'ai honte de me voir forcé à la réfuter sérieusement.

C'est le *citoyen*, dit-on, *qui est propriétaire*; cela est vrai: mais, dans un royaume catholique, le citoyen est aussi chrétien; &, si la Religion ne lui donne aucun droit sur le temporel, elle lui donne le droit de participer aux graces de l'Église, & lui impose, en même-tems, l'obligation de professer la foi de J. C. Elle fait un devoir aux pasteurs de veiller au salut du peuple, de l'instruire, de le corriger, de lui administrer les secours spirituels qui sont entre ses mains, avec la sagesse & la discrétion qu'elle leur prescrit. Le Prince doit certainement connoître l'Église à laquelle il donne passage, comme il doit connoître la vérité de la Religion qu'on lui prêche; comme les Juifs & le Sanhédrin devoient s'assurer de la mission de J. C., pour ne pas s'exposer à l'erreur. Mais il doit la connoître en examinant seulement les caracteres qui manifestent la vérité de l'Église, & la divinité de J. C., & non pas en discutant en particulier les différens points de sa doctrine. Dès qu'il a reconnu ces caracteres augustes, il doit leur rendre hommage, respecter la Religion du Très-Haut, la recevoir, la protéger; & même alors ce n'est pas une grace qu'il fait, mais une faveur qu'il reçoit & un devoir qu'il remplit. Dieu n'a pas besoin de son secours pour l'accomplissement de ses œuvres. Il l'honore pour le récompenser, lorsqu'il daigne l'em-

---

(*a*) De l'Autorité du Clergé & du Pouvoir du Magist. politiq. ch. 3.

ployer à l'exécution de ses desseins ; & le Prince, quoique infidele, n'a pas plus de droit de refuser le passage à ces étrangers, ou d'empêcher ses sujets d'embrasser la foi, & de la professer, qu'il n'en a d'aller contre l'ordre de Dieu, d'opprimer la vérité & la justice, de s'opposer au salut de son peuple. S'il le fait, le Chrétien doit souffrir avec patience ; mais le Prince devient injuste & passe les bornes de son pouvoir : soit qu'il protége l'Église de J. C., ou qu'il la proscrive, il n'est pas en son pouvoir d'en changer les loix. Cette Église doit subsister dans tous les pays du monde, telle que J. C. l'a instituée, avec toutes les prérogatives de l'apostolat, & par conséquent avec toute l'autorité que son instituteur a déposée entre les mains des premiers pasteurs pour paître les brebis. Ce n'est pas aux Princes à l'assujettir, mais à se soumettre sur les matieres qui competent son gouvernement. Tout pacte contraire seroit nul, parce qu'il dérogeroit à la loi de Dieu. Ce prétendu pacte entre l'Église qui voyage & l'Empire qui donne passage, est donc un être chimérique ; leurs droits & leurs obligations respectives sont antérieures à toute convention, puisqu'ils remontent à cette loi primordiale qui, en créant les deux Puissances, leur a assigné à chacune d'elles leurs objets, marqué leurs bornes & tracé leurs obligations.

L'auteur que je combats, nous dit que le Prince doit connoître *la doctrine* des Chrétiens à qui il donne passage, qu'il doit connoître *leurs mœurs, leurs cérémonies, &c.* Il avoue cependant que le Prince n'est pas juge de la doctrine. On ne peut donc pas conclure non plus que le Prince ait droit de statuer sur les mœurs & sur les cérémonies de Religion. Cette connoissance ne peut donc être, comme je l'ai déja dit, qu'une connoissance générale des caracteres de l'Église, qui manifestent la mission de ses ministres.

Si le Prince nous refuse, dit notre écrivain, c'est-à-dire s'il refuse de recevoir la Religion de J. C., *nous n'avons aucun droit chez lui*.

Mais l'auteur a-t-il donc oublié qu'il est chrétien ?

Et s'il l'est encore, comment ose-t-il nier l'ordre positif que J. C. a donné à ses Apôtres, de prêcher son Évangile, & les menaces terribles qu'il a faites à ceux qui refuseront de les recevoir ? Niera-t-il que l'ordre de J. C. soit l'ordre de Dieu ; & que lorsque Dieu parle, l'homme doive obéir & se taire ? A qui donc les Apôtres devoient-ils prêcher J. C. ? à toutes les nations, au Prince comme au peuple. Ils devoient l'annoncer aux infideles qui voudroient leur imposer silence, qui devoient *refuser* le passage, qui devoient les rejeter, les persécuter. Les Apôtres devoient-ils donc se taire, sortir de la Judée, quitter l'Empire Romain ? Devoient-ils donc abandonner les nations à leur aveuglement ? Étoit-ce là le commandement que J. C. leur avoit fait ? Je les vois au contraire animés de l'Esprit-Saint & conduits par la Sagesse éternelle, bien opposée à celle de notre écrivain, remplir avec courage la mission qu'ils ont reçue, & répondre aux persécuteurs, qu'on doit obéir à Dieu, plutôt qu'aux hommes. Les refus, les défenses, les contradictions, les persécutions ne font qu'enflammer leur zele. Les liens qui les enchaînent dans l'obscurité des cachots, ne sauroient retenir avec eux la vérité captive. On les met à mort sans ébranler leur courage, sans faire taire la Religion qui parle encore après eux. Et malgré l'effort des Empereurs & des philosophes, malgré les efforts des enfers, malgré la mort même, cette Religion auguste annonce & publie hautement J. C. ressuscité ; elle tonne, elle éclaire, elle s'avance au milieu des combats qu'on lui livre, elle pénètre dans toutes les régions ; à mesure qu'elle voit tomber autour d'elle ses enfans sous le glaive meurtrier de ses persécuteurs, elle en engendre de nouveaux ; par-tout elle arbore l'étendard de la croix. Osera-t-on désavouer ces faits ? Ou bien osera-t-on les censurer ?

Les Évêques sont les successeurs des Apôtres ; ils ont hérité de leurs pouvoirs comme de leurs obligations : & si en se renfermant comme eux dans les fonctions de leur ministere, ils imitent leur zele ; leur activité, leur fidélité, leur courage ; s'ils reprennent *à tems & à contre-tems* ; s'ils instruisent, s'ils exhortent, s'ils ne font l'acception de personne ; s'ils n'écoutent que l'ordre de J. C., l'exemple de leurs peres, la voix de leur conscience, le cri de la charité, pourra-t-on les condamner, sans condamner les Apôtres, sans condamner J. C. même, sans blasphémer cette divine lumiere qui nous éclaire, sans accuser le ciel de nous avoir tiré des ténebres, au prix du sang de tant de martyrs ? O Philosophes ! O Sages de la terre ! que vous êtes aveugles quand vous abandonnez la foi ! Que vous êtes foibles quand vous la combattez !

Que signifieront à présent ces grands mots si souvent répétés : *L'Église est dans l'empire, mais elle n'est pas de l'empire*. Ils ne signifieront rien du tout, ou ils signifieront tout le contraire de ce qu'on voudroit prouver. L'Église n'est pas de l'empire, c'est-à-dire, qu'elle n'a, en cette qualité, aucun droit à l'empire ; mais elle est de l'empire, en ce sens que les fideles qui la composent, étant membres de l'État, ont droit, en restant dans l'empire, à l'exercice de leur Religion, & qu'ils sont soumis, sous ce rapport, à la puissance de l'Église.

On dit encore que *l'Église est dans l'État, & non l'État dans l'Église* (329). Oui sans doute, en ce sens que les Chrétiens sont sujets du Prince par la naissance, avant d'être enfans de l'Église, & soumis à ses pasteurs en vertu de leur baptême.

Ridicules distinctions de l'auteur de l'Histoire du Droit Canonique & de l'auteur de la Science du Gouvernement. Un autre politique ajoute un ridicule de plus à l'erreur. Les Princes temporels, dit-il, n'ont aucun pouvoir sur le fond des choses spirituelles ; mais l'usage qu'on en fait, rend la matiere mixte, & les soumet aux tribunaux séculiers (a).

Au moyen de cette distinction singuliere, toutes les matieres spirituelles, la doctrine, les sacremens, la mis-

---

(a) Hist. du Droit Can. ch. 38, p. 204, 207, 214, édit. in-4to.

sion canonique, les censures ne demeureront sous la jurisdiction de l'Église, que lorsqu'ils resteront dans les termes d'une simple spéculation, c'est-à-dire, tant que l'Église n'exercera aucune jurisdiction sur ces objets. Mais voudra-t-elle réduire son pouvoir en pratique? tous ces objets lui échapperont aussi-tôt, en passant sous la jurisdiction du magistrat, avec le caractere des matieres mixtes. C'est un tréfor qui appartient au propriétaire, tant qu'il demeure enfoui, & qui passe à un autre maître, aussi-tôt qu'on y touche. Il n'y a ici que le délire de la raison qui puisse disculper de la mauvaise foi. Le nouveau système des matieres mixtes inconnu à nos Péres & aux Protestans-mêmes (330), ramene donc au tribunal séculier, tous les objets de la Religion; il anéanti totalement la jurisdiction eccléfiastique : & nous n'avons pas besoin, pour le réfuter, de rien ajouter aux preuves que nous avons alléguées pour établir cette jurisdiction.

L'auteur de la Science du Gouvernement (*a*), rappelle le même système en d'autres termes. Il met dans la classe des matieres mixtes, tout ce qui n'est pas nécessaire à la foi, & il donne pour exemple l'ordination. Il est nécessaire qu'il y ait des ministres; voilà, selon lui, l'objet purement spirituel. Jusques-là, l'ordination est sous la puissance de l'Église, c'est-à-dire, tant qu'on ne réduit pas le pouvoir en pratique. Mais quels sont les sujets qu'on doit ordonner? Cette question n'appartient plus à la foi : elle prend la teinture de matiere mixte, & passe sous cette qualité, du tribunal de l'Église, à celui du magistrat : ce sera donc alors au magistrat à commander; c'est-à-dire, à désigner aux Évêques ceux qu'ils doivent élever au saint ministere, &, par la même raison, ceux qu'ils doivent destituer; ceux à qui ils doivent donner mission pour prêcher, pour absoudre, &c. ; ceux à qui ils doivent administrer les sacremens ou les refuser. Ce sera encore à lui à régler le culte divin, les points de doctrine qu'on doit

---

(*a*) Science du Gouv. tom. 5, ch. 5.

enseigner, le tems, le lieu & la manière dont on doit instruire. Il est de foi, dit-on, que les jugemens dogmatiques de l'Église exigent une soumission entière d'esprit & de cœur : mais il n'est point révélé que tel décret, tel concile portent l'empreinte de cette autorité irréfragable. Ce sera donc à la puissance temporelle, non aux Évêques, à assigner aux fideles & aux Prélats-mêmes, les décrets & les conciles qui doivent être la regle de leur croyance. *L'Église n'y prend part (à ces matieres mixtes) que par l'intérêt qu'elle peut avoir à une chose qui ne la tire pas de l'ordre naturel* (a). Tout deviendra donc matiere mixte dans les fonctions les plus sacrées; tout sera donc subordonné à la volonté du magistrat. Que ces écrivains téméraires produisent au moins une seule autorité en faveur d'un système si absurde, un seul Pere de l'Église, un seul Docteur catholique ; ou bien qu'ils déposent le masque de catholicité dont ils se couvrent, & qu'ils se montrent ouvertement tels qu'ils sont, ennemis de l'Église & partisans de l'Anglicisme : ils auront plusieurs ridicules de moins, & le mérite de la sincérité de plus. Mais les Anglicans eux-mêmes voudront-ils avouer le délire de ces nouveaux prosélytes ? Effrayés des abymes qu'avoient creusés leurs peres devant eux, ils font un pas en arriere; & ils avouent aujourd'hui que les Évêques ont cette jurisdiction extérieure, indépendante & coactive (331), que nos adversaires leur refusent.

„ Lorsque chez le même peuple, formant deux socié-
„ tés différentes, (dit encore l'auteur de la Science du
„ Gouvernement,) l'empire de l'une se trouve en oppo-
„ sition avec l'empire de l'autre, la société la moins
„ puissante, doit tomber nécessairement dans la dépen-
„ dance de l'autre (b). „

L'écrivain entend-il ici un *empire* de fait ? J'avoue que, selon l'ordre naturel, la société la moins puissante, doit succomber dans un conflit de jurisdiction ; mais

---

(a) Science du Gouv. tom. 5, (b) Ib.
ch. 5, sect. 3, n. 52.

il s'agit ici d'un *empire* de droit. Or il est faux qu'entre deux sociétés différentes, la moins puissante doive, dans le cas d'opposition, être subordonnée à l'autre. Ce seroit dire, qu'en cas de contestation, le plus fort doit toujours avoir raison ; ce seroit dire, qu'il ne faut qu'une seule puissance pour gouverner dans l'ordre civil & dans l'ordre ecclésiastique avec une pleine souveraineté. Or nous avons déja amplement réfuté cette derniere erreur, en montrant qu'elle tendoit nécessairement ou à établir la suprématie anglicane, ou à attribuer aux Papes un domaine souverain sur le temporel des Rois. Que dis-je ? l'auteur ruine lui-même l'autorité royale qu'il semble vouloir accroître. Car selon lui, la société la moins puissante doit tomber sous la dépendance de l'autre ; or la société civile est certainement moins puissante que l'Église, puisque celle-ci ne pourra jamais être détruite, & que celle-là, étant au contraire soumise aux révolutions du tems, peut être anéantie. Il faudroit donc conclure que la société civile, & par conséquent la puissance temporelle, doit succomber sous la dépendance de l'Église. Continuons.

„ C'est à la puissance suprême qui gouverne le tout, „ ajoute cet écrivain, & non à l'autorité ecclésiastique „ qui ne régit que la partie, à décider ce qui regarde en „ même-tems le tout, aussi-bien que la partie (*a*). „

Que veut dire l'auteur par la *puissance qui gouverne le tout* ? Est-ce que la puissance suprême du Prince gouverne l'État & l'Église ? Ce seroit une hérésie, comme nous l'avons démontré, & l'auteur supposeroit ici précisément ce qu'il auroit à prouver. Veut-il dire seulement que la puissance du Prince gouverne tous les sujets ? Nous en convenons. Mais l'Église les gouverne aussi tous dans l'ordre de la Religion, & il est faux qu'elle n'en régisse qu'une partie. Bien plus, le Prince ne régit que la partie relativement à la totalité du gouvernement ecclésiastique, puisque le Prince n'a droit que sur les sujets de son empire, & que l'Église

---

(*a*) Science du Gouv. tom. 5, ch. 5, sect. 3.

embrasse tout l'univers chrétien. Le Prince devroit donc être soumis à la puissance de l'Église, même dans l'ordre civil. Voilà encore comment des zélateurs aveugles ruinent la souveraineté des Rois, en s'efforçant de l'agrandir au-delà des bornes prescrites.

» Il est juste, dit-il encore, que dans les choses sur-
» naturelles l'Église décide, & que dans les choses
» naturelles ce soit le souverain. Or toutes les choses
» mixtes sont elles-mêmes de l'ordre naturel (*a*). »

L'auteur a déja expliqué ce qu'il entend par matieres mixtes : faudra-t-il répéter ce que nous avons dit pour montrer l'absurdité de sa doctrine ? Quoi ! on ne rougira donc pas de dire que l'exercice actuel de l'épiscopat, l'administration des sacremens, l'ordination des ministres, leur mission, la prédication de l'Évangile ; que toutes les fonctions par lesquelles l'Église dispense actuellement les choses saintes, sont dans l'ordre naturel, & soumises à la puissance temporelle ! On osera l'écrire, le répéter, en faire la base du trône ! Ayant déja réfuté un paradoxe si absurde, nous n'avons plus que l'indignation publique à lui opposer.

L'auteur poursuit : » L'Église est obligée d'obéir
» aux loix du Prince, dans tous les cas où le culte
» du vrai Dieu n'est pas empêché. S. Augustin a
» reconnu cette dépendance (*b*). »

Eh bien consultons S. Augustin. Je lis dans ce Pere : L'Église n'abolit ni ne détruit pas les loix & les constitutions qu'on a faites pour maintenir la paix sur la terre, lorsqu'elles ne forment point d'obstacle à la Religion, qui nous apprend à adorer le seul souverain & véritable Dieu. *Nihil eorum* (morum, legum & institutionum quibus pax terrena conquiritur) *rescindens vel destruens.... si Religionem quâ unus summus & verus Deus colendus docetur, non impedit* (*c*). Aucun Catholique, aucun homme raisonnable qui défa-

---

(*a*) Ib.
(*b*) Ib.
(*c*) *Aug. de civit. Dei, l. 19, c. 17.*

voue cette doctrine. Mais s'enfuit-il que le Prince ait jurifdiction fur tout ce qui ne regarde pas le culte du vrai Dieu, c'eft-à-dire le culte extérieur de Religion ? Ce Pere dit-il que les conftitutions qui anéantiroient les réglemens de la puiffance fpirituelle, ou qui l'affujettiroient dans l'exercice de fes fonctions, ne feroient point un obftacle à la Religion ?

Objection fondée fur l'équivoque DE CORPS POLITIQUE. On nous dit encore que l'Églife eft un corps myftique & non un corps politique, & que tout ce qui eft de pure police, eft du reffort de la puiffance civile.

Réponfe. L'équivoque forme ici toute l'objection. L'Églife peut être confidérée, ou comme un corps purement myftique, uni par l'efprit de J. C., & par une communication intérieure de mérites & de prieres : fous ce rapport, les liens de l'Églife étant invifibles, elle n'eft fufceptible d'aucun gouvernement humain. Mais elle eft auffi un corps compofé de membres vifibles, & fous ce rapport, elle eft effenciellement une, par une correfpondance extérieure des membres entre eux & avec leurs chefs : fous ce rapport, ces membres forment une fociété vifible qui a fes loix, fes cérémonies, fes fonctions, fes dignités, fa jurifdiction dans l'ordre de la Religion, pour communiquer, entretenir & perpétuer l'efprit intérieur qui en eft comme la vie ; ainfi l'Églife, quoique extérieure dans fes fonctions, eft cependant fpirituelle, à raifon de la fin immédiate de fon inftitution.

Cela pofé, il ne refte plus qu'à lever l'équivoque. Entend-on par un corps politique une fociété qui a un gouvernement extérieur, des loix, un miniftere, des fonctions vifibles ? Je nie que l'Églife ne foit pas un corps politique. Veut-on nous faire entendre une fociété qui a pour but l'intérêt de l'État ? Je conviendrai que l'Églife ne forme point de corps politique, & qu'elle n'a point une adminiftration de police temporelle : mais il ne s'enfuivra point qu'elle ne forme qu'un corps purement myftique. Il eft une fociété qui tient le milieu entre ces deux efpeces ; c'eft la fociété ecclésiastique ; société extérieure à la vérité, mais société spirituelle, en ce qu'elle a pour fin la sanctification des peuples. Point de jurisconsulte qui, parlant de l'Église, ne raisonne d'après ces principes, puisqu'il n'y en a point qui ne suppose au milieu d'elle un gouvernement tout-à-la-fois extérieur dans ses fonctions, & spirituel dans son objet, & un gouvernement qui n'appartient qu'à elle seule. » Les loix qui regar- » dent la foi & l'intérieur des mœurs, dit Domat, & » celles qui regardent le culte divin & la discipline » ecclésiastique, sont des loix propres à la Religion. » Et les loix qui reglent les testamens, & les autres » choses semblables, sont des loix propres à la po- » lice. » Or les cérémonies du culte divin & la discipline ecclésiastique, sont des objets extérieurs aussi-bien que les loix qui y ont rapport, & cependant ces objets ne sont pas dans l'ordre de la police, mais dans l'ordre de la Religion, que Domat distingue exactement de la police. Il y a donc un ordre extérieur qui n'est pas simplement dans cet ordre politique, & qui ne ressortit pas aux tribunaux séculiers comme la police civile, mais qui est dans l'ordre de la Religion, & par conséquent de la juridiction spirituelle.

Objection tirée de l'équivoque DE GOUVERNEMENT INTÉRIEUR & réponse. La même équivoque que je viens de remarquer dans le mot *de police* ou *de politique*, se retrouve dans le terme d'*intérieur*. On dit que le gouvernement de l'Église est intérieur. Mais le gouvernement qui n'est qu'intérieur, dans la rigueur du terme, n'est & ne peut être proprement que celui de la divinité. Les hommes ne peuvent gouverner, ni dans l'ordre spirituel, ni dans l'ordre civil, que par des fonctions visibles. Ainsi, quoique la sanctification des ames soit la fin de la Religion, les Pontifes ne peuvent y coopérer que par le moyen de signes extérieurs, en conséquence de la connexité que Dieu a mise entre ces signes & sa grace. Ainsi, le culte extérieur se trouve joint à l'adoration intérieure ; la grace des sacremens, à des cérémonies saintes ; la foi, à l'en-

seignement ; le caractere sacerdotal, à la mission de l'Évêque & aux fonctions ecclésiastiques ; la sainteté des mœurs, à la pratique extérieure des vertus chrétiennes. On dit donc que le gouvernement de l'Église est intérieur en ce qu'il se rapporte à la sanctification des peuples, & par opposition au gouvernement temporel, qui se borne à régler l'extérieur de la société civile. Nous venons de rapporter la doctrine de Domat, qui range les loix ecclésiastiques, & les cérémonies du culte divin, au rang des matieres qui appartiennent à la Religion. Dira-t-on que ces objets ne sont point extérieurs ? M. le Blanc de Castillon, que nous avons cité, » reconnoît dans l'Église, avec
» Fleury & Gilbert de Voisins (332), le pouvoir
» qu'elle a reçu de Dieu pour conserver, par l'auto-
» rité de la prédication, des loix, des jugemens, la
» regle de la foi & des mœurs, la discipline nécessaire
» à l'économie de son gouvernement, &c.... Il re-
» connoît que son ministere qui est visible, a un rap-
» port sensible à des objets visibles. »

M. d'Héricourt enseigne que le *droit de faire des loix pour la discipline intérieure, est un droit attaché à la jurisdiction de l'Église, & à laquelle il n'est jamais permis de donner atteinte.* Or ce seroit prêter à ce sage jurisconsulte une absurdité, de supposer que les loix dont il parle, doivent être des loix invisibles ; que la législation dont il parle, ne peut s'exercer dans l'Église que par des actes invisibles ; que la discipline intérieure dont il parle, ne regarde point le culte extérieur de la Religion. Bien plus, le même auteur enseigne encore que, outre cette jurisdiction que l'Église tient de J. C., & qui renferme le pouvoir de faire des loix de discipline intérieure, *d'établir des ministres, de les déposer, d'imposer des pénitences ; l'Église a reçu des Princes un tribunal extérieur dans lequel elle fait rendre la justice sur ces matieres, dont la connoissance lui appartient de droit divin* (333). Il reconnoît donc que l'Église a une jurisdiction de droit divin, non-seulement pour faire des loix, mais encore *pour établir des ministres, pour les déposer, pour imposer des pénitences*, & pour prendre *connoissance* de ces matieres. Or l'exercice de ce droit ne peut être qu'extérieur & visible. Donc on ne peut dire que tout ce qui est extérieur & visible, soit de la compétence de la puissance temporelle. Donc le tribunal de privilege accordé à l'Église par le Prince, ne peut être appellé extérieur selon le même auteur, par opposition à ce premier tribunal, qu'en ce qu'il est revêtu de la force coactive & d'un certain appareil extérieur, qui ne peuvent appartenir en effet qu'à la puissance temporelle (a).

Réfutation du paradoxe de le Vayer. Que penser après cela de ce paradoxe que le Vayer avance avec tant de confiance? savoir, que dans les choses qui ne concernent ni les commandemens de Dieu ni la foi, mais qui ne sont que de plus grande perfection, les loix de l'Église doivent céder aux loix & aux nécessités des États; & que c'est au Prince à juger dans l'occasion, si la nécessité de ses États est telle qu'elle doive prévaloir sur les besoins & l'intérêt de l'Église (b). Paradoxe faux, en ce qu'il est contraire aux regles que nous avons établies, pour distinguer la compétence. Paradoxe scandaleux, quant à la premiere partie. Car dire que *les loix de l'Église, en ce qui est de plus grande perfection, doivent céder aux loix de l'État*; n'est-ce pas supposer évidemment que l'intérêt de la Religion est moins important que l'intérêt temporel? Paradoxe schismatique, quant à la seconde partie; puisque attribuer au Prince le droit de juger si les nécessités de ses États sont telles qu'elles doivent prévaloir sur les besoins & l'intérêt de l'Église, c'est l'établir juge suprême de toute la discipline ecclésiastique, avec l'obligation aux fideles de lui obéir, même contre le commandement exprès de l'Église universelle? Ainsi les prêtres auront en Angleterre pleine liberté de conscience pour se marier; les religieux & les religieuses pour rentrer dans le siecle;

(a) V. le ch. 5 de cette 3me. part. §. 4.

(b) Autor. des Rois, touchant l'adm. de l'Égl. part. 2, dissert. 2.

les Catholiques auront tort de refuser de se conformer à la nouvelle liturgie de ce royaume, sur l'administration des sacremens, sur les prieres publiques, sur l'institution des ministres, sur la communion sous les deux especes, sur toutes les parties de la discipline ecclésiastique; ils auront tort dans les autres États de désobéir aux souverains sur tous ces articles, & de suivre les voix de leur pasteurs légitimes, & sur tous les autres points de réforme que le Prince voudra introduire. Ainsi lorsque le souverain, soit hérétique, soit mahométan, soit idolâtre, soit athée, aura prononcé que les besoins de l'État doivent prévaloir; ils feront taire les loix de l'Église.

Mais ces loix ne doivent-elles pas céder à la nécessité absolue de l'État ? Oui sans doute, comme les loix purement civiles doivent céder aux loix de l'Église, lorsqu'il y a nécessité pour le salut du peuple. Mais, si les loix humaines cessent, lorsqu'elles se trouvent en opposition avec la loi divine & naturelle, comme on l'a déjà observé (*a*); j'ai montré aussi que c'est ruiner l'autorité dans tous les genres de gouvernement, que de supposer, hors les cas d'évidence, qui sont fort rares, des raisons de nécessité qui dispensent de l'obéissance (*b*); & j'ai fait voir que ce n'étoit qu'à la puissance législative qu'il appartenoit de juger des raisons qui dispensoient de ses propres loix, & d'en dispenser en effet (*c*).

Conséquences de la these posée. Il suit de tout ce que nous venons de dire, 1°. que la puissance ecclésiastique ne peut être réformée par le magistrat, sur le fond des matieres spirituelles, puisque le magistrat est sans jurisdiction à cet égard ; comme la puissance ecclésiastique ne sauroit réformer le juge séculier, sur les matieres civiles (*d*).

2°. Il suit, que les délits deviennent de la compétence
de

(*a*) V. ci-dev. part. 1, ch. 3, m. 3.
(*b*) V. ci-dev. part. 1, ch. 5, max. 2 & 4.
(*c*) Ib. ch. 2, max. 6.
(*d*) V. le ch. 5, §. 5 de cette 3me. part.

de l'un ou de l'autre tribunal, felon qu'ils bleffent directement l'ordre de la Religion, ou l'ordre civil. L'Églife juge des premiers; le magiftrat, des feconds : lorfqu'un même délit attaque directement l'un & l'autre gouvernement, les deux Puiffances doivent en connoître relativement au préjudice fait à fon adminiftration : tel feroit l'affaffinat commis contre un prêtre; ce délit enleveroit un miniftre à l'Églife, & un citoyen à l'État. L'Églife pourroit le punir par l'anathême, & le Prince par la mort.

3°. Il fuit que, dans ce dernier cas, où le délit devient de la compétence des deux Puiffances, l'une ne peut forcer l'autre à fe conformer par fon décret au jugement que la première aura porté, parce qu'elles font indépendantes dans l'exercice de leurs jurifdictions. Ainfi dans le cas propofé, fi les deux juges font d'avis différens, l'accufé pourra être abfous par un tribunal, & condamné par l'autre; ainfi le juge d'Églife pourra priver de la fépulture eccléfiaftique, un homme qui fe fera donné la mort, fi le fuicide lui paroît prouvé; quoique le juge laïque ne décerne point les peines portées par les ordonnances, contre ce même crime.

Il feroit donc contre les premiers principes de l'ordre public, de prétendre que l'Évêque ne pourroit prononcer de fentence d'excommunication contre un laïque convaincu d'un délit eccléfiaftique, qu'après que le magiftrat l'auroit déclaré atteint & convaincu. C'eft pourtant ce qu'on a entrepris de faire; & „ l'ordre
„ qu'on a fuivi fur cette matiere, pour dépouiller le
„ juge d'Églife, dit M. le Merre, eft à remarquer,
„ & peut exciter le zele du clergé. Dans l'ancienne
„ jurifprudence, on ne conteftoit pas la compétence
„ du juge d'Églife : on prétendoit feulement que les
„ cours féculieres pouvoient en connoître concurrem-
„ ment avec les cours d'Églife, & que la prévention
„ attribuoit la jurifdiction. On a borné enfuite la jurif-
„ diction eccléfiaftique à la déclaration de l'excom-
„ munication encourue par l'accufé; mais on laiffoit
„ au juge d'Églife la faculté de faire la procédure

Tome II. Part. III. Cc

» pour la conviction de l'accufé, afin que le juge puţ
» prononcer, avec connoiffance, l'excommunication
» encourue. Les derniers arrêts ne permettent pas
» même aux juges d'Églife de faire cette procédure
» contre les laïques. On les réduit à prononcer la
» déclaration de l'excommunication encourue, fur le
» jugement prononcé par la cour féculiere (*a*). » Par-là
il reftera toujours au pouvoir du magiftrat d'empêcher
l'Églife de faire ufage du glaive fpirituel, lorfqu'il
voudra fouftraire le coupable aux peines canoniques,
ou en négligeant de procéder contre lui, ou en le
déclarant innocent.

4°. Il fuit que les deux tribunaux faifis du fond,
font auffi juges des queftions incidentes, parce que la
jurifdiction renferme effenciellement tous les pouvoirs
néceffaires pour l'exercer. Mais c'eft feulement lorfque
les queftions fe décident par les loix dont ces tribunaux font les interpretes. Je m'explique.

Suppofons qu'un religieux qui réclame contre fes
vœux devant l'Official, allegue le défaut d'âge requis,
& fonde fa preuve fur l'extrait baptiftaire. Si la partie
adverfe s'infcrit en faux contre cet acte, ce fera
l'Official qui connoîtra de ce faux, relativement à la
queftion principale : fi au contraire l'extrait baptiftaire
eft produit devant le magiftrat dans la demande d'une
fucceffion ; ce faux fera de la compétence du magiftrat
déja faifi du fond.

Mais fi l'incident regarde une queftion de droit,
qui foit de fa nature hors de la compétence du juge faifi
du fond, il eft évident que celui-ci doit renvoyer les
parties devant le tribunal compétent, fur la queftion
incidente, & que le jugement qui interviendra fur ce
point, doit préjuger le principal.

Un religieux profès demande, par exemple, la fucceffion paternelle ; on lui oppofe fes vœux de Religion:
il excipe de leur invalidité. Le juge laïque doit le
renvoyer par-devant l'Official, pour être fait droit

_____

(*a*) Mém. du Clergé, tom. 7, col. 596.

fur cet incident, parce que ce point de droit, fe décide par les loix de l'Églife, dont elle eſt feule l'interprete. Les vœux ayant été déclarés invalides, le magiſtrat adjuge la fucceſſion conformément aux loix civiles. Le miniſtere public pourfuit devant les tribunaux féculiers un homme accufé de blafphême. Si le blafphême n'eſt point évident, le juge doit renvoyer par-devant l'Évêque pour prononcer fur la nature du délit : & le blafphême ayant été déclaré tel par l'Évêque, le juge féculier punit le coupable, ſi le délit eſt conſtaté. Par la raifon contraire ſi on pourfuit criminellement un clerc devant l'Évêque, comme détenteur de biens eccléſiaſtiques ; & ſi le clerc oppofe la légitime poſſeſſion ; l'Évêque doit renvoyer par devant le tribunal féculier, pour prononcer fur le point de droit, & le clerc ayant été déclaré injuſte détenteur, l'Évêque prononcera en conféquence les peines canoniques. De même, s'il s'éleve une conteſtation fur des intérêts temporels, le Pontife, dans le tribunal de la pénitence, attendra que le juge féculier ait prononcé, pour obliger celui qui aura fuccombé, à fe conformer au jugement qui fera intervenu.

§. II.

La doctrine eſt de la compétence de la puiſſance ſpirituelle. Cette propoſition eſt de foi.

Preuve tirée de la theſe précédente. 1°. Tout ce qui fe rapporte immédiatement & de fa nature, à la Religion, eſt de la compétence de la puiſſance ſpirituelle. La maxime vient d'être prouvée. Or, la doctrine fe rapporte immédiatement, & de fa nature, à la Religion. Elle a pour fin la propagation & la conſervation de la foi & la fanctification des peuples. *Fides ex auditu, auditus autem per verbum Chriſti* (a). Donc la doctrine eſt de la compétence de la puiſſance ſpirituelle.

(a) Rom. X, 16.

Preuve tirée de l'Écriture-Sainte. 2°. L'Église a jurifdiction fur tout ce que J. C. a confié immédiatement à fa puiffance. Or il lui a confié le dépôt de la doctrine, &, avec ce dépôt, l'obligation de le faire fructifier par la prédication, & de veiller à fon intégrité. Ce n'eft ni aux Princes, ni aux Sages de la terre, mais aux Apôtres feuls, que le Fils de Dieu a dit : *Allez, enfeignez* (a). *Dites dans la lumiere ce que je vous dis dans les ténebres, & publiez fur les toits ce qu'on vous dit à l'oreille* (b). C'eft en qualité d'ambaffadeurs de J. C., qu'ils exercent le miniftere de la prédication. *Pro Chrifto legatione fungimur, tanquam Deo exhortante per nos* (c). Miniftere effenciel, & un des plus inféparables de l'apoftolat ; miniftere que ni le Sanhédrin, ni les Empereurs n'ont pu interdire à ceux qui avoient reçu la miffion de J. C. ; par conféquent miniftere indépendant de toute puiffance humaine (d).

Preuve tirée de la comparaifon de la Synagogue avec l'Église. 3°. Sous la Synagogue, c'étoit aux prêtres à enfeigner la loi, à décider les queftions qui y avoient rapport. Sous la loi nouvelle, ce font les Apôtres qui enfeignent & qui prononcent fur les obfervances légales ; & leur décifion eft propofée à toutes les Églifes, comme une loi émanée de l'Efprit-Saint. *Vifum eft Spiritui Sancto & nobis.* Les Évêques qui leur ont fuccédé, ont enfeigné à leur exemple, & ont décidé toutes les conteftations touchant la doctrine, &, après le jugement du corps épifcopal, les réfractaires ont été mis au nombre des hérétiques.

Preuve tirée des Peres. 4°. Les Peres avertiffent les Princes qu'il ne leur eft pas permis de rien ftatuer fur la Religion. Ils leur difent qu'étant au nombre des brebis, ils doivent à cet égard l'exemple de l'obéiffance à leurs peuples (334). Mais quels font les objets les plus effenciels de la Religion ? c'eft la doctrine que l'Églife a reçue de J. C.. *Scis Imperator*, dit Grégoire II,

---

(a) *Matth.* XXVIII, 19. (c) *II Cor.* V, 20.
(b) *Matth.* X, 27. (d) *Act.* VI, 4.

en s'adressant à l'Empereur Léon, *sanctæ Ecclesiæ Dei dogmata non Imperatorum esse, sed Pontificum, quæ rectè debent prædicari: Idcircò Ecclesiæ præfecti sunt Pontifices, reipublicæ negotiis abstinentes, ut Imperatores similiter à causis ecclesiasticis abstineant, & quæ sibi commissa sunt, capescant* (a).

S. Ambroise parle avec encore plus de force à l'Empereur Valentinien. „ Avez-vous jamais oui dire,
„ Seigneur, lui dit-il, qu'en matiere de foi, les laïques
„ aient jugé les Évêques ? Serions-nous donc des adula-
„ teurs assez lâches, pour oublier les droits des Pontifes ?
„ Et moi je mettrai entre des mains étrangeres, ce
„ que Dieu m'a confié ? Si c'est aux laïques à instruire
„ l'Évêque, que le laïque dispute donc, & que l'Évêque
„ écoute : que le laïque enseigne, & que l'Évêque
„ s'instruise. Et encore : Si nous consultons les Écritures,
„ qui pourra désavouer, qu'en matiere de foi, c'est
„ aux Évêques à juger les Empereurs, & non aux
„ Empereurs à juger les Évêques (335) ?

„ Si l'Empereur est catholique, dit Jean VIII, il
„ doit se souvenir qu'il est l'enfant de l'Église, & non
„ le chef. Il doit s'instruire de la Religion, & non
„ enseigner. C'est aux Pontifes, non aux puissances du
„ siecle, que Dieu a donné le droit de régler les affaires
„ de l'Église (336). „

Preuve tirée de la supériorité des Évêques sur les prêtres. 5°. Nous avons montré fort au long dans un autre endroit (b), que les Évêques étoient seuls juges de la doctrine, exclusivement aux prêtres. Les Princes seroient-ils plus compétens que les prêtres-mêmes ?

Preuve tirée des loix civiles. 6°. Les loix des Princes chrétiens sont conformes sur ce point à celles de l'Église. Théodose le jeune, députant le comte Candidien au concile d'Éphese, lui défend de se mêler des questions qui regardent la foi, parce qu'il n'est permis qu'aux Évêques de connoître des affaires ecclésiastiques. *Nefas-*

(a) Greg. II, Epist. ad Leon. ante 7, synodi acta.   (b) Au ch. 1, §. 3 de cette 3me. part.

est enim qui sanctissimorum Episcoporum catalogo adscriptus non est, illum ecclesiasticis negotiis & consultationibus sese immiscere (a). » Un laïque, quelque religieux
» & quelque sage qu'il soit, dût-il même réunir en lui
» toutes les vertus, ne laissera pas d'être au nombre
» des brebis. Quelle raison avez-vous donc, vous qui
» êtes dans cette classe, d'employer les subtilités du
» discours, pour disputer avec les pasteurs, & de vous
» occuper de la discussion des matieres qui sont au-dessus
» de vous (337) ? » Ainsi parloit l'Empereur Basile dans
le 8me. concile général.

Les ordonnances de nos Rois déja citées, & en
particulier l'édit de 1695, interdisent au magistrat la
connoissance de ce qui concerne la doctrine, comme
étant, par sa nature, du ressort du tribunal ecclésiastique. » Plus soumis à ses décisions (de l'Église) que
» le moindre de nos sujets, dit encore le Prince dans
» la déclaration de 1717, nous sommes persuadés que
» c'est par elle que les Rois & les peuples doivent
» apprendre également les vérités nécessaires au salut :
» & nous n'avons garde de vouloir étendre notre pou-
» voir sur ce qui concerne la doctrine, dont le dépôt
» sacré a été confié à une autre puissance. Nous savons
» que c'est à elle seule qu'il est réservé d'en prendre
» connoissance, & nous ne pouvons y entrer sans nous
» exposer au juste reproche de n'avoir soutenu la vérité,
» que par une surprise manifeste sur la puissance spiri-
» tuelle. » Et dans l'arrêt de son conseil du 24 mai
1766 : » Il appartient à l'Église seule de décider ce
» qu'il faut croire & ce qu'il faut pratiquer dans l'ordre
» de la Religion, & de déterminer la nature de ses
» jugemens en matiere de doctrine, & leurs effets sur
» l'ame des fideles, sans que la puissance temporelle
» puisse, en aucun cas, prononcer sur le dogme, ou
» sur ce qui est purement spirituel (a). »

(a) *Epist. Theod. ad Patr. concil. Eph. Conc. Eph.* c. 35. *Labb.* tom. 3, p. 441, 442.

(b) V. cet arrêt dans le nouv. Comment. des Lib. Gall. tom. 5, p. 155.

Preuve tirée de l'autorité des Jurisconsultes. Les Docteurs & les Jurisconsultes écrivent dans les mêmes principes. Quesnel même y rend hommage (338). Le Parlement de Paris enseigne expressément que la déclaration du crime d'hérésie appartient au jugement de l'Église, pour décider si une proposition est erronée, scandaleuse ou hérétique, & qu'en ce cas, sont sujets à ladite Église, les Empereurs, Rois, Princes & autres personnes de quelque qualité & condition qu'elles soient (*a*). Héricourt, Fleury, Gibert sont unanimes sur ce point. Nous avons vu (*b*) que Mr. de Castillon *reconnoissoit avec eux dans l'Église, le pouvoir qu'elle a reçu de Dieu, pour conserver, par l'autorité de la prédication, des loix & des jugemens, la regle des mœurs.* Nous verrons dans la suite par quel détour on s'efforce d'enlever à l'épiscopat, la jurisdiction qu'on ne sauroit lui contester, & nous nous réservons de discuter cet article plus au long, en parlant de l'infaillibilité de l'Église (*c*).

§. III.

La discipline de l'Église est de la compétence de la puissance spirituelle. Cette proposition est de foi.

Preuve tirée de la notion des objets spirituels & de l'autorité des loix civiles. 1°. La discipline de l'Église regarde ou les cérémonies de la Religion ou la sainteté des mœurs : or ces deux objets se rapportent immédiatement, & par leur nature, à une fin spirituelle : ils sont donc de la compétence de l'Église. Les ordonnances que nous avons citées, reconnoissent expressément sa jurisdiction en ce qui concerne le culte divin, & la

---

(*a*) Rém. du Parl. de Paris, du 15 Juillet 1560, rapportées dans les Lib. Gall. tom. 2, part. 3, ch. 28, n. 21, p. 175, édit. 1731.

(*b*) V. ci-dev. p. 382.

(*c*) V. ci-après part. 3, ch. 4, §. 1.

discipline ecclésiastique (339). L'article 34 de l'édit de 1695 porte, que *la connoissance des causes concernant les sacremens, les vœux de Religion, l'office divin, la discipline ecclésiastique, & autres purement spirituelles, appartiendra au juge d'Église*. Le Prince, en déclarant ces matieres *purement spirituelles*, reconnoît par-là-même qu'elles appartiennent essenciellement au tribunal de l'Église & non par une simple concession. D'ailleurs, la perfection évangélique, & les pratiques qui conduisent à cette perfection, appartiennent évidemment à la morale de J. C. Elles ressortissent donc au tribunal du Pontife, chargé du dépôt de la doctrine. Les jurisconsultes, & Mr. de Castillon en particulier, viennent d'avouer que l'Église a reçu de Dieu le pouvoir de conserver la regle des mœurs : or la regle des mœurs concerne certainement la discipline de l'Église.

Preuve tirée de la nature des loix qui reglent la discipline. 2°. Pour distinguer la compétence sur un objet, il faut examiner de qui émanent les loix qui doivent servir de regle : or les matieres de discipline ne se reglent, ne se décident, que sur l'Évangile & les saints canons, dont l'Église est la seule interprete. Les loix civiles viennent seulement à l'appui comme protectrices, en tant qu'elles rappellent l'observance des canons, dont elles ordonnent l'exécution (*a*).

Preuve tirée de la pratique de l'Église. 3°. L'Église, dès sa naissance, a réglé elle-même sa discipline (*b*), sans recourir à l'autorité des Empereurs. Diroit-t-on que les fideles n'étoient point alors obligés de lui obéir, qu'il leur étoit permis d'appeller de son tribunal, qu'elle usurpoit une jurisdiction étrangere ? Si on n'ose le dire, il faut donc avouer qu'elle avoit une véritable jurisdiction, & qu'elle l'a encore aujourd'hui : car l'Église n'a rien perdu de sa puissance sous les Princes chrétiens. En entrant dans son sein, ils en sont devenus les enfans, & non pas les maîtres.

_____

(*a*) V. ci-après 4me. part. ch. 3, §. 1.

(*b*) On en donnera le détail & la preuve au ch. 4, §. 1.

Preuve tirée de la doctrine des Peres déja cités. 4°. Les autorités que nous avons rapportées, au sujet de la souveraineté de la puissance eccléfiastique, dans l'ordre spirituel, comprennent, dans leur généralité, les matieres de discipline. Osius déclare à l'Empereur, qu'*il ne lui est pas permis de s'attribuer aucun pouvoir sur les choses saintes* (a). S. Athanase observe *que jamais les Princes ne se sont mélés des affaires ecclésiastiques* (b). C'est à *l'Evêque*, dit Valentinien, cité par S. Ambroise, *à statuer sur les matieres qui concernent la foi & l'ordre ecclésiastique* (c). S. Hilaire se plaint à Constance, de ce que les magistrats entreprennent de connoître des causes des clercs, c'est-à-dire, comme l'explique du Puy, *de tout ce qui regarde la Religion* (d). Selon S. Jean Damascene, *Le Roi n'a pas le droit de rien statuer sur les affaires ecclésiastiques* (e). *C'est aux Pontifes, non aux puissances du siecle*, dit Nicolas I, *à régler le gouvernement de l'Église* (f). Or, qui peut nier que la discipline de l'Église, c'est-à-dire, les matieres qui concernent le culte divin, les cérémonies de Religion, la pratique de certains actes de vertus, ne soient des matieres *ecclésiastiques*, des matieres concernant la *Religion*, concernant les *choses saintes*, concernant le *gouvernement de l'Église* ? Elles sont donc de la compétence de l'Evêque. Les Protestans avouent eux-mêmes que le culte extérieur de la Religion a une connexion essentielle avec elle, & que dès la naissance de l'Église, elle a connu des matieres qui avoient rapport à ce culte (340).

Conséquences de la these posée. C'est donc à l'Evêque 1°. à régler le culte divin, à ordonner les prieres publiques, à en déterminer l'objet, le genre, la maniere, & à y présider. Les missels, les bréviaires, les rituels, ce qui regarde la décoration des Églises, l'heure des

---

(a) *Apud Athan. Epist. ad solit. vitam agent.*

(b) *Ib.*

(c) *Amb. ad Valent. Epist.* 21, n. 2, edit. nov. — *Ib. l.* 2, *Epist.* 13, *alias* 31.

(d) Jurisd. crimin. part. 1, ch. 10, au liv. des Lib. Gall. tom. 1, p. 21, édit. 1731.

(e) *Joan. Damas. Orat.* 1 de *imag. circa finem.*

(f) *Can.* si Imperator.

offices, la décence & la forme des ornemens, les fonctions du sacré ministere, & la conduite des ministres, font donc aussi de son ressort, comme les officiers du Roi reglent ce qui regarde le service du Prince, & jugent de tout ce qui y a rapport.

Il ne serviroit de rien d'alléguer, comme Fevret (*a*), que le Roi étant protecteur des usages & des Libertés de l'Église Gallicane, il peut seul autoriser les changemens qui se font dans la discipline. Le Prince n'est & ne peut être le protecteur des canons que conformément aux vœux de l'Église ; c'est donc à l'Église seule à juger de l'utilité de ces canons, relativement aux circonstances actuelles ; c'est donc à elle à diriger la puissance protectrice. Le sceau de l'autorité royale, que les Évêques invoquent dans l'homologation de leurs réglemens, ajoute seulement à l'obligation de conscience que ces réglemens imposent déja, par eux-mêmes, le secours du glaive temporel pour les faire exécuter (*b*).

Le Vayer oublie qu'il veut au moins paroître catholique, lorsqu'il soutient que nos Rois peuvent, non-seulement demander des prieres publiques, mais encore les faire eux-mêmes pour le *peuple*, en vertu de l'onction sainte qu'ils ont reçue, *s'ils ne jugent pas à propos de s'en décharger sur le ministere des prêtres* (*c*). Les premiers élémens de la Religion suffiroient pour apprendre à de pareils docteurs la différence qu'il y a entre l'onction sainte qui imprime caractere aux prêtres, en leur communiquant le pouvoir de faire les fonctions sacrées, & celle qui, en consacrant les Rois, se borne seulement à des prieres & à certaines cérémonies, pour attirer sur eux les graces du Ciel ; pour les mettre, d'une maniere spéciale, sous la protection de l'Église (341) ; & pour apprendre aux fideles que le souverain étant placé sur le trône par la main de Dieu

---

(*a*) De l'Abus, l. 4, ch. 8, n. 12, ch. 13, n. 7.
(*b*) V. ci-après part. 4, ch. 3, §. 1, 2, 3.
(*c*) Traité de l'Autor. du Roi, touch. l'admin. de l'Église, part. 2, diff. 3.

même ; le respect, l'obéissance à l'égard du souverain, deviennent un devoir de Religion envers Dieu (a).

2°. C'est aux Évêques à statuer sur la sépulture ecclésiastique, sur les prieres & les cérémonies saintes qui en font une dépendance. Ce droit n'est pas même contesté par les Protestans (342). Le magistrat ne sauroit donc sans une entreprise manifeste, obliger les Pasteurs, ni à accorder les suffrages de l'Église aux morts qu'elle juge indignes de ces graces, ou incapables d'en recueillir les fruits, ni à déposer leurs cadavres dans le lieu saint. Si l'Évêque excede les bornes de la modération, s'il viole la justice ; il y a, dans l'ordre hiérarchique, comme dans le gouvernement civil, des tribunaux supérieurs par-devant lesquels il est permis de se pourvoir, & qui doivent juger en dernier ressort.

3°. C'est à l'Évêque à régler le culte des Saints. L'hommage qu'on leur rend, se rapporte à Dieu, comme à la source & à la fin de toute sainteté. C'est à l'Église à proposer à la piété du peuple ces héros chrétiens qui méritent après leur mort un culte public, à procéder à leur canonisation, à connoître de leurs miracles, à vérifier leurs reliques, à prescrire la maniere dont ils doivent être honorés.

4°. C'est à l'Évêque à ordonner certaines œuvres de Religion, instituées pour nourrir la piété des fideles, comme le jeûne, l'assistance à la messe, & certaines autres pratiques qui regardent la perfection chrétienne.

(a) *Dicendum quod Reges non habent aliquam potestatem in spiritualibus, & ideò clavem regni cœlestis non accipiunt, sed solùm in temporalibus, quæ etiam non nisi à Deo esse potest, ut patet Rom. XIII, nec per unctionem in aliquo sacro ordine consecrantur ; sed excellentia potestatis ipsorum à Christo descendere significatur, ut & ipsi sub Christo in populo christiano regnent.* Th. suppl. q. 19, art. 3, ad. 2.

§. IV.

L'administration des sacremens est de la compétence de la puissance spirituelle. Cette proposition est de foi.

LEs principes que nous avons établis, & les autorités que nous avons rapportées, ont déja prouvé cette these. Point de matiere qui soit plus incontestablement dans l'ordre spirituel, ni qui se rapporte plus directement à la sanctification des ames, que les sacremens : point d'objet qui concerne plus essenciellement la Religion, qui soit plus distinct du temporel, qui doive plus certainement se décider par les regles de l'Évangile & par les canons de l'Église ; & par conséquent, point d'objet qui soit plus essenciellement de sa compétence. Les loix divines & humaines, la possession constante & non interrompue des Évêques, tout dépose en faveur de la puissance spirituelle. Mais venons à une discussion plus particuliere.

Preuve tirée de l'Écriture-Sainte. 1°. J. C., en donnant mission à ses Apôtres, leur confie, en termes exprès, l'administration du sacrement de Baptême. *Ite, baptisantes*, &, par une suite nécessaire, l'administration des autres sacremens qui, ayant été institués par la même puissance, & qui étant de même nature, doivent ressortir au même tribunal.

« C'est aux Apôtres seuls, » dit un illustre Prélat, qui a soutenu les droits de l'Église avec tout l'héroïsme des vertus pastorales (*a*), « C'est aux Apôtres seuls, » & à leurs successeurs, que J. C. a donné le pouvoir » ordinaire d'enseigner & de baptiser les nations. Il » est vrai que, dans le cas de nécessité, tout homme » est ministre extraordinaire du baptême ; mais ce

---

(*a*) M. de Beaumont, Arch. de Paris, dans son mandem. touch. l'autor. de l'Église 1756, part. I. p. 34, 35, 36, in-4t0.

» n'eſt qu'en vertu de l'inſtitution même de J. C., &
» du pouvoir que lui ſeul a pu communiquer, parce
» que lui ſeul a pu attacher la grace au rit & à l'in-
» vocation de l'adorable Trinité. Telle eſt la doctrine
» de S. Auguſtin & de toute la tradition, qui ne
» reconnoît l'influence d'aucune puiſſance humaine.

» C'eſt aux Apôtres, & à leurs ſucceſſeurs, que
» J. C. a donné le pouvoir de conférer le ſacrement de
» confirmation, comme nous l'apprenons des Actes des
» Apôtres (a).

» Ce n'eſt qu'aux Évêques & aux prêtres, héritiers
» du ſacerdoce des Apôtres, qu'appartient le droit de
» conſacrer l'Euchariſtie, & de l'adminiſtrer aux fide-
» les (343), ainſi que l'enſeigne la tradition fondée
» ſur l'Écriture, & ſur l'inſtitution même de l'Eu-
» chariſtie (344).

» C'eſt aux Évêques & aux prêtres que J. C. a
» donné le pouvoir des clefs, c'eſt-à-dire le pouvoir
» de remettre & de retenir les péchés des Chrétiens,
» dans l'adminiſtration du ſacrement de pénitence (b).

» Ce n'eſt qu'aux prêtres & aux Évêques que les
» fideles malades peuvent s'adreſſer, pour recevoir le
» ſacrement de l'extrême-onction, afin d'être délivrés
» de leurs péchés, & de recevoir la grace ſpirituelle
» pour mourir dans la paix du Seigneur (c).

» Ce n'eſt pas aux Princes ſéculiers, c'eſt aux Évê-
» ques ſeuls, que J. C. a donné le pouvoir d'établir
» des miniſtres dans l'Égliſe, par le ſacrement de
» l'ordre, & de leur diſpenſer la miſſion canonique
» pour les fonctions ſacrées. Les livres ſaints ne nous
» apprennent-ils pas qu'après l'Aſcenſion de notre Seig-
» neur, les Apôtres inſtituerent les diacres ? Que ce
» fut auſſi par leur délibération & leur choix, que
» Matthias entra dans leur college apoſtolique ? Que
» Tite reçut ordre de S. Paul d'établir des prêtres,

(a) Act. VIII, 17. — V. auſſi la lettre d'Innoc. I, à l'Évêque Decentius.
(b) Matth. XVIII, 18. — Joan. XX, 23.
(c) Jacob V, 14, 15.

» c'est-à-dire, des Évêques, dans les villes de l'isle
» de Crète (*a*). On ne voit nulle part, dans ces origi-
» nes des Églises, l'intervention de la puissance tempo-
» relle. Aussi le saint concile de Trente définit-il expres-
» sément, qu'on ne doit pas regarder comme ministres
» légitimes des sacremens, les prêtres qui n'ont reçu
» de mission que de la puissance séculiere (345).

» Enfin c'est aux Évêques & aux prêtres, & non
» aux Princes ou à leurs officiers, que les fideles ont eu
» recours dans tous les siecles de l'Église, pour rece-
» voir la bénédiction nuptiale, & la grace que J. C.
» a attachée au mariage en l'élevant à la dignité de
» sacrement ; & c'est sur ce fondement que le concile de
» Trente a défini, dans un canon doctrinal, que la con-
» noissance des causes qui concernent le mariage, appar-
» tient au juge d'Église (346).

» Or ce droit ou pouvoir d'administrer les sacre-
» mens, J. C. l'accordant à ses Apôtres, & à leurs
» successeurs, voulut qu'ils l'exerçassent avec autant
» d'indépendance qu'il l'avoit exercé lui-même. *Je vous*
» *envoie*, leur dit-il, *comme mon Pere m'a envoyé* (*b*).
» *Toute puissance m'a été donnée dans le ciel & sur la*
» *terre ; allez, baptisez les nations*, &c. (*c*).

» Ce divin Sauveur avoit baptisé publiquement, soit
» par lui-même, soit par le ministere de ceux qu'il
» avoit appelés. Il avoit publiquement remis les péchés
» au paralitique & à la pécheresse, non-seulement sans
» y être autorisé par la puissance séculiere, mais en
» éprouvant-même les oppositions du sénat des Juifs (*d*).

» A son exemple, les Apôtres & les disciples ou-
» vrirent publiquement, nonobstant la contradiction
» des magistrats, les sources divines du salut. Philippe
» baptisa publiquement, & au milieu du grand chemin,
» l'Eunuque de la Reine d'Éthyopie (*e*). S. Pierre &
» S. Jean conférerent publiquement à ceux de Samarie,

(*a*) *Act.* VI, 6. — *Ib.* I, 26,   (*c*) *Matth.* XXVIII, 18.
— *Tit.* I, 5.   (*d*) *Joan.* III, 22, 26.
(*b*) *Joan.* XX, 21.   (*e*) *Act.* VIII, 38, 39.

» le sacrement de confirmation (*a*). Dans les assemblées
» nombreuses des fideles, Pierre & les autres Apôtres
» rompoient le pain sacré, c'est-à-dire, qu'ils adminis-
» troient publiquement l'Euchariftie (*b*).

» C'est en vertu du même pouvoir que S. Paul re-
» trancha publiquement de la société des fideles, l'in-
» cestueux de Corinthe ; que les successeurs des Apô-
» tres fournirent publiquement à une pénitence très-
» longue & très-rigoureuse, les pécheurs scandaleux,
» de quelque condition qu'ils fussent. »

Preuve tirée de la Tradition. Le grand Théodose accepte avec humilité la pénitence qu'Ambroise lui avoit imposée ; au lieu d'employer la violence pour pénétrer dans les sacrés tabernacles, il respecte le jugement du Pontife chargé des intérêts du ciel. On a vu, en différens siecles, des exemples de cette même fermeté, & jamais on n'a contesté aux Évêques leur jurisdiction. Jamais, depuis la naissance de l'Église, les Peres, en donnant des regles sur l'administration des sacremens, n'ont assujetti les ministres à recevoir, sur ce point, les ordres du souverain. S. Ignace enseigne que *l'Eucharistie sera légitimement administrée, lorsqu'elle le sera du consentement de l'Évêque* (*c*) ; Tertullien, que les prêtres & les diacres ne doivent point conférer publiquement le baptême, sans l'autorité de l'Évêque, *non tamen sine Episcopi auctoritate* (*d*) ; S. Cyprien, que l'Église sera toujours fermée à ceux qui voudroient s'en ouvrir l'entrée par la terreur des menaces. *Si qui autem sunt qui existimant aditum se sibi non lamentationibus & satisfactionibus, sed terroribus facere, pro certo habeant contra tales clausam stare Ecclesiam Domini* (*e*). » Vous savez, mon fils, écrit le Pape S.
» Gélase à l'Empereur Anastase, que, quoique supé-
» rieur aux autres hommes par votre dignité, vous
» vous soumettez humblement à ceux qui président aux

(*a*) Ib. 17. (*d*) Tert. *de Bapt. c.* 17.
(*b*) Ib. II, 46. (*e*) Cyp. *Epist.* 55, alias 59.
(*c*) Ign. *Epist. ad Smyrn.*

» choses divines; & vous reconnoissez que vous devez
» plutôt obéir que commander, en ce qui regarde la
» réception & la légitime administration des sacre-
» mens (347). » Louis le Débonnaire, en adoptant
cette lettre, lui donne force de loi dans son royaume.
C'est l'observation de M. de Marca, *ut vim publicæ
legis obtineret* (*a*). Jamais, disoit Charlemagne, on n'a
attribué aux laïques, quelque religieux qu'ils fussent,
la faculté de disposer des choses spirituelles (*b*). S.
Chrysostome » recommande aux ministres de l'Église,
» la fermeté & la vigilance à écarter des saints mys-
» teres, les Chrétiens indignes & scandaleux; quel-
» que élevés qu'ils soient en dignité, gouverneurs
» des provinces, généraux d'armée, l'Empereur lui-
» même; s'ils approchent indignement de la sainte ta-
» ble, arrêtez-les, ajoute-t-il, vous avez plus de
» puissance qu'eux (348). » Qu'eut donc dit ce saint
Docteur à ceux qui mettent les clefs du sanctuaire
entre les mains du magistrat; qui lui attribuent le droit
de donner mission pour conférer le plus auguste de nos
sacremens ?

» Enfin tout le grand tableau de l'Église depuis dix-
» huit siecles, » dit encore le grand Prélat que je viens
de citer (*c*), » ne nous présente que des sacremens
» administrés, avec une totale indépendance du gou-
» vernement politique. Tous les conciles, tous les ri-
» tuels, tous les catéchismes, toutes les instructions
» pastorales ou synodales, toutes les décisions cano-
» niques qui ont traité de la doctrine des sacremens,
» en quelque contrée de l'Église catholique que ce
» soit, ne nous parlent que des matieres, des formes,
» des ministres, des cérémonies, des dispositions re-
» quises pour l'administration, & pour la réception des
» sacremens, & par-tout ces saints décrets nous rap-
» pellent à l'ordre hiérarchique qui donne des loix,

ou

(*a*) *Marc. Concord. Sacerd. cap.* 294.
& *Imp. prolog. p.* 58.   (*c*) Mandement de 1756, p. 37,
(*b*) *Carol. mag. capitul. l.* 6, in-4to. & p. 125 de l'in-12.

» ou qui les explique, avec une autorité pleine &
» entiere, fans attendre ni recevoir l'impreſſion de la
» puiſſance temporelle.

» M. Boſſuet en 1688 continue, l'illuſtre Prélat,
» met dans un nouveau jour, & appuie de nouvelles
» raiſons l'indépendance de l'Égliſe, dans cette partie
» du ſacré miniſtere. Après avoir relevé la contra-
» diction manifeſte de l'Égliſe anglicane, qui, *d'un côté,*
» *dénie aux Rois l'adminiſtration de la parole & des*
» *ſacremens, & de l'autre leur accorde l'excommuni-*
» *cation qui, en effet, n'eſt autre choſe que la parole*
» *céleſte, armée de la cenſure qui vient du ciel, & une*
» *partie des plus eſſencielles de l'adminiſtration des ſa-*
» *cremens;* il remarque *qu'aſſurément le droit d'en pri-*
» *ver les fideles, ne peut appartenir qu'à ceux qui ſont*
» *établis de Dieu pour les leur donner* (a). »

Theſe confirmée par l'autorité des loix civiles, & par
l'aveu des auteurs les moins ſuſpects. Les édits de nos
Rois ont confirmé pluſieurs fois la doctrine de l'Égliſe
ſur cet article, depuis que Luther a appris aux Novateurs à conteſter les droits de l'épiſcopat. Les ordonnances de 1539 (349), les édits de 1606 (350),
de 1610 (351), de 1629 (352), & la déclaration de
1666 (353), réſervent expreſſément aux juges d'Égliſe
la matiere des ſacremens, & les autres cauſes ſpirituelles, & défendent à tous juges laïques d'en prendre
connoiſſance, *directement ni indirectement.* L'édit de
1695, art. 34, porte que » la connoiſſance des cauſes
» concernant les ſacremens, les vœux de Religion,
» l'office divin, la diſcipline eccléſiaſtique, & les autres
» ſpirituelles, appartiendront aux juges d'Égliſe; » & il
enjoint aux officiers du Roi, & même aux cours de
Parlemens, » de leur en laiſſer, & même de leur en
» renvoyer la connoiſſance, ſans prendre aucune ju-
» riſdiction ni connoiſſance des choſes de cette nature,
» ſi ce n'eſt qu'il y eut appel comme d'abus, inter-
» jeté auxdites cours, de quelques jugemens, ordon-

―――――――――――――――――――――――
(a) Hiſt. des Var. l. 7, n. 48.

" nances ou procédures faites sur ce sujet par les juges
" d'Église ; " sans que ces appels donnent cependant au
juge laïque, le droit de connoître du fond des matieres spirituelles comme je le montrerai ailleurs (*a*).

Un des plus célebres magistrats de ce siecle, écrivoit
au nom du Roi dans les mêmes principes, au Parlement
de Bordeaux (354) ; un autre magistrat (*b*) s'explique
en ces termes : " Nous devons tous d'une ferme foi, &
" créance catholique, tenir, que le S. Sacrement de
" l'Autel n'a aucune chose temporelle, mais est de
" toute part spirituel..... & que, pour sa grandeur &
" excellence, n'est permis d'en plaider entre les hommes,
" soit pour la possession ou autrement(*c*)." Milletot (355),
le Praticien françois (356) & Héricourt (357) enseignent la même doctrine.

Nous ne craindrons pas même d'en appeller au témoignage des auteurs qui sont les moins favorables à
l'autorité de l'Église.

Selon Van-Espen, " le sentiment unanime & général,
" reçu de tout le monde, est que les causes des sacre-
" mens sont purement ecclésiastiques.... Les ordonnances
" mêmes de nos Rois, ainsi que les arrêts des Parlemens,
" ont constamment conservé aux juges d'Église les
" causes concernant les sacremens & autres semblables,
" purement spirituelles (358). "

Selon M. de Colbert, Évêque de Montpellier, " l'au-
" torité souveraine que les Rois tiennent de Dieu,
" pour le gouvernement temporel de leurs peuples, ne
" s'étend pas jusqu'à leur donner droit de disposer,
" selon leur volonté, de l'administration des sacremens,
" du pouvoir de les conférer, du gouvernement du
" diocese, ni de prescrire aux Évêques l'usage qu'ils
" doivent faire du pouvoir que J. C. leur a donné,
" d'instruire les peuples, & de remettre les péchés (*d*). "

(*a*) V. ci-après part. 3, ch. 4, § 5.

(*b*) Papon, lieutenant-général au bailliage de Forez.

(*c*) Recueil d'arrêts notabl. des cours souver. tom. 1, art. & p. 1.

(*d*) M. de Colbert, dans sa remontr. au Roi, sur l'arrêt du conseil du 11 Mars 1703.

DES DEUX PUISSANCES. 419

Que S. Paul est éloigné, s'écrie Quesnel, *de la disposition de ceux qui demandent les sacremens avec fierté, & qui font violence pour les extorquer! c'est pour s'en rendre indigne* (a).

Les Docteurs protestans ont tenu le même langage: Bohemer nous apprend que les matieres des sacremens sont toujours renvoyées aux consistoires (b). " Les
" choses spirituelles sont soumises au jugement de l'Église,
" dit Scardius, & ces choses spirituelles sont la doctrine
" révélée, l'administration des sacremens, & tout cela
" doit être traité, non dans le barreau, mais devant les
" juges d'Église, dont le tribunal est tout céleste (359). "
Grotius, dans ce même ouvrage qu'il a composé pour établir la suprématie, & où nos adversaires ont puisé leur doctrine & leurs mauvais raisonnemens, Grotius rend hommage aux droits de l'Église en matiere de sacrement : " Il s'étoit glissé en France, dit-il, un
" abus de forcer les prêtres par la saisie des biens
" temporels, & par d'autres voies aussi injustes, d'ac-
" corder les sacremens (c). "

Je dis plus : Que nos adversaires nous citent en leur faveur, un seul jurisconsulte orthodoxe de quelque réputation, parmi une foule d'auteurs qui ont écrit avant ces tems nébuleux, où on n'a pas craint d'avancer les paradoxes les plus absurdes, pour renverser l'autorité de l'épiscopat.

Un nouveau commentateur imbu du système anglican, se contente de nous assurer en général, que " nos
" livres, & sur-tout ceux où on a recueilli les preuves
" de nos libertés, renferment un grand nombre d'or-
" donnances & d'arrêts touchant l'administration des
" sacremens (d). " Mais ces arrêts & ces ordonnances rapportés dans le commentaire de nos libertés, n'ont-ils pas été rendus au contraire pour seconder l'autorité épiscopale, & non pour la réformer? Que cet écrivain

---

(a) Réfl. mor. act. des Apôt. XXII, 16, édit de 1687, in-12.
(b) V. le §. 8 de ce chap.
(c) Grot. du Pouv. du Magist. polit. sur les choses sacrées.
(d) Nouv. Comm. de l'édit de 1695, p. 252, de l'édition de 1757, in-12.

téméraire nous les produise. Il cite quelques arrêts rendus dans ces derniers tems; mais il nous laisse ignorer que ces arrêts ont été réformés par le souverain, qui a déclaré que le droit de prononcer sur ces matieres *étoit essenciellement attaché à l'autorité spirituelle* (360), & qu'il n'étoit pas permis aux juges séculiers *de s'attribuer en matiere de sacrement, un pouvoir de jurisdiction qui appartenoit aux ministres de l'Église* (a). Enfin cet écrivain ignore lui-même qu'il s'agit ici de la doctrine & de la constitution de l'Église; que l'Église s'est expliquée; que sa doctrine & sa pratique sont constantes & connues; que ce qu'elle a enseigné, elle l'enseignera dans tous les tems; que l'autorité que J. C. lui a confiée en l'établissant, lui demeurera jusqu'à la fin des siecles; que les jugemens des tribunaux séculiers peuvent bien faire varier la jurisprudence sur des points qui ne sont que d'institution civile, mais qu'ils ne peuvent rien changer à la doctrine ni à la constitution de l'Église, qui sont aussi immuables de leur nature, que la loi divine sur laquelle elles sont fondées.

Réfutation de l'auteur de l'Autorité du Clergé, &c. Les Novateurs tâchent encore d'échapper à la force des preuves, par des détours qui rendent au magistrat tout le pouvoir qu'ils semblent d'abord accorder aux Évêques. On ne lit point sans indignation ces paroles d'un auteur moderne que j'ai déja combattu : « Comme la conduite
» des pasteurs est subordonnée aux canons, qui sont
» sous la protection de la puissance temporelle ; si les
» motifs de leurs refus (à l'égard des adultes qui se
» présentent pour recevoir le baptême,) n'étoient
» pas fondés sur la disposition de ces mêmes canons;
» s'il étoit prouvé qu'ils n'écoutassent que leurs passions
» & leurs caprices, il est hors de doute que le souverain,
» comme manutenteur des loix ecclésiastiques, seroit en
» droit d'en prendre connoissance (b)... Si le magistrat

─────────

(a) Rép. du Roi aux députés du Parlement de Rouen, du 2 Septemb. 1753.

(b) De l'Autorité du Clergé & du Pouv. du Magist. pol. ch. 9, sect. 1.

„ politique n'a aucune infpection fur l'adminiftration
„ du facrement de pénitence en elle-même, il en a,
„ à certains égards, fur les miniftres qui le difpen-
„ fent (a). « „ Le magiftrat politique a donc droit de
„ connoître de la juftice des refus publics des facremens :
„ il peut & doit pourvoir à l'adminiftration, s'il juge
„ ce refus injufte. Ce droit lui appartient à plufieurs
„ titres, qui lui en impofent en même-tems le devoir.
„ Il eft protecteur & exécuteur des canons : il eft le
„ défenfeur & le vengeur de l'honneur des fujets, &
„ eft chargé enfin de maintenir la tranquillité publique...
„ Le magiftrat politique ouvre donc les livres faints,
„ & ceux où la tradition eft confignée. Il y lit que
„ tout fidele que l'Église n'a pas banni juridiquement
„ de fon fein, eft dans le devoir, & dans le droit de
„ participer à la communion : il voit d'un autre côté
„ que la conduite des eccléfiaftiques (fur le refus public
„ des facremens) heurte de front les préceptes évan-
„ géliques, & les canons qui font fous fa protection,
„ & qu'il a promis de maintenir. Peut-on raifonnable-
„ ment nier qu'il puiffe & qu'il doive réprimer un pareil
„ abus (b) ? „

Ainfi le magiftrat, obligé de veiller à l'exécution des canons, protecteur des loix de l'Église & de la foi, aura le droit de juger de l'adminiftration des chofes faintes ; le droit de foumettre les Évêques à fon jugement. Les Évêques ordonneront, ce qu'ils croiront être conforme à la doctrine des *livres faints & de la tradition*. Mais le magiftrat *ouvrira les livres faints, & ceux où la tradition eft confignée ; il lira* :......
Mais qu'y lira-t-il ? *Que tout fidele que l'Église n'a pas juridiquement banni de fon fein, eft dans le devoir, & dans le droit de participer à la communion.* Il lira cela dans les livres faints ! Eh ! dans quel endroit ? Il lira cela dans la tradition ! Mais quel eft le monument qui l'attefte ? Quoi ! il lira dans les livres faints & dans la tradition que l'impie, que le fcélérat, que

_____

(a) Ib. fect. 3.   (b) Ib. fect. 4.

D d 3

le régicide, que l'infâme, que le pécheur couvert de tous les crimes, l'horreur & l'opprobre de tout le genre humain; aux yeux du ciel qu'il blasphême, aux yeux de la société qu'il scandalise, aux yeux du souverain lui-même qu'il outrage, que cet homme est *dans le droit de participer à la communion !* Il y lira : Quoi de plus ? *Qu'il est dans le devoir, & dans le droit d'y participer !* Il y lira après cela, tout ce qu'il voudra ; comme il lira dans les loix fondamentales de l'État, que les volontés du souverain sont destructives du gouvernement, toutes les fois qu'il lui plaira de s'y opposer. *Il lira....* & son jugement sur l'interprétation des livres saints & des loix de l'Église; son jugement sur les matieres les plus sacrées de la Religion, sera la regle qui fera plier toute autre autorité. Le magistrat sera lui-même l'interprete suprême, & par-là le juge souverain de la doctrine de l'Église; appellant les Évêques aux pieds de son tribunal; leur demandant compte de leur administration ; leur traçant la route qu'ils doivent tenir ; les corrigeant, les réformant, les punissant lorsqu'il les trouvera indociles à sa décision ; leur indiquant les sujets à qui ils doivent accorder ou refuser le sacrement de l'Eucharistie, &, par la même raison, ceux qu'ils doivent élever aux ordres ou en exclure ; ceux à qui ils doivent donner mission canonique, ou qu'ils doivent interdire des fonctions du sacerdoce ; ceux qu'ils doivent frapper des censures, ou en absoudre ; les cas où ils doivent remettre ou retenir les péchés; car tous ces points se décident par les livres saints, & par la tradition que le magistrat consulte, & sur laquelle il aura aussi le droit de faire céder le jugement des pasteurs à son propre jugement. Mérite-t-on de porter encore le nom de Chrétien, lorsqu'on ose soutenir une doctrine si révoltante, ou quand on l'entend sans frémir ?

Ce n'est pas assez : Le magistrat interprete suprême des livres saints, au sujet des dispositions nécessaires pour recevoir les sacremens ; juge souverain de la morale chrétienne, à laquelle ces questions appartiennent nécessairement, le sera aussi de la foi qui, étant de même nature que la morale, se décide aussi par l'interprétation des livres saints, & de la tradition. Le magistrat est protecteur de l'une & de l'autre; sa place lui impose l'obligation de confronter l'instruction des Évêques, avec les saintes Écritures & la doctrine des Peres; &, dans le cas où il croira y lire, comme le Parlement d'Angleterre, (car il n'est pas plus infaillible) que J. C. n'est point dans la sainte Eucharistie, qu'il n'y a que deux sacremens, que celui de la pénitence n'est qu'une pure cérémonie qui n'impose aucune obligation, que le culte des images est une idolâtrie, & le Pape un simple Évêque de Rome; dans le cas où il croira y lire tous ces prétendus dogmes de foi, des mêmes yeux qu'il y a lu que *tout fidele que l'Église n'a pas juridiquement banni de son sein, est dans le devoir, & dans le droit de participer à la communion;* dans ce cas, dis-je, ce sera à lui à donner la loi, à commander à l'Évêque, comme aux simples fideles; & il le devra, pour protéger la vérité & la justice. Les définitions même du concile de Trente seront subordonnées à son jugement, comme protecteur & juge suprême.

Mais le magistrat n'est-il pas en effet le protecteur & l'exécuteur des saints canons, le protecteur des citoyens & de la tranquillité publique? oui, sans doute, il doit protéger & faire exécuter les saints canons; mais en secondant la puissance spirituelle, sans la devancer ni l'assujettir (*a*). Il doit défendre l'honneur des sujets, mais non pas les soustraire à la peine qu'ils ont méritée : or la peine est censée juste, lorsqu'elle est décernée par la puissance légitime (*b*). Il doit maintenir la tranquillité publique, mais c'est en maintenant la subordination, & non en soustrayant les sujets au glaive de l'autorité; & il le doit sur les principes que nous avons posés, comme servant de base à toute souveraineté, savoir, que *c'est à la seule puissance préposée*

(*a*) V. ci-après part. 4, ch. 3, §. 1.   (*b*) V. au même endroit.

au gouvernement à décider en dernier reſſort, de quelle maniere il doit être adminiſtré (a); que ſes jugemens ſont préſumés juſtes, tant qu'ils ne ſont pas réformés par un tribunal ſupérieur & compétent; que le jugement particulier, c'eſt-à-dire, que tout jugement de la part de ceux qui ſont ſans juriſdiction ſur les queſtions prépoſées, doit être toujours ſubordonné au jugement légal du juge compétent (b); que l'injuſtice évidente qui autoriſe la déſobéiſſance, ne ſe ſuppoſe preſque jamais (c); que l'abus que le ſouverain peut faire de ſa puiſſance, ne peut être une raiſon pour l'aſſujettir à notre propre jugement, ni au jugement d'un autre puiſſance qui eſt ſans juriſdiction (d), ſur les matieres dont il s'agit.

Réfutation de l'objection tirée de la diſtinction du pétitoire & du poſſeſſoire. Certains juriſconſultes ont recours à la diſtinction du pétitoire & du poſſeſſoire. Ils conviennent que l'Évêque eſt juge du pétitoire, en matiere de ſacrement ; mais que le magiſtrat connoît ſeul du poſſeſſoire. La cour, dit-on, *eſt prenable de tout cas où il peut écheoir poſſeſſoire & nouvelleté.* Eh ! la raiſon ? Car, ajoute-t-on, *le Roi, notre Sire, n'a pas tant ſeulement temporalité, mais divinité avec; car il eſt* inunctus, *& donne bénéfices en régale (e).* Qu'on juge du ſyſtême par la preuve.

Pour en mieux ſentir l'abſurdité, définiſſons les termes. Le pétitoire eſt le droit de propriété qu'on a ſur une choſe ; le poſſeſſoire eſt le droit qu'on a à la jouiſſance proviſoire de la choſe. Or, je demande, peut-on jouir d'un ſacrement, ſans recevoir le ſacrement même ? On ne peut donc pas ſéparer le poſſeſſoire du ſacrement, du pétitoire qui conſiſte dans le droit au ſacrement même. On ne peut donc attribuer la connoiſſance du pétitoire & du poſſeſſoire à deux tribunaux différens. Je demande encore : L'uſufruit des ſacre-

---

(a) V. ci-devant part. 1, ch. max. 4.
1, max. 9.
(b) Ibid.
(c) V. ci-devant part. 1, ch. 3,
(d) Ib. max. 1.
(e) Preuv. des Lib. Gall. art. 7, ch. 36, n. 17.

mens, c'est-à-dire, les graces surnaturelles, sont-elles moins spirituelles que les sacremens-mêmes ? Pourquoi donc ces deux objets, étant également de l'ordre surnaturel, ne ressortiroient-ils pas également au tribunal de l'Église ?

Le souverain a prononcé lui-même sur cette frivole distinction, de la manière la plus précise, dans le 31me. article de l'édit de 1629, dans la déclaration de 1666, & dans les édits de 1610, déja cités. « Nous voulons, » dit le Roi dans ce dernier édit, art. 4, qu'où nos » officiers, sous prétexte de *possessoire*, complaintes & » nouvelletés, voudroient connoître *directement* ou *indi-* » *rectement*, d'aucunes causes spirituelles, concernant » les sacremens, offices, conduite, &c.... les ordon- » nances des Rois nos prédécesseurs, soient observées.... » Enjoignons aussi à nos cours de Parlement, de laisser » à la jurisdiction ecclésiastique les causes qui sont de » sa connoissance, comme celles qui *concernent les sacre-* » *mens & autres causes spirituelles, & purement ecclésias-* » *tiques, sans les attirer à eux, sous prétexte de pos-* » *sessoire, ou pour quelque autre occasion que ce soit.* »

Conséquences de la these posée. Or, ayant prouvé que les sacremens ne peuvent être que de la compétence de l'Église, « il suit nécessairement que ses ministres, étant » les seuls qui aient reçu de Dieu la puissance de les » donner aux fideles, & de les en priver, ils sont aussi » les seuls qui soient en droit de juger quand il convient » de les y admettre, & de les en éloigner. L'Évangile » leur défend expressément de donner les sacremens » à des indignes. Il les a donc établi les juges de » l'indignité de ceux qui les demandent.... Est-ce donc » aux Princes & aux politiques, disoit l'Évêque de » Meaux, qu'on permet de prescrire les conditions sur » lesquelles on donnera les sacremens de notre Seig- » neur ? Et les pasteurs prêcheront ce que les Princes » auront ordonné, distribueront la communion à leurs » mandemens ? Mais qui les a préposés pour cela ? » Est-ce aux puissances que J. C. a dit : Faites ceci, » & je serai avec vous jusqu'à la consommation des

» siecles. » Ainsi parle l'illustre Archevêque de Paris dans son mandement de 1756 (*a*), en rappellant le témoignage de M. Bossuet.

Benoît XIV, ce Pontife si modéré, regarde toute entreprise des juges laïques sur ces matieres, comme renversant la discipline ecclésiastique fondée sur les saintes Écritures, sur la tradition & la doctrine unanime de l'Église. *Sacrorum mysteriorum administratio ita jus proprium ac peculiare est auctoritati Ecclesiæ, ut ejusdem auctoritatis proprium ac peculiare sit regulas istas statuere, tùm circa ipsam administrationem, tùm circa personas quibus sacramenta administranda sunt, quæve ab iis arceri debent. Hinc si quis caractere hoc, vel ecclesiasticâ dignitate destitutus, aut ab iis qui hujusmodi auctoritate pollent, non requisitus, aut, quod pejus est, animo ductus, & obedientiam ecclesiasticis sanctionibus debitam impediat, his rebus se commisceat, ille profectò in sanctuarium manus injicit, facit quod illicitum est ac nefas, evertit Ecclesiæ disciplinam, in sacris litteris, in ecclesiasticâ traditione, in communi omnium consensu fundatam* (*b*).

Il suit encore du même principe, que la puissance spirituelle, en déterminant quelles sont les dispositions nécessaires pour recevoir les sacremens; qui sont ceux à qui on doit les administrer ou les refuser; a droit de faire des réglemens relatifs à ces objets, soit pour prévenir le scandale que pourroient causer la malice & l'hypocrisie des mauvais Chrétiens, soit afin de pourvoir à la dignité des sacremens. Je me bornerai à deux exemples, dont l'un regarde la sainte Eucharistie, & l'autre le sacrement de l'ordre.

La confession est de précepte à l'article de la mort; elle est, par conséquent, une condition nécessaire pour recevoir le S. Viatique. L'Évêque a donc droit de l'exiger, &, s'il a des raisons de soupçonner que, soit par malice, ou par un effet de la séduction, on

---

(*a*) P. 37, 38, in-4to. & p. 127, &c. in-12.

(*a*) Bref de Benoît XIV au Roi, en date du 17 Octob. 1756.

demande ce sacrement auguste, sans avoir satisfait au précepte, il peut, il doit même prendre des moyens pour s'en assurer. Le moyen le plus simple, le plus sûr & le plus facile, est d'ordonner que le malade donne la preuve du devoir qu'il a rempli, par l'attestation du confesseur. Si l'Évêque en fait une loi, l'ordonnance sera donc valide, puisqu'elle sera émanée de la puissance légitime, &, par la même raison, elle sera présumée juste ; car je ne saurois trop le répéter, il n'y a plus de gouvernement, plus d'ordre, plus de subordination, s'il est permis aux sujets de juger la loi elle-même, & de régler leur obéissance sur le jugement qu'ils portent des ordres supérieurs. L'ordonnance, fut-elle inutile, cette raison ne suffiroit pas pour en dispenser : la brebis docile en retireroit toujours un avantage personnel, par le mérite de l'obéissance. Elle ne seroit donc réellement nulle, que dans le cas où l'obéissance seroit évidemment criminelle : & certainement l'obéissance ne peut l'être dans la these présente. Cela posé, si la brebis s'obstine à résister à l'ordonnance de l'Évêque ; si, plutôt que de satisfaire à la volonté du supérieur légitime, par un acte aussi facile que la représentation d'un billet de confession, elle aime mieux exiger le S. Viatique à main armée, jeter le trouble dans les paroisses, & implorer le secours d'une puissance qui est sans jurisdiction à cet égard ; si, étouffant même jusqu'aux sentimens de l'humanité, elle préfere de mettre les prêtres du Seigneur, qu'elle doit respecter, ou du moins à qui elle ne doit point nuire, dans la cruelle alternative d'être privés de leurs fonctions, en désobéissant à leur supérieur, ou de perdre leur bien, leur état, leur liberté, en résistant au magistrat ; (car je mets ici à part la question de droit) sa résistance n'aura-t-elle pas encore le caractere de la malignité la plus atroce ? Pourra-t-elle compatir avec l'humilité & la charité nécessaires pour recevoir le plus auguste de nos sacremens ? Le magistrat pourra-t-il même déférer aux plaintes du réfractaire, non-seulement sans entreprendre sur les droits du sanctuaire, mais encore sans conniver évidemment à une criminelle obstination qui consommera la réprobation du mourant, par un dernier sacrilege ? Seroit-ce bien-là protéger l'Eglise & les citoyens ; protéger le bon ordre & les saints canons ?

Je ne parle encore que dans l'hypothese où la loi paroîtroit inutile : mais le seroit-elle ici en effet ? On a vu, dans tous les tems, des hommes qui, pliant l'Évangile à leur gré, resserrant le chemin du ciel, pour en empêcher l'entrée aux autres ; & l'élargissant, pour justifier l'infraction qu'ils faisoient eux-mêmes des loix les plus sacrées, tâchoient de se dérober aux regards des pasteurs, par la dissimulation & le parjure. Les Manichéens, les plus fourbes, comme les plus infames de tous les sectaires, les Manichéens, du tems de S. Léon, après avoir séduit les simples, par une apparence de perfection & d'autorité, les portoient aux désordres les plus abominables, dans leurs détestables conventicules, & dans leurs agapes nocturnes. Pour couvrir tant de crimes, ils avoient pour maxime de se parjurer, plutôt que de trahir leur secret. Mais comme ils avoient le vin en horreur, ils ne communioient point sous cette espece, contre l'usage qui se conservoit encore alors ; & leur superstition les décela. Supposons donc que la pratique de communier sous les deux especes eut été abolie ; le souverain Pontife n'auroit-il pas eu la liberté pour cette raison, de la faire revivre ? Le magistrat auroit-il pu réclamer contre la loi, parce qu'elle étoit nouvelle ? Et à qui appartenoit-il de juger de son utilité ? On a vu, dans ces derniers tems, des hommes endurcis dans l'incrédulité, demander, par respect humain, dans les derniers momens de leur vie, le corps précieux de J. C, auquel ils ne croyoient pas, & supposer une confession qu'ils n'avoient point faite. On a vu des ministres sans pouvoir, absoudre les mourans, & abuser ainsi de leur confiance, pour les perdre plus surement. Le moyen de remédier au mal, étoit d'exiger le certificat de confession, afin d'écarter le loup de la bergerie, & de procurer en même-tems au vrai pasteur, l'occasion de visiter sa brebis, pour tâcher de la sauver.

seroit-il au pouvoir du magistrat de s'opposer à cette règle ? Mais en vertu de quoi ? En qualité de protecteur ? Mais protecteur de qui ? Protecteur des canons ? Eh quel est le canon qui réprouve ce réglement ou qui prohibe d'en faire de pareils ? Protecteur des Evêques qu'il contrediroit ? Protecteur de l'Église que le mourant scandaliseroit ? Protecteur du mourant lui-même à qui on enleveroit la derniere ressource de son salut ? Nous demandons une réponse positive, & nous passons au sacrement de l'ordre. L'auteur du traité sur l'Autorité du Clergé, après avoir dit, en parlant du célibat des prêtres, que le concile de Trente ne pouvoit *régler l'état des sujets du Roi*, ajoute. » Disons-le donc avec con-
» fiance, si les circonstances mettoient le (Prince)
» législateur dans le cas de se croire obligé de pourvoir
» à la multiplication, il n'entreprendroit point sur ce
» qu'il y a de spirituel dans le sacrement de l'ordre,
» en autorisant les prêtres à se marier, & à donner
» des citoyens à la patrie. Et si cette loi n'étoit pas
» suffisante pour vaincre le préjugé introduit par le
» réglement de pure discipline extérieure ; ne seroit-il
» pas en droit de défendre que les ordres fussent con-
» férés à d'autres personnes qu'à celles qui seroient
» engagées dans les liens du mariage (*a*) ? »

Observons d'abord que, suivant les principes de l'auteur, la loi ecclésiastique de la continence, regardant la discipline extérieure, a été une entreprise de la part de l'Église sur la jurisdiction séculiere, ou du moins qu'elle ne peut avoir reçu sa sanction que du Prince ; &, par conséquent, que les mariages des prêtres doivent être légitimes en Angleterre, puisqu'ils y sont autorisés par le gouvernement. Mais, pour ne pas sortir de l'état de la question, je demande à l'auteur, veut-il supposer que le mariage des prêtres soit absolument nécessaire à la population d'un peuple ? L'hypothese seroit chimérique. Veut-il supposer seulement qu'il soit utile pour la plus

---

(*a*) De l'Autorité du Clergé & du Pouvoir du Magist. politiq. ch. 9, sect. 5.

grande population ? Mais combien d'autres moyens d'y pourvoir ? Seroit-il permis de choisir précisément celui qui feroit une plaie si cruelle à la discipline de l'Église ? Celui qui mettroit les deux Puissances en opposition ? Car si le Prince a le droit de pourvoir à la population de son royaume, l'Église n'a-t-elle pas aussi le droit de pourvoir à la propagation de la Religion, & par conséquent à la sainteté de ses ministres, en leur faisant un devoir d'une vertu de perfection qui les maintient dans un dégagement & dans une liberté plus entiere, pour exercer les fonctions de l'apostolat ? Ces deux Puissances ne doivent-elles pas se respecter mutuellement, dans l'usage qu'elles font de leurs droits, au lieu de se contrarier par des loix opposées ? Préférer les avantages d'une plus grande population au bien qui résulte pour la Religion, du célibat de ses ministres, ne seroit-ce pas mettre les avantages de la Religion au-dessous des intérêts temporels ? Ne seroit-ce pas la mettre elle-même au rang des institutions purement politiques ? Ne seroit-ce pas insulter à J. C., en outrageant une vertu qu'il a conseillée, dont il a été le modele, qui est le triomphe de la foi, & la gloire du sacerdoce, & que Rome elle-même, encore payenne, honora dans ses Vestales ? Mais ne prévenons pas ce que nous avons à dire là-dessus dans un autre endroit (*a*).

Ce n'est pas même assez d'inspirer des préventions odieuses contre une vertu si sublime ; ce n'est pas assez de mettre au rang des *préjugés* la loi qui en fait un devoir aux ministres de la Religion ; ce n'est pas assez d'attribuer aux Princes, même aux Princes hérétiques, même aux Princes mahométans, même aux Princes barbares le pouvoir d'en dispenser les prêtres qui sont dans leurs États ; on veut qu'ils aient encore le droit de les forcer au mariage ; on veut qu'ils puissent empêcher les Évêques d'élever au sacerdoce, ceux qui auront embrassé la continence. Qu'y aura-t-il donc ? je ne saurois trop le répéter, qu'y aura-t-il désormais dans la discipline de

---

(*a*) V. ci-après, part. 4, ch. 2, §. 3.

l'Église, dont le Prince, & le Prince hérétique, le Prince idolâtre, le Prince apostat, ne puisse disposer en toute souveraineté, sous prétexte de l'utilité publique ?

§. V.

Les assemblées de Religion sont, par leur nature, de la compétence de la puissance spirituelle. Cependant le Prince peut empêcher ces assemblées, lorsqu'elles serviroient de prétexte pour exciter des troubles dans l'État. Il peut même les convoquer pour les besoins de l'Église. La premiere partie de cette proposition est fondée sur les principes de la foi ; la seconde, sur les principes du droit naturel ; la troisieme, sur les droits de protecteur.

Premiere proposition, *prouvée par les principes déja posés sur la compétence.* 1°. Les assemblées de Religion se rapportent directement à une fin spirituelle, soit qu'elles se forment indifféremment de tous les fideles, comme pour les prieres publiques, la prédication de l'Évangile, l'administration des sacremens ; soit qu'elles ne se forment que des seuls pasteurs, pour prononcer sur le dogme, pour régler la discipline, pour juger les causes ecclésiastiques. Or nous avons prouvé que tout ce qui se rapportoit directement à une fin spirituelle, étoit de la jurisdiction ecclésiastique.

Prouvée par l'Écriture-Sainte. 2°. J. C. en préposant les Apôtres au culte divin & à l'enseignement de sa doctrine, leur a donné en même-tems tous les pouvoirs nécessaires pour remplir leur mission ; par conséquent il leur a donné le pouvoir de convoquer les fideles pour les instruire, & pour rendre avec eux un hommage solemnel à la divinité ; il leur a donné le pouvoir de s'assembler & de conférer ensemble sur les intérêts de la Religion ; il les a même invités à cés assemblées saintes, en les assurant qu'il seroit alors au milieu d'eux. Les saints canons leur en ont fait un devoir. Ces assemblées se convoquent donc en vertu de l'autorité que J. C. a donnée aux Apôtres, & qui par-là-même est indépendante de toute autre puissance. " Les Évêques sont un corps lié & uni par l'épisco-" pat & par l'esprit de charité, suivant l'institution " qu'en a fait le Maître commun de tous les Chrétiens, " disoient les Prélats assemblés à Paris, dans leurs " remontrances au Roi, en 1658 (*a*). S'ils se trouvent " deux ou trois ensemble, en cas que les occasions " ne souffrent pas un plus grand nombre; ils sont au-" torisés de l'Écriture, pour pouvoir conférer, au " nom de J. C., des affaires de leurs fonctions prin-" cipales, qui consistent au service divin & à l'avan-" cement de l'Église. Leurs assemblées de cette sorte, " auxquelles aucun des deux ordres (de la noblesse " & du tiers-état) n'assistent point, ne sont point " des conventicules prohibés par les loix, ni des as-" semblées extraordinaires, mais une exécution des " ordres de Dieu, & une nécessité indispensable de " leurs fonctions, lorsque les occasions & les circons-" tances des choses les y obligent. "

Prouvée par la pratique de l'Eglise. 3°. Et en effet, d'abord après l'Ascension de J. C., les disciples se réunirent dans le cénacle pour prier. L'Ecriture nous apprend qu'ils persévéroient ensemble dans la prière, lorsque l'Esprit-Saint descendit sur eux. L'Église ayant commencé de se former, ils convoquerent les premiers Chrétiens pour offrir le S. Sacrifice, & pour leur distribuer le pain sacré de la parole divine (*b*). Ils convoquerent le premier concile à Jerusalem, pour décider la question des observances légales, sans avoir besoin de l'autorisation du gouvernement romain, sans la demander, sans avoir égard à la défense du Sanhedrin qui s'opposoit la propagation de la foi.

Les

(*a*) Le 16 Août.
(*b*) V. les Épîtr. de S. Paul aux Corinthiens.

Les Évêques qui leur ont succédé, ont continué à assembler les fideles, pour les instruire, pour célébrer les saints mysteres, pour adresser en commun leurs hommages à l'Éternel (a). Ils se sont assemblés eux-mêmes pour conférer ensemble sur les intérêts de la Religion. » Les persécutions n'ont jamais empêché les » fideles, dit M. Fleury, de s'assembler, lire les saintes » Écritures, recevoir les instructions de leurs pasteurs, » & les sacremens; ni les pasteurs de communiquer » entr'eux, même par lettres, pour tous les besoins » de l'Église (b). » On tint, dès le second siecle, des conciles à Rome, à Césarée & dans la Palestine, au sujet de la célébration de la Pâque. On en tint plusieurs autres, soit dans le même siecle, soit pendant les deux siecles suivans, & on en compte plus de cinquante avant la conversion du premier Empereur (c). Dira-t-on que l'Église entreprenoit alors sur les droits des souverains? Dira-t-on qu'elle prévariquoit, lorsqu'elle assembloit ou les fideles ou les pasteurs, malgré la défense des Empereurs payens? Dira-t-on enfin que les chrétiens qui étoient mis à mort pour avoir violé cette défense, n'étoient que des criminels qui subissoient une punition méritée, & que l'Église a canonisé la désobéissance & la révolte, en les honorant comme martyrs?

Depuis la conversion des Empereurs, combien de conciles assemblés par la seule autorité des Évêques, dans les différentes parties du monde chrétien! Les citer tous ici, ce seroit rappeller toute l'histoire de l'Église.

Prouvée par l'autorité des Peres & des Empereurs.
4°. Lorsqu'on a violé les droits de l'épiscopat à cet

(*a*) Voyez les Apologies des anciens Peres de l'Église. Entr'autres celles de Justin & de Tertullien.

(*b*) Fleury, Disc. 12 sur l'Hist. Eccl.

(*c*) L'Emper. Aurelien, quoique payen, bien loin d'improuver le concile qui s'assembla à Antioche en 270, comme une entreprise faite sur son autorité, accorda sa protection aux Peres du concile, contre Paul de Samosate.

égard, les Pontifes les ont hautement réclamés. Pélage II déclare que la convocation des conciles généraux appartient au siege de Pierre (361). Le concile de Chalcédoine (*a*) blâme Dioscore d'avoir transgressé cette regle confirmée par la pratique constante de la tradition. *Quod nunquam licuit, quod nunquam factum est.* Le second concile de Nicée (*b*) déclare nul, par cette raison, celui qui s'étoit tenu à Constantinople (*c*). Rien de plus exprès que la réponse de Valentinien I, lorsque les Évêques solliciterent sa protection pour la convocation d'un concile. Ce n'est pas à moi, dit-il, qui suis au nombre des ouailles, mais aux Pontifes, à connoître des besoins de l'Église. Qu'ils s'assemblent donc où ils trouveront à propos. *Mihi qui sum in sorte plebis, fas non est talia scrutari: sacerdotes quibus ista curæ sunt, quocumque voluerint loco, conveniant* (*d*).

Prouvée par la fin qu'on se propose dans les assemblées de Religion. 5°. La réponse de Valentinien nous fournit une nouvelle raison des droits de l'épiscopat. Les conciles se rapportant, par leur nature, à l'utilité de l'Église, il faut, pour les convoquer canoniquement, avoir reçu jurisdiction pour juger de ses besoins & des remedes convenables ; afin d'extirper l'erreur, de prévenir la séduction & les scandales, de réformer les abus, & de maintenir la vigueur de la discipline. Or il n'y a que la puissance seule préposée au gouvernement du troupeau de J. C., seule chargée de le paître, de l'éclairer, de le confirmer dans la foi, qui ait reçu une pareille jurisdiction : c'est donc à elle qu'appartient la convocation canonique.

Prouvée par l'unité de l'Église. 6°. La raison de l'unité de l'Église, si souvent alléguée pour établir ses droits, est encore ici une preuve de son pouvoir à cet égard. Nous avons dit, que dans tout gouvernement, la puissance souveraine, soit qu'elle résidât dans un corps ou dans un seul, devoit être une, pour entretenir l'har-

---

(*a*) *Conc. Chal.* act. 2.   (*c*) En 754.
(*b*) 7me. concil. gén. act. 2.   (*d*) *Sozom. Hist. lib.* 6, c. 7.

monie dans la société (*a*). La convocation des conciles doit donc appartenir à une même puissance, puisqu'ils sont de même nature, qu'ils doivent se diriger par le même esprit, & se rapporter à la même fin, qui est la sanctification des peuples. Or quel est le Prince à qui pourroit appartenir la convocation de tous les conciles, sur-tout des conciles généraux ? Car la convocation canonique, qui est un acte de jurisdiction, suppose le droit de commander à tous les membres qui sont convoqués. Quand même on supposeroit le monde chrétien, réuni tout entier sous un seul maître ; cette unité ne suffiroit pas, parce qu'elle ne seroit que passagere, qu'elle ne seroit qu'accidentelle, & que l'Église étant essenciellement une, la puissance qui doit avoir jurisdiction dans l'Église, doit être aussi nécessairement une par sa nature, & dans tous les tems.

Conséquences de la première proposition. Par la même raison, c'est encore à l'Église de présider aux conciles, d'y proposer les points qui doivent être discutés, d'y régler le droit de suffrage, l'ordre & la forme de ces assemblées, de les transférer, de les proroger, de les terminer, enfin de prononcer sur leur légitimité & sur le degré d'autorité qu'ils ont, comme fait le Prince lui-même, par rapport à l'assemblée des États de son royaume (*b*). Car tous ces droits sont une suite de la même autorité ; ils sont de même nature, puisqu'ils se rapportent à la même fin.

Deuxieme proposition, prouvée par les droits attachés à la puissance civile. J'ai dit cependant que le souverain seroit en droit d'interdire les assemblées qui, sous prétexte de Religion, serviroient à fomenter des troubles dans l'État ; parce qu'elles ne seroient plus alors que des conventicules criminels, qui blesseroient directement l'ordre civil. Il pourroit même, s'il avoit de justes soupçons sur la fidélité de ceux qui sont assemblés, prendre des mesures convenables pour la sûreté publi-

---

(*a*) V. ci-dev. part. 1, ch. 1, max. 12.   (*b*) V. ci-dev. part. 2, ch. 5, §. 3.

que ; il pourroit les aftreindre à certaines loix de pure police, qui ne blefferoient point la liberté de la jurifdiction épifcopale ; il pourroit y députer des commiffaires pour éclairer leur conduite.

Troifieme propofition, prouvée par le droit attaché à la qualité de protecteur de l'Église. J'ai dit encore qu'il avoit le pouvoir de convoquer les conciles, mais feulement d'une convocation de protection, qu'il faut bien diftinguer ici de la convocation canonique, en ce que celle-ci émane de la puiffance eccléfiaftique, qui étant feule compétente fur les matieres de Religion, oblige par elle-même tous les membres convoqués, à fe rendre au lieu défigné ; au lieu que la premiere n'oblige qu'en vertu du vœu au moins préfumé de l'Église, & qu'elle ne fait que le feconder. C'eft par un femblable droit de protection, que les Princes ont fait des loix fur les matieres fpirituelles, ainfi que nous l'expliquerons dans la fuite. (*a*).

Conféquences de la thefe pofée. Du droit qu'ont les deux Puiffances à ces convocations, il eft réfulté que depuis la converfion des Empereurs, les Princes & les Évêques ont convoqué de part & d'autre des conciles ; il en eft réfulté que les hiftoriens les ont attribués tantôt à l'une, tantôt à l'autre Puiffance (362) ; & qu'on les voit concourir fouvent toutes les deux enfemble aux mêmes affemblées, fur-tout à la tenue des conciles généraux (363). Le Pape adreffoit quelquefois fes lettres de convocation à l'Empereur, & ordinairement aux Évêques des grands Sieges. D'autre fois l'Empereur, de concert avec le Pape, convoquoit les Évêques, & faifoit expédier des ordres concernant la police civile pour favorifer ces affemblées faintes, pour la commodité des voitures, pour la fûreté des chemins, pour l'approvifionnement des villes où les Peres devoient fe rendre : il envoyoit des commiffaires fur les lieux pour procurer la paix & la liberté.

Conftantin & le Pape S. Sylveftre affemblent de

(*c*) V. ci-après part. 4, ch. 3, §. 3.

concert les Évêques à Nicée (*a*). S. Damase fait mention dans son pontifical, du consentement de S. Sylvestre. Ruffin, dont on allegue le témoignage en faveur de la puissance temporelle, observe que Constantin ne convoqua ce premier concile, que de l'avis des Pontifes (364).

Jules I concourt, avec l'Empereur Constant, au concile de Sardique, qui a reçu l'autorité d'un concile œcuménique par l'approbation de l'Église universelle. Ce fut au souverain Pontife que les Évêques absens adresserent leurs excuses (*b*).

C'est encore auprès du Pape S. Damase que s'excusent les Évêques Orientaux, qui étoient appellés à un concile tenu à Rome contre Macédonius. Ils alleguent l'impossibilité où ils sont d'obéir, parce qu'ils sont assemblés pour le même sujet à Constantinople, par l'ordre de Théodose (*c*), & ce Prince les avoit assemblés, en leur envoyant les lettres de convocation que ce Pape lui avoit adressées (365). Comme Constantin & Sylvestre ont opposé le concile de Nicée à l'héréfie, disent les Peres du 6me. concile général (*d*), de même Théodose & Damase lui ont opposé celui de Constantinople (*e*). *Constantinus semper Augustus & Sylvester laudabilis magnam atque insignem in Nicæâ synodum congregabant* (*f*).

Nous lisons, dans les ouvrages de S. Cyrille, la lettre que le Pape S. Célestin lui écrivit, pour convoquer celui d'Ephese contre Nestorius.

Le concours des deux Puissances paroît encore manifestement dans la convocation du concile de Chalcédoine. S. Léon invite l'Empereur Marcien à assembler les Évêques pour juger Eutychès. Le Prince trouve à propos de différer. Le Pape consent à ce délai. *Vestris dis-*

(*a*) Concil. Constantin. 6 general. act. 18. Labb. tom. 6, col. 1049.
(*b*) Socr. Hist. l. 2, cl. 16.
(*c*) Epist. Constantin concil. ad Damas in medio & fine.
(*d*) Act. 18.
(*e*) 2me. concil. gener.
(*f*) Sermo prosphonoticus seu acclamatorius concil. Constantinop. 6, ad Constantin, Imper. Labb. tom. 6, col. 1049.

positionibus non renitor. Marcien indique ensuite le concile à Chalcédoine, & exhorte le Pape à s'y rendre, ou à lui prescrire ce qu'il doit faire (366). Les Évêques de la seconde Mysie écrivent à l'Empereur Léon, *que les Peres se sont assemblés à Chalcédoine, par l'ordre du Pape Léon, qui est le chef des Évêques.* Le même Pontife, dans une lettre adressée à Juvenal de Jérusalem, & aux Peres de Chalcédoine, dit que le concile s'est assemblé par le commandement des Empereurs & du S. Siege. *Ex præcepto christianissimorum Principum, & ex consensu apostolicæ sedis placuit congregari* : & dans une autre lettre ; il dit qu'il a convoqué les Évêques à un concile général (367).

Eutychius, Patriarche de Constantinople, supplie le Pape de venir présider les Évêques dans cette capitale, pour prononcer sur l'affaire des trois chapitres (*a*). Le Pape approuve la convocation du concile (368), qui est le cinquième œcuménique.

Le sixième se tient dans la même ville, par les soins du Patriarche de Constantinople & du Pape Agathon (369).

C'est le Patriarche Taraise qui sollicite auprès des Empereurs la convocation du 7me. concile œcuménique, qui est le second de Nicée, contre les Iconoclastes. Adrien I. écrit à ce Patriarche, qu'il n'auroit jamais donné son consentement à la tenue de ce concile, s'il n'eût été assuré de sa foi : & il le charge de déclarer aux Empereurs, que le concile précédent est illégitime, s'étant assemblé sans le consentement du S. Siege, & sans convocation canonique (370). Pouvoit-on déclarer plus expressément que la convocation faite par la puissance temporelle, ne formoit point précisément, par elle-même, une convocation canonique ?

Adrien II exprime ainsi ses vœux pour le concile général, en s'adressant à l'Empereur Basile : *Nous voulons que votre piété assemble un concile nombreux à Constantinople, où président nos députés, pour prendre connois-*

(*a*) V. ci-dev. p. 163.

sance des délits & des personnes, & pour tout discuter avec une entiere liberté (371).

Les autres conciles généraux se sont tenus en Occident, où l'autorité de l'Église, & celle du souverain Pontife en particulier, s'est manifestée d'une maniere encore plus expresse, excepté pendant le grand schisme, où le Pape légitime n'étoit pas certainement connu.

De tous les conciles d'Afrique, il n'en est aucun qui fasse mention de la convocation faite par les Empereurs. Les canons attribuent ce droit à l'Évêque de Carthage pour les conciles nationaux (a), & aux Primats pour les conciles provinciaux (b). Observons ici que les canons de ces conciles sont respectés en France, comme un des monumens les plus précieux de nos libertés.

La puissance temporelle ne paroît nulle-part dans la convocation des conciles de France, pendant l'intervalle qui s'est écoulé depuis celui d'Arles, en 314, jusqu'à celui d'Agde, en 506.

Ce seroit fatiguer le lecteur d'une érudition superflue, que d'entrer dans un plus long détail. Ce que j'ai dit, est plus que suffisant pour prouver 1°. Que l'autorité spirituelle a toujours été nécessaire pour la canonicité des convocations. 2°. Qu'elle n'exclut pas le concours de la puissance temporelle. 3°. Que les convocations des conciles faites par le Prince, ne prouve rien contre le droit de l'Église, ni contre la nécessité de son consentement, au moins tacite, pour leur légitimité. Les Princes convoquent les conciles comme protecteurs. L'Église adhere à ces convocations, & les autorise par son consentement, comme ayant seule jurisdiction dans l'ordre spirituel. *Augustus auctoritate nostrâ synodum congregavit.* Ce sont les termes de Sixte III, écrivant aux Évêques d'Orient.

Par-là se concilient le zele des Princes religieux, avec leur respect pour les premiers pasteurs ; les faits avec

---

(a) 95 can. du Code de l'Église d'Afrique. (b) 73 can. du même Code.

les droits de l'Église & les contradictions apparentes des historiens.

On doit distinguer, par la même raison, deux sortes de présidence dans les conciles : présidence d'honneur & de protection, déférée au Prince qui prête le secours de son glaive, pour assurer la liberté aux Pères qui les composent, & pour en faire exécuter les décrets; & présidence de puissance & de jurisdiction, dans l'ordre spirituel, qui ne peut appartenir qu'à l'épiscopat, & relativement aux matieres ecclésiastiques qui sont l'objet des délibérations. Mr. de Marca nous fait observer ces belles paroles de l'Empereur Marcien, prenant séance parmi les Peres de Chalcédoine : " Nous ve- " nons assister à votre concile, à l'exemple du pieux " Empereur Constantin, non pour y exercer aucune " autorité, mais pour y protéger la foi, afin qu'on " ne puisse plus désormais induire personne par de " mauvais conseils à se séparer de vous (372). " Les Peres de ce concile écrivent au Pape S. Léon : *Vous nous présidez par vos députés comme notre chef: & les Empereurs président pour la police ; l'un & l'autre à l'exemple de Zorobabel & de Jesus* (373).

§. VI.

Les ordres religieux forment une matiere mixte, ressortissante aux deux tribunaux relativement à la nature des différens objets qui les concernent. Cette proposition est de foi, quant à la compétence de l'Église sur les objets spirituels, & de droit naturel, quant à la compétence du souverain, sur les objets temporels.

Premiere proposition. Les ordres religieux sont de la compétence de l'Église quant au spirituel. Les ordres religieux se rapportent directement à une fin spirituelle, par la nature des vœux, des instituts monastiques, & des punitions correctionnelles. Ils sont donc, relativement à ces trois objets, de la compétence de l'épiscopat.

Les ordres religieux sont de la compétence de l'Église, quant aux vœux de Religion. 1°. Les vœux étant une promesse faite à Dieu d'une pratique de perfection, ne sauroient être d'une nature plus spirituelle, puisqu'ils se consomment par le seul acte de la volonté. L'Évangile, & les loix canoniques qui en sont un développement, forment les seules règles qui décident de la légitimité de ces promesses, & des conditions qui doivent les rendre utiles au salut des religieux, & à l'édification de l'Église. La solemnité de ces promesses, qui consiste dans l'acceptation qu'en fait le supérieur ecclésiastique, bien loin d'en changer la nature, ou de les soustraire à la jurisdiction du tribunal compétent, ne fait que les rendre plus sacrées & plus indissolubles. Or c'est à l'Église seule à prononcer sur les matières spirituelles : c'est à elle seule à interpréter, avec une pleine autorité, les livres saints, & les loix canoniques qui sont ses propres loix ; par conséquent c'est à elle seule à connoître de la validité des vœux. Les ordonnances royaux (*a*), & en particulier, l'édit de 1695, art. 34, portent expressément, *que la connoissance des causes concernant les vœux de Religion, appartiendra au juge d'Église* (*b*). Rien ne feroit plus singulier, en effet, que de voir un magistrat catholique, prétendre obliger un religieux à l'observance des vœux que l'Église auroit déclarés nuls ; ou bien prétendre le délier de ceux que l'Église auroit déclarés valides, & en conséquence lui ouvrir le cloître, & lui permettre le mariage. Seroit-il même possible que le religieux put douter entre ces deux autorités opposées, quelle est celle qui a reçu véritablement le pouvoir de lier & de délier ?

(*a*) V. ci-dev. part. 3, ch. 1, §. 1, & ch. 3, §. 1.
(*b*) V. la seconde partie de l'instruction pastorale de M. de Beaumont, Archev. de Paris, du 28 Octob. 1763.

Le Prince a réprimé plus d'une fois les atteintes portées à la jurifdiction épifcopale fur cet article. En 1682, le Parlement de Paris ayant déclaré, par arrêt du 7 Juillet, la fentence de l'Official de Meaux abufive, au fujet de la profeffion religieufe faite par François le Jarriel, avant l'âge de 13 ans, la profeffion de ce religieux, nulle & contraire aux ordonnances, & le Jarriel capable des effets civiles ; le Roi, fur les plaintes du clergé, caffa l'arrêt (a), & fit défenfes au religieux de fe fervir dudit arrêt en ce chef, fauf à lui à fe pourvoir par appel fimple, par devant les juges fupérieurs eccléfiaftiques, fur la prétendue nullité de fes vœux. (b).

Objection tirée de l'arrêt du confeil du 24 mai 1766. On nous objectera peut-être que, fuivant l'arrêt du confeil rendu le 24 mai 1766, « l'autorité fpirituelle peut » feule à la vérité commuer les vœux, en difpenfer, » ou en relever dans le for intérieur ; mais que la » puiffance temporelle a droit de déclarer abufifs & » non valablement émis les vœux qui n'auroient pas » été formés fuivant les regles canoniques & civiles. »

Réponfe. Je réponds que ces derniers termes ne doivent, & ne peuvent s'expliquer, que des effets civils, autrement cet arrêt feroit contraire aux premiers principes qui établiffent la diftinction des deux Puiffances, & que le Prince a confacrés lui-même dans fes ordonnances ; contraire aux édits & déclarations qui mettent les vœux de Religion au rang des matieres fpirituelles ; contraire à l'arrêt du 13 juillet 1683, que nous venons de citer ; contraire enfin à lui-même, puifqu'il déclare que l'Églife a le droit de commuer & de difpenfer des vœux dans le for intérieur, & que fon autorité n'eft fubordonnée à aucune autre, dans l'ordre des chofes fpirituelles ; car l'Églife ne peut avoir le pouvoir de difpenfer des vœux, ni de les commuer, fi les vœux ne font de fa compétence : & s'ils font de fa compétence, s'ils font dans l'ordre des chofes fpirituelles, fi

---

(a). Par arrêt du confeil rendu le 13 Juillet 1683.

(b) Mém. du Clergé, tom. 4, p. 314, édit. 1716.

l'autorité spirituelle est indépendante sur ces matieres, elle a le droit d'en connoître, & elle doit en connoître en dernier ressort. L'arrêt déclareroit donc l'Église, & en même-tems compétente, puisqu'elle pourroit dispenser des vœux & les commuer, & incompétent, puisqu'il ne lui permettroit pas de connoître de leur validité.

Objection fondée sur une distinction de M. le Talon. Un célebre magistrat tâche inutilement de ramener la matiere des vœux à la jurisdiction séculiere. Son génie, d'ailleurs élevé, lorsqu'il suit la voie droite, se rapetisse par de mauvaises subtilités, lorsqu'il s'écarte des grands principes. » Dans la connoissance que vous prenez des vœux solemnels, dit-il, en portant la parole, vous n'allez pas, pénétrant dans l'intérieur de celui qui a réclamé, vous n'entrez pas en connoissance de sa pensée, & de son intention, mais vous examinez la fin de non recevoir, pour examiner s'il a été capable de les faire, si la réclamation n'offense pas l'État & les particuliers. Ainsi vous avez exclu plusieurs fois par la fin de non recevoir, les religieux qui se plaignoient de la nullité de leurs vœux : & pour cela vous n'êtes pas entrés dans la discussion de la vérité d'une action spirituelle, qui ne peut être connue ni jugée que de Dieu seul. Vous n'avez pas mesuré l'esprit qui les a conduit, les voies desquelles il s'est servi, ni le mouvement qui les a inspirés ; mais vous jugez que ce droit (de la succession des religieux) est acquis à leur famille ; qu'ils sont religieux selon la loi, par la présomption & par les apparences qui résultent de la loi-même. Les résolutions généreuses qui nous donnent la volonté pour aimer le bien, & la persévérance pour y continuer, sont au-dessus de notre intelligence & de notre portée.... Ce qui nous reste, ce sont les actions extérieures, les apparences humaines, les présomptions & conjectures raisonnables, sur lesquelles nous établissons notre raisonnement, & sur lesquelles les loix seules & les ordonnances d'un État sont fondées.

» pour juger de la condition des hommes, fur ce qui
» paroît à nos yeux, & que nous fommes obligés de
» croire véritables. (a). »

Réponfe. Voilà un partage de jurifdiction, qui ne
laiffe rien à l'Églife, & précifément calqué fur le fyftême de nos adverfaires. Le magiftrat ne connoît point
de *l'intérieur* du religieux qui réclame, ni *de fon intention*, ni *de fa penfée*, ni *des réfolutions généreufes
qui donnent la volonté pour aimer le bien*, & *la perfé-
vérance pour y continuer*. Il ne connoît point de *l'efprit qui l'a conduit*, ni *des voies dont Dieu s'eft fervi*,
ni *des mouvemens qui l'ont infpirés*, ni *des vérités des
actions fpirituelles qui ne peuvent être connues que de
Dieu*. Voilà ce que l'auteur abandonne au tribunal de
l'Églife, ou plutôt au tribunal de Dieu, *puifqu'il n'y
a que Dieu feul qui puiffe en connoître*. Il confent que
le magiftrat s'abftienne, en matiere de vœux, d'examiner les difpofitions intérieures, qui ne peuvent faire
la matiere d'aucun jugement, ni civil, ni ecclésiafti-
que, parce qu'elles font inconnues aux hommes, & il
revendique tout le refte, c'eft-à-dire, *les actions extérieures, les apparences humaines, les préfomptions &
conjectures raifonnables, pour juger de la condition des
hommes*; enfin tout ce qui peut être foumis au tribunal
des hommes. Le magiftrat, dit-il, examine *feulement
la fin de non recevoir, pour favoir fi le religieux a été
capable de faire des vœux*, c'eft-à-dire, qu'il examine
feulement l'unique queftion qui refte à examiner, lorfqu'on convient de part & d'autre, du fait de la profeffion. Car qu'examineroit de plus l'Évêque ? Et que
lui refteroit-il donc à juger? Que le magiftrat prononce fur
le droit à la fucceffion réclamée par le religieux, quoique
ce droit dépende ordinairement de la validité des vœux
du religieux, quoique le magiftrat puiffe violer la juftice en négligeant de fe conformer à la fentence por-

_____

(a) Plaidoyer de M. Talon, V. les Mém. du Clergé, tom. 4,
inféré dans l'arrêt du 18 Mai 1645, col. 510, 511, édit. 1716.
rendu par le Parlement de Paris.

tée par le juge d'Église sur cette validité, il ne passe pas les bornes de sa jurisdiction. Mais s'il prononce sur la nature des vœux en eux-mêmes, qu'il nous dise par quelle autorité il a reçu le droit de délier d'un engagement purement spirituel.

Ridicule distinction de Fevret réfutée. Un jurisconsulte tombe dans un autre absurdité, en voulant soutenir la même erreur. Il prétend prouver la compétence du magistrat sur l'appel comme d'abus, des rescrits de dispense pour les vœux de Religion; & il se fonde 1°. Sur ce que ces appellations se jugent par le Roi. 2°. Sur ce que ces rescrits influent dans l'ordre civil. 3°. Sur ce qu'on n'appelle pas des rescrits, mais de leur exécution. « Si en fait de cassation de » vœux, dit-il, ordonnée par sentence du juge d'É-» glise, (comme commissaire apostolique) les parle-» mens disent qu'il a été par lui mal & abusivement » exécuté, procédé, dispensé; on ne touche point au » fond, mais à l'entreprise de l'exécuteur : & le mot » *mal dispensé* ne va point à la puissance & au pou-» voir qu'a le S. Siege, ou les juges d'Église, par lui » délégués, de juger de la validité du vœu, comme » de chose spirituelle; mais à casser l'habilité que l'exé-» cuteur a donnée, par l'effet de son jugement, à ce-» lui qui étoit religieux, de venir à succession, s'il a » abusivement procédé, & sans cause légitime (*a*). » Reprenons.

Le Prince juge des appels de dispense de vœux. Mais la matiere étant spirituelle, peut-elle être du ressort de la puissance temporelle? Les dispenses des vœux influent sur l'ordre civil; mais nous avons prouvé que cette raison ne décidoit pas de la compétence (*b*). Le Prince peut faire des loix sur le droit qu'aura le religieux qui réclame aux successions & aux autres avantages civils; il peut priver en conséquence le religieux qui aura été dispensé, de ces avantages, mais il ne peut connoître de la validité des vœux-mêmes.

(*a*) Fev. de l'Abus, l. 5, ch. 3, n. 24. (*b*) Page 369.

Quelle subtilité ! On accorde d'un côté aux Évêques le droit de dispenser des vœux, qu'on avoue être *choses spirituelles*, & par conséquent sur lesquelles le magistrat ne peut avoir aucune jurisdiction, & de l'autre, on attribue au magistrat le droit d'empêcher l'exécution des dispenses, c'est-à-dire, le droit d'empêcher l'exercice d'un pouvoir qui, ne venant pas de lui, ne peut lui être subordonné : car si le droit de dispenser est dans l'ordre des choses spirituelles, l'exercice de ce droit ne doit-il pas l'être également, puisqu'ils sont l'un & l'autre de même nature, & qu'ils se rapportent précisément à la même fin ? Si l'un & l'autre sont dans l'ordre des choses spirituelles, ne sont-ils pas également de la compétence de l'Église ? L'Église n'est-elle pas également indépendante sur l'un & sur l'autre ? Et le magistrat peut-il avoir plus de jurisdiction pour déclarer l'exécution du rescrit abusif, que pour déclarer tel le rescrit même ? Peut-il reconnoître que ce droit est indépendant de son tribunal, & cependant en empêcher ou en réformer l'exercice ?

Le mot mal dispensé, ajoute Fevret, *ne va pas à juger de la validité du vœu comme de chose spirituelle : il va seulement à casser l'habilité que l'exécuteur a donnée à celui qui étoit religieux ; à venir à succession.*

Mais n'est-ce pas juger de la validité du vœu comme de chose spirituelle, que de juger que le vœu subsiste encore, & qu'il doit être accompli, ou bien de juger qu'il est invalidé, de décharger en conséquence le religieux de l'obligation qu'il a contractée, & de le rendre au siecle, avec la liberté de se marier ? Que restera-t-il donc à faire au juge d'Église ? A quoi se réduira donc le jugement sur *le vœu comme chose spirituelle* ? Le magistrat, ajoute-t-on, casse seulement *l'habilité donnée au religieux pour succéder.* Qu'il borne donc-là l'effet de son décret. Mais est-ce-là tout ce qu'il prétend faire, & n'y a-t-il point de différence entre être inhabile à succéder, & être tenu aux vœux de Religion? C'est par de tels paradoxes qu'on entreprend d'anéantir la jurisdiction ecclésiastique.

Les ordres religieux sont de la compétence de l'Église, quant aux instituts monastiques. 2°. Les instituts monastiques, & les constitutions relatives au bien spirituel des religieux, sont de la compétence du tribunal ecclésiastique; car ils appartiennent à la regle des mœurs, & par conséquent à la doctrine, qui embrasse également la morale & le dogme. Or la doctrine est certainement du ressort de l'Église (*a*). C'est par l'Évangile, par la tradition & les saints canons qu'on doit juger de la sagesse des instituts. Il n'y a que l'Église seule, interprete de la doctrine, qui ait droit de connoître des instituts religieux. Nous avons vu que ce fut aux Évêques qu'on réserva la connoissance des difficultés qui s'éleverent sur la regle de S. Colomban (*b*).

Louis XV a déclaré qu'il *appartenoit à l'autorité spirituelle d'examiner & d'approuver les instituts religieux, dans l'ordre de la Religion* (*c*). Eh! de quel droit en effet le magistrat oseroit-il décider si les réglemens & les usages concernant la perfection évangélique, sont conformes à la doctrine de J. C.; si les voies de salut qu'on y trace, sont proportionnées aux besoins & à la foiblesse de l'humanité; si elles ne conduisent point à un excès d'austérité qui touchent à l'illusion? Auroit-il même la force de prescrire des regles de prudence & de discrétion pour tempérer la ferveur des religieux, pour allier les différentes vertus, pour assigner à chacune d'elles le rang & la mesure de zele qui lui conviennent, relativement au salut des membres, & au bien spirituel de tout le corps? Seroit-il en droit de prescrire là-dessus des loix aux Évêques & aux Papes? & s'il l'entreprenoit, la loi de Dieu obligeroit-elle les fideles de lui obéir préférablement aux pasteurs?

Mais, si le magistrat est incompétent pour connoître des réglemens monastiques concernant le spirituel; il l'est encore pour connoître des contestations qui s'élevent

---

(*a*) V. le §. 2 de ce chap.
(*b*) V. le 1er. chap. de cette 8me. part. §. 3.
(*c*) Arrêt du conseil, rendu le 24 Mai 1766.

entre les religieux fur les obfervances de la regle, fur fon interprétation, fon extenfion, fes modifications; il l'eft pour en difpenfer, & pour réformer, à cet égard, les jugemens des fupérieurs eccléfiaftiques.

Les ordres religieux font de la compétence de l'Églife, quant au droit de correction. 3°. Le droit de correction eft encore un attribut de la puiffance fpirituelle, & une fuite de l'obéiffance qu'ont vouée les religieux; obéiffance qui les foumet aux peines que prononcent les fupérieurs, pourvu qu'elles ne paffent pas les bornes de la correction fraternelle : car il eft néceffaire, pour maintenir l'obfervance de la difcipline monaftique, qu'il y ait une autorité capable de réprimer les infractions journalieres, qui ne peuvent ni attirer l'attention du magiftrat, ni être foumifes, de leur nature, à l'animadverfion publique, parce qu'elles ne bleffent point l'ordre civil.

Par une conféquence néceffaire de cette jurifdiction correctionnelle, la puiffance fpirituelle eft feule en droit de connoître des contraventions faites aux conftitutions, lorfqu'elles ne concernent point l'ordre civil. Hilduin, abbé de S. Denis, voulant réformer les abus qui s'étoient gliffés dans fon monaftere, porta fes plaintes à Louis le Débonnaire, qui en renvoya la connoiffance aux Évêques, & fe contenta d'y joindre le fecours de fa protection, pour faire exécuter ce qu'ils ftatueroient pour le maintien de la difcipline (374).

Sur les plaintes portées par-devant le Parlement de Paris en 1501, contre certains religieux cordeliers, la cour fe borna à faire injonction à leur provincial de les corriger (*a*). Par autre arrêt de l'année 1543,
» pour ôter occafion que les religieux avoient d'en-
» freindre & violer l'obéiffance, qui eft le nerf prin-
» cipal de la Religion, en ayant fréquemment recours
» aux juges féculiers, la cour défendit à tous les religieux
» du couvent de Paris, & autres couvents du reffort,

de

_____
(*a*) Arrêt du 26 Juin.

DES DEUX PUISSANCES.

» de l'ordre de S. François, sous peine d'amende arbi-
» traire, à la discrétion de ladite cour, d'avoir recours
» aux juges séculiers inférieurs, si ce n'est en cas de
» sédition, de tumulte & grand scandale, & par voie
» de réquisition de l'impartition du bras séculier ; ni
» même en ladite cour, si ce n'est en cas qu'il est permis,
» à savoir où il y a abus clair & évident par contra-
» vention aux ordonnances royaux, arrêts & jugemens
» de ladite cour, ou statuts de réformation, autorisés
» par le Roi & ladite cour, ou décrets & canons conci-
» liaires (a). » M. du Puy rapporte plusieurs autres arrêts
conformes (375). M. Pithon enseigne la même doctrine (376). Les magistrats s'étant écartés de ces principes, le clergé en porta ses plaintes au Roi en 1614 ;
& demanda qu'il fut fait défense aux juges séculiers » de
» s'ingérer en la connoissance des ordonnances régulie-
» res, en ce qui regarde précisément le spirituel &
» l'observance des statuts, si ce n'est pour cas privilégiés,
» laissant cet office aux supérieurs ecclésiastiques (b). »

C'est en conséquence de si sages dispositions que, sur
les remontrances que fit le Parlement de Paris, en 1667,
Louis XIV demanda des commissaires au Pape pour
réformer les abus qui s'étoient glissés dans les quatre
ordres mendians (c). Louis XV a suivi la même route.

L'expérience n'a que trop prouvé en effet, combien
il étoit dangereux de porter devant les tribunaux séculiers,
les causes concernant la discipline monastique. Jamais
plus de relâchement, plus de trouble, & moins de
subordination dans les monasteres, que depuis qu'on
a voulu appeler le magistrat pour réformer les supérieurs (377). Quelque zele qu'il eut d'ailleurs pour
rétablir le bon ordre dans les cloîtres, la facilité
avec laquelle on avoit accueilli les plaintes des inférieurs, enhardissoit les moins réguliers à secouer le joug

---

(a) Preuv. des Lib. Gall. tom. 5, p. 18, édit. 1731.
(b) V. les Mém. du Clergé, tom. 4, col. 703.
(c) L'arrêt du Parlem. est du 4 Avril. V. le nouv. Comm. des Lib. Gall. sur l'art. 34.

Tome II. Part. III.   Ff

de l'obéissance. Il leur paroissoit plus commode d'intriguer & de chercher des appuis au-dehors, que de s'assujettir à une régularité qui eut rendu la protection inutile : & les supérieurs aimoient souvent mieux tolérer les abus, que d'occasionner des scandales, en voulant les corriger (*a*).

Deuxieme proposition. Les ordres religieux sont de la compétence du Prince, quant au temporel. Mais, si les ordres religieux ressortissent au juge d'Église, quant au spirituel, ils ont aussi un être civil dans l'État ; ils ont des constitutions œconomiques pour l'administration temporelle ; ils sont comme citoyens soumis aux loix pénales portées contre ceux qui troublent la société, &, sous ces différens rapports, ils sont subordonnés au magistrat.

Les ordres religieux sont de la compétence du Prince, quant aux actes civils. 1°. Quant à l'être civil, les religieux, quoique séparés du siecle en vertu de leurs vœux, ne cessent pas d'appartenir à la société civile. Ils ont un domicile ; ils possedent un temporel ; leurs monasteres contractent, acquierent, alienent. S'ils ont des fonds de terre, ils en recueillent, ils en vendent les fruits ; ils en font circuler le produit ; ils occupent le laboureur ; ils emploient des ouvriers. Tout cela ne peut se faire que par des actes civils, qui tirent leur validité de l'autorité du Prince. Delà la nécessité du concours de la puissance séculiere pour l'établissement des nouveaux monasteres.

Ils sont de sa compétence, quant aux constitutions œconomiques. 2°. Quant aux constitutions œconomiques, les monasteres sont assimilés à des familles qui ont la faculté d'administrer leur propre bien, par une suite naturelle du droit sacré de propriété ; mais toujours

---

(*a*) V. toute cette matiere amplement traitée dans l'instruction pastorale de M. de Beaumont, Archevêque de Paris, du 28 Octob. 1763, sur les atteintes données à l'autorité de l'Église, par les jugemens des tribunaux séculiers, dans l'affaire d'une Société célebre, par ses malheurs, mais encore plus par les services qu'elle a rendus à la Religion.

sous l'autorité des loix civiles & des souverains. Les monastères ne peuvent donc faire des constitutions pour la régie de leur temporel, que conformément aux constitutions du Prince. Le magistrat a droit d'en connoître. Il peut même intervenir sur l'invitation du ministere public, pour empêcher la mauvaise administration.

Ils sont de sa compétence, quant aux loix pénales. 3°. Quant aux loix pénales, comme les biens, la liberté & la vie sont des avantages purement naturel, & qu'ils sont par conséquent sous le domaine du Prince, parce qu'ils ne changent pas de nature; il a seul le pouvoir d'en priver les religieux pour crime; il a seul le droit de connoître des délits qui méritent de pareilles punitions, à raison du tort fait à la société civile. Les peines ordonnées par les supérieurs réguliers, ne peuvent excéder les bornes d'une correction paternelle. La rigueur des prisons monastiques doit être tempérée par la douceur de la charité, qui cherche, non la mort, mais la conversion du pécheur : & si les supérieurs violent cette regle, le Prince les arrête (*a*). Tel fut le sujet d'une ordonnance du Roi Jean, sur les remontrances d'un grand-vicaire de Toulouse.

Conséquences de la these posée. Il est facile de distinguer, après ce que nous venons de dire, quels sont les droits que chaque puissance peut exercer à l'égard des ordres religieux. Les vœux étant de la compétence de l'Église, ainsi que les instituts, c'est à elle à approuver l'institution des nouveaux ordres, & à leur donner des constitutions sur le spirituel : lorsque l'Église n'est point assemblée en concile, ce droit est réservé au souverain Pontife, par la pratique constante de l'Église, avouée de Van-Espen (*b*) & des Parlemens (*c*). C'est encore à l'Église à supprimer ces ordres, à les réformer; c'est à elle à interpréter leurs instituts, ou à en dispenser. Mais le Prince peut leur fermer l'entrée de ses États,

―――――――――――――――――――――――
(*a*) V. ci-dessus p. 448, n°. 5.   (*c*) Journal des aud. tom. 1.
(*b*) *Jus. univ. part.* 1, *tit.* 24. p. 438, édit. 1692.

lorsqu'ils ne lui paroissent point conformes, par leurs constitutions particulieres, aux loix de son royaume; il peut, en leur donnant l'être civil, les assujettir à des réglemens particuliers, concernant le temporel, comme les empêcher d'aliéner ou d'acquérir; les obliger à fournir une pension alimentaire aux religieux qui sont obligés de sortir des monasteres, après l'émission de leurs vœux: il peut connoître de tout ce qui regarde l'administration œconomique; & si les supérieurs ecclésiastiques infligent des peines correctionnelles, il peut les modérer, lorsqu'elles lui paroissent passer les bornes de la correction conformément à ce que nous avons dit ci-dessus. Enfin il décerne lui seul les peines afflictives pour les délits qui blessent l'ordre public.

§. VII.

Les bénéfices sont des matieres mixtes, relativement aux fonctions spirituelles, & au temporel annexé à ces fonctions. La proposition est de foi, quant à la compétence de l'Église sur le spirituel, & de droit naturel, quant à la compétence du Prince sur le temporel.

PReuve fondée sur la distinction entre l'office & le bénéfice proprement dit. On divise le bénéfice en office & en bénéfice proprement dit. L'office donne le droit & impose l'obligation de faire certaines fonctions ecclésiastiques, telles que sont les prieres publiques & l'administration des sacremens. Le bénéfice proprement dit, donne le droit de percevoir les revenus qui sont destinés à l'entretien du bénéficier, & annexés au titre. C'est une maxime généralement reconnue, qu'il n'y a point de bénéfice sans office. *Beneficium propter officium.* Or le droit aux fonctions ecclésiastiques est dans l'ordre spirituel, & par conséquent de la compétence de l'Église : le droit aux revenus eſt dans l'ordre civil, & de la compétence du Prince. La conſécration que l'on a faite de ces biens, ne les a pas tirés de ſa juriſdiction, parce qu'elle n'a pas changé la nature des choſes. Ces deux vérités ſont trop bien éclaircies par tout ce que nous avons dit, au ſujet de la compétence, pour avoir beſoin de nouvelles preuves. Il ne nous reſte plus qu'à en tirer les conſéquences.

Conſéquences de la theſe poſée. Il ſuit donc delà 1°. que l'Égliſe ſeule peut ériger des titres qui donnent droit à certaines fonctions eccléſiaſtiques (378); qu'elle peut ſeule les unir, les diviſer, les éteindre; mais que le concours du Prince eſt néceſſaire, à cauſe du temporel qui eſt annexé aux titres (*a*).

2°. Il ſuit que c'eſt à l'Égliſe à les conférer (*b*), & au Prince à mettre en poſſeſſion des revenus. C'eſt par cette diſtinction qu'on peut concilier les prétentions qui s'étoient élevées entre les Empereurs & les Papes, au ſujet des inveſtitures. Cette cérémonie qui ſe faiſoit par la tradition du bâton & de l'anneau paſtoral, n'avoit certainement rien que de légitime de la part des Princes, en bornant ſon effet à la collation du temporel des bénéfices (379). Mais ſi on l'enviſageoit du côté de l'alliance ſpirituelle que contractoit le nouveau Prélat avec l'Égliſe, elle étoit abuſive, & l'expérience n'a que trop montré combien il étoit néceſſaire de ſe tenir en garde contre tout ce qui pouvoit ſervir de prétexte, pour entreprendre ſur les droits de l'épiſcopat (380). Les Luthériens conſervent même encore aujourd'hui à l'Égliſe, le droit des inveſtitures (381).

3°. Il ſuit que l'Égliſe ſeule peut déterminer quelles

(*a*) *Cap.* ſicut unire *de exceſſu prælat. Cap.* expoſuiſti *de præbendis. Cap.* conſultationibus. *Cap.* paſtoralis *de donat. Clement.* ſi una *de reb. eccleſ. non alienand. Trid. ſeſſ.* 7, *de Reform. cap.* 6. — V. ci-après §. 4 du ch. 5 de cette 3me. part.

(*b*) *Can.* decretum. *Can.* regula. *Can.* quæcumque *10, q. 1. Can.* omnes baſilicæ. *Can.* nullus 16, *q.* 7. *Can.* quidam 18, *q.* 2. *Cap.* ex frequentibus *de inſtitut. Cap.* ſi quando *de offic. deleg. Cap.* cum illis, §. cum autem *de præbend in* 6.

F f 3

sont la nature & les limites des fonctions spirituelles attachées au bénéfice ; quelles sont les personnes sur lesquelles le bénéficier doit exercer la jurisdiction ecclésiastique ; & que le Prince seul peut régler la nature des biens & des dignités temporelles qui sont annexées au titre, & les qualités requises de la part des bénéficiers, comme citoyens, pour les posséder. C'est en vertu de ce droit, que les aubains sont déclarés incapables de posséder des bénéfices en France. Le Pape ne pourroit les dispenser à cet égard, sans tomber dans l'abus (a) ; comme le Prince ne sauroit dispenser des irrégularités ecclésiastiques, qui empêchent les collations canoniques, de faire impression sur les bénéficiers.

4°. Il suit que les revenus ecclésiastiques étant toujours sous le domaine souverain du Prince, sont contribuables aux charges de l'État, à moins qu'ils n'en aient été exemptés à titre onéreux, ou par privilege. Ceux qui se consacrent au salut des peuples, ont droit, par les loix naturelle & divine (382), à un temporel suffisant pour leur entretien, mais ce temporel passe à l'Église avec ses charges naturelles envers l'État.

5°. Il suit que si l'Église fait des réglemens sur l'administration de son temporel, ces réglemens sont toujours subordonnés aux loix civiles. Les biens ecclésiastiques sont entre les mains du clergé, comme des propriétés entre les mains des peres de famille, ainsi que nous l'avons observé, en parlant des ordres religieux (b). L'Évêque en avoit l'administration dans la naissance de l'Église, pour en faire la distribution entre les ministres, suivant que lui dictoit sa sagesse (c). Mais le Prince est toujours le souverain de ces propriétés, &, en cette qualité, il conserve sur elles les droits qu'il avoit, quant à l'administration, pour en prévenir ou pour en réprimer les abus.

(a) Art. 39 des Lib. Gall.
(b) V. le §. précéd. p. 450.
(c) Can. Apost., cap. 41.

Concil. Gangr. cap. 7, 8. Concil. Antioch. c. 25. Concil. Chalced. c. 26.

Par la raison opposée, l'Église seule peut faire des réglemens canoniques, sur la capacité des bénéficiers requise pour posséder le titre ecclésiastique, sur les fonctions qui y sont annexées, & sur la maniere de les exercer. Elle est par conséquent aussi seule compétente, pour prononcer sur les contestations qui s'élevent à ce sujet. La doctrine contraire seroit opposée aux premiers principes; elle donneroit au magistrat le pouvoir d'enchaîner la puissance épiscopale, qui est essenciellement indépendante; elle lui attribueroit enfin le droit de donner indirectement la mission spirituelle, & d'en valider les actes, en déclarant, par exemple, que tel bénéficier peut, en vertu de son titre, entendre les confessions, annoncer l'Évangile, & qu'il a ce pouvoir dans telle paroisse ou dans toute l'étendue d'un diocese; que les simples approbations sont irrévocables; que les prédicateurs, nommés par les patrons, ne peuvent être refusés par l'ordinaire, que sur des raisons dont l'Évêque seroit obligé de rendre compte, & dont le magistrat seroit toujours le juge. Il décideroit que tel Évêque & tel Métropolitain peuvent ou ne peuvent pas exercer tel ou tel acte de jurisdiction; qu'ils le peuvent seulement en tel endroit, sur telles personnes, & à telles conditions; & son jugement seroit, dans la pratique, la mesure de leurs pouvoirs. Pourroit-on n'être pas frappé des conséquences si dangereuses?

On nous diroit inutilement que, pour prononcer sur les droits spirituels d'un bénéfice, & sur les bornes de son territoire, il ne s'agit que de vérifier les faits, ou d'interpréter la teneur des titres, & le sens des saints canons; & que le magistrat est seul compétent sur ces matieres, puisqu'il n'est besoin pour cela que des lumieres naturelles. En vain, on nous diroit que le magistrat ne donne, par lui-même, aucun pouvoir pour exercer les fonctions spirituelles, qu'il déclare seulement quelles sont les fonctions attachées au titre du bénéfice : que les abus que l'on voudroit faire craindre de la part des juges laïques, seront toujours réprimés par la piété de nos Rois. Rien de plus frivole que ces subterfuges.

Il n'est besoin, il est vrai, que des lumieres naturelles pour discuter les faits, la teneur des titres & le sens de la loi ; mais cela suffit-il pour donner jurisdiction ? Tout homme raisonnable (eh ! qui est-ce qui ne prétendra pas l'être ?) seroit donc en droit de juger ? Le jurisconsulte pourroit donc prononcer comme le magistrat, sur les contestations civiles ? Les lumieres naturelles ne doivent-elles pas également servir de guide à tous les tribunaux ? Elles ne suffisent donc pas pour déterminer la compétence, si elles ne sont jointes à un pouvoir de jurisdiction, qui se regle par le rapport direct que les matieres ont avec la société civile ou ecclésiastique. Il n'est question, dit-on, que de faits. Mais, n'ai-je pas prouvé que les faits étoient de la compétence de la puissance ecclésiastique, lorsqu'ils regardoient le gouvernement spirituel (*a*). De plus, sont-ce-là des faits simples ? Car il s'agit non-seulement de vérifier l'existence des titres, mais d'interpréter encore ces titres, d'interpréter les loix générales ou particulieres de l'Église, auxquelles ils se rapportent. Si on appelle tout cela questions de fait, toutes les contestations ne seront plus que des questions de fait, puisque ce qu'on appelle question de droit ne regarde que l'interprétation des loix & des titres. L'interprétation des livres saints & de la tradition sur la doctrine, ne sera aussi qu'une question de fait, dont le magistrat pourra connoître seul, du moins en dernier ressort.

Le jugement du magistrat, dit-on encore, ne donne aucun droit ; il ne fait que le déclarer. Mais jamais, dans l'exercice même de la jurisdiction séculiere, le pouvoir du magistrat ne va au-delà ; il ne donne point les biens temporels qui sont contestés ; le Prince même ne pourroit pas disposer arbitrairement des propriétés : le magistrat déclare seulement à qui ces biens appartiennent : il ne fait pas la loi ; mais il l'interprete ;

(*a*) V. ci-dev. page 384.

il en fait l'application aux cas particuliers, qui font portés devant fon tribunal. Il auroit donc un égal pouvoir dans l'ordre de la Religion, comme dans l'ordre civil. Il faut donc, afin que cette déclaration forme un jugement légal, (je ne faurois trop le répéter) il faut donc un pouvoir de jurifdiction fur les matieres, qui font l'objet des contestations.

La piété du fouverain empêchera les abus, nous avons cette confiance ; mais il ne s'agit pas ici d'un abus d'autorité, il s'agit de l'autorité-même qui, étant émanée de Dieu, doit avoir, en vertu de fa propre inftitution, tous les pouvoirs néceffaires pour gouverner, indépendamment de la protection du Prince. Il s'agit d'une autorité qui doit fe faire reconnoître par des caracteres manifeftes & invariables, & non pas fe décider par la piété actuelle de nos Rois, qui ne peut jamais leur donner un droit de jurifdiction, fur des objets qui font hors de leur compétence.

6°. Il fuit de la diftinction entre le temporel & le fpirituel des bénéfices, que l'Évêque, en conférant le titre, avec le pouvoir d'en exercer les fonctions, ne donne droit aux revenus, que fous l'autorité du Prince. C'eft un pere de famille qui départit à fes enfans l'ufufruit d'une portion de fes biens. Le magiftrat ne pafferoit donc pas les bornes de fa jurifdiction, en refufant la poffeffion civile des fruits à ceux à qui l'Églife auroit adjugé le titre ; mais il ne fauroit le faire fans bleffer la juftice, puifque les fruits font annexés au bénéfice, à moins que, comme nous l'avons déja obfervé à l'égard des aubains, le bénéficier n'en fût incapable en vertu des loix civiles.

7°. Il fuit que la poffeffion civile, accordée par le tribunal laïque, fe borne au temporel, & ne peut comprendre l'exercice des fonctions fpirituelles, tel que feroit le droit de collation annexé au bénéfice.

Introduction de la jurifprudence des tribunaux féculiers, par rapport à la compétence en matiere bénéficiale. Mais la plupart de ces obfervations, qui étoient ici néceffaires, pour faire diftinguer la compétence des deux tribunaux sur les matieres bénéficiales, sont devenues inutiles dans la pratique, par l'introduction d'une jurisprudence, dont il est à propos de montrer ici l'origine, les progrès & les abus.

On distingue dans le spirituel, comme dans le temporel des bénéfices, le pétitoire, du possessoire. Le premier consiste dans le droit permanent du bénéficier aux fonctions ecclésiastiques, ou aux revenus annexés au titre ; le second, dans le droit d'en exercer provisoirement les fonctions, ou d'en percevoir provisoirement les revenus.

Ce qui donna naissance à cette distinction, fut la nécessité de pourvoir au service divin, & à la conservation des revenus pendant le litige sur le bénéfice, & d'éviter le scandale qui résulteroit des voies de fait, si chacun des contendans s'obstinoit à vouloir jouir provisoirement. Pour prévenir donc cet inconvénient, l'Évêque commençoit par adjuger le possessoire du spirituel à celui qui lui paroissoit avoir le droit le plus apparent, ce qui emportoit la jouissance provisoire des fruits. Philippe le Bel fit défenses à ses officiers de s'immiscer dans la connoissance du pétitoire & du possessoire, entre personnes ecclésiastiques. *In petitorio vel in possessorio, præsertim inter ecclesiasticas personas, nostræ gentes nullatenùs se intromittant* (a). Toute la fonction du magistrat se bornoit alors à protéger le juge d'Église, en maintenant le pourvu dans la jouissance qui lui avoit été adjugée.

Dans la suite, le juge séculier connut lui-même du possessoire. L'usage s'en trouve établi au commencement du quinzieme siecle ; nous en avons la preuve dans la bulle de Martin V (b), qui, en considération de cet usage, permet aux tribunaux laïques de juger du possessoire des bénéfices, pourvu que ce soit sans préjudice de la jurisdiction ecclésiastique, quant au pétitoire. Le magistrat avouoit lui-même en 1522,

___

(a) Ordonnances de 1304. — Voyez les Mémoires du Clergé, tom. 7, col. 427.
(b) Ann. 1428.

qu'il ne jouissoit de ce droit, que par concession de la part de l'Église (383).

Cependant les parties entraînées par l'intérêt de leurs causes, s'appliquerent insensiblement, en plaidant sur le possessoire, à exposer tous leurs moyens : & le juge séculier, qui ne devoit prendre qu'une connoissance sommaire, commença d'entrer en connoissance du mérite du fond ; mais après avoir jugé, il renvoyoit toujours les parties par-devant l'Official, suivant l'ordonnance, pour être fait droit sur le pétitoire.

L'édit de 1539 (a) mit à cette regle générale, une exception peu importante en apparence, mais qui, par l'événement, devint très-préjudiciable à la jurisdiction ecclésiastique. L'art. 58 de cet édit portoit que, dans le cas où il y auroit grande ambiguité ou obscurité sur les droits & les titres des parties, le magistrat " pro-
" nonceroit absolument sur le possessoire, en faveur du
" défendeur, sans user de renvoi par-devant le juge
" d'Église sur le pétitoire, sur lequel se pourvoiroient
" les parties, si bon leur sembloit, & sans les y as-
" treindre par ledit renvoi."

Les juges laïques naturellement portés à maintenir ceux à qui ils avoient adjugé le possessoire, prirent occasion de cette clause, pour se dispenser de renvoyer par-devant l'Official. Les parties négligerent même quelquefois de s'y pourvoir. Enfin, par arrêt rendu le 5 juin 1626, par le Parlement de Paris, sur les conclusions de M. Bignon, avocat-général, il fut dit y avoir abus, dans une citation au pétitoire, faite par-devant le juge d'Église, en matiere d'exemption après le jugement du possessoire. Cet arrêt fut regardé comme une regle qui fixoit la jurisprudence sur le pétitoire en matieres bénéficiales, & depuis ce tems on n'a plus été admis à se pourvoir à ce sujet, par-devant le tribunal ecclésiastique.

En vertu de cette nouvelle jurisprudence, le jugement du possessoire est devenu, par le fait, le juge-

---

(a) Par François I.

ment du pétitoire, & quant au spirituel & quant au temporel. Mais le magistrat, qui fut obligé d'examiner les moyens respectifs des parties, & qui par conséquent devoit prévenir les inconvéniens qui, comme nous avons déja marqué, résultoient des longues vacances pendant le litige, se vit dans la nécessité d'imaginer un nouveau genre de possessoire, qui eut tous les caracteres du premier, & dont on ne fit que changer le nom en lui donnant le titre de récréance ou de provisoire, ensorte que l'ancien possessoire devint par le fait le vrai pétitoire.

Examen des raisons sur lesquelles on fonde cette nouvelle jurisprudence. Raisons alléguées par M. Bignon. Si l'introduction de cette jurisprudence blesse visiblement les droits essenciels de la puissance spirituelle, les moyens dont on a voulu l'appuyer, ne choquent pas moins les principes de la droite raison. Écoutons là-dessus M. Bignon, portant la parole en la cause dont nous venons de parler. " La voie du pétitoire, disent
" nos auteurs, à le bien considérer, n'est qu'une en-
" treprise sur la jurisdiction séculiere; & tend direc-
" tement au renversement de l'autorité royale, à la
" vexation des sujets du Roi, & à prolonger les pro-
" cédures, puisqu'il faudroit au pétitoire trois senten-
" ces conformes, & que, pendant les différens délais
" nécessaires & prescrits par l'ordonnance, l'Église
" couroit le danger de se voir destituée de pasteurs,
" & le service divin abandonné. D'ailleurs en matiere
" spirituelle & bénéficiale, la possession nue & de fait,
" n'est d'aucune considération. Il faut, suivant les or-
" donnances, examiner les titres & capacités des con-
" tendans. *Beneficium, sine canonicâ institutione, pos-*
" *sideri non potest*; voir s'ils sont légitimement & ca-
" noniquement pourvus; si les titres sont vicieux, nuls,
" subreptices, simoniaques. En leur discussion & exa-
" men gît toute la cause. Ainsi, il est vrai de dire
" que ce possessoire *habet mixtam causam proprietatis*.
" La maintenue étant donc prononcée sur les titres, ce
" seroit inutilement qu'on rapporteroit les mêmes ti-

" tres à juger au pétitoire. *Bis in idem non judica-*
" *tur (a).* " Ainsi parloit M. Bignon. Voyons si ces
raisons sont dignes de la réputation de ce magistrat.

*Réponse. La voie du pétitoire est une entreprise sur la
jurisdiction séculière.*

Nous avons prouvé au contraire que tous les titres
qui donnent droit aux fonctions spirituelles, ne pouvoient être que du ressort de la puissance ecclésiastique.

*Cette voie tend directement au renversement de l'au-
torité royale.*

Le souverain, les magistrats, les jurisconsultes avoient
donc tous concouru à renverser l'autorité royale, en
reconnoissant la légitimité de cette voie.

*Elle tend à la vexation des sujets du Roi, & à prolon-
ger les procédures, puisqu'il faudroit au pétitoire trois
sentences conformes.*

La longueur & les autres inconvéniens de la procédure, sont une raison pour la réformer, mais non pas
pour dépouiller l'Église de sa propre autorité. Qu'on
réforme donc la procédure, qu'on réduise les degrés
de jurisdiction ; mais qu'on respecte la jurisdiction elle-
même, à laquelle il n'est pas permis de toucher.

*Pendant les délais prescrits par l'ordonnance, l'Église
couroit risque de se voir destituée de pasteurs.*

Point du tout, puisque le bénéfice étoit desservi par
le bénéficier qui avoit obtenu le possessoire, & que
l'Évêque d'ailleurs pouvoit y suppléer par des commissions particulières. De plus, ne suit-on pas, pour les
délais de l'ordonnance, la même regle dans les officia-
lités, que dans les tribunaux laïques ? N'a-t-on pas rétabli exactement dans les tribunaux séculiers, sous le nom
de récréance, la même marche qui étoit prescrite pour
le possessoire devant le juge d'Eglise ? Les mêmes inconvéniens se retrouveront donc toujours. Que si les
délais de l'ordonnance étoient contraires au bien public, ce seroit le défaut de la loi, & non de la puis-

---

(*a*) V. le nouv. Comm. des Lib. Gall. sur l'art. 32, tom. 1.

sance, qui est obligée de s'y conformer. Quelle contradiction ! Si l'Official manque aux formes de la procédure, prescrite par l'ordonnance, il en est repris, & sa sentence est réformée : s'il la suit, il doit être dépouillé de sa jurisdiction, parce que l'ordonnance à laquelle il est obligé de se conformer, est défectueuse.

En matiere spirituelle & bénéficiale, la possession nue & de fait n'est d'aucune considération.

Mais que veut-on nous faire entendre par-là ? Que la possession de fait ne donne aucun droit par elle-même ? D'accord. Mais ce n'est pas de cette possession qu'il s'agit ici. Veut-on dire que la possession provisoire, accordée par le juge, ne donne aucun droit sur le fond ? J'en conviendrai encore : mais s'ensuit-il que le juge séculier doive prendre connoissance encore du pétitoire ? C'est supposer comme certain ce qu'il faut prouver. L'axiome est donc étranger à la question présente, ou bien il ne conclut rien du tout.

Il faut, suivant les ordonnances, examiner les titres & les capacités des contendants.

Non pas en matiere de l'ancien possessoire, non plus qu'en matiere de récréance. Le juge doit en prendre seulement une connoissance sommaire, & se décider suivant le droit le plus apparent, comme je l'ai déja dit, parce que son décret n'est que provisoire : telle est même la jurisprudence des Églises Luthérienes (384), qui conservent toujours au juge d'Église, du moins la connoissance du pétitoire ou de la propriété (385).

Ainsi, il est vrai que ce possessoire. HABET MIXTAM CAUSAM PROPRIETATIS.

Ainsi, suivant le magistrat, parce que la voie du pétitoire lui paroît une entreprise sur la jurisdiction séculiere, & un renversement de l'autorité royale, le possessoire doit être *matiere mixte de propriété*; parce que les procédures prescrites par les ordonnances exposent à des délais préjudiciables; parce que la possession nue & de fait ne donne rien; parce que le juge laïque, qui ne doit prendre qu'une connoissance sommaire du droit des parties, voudra s'instruire sur le fond, & de tous les moyens des parties; le possessoire sera une matiere mixte. S'il est permis, sur d'aussi frivoles raisonnemens, de changer les principes constitutifs des deux jurisdictions, & de dépouiller l'épiscopat de ses droits essenciels, les loix les plus sacrées de la Religion & de l'État, vont être livrées à l'arbitraire : la jurisprudence elle-même, appuyée sur d'aussi vaines subtilités, n'élevera plus qu'un édifice ruineux, & perdra ce caractere auguste qu'imprime la majesté des loix, aux oracles qui sortent du sanctuaire de la justice.

Réfutation des raisons alléguées par Fevret. Ayons encore la patience d'écouter le raisonnement de Fevret sur le même sujet. Le possessoire est, selon lui, de la compétence des tribunaux séculiers, 1°. parce qu'il est purement de fait; 2°. parce qu'il se résout en dommages & intérêts, qui ne peuvent être de la compétence du juge d'Église ; 3°. *quia cùm agitur de possessorio in spirituali, non de spiritualibus agitur* ; 4°. parce que l'instance au possessoire a pour objet la maintenue, qui est du ressort du juge laïque ; 5°. parce qu'il est ordinaire, en matiere de possessoire, de prononcer sur la récréance, & d'exécuter, nonobstant l'appel, ou de faire droit sur le séquestre, & que l'exécution de ces jugemens ne peut compéter qu'à la justice royale ; 6°. parce que le juge d'Église n'a point de territoire pour exécuter ses décrets (a). Discutons en peu de mots ces différens motifs.

Réponse. 1°. *Le possessoire est purement de fait.*

M. Bignon vient de nous dire que la possession *nue & de fait n'est d'aucune considération*; & cela est vrai, puisqu'elle ne décide point du droit que l'on a de posséder, droit qui est nécessairement de même nature que l'objet, ou spirituel, ou temporel, auquel il se rapporte. Cependant c'est de ce pur fait dépouillé de tout droit, & qui ne peut, sous ce rapport, être l'objet du litige, qu'on veut faire dépendre la compétence.

(a) Fev. de l'Abus, l. 4, ch. 11, n. 5.

2°. *La connoissance du possessoire se résout en dommages & intérêts.*

Cela est faux, quand même on sépareroit le possessoire du pétitoire, puisque le possessoire attribue la jouissance provisoire des fruits. Cela est encore faux à plus forte raison, si le possessoire emporte le provisoire, puisqu'il décide du droit des parties, & qu'en général, lorsqu'il s'agit des choses spirituelles, comme du droit aux fonctions ecclésiastiques, du droit de collation, du droit à certains privileges honorifiques, il est absurde qu'il y ait lieu à des dommages & intérêts; quand même il y auroit lieu, ils ne seroient qu'une dépendance du principal, qu'ils ne pourroient attirer hors du tribunal compétent. Jusqu'à ce jour, c'étoit l'incident qui suivoit le fort du principal: sera-ce présentement le principal qui suivra le fort de l'incident? Avouons cependant que les dommages & intérêts ne peuvent être de la compétence du tribunal ecclésiastique; que s'ensuivra-t-il? C'est qu'après que le tribunal aura prononcé sur le fond, les parties se pourvoiront par-devant le juge séculier, pour leurs dommages & intérêts.

3°. *Lorsqu'il s'agit du possessoire, sur les matieres spirituelles, il ne s'agit pas du spirituel.*

La proposition est absurde, puisqu'il ne s'agit jamais, comme on a déja dit, de la possession nue & de fait, mais seulement du droit à la possession, ou provisoire, ou perpétuelle d'une chose spirituelle, & que ce droit est nécessairement de même nature que la chose.

4°. *L'instance au possessoire a pour objet la maintenue, qui est du ressort du juge laïque.*

Je distingue la maintenue qui regarde la possession des fruits temporels, tels que sont les revenus du bénéfice, & qui sont véritablement de la compétence du tribunal séculier, de la maintenue qui regarde la possession ou des choses, ou des fonctions spirituelles, & qui ne peut ressortir qu'au tribunal ecclésiastique. Nous convenons que l'Église ne peut employer la force extérieure coactive: mais cette force, qui vient à l'appui
du

du droit, suppose le droit sans l'établir. Cette force, qui n'appartient véritablement qu'à la puissance temporelle, n'attribue, par elle-même, aucune jurisdiction au magistrat. La maintenue accordée par le Prince, en matière spirituelle, n'est donc qu'un acte de protection, non un acte de jurisdiction de sa part : autrement, il faudroit lui accorder une jurisdiction sur tout le gouvernement de l'Église, même sur l'enseignement de la foi.

Distinguons encore par rapport au droit de contrainte, la jurisdiction spirituelle que l'Église a reçue de J. C., de celle qu'elle a reçue du Prince. Dans l'exercice de la premiere, l'Église ne peut employer la force extérieure ; mais dans l'exercice de la seconde, pourquoi l'Évêque, agissant au nom du souverain, n'auroit-il pas, pour l'exécution, le même pouvoir dont jouissent les tribunaux subalternes, puisque ce pouvoir est une partie intégrante, & comme le complément de la jurisdiction que le Prince lui a donnée ? *Cui jurisdictio concessa est, ea videntur esse concessa, sine quibus jurisdictio explicari non potest* (a).

5°. *Il est ordinaire, en matiere de possessoire, de prononcer sur la récréance & de l'exécuter, nonobstant l'appel, ou de faire droit sur le séquestre, ce qui ne peut compéter que le juge royal.*

Mais, en premier lieu, quoiqu'il soit ordinaire de faire droit sur la récréance, ou sur le séquestre, avant de prononcer sur le fond ; cette pratique, qui n'est qu'accidentelle, pourroit-elle dépouiller le juge naturel de la connoissance des matieres qui sont de sa compétence ? Et, s'il y avoit connexité nécessaire, que s'ensuivroit-il, sinon que l'Évêque, qui est juge du fond, le seroit de l'incident ? sauf à recourir au magistrat pour l'exécution.

En second lieu, la récréance & le séquestre ne préjugent pas ; il seroit donc indispensable de renvoyer au juge d'Église, pour prononcer sur le fond.

(a) *L.* cui ff. *de Jurisd.*

En troisieme lieu, nous avons démontré qu'il y a des matieres où la récréance & le séquestre ne sauroient avoir lieu, & où le pétitoire & le possessoire sont indivisibles, tels que sont les sacremens (*a*).

6°. *Le juge d'Église n'a point de territoire.*

Nous répondrons ailleurs à cette objection (*b*) qui n'est fondée que sur une équivoque grossière, ou sur une fausseté manifeste. Je me renferme, pour le moment, dans ce dilemme : Ou le territoire est nécessaire à la jurisdiction, ou il ne l'est pas : s'il ne l'est pas, on ne peut alléguer le défaut de territoire pour prouver l'in-compétence ; s'il l'est, il faut dire que l'Église ne peut connoître en rien de ce qui regarde l'administration des choses spirituelles ; or cette assertion seroit hérétique, & contraire même à la doctrine de Fevret, comme nous le démontrerons bientôt (*c*).

Suites de la jurisprudence qu'on a introduite. Cependant le faux principe que le possessoire emportoit le droit de propriété, ayant été une fois consacré par un arrêt solemnel, il est devenu une maxime générale de jurisprudence, qu'on a appliquée, non-seulement en matiere de dîme, & de bénéfice, mais encore à tous les droits purement spirituels, droit de jurisdiction ecclésiastique, droit d'exemption, de convocation, de collation ; droits honorifiques, pouvoir de prêcher, d'administrer les choses saintes, de visiter les paroisses, & à toutes les fonctions du ministere sacré (*d*). En consé-

---

(*a*) Voy. ci-dessus p. 424.
(*b*) V. le ch. 5, §. 3 de cette 3me. partie.
(*c*) V. ci-apr. ib.
(*d*) „ Ces refus (de sacremens) „ lorsqu'ils sont arbitraires ou in-„ justes, dépouillent, par voie de „ fait, les citoyens de la posses-„ sion des biens spirituels, aux-„ quels ils ont droit par leur qua-„ lité d'enfans de l'Eglise : pos-„ session toujours temporelle, „ quelle que soit la nature & „ l'excellence de ces biens; & „ par cela seul, ces refus seroient „ déja du ressort de la puissance „ séculiere, ainsi que le recon-„ noissent Jean Juvenal des Ursins, „ dans les remontrances au Roi „ Charles VII, & les ambassadeurs „ de Charles IX au concile de „ Trente. ,, Rem. du Parl. de Rouen, du 14 Août 1753, p. 17. Le Parl. de Paris dit la même chose, dans ses Rem. du 9 Avril 1753, p. 66, 67.

quence, tout a été porté devant les tribunaux laïques, sous la forme de possessoire. Tout y a été examiné & jugé en dernier ressort, & quant au fond, par une suite naturelle de la fausse maxime établie. Le Prince a été obligé plus d'une fois d'interposer son autorité, afin d'en arrêter les suites (386). Mais, pour remédier efficacement au mal, il faut rétrograder jusqu'au point où on avoit commencé à s'égarer, & extirper l'erreur dans son principe. Eh! qu'il eut été à souhaiter qu'on ne lui eut pas laissé le tems de se fortifier!

De la compétence par rapport aux hôpitaux. Après ce que nous venons de dire sur la distinction des matieres qui concernent les bénéfices, pour déterminer la compétence des tribunaux, il est facile de connoître à quelle puissance appartient l'inspection des hôpitaux.

Ces établissemens étoient d'abord érigés en bénéfices. Le concile de Vienne les réduisit en simples administrations, en séparant totalement le temporel du spirituel. Ils sont donc sous ces deux rapports de la jurisdiction de l'Évêque & du magistrat. L'Évêque donne mission pour y exercer les fonctions ecclésiastiques, & y regle tout ce qui regarde le service divin & la sanctification des ames; le magistrat y statue sur l'administration du temporel, & il ne seroit point au pouvoir du Pape même d'unir le temporel à des bénéfices, sans la permission du Prince (*a*). Cependant, comme ces établissemens ont pris leur naissance dans le sein de la Religion; comme les Évêques, chargés par leur caractere, du soin des pauvres, avoient, dès le commencement, l'inspection sur l'administration temporelle des maisons de charité (387), nos Rois leur ont conféré une certaine autorité sur le temporel (*b*); mais toujours sans les exempter de la subordination qui leur est commune à cet égard, avec les autres administrateurs.

(*a*) Art. 61 des Lib. Gall.   (*b*) Édit de 1695, art. 29.

§. VIII.

Les mariages sont des matieres mixtes, qui ressortissent au tribunal de l'Église, quant au sacrement, & aux tribunaux séculiers, quant aux effets civils. La premiere partie de cette proposition est de foi ; la seconde est appuyée sur le droit naturel.

Principes *sur les matieres matrimoniales*. Le mariage est un sacrement qui unit l'homme & la femme, pour donner des enfans à l'Église, & des sujets à l'État. Il consiste dans le mutuel consentement des parties, & se rapporte tout-à-la-fois, & à une fin naturelle, qui est la génération des enfans, & à une fin civile, qui est le bien de la société politique, & à une fin surnaturelle, qui est la grace du sacrement. Sous le premier rapport, il est réglé par le droit naturel : sous le second, il est soumis aux loix civiles : sous le troisieme, il l'est aux loix divines & ecclésiastiques. Le mariage peut donc devenir illégitime, ou dans l'ordre naturel, ou dans l'ordre civil, ou dans l'ordre de la Religion, selon qu'il est contraire à ces différentes loix. Telle est la doctrine des canonistes, & entr'autres de S. Thomas. *Matrimonium in quantum est in officium naturæ, statuitur jure naturæ ; in quantum est in officium communitatis, statuitur jure civili ; in quantum est sacramentum, statuitur jure divino. Et ideo ex quâlibet dictarum legum naturæ, humanæ & divinæ, potest persona effici ad matrimonium illegitima* (388). Cette distinction lumineuse, ainsi établie, nous servira de flambeau pour distinguer la compétence des deux jurisdictions, sur les matieres matrimoniales.

Conséquences de ces principes, relativement à la compétence des deux Puissances sur les matieres matrimoniales. Le mariage considéré comme contrat naturel, abstraction faite de la relation qu'il a avec l'ordre civil & eccléfiaftique, n'eft foumis qu'au tribunal de Dieu, qui l'inftitua, après avoir créé l'homme & la femme, & qui en donna les premieres loix. Mais comme ce contrat ne peut se former parmi les peuples civilifés, fans avoir rapport à la fociété politique, & fans être fubordonné aux loix du fouverain; de même, il ne doit point exifter parmi les Chrétiens, fans être confacré par la fainteté du facrement, & par conféquent fans être fubordonné aux loix de l'Églife. Les loix du fouverain en reglent la forme, les devoirs & les avantages, quant au temporel; & lorfque le contrat naturel eft revêtu de toutes les formalités requifes par ces loix, il devient contrat civil, & il donne droit à tous les avantages qu'elles y ont annexés. La puiffance eccléfiaftique fait auffi des réglemens fur les conditions néceffaires à la fainteté du mariage, & au lien fpirituel; & le contrat naturel, étant revêtu des conditions requifes par l'Églife, conftitue le facrement, il en procure les graces; & fi ces conditions manquent, le facrement eft nul, ou illégitime (389). Un enfant de famille qui fe marie fans le confentement des parens, contracte un mariage nul, quant aux effets civils, parce qu'il viole les loix du Prince. S'il fe marie avec une parente dans le degré prohibé par les canons, fon mariage eft nul, quant au facrement, parce qu'il manque aux conditions requifes par l'Églife, pour la validité de ce facrement.

Cependant les deux Puiffances, quoique diftinctes par leurs fonctions & par leurs objets, fe prêtent un fecours mutuel. L'Églife n'admet au facrement que ceux qui fe conforment aux loix du Prince. Le Prince, adoptant à fon tour les réglemens de l'Églife, les conftitue par-là, loix d'État, & il prive des effets civils les mariages qui font contractés avec des empêchemens dirimans.

Par une fuite de cette diftinction, le Prince feul peut difpenfer des conditions prefcrites par les loix civiles. Il peut feul modifier, expliquer fes difpenfes, & prononcer fur leur validité. L'Églife peut feule difpenfer des empêchemens dirimans, qu'elle a établis; elle peut seule connoître des dispenses qu'elle a accordées. Si le Pape attribuoit, par dispense, les effets civils aux mariages qui ne seroient point revêtus des formalités requises par les ordonnances, il y auroit nullité sur ce point, parce que le Pape est sans jurisdiction à cet égard. Il y auroit de même nullité dans la dispense du Prince, qui attribueroit l'effet des sacremens aux mariages qui seroient contractés avec des empêchemens dirimans.

Par la même raison, tout ce qui regarde les effets civils du mariage, les avantages & les conventions matrimoniales, l'état des enfans dans l'ordre politique, leur droit à la succession de leurs pere & mere, doit être porté par-devant le tribunal séculier ; & tout ce qui concerne le sacrement, doit être jugé par le tribunal ecclésiastique (390). Nous avons dit que les matieres qui avoient la Religion pour objet immédiat, étoient de la compétence de l'Église (*a*). Or le mariage, sous le rapport de sacrement, a certainement la Religion pour objet immédiat. Le concile de Trente prononce anathême contre ceux qui diront que les causes matrimoniales ne regardent pas les juges ecclésiastiques. *Si quis dixerit causas matrimoniales non spectare ad judices ecclesiasticos anathema sit* (*b*). Les Luthériens-mêmes respectent les loix de l'Église, sur ce point, & réservent les causes matrimoniales à leurs consistoires. Bohémer observe que, quoiqu'ils ne comptent pas le mariage au nombre des sacremens, ils ne laissent pas de le regarder comme les sacremens, au nombre des causes ecclésiastiques dont l'Église doit connoitre (391).

Henri IV a ordonné, conformément au décret du concile, que *les causes concernant les mariages, soient & appartiennent à la connoissance & jurisdiction des juges d'Église* (*c*). L'Église a toujours été en possession de faire des réglemens de discipline sur cette matiere (392). Elle avoit toujours connu seule jusqu'à ces derniers tems, des contestations qui regardoient le

---

(*a*) Voy. ci-dessus p. 371.   (*c*) Edit de 1606, art. 1.
(*b*) Sess. 24, de Ref. cap. 12.

DES DEUX PUISSANCES.

lien du sacrement, même à l'égard des souverains. Lorsque les Princes ont voulu obtenir des dispenses des empêchemens dirimans, c'est à l'Église qu'ils se sont toujours adressés. Lorsqu'ils ont voulu faire casser leurs mariages, c'est devant le tribunal de l'Église qu'ils se sont toujours pourvus. Nous en avons entr'autres deux exemples fameux dans l'histoire : Le mariage de Louis XII, Roi de France, avec Jeanne de France, qui fut déclaré nul ; celui de Henri VIII, Roi d'Angleterre, avec Marie d'Arragon, qui fut aussi déclaré nul, par l'Archevêque de Cantorberi, mais qui fut confirmé par le Pape, sans que Henri VIII ait même soupçonné qu'il put prononcer lui-même. Lorsque les Princes ont répudié leurs femmes légitimes, pour en épouser des secondes, ils en ont été repris par le S. Siege; l'Église les a même quelquefois soumis aux peines canoniques, sans qu'ils aient réclamé contre l'incompétence du juge (a). Enfin Henri II, Roi de France, s'est adressé au concile de Trente, pour faire mettre au nombre des empêchemens dirimans, le défaut de consentement des parens, à l'égard des mariages contractés par les enfans de famille. Les Peres du concile, après avoir long-tems balancé les raisons de part & d'autre, se bornent à une simple prohibition, par la crainte d'occasionner des vexations de la part des parens. Henri II respecte les sages dispositions du concile ; mais usant de son autorité, il déclare ces mariages nuls, quant aux effets civils, & décerne des peines temporelles contre les coupables.

Il résulte encore, de la distinction entre les matieres qui regardent le mariage, que toutes les fois qu'il s'agit des effets civils, & que la question dépend de la validité du sacrement, la cause doit être renvoyée, d'abord par-devant le juge d'Église, pour y être fait droit, & le jugement qui intervient, doit servir de regle au magistrat, ainsi que nous l'avons déja observé (b).

___

(a) M. Bossuet en rapporte plusieurs exemples dans sa défense des quatre Propositions du clergé de France.
(b) V. ci-dev. ch. 1, §. 1 de cette 3me. part. page 14.

Gg 4

Bôhémer nous apprend que les Luthériens réservent aux confiftoires toutes les caufes matrimoniales, même les époufailles; & qu'ils ne permettent pas au magiftrat d'en connoître même incidemment, comme s'il s'agiffoit de décider de l'état des enfans, pour leur adjuger la fucceffion de leurs peres (393).

Il fuit auffi que, dans le cas d'oppofition à la célébration d'un mariage, les moyens doivent être portés par-devant l'Official, lorfqu'ils font fondés fur la contravention aux regles canoniques, en matiere fpirituelle; & par-devant le magiftrat, lorfqu'ils ont pour motifs la contravention aux loix civiles, en matiere temporelle (394).

Réfutation de M. Launoi. Quelqu'évidentes que foient ces maximes, elles ont cependant trouvé des contradicteurs; & M. Launoi qui s'eft diftingué entre les autres, mérite ici une attention particuliere (*a*). Ce docteur nie d'abord la compétence du tribunal eccléfiaftique fur le facrement de mariage, malgré l'anathême que le concile de Trente prononce contre une pareille doctrine. Il s'efforce feulement d'éluder une autorité fi refpectable, en difant que le canon du concile ne doit point être pris dans toute fa généralité, puifqu'il eft unanimement reconnu que le magiftrat connoît des caufes matrimoniales concernant les effets civils. Il reftreint en conféquence la compétence du tribunal eccléfiaftique, à la connoiffance des caufes purement dogmatiques, comme de favoir, fi le mariage d'un chrétien avec un infidele eft un facrement, s'il produit la grace, quelles font les difpofitions néceffaires pour le recevoir? &c.

Nous convenons que les caufes matrimoniales concernant les effets civils, font de la compétence du juge féculier. Mais 1º. cette exception, qui eft de droit naturel, n'avoit pas befoin d'être exprimée dans la regle générale. Il n'en eft pas de même des caufes qui regardent le lien du facrement. Ce lien, qui eft fpiri-

---

(*a*) V. fon Traité, intitulé: *Regia in matrimonium poteftas, in-4to.*

tuel, se trouve par-là nécessairement compris dans la généralité de la maxime, & il ne pourroit en être tiré que par une exception expresse; autrement, s'il étoit permis de borner, selon sa volonté, la signification des termes, il n'y auroit plus rien de fixe. 2°. Le terme de *causes* est naturellement consacré à signifier les contestations qui regardent les intérêts particuliers, & non pas les questions dogmatiques. 3°. Le dessein du concile, dans la confection de son décret, étoit de proscrire les erreurs de Luther & de Calvin. C'est relativement à ces erreurs que M. Launoi nous apprend lui-même, comme nous le verrons bientôt, à interpréter les canons de ce concile. Or jamais ces hérésiarques n'ont nié que les questions dogmatiques fussent de la compétence du juge d'Église. Le concile a donc entendu principalement, par *causes matrimoniales*, les questions de discipline; &, parmi ces questions, il n'en est aucune qui soit plus visiblement dans l'ordre spirituel, que celles qui regardent le lien du sacrement.

M. Launoi va plus loin encore, & soutient, contre la définition expresse de ce concile, que l'Église n'a pas même le pouvoir de créer des empêchemens dirimans. Il se fonde sur cette raison victorieuse, selon lui, *palmaris ratio*, que le contrat civil étant la matiere du sacrement, le Prince, qui seul peut mettre des clauses de nullité à ces contrats, peut aussi lui seul mettre des clauses dirimantes au sacrement.

Mais, premiérement, quand même le contrat civil seroit la matiere du sacrement de mariage, s'ensuivroit-il que l'Église, qui a la dispensation des choses saintes, ne pourroit, suivant les regles que lui dicte sa sagesse, faire des loix de discipline, relativement à la réception des sacremens, ni exiger par conséquent certaines conditions comme nécessaires pour former le lien sacramentel?

En second lieu, on suppose sans cesse que le contrat civil fait la matiere du sacrement de mariage; mais nous en demandons la preuve, &, en attendant, nous allons montrer, au contraire, que ce n'est que le contrat purement naturel qui a été élevé à cette dignité.

1°. J. C., en instituant ce sacrement, nous rappelle à cet état de nature, où il n'existoit encore aucune loi, aucun gouvernement civil, lorsque Dieu, ayant créé l'homme & la femme, les unit pour la propagation du genre humain : " N'avez-vous pas lu, dit-il, " que Dieu créa l'homme & la femme ? & dit : C'est " pour cela que l'homme quittera son pere & sa mere, " & s'attachera à son épouse, & ils seront deux dans une " même chair. Que l'homme ne sépare point ce que " Dieu a uni (a). " Ce n'est donc pas le mariage comme contrat civil, puisque de pareils contrats n'existoient pas encore, mais comme contrat naturel, qui a été élevé à la dignité de sacrement.

2°. Les sauvages, qui vivent dispersés dans les forêts, ne connoissent point de contrat civil, n'étant régis par aucun gouvernement. Ils seroient cependant capables du sacrement de mariage, s'ils devenoient chrétiens. Ce sacrement ne pourroit donc avoir le contrat civil pour base.

3°. Ceux qui se marient après avoir été condamnés au bannissement perpétuel, aux galeres, ou au dernier supplice par contumace, reçoivent véritablement le sacrement, quoiqu'ils soient incapables de contrat civil. Le défaut de consentement des parens, rend nuls civilement les mariages des enfans de famille : cependant ils sont déclarés valides, quant au sacrement, même par les tribunaux séculiers, à moins qu'il n'y ait présomption de rapt de séduction (395). Ce n'est donc pas le contrat civil, mais le contrat naturel, résultant du consentement mutuel des deux époux, qui constitue le sacrement.

4°. Enfin, si les empêchemens dirimans, quant au sacrement, n'ont de force qu'en vertu des loix civiles ; il n'y aura plus d'empêchement dirimant dans les pays des infideles, que ceux de la loi naturelle, &

(a) *Matth.* XIX, 4, 5, 6.

ceux que les princes infideles y ont établis. Il fera permis au magistrat politique de supprimer dans ses États, tous ceux qui ne sont que de droit positif. Il lui sera permis ; que dis-je ? il aura seul le pouvoir d'accorder des dispenses ; puisqu'il n'y a que le législateur qui puisse dispenser de la loi. Pourquoi donc souffre-t-il que ses sujets demandent à Rome, pourquoi demande-t-il lui même des graces qu'il a seul le pouvoir d'accorder ?

Seconde objection. Dans les premiers siecles de l'Église, il n'y avoit d'autres empêchemens dirimans que ceux qui étoient énoncés par les loix civiles ; ils ne peuvent donc exister qu'en vertu de ces loix.

Je suppose le fait pour un moment ; mais les Princes avoient aussi statué que le divorce & la captivité dissoudroient les mariages validement contractés. *Dirimitur matrimonium divortio, morte, captivitate, & aliâ congruenti servitute utrius eorum (a)*. La loi *uxores* laisse à la femme qui est assurée de l'esclavage de son mari, la liberté de se remarier (b). La loi *si prior* du même titre, suppose évidemment la légitimité du second mariage. Il y avoit lieu au divorce, & par conséquent à la dissolution du lien, quand l'un des conjoints s'étoit rendu coupable de certains crimes graves ; lorsqu'il avoit conspiré contre l'État, qu'il avoit attenté à la vie de l'autre, ou qu'il l'avoit accusé faussement d'adultere (c). En conclura-t-on que les loix civiles avoient en effet la force de dissoudre, dans ces cas, le lien sacramentel, & de valider les seconds mariages, quant au sacrement ?

M. Launoi, qui prend par-tout ailleurs un ton si affirmatif, n'ose prononcer : il tâche d'excuser ces loix ; mais il falloit s'expliquer sans détour, c'est-à-dire, ou soutenir que les Princes avoient le droit de dissoudre les mariages valablement contractés, & alors il devenoit hérétique ; ou convenir qu'on ne pouvoit prouver les droits des Empereurs en matiere de sacrement, par les

---

(a) *L. dirimitur ff. de divortio & repudiis.* (b) *ff. eod. tit.* (c) *Nov. 117.*

droits qu'ils s'étoient arrogés, & alors les exemples ne concluroient rien ; ou dire enfin, (ce qui est la seule interprétation raisonnable) que les loix du Prince, touchant le mariage, ne regardoient que l'ordre civil ; mais alors ils ne concluront pas davantage. Car il y a cette différence entre les loix de la Religion, & celles de l'État, que les premieres étant la regle du bien considéré en lui-même, ne peuvent jamais permettre ce qui est mal en soi ; au lieu que les autres, considérant les objets relativement à l'ordre général de la société, peuvent le tolérer, par la crainte d'un plus grand mal.

Cela supposé, comme les premiers Empereurs chrétiens comptoient encore un grand nombre de payens parmi leurs sujets, la prudence conseilloit de tolérer l'usage du divorce, pour ne pas les aigrir. Justinien se contenta d'en restreindre les bornes. Mais la Religion de J. C. gouvernoit les consciences par des loix plus épurées. Les mauvais Chrétiens usoient du bénéfice de la loi civile ; mais l'Église les mettoit en pénitence. Nous en voyons un exemple dans la personne de sainte Fabiole (a).

Or ce que nous venons de dire du divorce relatif aux effets civils, doit s'appliquer aux empêchemens dirimans ; nous en trouvons encore la preuve dans la disposition même des loix civiles. Tel est, entr'autres, l'édit de Théodose contre les mariages contractés avec les freres, les oncles & les cousins, édit que M. Launoi rapporte avec tant de confiance. *Theodosius Imperator, etiam fratres, patruos & consobrinos vetuit inter se conjugis convenire nomine & pœnas instituit.* Le Prince se borne à décerner des peines temporelles contre les infracteurs, sans rien statuer sur le lien matrimonial.

M. Talon prétend appuyer l'opinion du docteur que nous combattons, par les dispenses de mariage que les Princes ont accordées. Il cite sur cela le tit. 8me. du Digeste. *Si nuptiæ ex rescripto petantur.* Nous prenons encore acte de cette citation : nous consultons l'endroit

---

(a) D. Hier. *Epist. famil. lib.* 3, *Epist.* 11.

indiqué, & nous voyons que ces dispenses ne font mention que des avantages civils, & nullement du lien matrimonial.

M. Launoi prodigue ici les citations, il accumule une multitude d'exemples ; je les parcours. Ils prouvent seulement que les François qui occupoient un certain rang dans l'État, ne pouvoient se marier qu'avec l'agrément du Roi. Mais les officiers qui servent dans les troupes, demandent encore aujourd'hui l'agrément du Prince, & ils sont punis s'ils y manquent. Cependant, s'ils se marient, le mariage est-il nul ? Aucun des exemples cités ne prouve que la permission du Prince fût une vraie dispense pour la validité du sacrement ; & d'autres prouvent tout le contraire. Je me borne à deux exemples, au premier & au dernier que l'auteur rapporte. Le premier est tiré de la vie de sainte Godeberte. Ses parens n'osent la marier sans la permission du Roi, de la libéralité duquel, ils tiennent plusieurs domaines à titre de bénéfice. *Parentes autem ejus* (Godebertæ) *cùm essent Regis beneficiarii, non audebant, inconsultò rege, cuiquam eam in matrimonium collocare. Cùm autem hæc res apud Clotarium ageretur, &c.* (*a*). Y a-t-il dans ce trait un seul mot qui suppose un empêchement dirimant, qui suppose même une défense de la part du Prince ?

Gaston d'Orléans, frere de Louis XIII, ayant épousé Marguerite de Lorraine, sans le consentement du Roi, le Prince défere au clergé de France, le jugement de ce mariage. Mais, si le Prince étoit seul juge, avoit-il besoin de faire intervenir l'autorité des Évêques ? Le clergé de France déclare le mariage nul. Mais sur quel fondement ? *Parce que le consentement du Roi est devenu nécessaire à la validité du sacrement, par les coutumes autorisées de l'Église* (*b*). Ce sont les termes du clergé.

M. Talon ose avancer, pour déprimer la puissance

(*a*) *Regia in matrim. potestas*, part. 2, art. 1, c. 1, p. 312, in-4to.

(*b*) Déclaration du clergé de France, du 7 Juillet 1635.

de l'Église, que les Empereurs furent les premiers à défendre les mariages entre les Chrétiens & les Infidèles (a). L'assertion est fausse. La même défense se trouve dans le 16me. canon du concile d'Elvire, qu'on rapporte à l'année 313 (396); dans le concile d'Arles en 314 (397); dans le concile de Nicée (398); dans le 13me. canon de Chalcédoine (399); dans le 10me. de Laodicée. Le 3me. concile de Carthage étend la prohibition aux mariages des Chrétiens avec les hérétiques & les schismatiques. Avant que les Empereurs chrétiens eussent défendu les mariages entre les alliés, le concile d'Elvire, dont nous venons de parler, avoit défendu les mariages entre la belle-sœur, & le beau-frere (b).

Cependant, en supposant même que les Princes eussent établi les premiers les empêchemens dirimans, que s'ensuivroit-il delà ? sinon que l'Église a adopté leurs loix, comme les Princes ont adopté celles de l'Église sur le même sujet, afin d'agir toujours de concert. Mais pourroit-on en conclure que la puissance ecclésiastique n'a pas le droit de créer des empêchemens dirimans ? Eh ! que répondra M. Launoi lui-même aux faits qui prouvent qu'elle a exercé en effet ce pouvoir ? Que répondra-t-il à l'autorité du concile de Trente, qui frappe d'anathême ceux qui le lui contestent ? Que répondra-t-il aux instances que fit Henri II auprès de ce concile, pour obtenir qu'on mit le défaut de consentement des parens au nombre des empêchemens dirimans, par rapport aux mariages des enfans de famille ?

Il répond que le canon du concile de Trente, ne doit s'interpréter que par opposition aux erreurs de Luther, que le concile se proposoit de proscrire, & que cet hérésiarque avoit attaqué, principalement à cet égard, les droits de la puissance séculiere.

Mais 1°. il est de maxime que les décrets & sur-tout les décrets dogmatiques, qui s'expriment d'une maniere

---

(a) V. les nouv. Comment. des Lib. Gall. tom. 4, p. 87, 88, 89.

(b) Can. 61.

indéfinie, doivent être pris dans toute leur généralité, à moins qu'ils ne foient reftreints par le droit commun ; autrement on abandonneroit les définitions de foi à des exceptions arbitraires qui en anéantiroient l'autorité. Ainfi, quoique l'Églife ait en vue de profcrire principalement certaines opinions particulieres, elle peut aufli profcrire, par le même décret, plufieurs autres erreurs relatives à la premiere. Or l'intention de l'Églife fe manifefte par le fens naturel des expreffions qu'elle emploie.

2°. Comment prouver que Luther attaquoit principalement les droits du Prince ? Jugeons-en par le texte de l'héréfiarque que M. Launoi rapporte lui-même. *Conjunctio viri & mulieris tenet, quomodocumque contra leges hominum contigerit. Debent facerdotes ea omnia matrimonia confirmare, quæ contra ecclefiafticas vel Pontificias leges fuerunt contracta, in quibus Papa difpenfat, & quæ non funt in Sacrâ Scripturâ expreffa* (a). „ L'union entre l'homme & la femme eft „ valide, quoique contraire aux loix humaines. Les „ prêtres doivent confirmer tous les mariages contractés „ contre les loix de l'Églife & les loix des Pontifes, „ pour lefquelles le Pape accorde des difpenfes, & „ dont la prohibition n'eft pas exprimée dans l'Écriture- „ Sainte. „

Il eft évident que Luther n'attaque les droits du Prince que par l'expreffion générale des loix humaines, qui comprend également les loix civiles & eccléfiaftiques, & qu'il attaque au contraire en particulier la puiffance de l'Eglife. *Contra ecclefiafticas & pontificias leges.* Ainfi, en jugeant de la doctrine du concile, par oppofition à celle de Luther, il faudra en conclure contre M. Launoi lui-même, que les Peres de Trente fe font principalement propofés d'établir les droits de l'Églife par rapport aux empêchemens dirimans.

M. Launoi ajoute à fa preuve une fubtilité encore plus finguliere. Le concile, felon lui, a exprimé, par

---

(a) *Luth. de capt. Babyl.*

le terme *d'Église*, l'univerfalité de fes membres, & fur-tout l'autorité du Prince, qui eft un des principaux membres de l'Église. Ainfi lorfqu'il enfeigne que l'Église a le pouvoir de créer des empêchemens dirimans, il entend par le mot *d'Église*, non la puiffance fpirituelle, comme on l'entend toutes les fois qu'il s'agit de l'adminiftration des chofes faintes, mais l'Église univerfelle agiffant par le miniftere des Rois. *Ecclefia per reges, alteram Ecclefiæ perfonam, illa* (impedimenta) *potuit conftituere & conftituit* (a). Ainfi le pouvoir de l'Église fignifiera le pouvoir du Prince. Ainfi il fera permis d'attribuer au Prince l'autorité que les canons attribuent à l'Église. Notre docteur trouve l'explication fi naturelle, qu'il ne peut fe difpenfer de traiter d'impéritie, l'aveugle ftupidité de ceux qui n'ont pas la complaifance d'en convenir (400).

Cependant comme il foupçonne que fon affertion pourroit bien encore ne paroître pas affez convaincante, il tâche d'affoiblir une autorité qui l'incommode; & il foutient que le décret du concile, quoique terminé par l'anathême, n'eft que de difcipline. Il allegue pour exemple ces paroles de S. Grégoire le Grand : Si quelqu'un époufe fa marraine, qu'il foit anathême. *Si quis commatrem fpiritalem duxerit, anathema fit.*

Nous convenons que ce n'eft point précifément le terme d'anathême, mais l'objet du décret qui caractérife une définition dogmatique. Aucun canon qui ne foit ou une regle de conduite, ou une regle de croyance. Commande-t-il quelque chofe à faire ? c'eft un canon de difcipline. Propofe-t-il une vérité à croire ou à enfeigner ? c'eft un canon doctrinal, & par conféquent une définition de foi infaillible, lorfqu'il émane d'un concile œcuménique. Le canon tiré de S. Grégoire défend d'époufer fa marraine : c'eft une loi de difcipline. Le concile de Trente frappe d'anathême celui *qui dit*, qui enfeigne, qui croit, *que l'Église*

(b) Regia in matrim. poteftas, part. I, art. 4, c. 4, p. 295.

ne *peut créer des empêchemens dirimans.* C'est un point de doctrine, un point qui appartient évidemment à l'enseignement. *Si quis dixerit*, &c. Il est défendu de dire, d'enseigner, parce qu'il est défendu de croire. A quel autre caractere pourroit-on distinguer les décrets dogmatiques des conciles, & sur-tout du concile de Trente, qui sont tous conçus dans la même forme ?

Le docteur qui a prévu la difficulté, au lieu d'y répondre d'abord directement, commence par citer plusieurs passages des Peres pour prouver ce que personne ne lui conteste, savoir, que l'hérésie a sa source dans la fausse interprétation de l'Écriture. Delà il conclut, ce qui est évidemment absurde, & ce qui ne peut être avoué que des Protestans; il conclut, dis-je, que pour distinguer les décrets dogmatiques, il faut examiner la conformité qu'ils ont avec la doctrine de l'Église. Après avoir posé ce principe, il rappelle ses argumens contre le pouvoir de l'Église sur les empêchemens dirimans, & il en infere que le décret du concile qui attribue ce pouvoir à l'Église, n'est pas un décret dogmatique.

Mais, si ce raisonnement est concluant, il fait disparoître l'autorité, & il ouvre la porte à toutes les sectes qui ont été proscrites. Car avant d'exiger des hérétiques une soumission intérieure aux décrets qui proscrivent leurs erreurs, il faudra leur prouver que ces décrets sont dogmatiques ; & pour prouver qu'ils sont dogmatiques, il faudra montrer qu'ils sont conformes aux saintes Écritures & à la tradition ; c'est-à-dire, que ces décrets seront soumis à l'examen particulier ; c'est-à-dire, que ce ne sera plus l'autorité des décrets qui réglera notre croyance, mais ce sera le jugement que chacun portera de la vérité de ces décrets, qui décidera de l'obéissance qu'il leur doit ; c'est-à-dire, que l'autorité ne décidera plus rien par elle-même contre l'hérétique ; que les disputes & les incertitudes reviendront sans cesse, puisqu'il faudra toujours entrer dans la discussion de la doctrine. Telles étoient les prétentions de Luther & de Calvin, lorsqu'on leur opposoit le jugement de l'Église.

Le même docteur répond au sujet des mariages contractés par les enfans de famille, que la question fut long-tems agitée dans le concile de Trente ; que les opinions se partagerent d'abord ; qu'on réforma même le décret projeté, & qu'on se borna enfin à une simple prohibition. Il suppose que ses adversaires ne manqueront pas de dissimuler cette circonstance, pour l'intérêt de leur cause. *Ces sortes de gens*, dit-il, *s'efforcent de réaliser leurs fictions. Ils écartent, ils ont en abomination, tout ce qui peut faire connoître la vérité. Puis donc qu'ils ne veulent pas la chercher, laissons les errer dans leurs voies* (401).

Mais a-t-on besoin de dissimuler un fait qui ne forme pas même de difficulté ? Les Peres du concile ont été partagés, ils ont varié sur le projet du décret. Mais 1°. est-ce sur la puissance de l'Eglise, à l'égard des empêchemens dirimans ? au contraire, point de partage là-dessus. Elle étoit même si unanimement reconnue, qu'elle servoit de fondement à la question qu'on agitoit ; car on n'eut point délibéré si on feroit un empêchement dirimant, du défaut de consentement des parens, si on n'eut supposé, de part & d'autre, que l'Église en avoit le pouvoir. Or c'est de ce pouvoir qu'il s'agit ici.

2°. Lorsque l'on s'est partagé, lorsqu'on a varié sur le décret, le concile en corps n'avoit point encore prononcé ; ce n'étoit encore que des suffrages particuliers qui n'avoient point formé de jugement solemnel : mais le décret ayant été une fois approuvé par le vœu du concile, a-t-il été permis de le contredire ? Les conciles & les tribunaux séculiers-mêmes agissent-ils sur d'autres maximes ? Les questions s'y discutent, les opinions varient avant de prononcer un jugement ; mais le jugement qui intervient, en est-il moins valide & moins invariable ?

Il seroit trop long & même inutile, de réfuter tous les mauvais argumens de l'écrivain que nous combattons. J'ai rapporté ses principales preuves, & ce qu'on en a vu, suffit pour le faire apprécier. Quand on accumule, comme cet auteur, dans un in-4°., une masse indigeste de citations qui ne prouvent rien, & une multitude de raisonnemens absurdes, souvent obscurs, d'un style dur, aigre, embarrassé, on doit être bien sûr, que si on a le courage de tout lire, personne ne prendra la peine de tout réfuter.

Conclusion qui établit la compétence de l'Église sur les matières qui regardent le sacrement du mariage. Résumons à présent en peu de mots ce que nous venons d'opposer à M. Launoi; &, sans examiner si l'Église en créant des empêchemens dirimans, pour le sacrement de mariage, s'est conformée aux dispositions des loix des Empereurs, concernant les effets civils; sans discuter quelle est l'époque où elle a commencé ellemême à établir ces empêchemens, par des canons qui ont ensuite servi de regle aux édits des Princes; je considere la nature du mariage, par rapport au sacrement: rien de plus spirituel, & rien par conséquent qui soit plus certainement de la compétence de la puissance spirituelle. Je considere la pratique de l'Église: c'est la puissance spirituelle qui a toujours accordé les dispenses pour les empêchemens dirimans; c'est elle seule qui, jusqu'à ce tems, avoit toujours connu de la validité des mariages, même entre les Princes souverains; & j'en infere qu'elle est seule compétente sur ces matieres.

§. IX.

Les aumônes, les pèlerinages & les fêtes sont des matieres mixtes, & de la compétence des deux Puissances.

Preuves de la these, quant aux aumônes. L'aumône est certainement une œuvre spirituelle, puisqu'elle se rapporte directement, & par sa nature, à la sanctification de celui qui la fait; mais elle est aussi un acte civil, puisqu'elle consiste dans le transport qu'on fait d'un bien temporel. Elle doit donc, sous ces différens rapports, appartenir à l'une & à l'autre jurisdiction. L'Église peut prescrire des aumônes pour satisfaire aux devoirs de charité & de pénitence; mais ces dons ne sont valables que sous l'autorisation des loix civiles, puisque ce que l'on donne, est toujours sous le domaine souverain du Prince. Il a donc le droit de modérer, ou même de prohiber les libéralités indiscretes qui tourneroient au préjudice de la société. C'est dans cette vue qu'il annulle toutes les donations faites aux communautés religieuses, de la part de ceux qui y font profession.

Par la même raison, le Prince peut défendre les quêtes, ou empêcher que les sommes qui en proviennent, soient portées hors de ses États.

Nous obferverons feulement, qu'il feroit difficile d'imaginer des cas où les aumônes ordinaires, faites aux malheureux, puissent préjudicier à la société, & autoriser le Prince à s'opposer aux vœux de l'Église, en privant les citoyens d'un foulagement qu'ils reçoivent, ou d'un mérite qu'ils acquierent.

Lorsque les aumônes sont confiées à l'administration des pasteurs, c'est à eux à en régler la distribution, ou à en déterminer l'emploi, toutes les fois qu'elles ne peuvent être appliquées à leur premiere destination. Ce droit a sa source dans la volonté du donateur, qui est respectée par-tout ailleurs, lorsqu'elle n'est pas contraire aux loix, & qui mérite ici une protection d'autant plus particuliere, qu'elle a un objet plus sacré. Mais l'administration de ces pieuses libéralités, étant purement temporelle, est toujours subordonnée à l'autorité du Prince, qui a seul le pouvoir de faire des réglemens à ce sujet, de juger des contestations qui s'élevent, & de se faire rendre compte de l'administration. Les Évêques ne peuvent jouir de ce droit que par concession.

Preuve de la these, quant aux pélerinages. Les pélerinages étant inftitués pour honorer Dieu dans ses faints, & dans les mysteres de sa Religion, ils font, parla-même, dans l'ordre des choses spirituelles. Mais d'un autre côté, ils peuvent produire des tranfmigrations préjudiciables, ou à caufe de la défertion qu'elles occafionnent dans un pays, fur-tout fi les fujets fortent du royaume ; ou à caufe de la trop grande affluence, du tumulte & des défordres qui réfultent du concours de la foule dans un autre endroit. Le Prince peut donc en régler l'ordre politique, & même les prohiber, lorfqu'il les juge contraires au bien public.

Preuve de la thefe, quant aux fêtes. L'inftitution des fêtes renferme deux obligations : l'obligation de s'abftenir des travaux mécaniques, & l'obligation d'entendre la meffe. La ceffation des travaux, en tant qu'elle a pour objet d'appliquer les Chrétiens aux exercices de Religion & aux œuvres de charité, eft dans l'ordre fpirituel, puifqu'elle regarde directement le culte divin, & la fanctification des ames. Mais, comme elle prive directement, & par fa nature, la fociété du fruit de l'induftrie, elle appartient auffi à l'ordre civil. Les deux Puiffances doivent donc concourir à l'inftitution des fêtes ; & les *ordonnances que les Évêques rendent à ce fujet, doivent être préfentées au Roi, pour être autorifées* (a). Mais l'autorifation du Prince n'eft pas néceffaire pour leur fuppreffion, puifqu'elle ne fauroit porter aucun préjudice à la fociété civile.

Par la même raifon, lorfque le magiftrat politique juge les travaux néceffaires pendant les jours de fêtes, il peut les ordonner ; la loi de l'Eglife cede alors aux befoins de l'État. Cependant, comme il eft rare qu'il y ait néceffité évidente, nos Rois aiment mieux demander difpenfe de la loi eccléfiaftique, que d'ufer de leur autorité : & leur piété mérite bien certainement de fervir de modele à leurs officiers.

L'obligation d'entendre la meffe ne fauroit nuire à la fociété, que dans le cas où le tems deftiné à cette œuvre de piété, feroit néceffaire à des befoins urgens. Comme ces cas font très-rares, il eft auffi très-difficile que le magiftrat fe trouve dans des circonftances

---

(*a*) Art. 28, de l'édit de 1695.

qui lui permettent d'exempter les citoyens de cette obligation.

Mais il résulte au moins delà, que la puissance séculière ne peut ni instituer des fêtes de Religion ni les transférer. Les Protestans n'attribuent ce droit au Prince qu'en supposant qu'il ait jurisdiction sur les matieres spirituelles (402). Après avoir envisagé les différens rapports sous lesquels les aumônes, les pelerinages & la célébration des fêtes, peuvent appartenir à l'un ou à l'autre gouvernement, j'en tire ces conséquences.

Conséquences de la these posée. 1°. Quoiqu'il n'y ait que la puissance ecclésiastique qui ait droit d'ordonner des aumônes, en tant qu'elles sont des œuvres de Religion ; quoiqu'elle seule puisse instituer des pelerinages & des fêtes, ayant pour but le culte divin ; cependant, comme il n'y a que la fin de ces objets qui les constitue dans l'ordre spirituel, le Prince peut les ordonner relativement à l'intérêt de la société civile : il peut imposer des aumônes, ou comme une peine, ou comme un moyen de soulager les malheureux. Il accorde des priviléges à des villes pour certains jours particuliers, tels que sont les jours de foire, priviléges relatifs à l'intérêt du commerce, ou à d'autres avantages temporels, & qui occasionnent le même concours que les pelerinages. Il ordonne des fêtes purement civiles, qui consistent dans la cessation du travail, pour inviter les sujets à prendre part aux réjouissances publiques.

2°. Chacune des deux Puissances peut faire sur les mêmes objets, les réglemens qu'elle trouve nécessaires, selon les rapports différens que ces objets ont avec la Religion ou avec le gouvernement civil.

3°. Dans le cas où les deux Puissances se trouveroient en opposition sur ces matieres ; ce qui, d'un côté, ne seroit jugé qu'utile, devroit céder à ce qui, de l'autre, paroîtroit nécessaire ; & elles devroient toujours se concilier, pour conserver la concorde. Le bien qu'on se proposeroit dans certaines œuvres de surérogation, ne compenseroit point le mal qui résulteroit d'une division ouverte entre le Prince & l'Église.

Obſervation ſur les matieres mixtes de ce paragraphe.
J'obſerverai encore que les matieres mixtes, qui font le ſujet de ce paragraphe, ne ſont pas de même nature que celles dont on a parlé dans les paragraphes précédens. Les matieres qui regardent les ordres religieux, les bénéfices & les mariages, font tellement diſtinctes par leur nature, qu'elles pourroient être abſolument ſéparées; ici au contraire, le mélange eſt ſi intime, que c'eſt le même objet indiviſible, mais conſidéré ſeulement ſous différens rapports, qui devient de la compétence de l'un ou l'autre tribunal.

Compétence par rapport au local des Égliſes, aux Séminaires & aux Univerſités. Nous ne mettons dans la claſſe des matieres mixtes, ni les Égliſes, ni l'établiſſement de certains corps, qui ont, à la vérité, le bien de la Religion pour objet; mais où le ſpirituel & le temporel ſe trouvent totalement ſéparés, tels que font les Séminaires, & les Facultés de théologie & de droit canonique. Nous avons obſervé ailleurs que les Chrétiens étant obligés à un culte public envers la divinité, avoient beſoin d'un local pour l'exercice de leur Religion; que l'uſage de ce local leur appartenoit par conſéquent de droit divin; mais que le domaine ſouverain en reſtoit toujours ſous la main du Prince (*a*).

On diſtingue pareillement, dans les Séminaires & dans les Facultés de théologie & de droit canonique, ce qui ſe rapporte directement à la Religion, tels que font l'enſeignement & les réglemens concernant les mœurs des eccléſiaſtiques, d'avec ce qui concerne l'ordre civil, telles que ſont la poſſeſſion & l'adminiſtration des revenus annexés à ces établiſſemens. Les premiers objets appartiennent à la juriſdiction épiſcopale; les autres ſont de la compétence du Prince.

(*a*) V. ci-dev. part. 3, ch. 3, §. 5. p. 431.

§. X.

Quelles sont les obligations des premiers pasteurs, relativement aux droits de la compétence.

Comme l'ordre de la société civile est essenciellement lié avec l'autorité des Princes qui la gouvernent (*a*), de même la puissance de l'épiscopat tient essenciellement à l'intérêt de l'Église, dont elle a l'administration. Soit que le pasteur instruise ou qu'il décide ; soit qu'il regle la discipline, ou qu'il dispense les graces ; soit qu'il lie ou qu'il délie, tout est pour *l'édification du corps mystique de J. C.* Si on enleve les clefs de Pierre d'entre les mains du pasteur, ou si on l'asservit dans l'exercice de ses fonctions, il n'aura plus la liberté nécessaire pour paître le troupeau, pour écarter le loup de la bergerie, pour s'opposer aux scandales de l'erreur & du vice. Lorsqu'il voudra instruire les fideles, faire des réglemens pour leurs besoins spirituels, maintenir la discipline, réformer les abus, réprimer l'hérésie, pourvoir à la majesté du culte divin & à l'honneur du sacerdoce ; lorsqu'il voudra s'associer des coopérateurs, expulser du sanctuaire ceux qui y portent le scandale du mauvais exemple ou de la révolte, il ne pourra le faire que dépendamment d'une autre puissance, qui aura la liberté de l'arrêter, de le forcer au silence ou à l'inaction, qui se prétendra même en droit de le diriger dans l'administration du gouvernement spirituel. Puissance qui, n'ayant reçu ni la sagesse ni l'autorité pour gouverner l'Église, ni les promesses de l'assistance divine pour perpétuer avec elle la pureté de la foi, la sainteté des mœurs & le ministère du sacerdoce, ne sauroit avoir le pouvoir nécessaire pour fixer la croyance des fideles, pour les conduire dans la voie du salut.

(*a*) V. la conclusion de la 1ere. part. tome I, p. 67.

Ainsi comme le Prince ne sauroit souffrir les atteintes portées aux droits de sa Couronne, sans manquer à l'ordre public, & à la protection qu'il doit à son peuple (a): de même les Pontifes ne sauroient aussi abandonner les droits du sacerdoce, sans trahir les intérêts de l'Église, en se mettant dans l'impossibilité de remplir les devoirs de leur mission, & sans abandonner le salut du troupeau, qui ne peut trouver sa sûreté que sous la main du pasteur, à qui les brebis ont été confiées. ″ Les droits de l'épiscopat sont les moyens ″ de remplir nos devoirs, ″ disoit récemment le Clergé de France, ″ nous trahirions notre ministere, ″ si nous étions capables de les abandonner. Le libre ″ exercice de ces droits est l'intérêt de tous les fide-″ les. Nous ne réclamons que pour les guider plus sû-″ rement dans la voie du salut; & si nous hésitions à ″ les défendre, ils seroient en droit de nous deman-″ der compte au jour du jugement de notre lâcheté ″ & de notre foiblesse (b). ″ Tous les maux de l'Église & de l'État ont un remede dans l'autorité; mais il ne reste plus de ressources, ni contre l'erreur, ni contre les désordres & les scandales, si l'autorité est anéantie ou opprimée.

Je l'ai déja dit, & on ne sauroit trop le répéter, que dans des tems difficiles le Clergé fasse, s'il le faut, à l'État, le sacrifice des biens dont il jouit, des honneurs & des prérogatives qu'il tient de la piété de nos Rois; il ne perdra rien de sa véritable dignité, qui est celle du sacerdoce. Son ministere sera toujours puissant, avec la force que J. C. lui a donnée, pour gouverner son troupeau. Ses trésors ne sont pas les biens de la terre, ni son pouvoir celui des hommes. Quelque précieuse que soit la protection des Princes, quelqu'utile qu'elle soit au succès de sa mission, elle ne lui est point absolument nécessaire. Ce n'est pas au pouvoir des souverains, mais à celui de J. C., qui est celui de l'épiscopat, que

_____
(a) V. ci-dev. tome 1, part. 2, ch. 1, § 9. page 131.
(b) Procès verbal de l'assemblée de 1765, p. 73. 74.

l'Église doit sa naissance, sa perpétuité & sa foi. Ce n'est pas sur l'homme, mais sur J. C. qu'elle fonde les privileges de son immutabilité, de son infaillibilité & l'espoir de son salut. Ce seroit donc se faire illusion, ce seroit mettre la Religion chrétienne au rang des ouvrages purement humains, ce seroit manquer de foi aux promesses de la Divinité-même, que d'abandonner les moyens que le Fils de Dieu a mis entre les mains de ses Apôtres, les seuls qui seront toujours infailliblement efficaces, parce qu'ils seront toujours soutenus du bras du Tout-Puissant ; que d'abandonner la puissance du saint Ministere, la force de la parole sainte, de laisser ralentir le zele de la Religion, d'oublier la sagesse & la douceur de l'apostolat, dans un gouvernement fondé sur la charité & la justice, pour mettre sa confiance dans les secours, qui ne sont point en leur disposition, & dans le bras de l'homme, qui, quelque religieux, quelque puissant qu'il soit, sera toujours trop foible pour faire tout seul l'œuvre de Dieu. La protection des hommes ne sauroit suppléer à la vertu de J. C. ; & les Pontifes encourroient le reproche que faisoit l'Esprit-Saint aux pasteurs d'Israël, si, en s'appliquant à conserver à l'Église les biens, les honneurs & les prérogatives dont ils jouissent presque tous seuls, ils laissoient tomber de leurs mains le bâton pastoral qui doit être le salut de leurs peuples.

En vain diroit-on que le magistrat n'intervient dans le gouvernement ecclésiastique que pour réprimer les abus. Quelle est la loi qui permette d'usurper une autorité qu'on ne peut avoir, pour connoître les abus d'une administration sur laquelle on n'a aucune jurisdiction ? Ne sent-on point qu'on anéantiroit l'une & l'autre Puissance, si, parce qu'elles peuvent abuser de leur autorité, on vouloit les assujettir ; & qu'on les anéantiroit sans remédier aux abus, puisque le tribunal qui voudroit les réformer, pourroit aussi abuser lui-même de son autorité ? Ne sent-on pas que, quand il s'agit du bon ordre & de la tranquillité publique, le plus grand de tous les maux, c'est l'atteinte portée aux droits de l'autorité, par des principes qui, en corrompant la constititution du gouvernement, fapent les fondemens de la société ? N'eft-il pas évident que les faux principes, qu'on étale avec tant de confiance, ne tendent qu'à divifer deux Puiffances qui doivent régner enfemble, & fe fervir mutuellement d'appui ; & que ces faux principes font toujours meurtriers à l'une & à l'autre, par les fcandales & les troubles qu'ils ne manquent jamais de produire ?

Mais quels moyens de ramener la jurifprudence aux vrais principes, fans aigrir le mal ? Les moyens qu'ont employé les Athanafe, les Auguftin & les Bafile. Faire parler la vérité, la Religion & la juftice, fans employer la févérité des peines canoniques qui ne ferviroient qu'à irriter les efprits ; recourir à la piété de nos fouverains, dont l'Églife a tant de fois éprouvé la protection ; fupplier, folliciter, conjurer avec la difpofition de pafteurs charitables qui, ne connoiffant que les intérêts de Dieu, font prêts à donner leur vie pour le falut de leur troupeau ; & lors-même que la prudence & la modération ne leur laiffent d'autres armes que les larmes de la charité ; lors-même qu'ils font dans l'impoffibilité de rétablir l'épifcopat dans l'exercice de tous fes droits ; lors-même que le bien de la paix exige qu'ils fe conforment aux jugemens du magiftrat, quoiqu'il paffe les bornes de la compétence ; lors-même qu'ils ratifient par un confentement ou exprès ou tacite, la jurifdiction qu'il exerce dans le gouvernement eccléfiaftique ; alors-même s'appliquer à éclairer le peuple fur les droits de l'autorité que J. C. a donnés à fon Églife ; inviter le Clergé à approfondir ces vérités importantes, à s'en pénétrer ; prévenir les fideles fur les dangers auxquels on expofe la fimplicité de leur foi ; leur apprendre à diftinguer les objets fur lefquels le magiftrat & l'Évêque ont droit de leur commander ; afin qu'ils diftinguent, dans la pratique, les maîtres à qui ils doivent obéir ; réfuter, profcrire, anathématifer hautement des fyftêmes meurtriers qui, à force de fe répéter dans les écrits & de vive voix, forment des préventions capables d'entraîner dans l'erreur une partie de ceux-mêmes, qui doivent être, par état, les dépositaires de la science & les interpretes des loix. Jamais il ne fut si indispensable au pasteur de veiller à l'intégrité de la saine doctrine, que dans un tems où l'hérésie, en attaquant la foi, sape du même coup les fondemens de l'autorité, & fait des progrès si rapides & si effrayans pour l'Église & pour l'État.

Fin du second Volume.

NOTES
DU SECOND VOLUME.

(1) page 2. *On trouve la relation de ce qui se passa à l'occasion de cet ouvrage dans la collection de d'Argentré, tom. 1, p. 304 & 397; dans l'histoire de l'Université de Paris, par du Boullay, tom. 4, p. 216, & dans l'histoire de l'Eglise Gallicane, du P. Longueval, tom. 13, p. 103, &c.*

(2) p. 2. Dicamus secundùm veritatem atque concilium Aristotelis *III Politicæ cap. 6*, legislatorem seu causam legis effectivam primam & propriam esse populum, seu civium universitatem, aut ejus valentiorem partem per suam electionem seu voluntatem, in generali civium congregatione, per sermonem expressam, præcipientem seu determinantem aliquid fieri vel omitti circa civiles actus humanos, sub pœnâ vel supplicio temporali. *Marsill. Pad. def. pac. part. 1, cap. 12.* — Amplius, quod ab eâdem auctoritate debent leges & alia quæ per electionem statuuntur, suscipere additionem vel diminutionem vel totalem immutationem, interpretationem, suspensionem, secundùm exigentiam temporum vel locorum.... Eâdem quoque auctoritate promulgari, seu proclamari leges debent post earum institutionem. *Ibid.*

(3) p. 2. Quod quidem igitur legum lationis seu institutionis auctoritas, & de ipsarum observatione coactivum dare præceptum, ad solam civium universitatem, seu ipsius valentiorem partem, tanquam efficientem causam pertineat, aut ad illum vel ad illos cui vel quibus auctoritatem hanc concesserit jam dicta universitas, sufficienter ex dictis monstrasse putamus. *Marsill. Pad. ib. c. 13.*

(4) p. 2. Dicamus secundùm veritatem & sententiam Aristotelis *Politicæ cap. 6*, potestatem factivam institutionis principatûs, seu electionis ipsius, ad legislatorem, sive civium universitatem, quemadmodùm ad eundem legislatorem diximus pertinere 12º. hujus; principatûs quoque correptionem quamlibet, etiam depositionem si expediens fuerit, propter commune conferens, eidem similiter convenire. Nam hoc est unum de majoribus in Politiâ, quæ ad multitudinem civium universam ex dictis Aristotelis *III Politicæ cap. 6*, pertinere conclusimus 13º. hujus. *Marsill. Pad. ibid. c. 15.*

(5) p. 2. Principatum seu jurisdictionem coactivam supra quemquam clericum aut laïcum, etiam si hæreticus existet, nullum Episcopum aut sacerdotem in quantum hujusmodi, ullam habere. *Ib. part. 1, c. 15, p. 2, c. 4, 5, 9, 10, Concl. 4.* — A judicio coactivo Episcopo vel sacerdoti

concesso semper ad legislatorem, contendentem liceat appellare & ad ejus auctoritati participantem. *Marsill. Pad. ibid. part.* 1, c. 15, part. 2, c. 22, concl. 37.
— *Cet auteur attribue au même tribunal le droit de définir les matières de foi,* (part. 2, c. 20, concl. 2,) *de convoquer les conciles,* (part. 2, c. 8, & 21, concl. 33,) *de canoniser les Saints,* (part. 2, c. 21, concl. 35,) *d'interdire le mariage aux prêtres,* (ib. conc. 36,) *de prescrire les jeûnes; de prohiber les travaux méchaniques à certains jours,* (part. 2, cap. 22. concl. 34,) *de conférer les bénéfices, ou déposer les clercs, les Évêques & le souverain Pontife,* (part. 1, c. 15 & 16. part. 2, c. 21 & 22, concl. 18, 23 & 24,) *de déterminer le nombre des ministres & des Églises nécessaires au service divin,* (part. 1, c. 15 & part. 2, c. 17, 21, concl. 21,) *de donner pouvoir d'excommunier,* (part. 2. c. 15.)

(6) p. 3. " *Les Calvinistes se proposant de prendre les armes contre le Roi, voulurent consulter auparavant les plus savans théologiens du parti. Cela ayant été proposé, dit Théodore de Bèze, aux jurisconsultes & gens de renom, de France & d'Allemagne, comme aussi aux plus doctes théologiens; il se trouva qu'on pouvoit légitimement s'opposer au gouvernement usurpé par ceux de Guise, & prendre les armes au besoin pour repousser leur violence, pourvu que les Princes du sang, qui sont nés, en tels cas, légitimes magistrats, ou l'un d'eux, le voulut entreprendre, sur-tout à la requête des États de France, ou de la plus saine part d'iceux.* Car d'en avertir *le Roi & son conseil;* c'étoit s'adresser aux adversaires mêmes. " *Théod. de Bèze, Hist. Eccl. l.* 3, p. 249, 250.

Le Ministre Jurieu, disoit hautement dans sa lettre pastorale qu'il publia en 1689, que l'autorité des Rois vient des peuples; " *que les Rois ne sont que dépositaires de la souveraineté; qu'ils sont justiciables du peuple pour la mauvaise administration de ce dépôt; que le peuple est en droit de retirer ce dépôt, lorsque le bien public & l'intérêt de la Religion le veulent ainsi, & de le confier à qui bon lui semble.* " Et ailleurs dans son traité de l'Église, ch. 21. " *L'une des plus fortes raisons que nous ayons pour prouver que le peuple chrétien a le droit de se faire des pasteurs, est tiré de ce que c'est à l'Église, c'est-à-dire, au peuple qu'a été donnée la puissance des clefs. Cette puissance est proprement ce qui gouverne l'Église. C'est la prédication de la parole, c'est l'administration des Sacremens; c'est l'administration des censures. Le peuple chrétien ne sauroit faire cela par lui-même. Il ne sauroit ni se prêcher, ni se donner les Sacremens, ni administrer les censures. Il faut donc qu'il fasse tout cela par des pasteurs qui sont autorisés par lui, & qui agissent en son nom. Si le peuple a reçu la puissance des clefs, il est clair que c'est en son nom qu'elle s'administre, & que c'est à lui à faire ses conducteurs.* "

NOTES.

M. Claude dans la Défense de la Réforme, p. 350. " Tout ce que les pasteurs font, ils le font au nom de l'Église. C'est l'Église qui prêche par eux, qui censure par eux, qui suspend, qui absout, qui excommunie par eux. Ils ne sont que les ministres & les dispensateurs de ces droits... Il est certain que c'est le corps des fidèles qui a reçu originairement la puissance des clefs, qui les exerce par les premiers pasteurs, & de qui dépend la validité de tous les actes du ministère, comme étant faits au nom & en l'autorité de tout le corps.

" Le pouvoir des clefs est purement spirituel & a été accordé par J. C. à son Église, sans qu'il ait voulu transmettre à ceux qui en ont l'exercice par état, ou qui l'ont reçu immédiatement de J. C. au nom de toute l'Église, aucune voie de contrainte, ni aucun droit de l'exercer avec l'appareil extérieur de la domination & de la force, mais seulement par la voie de la persuasion & par la seule crainte de la perte de l'âme & des peines éternelles. " Ainsi parlent les 40 avocats dans leur mémoire condamné par arrêt du Conseil du 30 8bre. 1730, p. 2. Ils se fondent sur ces paroles de J. C. : Que son royaume n'est pas de ce monde. Et ailleurs : " L'autorité souveraine ne s'étend pas seulement au temporel... La discipline ecclésiastique fait une partie intégrante de la police générale de chaque nation chrétienne. " Ib. p. 2.

" Il est constant, " disent certains docteurs dans le corps de doctrine qu'ils publièrent mal-à-propos, au nom de la Faculté de théologie de Paris, " il est constant par l'Écriture & par la tradition perpétuelle de l'Église, que ce n'est pas un homme, comme dit S. Augustin, mais l'unité de l'Église qui a reçu les clefs du Royaume du Ciel; que c'est l'épouse de J. C. qui possède toute l'autorité de son divin Époux; que c'est l'Église catholique, mere des fidèles qui a reçu le pouvoir de lier, de juger & de prononcer; que la propriété appartient au corps entier, & que l'exercice de ce pouvoir appartient aux ministres établis par J. C. "

" Je soutiens, " disoit Buffard, docteur appellant & professeur en théologie en l'Université de Caen, " que ces paroles: Je vous donnerai les clefs, ont été dites à S. Pierre, comme représentant toute l'Église, en tant que ce n'est pas à lui seul, mais à toute l'Église que les clefs ont été données.... non pas toutefois en sorte que toute l'Église exerçât ce pouvoir par chaque fidele, mais par ceux qui doivent succéder aux Apôtres dans le ministere, & qui en font usage au nom de toute l'Église & du consentement au moins tacite de toute l'Église. " Voyez le mandement de M. de Bayeux du 25 Janvier, 1725, p. 14.

Fauvel, docteur aussi appellant de la même Faculté, s'explique ainsi dans une déclaration qu'il fut obligé de désavouer. " L'Église étant une république bien réglée, a le pouvoir de faire des loix.... Les Évêques ont reçu ce

» pouvoir médiatement de J. C.
» & immédiatement de l'E-
» glife »

L'auteur du renversement des libertés de l'Église Gallicane, enseigne que la propriété des clefs appartient à l'Église universelle, prise pour le corps entier ; » que c'est l'Église prise en ce » sens qui juge, qui décide, » qui admet dans sa communion » & qui en retranche, quoi- » qu'elle fasse tout cela par ses » pasteurs; que c'est elle qui, par » le ministere de ceux qui sont » déja établis, en appelle & » en ordonne d'autres ; qui re- » gle l'usage du pouvoir qu'ils » exercent, & qui en peut pu- » nir l'abus ; qui fait des loix » & qui en dispense ; qui lie & » qui délie. » Renv. des Lib. Gall. t. 1. abus 23, p. 352, 353.

On lit dans les représentations justes & respectueuses à nos seigneurs les Cardinaux, Archevêques & Évêques, au sujet de la condamnation portée contre la consultation des cinquante avocats. » C'est l'Église composée » de tous les fideles, qui est la » dépositaire fidelle & l'inter- » prete infaillible de la pa- » role de Dieu. Elle juge, elle » décide, elle fait des loix, » elle en dispense.... Elle lie & » elle délie... Elle a des écono- » mes, des dispensateurs, des » ministres de différens ordres » que son Époux lui a donnés, » pour agir en son nom & selon » son esprit, pour exercer ses » droits & faire usage de tout » le pouvoir qu'elle possede. Or » la propriété du pouvoir n'ap- » partient point à celui qui » l'exerce, comme dispensateur » & comme ministre, mais à » celui qu'il représente, & dont » il est le ministre. »

Ainsi s'est vérifiée la prédiction de S. Amour. Souvenez-vous, écrivoit-il de Rome, que de cette décision, touchant le livre de Jansénius, dépendra le renouvellement du Richérisme en France, ce que je crains fort. Journal de S. Amour, p. 523. Il falloit bien en effet chercher un moyen pour se soustraire à la condamnation. Eh! quel moyen plus propre que d'imaginer que les pasteurs n'exercent que l'autorité du peuple, pour supposer ensuite que ce peuple qui ne s'explique jamais par lui-même, désavouoit le jugement des pasteurs !

(7) p. 3. Jure divino & naturali omnibus perfectis communitatibus & civili societati, priùs, immediatiùs & essentialiùs competit ut seipsam gubernet, quàm alicui homini singulari, ut talem societatem & communitatem regat. Rich. de Ecclef. & Polit. potest. c. 1. —— Le Cardinal du Perron dans sa lettre à Casaubon du 15 avril 1612, s'exprime en ces termes au sujet de Richet : L'an 1591, au mois d'octobre, il soutint publiquement en Sorbonne, que les Etats du royaume étoient indubitablement par-dessus le Roi, & que Henri III, qui avoit violé la foi donnée à la face des États, avoit été, comme tyran, justement tué. Ce sont, ajoute le Cardinal, les propres mots de ses anciennes thefes, dont j'ai l'original imprimé entre les mains. V. Ambassades du Card. du Perron, p. 696.

Richer appliqua également à la puissance ecclésiastique, son systême de propriété, comme on voit dans les propositions suivantes, tirées de son livre de la police ecclésiastique.

1. Prop.

NOTES.

1e. *Prop.* Christus suam fundavit Ecclesiam ; priùs, immediatiùs & essentialiùs claves seu jurisdictionem toti dedit Ecclesiæ, quàm Petro & aliis Apostolis.

2e. *Prop.* Tota jurisdictio ecclesiastica, primariò, propriè & essentialiter Ecclesiæ convenit ; Romano autem Pontifici atque aliis Episcopis instrumentaliter, ministerialiter, & quoad executionem tantùm, sicut facultas videndi oculo competit.

3e. *Prop.* Christus non tam uni Petro, quàm unitati infallibilem clavium potestatem detulit.

4e. *Prop.* Papa est caput Ecclesiæ, symbolicum, ministeriale, accidentarium, non essentiale, visibile sub Christo capite principali & essentiali, cum quo potest Ecclesia facere divortium, quia hoc caput symbolicum seu figurativum potest adesse & abesse ad tempus sine Ecclesiæ interitu.

Le concile de Sens en 1612, assemblé par le Cardinal du Perron, condamna le livre de Richer, comme contenant des propositions, des expositions & des allégations, fausses, erronées, scandaleuses & schismatiques, & dans le sens qu'elles présentent, hérétiques.

(8) p. 3. « *C'est l'Église qui a l'autorité d'excommunier pour l'exercer par les premiers pasteurs du consentement au moins présumé de tout le corps.* Prop. 89 de Quesnel. » — « *La plénitude du pouvoir & de l'infaillibilité, disent les 50 avocats consultans, réside uniquement dans le corps de l'Église.* » Consult. p. 34, 32. — *Baillet blâme la rétractation que fit Richer de sa doctrine, & ajoute que ce docteur mourut accablé des horreurs de ce crime.* Baillet, *Vie de Rich.*

(9) p. 15. Ipse dedit quosdam quidem Apostolos, quosdam autem Prophetas, alios verò Evangelistas, alios autem pastores & doctores, ad consummationem sanctorum in opus ministerii, in ædificationem corporis Christi. *Eph. IV*, 11, 12.

(10) p. 20. Cum Episcopo subjecti estis ut Christo ; videmini mihi non secundùm homines Deo vivere, qui propter vos mortuus est. . . . Necessarium itaque est quemadmodùm facitis, ut nihil sine Episcopo agatis.... Cuncti revereantur Episcopum ut eum qui est figura Patris. *Ign. ad Trall. n. 2 & 3.* — Quotquot Dei & Jesu Christi sunt, hi sunt cum Episcopo. *Ibid. ad Philadelph. n. 3.* — Omnes Episcopum sequimini, ut Jesus Christus Patrem.... Sine Episcopo nemo quidquam faciat eorum quæ ad ecclesiam spectant. Rata Eucharistia habeatur illa quæ sub Episcopo fuerit, vel cui ipse concesserit. *Ib. ad Smyrn. n. 8.* — Nonnulli Episcopum quidem nominant, sed sine illo omnia faciunt. Tales verò non bonâ conscientiâ mihi præditi esse videntur. *Ib. ad Magnes. n. 4.*

(11) p. 20. Ne te misceas ecclesiasticis, neque nobis in hoc genere præcipe, sed potiùs ea à nobis disce. Tibi Deus imperium commisit, nobis quæ sunt Ecclesiæ concredidit. Quemadmodùm qui tibi imperium subripit, contradicit ordinationi divinæ, ita & tu cave ne quæ sunt Ecclesiæ ad te trahens, magno crimini obnoxius fias. Date (scriptum est) *quæ sunt Cæsaris, Cæsari, & quæ sunt Dei, Deo.* Neque igitur fas est nobis in terris imperium tenere, neque tu thymiamatum, & sacrorum potestatem habes, Imp-

rator. *S. Athan. Epist. ad solitar. vitam agentes. Hosius Constantio Imperatori.*

(12) p. 21. Quis canon jubet milites invadere Ecclesias ? Quis tradidit comites ecclesiasticis præesse rebus, aut edicto judicia eorum qui episcopi vocantur, promulgare? Quandonam Ecclesiæ decretum ab Imperatore accepit auctoritatem ?.... Multæ antehac synodi coactæ sunt, multa prodiêre decreta, sed nunquam Patres res hujusmodi Imperatori suasêre, nunquam Imperator ecclesiastica curiosè perquirit.... Jam verò spectaculum novum quod Arianæ hæresis inventum est.... Ille in palatium judicia ad se transfert ecclesiastica quibus præsidet..... Quis videns illum iis qui episcopi putantur præfici, in ecclesiasticisque judiciis præsidere, non jure dicat hanc esse illam à Daniele prædictam, abominationem desolationis? *Ath. ad solit. vitam agent. Hosius Constantio Imperatori.*

(13) p. 21. Provideat & decernat Clementia tua ut omnes ubique judices quibus provinciarum administrationes concreditæ sunt ad quos sola cura & sollicitudo publicorum negotiorum pertinere debet, à religiosa se observantia abstineant, neque post hæc præsumant ut putent se causas cognoscere clericorum. » *Par les* » *causes des clercs, ajoute M.* » *du Puy en rapportant ce* » *texte, St. Hilaire entend les* » *causes qui les regardent en* » *particulier, & qui dépendent* » *seulement de leurs loix, en* » *un mot tout ce qui concerne* » *la Religion.* » *Du Puy, jurisd. crimin. part. 1, ch. 10 au livre des libertés de l'Eglise Gallic. tom. 1, p. 21. édit. 1731.*

(14) p. 21. Nonne habet Ecclesia vitulum & leonem simul pascentes, sicut ad hodiernam usque diem cernimus mundanos principes regi & instrui ab ecclesiasticis. *Cyrill. Hierosol.*

(15) p. 22. An me liberè loquentem (*Principes & præfecti*) æquo animo seretis ? Nam vos quoque imperio meo ac tribunali lex Christi subjicit. Imperium enim nos quoque gerimus : addo etiam præstantiùs ac perfectius, alioquin carni spiritum, & terrenis cœlestia cedere oportebit. Omninò te libertatem illam meam accepturum in bonam partem scio. Sacri mei gregis ovis es, sacra & alumna magni Pastoris. *Greg. Naz. orat. 17. C'est ainsi qu'il parloit devant un des premiers officiers de l'Empire.*

(16) p. 22. Nec quisquam contumacem judicare me debet, cùm hoc adseram, quod augustæ memoriæ pater tuus non solùm sermone respondit, sed etiam legibus suis sanxit : In causâ fidei vel ecclesiastici alicujus ordinis eum judicare debere, qui nec munere impar sit, nec jure dissimilis ; hæc enim verba rescripti sunt ; hoc est, sacerdotes de sacerdotibus voluit judicare.... Quandò audisti Clementissime Imperator ; in causâ fidei laïcos de Episcopo judicasse ? Ita ergò quâdam adulatione curvamur, ut sacerdotalis juris simus immemores, & quod Deus donavit mihi, hoc ipse aliis putem esse credendum ? Si docendus est Episcopus à laïco quid sequetur ? Laïcus ergò disputet, & Episcopus audiat. Episcopus discat à laïco. At certè si vel Scripturarum seriem divinarum vel vetera tempora retractemus, quis est qui abnuat in causâ fidei, in causâ, inquam, fidei Episcopos solere de Imperatoribus Christianis, non Imperatores de Episcopis judi-

NOTES. 499

care ? *Amb. ad Valentinianum. epist.* 21, n. 2 & 4, *edit. nov.*

Non solùm sermone respondit (Valentinianus) verùm etiam legibus suis sanxit : In causâ fidei & ecclesiastici alicujus ordinis eum judicare debere qui nec munere impar sit, nec jure dissimilis. Hæc enim verba rescripti sunt ; hoc est sacerdotes de sacerdotibus voluit judicare. Quin etiam si aliàs quoque argueretur Episcopus, & morum esset examinanda causa, etiam hæc voluit ad episcopale judicium pertinere. *Amb. epist. ad Valent.* 21, n. 2, *nov. edit.*

Imperator bonus intra Ecclesiam, non supra Ecclesiam est. *Ib. in concione contra Auxentium,* n. 36, *nov. edit.*

(17) p. 22. Judices ecclesiasticos tantæ auctoritatis Episcopos, quorum judicio & Cœciliani innocentia & eorum improbitas declarata est, non apud alios collegas, sed apud Imperatorem accusare ausi sunt, quod malè judicarint. Deinde ille aliud Arelatense judicium, aliorum scilicet episcoporum, non quia jam necesse erat, sed eorum perversitatibus cedens & omnimodò cupiens tantam impudentiam cohibere. Neque enim ausus est Christianus Imperator sic eorum (Donatistarum) tumultuosas & fallaces quærelas suscipere, ut de judicio episcoporum qui Romæ sederant, ipse judicaret... Eis ipse cessit, ut de illâ causâ post Episcopos judicaret, à sanctis Antistibus postea veniam petiturus, dum tamen illi quod ulteriùs dicerent, non haberent. *Aug. epist.* 93, *alias* 162.

(18) p. 24. Duo sunt Imperator Auguste, quibus principaliter mundus hic regitur, sacerdotalis auctoritas & regalis potestas; utraque principalis, suprema utraque, neque in officio suo alteri obnoxia

est. *Subdit* : Nôsti enim clementissime Fili, quod licèt præsideas humano generi dignitate, rerum tamen præsulibus divinarum devotus colla submittis... Atque ab eis causas tuæ salutis expetis, inque sumendis cœlestibus sacramentis, eisque, ut competit, disponendis, subdi te debere cognoscis, religionis ordine, potiùs quàm præesse. Nôsti itaque inter hæc ex illorum te pendere judicio, non illos ad tuam velle redigi voluntatem. Si enim, quantùm ad ordinem spectat publicæ disciplinæ, cognoscentes imperium tibi supernâ dispositione collatum, legibus tuis ipsi quoque parent Religionis Antistites, quo, rogo te, decet affectu eis obedire, qui pro erogandis venerabilibus rebus sunt attributi mysteriis. (*Gel. epist.* 8, *ad Anast. tom.* 4, *concil. p.* 1182.)

„ Et quidem Gelasius ubique
„ celebrat Pontificiam potestatem
„ uti digniorem, quippè quæ di-
„ gnioribus ac cœlestibus præsit,
„ nec tamen alteram, minùs licèt
„ dignam, alteri obnoxiam facit.
„ In rebus quidem suis ; quod au-
„ tem Imperatores Pontificibus
„ subdit, disertè explicat, non
„ illud absolutè, sed in sumendis
„ ac disponendis cœlestibus sa-
„ cramentis, quâ etiam in re ju-
„ dicari docet : *Nôsti,* inquit,
„ *inter hæc ex illorum te pen-*
„ *dere judicio.* Ordinem autem
„ in eo esse intelligimus . non
„ quod potestas dignior alteram
„ ad sua jura revocet, sed quòd,
„ cùm ambæ supremæ sint, al-
„ tera alteri suo quæque officio
„ obsequantur. Favet sanctus Sym-
„ machus Papa ad eundem Ana-
„ stasium. Ille (Imperator) *re-*
„ *rum humanarum curam ge-*
„ *rit* : iste (scilicet Pontifex)
„ *divinarum : tu humana ad-*

Ii 2

" ministras, ille tibi divina
" dispensat. Itaque, ut non di-
" cam superior, certe æqualis
" est honor. Symm. Epist. 6 ad
" Anast. ib. p. 1298. Potuisset
" enim dicere honorem sacerdo-
" talem superiorem esse honore
" regio, hoc est, præstantiorem,
" sublimiorem, digniorem; ne-
" que quisquam negasset Christia-
" nus : at in æqualitate utriusque
" potestatis, Sanctus Pontifex
" meritò acquiescit, quod æquo
" & absoluto jure, altera divi-
" nis, altera humanis rebus præsit.
" Hæc dicebant Pontifices su-
" perbo Imperatori, qui ad se
" omnia, etiam ecclesiastica tra-
" here, & Acacii meritò excom-
" municati nomen, imperatoriâ
" potestate, sacris dypticibus res-
" tituere, vel conservare nitere-
" tur.... Denique in eo sunt Pa-
" tres omnes, ut ambas potesta-
" tes divino Numine separatas,
" at suis finibus circumscriptas,
" unique Deo subditas esse præ-
" dicent. " *Defens. decl. cler.
gall. part. 2, l. 5, cap. 33, edit.
Luxemb. 1730.*

(19) p. 25. Imperatori edicto
obtemperari (*de imaginibus*)
non permittemus, Patrum consuetudinem evellere conantis....
His de rebus aliquid statuere non
ad Imperatores spectat sed ad concilia.... Ligandi asque solvendi
potestatem non Regibus tradidit
Christus sed Apostolis eorumque
successoribus. *Joan. Damasc. de
imagin. orat. 1. circa fin.*

Nemo mihi persuaserit Imperatoris edictis ecclesiam administrari,
sed Patrum institutis regitur, sive
ea scripta sint, sive non scripta.
Ib. orat. 2. n. 17.

(20) p. 25. *Léon l'Arménien
ayant assemblé les Évêques &
plusieurs Catholiques pour entrer en discussion avec eux sur
le culte des images, Émilien,
Évêque de Cyzique lui dit :* Si
quæstio ecclesiastica, Imperator,
hæc est, ut dixisti, in Ecclesiâ
inquirantur, ut mos est. Altius
enim & principio ipso, ecclesiasticæ quæstiones in Ecclesiis, non
in palatiis regiis inquiruntur. *Ba-
ron. tom. 9, ad ann. 814, n.
12, p. 610.*

S. Théodore Studite : Ne ten-
tes nunc o Imperator ! ecclesiasticum statum dissolvere. Ait enim
Apostolus : Quosdam quidem posuit Deus in Ecclesiâ, primùm
Apostolos, deinde Prophetas, tertiò
Pastores & Doctores ad perfectio-
nem sanctorum, non dixit, Reges. Tibi quidem o Imperator ! civilis status, & exercitus commissus est, Hæc igitur cura. Ecclesiam
autem Pastoribus & Doctoribus,
ut ait Apostolus, derelinque. *Ib.
n. 17.*

Et ensuite : Hoc tibi ante omnia respondemus. Res ecclesiasticas ad sacerdotes doctoresque
pertinere ; Imperatoris verò ex-
terarum rerum administrationem
propriam esse. *Ib. p. 614, n. 19.*

(21) p. 25. Mediator Dei &
hominum homo Christus Jesus sic
actibus propriis & dignitatibus
distinctis officia pietatis utriusque
discrevit, propria volens medici-
nali humilitate hominum corda
sursùm efferri, non humanâ su-
perbiâ rursùs in inferna demergi ;
ut Christiani Imperatores pro
æternâ vitâ pontificibus indige-
rent ; & pontifices pro cursu tem-
poralium tantummodò rerum im-
perialibus legibus uterentur, quatenùs spiritalis actio à carnalibus
distaret incursibus. *Nicol. ad Michael. imper. circa fin. cap.* quoniam 8. *dist. 10.*

(22) p. 25. Si Imperator Catholicus est, filius est, non præsul
Ecclesiæ... Ut Dei beneficiis non

ingratus contra difpofitiónem cœ-
leſtis ordinis nihil uſurpet. Ad
ſacerdotes enim voluit Deus quæ
Eccleſiæ diſponenda ſunt, pertinere, non autem ad ſæculi poteſ-
tates. *C. ſi imperator.*

Vid. c. certum eſt. *Cap.* Imperium. *diſt. 10. Cap.* ſolitæ *de
majorit. & obedientiâ.*

(23) p. 26. Poſt hos autem
ignaros homines ſurrexit Marſi-
lius Patavinus, cujus peſtilens liber quod *Defenſorium pacis* nun-
cupatur in Chriſtiani populi per-
niciem, procurantibus Luthera-
nis, nuper excuſus eſt. Is hoſti-
liter Eccleſiam infeſtatur, & terrenis principibus impiè applaudens,
omnem Prælatis adimit exterio-
rem juriſdictionem, eâ dumtaxat
exceptâ quam ſæcularis largitus
fuerat magiſtratus.... Verùm ex
ſacris litteris coercitus eſt deliran-
tis hujus hæretici immanis furor,
quibus palàm oſtenditur non ex
Principum arbitrio dependere eccleſiaſticam poteſtatem, ſed ex
jure divino, quo Eccleſiæ conce-
ditur leges ad ſalutem condere
ſidelium, & in rebelles legitimâ
cenſurâ animadvertere. *Conc. ſe-
nonenſe ſub Cardinali à Prato.
Concil. Labb. tom. 14, p. 436.*

(24) p. 26. Clericos etiam quos
indiſcretim ad ſæculares judices
debere deduci infauſtus præſump-
tor ediſſerat, epiſcopali audien-
tiæ reſervamus. Fas enim non eſt
ut divini muneris miniſtri tempo-
ralium poteſtatum ſubdantur arbitrio. *Cod. Theod. lib. 16, tit. 2,
l. 47.*

*Godefroi fait cette remarque
ſur le mot* indiſcretim: hoc malum erat (*videlicet indiſcretim
deducendi clericos ad judices ſæculares*) cui contrarium proinde
remedium hâc lege inducitur ſeu
ſtabilitur, ne ſcilicet indiſcretim
id fieret, verùm epiſcopali au-
dientiæ clerici ſeu divini muneris
miniſtri reſervarentur; non tem-
poralium poteſtatum ſubderentur
arbitrio ſeu judicio, quâ clerici
ſcilicet ſunt, & ſic in cauſis, negotiis, delictis eccleſiaſticis, & non
quâ cives & in actionibus vel ci-
vilibus, vel criminalibus. *Et ailleurs :* De cauſis eccleſiaſticis...
in quibus de Religione agitur, dubium nullum eſt eas coram Epiſ-
copis & ſynodis diœceſeon audiri
oportere.... Item dubium nullum
eſt cauſas eccleſiaſtici alicujus ordinis, ut et delicta eccleſiaſtico-
rum propriè contra diſciplinam
eccleſiaſticam & ordinem admiſſa,
ibidem agitari.

(25) p. 26. Piè admodùm in
Deum affectus fuit (*Valentinianus*) adeò ut neque ſacerdotibus
quidquam imperare, neque no-
vare aliquid in inſtitutis Eccleſiæ
quod ſibi deteriùs videretur vel
meliùs, omninò aggrederetur. Nam
quamvis eſſet optimus ſanè Imperator, & ad res agendas valdè
accommodatus, tamen hæc ſuum
judicium longè ſuperare exiſtima-
vit. *Sozom. hiſt. l. 6, c. 21.*

(26) p. 26. Si quid de cauſa
religionis inter Antiſtites ageretur, epiſcopale oportuerit eſſe
judicium; ad illos enim divinarum
rerum interpretatio, ad nos religionis ſpectat obſequium. *Enſuite :* Rebus denique ipſis docetur quid de his ſenſerit divina Ma-
jeſtas. *Epiſt. Honorii Aug. ad
Arcad. inter. epiſt. Innocentii.
1. apud Labb. concil. tom. 2,
col. 1311, 1312.*

De vobis quid ampliùs dicam
non habeo, *dit l'Empereur Baſile, s'adreſſant aux laïques
dans le concile de Conſtantinople, huitieme général,* quam-
quod nullo modo vobis licet de
eccleſiaſticis cauſis ſermonem habere. Hæc enim inveſtigare &

quærere, Patriarcharum, Pontificum & facerdotum eft, qui regiminis officium fortiti funt, qui fanctificandi, ligandi atque folvendi poteftatem habent, qui ecclefiafticas & cœleftes adepti funt claves; non noftri qui pafci debemus. *Orat. Bafil. Imper. inter acta 8æ. fynodi œcumenicæ.*

(27) p. 26. Reddentes honorem Apoftolicæ Sedi & veftræ Sanctitati, quod femper nobis in voto & fuit & eft, & ut decet patrem, honorantes veftram Beatitudinem, omnia quæ ad ecclefiarum ftatum pertinent, feftinavimus ad notitiam deferre veftræ Sanctitatis, quoniam femper nobis fuit magnum ftudium unitatem veftræ apoftolicæ Sedis, & ftatum fanctarum Dei ecclefiarum cuftodire. *L.* Reddentes 9, *cod. de fummâ Trinitate.*

(28) p. 26. L'art. 4 de l'ordonnance de 1539, réferve aux juges d'Église leur jurifdiction ès matieres des facremens & autres pures fpirituelles & eccléfiaftiques, dont ils pourroient connoître, même contre les purs laïques, fuivant la forme de droit.

(29) p. 26. Cet édit art. 24 enjoint aux juges féculiers de prêter aide & confort pour l'exécution des fentences des juges eccléfiaftiques, implorant le bras féculier, & leur défend de prendre connoiffance des jugemens par eux rendus.

(30) p. 26. L'art. 8 de l'édit de 1606 porte que « les eccléfiaftiques tant féculiers que » réguliers... ne pourront, étant » prévenus de crimes dont la » connoiffance doit appartenir » aux juges d'Église (c'eft-à- » dire de crimes commis contre » la Religion ou la difcipline » eccléfiaftique) s'exempter de » leur jurifdiction, pour quelque » caufe que ce foit, ni même » fous prétexte de liberté de » confcience. Faifons à cet ef- » fet, continue ce Prince, in- » hibitions & défenfes à nos » juges d'en prendre aucune » connoiffance, encore que les » dits accufés & prévenus le » vouluffent confentir. »

(31) p. 27. Selon l'art. 5 de l'édit de 1610, les juges féculiers doivent prêter affiftance & main-forte à l'exécution des fentences des juges d'Église, » fans pour ce entrer en aucune » connoiffance des oppofitions » prétendues formées à leur dite » affiftance requife, *fous prétexte defquelles ils jugent le plus fouvent du fond defdites fentences.* Le Prince leur enjoint de renvoyer lefdites op- » pofitions avec toutes leurs » circonftances & dépendances » par-devant lefdits juges d'É- » glife pour y être pourvu. »

Et dans l'ordonnance de 1629, art. 31. « *Défendons à nos di- » tes cours & juges de prendre » aucune connoiffance & jurif- » diction des caufes fpirituel- » les, ni de celles qui concer- » nent l'adminiftration des fa- » cremens, & autres qui ap- » partiennent aux juges ecclé- » fiaftiques, ni d'entreprendre » directement ni indirectement » fur leur jurifdiction, même » fous prétexte de complainte ou » poffeffoire appliquées aux- » dites caufes conformément au » 4e. art. de l'édit fait en 1610.* »

(32) p. 27. Le Roi ordonne par le 34e. art. de l'édit de 1695, que « la connoiffance des cau- » fes concernant les facremens, » les vœux de Religion, l'of- » fice divin, la difcipline ec- » cléfiaftique, & autres pure- » ment fpirituelles, appartien-

» dra aux juges d'Église, avec
» injonction aux officiers du
» Roi & même aux Cours de
» Parlement de leur en laisser,
» & même de leur en renvoyer
» la connoissance, sans préten-
» dre aucune jurisdiction ni
» connoissance des affaires de
» cette nature, si ce n'est qu'il
» n'y eut appel, comme d'abus
» interjeté aux dites Cours de
» quelques jugemens, ordon-
» nances, ou procédures faites
» à ce sujet, ou qu'il s'agit
» d'une succession ou autres ef-
» fets civils. »

Et sur le cas de l'appel, comme d'abus » nos Cours, est-il dit
» art. 37, en jugeant les appels
» comme d'abus.... diront qu'il
» a été mal, nullement & abusi-
» vement procédé, statué & or-
» donné. Et en ce cas, si la cause
» est de la jurisdiction ecclé-
» siastique, elles renvoyéront
» à l'Archevêque ou à l'Evê-
» que, dont l'official aura rendu
» le jugement ou l'ordonnance
» qui sera déclarée abusive, afin
» d'en nommer un autre, ou
» au supérieur ecclésiastique. »

(33) p. 27. Cùm nos sons omnimodæ jurisdictionis temporalis esse dignoscamur, pro regimine vero & politiâ reipublicæ Deus summus collator duo brachia, videlicet sacerdotium & imperium ac duas jurisdictiones ab invicem separatas, distinctas & divisas ab ipso Deo coæquali procedentes, quibus principaliter hic mundus regitur; desuper contulerit & ordinaverit, &c. V. Lib. de l'Egl. Gal. tom. 3, p. 122, édit. 1731.

(34) p. 29. » Ces deux auto-
» rités, l'ecclésiastique & la
» royale, étoient parfaites, &
» elles avoient un plein exer-
» cice avant la conversion des
» Empereurs. L'Église fondée
» par J.C., avoit reçu de lui
» tous les pouvoirs dont elle
» avoit besoin pour s'établir
» & pour s'étendre : & quoi-
» qu'elle fut persécutée, elle
» avoit tout ce qui étoit néces-
» saire pour régler le dedans,
» & pour faire des conquêtes
» au-dehors. Ces armes, quoi-
» que purement spirituelles, lui
» suffisoient pour se soumettre
» tout l'univers.... Quand les
» Empereurs seroient demeurés
» dans l'incrédulité... la Re-
» ligion se seroit accrue par la
» persécution, comme elle avoit
» fait jusque-là.... Il en est de
» même de la puissance royale.
» Elle avoit, dans l'infidélité
» même, toute l'autorité néces-
» saire pour se faire obéir, dans
» les choses qui dépendoient
» d'elle. Tous devoient lui être
» soumis, non-seulement par la
» crainte du châtiment, mais
» encore par un sentiment de
» conscience.... Quand il seroit
» arrivé que les Rois demeu-
» rassent toujours dans les té-
» nebres du paganisme, &
» qu'ils fussent toujours les im-
» placables persécuteurs de la
» vérité; le pouvoir qu'ils
» avoient reçu de Dieu pour
» gouverner la répuplique, n'en
» eut pas été moins digne de
» respect.... On voit par-là com-
» bien ces deux Puissances,
» l'ecclésiastique & la royale,
» sont indépendantes l'une de
» l'autre, puisque l'une & l'autre
» avoient toute leur perfection,
» toute leur dignité, & tout leur
» exercice, quoiqu'elles fus-
» sent séparées pendant des sie-
» cles entiers, & que l'une pa-
» rût ennemie de l'autre, non
» dans la vérité, mais par d'in-
» justes préjugés.... La récon-
» ciliation qui s'est faite entre la

« puissance ecclésiastique & la
» royale, par la conversion des
» Rois & des Empereurs, n'a
» rien changé dans leur état
» ni dans leur mutuelle indé-
» pendance. Le sacerdoce a
» conservé ses droits; & l'em-
» pire a retenu les siens. L'un
» est devenu libre, & l'autre
» est devenu fidele : mais l'un,
» en devenant libre, n'a rien
» acquis dans le fond, ni qui
» lui fut essenciel; & l'autre,
» en devenant fidele, n'a rien
» perdu en soumettant son au-
» torité à celle de J. C. » Instit.
d'un Prince, 4e. part. ch. 3,
art. 2 & 3.

(35) p. 29. » Duas illas juris-
» dictiones quibus principaliter
» mundus regitur à Deo fuisse ab
» invicem separatas, distinctas &
» divisas, ita ut neutra alteri
» subesset, cùm Rex in terris nul-
» lum in temporalibus sibi supe-
» riorem haberet. *Apud Fev. de*
» *l'Abus, tom. 1, l. 1, ch. 7,*
» *n. 1, p. 61, edit. 1736.* ——
» Il est certain que les Rois &
» Princes n'ont aucun droit de
» se méler des choses de la foi,
» (Sozom. lib. 6. c. 7. Ambr.
» epist. 32. ad Valent.) Le juge-
» ment entier & absolu en ap-
» partient à l'Eglise, de laquelle
» il faut suivre les décrets &
» obéir aux déterminations
» qu'elle a prises pour ce qui
» est des sacremens, doctrine
» chrétienne & orthodoxe & au-
» tres cas qui vont directement
» au spirituel. » *Fév. tom. 1, ch.*
5, n. 3.

(36) p. 30. » Nous reconnoî-
» trons toujours la distinction
» & l'indépendance des deux
» Puissances établies sur la terre
» pour la conduite des hommes,
» le sacerdoce & l'empire, la
» puissance de la Religion &

» celle du gouvernement tem-
» porel. Toutes deux immédia-
» tement émanées de Dieu,
» elles trouvent chacune en
» elle - même, le pouvoir
» qui convient à leur institu-
» tion & à leur fin; & s'il
» est vrai, comme on ne sau-
» roit en douter, qu'elles se
» doivent une assistance mu-
» tuelle, c'est par voie de cor-
» respondance & de concert, &
» non pas de subordination
» de dépendance. » Ce plaidoyer est à la suite de l'arrêt
du Parlement de Paris, rendu
contre M. de Laon le 20 fév.
1731. V. le Mandement de M.
le Cardin. de Bissi, 5 Janv.
1732, p. 18, in-4o.

(37) p. 30. Potestas temporalis & spiritualis, sive ecclesiastica
& politica, licet membra sint
unius corporis politici & partes
unius reipublicæ atque Ecclesiæ
Christianæ, neutra tamen alteri
subditur, neutra alterius fines &
jurisdictionem potest invadere sine
scelere, sed ambæ.... ad caput
qui Christus est, annectuntur. *Barclai. De potestate Papæ contra
Monarchomacos. c. 4.* Traité qui
avoit été composé pour la défense des droits de la Couronne
contre Bellarmin.

(38) p. 30. » Ce sont deux
» Puissances distinctes & sépa-
» rées, que l'ecclésiastique & la
» séculiere. Can. *Quoniam 20.*
» dist. & can. 6. *cùm ad verum*
» 96. dist. Toutes deux établies
» de Dieu, elles ont chacune
» leur fin, leurs magistrats,
» leurs loix, leurs peines, &
» ne peuvent entreprendre les
» unes sur les autres, sinon
» avec désordre & confusion. »
Milletot, *Délit comm. & pri-
val. n. 6.*

Et encore : » Il y a deux sor-

NOTES. 503

» tés de puissances, l'ecclésias-
» tique & la séculiere. La
» puissance ecclésiastique, soit
» que l'on parle du caractere
» & consécration établie par
» notre Seigneur, en sa der-
» niere cene, lorsqu'il dit à ses
» Apôtres: hoc facite, &c. ou
» de l'une & l'autre jurisdic-
» tion, tam in foro conscien-
» tiæ, quam in foro exteriori
» causarum..... L'Eglise d'onc
» connoîtra de justo & injusto
» quantùm ad peccatum, & le
» punira en tous Chrétiens &
» Catholiques, & in foro cons-
» cientiæ par l'application des
» pénitences, comme jeûnes,
» oraisons, aumônes, péleri-
» nages; & in foro exteriori
» causarum, par le tranchant de
» l'excommunication. » Milletot, du Délit commun, n. 36.
Traité inseré dans le 11. tome
des Libertés de l'Egl. Gall. édit.
1731, p. 275, tom. 1.

(39) p. 30. » Quoique la puis-
» sance ecclésiastique n'ait pas
» pu d'abord paroître au-
» dehors avec éclat durant les
» premiers siecles, pour les rai-
» sons que chacun sait; il est
» néanmoins certain qu'elle a
» toujours été reconnue entre
» les Chrétiens; & qu'aussi-tôt
» que les obstacles ont cessé,
» elle a exercé son empire &
» jurisdiction à sa mode, avec
» autant de liberté que la sécu-
» liere. » Colombet, Abrégé de
la Justice Romaine, tit. 10.

(40) p. 30. » Le Pape & les
» Evêques peuvent, sans con-
» tredit, connoître des matie-
» res spirituelles. Tout ce qu'il
» y a de spirituel & d'ecclésias-
» tique, disent les canons, doit
» être gouverné par le jugement
» & par la puissance de l'Evê-
» que, à qui Dieu a commis le
» soin des ames.... Cette juris-
» diction de l'Eglise s'étend
» même au criminel, touchant
» les crimes ecclésiastiques,
» comme l'hérésie.... Mais com-
» me le Pape & les Evêques
» ont reçu un plein pouvoir
» dans les choses de la Religion
» & dans les matieres spiri-
» tuelles; il n'est pas aussi mal-
» aisé de montrer qu'ils n'ont
» aucune jurisdiction tempo-
» relle. » Launay, Institution du
Droit Rom. & Franç. l. 4, ch. 5.

(41) p. 30. » Il faut savoir
» que l'Eglise a deux jurisdic-
» tions qu'il faut bien prendre
» garde de confondre..... l'une,
» qui est la véritable jurisdic-
» tion spirituelle, lui appartient
» essenciellement & primitive-
» ment pour son gouvernement
» intérieur & extérieur; & elle
» lui a été confirmée par J. C.,
» quand il a dit à ses Apôtres:
» Dabo tibi claves.... L'Eglise
» outre la jurisdiction spiri-
» tuelle & naturelle qui lui
» appartient de droit commun,
» a quelquefois une jurisdic-
» tion que nous pouvons ap-
» peller accidentelle, qui est
» une jurisdiction temporelle,
» laquelle lui a été accordée
» par les Princes séculiers &
» temporels. » Perard. Castel,
tom. 2. nouv. recueil de questions notables, div. 2, p. 307.

(42) p. 30. Ubi de religione
agitur prophanam potestatem ecclesiasticâ minorem esse edocemur.
Chopin. de Polit. sacrâ, l. 1,
tit. 2, n. 10 & 11. Cet auteur
rapporte à ce sujet plusieurs témoignages des écrivains payens
& ecclésiastiques.

(43) p. 31. Firmiter tenendum
est hierarchiam ecclesiasticam,
quam politiam ecclesiasticam nonnulli vocant, non solùm sanctam

esse & utilem, sed & jure divino institutam, quæ usque ad consummationem sæculi perductura est.... Cujus quidem hierarchiæ ecclesiasticæ, eodem jure divino, monarchica potestas est papalis, cui quilibet fidelium subesse dignoscitur. *Instruct. Facult. Theol. supra articulis Germanorum Protestantium ex collect. jud. de nov. errorib. Carol. du Plessis d'Argentré*, 2e. part. 1 tom. p. 397.

(44) p. 31. „ Ces deux Puissances (des Princes & des ministres de l'Église) ayant entr'elles l'union essencielle qui les lie à leur origine commune, c'est-à-dire, à Dieu, dont elles doivent maintenir le culte, chacune, selon son usage, sont distinctes & indépendantes l'une de l'autre, dans les fonctions propres à chacune. Ainsi les ministres de l'Eglise ont, de leur part, le droit d'exercer les leurs, sans que ceux qui ont le gouvernement temporel, puissent les y troubler; & ils doivent même les y soutenir en ce qui peut dépendre de leur pouvoir. Ainsi ceux qui ont le ministere de ce gouvernement (temporel) ont de leur part le droit d'exercer les fonctions qui en dépendent, sans qu'ils y puissent être troublés par les ministres de l'Eglise, qui doivent, au contraire, inspirer l'obéissance & les autres devoirs envers les puissances que Dieu a établies sur le temporel. „ *Loix Civil. du Droit Public*, l. 1, tit. 19, sect. 2, §. 2.

(45) Non possum non ab eo, quod Catholicos atque Protestantes inter se maximè dividit, principio rursùs exordium sumere: Ecclesiam nimirùm à Christo institutam esse tanquam perfectam quandam rempublicam sacram à civili distinctam, suis utique legibus, ita & magistratibus quoque ac subditis, imperantibus nimirùm atque parentibus instructam, quæ propterea reipublicæ cujusdam catholicæ & universalis, sed sacræ, speciem præseferat. Licet enim Ecclesia territorium distinctum non habeat, sed potiùs in regnis & territoriis, salvis Regum atque summorum magistratuum majestaticis juribus, subsistat: constat tamen ex sacrâ Scripturâ & continuâ Traditione, veluti bino polari Religionis revelatæ indice, existere in eâdem summum quoddam imperium circa ea quæ ad Religionem & salutem æternam fidelium pertinent, divinâ auctoritate, per omnes sui partes, atque à Christo communicatum, à nullo alio dependens, quod per varios magistratus, sibi invicem hierarchicè subordinatos, exercetur. Quæ sanè sufficiunt, ad societatem, civili per omnia similem, constituendam, nisi in silicibus atque glebis rempublicam quærendam esse, quispiam crediderit. Et istud quidem principium hoc in loco præsupponendum mihi potiùs est, quàm prolixis argumentationibus consolidandum; ut videlicet viam tantùm ad ea mihi parare queam quæ in sequentibus paragraphis erunt propugnanda. Neque iis quidquam addendum superesset, quæ suâ, quâ solet, soliditate de verâ regiminis in Ecclesiâ à Christo constituti, existentiâ ac indole, totâ spirituali & sacrâ magnificus D. Bartheleus, in dissertatione suâ, mirò eruditorum omnium applausu, hactenùs exceptâ, cui de jure

reformandi antiquo, titulum fecit, eruditè disseruit. *Joann. Nepom. Endres Dissert. de necessario jurisp. natur. cum eccl. nexu. cap. 3, §. 1. Vid. Thes. Jurisp. Eccl. tom. 1, edit. 1773, p. 45.*
—— Nemini non est notum, Catholicis Ecclesiam esse rempublicam sacram, profanæ civitati, in rebus ad jurisdictionem spiritalem & sacram spectantibus, minimè obnoxiam. *Schmidt. Dissert. de Imperatore stat. in Eccl. German. protect. §. 5. Vid. Thes. Juris. Eccl. tom. 2, ed. 1773, p. 342.* —— Majestas imperio ecclesiastico, quoad dignitatem indubiè cedit; quoad potestatem autem utriusque summam & ordinariam una alteram ut parem, & æqualem respicit; cùm majestas in sua sphæra æquè sit suprema, ac Ecclesia in suo ordine. *Alex. Hammer, de jure Principis catholici circa sacra, c. 1, sect. 2, §. 8. V. Thes. Juris Eccl. Germ. tom. 3, edit. 1773, p. 688.*

(46) p. 33. Orthodoxi asserunt in Ecclesiâ extare, imò, ineluctabili necessitate requiri subordinationem quandam hierarchicam, auctoritatem, prærogativam, jurisdictionem superiorem in inferiores : sine hâc existimant nihil ordine, nihil placatè in Ecclesiâ geri posse, solvi animorum unionem, invehi autonomiam seu libertatem suo arbitrio quidlibet sentiendi, &, quod pronum est, agendi....

Satis moderatè hâc de re (*prætensâ Cleri tyrannide*) scripsêre tum Theologi, tum canonistæ, etiam heterodoxi, inter quos Schilterus tuetur ac docet: in Ecclesiâ dari ordinem imperantium & parentium. *Friderich Idea nomothesiæ eccl. §. 2. Vid. Thesaur. Juris Eccl. tom. 4, in-4°. p. 5, edit. 1773.*

Quot & quantæ (*inquit Froereisenius, Minister Ecclesiæ Lutheranorum Argentauratinæ*) ex separatione & independentia ecclesiarum particularium jam ortæ sint miseriæ, vix verbis exprimi potest, *& post recensita dissidia concludit* : Quis probus non horrore corripitur videns primum nonnullorum juris ecclesiastici esse principium : Quidquid lubet, licet !

Video, *scribit Melanchton epist. ad Camerarium,* qualem simus habituri ecclesiam, dissolutâ politiâ ecclesiasticâ : video posteà multò intolerabiliorem futuram tyrannidem, quàm antea fuit, *& paulò ante* : Utinam possem, non quidem dominationem confirmare, sed administrationem restituere Episcoporum. *Apud Friderich Idea nomothesiæ eccl. §. 9. Vid. Thes. Juris Eccl. tom. 2, p. 38, 39, edit. in-4°. 1773.*

Requiritur ad unitatem Ecclesiæ, præter doctrinam & morum similitudinem, etiam unitas animorum, hoc est, ut cum eâ Ecclesiâ communionem & societatem agnoscas, quæ ab Apostolis, in universo terrarum orbe constituta, & per successionis traducem, ad nos usque est propagata. In hâc sanè unitate animorum, potissimùm spectanda est obedientia quæ debetur ecclesiarum præfectis, qui indè usque ab Apostolis, per successionem, Ecclesiam Dei gubernandam, & verbo vitæ pascendam susceperunt. *Consultatio Cassandri apud Grot. tom. 4, p. 566, col. 2, edit. 1679, in-fol.*

(47) p. 50. *Les cinquante avocats qui avoient consulté en 1727 en faveur de M. de Soanen, Evêque de Senez, vouloient réduire l'autorité de l'épiscopat à une simple direction;*

sous prétexte que le gouvernement que J. C. avoit établi dans son Église, étoit un gouvernement d'humilité, de douceur & de charité. *Surquoi les Évêques assemblés à Paris pour donner leur avis au sujet de la consultation de ces avocats, observerent que,* " si ce discours signifioit simplement que l'autorité des pasteurs doit être tempérée par la douceur, animée par la charité & exercée avec humilité, il ne renfermeroit rien que de véritable & de conforme à la Religion. Mais est-ce-là, continuent-ils, le sens que la consultation présente ? On voit au contraire que ceux qui en sont les auteurs, restreignent tellement à l'humilité, à la douceur, à la charité, le gouvernement des pasteurs, qu'il semble que J. C. ne leur ait point donné l'autorité pour commander, pour contraindre & pour punir. " *Les Évêques condamnent cette doctrine comme contraire aux livres saints & à la foi de l'Église; & ils poursuivent :* " Les Princes ont en main le glaive pour contraindre ceux qui ne voudront pas leur obéir : les pasteurs ont des armes spirituelles ; *mais puissantes en Dieu pour renverser tout ce qui s'éleve contre la puissance de Dieu* (I. Cor. XIV) *& pour punir toute désobéissance....* Les Apôtres commandoient & punissoient. Ils commandoient. Paul & Silas, après le concile de Jerusalem, parcouroient la Cilicie & la Syrie, en ordonnant de garder les préceptes des Apôtres. Ils punissoient. L'Apôtre S Paul dit aux Corinthiens : Viendrai-je à vous la verge à la main ? Et ailleurs : si je vais à vous une seconde fois, je ne vous pardonnerai point ; & plus expressément encore : je vous écris ceci, afin qu'étant présent parmi vous, je ne sois pas obligé d'agir avec plus de dureté selon le pouvoir que Dieu m'a donné. " Lettre au Roi des Évêques assemblés à Paris. Imprimé chez la veuve Mézieres en 1728, p. 14., &c.

(48) p. 51. Principes mundi ita se gerunt ut dominentur minoribus, & eos servituti subjiciant, ut spolient & ad mortem usque eis utantur ad suam utilitatem & gloriam. Principes autem Ecclesiæ fiunt ut serviant minoribus suis, & ministrent eis quæcumque acceperunt à Christo, ut suas utilitates negligant, & illorum procurent; ut si opus fuerit neque mori recusent pro salute inferiorum suorum. *Chrys. in cap. 20. Matth. hom. 36.*

(49) p. 52. Hoc exigere veritatem, cui nemo præscribere potest, non spatium temporum, non patrocinia personarum, non privilegia regionum : *Tert. de Veland. Virginit. c. 1.*

Consuetudo quæ apud quosdam obrepserat impedire non debet quominùs veritas prævaleat & vincat; nam consuetudo sine veritate vetustas erroris est. *Cyp. epist. 74, ad Pompeium.*

(50) p. 60. " Lorsque les souverains jugent plus à propos de porter leurs plaintes aux conciles généraux (de la conduite des Papes contre les droits de leur Couronne) que d'y opposer la force & le glaive dont Dieu les a armés, ils ont en vue, non de soumettre le droit de leur

« couronne à ce sacré tribunal, mais de donner à l'Église une marque de leur déférence, pour l'engager à arrêter & à corriger les entreprises des Pontifes. C'est ainsi qu'en parle un célèbre avocat de Paris. » M. de Réal, Science du Gouvern. tom. 5, sect. 11, n. 67, p. 621. L'auteur rapporte tout de suite les paroles de M. Denis Talon.

(51) p. 65. L'assemblée du Clergé en 1625, 1635 & 1645, déclara que les Évêques avoient reçu immédiatement de Dieu l'autorité de lier & de délier. (*Mém. du Clergé*, tom. 6, col. 1337.) En 1655 elle obligea un auteur de ce tems-là, qui avoit avancé des propositions peu exactes, à reconnoître que les Évêques reçoivent la jurisdiction immédiatement de J. C. (*Mém. du Clerg.* tom. 1, p. 683.) Dans l'instruction des quarante Évêques, dressée en 1714, & dans le corps de doctrine de 1720, qui fut adopté de presque tous les Prélats du Royaume, il est dit, art. 7, que l'autorité d'excommunier fait partie du pouvoir des clefs que J. C. même donna aux Apôtres immédiatement, &, dans leurs personnes, aux Évêques qui sont leurs successeurs. » Qu'on peut dire cependant.... » que le pouvoir des clefs a » été donné à l'Église & à » l'unité, parce qu'en un bon » sens on peut dire de l'Église » qui est un corps & une so- » ciété, qu'elle a & qu'elle » possede ce qui a été donné » par J. C. à ses principaux » membres pour l'utilité de tous » les autres ; & parce que les » premiers Pasteurs composent » le véritable sénat, & le vrai » tribunal de l'Église, & qu'ils » sont eux-mêmes l'Église en- » seignante. » Explic. des 40 Évêq. sur la prop. 90. Corps de doctr. de 1720, art. 7.

En 1664, la Faculté de Théologie de Paris condamna plusieurs propositions de Jacques Venant, contre la jurisdiction écclésiastique avec ces qualifications : Hæ propositiones quarum duæ priores asserunt Apostolos non fuisse constitutos à Christo ; cæteræ verò, potestatem jurisdictionis Episcoporum non esse immediatè à Christo, falsæ sunt, verbo Dei contrariæ, & olim à sacrâ Facultate reprobatæ. *Collect. Judic.* tom. 3, part. 1, p. 103, 104.

(52) p. 65. Fundantes igitur & instruentes Beati Apostoli Ecclesiam , Lino Episcopatum administrandæ Ecclesiæ tradiderunt. Iren. l. 3, c. 3. *Eus. hist.* l. 3, c. 2 & 4.

(53) p. 65. Polycarpus Joannis Apostoli discipulus & ab eo Smyrnæ Episcopus ordinatus totius Asiæ princeps fuit. Quippè qui nonnullos apostolorum & eorum qui viderant Dominum, magistros habuerit & viderit. *Hier. de Script. Eccles.* tom. 4, c. 17, col. 108., nov. edit.

(54) p. 65. Joannes interfecto Domitiano..... redit Ephesum ; ibique ad Trajanum principem perseverans, totas Asiæ fundavit rexitque Ecclesias. *Hier. de Script. Eccl.* c. 9, tom. 4, col. 105.

(55) p. 65. Cùm Petrus Antiochiâ esset discessurus, alterum Petro parem præceptorem (sanctum Ignatium) gratiâ Spiritûs substituit, ne structa ædificatio successoris imbecillitate debilior fieret. *Chrys. hom. in S. Ignat.* On observera cependant que S. Ignace ne fut pas le successeur

immédiat de S. Pierre à Antioche, mais Evode.

(56) p. 67. Neque Papa neque Episcopus, neque ullus hominum habet jus unius syllabæ constituendæ super christianum hominem, nisi id fiat ejus consensu. Quidquid aliter fit, tyrannico spiritu fit.

Claves Ecclesiæ sunt omnibus communes.

La premiere de ces deux propositions fut condamnée le 15 avril 1521, par la Faculté de Théologie de Paris, avec cette qualification: Hæc propositio est à debitâ subditorum erga Prælatos & superiores subjectione & obedientiâ retractiva, legum positivarum seditiosè destructiva, ac in fide & moribus erronea.

L'autre fut censurée: Tanquam ordinis hierarchici destructiva & hæretica. *V. d'Argentré, Collect. t. 1, part. 2, p. 368, 367.*

(57) p. 67. Consensus totius Ecclesiæ in aliquo articulo non minùs intelligitur in laïcis quàm etiam in presbyteris & prælatis. Prop. Ant. de Dominis. *La Faculté de Théologie a réprouvé cette proposition comme hérétique & schismatique. D'Argentré, Collect. jud. tom. 3, part. 2, p. 204.*

(58) p. 68. Revereri videtur (Auctor libri cui titulus *Témoignage de la vérité &c.*)Cathedræ sacerdotalis auctoritatem, cui omnes fideles obsequi tenentur, sed ab iis qui soli jus obtinent sedendi in eâ cathedrâ, in quâ pro Christo legatione fungentes divina oracula proferant, auctoritatem illam transferre ad cœtum fidelium quorum delegatos tantùm & interpretes Episcopos habendos esse putet, nec aliud uniuscujusque munus esse quàm ut sententiam declaret illius Ecclesiæ cui præest, & quæ ipsum mittit sicut Pater misit Filium..... Pronuntiamus hanc doctrinam in libro cui inscribitur *du Témoignage de la Vérité....* contentam, totoque opere passim disseminatam, esse seditiosam, temerariam, scandalosam, eâque subverti ordinem à Christo Domino in Ecclesiâ regendâ institutum, eamdemque injuriosam sanctæ Sedi Apostolicæ & Episcopis, falsam, erroneam, schismaticam & hæreticam, atque à cunctis fidelibus rejiciendam. Congreg. Cleri Gall. ann. 1715. *V. la nouv. collect. des Procès-Verb. tom. 6, pieces justificatives, col. 505, 506.*

(59) p. 70. Quòd non sit permittendum turbis, electiones eorum facere qui sunt ad sacerdotium provehendi. Conc. Laod. cap. 13.

(60). p. 70. *Suivant l'Eschaffier (Discours sur les libertés de l'Église Gallicane) on compte deux codes d'anciens canons, selon lesquels on prétend que se régissoit l'Église Gallicane, & dont elle a pour maxime de se rapprocher autant que la différence des tems & des circonstances peuvent le permettre. C'est en cela que consistent nos libertés, au rapport de plusieurs de ceux qui ont écrit sur cette matiere. Le premier code intitulé:* Codex canonum universæ Ecclesiæ, *dont il est parlé dans la onzieme action du Concile de Chalcédoine, étoit composé des canons des conciles de Nicée, d'Ancyre, de Néocésarée, de Gangres, d'Antioche, de Laodicée, de Constantinople, d'Ephese & de Chalcédoine Le second intitulé:* Codex Gallicanorum canonum, *dont parle Gregoire de Tours* dans la cause de Prétextat, étoit à-peu-près semblable. V. de nouveau comment. des lib. de l'Egl. Gall. tom. 3, p. 738.

Outre ces deux anciens codes, on a encore la collection des canons de Denis le Petit, intitulé : Codex canonum vetus Ecclesiæ Romanæ, qui renferme les canons apostoliques, ceux de Nicée, d'Ancyre, de Néocéfarée, de Gangres, d'Antioche, de Laodicée, de Constantinople, d'Ephese, de Chalcédoine, de Sardique, de Carthage, de divers conciles d'Afrique, les lettres décrétales des Papes Sirice, Innocent I, Zozime, Boniface I, Célestin I, Léon I, Hilaire, Simplicius, Félix II, Gélase I, Anastase II, Symmaque, Hormisdas, Grégoire II. Ib. p. 27.

Comme on a souvent cité nos libertés sur les matieres présentes, & que ces libertés sont fondées sur l'observance des anciens canons, on ne sera pas fâché d'avoir ici une notion générale de ces anciens réglemens.

(61) p. 79. Audio evocatos fuisse in Urbe classium omnium, decanos ut audiant quidnam de Cœnâ Domini statuerit Princeps. In ratione agendi hoc expendere oportet quale exemplum edituri sumus, fratres, si doctrina judicem habeat Principem, ut quidquid sanxerit amplectendum potius sit atque habendum pro oraculo.... Certè si ita patimur nobis jugum imponi, prodimus nostrâ dissimulatione sacrum ministerium, neque hanc perfidiam vel coram hominibus excusare poterimus.... Hoc exemplo edito post hâc, necesse erit doctrinam nostram, non modo potestati sed nutui unius hominis & quidem imperiti subjectam esse. Calv. epist. p. 50, 51. edit. Genev.

Aiunt Mosem Principem (sic didicerunt ab auctore dogmatis) præscripsisse Aaroni fratri omnia, Davidem Regem sacerdotibus, aliosque Reges pios. Quid ni faciant idem in sacerdotio Novi Testamenti! Ibid. p. 52.

(62) p. 80. Le Cardinal du Perron après avoir parlé des erreurs de Richer, touchant la puissance ecclésiastique, continue en ces termes. " Ce sont
" (ces thèses) un levain de
" vieille doctrine qu'il a cou-
" vée & soutenue dès long-
" tems, en laquelle, encore
" qu'il ait changé de procé-
" dure, pour le fait de l'É-
" glise, néanmoins, il a con-
" servé les mêmes maximes,
" qu'il tenoit lors pour le fait
" de l'État. Car l'an 1591, au
" mois d'Octobre, il soutint
" publiquement en Sorbonne
" que les États du Royaume
" étoient indubitablement par-
" dessus le Roi; que Henri III,
" qui avoit violé la foi donnée
" à la face des États, avoit
" été justement tué; que ceux
" qui lui ressembloient, de-
" voient être poursuivis, non-
" seulement par les armes pu-
" bliques, mais aussi par les
" embûches des particuliers,
" & que Jacques Clément qui
" l'avoit tué, n'avoit été al-
" lumé d'autre passion que du
" zele de la discipline ecclésias-
" tique, & de l'amour des loix
" de la Patrie.... Ce sont les
" propres mots de ces ancien-
" nes thèses, dont j'ai l'original
" imprimé dès-lors, entre les
" mains. " Card. du Perron, ambass. p. 696.

(63) p. 83. Potestatem excommunicandi esse de jure divino im-

mediatè à Christo Ecclesiæ concessam, & ob id magnopere timendas esse censuras Ecclesiæ. *Art. 2.*

(64) p. 87. Epiſcoporum ordo ad gignendos Patres præcipuè pertinet. Hujus enim est Patrum in Ecclesia propagatio. Alter, cùm patres non possit, filios Ecclesiæ regenerationis ratione producit, non tamen patres aut magistros. Quinam verò fieri potest, ut is presbyterum constituat, ad quem creandum, manuum imponendarum jus nullum habeat?... Quod autem idem esse non possit cum Episcopo presbyter, divinus Apostoli sermo declarat, quo quisnam Episcopus, quisve presbyter sit, intelligitur. Nam ad Timotheum Episcopum scribens, ita loquitur: Presbyterum ne objurges, sed hortare velut patrem. Quod autem attinet Episcopo vetare, ut ne presbyterum objurgaret, nisi majorem ipso potestatem obtineret? Quare deinceps admonet: Adversùs presbyterum citò accusationem ne admiseris. *S. Epiph. adv. hær. 75, n. 4 & 5.*

(65) p. 88. Videmus vos lupos, quos præostendere est dignatus Spiritus Sanctus, per vas electionis Apostolum, omnem comprehendere conatos Dei gregem, & nos Episcopi quos Spiritus Sanctus ad regendam Dei Ecclesiam constituit, dicit beatus Apostolus, debemus tibi lupo parcere. *Lucif. lib. de non parcendo in Deum delinquent. tom. 4. Bibl. p. 239, col. 1.*

(66) p. 88. Sed & vos decet non familiariùs aut superbè uti ætate Episcopi, sed secundùm virtutem Dei Patris, omnem illi impertiri reverentiam, quemadmodùm novi sanctos facere presbyteros, non respicientes ad apparentem juvenilem ordinationem, sed ut prudentes in Deo credentes ipsi.... Decet itaque & vos obedire Episcopo & in nullo illi refragari ; terribile namque est tali contradicere, nec enim hunc fallit qui videtur, sed invisibilem fallere nititur, qui non potest à quoquam falli. *Ignat. Epist. ad Magn. circa initium.*

(67) p. 88. Quod enim non periculum metuere debemus de offensâ Domini, quandò aliquis de presbyteris, nec Evangelii, nec loci sui memores, sed neque futurum Domini judicium, neque nunc sibi præpositum episcopum cogitantes, quod nunquam omninò sub antecessoribus factum est, cum contumelia & contemptu præpositi totum sibi vindicent ? *Cyp. epist. 16, edit. Oxon. & 9, edit. 1726.*

(68) p. 88. Audio quosdam de presbyteris nec Evangelii memores nec quid ad nos martyres scripserint cogitantes, nec Episcopo honorem sacerdotii sui & cathedræ reservantes, jam cum lapsis communicare cæpisse. *Ib. epist. 17, edit. Oxon. epist. 11, edit. 1726.*

(69) p. 89. Meminisse autem diaconi debent, quoniam Apostolos, id est, Episcopos & præpositos Dominus elegit : diaconos autem post ascensum Domini in cœlos, Apostoli sibi constituerunt episcopatûs sui & ecclesiæ ministros. — Quod si nos aliquid audere contra Deum possumus qui Episcopos facit, possunt & contra nos audere diaconi à quibus fiunt. *Cyp. ep. 65, edit. 1726.*

(70) p. 89. Quæcumque res Ecclesiæ sunt, eas gubernari & dispensari oportet cum judicio & potestate Episcopi, cui commissus est populus, & animæ quæ in Ecclesiâ congregantur. *Concil. Antioch.*

Antioch. an. 341, *can.* 24.

(71) p. 89. Sicut ille (*Episcopus*) clericis sincerum exhibere debet amorem charitatis, ita quoque vicissim ministri infucata debent Episcopo suo exhibere obsequia. *Concil. Sardic. cap. 17.*

(72) p. 89. Si quis non obediat Episcopo.... is à vero devius superbit. *Ambr. de off. min. lib.* 2, *cap.* 24, *n.* 123.

(73) p. 89. Condolere nos fratribus necessarium est, quandoquidem consacerdotum (*episcoporum*) aliqua se passos affirmant; & hoc à propriis clericis, quos erat necessarium subdere tanquam patribus cervicem, & esse subjectos secundùm placitum Dei & Ecclesiæ regulas, talia decernentes. Hoc ergò præsumi quovis modo turpissimum est. *Cyrill. Alex. epist. ad Domn. Ant. act.* 14. *Concil. Chalced. tom.* 2. *Conc. Hard. col.* 575.

(74) p. 89. Legimus super magistrum non esse discipulum, hoc est non sibi debere quemquam ad injuriam doctorum vindicare doctrinam.... Sciant se, si tamen censeantur presbyterii dignitate, vobis (*Episcopis*) esse subjectos. *Celest.* 1. *Epist. ad vener. Marin. & cœteros Gall. Episcop. apud Labb. Concil. tom.* 2, *p.* 1611, 1612.

(75) p. 89. Cùm igitur venerabilis frater noster Constantinopolitanus Patriarcha disponente Domino sit prælatus universitati vestræ, per apostolica scripta præcipiendo mandamus, quatenùs ei tanquam patri & episcopo animarum vestrarum humiliter intendentes, impendatis sibi canonicam obedientiam & honorem, scituri quod si secùs præsumpseritis attentare, nos id clausis non poterimus oculis pertransire. *Innoc. III. tom.* 2. *lib.* 11. *epist.* 20. *univers. cler. Ecclesiæ in Const. diœces. comm. p.* 146. *edit. Baluz.*

(76) p. 89. Qui præficiuntur ptochiis, vel qui ordinantur in monasterio & basilicis martyrum, ab Episcopis qui unaquâque civitate sunt, secundùm sanctorum patrum traditiones, potestate permaneant, nec per contumeliam ab Episcopo suo dissiliant. Qui verò audent evertere hujusmodi formam, nec proprio subjiciuntur Episcopo, si quidem clerici sunt, canonum correptionibus subjacebunt : Si verò laïci vel monachi fuerint, communione priventur. *Concil. Chalced. can.* 8.

(77) p. 89. Nullus quoque presbyter parochianis vel hominibus illorum utriusque sexûs sacramenta aliqua administret, nisi de licentiâ nostrâ speciali. *Concil. Carpentor.* —— Cura & rerum ecclesiasticarum dispensatio in Episcopi judicio & potestate permaneat. *Concil. Later.* 1. *can.* 7.

(78) p. 89. Quia constat Religionem Christianam per successores Apostolorum salubriter administrari, populisque ad vitam æternam ducatum exhiberi debere, primò necessarium judicavimus omnibus præcipere ut honorem debitum venerabilibus Episcopis absque ullâ simulatione & detractione impendant, eisque in omnibus ut patribus obediant, & quidquid pro salute animarum monuerint, prout meliùs potuerint, adimplere satagant. *Capitul. l.* 5, *cap.* 322.

(79) p. 89. Sancta synodus declarat præter cœteros ecclesiasticos gradus, Episcopos, qui in Apostolorum locum successerunt ad hunc hierarchicum or-

dinem præcipuè pertinere, & pofitos, ficut Apoftolus ait, à Spiritu Sancto regere Ecclefiam Dei, eofque presbyteris fuperiores effe. *Trid. feff.* 23, *cap. 4, de ordin.*

(80) p. 90. Indè enim fchifmata & hærefes obortæ funt & oriuntur, dum Epifcopus, qui unus eft & Ecclefiæ præeft, fuperbâ quorumdam præfumptione contemnitur, & homo dignatione Dei honoratus, indignus hominibus judicatur. *Cypr. epift. 69. circa med. edit.* 1726. — Neque aliundè hærefes obortæ funt, aut nata fchifmata, quàm indè quod facerdoti Dei non obtemperatur, nec unus in Ecclefia ad tempus facerdos, & ad tempus judex viæ Chrifti cogitatur. *Cyp. epift. 55. ante med. edit.* 1726.

(81) p. 90. Ecclefiæ falus in fummi facerdotis dignitate pendet; cui fi non exors quædam & ab omnibus eminens detur poteftas, tot in Ecclefiis efficientur fchifmata, quot facerdotes. Inde venit ut fine chrifmate & Epifcopi juffione, neque presbyter, neque diaconus jus habeant baptifandi. *Hier. Dialog. contr. Lucifer. ante med. tom. 4, nov. edit.* — Efto fubjectus Pontifici tuo, & quafi animæ parentem fufcipe. *Hier. epift. ad Nepot. poft. med.*

(82) p. 91. Primùm igitur hoc omnes unanimiter profitemur politiam ecclefiafticam rem effe fanctam & utilem, ut fint utique aliqui Epifcopi qui præfint pluribus Ecclefiarum miniftris, item ut Romanus Pontifex præfit omnibus Epifcopis. Opus eft enim in Ecclefiâ gubernatoribus, qui vocatos ad minifteria ecclefiaftica explorent & ordinent.... & infpiciant doctrinam facerdotum & fi nulli effent Epifcopi, tamen creari tales oporteret. *Art.* 1. *apud* d'Argentré *Coll. Judic. part.* 2, *tom.* 1, *p. 387.*

(83) p. 91. Atque hæc eft eminentia dignitatis epifcopalis fupra facerdotalem, quod facerdotalis nullam per fe jurifdictionem nec includat nec exigat, ut potè imperfectior & epifcopali fubjecta, cujus nutu regi & ad operationes ac munia Ecclefiæ admoveri, non ipfa profilire debet, ut canones jam pridèm fanxerunt, & epifcopalis dignitas, ut fumma & in fuo genere perfecta jurifdictionem neceffariò complectatur, nec fine eâ confiftat, non magis quàm regia dignitas, cui fancti Patres epifcopalem dignitatem paffim comparant, fine imperio concipi poteft: quod adeò verum eft, ut nequidem ii Epifcopi qui, indulgente Ecclefiâ, epifcopali curâ fe abdicant, & vitam quodammodò privatam traducere finuntur, omni penitùs jurifdictione careant, retinent enim jurifdictionem aliquam, quam non quidem exercent foli, quia nullam Ecclefiam fibi folis addictam habent, fed fimul cum toto Epifcoporum corpore in conciliis tam provincialibus quàm generalibus, in quibus jus fuffragii, & veri Ecclefiæ judices habent, atque ita jurifdictionem tum in Ecclefiam particularem, tum in Ecclefiam generalem exercent. *Petr. Aurel. adv. Spong. p. 91.*

(84) p. 92. Epifcopus qui Chrifti vices tenet, facerdotales viros in plebem fubjectam miffurus, facri Corporis Euchariftiam per quadragenos dies fumendam diftribuit. *Fulbert, epift.* 2.

(85) p. 92. Dandi baptifmum habet jus fummus facerdos qui eft Epifcopus, deinde presbyteri &

diaconi, non tamen sine Episcopi auctoritate. *Tert. lib. de Bapt. n. 17.*

(86) p. 92. Apud presbyterum si quis gravi lapsu in ruinam mortis inciderit, placuit agere pœnitentiam non debere sine Episcopi consultu; sed potius apud Episcopum agat; cogente tamen infirmitate non est presbyterorum aut diaconorum communionem talibus præstare debere, nisi eis jusserit Episcopus. *Concil. Eliber. an. 313, secundùm P. Hard. can. 32. V. le 2me. conc. de Carth. can. 3 & 4. La lettre du Clergé de Rome à S. Cyprien, qui est la 39me. parmi celles de ce saint Evêque.* Modus autem hujus pœnitentiæ in Episcoporum fit arbitrio, *dit le concile d'Ancyre, de l'an 314, can. 22,* ut secundùm conversionem pœnitentium possint & extendere tardantibus, & minuere studiosè festinantibus. *V. encore M. Fleury, hist. l. 19, n. 22. Le P. Petau, de Episc. dignit. & Jurisd. cap. 6, n. 12, 13. Thomassin, de la Discipl. part. 4, l. 1, cap. 71, n. 1.*

(87) p. 93. Legimus supra magistrum non esse discipulum, hoc est, non sibi debere quempiam ad injuriam doctorum vindicare doctrinam... Ergo corripiantur hujusmodi, non sit his liberum habere pro voluntate sermonem. *S. Celestin, Epist. ad Vener. & Marin. & cæteros Gall. Episc. ap. Labb. conc. t. 2, col. 1611, 1612.* — Illud quod nobis propter improbitatem quorumdam monachorum verbo mandasti, specialiter prædictorum Patrum statuta firmantes, statuimus, & præter Domini sacerdotes, ab Episcopo ejusdem videlicet loci electos, nullus audeat prædicare. *Tom. 1, capitul. addit. 4, n. 33, col. 1200.* — Unusquisque nostrûm sive per se, sive per aliquem vel aliquos ex ministris Ecclesiæ fideliter doctos, ita verbum prædicationis tam in urbe quàm foris in plebibus exhibeat, &c. *Concil. Valent. an. 855, can. 16.* — Salutis viaticum Pontifex novis Ecclesiæ cultoribus distribuit quos suæ pastoralis curæ vicarios adjutores ad erudiendam plebem sibi constituit. *Fulbert, epist. 2.* — *Origene fut chargé par Demetrius, Patriarche d'Alexandrie, du soin d'instruire les catéchumenes. (Euseb. Hist. lib. 6, c. 3.) S. Alexandre de Jerusalem & Théoctiste de Césarée en Palestine, le chargerent aussi de faire des instructions publiques dans leurs dioceses. (Ib. cap. 20.) S. Cyprien confia cette fonction à un simple lecteur nommé Optat. (Cyp. epist. 29.) S. Félix de Nole, fut aussi chargé de la prédication par Félix, son Evêque. (Paulini Poema 16 in Felic. circa fin.) S. Gregoire de Nazianze n'étant encore que prêtre, en fut chargé par son pere; S. Chrysostome par S. Flavien (Fleury, Hist. l. 15, n. 140. S. Chrys. tom. 2, p. 316, nouv. edit.) S. Augustin par Valere, son Evêque. (Possidius vit. S. Aug.)*

(88) p. 93. Dominus dicit Petro: Ego dico tibi quia tu es Petrus & super istam petram ædificabo Ecclesiam meam.... Indè per temporum & successionum vices Episcoporum ordinatio & Ecclesiæ ratio decurrit, ut Ecclesia super Episcopos constituatur; & omnis actus Ecclesiæ per eosdem præpositos gubernetur. *Cyp. epist. 33, Oxon. in princip. epit. 27, edit. 1726.*

(89) p. 93. Episcopus deponit

omnem clericum dignum qui deponatur, excepto Episcopo, Episcopus enim folus deponere Episcopum non poteft. *Conflit. Apoftol. l. 8, cap. 28.*

(90) p. 94. Si quis Episcopus (quod non optamus) in reatum aliquem incurrerit, & fuerit ei nimia neceffitas, non poffe plurimos congregare, ne in crimine remaneat, à duodecim Episcopis audiatur, & à sex Presbyter, & à tribus diaconus, cum proprio Episcopo. *2. concil. Carth. can. 10.* — *Il y a à la vérité dans quelques collections, à fex Presbyteris, & à tribus diaconibus cum proprio Episcopo. Mais outre que la plupart des collections les plus connues & les plus eftimées, rapportent le canon comme je l'ai cité, il eft évident qu'il y a ici une faute dans les autres éditions; car* 1°. *ce concile ne prétend que confirmer les anciens réglemens*, fecundùm ftatuta veterum conciliorum, *or aucun concile ne donne aux Évêques des prêtres ni des diacres pour juges; au-lieu que le premier concile de Carthage, tenu en 348, can. 2, dit expreffément:* Si quis tumidus vel contumeliofus extiterit in majorem natu vel aliquam caufam habuerit: à tribus Epifcopis vicinis, fi diaconus eft qui arguitur; fi Presbyter, à fex; fi Epifcopus, à duodecim confacerdotibus audiatur. 2°. *En lifant d'une maniere différente de celle que nous rapportons, les termes* cum proprio Epifcopo *n'auroient point de fens déterminé, car l'Évêque propre eft fans contredit l'Évêque du diocefe; cet Évêque feroit donc l'un de ceux qui devroit être au nombre des juges, & qui feroit un treizieme Évêque, & feroit en même-tems l'Évêque qui devroit être jugé. Qu'on nous cite un feul exemple de pareils jugemens. Voyez là-deffus M. le Corgne. Défenfe des Droits des Év. tom. 2, p. 271, &c.*

(91) p. 94. Sentias autem & doceas quæ nos univerfi five per Orientem, five per Occidentem Epifcopi & magiftri Præfulesque populorum credimus & docemus. *Conc. Hard. tom. 1, col. 1286.*

(92) p. 94. Perabfurdum eft ducentorum & decem fanctorum Epifcoporum fynodo quibus & univerfa occidentalium fanctorum Epifcoporum multitudo, & per ipfos reliquus totus terrarum orbis confentit triginta tantum numero fefe opponere. *Concil. Hard. tom. 3, col. 750.*

(93) p. 95. Auditis objectionibus beatus Euftafius converfus ad fuæ partis Epifcopos dixit: Vos o decus facerdotii! probare debetis, qui in Ecclefiis veritatis & juftitiæ feminarium diftribuant, & qui veritati & religioni aliena tradant: veftrûm eft difcernere objecta, an fint à Scripturarum ferie aliena. *Concil. Matifcon. an. 627, apud Labb. tom. 5, col. 1687.*

(94) p. 95. Dicebam fufficere fcripta ejus (*Abaelardi*) ad accufandum eum, nec mea referre, fed Epifcoporum quorum effet minifterii de dogmatibus judicare. *S. Bernard. epift. 189, ad Inn.*

(95) p. 95. *En 1717, vingt-huit Prélats parlent en ces termes, à M. le Duc d'Orléans:* » La fcience & la vertu des » fimples prêtres, la réputa-» tion des univerfités, la con-» duite réguliere de quelques » curés, les privileges préten-» dus de quelques chapitres, » ne peuvent leur acquérir le

NOTES

» qualité de juges en matiere
» de doctrine & de foi. Ce font
» les feuls Évêques que le Saint-
» Esprit a établis pour gou-
» verner l'Église. C'est donc à
» eux feuls qu'appartient tout
» ce qui est essenciel à ce gou-
» vernement. Enseigner, re-
» prendre, définir, ordonner
» & punir, tels font les droits
» que nous tenons de Dieu,
» & c'est attaquer son autorité,
» que de donner atteinte à la
» nôtre.... Nous nous ren-
» drions coupables d'une lâ-
» cheté inexcusable, si indif-
» férens à la révolte de nos
» inférieurs, nous nous laif-
» fions tranquillement enlever
» les droits dont nous ne fom-
» mes que les dépositaires, &
» qui depuis la naissance de
» la Religion, ont toujours fait
» regarder les Évêques, comme
» les fideles interpretes des
» faintes Traditions, & comme
» les feuls juges compétens dans
» les disputes, qui tant de fois
» ont troublé le repos de l'Égli-
» se : » & dans un second mémoire : » Il n'est pas permis de
» douter que les Évêques ne
» foient les feuls juges en ma-
» tiere de foi. C'est un droit
» qu'ils ont reçu du Saint-Ef-
» prit, & dont ils font les dé-
» pofitaires : nulle puissance
» ne doit leur demander compte
» de leurs décisions. » ——
L'assemblée de 1655 obligea
les curés de Paris » à déclarer
» qu'ils favoient très-bien que
» l'Évêque feul, de droit,
» avoit le pouvoir dans son
» diocese, de juger de la bonne
» ou de la mauvaise doctrine,
» & que les curés devoient
» s'adresser à lui feul. » Procès-verbal de l'assemb. de 1655,
p. 703. — L'assemblée de 1700

proscrivit plusieurs propositions
contraires à la faine doctrine;
elle statua sur le rapport du
président, » que les députés du
» second ordre n'auroient point
» dans la présente assemblée,
» voix délibérative, mais feu-
» lement consultation. » Procès-verbal de l'assemb. de 1700,
p. 438.

(96) p. 95. » Le S. Siege
» principalement & le corps de
» l'épiscopat unis à son chef,
» c'est où il faut chercher le
» dépôt de la doctrine ecclé-
» fiastique, confiée aux Évê-
» ques par les Apôtres. » Boss.
Serm. sur l'unité de l'Église.

(97) p. 95. » L'Évêque est le
» feul juge ordinaire & naturel
» de tout ce qui regarde la Re-
» ligion, & c'est à lui à déci-
» der les questions de foi ou
» de morale, en interprétant
» la Sainte-Écriture, & en
» rapportant fidellement la
» Tradition des Peres. » Fleur.
Instit. au Droit Ecclef. tom. 1,
ch. 13.

(98) p. 95. Cet Auteur dit, en
parlant de Barfumas, qu'il » fut
» le premier moine à qui on
» donna le rang de juge dans
» un concile général, où ce
» droit n'appartient qu'aux
» feuls Évêques. » Till. tom. 15,
Hist. Eccl. p. 531, art. 52.

(99) p. 95. Ad Episcopos spectat de jure divino & quibusdam
de pia confuetudine legitimè præ-
scriptâ, propofitionem aliquam
hæreticare, hoc est hæreticalem
decernere vel determinare, ne-
dum doctrinaliter, ficut Doctores
Theologiæ poffunt, fed etiam
judicialiter, cum appofitione decreti pœnalis contra subditos rebelles. Opera Gerf. tom. 2. col.
288. nov. edit. & ailleurs : ——
Papa... Episcopus.... poffunt ta-

Kk 3

men propositionem aliquam, quæ videtur aliquibus, non hæretica, declarare quod sit hæretica & hoc judicialiter, sicut doctores scholasticè hoc faciunt, vel doctrinaliter. *Ib. p. 307.*

Il est vrai que dans un autre endroit, (tom. 2. Oper. Gers. nov. edit. col. 250. tract. de supr. potest. ecclef. confiderat. 12.) *Gerson semble enseigner le contraire; qu'il dit encore comme on le verra bientôt, que les décisions des licentiés & des docteurs dans les Facultés de théologie, sont partie authentiques, puisqu'ils décident avec autorité, en vertu du pouvoir qu'ils ont reçu du Pape, partie doctrinales, en ce qu'ils n'ont par eux-mêmes que le droit d'instruire. C'est peut-être par cette distinction, qu'on pourroit concilier la contradiction, où cet écrivain paroît être avec lui-même.*

(100) p. 95. Non indigent ea decreta (de fide) imperio principis, ut Christianos adstringant, cum jure divino nitantur quod cœteris omnibus præcellit. *Marca Concord. Sacerdot. & Imp. l. 2. c. 10. n. 8.* — Baïus dans une lettre au P. Sablonius, parle en ces termes des prêtres qui avoient censuré sa doctrine : Sperabam eos... acceptâ ratione, aut suam sententiam mutaturos, aut excusaturos quod circumventi sint astutis quibusdam machinationibus, præsertim quia non ignorant se in his quæ ad fidem pertinent, propriè censores non esse, sed doctores, & adjutores fidei nostræ, non dominos ; doctores enim sunt à Domino constituti, non domini ac judices. *Opera Bai. past. 2, p. 8.* — Episcopalis dignitas.... sine imperio concipi non potest. Quod adeò verum est, ut nequidem ii Episcopi qui, indulgente Ecclesiâ, episcopali curâ se abdicant... retinent jurisdictionem aliquam, quam non quidem exercent soli, quia nullam ecclesiam sibi solis addictam habent, sed simul cum toto Episcoporum corpore, in conjuriis tam Provincialibus quam generalibus, in quibus jus suffragii ut veri Ecclesiæ judices habent; atque ita jurisdictionem tum in Ecclesiam particularem tum in Ecclesiam generalem exercent. *Petrus Aurelius adv. Spong. p. 91.* — " Le " pouvoir de décider des ma- " tieres de la foi, n'a-t-il pas " été spécialement confié par " J.C. aux Apôtres, & à leurs " successeurs, qui sont les Evê- " ques ? Comment donc se fe- " roit-il pu faire qu'il eut " passé, au préjudice même " des Evêques, à des ministres " inférieurs & à de simples " prêtres ? " *Acte d'appel des 4 Evêques de 1719.* — M. le Cardinal de Noailles enseigne dans son mandement de la même année, que la décision *du dogme* est réservée aux premiers pasteurs.

(101) p. 96. Apostolicam fidem quam trecenti decem & octo Patres Nicææ olim congregati exposuerunt, manifestam vestræ pietati exhibuimus. Ce sont les termes du concile d'Ephese, parlant de celui de Nicée. Labbe, concil. tom. 3, col. 655, 746. *Le même concile se qualifie de synode de deux cent dix Evêques,* ducentorum & decem sanctorum Episcoporum synodus. *Ib. col. 658.* — Les Peres de Chalcédoine disent que ce concile est composé de cent dix Evêques. Si enim ubi sunt duo aut tres congregati in nomine ejus, ibi se in medio eorum fore perhibuit (Christus) quantam circa quingentos viginti sacerdotes pe-

cuiiaritatem potuit demonstrare. *Concil. Hard. tom.* 2, *col.* 655.
—— Hoc sacrum nostrum universale concilium (*Constantinopolitanum III*) sanctis & universalibus quinque synodis piè in omnibus consonuit : trecentorum inquimus decem & octo sanctorum Patrum qui in Nicænam convenerunt : & ei quæ à centum quinquaginta à Deo inspiratis viris post hanc apud Constantinopolim adversùs Macedonium impugnatorem Spiritûs.... Et ei quæ in Ephefo congregata est ducentorum venerabilium Virorum ; atque & quæ in Chalcedone sexentorum triginta à Deo inspiratorum Patrum adversùs Eutychen. *Concil.* 6, *general. tom.* 6, *concil. Labb. col.* 1020. *V. Eufeb. hist. l.* 5, *c.* 22. *& Cyp. epist. ad Jubaïan.*

(102) p. 98. Licentiati sunt omnes in illâ sessione (*secundâ*) procuratores capitulorum, ac abbates & priores non mitrati, exceptis illis qui fuerunt nominatim ad concilium evocati : licentiati sunt omnes alii inferiores Prælati mitrati. *T.* 7. *conc. Hard. c.* 688.

(103) p. 99. Legimus suprà magistrum non esse discipulum, hoc est, non sibi debere quemquam ad injuriam doctorum vindicare doctrinam.... Sciant se, si tamen censeantur presbyterii dignitate, vobis esse subjectos ; sciant omnes qui malè docent, quod sibi discere magis ac magis competat quàm docere. *S. Celestin. epist. ad Gall. Episcop. tom.* 1, *Concil. Hard. col.* 1235, —— *M. de Tillemont fait sans doute allusion à ce texte, lorsqu'il dit :* » *S. Célestin veut que les Evê-* » *ques imposent silence à ces* » *téméraires, puisqu'aussi-bien* » *ce n'est pas aux prêtres,* » *mais aux Evêques d'être les* » *maîtres & les juges de la* » *doctrine.* » *Till. Hist. Eccl. tom.* 16, *art.* 7, *p.* 14.

(104) p. 99. *Clément VII répondant aux remontrances qu'on lui fit de la part de l'Empereur Charles V, pour la tenue d'un concile général, dit entr'autres choses :* Quant à la maniere de décider les matieres dans les conciles, il est superflu d'en traiter, n'y ayant point de difficulté là-dessus ; à moins qu'on ne voulût introduire une nouvelle forme de concile inconnue à l'Église ; car il est manifeste que selon les canons, le droit d'opiner dans les conciles, n'appartient qu'aux Evêques, & seulement par coutume aux abbés, & par concession du Pape à quelques autres. *Frapaolo, lib.* 1, *ad ann.* 1531, *p.* 57, *de la traduction de la Houssaye.*

(105) p. 99. *Paul IV répondant au Cardinal de Bellai, touchant la tenue d'un concile général, assure qu'il doit se tenir seulement par les Evêques, quoique l'on puisse y admettre d'autres personnes pour le conseil. Frapaolo, ann.* 1556, *p.* 381.

(106) p. 99. *Gregoire XIII consulté par un concile de Rouen, sur l'autorité que devoient avoir les suffrages du clergé du second ordre, répondit :* Abbates, commendatarios, capitulorum deputatos vocem consultativam habere ; Episcoporum procuratores posse, si concilio provinciali placuerit, & decisivam habere. *Titulus responsionis. Greg. XIII. ad* 6, *difficultatem. concil. Labb. tom.* 15, *col.* 873.

(107) p. 99. Reverendissimus Archiepiscopus declaravit ex consilio etiam jurisperitorum sibi & Coepiscopis suis comprovinciali-

bus dumtaxat competere in statuendis hujusmodi decretis definitivam & decisivam, capitulis autem cathedralibus & reverendis dominis abbatibus, aliisque religiosorum ordinibus vocem concedi consultativam. *Concil. Camer. apud Labb. concil. tom.* 15, *col.* 201.

(108) p. 99. Sciant autem (*canonici delegati capitulorum cathedralium*) se in synodo tantum consulendi, non autem decernendi potestatem habere, abbates tam titulares quàm commendatarii, ecclesiarumque collegiatarum procuratores pro more hujus provinciæ eidem synodo poterunt interesse, atque cum aliis de propositis deliberare, non item judicare, *Concil. Burdigal. Hard. tom.* 10, *col.* 1379.

(109) p. 99. Sacro approbante concilio, decretis ultimi concilii provincialis Burdigalensis inhærentes, opinionem quorumdam qui ausi sunt asserere præter Episcopos, quosdam etiam alios habere vocem decisivam in concilio provinciali, ut erroneam judicamus. *Concil. Burdigal. ann.* 1624, *sess.* 2, *congreg.* 13, *apud Labb. tom.* 15, *col.* 1703.

(110) p. 99. Catholicorum sententia est solos Prælatos majores, eosque omnes, id est, Episcopos in conciliis generalibus & provincialibus habere jus suffragii decisivi ordinariè, ex privilegio autem & consuetudine, etiam cardinales, abbates, &c. *Bell. Controv. l.* 1, *cap.* 15, *concil.*

(111) p. 99. Non erit opus monendi eruditum lectorem, nec presbyteros nec diaconos in iis conciliis suffragium, sive vocem habuisse ad definiendum, sive ad decisionem aliquam proferendam, cùm id proprium Episcoporum esset. *Card. Aguir. tom.* 1, *concil. Hispal. dissert.* 15, *n.* 15, *p.* 236.

(112) p. 99. Conciliis generalibus ex omni ordine hierarchico aliqui regulariter interesse solent, ad disceptationem causæ, quamvis Episcopi tanquam principes judicent, & proprio jure subscribant. *Hall. de Hierarch. l.* 3, *cap.* 2, *art.* 3, §. 2, *p.* 247, *edit.* 1656.

(113) p. 99. Non indigent ea decreta (*Episcoporum circa fidem*) imperio Principis ut Christianos adstringant, cùm jure divino nitantur, quod cœteris omnibus præcellit. *Marca. Concord. Sacerd. & Imp. l.* 2, *c.* 10, *n.* 8.

(114) p. 99. „ *Toutes les au-* „ *torités qui ont été rapportées,* „ *n'ont fait assister que les Evê-* „ *ques aux conciles, soit uni-* „ *versels, soit provinciaux.* „ *Thomass. Discipl. Eccles. part.* 1, *liv.* 2, *ch.* 37, *n.* 11.

(115) p. 99. Catholici è contra docent solos Episcopos habere in conciliis tum provincialibus, tum generalibus jus ferendi judicium decisivum idque ex institutione divinâ. *Jeun. Inst. Theol. dissert.* 4, *quæst.* 3, *cap.* 1, *art.* 2.

(116) p. 100. „ *Les Evêques* „ *de droit divin sont juges uni-* „ *ques de la foi. C'est à eux* „ *qu'il appartient d'enseigner* „ *& d'instruire ; & l'Esprit-* „ *Saint qui les a préposés à la* „ *garde du dépôt, a confié à eux* „ *seuls cette autorité néces-* „ *saire, pour écarter tout ce* „ *qui pourroit l'altérer ou le* „ *corrompre. Les Evêques seuls* „ *ont décidé en juges dans tous* „ *les conciles d'Orient & d'Oc-* „ *cident, jusques au quinzieme* „ *siecle. Et si depuis ce tems,* „ *les abbés & les généraux* „ *d'ordre, ont eu la voix de*

» décision dans les conciles, » ce n'est point un droit qui » leur fût acquis, c'est une » pure concession, une grace » que l'Eglise leur a accordée » en vertu de leur dignité. Comment de simples prêtres peuvent-ils s'ériger en juges souverains de la doctrine & des » mœurs ? Et combien une telle » prétention n'est-elle pas capable de troubler l'harmonie » du corps mystique de J. C. » & de confondre dans l'ordre » de la Religion, ce que l'Esprit-Saint a si clairement exprimé ? « Rapport de M. l'Arch. de Toulouse, à l'assemblée du Clergé de 1765. Voy. le proc. verb. de cette année, du 25 juin, séance 123.

(117) p. 100. Le président de l'assemblée observa que de toutes les assemblées, celle qui fournissoit le plus d'exemples de la voix délibérative, accordée au second ordre en matiere de Religion, étoit l'assemblée de 1655, qui même expliquoit la raison de ce pouvoir qu'elle accordoit au second ordre ; que dans la relation des affaires du Jansénisme, les députés du second ordre n'avoient opiné sur les choses spirituelles, qu'en vertu des procurations des Evêques absens ; qu'en 1660, le Clergé ordonna la suppression du Missel Romain, en langue françoise, par délibération prise par provinces ; qu'en 1681, les députés du premier ordre eurent seuls voix délibératives, les procurations des provinces portant expressément que le second ordre n'auroit que voix consultative.

L'assemblée ayant entendu Mgr. le Président, résolut que les députés du second ordre n'auroient point dans la présente assemblée, voix délibérative, mais seulement consultative. Proc. verb. de l'assembl. de 1700, p. 433.

(118) p. 101. Si quis ad aliun pertinentem (clericum) audacter invadere & in suâ Ecclesiâ ordinare tentaverit, non consentiente Episcopo, à quo discessit is qui regulæ mancipatur, ordinatio hujusmodi irrita comprobetur. Concil. Nic. can. 16. —— Alienum clericum invito Episcopo ipsius nemo suscipiat, nemo sollicitet, nisi forté ex placito charitatis id inter dantem accipientemque conveniat. S. Leo. epist. 12, cap. 9, p. 225, edit. 1700. —— Quod non oportet sacerdotem aut clericum præter jussionem sui Episcopi, ad peregrina proficisci. Concil. Laodicense, can. 42. —— Peregrinos clericos & lectores in aliâ civitate, præter commendatitias litteras sui Episcopi, nusquam penitùs ministrare debere. Concil. Chalced. can. 13.

(119) p. 101. Abbates pro humilitate Religionis in Episcoporum potestate consistant & si quid extra regulam fecerint, ab Episcopis corrigantur. Conc. Aurel. I. can. 21. —— Placuit nullum quidem usquam ædificare aut constituere monasterium vel oratorii domum, præter conscientiam civitatis Episcopi : monachos verò per unamquamque civitatem aut regionem subjectos esse Episcopo. Concil. Chalced. act. 15, can. 4, & act. 6, circa fin. can. 2. Voyez encore le concile de Barcelone en 540. Le premier d'Orléans en 511, can. 19, 22. Le second de la même ville, en 533, can. 21. Le 5e. d'Arles en 554, can. 2, 3. Le 6e. de Paris en 829. Celui de Coblence en 923, can. 6. Celui

d'*Ausbourg* en 952; *can*. 6.

(120) p. 101. Possumus ordinem presbyteralem ab episcopali diversum, ut tamen in essentialibus quæ spectant ad ecclesiastica ministeria erga fideles populos exercenda, presbyteri Episcopis sint penitùs æquales.

Censura: Propositio fidei catholicæ repugnans:

Presbyteri jure divino non minorem habent in pascendo populo Dei potestatem, quam nos (*Episcopi*) habemus. Et si quam jurisdictionem ampliorem externam & non propriè ecclesiasticam, in illos exercemus, illam non ex nostrâ propriâ (*episcopali*) sed ex delegatâ à principibus laïcis potestate exercemus.

Censura: Propositio utraque parte hæretica..... D'Argentré *Collect. Judic.* tom. 3, part. 2, p. 212.

(121) p. 101. 1. *Proposition.* « Il n'y avoit pas de différence dans les premiers tems de l'Eglise, entre les Évêques & les prêtres; comme il résulte du chapitre 20e. des Actes des Apôtres. »

2. Prop. « Ce n'est que par un usage qui s'est dans la suite introduit, que l'on a distingué les prêtres de l'Evêque, en établissant l'un d'entr'eux au-dessus d'eux, avec ce nom d'Evêque. »

Censura. Hæ duæ propositiones, quæ presbyteros Episcopis æquiparant, ac ferè solis nominibus ipsos distinguunt, falsæ sunt, temerariæ, scandalosæ, erroneæ, schismaticæ, Aerii hæresim instaurant, hierarchiam ecclesiasticam divinâ ordinatione institutam confundunt, traditioni apostolicæ & sacro-sancti concilii Tridentini decretis palam adversantur. *Assembl. du Clergé en 1700. V. la nouv. collect. des proc. verbaux* tom. 6, col. 507, 508.

(122) p. 102. Noverint Episcopi.... in commune debere Ecclesiam regere, imitantes Moysem qui cùm haberet in potestate solus præesse populo Israël, septuaginta elegit cum quibus populum judicaret. *Hier. in cap. 1, epist. ad Tit.*

(123) p. 103. *Il n'y a que la puissance souveraine, qui renferme par sa nature le droit de déléguer, ainsi que nous avons vu; parce qu'il faut nécessairement qu'elle ait le pouvoir de se faire suppléer dans les fonctions de l'administration publique; mais il n'en est pas de même de ceux qui exercent des pouvoirs subalternes, tels que les officiers du Prince dans l'ordre civil, les curés, les pénitenciers dans l'ordre ecclésiastique, parce qu'ils peuvent être suppléés par la mission de leurs supérieurs. S'ils exerçoient le droit de délégation, ce ne pourroit donc être qu'en vertu d'une loi positive, ou par un usage établi, que la puissance législative peut révoquer ou modifier.*

(124) p. 107. Quod & ipsum videmus de divinâ auctoritate descendere, ut sacerdos, plebe præsente, sub omnium oculis deligatur.... Ut plebe præsente, vel detegantur malorum crimina, vel bonorum merita prædicentur. *Cyp. epist.* 67, *edit. Oxon. circa med. epist.* 68, *edit.* 1726.

(125) p. 107. Oportet ut qui provehendus est in Episcopum, ab Episcopis deligatur; quemadmodum à sanctis Patribus qui apud Nicæam convenerunt, in regulâ definitum est, quæ dicit: Episcopum convenit maximè quidem ab omnibus, qui sunt in provinciâ Episcopis, ordinari. *Con-*

NOTES.

cil. œcumen. VII. act. 8, can. 3.

(126) p. 169. *Voy. la note ci-dev. n°. 99. p. 517.* Examinator juridicus & ordinarius doctrinarum hujusmodi est prælatus in suâ jurisdictione cui communicat inquisitor.... Examinator partim authenticus, partim doctrinalis hujusmodi doctus... cum est qui licet in sacrâ theologiæ facultate licentiatus aut doctor. Deducitur hæc consideratio per formam verborum quibus datur licentia magistris: Do tibi licentiam &c. *Gers. de examin. doctr. considerat. 1, 2, 3, 4, tom. 1, nov. edit.*

(127) p. 109. Sufficere visum est bis in anno per singulas provincias Episcoporum concilium fieri.... in ipsis autem conciliis & presbyteros & diaconos & judices sive curiales ac privatos præsentes esse oportet & omnes quotquot se læsos existimant, causas enarrent & synodicam expectent sententiam. *Concil. Hard. tom. 1, col. 1751.*

(128) p. 109. Vid: can. 38. Apost. Concil. 1, Nicænum can. 5. Concil. Chalced. can. 19. Concil. Carth. IV. can. 21, Carth. V. can. 10. Concil. Agath. canon. 35, tom. 4, concil. Labb. col. 389. Aurel. III. can. 2, tom. 4, concil. col. 178. Tolet. III, can. 18, tom. 5, concil. col. 1013. Aurel. IV, can. 37, tom. 5, concil. col. 387. Aurel. V. can. 18. Tarracon. can. 6; tom. 4, conc. Labb. Concil. Regense ann. 439.

(129) p. 110. Apostoli prædicantes igitur per regiones & urbes, primitiarum earum cùm probassent, in Episcopos & diaconos eorum qui credituri erant, constituerunt. Neque hoc novè; à multis enim temporibus de Episcopis & diaconis scriptum fuerat; sic enim alicubi dicit Scriptura: Constituam Episcopos eorum in justitiâ, & diaconos eorum in fide. *Clem. epist. ad Corinth. p. 42.*

(130) p. 111. C'est en ce sens que les conciles généraux disent qu'ils confirmoient ce qui a été défini par d'autres conciles généraux antérieurs; (*Labb.* concil. tom. 6, col. 1021.) C'est en ce sens que le concile d'Éphèse, dit qu'il étoit assemblé pour confirmer la doctrine évangélique; (ib. tom. 3, col. 655.) C'est en ce sens que l'Empereur Marcien, dit qu'il se trouvoit au concile de Chalcédoine pour confirmer la foi; (concil. tom. 2, Hard. col. 466.) C'est en ce sens que l'Empereur Basilisque, dans la lettre qu'il adresse aux Évêques d'Orient, confirme les conciles de Nicée, de Constantinople & d'Éphèse; (apud Évagr. l. 3, hist. cap. 4, vet. edit.) C'est enfin dans ce même sens que Léon IV s'adressant au concile de Rome, qu'il avoit assemblé en 853, s'explique en ces termes, en exhortant les Pères à renouveller les dispositions des saints canons: Fratres & Coepiscopi, sacerdotes, clerici & universi qui ad sacrum hodie nobiscum celebrandum concilium, permittente Domino, convenistis, illa petimus quæ inferiùs intimanda sunt, ut intentis audire dignemini auribus.... Si enim placet cuncta quæ legenda erunt propriis subscriptionibus roboremus, quatenùs decretali judicio aditus cunctis claudatur illicitis.

(131) p. 111. Facto igitur presbyterio constitit.... christianæ legi esse contrariam eorum sententiam.... Omnium ergò nostrûm, tam presbyterorum & diaconorum, quàm totius etiam cleri, unam scitote fuisse sententiam,

ut Jovinianus, Auxentius, Genialis, Geminator, Felix, Prontinus, Marcianus, Januarius & Ingeniosus, qui incentores novæ hæresis & blasphemiæ inventi sunt, divinâ sententiâ & nostro judicio in perpetuum damnati extra ecclesiam remanerent. *Epist. Siric. apud. S. Ambr. tom.* 2, *op. ante epist.* 42, *n.* 6, *nov. edit. vel. tom.* 1, *concil. Hard. col.* 852.

(132) p. 111. Quia ad omnes ubique terrarum comministros de arianâ sectâ litteras dedi, necessarium censui ut vos quidem civitatis clericos congregarem, vos verò qui de Mareotâ estis, arcesserem....quo tum quæ nunc scriptis mandata sunt, cognoscatis; tum vestrum in iis consensum demonstretis, itemque Arii, Pisti, sociorumque ejus depositioni suffragemini. Decet enim vos quæ à me scripta sunt scire, & unumquemque ea quasi à se exarata essent, corde retinere. *Epist. S. Alexand. apud Cotel. in cap.* 28, *l.* 8, *constit. Apost.*

(133) p. 112. Catanensis exinde & Bosanus Episcopi, qui & ipsi regii oratores erant, paucis habitis verbis in sententiam Panormitani declinaverunt.... mox secuti sunt Dertrusensis & Gerundensis Episcopi. *Apud Æneas. Syl. lib.* 1, *p.* 25, *de gestis concil. Basil.*

(134) p. 112. Hi sunt, *disoit le Cardinal de Palerme, en parlant des prêtres à qui il vouloit attribuer le droit de suffrage dans le concile de Bâle*, Hi sunt qui famem, qui bellum, qui pestem sævissimam non formidaverunt.... Episcopi autem quos solos Panormitanus habere vult vocem, videtis quàm pauci nobiscum sunt; & illi qui præsentes adsunt, haud quaquàm virtute valent perrumpere iniquitatem. *Apud Æneam Sylv. lib.* 1, *p.* 29.

(135) p. 112. Nempè apud viros graves dubitari num illa depositio & subsequens electio, sint ritè, justè, canonicè & legitimè celebratæ, & an congregatio Basileensis tunc sufficienter repræsentaverit Ecclesiam universalem ad tam arduos actus exequendos. Ideo Rex quia non est sufficienter informatus super prædictis, manet in obedientiâ domini Eugenii. *Preuves des lib. de l'Egl. Gall. p.* 763. *Vid. Marca concord. lib.* 1, *cap.* 11.

(136) p. 113. Respondit Cervinus concessuros eos (tres abbates Casinenses) quidem infulatos, suamque sententiam dicturos, sed ipsorum sententiæ eam rationem habendam quæ Patribus videretur. *Cardin. Palav. hist. conc. Trid. l.* 6, *cap.* 2, *n.* 3.

(137) p. 117. Episcopi sacerdotes se esse noverint, non dominos. Honorent clericos quasi clericos, ut & ipsis à clericis quasi Episcopis honor deferatur. *Hier. epist. ad Nepot. num.* 7.

(138) p. 117. Episcopus, cujus imprimis est sacerdotalem dignitatem tueri, ut laïci discant sacerdotes tanquam parentes ab ipsis unicè in Christo diligi & coli debere, efficiat ut semper illis à laïcalis ordinis viris debitus tribuatur locus & honor. *Concil. Mediolan. III. sub. S. Carolo. ann.* 1573, *tit.* 10.

(139) p. 128. Quisquis enim primus est in aliquâ societate, is lege naturali tenetur invigilare ut leges societatis serventur: cùm verò qui id procurare necessariâ auctoritate tenetur, instructus esse debeat, refragantes ad id compellendi mediis systemati convenientibus, & per canones in hunc finem statutis; hinc minimè dubi-

tandum quin talis auctoritas Romano Pontifici, quà Primatui universali, competat. *Febr. de Stat. Eccl. tom. 1, c. 2, §. 4, n. 3, p. 106.*

(140) p. 131. Vide magno illi Ecclesiæ fundamento, & petræ solidissimæ super quam Christus fundavit Ecclesiam, quid dicatur à Domino : Modicæ fidei quare dubitasti ? *Orig. hom. 5, in Exod.*

(141) p. 131. Tu es Petrus, & super fundamentum tuum, Ecclesiæ columnæ, id est, Episcopi sunt confirmati. *Athan. in epist. ad Felicem Papam.*

(142) p. 131. Petrus petra vocatur, atque Ecclesiæ fundamenta fidei suæ credita habet. *Greg. Naz. de Moderat. servandâ in disp.*

(143) p. 131. Huic (*Petro*) germanum suum filium indicat (*Pater*). At ille rursum Spiritum Sanctum patefecit. Sic enim qui inter Apostolos primus esset, consentaneum erat, solidæ, inquam, illi petræ, supra quam est Ecclesia fundata, & portæ inferi non prævalebunt illi. *Epiph.* In ancorato. *circa init.*

(144) p. 131. Dominus ait : Tu es Petrus, & ego super te ædificabo Ecclesiam meam. *Chrysost. hom. 55, in Matth.*

(145) p. 131. Nec Simon forè jam nomen illi, sed Petrus prædicit : vocabulo suo commodè significans, quòd in eo tanquam petrâ lapideque firmissimâ suam esset ædificaturus Ecclesiam. *Cyril. l. 2, c. 1, in Joan. tom. 4, p. 131, edit. 1638.*

(146) p. 131. Post me, Ecclesiæ Petra es & fundamentum. *Theoph. in cap. 2, Luc.*

(147) p. 131. Latuit aliquid Petrum ædificandæ Ecclesiæ petra dictum ? *Tert. de præscript. c. 22.*

(148) p. 131. O, in nuncupatione novi nominis, felix Ecclesiæ fundamentum, dignaque ædificatione illius petra, quæ infernas leges dissolveret! ô beatus cœli janitor, &c! *Hil. c. 16, comm. in Matth.*

(149) p. 131. Secundùm metaphoram petræ, rectè dicitur ei : Ædificabo Ecclesiam meam super te. *Hier. in cap. 16, Matth.*

(150) p. 131. Diximus frequenter ipsum Petrum, petram à Domino nuncupatum, sicut ait : Tu es Petrus & super hanc Petram ædificabo Ecclesiam meam. Si ergo Petrus petra est supra quam ædificatur Ecclesia &c. *August. serm.* 201, *in append. novâ edit. tom. 5, col. 335.* — Solus (*Petrus*) inter Apostolos meruit audire : Amen dico tibi quia tu es Petrus. Dignus certè qui ædificandis in domo Dei populis, esset lapis ad fundamentum. *Aug. ib. serm. 203, col. 338.*

(151) p. 131. Per Christum Petrus factus est Petra, dicente ei Domino : Tu es Petrus & super hanc Petram, &c. *Max. serm. 1, de S. Petro & Paulo.*

(152) p. 131. Petra erat Christus. Etiam discipulo suo hujus vocabuli gratiam non negavit, cui ait : Super hanc petram, &c. *Paulin. epist. 23, ad Severum p. 149, edit. 1685.*

(153) p. 131. Manet ergo dispositio veritatis : Et beatus Petrus, in acceptâ fortitudine petræ perseverans, susceptæ Ecclesiæ gubernacula non reliquit. Sic enim præ cæteris est ordinatus, ut dum petra dicitur, dum fundamentum pronuntiatur, dum regni cœlorum janitor constituitur..... Qualis ipsi cum Christo esset societas per ipsa appellationum mysteria nosceremus. *Leo. serm. 2, de anniv. assumpt.*

(154) p. 131. Quis nesciat sanctam Ecclesiam in Apostolorum principis soliditate firmatam. *Greg. Magn. lib. 6, epist. 37, ad Eulogium.*

(155) p. 132. Hic est qui audivit : Pasce agnos meos, cui creditum est ovile. *Epiph.* In ancorato.

(156) p. 132. *Sur ces paroles de J. C. à S. Pierre*, pasce agnos meos: *S. Chrysostome dit*: Aliis omissis, Petrum dumtaxat affertur.... Fratrum ei curam committit. *Chrysost. in Evang. Joan. hom. 87.*

(157) p. 132. Quem elevandus in cœlum amoris sui vicarium relinquebat...... Quia solus profitetur, ex omnibus antefertur. *Amb. in cap. ult. Lucæ.*

(158) p. 135. De toto mundo unus Petrus eligitur, qui & universarum gentium vocationi, & omnibus Apostolis, cunctisque Ecclesiæ Patribus præponatur, ut, quamvis in populo Dei, multi sacerdotes sint, multique pastores, omnes tamen propriè regat Petrus, quos principaliter regit & Christus. *Leo, serm. 3. de Assumpt. suâ.*

(159) p. 135. Finito prandio, præfecturam ovium totius mundi Petro commendabat; non autem aliis, sed huic tradidit. *Theoph. in cap. ult. Joan.*

(160) p. 135. Cui non dico Episcoporum, sed etiam Apostolorum sic absolutè & indiscretè totæ commissæ sunt oves ? Si me amas, Petre, pasce oves meas. Quas? illius vel illius populos civitatis aut regionis aut certi regni ? Oves meas, inquit : Cui non planum non designasse aliquas, sed assignasse omnes ? *Bern. lib. 2, c. 8, de Consider.*

(161) p. 140. Tu es Petrus, &c. Ego rogavi pro te, Petre, ut non deficiat fides tua, & tu aliquando conversus, &c. Quare igitur ad Petrum tam frequens Domini sermo dirigitur ? Numquid reliqui sancti & beati Apostoli non erant simul virtute succincti ? Quis hoc audeat affirmare ? Sed ut capite constituto, schismatis tolleretur occasio, & una monstraretur compago corporis Christi, quæ ad unum caput gloriosissimâ dilectionis societate concurreret. *Epist. Gelas. sive tractat. apud Labb. Concil. tom. 4, col. 1215, 1216.*

(162) p. 144. Desiderastis rescribi ad hæc vobis, & justam pariter ac necessariam sollicitudinem vestram vel solatio vel auxilio nostræ sententiæ sublevari... Cùm alia multa sint & gravia delicta quibus Basilides & Martialis implicati tenentur, frustrâ tales Episcopatum sibi usurpare conantur; cùm manifestum sit ejusmodi homines nec Ecclesiæ Christi præesse, nec Deo offerre sacrificia debere. *Apud. Labb. concil. tom. 1, col. 747, 749 & 750.*

(163) p. 145. An ignari estis hanc consuetudinem, ut primùm nobis scribatur, ut hinc quod justum est definiri possit ? Quapropter si isthic ejusmodi suspicio, in Episcopum concepta fuerat, id hoc ad nostram Ecclesiam referri oportuit.... Quæ accepimus à B. Petro Apostolo, ea vobis significo, non scripturus alioqui, quæ nota apud vos esse arbitror, nisi facta ipsa nos conturbassent. *Jul. epist. ad Orientales quæ extat in apol. 2, S. Athan.*

(164) p. 145. Id quod Ursatii & Valentis confessione postea declaratum est, cùm pœnitentiâ ducti Julio Romano Pontifici libellos obtulerunt, quibus errorem suum deprecabantur. Calumniam, inquiebant, contra Papam Athanasium struximus. Tu verò

ad communionem & pœnitentiam nos admitte. *Epiph. hæref. 68, n. 8. — V. auſſi Labb. concil. tom. 2, col. 722.*

(165) p. 147. Patrum inſtituta ſacerdotali officio cuſtodientes, non cenſetis eſſe calcanda: quod illi non humanâ ſed divinâ decrevêre ſententiâ; ut quidquid, quamvis de disjunctis remotiſque provinciis ageretur, non priùs ducerent finiendum, niſi ad hujus ſedis notitiam perveniret, ut totâ hujus auctoritate, juſta quæ fuerint, pronuntiatio firmaretur; indeque ſumerent cæteræ Eccleſiæ (velut de natali fonte aquæ cunctæ procederent, & per diverſas totius mundi regiones puri capitis incorruptæ manarent) quid præcipere, quos alluere, quos velutì in cœno inemundabili ſordidatos, mundis digna corporibus undâ lavaret. *Reſcript. Innoc. 1, ad concil. Carthag. Labb. concil. tom. 2, col. 1284.*

(166) p. 147. Jam de hâc cauſâ, duo concilia ad ſedem Apoſtolicam. Indè etiam reſcripta venerunt: cauſa finita eſt: Utinam aliquandò finiatur error. *Aug. ſerm. 2, de verb. apoſt. c. 10, edit. vet.; ſerm. 132, de verb. Evang. Joan. edit. nov. tom. 5, col. 645.*

(167) p. 147. Cœleſtius presbyter noſtro ſe ingerit examini; expetens ea quæ de ſe apoſtolicæ ſedi aliter quàm oportuit, extent inculcata, purgari.... die cognitionis reſedimus in ſancti Clementis baſilicâ.... Omnia igitur quæ priùs fuerant acta diſcuſſimus.... Quare intra ſecundum menſem aut veniant qui præſentem redarguant aliter ſentire, quàm libellis & confeſſione contexuit: aut nihil, poſt hæc tam aperta & manifeſta quæ protulit, dubii, ſanctitas veſtra reſediſſe cognoſ-

cat. *Zozim. ad epiſc. Afric. apud Labb. concil. tom. 2, col. 1558, 1559. — V. auſſi M. Fleury, Hiſt. tom. 5, l. 23, n. 50.*

(168) p. 147. Quapropter ne confuſio hæc omnem quæ ſub cœlo eſt, rationem invadat, obſecro ut ſcribatis quod hæc tam iniquè facta, & abſentibus nobis & non declinantibus judicium, non habeant robur, ſicut nec ſuâ naturâ habent. Illi autem qui iniquè exegerunt, pœnæ eccleſiaſticarum legum ſubjaceant: nobis verò qui nec convicti, nec redarguti, nec habiti ut rei, litteris veſtris & caritate veſtrâ, aliorumque omnium quorum ſcilicet & anteà ſocietate fruebamur, frui concedite. *Labb. concil. tom. 2, col. 1300.*

(169) p. 147. Juſſimus autem præcipuam, ſicut ſemper habuit Metropolitanus Epiſcopus Arelatenſium civitatis teneat auctoritatem: Viennenſem Narbonenſem primam, & Narbonenſem ſecundam provincias, ad Pontificium ſuum revocet. Quiſquis verò poſt hac contra Apoſtolicæ Sedis ſtatuta & præcepta majorum, omninò Metropolitano Epiſcopo, in provinciis ſuprà dictis, quemquam ordinare præſumpſerit, vel is qui ordinare ſe illicitè ſcierit, uterque ſacerdotio carere cognoſcat. *Apud Labb. concil. tom. 2, col. 1567, 1570.*

(170) p. 149. Noſtræ ſedis auctoritate adſcitâ, noſtrâque vice & loco, cum poteſtate uſus, ejuſmodi non abſque exquiſitâ ſeveritate ſententiam exequeris, nempè ut niſi decem dierum intervallo, ab hujus noſtræ admonitionis die enumerandorum, nefariam doctrinam ſuam conceptis verbis anathematiſet.... Illicò ſanctitas tua illi Eccleſiæ proſpiciat. Is verò modis omnibus ſe à cor-

pore nostro segregatum esse intelligat. *Epist. Cœlestini ad Cyrill. concil. Ephes. 1, part. cap. 15. V. Labb. concil. tom. 3, col. 349.* —— Longiùs quidem sumus positi, sed per sollicitudinem totum propriùs intuemur: omnes habet B. Petri Apostoli cura præsentes. *Cœlest. in epist. ad Ephes. syn. part. 3, concil. Eph. cap. 20, apud Labb. col. 1071, tom. 3.* —— Aperte igitur hanc nostram scias esse sententiam, ut nisi de Christo Deo nostro ea prædices, quæ Romana, & Alexandrina & universalis Ecclesia Catholica tenet, sicut & sancta Constantinopolitanæ magnæ urbis Ecclesia ad te usque optimè tenuit.... intrà decimum diem à primo innotescentis tibi hujus conventionis die numerandum, apertâ & scriptâ confessione damnaveris, ab universalis te Ecclesiæ Catholicæ communione dejectum. *Epist. Cœlest. Papæ ad Nestor. concil. Labb. tom. 3, col. 361.*

(171) p. 149. Coacti per sacros canones & Epistolam sanctissimi Patris nostri & comministri Cœlestini, Romanæ Ecclesiæ Episcopi, lacrymis subinde perfusi, ad lugubrem hanc contra eum sententiam, necessariò venimus. *Concil. Eph. act. 1, apud Labb. tom. 3, col. 533.*

(172) p. 149. Oportebat quidem Joannem reverendissimum Antiochiæ Episcopum, hâc sanctâ & magnâ œcumenicâ synodo consideratâ, confestim ut de iis quæ ipsi objiciuntur, se purgaret, accurrere, & ad Apostolicam sedem magnæ Romæ, nobiscum confidentem, ac obedire & honorem deferre Apostolicæ Sedi Ecclesiæ Romanorum, præsertim cum apud illam Sedem, Antiochenæ ipsi sedi, ex Apostolico ordine & traditione, mos sit dirigi, & apud ipsam judicari. *Concil. Eph. act. 4, apud Labb. tom. 3, col. 642. Jelis:* Ecclesiæ Romanorum, *au lieu de* Hyerosolymorum, *parce qu'il est démontré que c'est-là le vrai texte. Voyez la replique du Card. du Perron, au Roi de la Grande-Bretagne. Liv. 1, ch. 25.*

(173) p. 150. Quod à Patribus nostris propensiore curâ novimus esse servatum, à vobis hoc volumus custodiri, ut non passim diebus omnibus sacerdotalis vel levitica ordinatio celebretur; sed post diem sabbati, ejus noctis quæ in primâ sabbati lucescit, exordia deligantur, in quibus, his qui consecrandi sunt jejunis, & à jejunantibus sacra benedictio conferatur. Quod ejusdem observantiæ erit, si mane, ipso dominico die, continuato sabbati jejunio, celebretur, à quo tempore præcedentia noctis initia non recedunt quam &c. *S. Leo. epist. ad Dioscorum Epis. Alexand. c. 1.*

(174) p. 150. Beatissimi atque apostolici viri Papæ urbis Romæ, quæ est caput omnium Ecclesiarum; præcepta habemus præ manibus, quibus præcipere dignatus est ejus Apostolatus, ut Dioscotus (*Alexandrinorum Archiepiscopus*) non sedeat in concilio, sed audiendus intromittatur. *Concil. Chalced. act. 1.*

(175) p. 150. Lucentius vicarius Sedis Apostolicæ dixit, judicii sui necesse esse eum (*Dioscorum*) dare rationem, quia cùm personam judicandi non haberet, præsumpsit, & synodum ausus est facere, sine auctoritate Sedis Apostolicæ, quod nunquam licuit, nunquam factum est. *Concil. Chalced. act. 1.*

(176) p. 150. Sanctissimus & beatissimus Archiepiscopus magnæ & senioris Romæ Leo, per nos & per præsen-

præsentem sanctam synodum, una cum ter beatissimo & omni laude dignissimo B. Petro Apostolo.... nudavit eum (*Dioscorum*) tam episcopatûs dignitate, quàm etiam & ab omni sacerdotali alienavit ministerio. *Concil. Chalced. act.* 3.

(177) p. 150. Dogma Eutychetis quare non anathematisaverunt (*Ægyptii*) Epistolæ Leonis subscribant anathematisantes Eutychem & dogmata ejus. Consentiant epistolæ Leonis.... Qui non subscribit epistolæ cui omnis sancta synodus consentit, hæreticus est. *Concil. Chalced. act.* 4.

(178) p. 150. Rogamus igitur, & tuis decretis nostrum honora judicium., & sicut nos capiti in bonis adjecimus consonantiam, sic & summitas tua filiis quod decet, adimpleat. *Concil. Chalced. epist. ad Leonem*.

(179) p. 186. *Propositio* 1a. S. Athanasius à synodo Tyriâ damnatus & sede suâ exturbatus Julium Pontificem non appellavit.

S. Athanasius Romam non est profectus, nec ad Julii Romani Episcopi tribunal stetit, nisi vocatus à Julio, ut impactas sibi ab Eusebianis calumnias coram dilueret, cùm antea Eusebiani contra ipsum ad Pontificem scripsissent : igitur S. Athanasius ad Julium Pontificem Maximum non appellavit.

Ex Theodoreto. l. 2, hist. c. 4. Testatur S. Athanasium Romam à Julio vocatum fuisse, velut præsumptum reum, ab Eusebianis accusatum : ex quo ipsum ad Pontificem propriè non appellasse consequens est. Julium Episcopum, *inquit*, qui tunc Romanam rexit Ecclesiam, Eusebiani de criminibus, quæ falsò contra Athanasium confixerant, per litteras certiorem fecerunt. Ille Ecclesiæ canonem secutus, & eos jussit Romam venire, & divinum Athanasium, quò pro se in judicio ipse responderet, vocavit. *Nat. Alex. Hist. Eccl. tom.* 4, *sæcul.* 4, *dissert.* 22, *p.* 292, 293, *edit.* 1699.

(180) p. 188. *Propositio* 2a. Julius Pontifex causæ Athanasii cognitionem suscepit, deque illâ judicavit summo jure & Apostolicâ primæ sedis auctoritate, non verò ut arbiter dumtaxat à partibus electus.

Julius in epistolâ ad Orientales, ait : Si Martyrio & Hesychio (qui ex parte Eusebianorum ad nos convenerant) nullam synodum postulantibus adhortatus fuissem, ut ad synodum, qui ad me scripsissent, convocarentur, idque in gratiam fratrum, qui se injuriam pati conquerebantur ; etiam vel ita æqua & justa fuisset nostra cohortatio, cùm ea sit ecclesiastica & Deo grata. Jam ubi iidem illi qui à vobis pro gravibus viris & fide dignis habiti fuére, auctores mihi fuerint, ut vos convocarem, certè id à vobis ægrè ferre non debuit.... Sed (*Pergit Alexander*) qui citare poterat ad synodum Eusebianos, etiamsi ipsi synodum non postulassent, non judicavit ipsorum Athanasiique causam solùm ut arbiter ab ipsis electus.

Theodoretus, l. 2, c. 4, de Julio Pontifice cognitionem causæ S. Athanasii suscipiente, ita scripsit : Ille Ecclesiæ canonem secutus, & eos jussit Romam venire, & divinum Athanasium quò pro se in judicio ipse responderet, vocavit.

Sozomenus . l. 3, c. 10, de eodem ita scribit : Julius certior factus non tutum esse Athanasio in Ægypto vitam agere, eum ad se accersivit. Ad illos autem qui

Antiochiæ in unum convenerant, scripsit, atque adeò incusavit, quòd clam contra fidem concilii Nicæni, novas res moliti fuerant, quòdque contra leges Ecclesiæ ipsum ad concilium non vocaverant. Nam legem esse ad sacerdotii dignitatem spectantem, quæ pronuntiat acta illa irrita esse, quæ præter sententiam Episcopi Romani constituuntur. *Nat. Alex. hist. tom. 4, p. 294, 295.*

Objicies verba S. Athanasii Apol. 2, scribentis: Quin & Eusebiani ad Julium litteras misêre, &, ut nos terrerent, synodum jusserunt convocari; & ipsi Julio, si vellent, arbitrium causæ detulerunt. Itaque....

Respondeo, nego consequens: nam S. Athanasii testimonium solùm fidem facit Eusebianos consensisse ut Julius de causâ Athanasii secundùm acta synodi Tyriæ, judicaret. Non autem evincunt Julium eo tantùm nomine hâc de causâ judicasse, quòd Eusebiani arbitrariam causæ cognitionem ipsi detulissent, &c. *Nat. Alex. tom. 4, p. 295, 296.*

(181) p. 189. *Propositio 3a.* Julius Pontifex maximus communionem & episcopatum S. Athanasio non restituit, nisi suffragante quinquaginta Patrum synodo.

Probatur ex init. Athan. Apol. 2æ. Judicatum est, inquit Athanasius, non semel secundùm nos, sed sæpiùs. Primùm quidem in nostrâ Provinciâ, cùm ad id coiissent propemodùm centum Episcopi. Secundò Romæ, nobis cæterisque adversariis Eusebii ad ejus criminosas litteras in judicio comparentibus. Tertiò iterùm in magno Sardico concilio. *Ibid. p. 297.*

(182) p. 189. Julius tanquam judex à partibus electus, potuisset Eusebianos ad se vocare, detrectantes damnare, atque Athanasium, absolvere. Neutrum tamen fecit, nec ullum judicium tulit; sed tantùm auditâ Athanasii apologiâ, suam cum eo communionem confirmavit, & pro Episcopo ipsum habuit. *Febr. de Stat. Eccl. tom. 1, c. 5, §. 9, n. 1, p. 347.*

(183) p. 197. Igitur non alio fine aut consilio Flavianus libellum appellationis consignavit legatis Leonis, tanquàm universalis Primatis, quàm ut ejus ope & ministerio obtineret suæ causæ, in legitimâ synodo, retractationem. *Febr. de Stat. Eccl. tom. 1, c. 5, §. 9, n. 3, p. 351.*

(184) p. 199. Habet causa Januarii Malaciani Episcopi aliquid speciale quod in exemplo legis Joannis defensoris euntis in Hispaniam, Gregorianæ Epistolæ, de quâ agitur, subjuncto, sic exprimitur: Contra hæc si dictum fuerit quia nec Metropolitam habuit nec Patriarcham; dicendum est quia à Sede Apostolicâ, quæ omnium Ecclesiarum caput est, causa hæc audienda ac dirimenda fuerat. *Febr. de Stat. Eccl. tom. 1, c. 5, §. 4, n. 9, p. 313.*

(185) p. 203. Quod sub specie vel opinione jurisdictionis propriè dictæ in errorem facilè inducere potest, est modus communicandi, & excommunicandi respectivè inter Romanam & alias Ecclesias olim servatus.... Cùm quædam Ecclesia aut ejus Episcopus in doctrinâ vel disciplinâ alterius Ecclesiæ ejusve Episcopi perversum quid esse arbitrabatur, tunc nuntium ejus communioni mittebat, vel datis litteris, vel rejectis à suâ communione iis qui indè veniebant.... Vide infra ubi de excommunicatione Occidentalium adversùs Orientales qui eis subjecti non erant. Pertinet hæc primariò ad communionem cum

Romano Pontifice, & respectivè excommunicationem de quâ hîc tractamus..... Attamen si Romanus Pontifex sine legitimâ causâ excommunicationem ferret, totaque Ecclesia aut magna ejus pars judicaret, eam decerni non debuisse, tunc excommunicatus ab illo, pro schismatico habendus minimè esset, dummodò animum retineret servandæ cum eodem Pontifice, tanquam primate, unitatis, & ad recuperandam ejus communionem totis viribus allaboraret..... Cæterùm nemo ignorat validitatem & effectum excommunicationis dependere à validitate & obligatione legis.

Hæc hactenùs de excommunicatione respectu non subditi. Quantùm ad eam quæ à particulari aliquâ Ecclesiâ, ejusve Episcopo, vigore jurisdictionis, verè talis, in sibi subjectum, seu proprium suum diœcesanum, fertur, ejus effectus nihilominùs ex canonum dispositione se'se ad universam extendit Ecclesiam; ita ut à suo Episcopo excommunicatus ab alio recipi non debeat. *Febr. de Stat. Eccl. tom. 1, c. 3, §. 4.*

(186) p. 214. Denique, extraordinario quodam quasi devolutionis jure ac titulo, plura suscipiebant supremi Pontifices, nimirùm urgente necessitate, aut suadente manifestâ Ecclesiæ utilitate. Attamen hæc ad jus ordinarium ità trahi non debent neque possunt.... Atque hæc prima ansa erroris, quo multa tanquam ordinaria jura & propria officia primatûs considerantur, quæ tamen vel per se omnibus Episcopis communia sunt, vel tantùm ex præcipuâ primatis obligatione, aliorum defectu, extra ordinem supplendi, dimanant. *Febr. de Stat. Eccl. cap. 3, §. 2, n. 4.*

(187) p. 218. In monasterio fratrum & fratrum peregrinorum qui provinciæ nihil tuæ deberent, ordinavimus diaconum.... Si singuli Ecclesiarum Episcopi habent sub se Ecclesias quibus curam videntur impendere, & nemo super alienam mensuram extenditur; tamen præponitur omnibus caritas Christi, in quâ nulla simulatio est; nec considerandum quid factum sit, sed quo tempore.... Multi Episcopi communionis nostræ & presbyteros in nostrâ ordinaverunt provinciâ, quos nos apprehendere non poteramus, & miserunt ad nos diaconos & hypodiaconos, quos suscepimus cum gratiâ; & ipse cohortatus sum beatum memoriæ Philonem Episcopum & S. Theophosium, ut Ecclesiis Cypri quæ juxta se erant, ad meæ autem parrochiæ videbantur Ecclesiam pertinere, ordinarent presbyteros, & Christi Ecclesiæ providerent. Quid ergò tibi visum est singulariter intumescere?... Sed illud vehementer admiratus sum, quod meis locutus es clericis, asserens te per sanctum presbyterum abbatem Gregorium mandasse mihi ne quemquam ordinarem & hoc ego pollicitus sum.... Audi igitur veritatem in sermone Dei me hoc nec audiisse nec nosse. *Epiph. Op. tom. 2, p. 312, edit. Par. 1632.*

(188) p. 223. Maximæ & antiquissimæ & omnibus cognitæ à gloriosissimis duobus Apostolis Petro & Paulo, Romæ fundatæ & constitutæ Ecclesiæ, eam quam habet ab Apostolis traditionem, & annuntiatam omnibus fidem, per successiones Episcoporum pervenientem usque ad nos, indicantes, confundimus eos qui quoquomodo... malam sententiam præterquam oportet colligunt. Ad hanc enim Ecclesiam propter potentiorem principalitatem, ne-

ceſſe eſt omnem convenire Eccleſiam, hoc eſt, eos qui ſunt undique fideles, in quâ ab his qui ſunt
undique, conſervata eſt ea quæ
ab Apoſtolis eſt, traditio. *Iren.
adv. hær. lib. 3, c. 3.*

(189) p. 223. Audio eſſe edic-
tum propoſitum & quidem pe-
remptorium. Pontifex Maximus,
qui eſt Epiſcopus Epiſcoporum
edicit : Ego & mœchiæ & forni-
cationis delicta, pœnitentiâ func-
tis, dimitto. *Tert. de pudic.
cap.* 1.

(190) p. 223. Navigare audent
& ad Petri cathedram atque ad
Eccleſiam principalem, unde
unitas ſacerdotalis exorta eſt, à
ſchiſmaticis & profanis litteras
ferre, nec cogitare eos eſſe Romanos quorum fides, Apoſtolo
prædicante, laudata eſt, ad quos
perfidia habere non poſſit acceſ-
ſum. *Cyp. epiſt.* 55, *ad Corne-
lium edit. Steph. Baluz.* 1726,
p. 86.

(191) p. 223. Ob id vos præ-
deceſſoreſque veſtros, apoſtolicos
videlicet præſules, in ſummi ate
arcis conſtituit, omniumque Eccleſiarum curam habere præcepit,
ut nobis ſuccurratis. *Ath. epiſt.
ad Felicem Papam.*

(192) p. 223. Viſum eſt mihi
conſentaneum, ut ſcribatur Epiſcopo Romæ, ut quæ hîc gerun-
tur conſideret, & ſententiam ſuam
expromat.... Ut ipſe auctoritatem rei tribuat delectis viris....
qui acta Ariminenſis concilii ſe-
cum ferant, ad reſcindenda quæ
illic violenter acta ſunt. *Baſil.
epiſt.* 3, *ad Athan. n.* 1, *nov.
edit. tom.* 3, p. 162.

(193) p. 224. Sanè referendum
arbitramur ad ſanctum fratrem
noſtrum Romanæ ſacerdotem Eccleſiæ ; quoniam præſumimus ea
te judicaturum, quæ etiam illi
diſplicere nequeant. Ita enim utile

erit conſultum ſententiæ, ita pacis & quietis ſecuritas ; ſi id veſtro
ſtatuatur conſilio, quod communioni noſtræ diſſenſionem non aſ-
ferat, ut nos quoque acceptâ veſ-
trorum ſerie ſtatutorum, cùm id
geſtum eſſe cognoverimus, quod
Eccleſia Romana haud dubiè com-
probaverit, læti fructum hujuſ-
modi examinis adipiſcamur. *Ambr.
epiſt.* 9, *vet. edit. n.* 7, *epiſt.*
46, *nov. edit.*

(194) p. 224. Ego nullum primum niſi Chriſtum ſequens, Bea-
titudi tuæ, id eſt, Cathedræ Petri, communione conſocior. Super illam petram ædificatam Eccleſiam ſcio. Quicumque extra
hanc domum agnum comederit,
profanus eſt. Si quis in arcâ Noë
non fuerit, peribit, regnante
diluvio.... Non novi Vitalem ;
Meletium reſpuo, ignoro Paulum. Quicumque tecum non colligit, ſpargit : hoc eſt, qui Chriſti
non eſt, Antichriſti eſt. *Hieron.
ad Damaſ. 14, nov. edit. tom.* 4.

(195) p. 224. Quia te Dominus, gratiæ ſuæ præcipuo munere, in ſede apoſtolicâ colloca-
vit, talemque noſtris temporibus
præſtitit, ut nobis potiùs ad culpam negligentiæ valeat, ſi apud
tuam venerationem, quæ pro Ec-
cleſiâ ſuggerenda ſunt, tacueri-
mus, quàm ea tu poſſis vel faſti-
dioſè vel negligenter accipere ;
magnis periculis infirmorum mem-
brorum, Chriſti paſtoralem diligentiam, quæſumus, adhibere di-
gneris. *Ad Innoc. Patres concil.
Milevit. inter epiſt. Aug. epiſt.*
176, alias 92.

(196) p. 224. Sedes Roma Petri quæ paſtoralis honoris facta
caput mundo, quidquid non poſ-
ſidet armis, Religione tenet, &c,
Proſp. carm. de ingrat. cap. 2.

(197) p. 225 Ego apoſtolicæ
ſedis veſtræ expecto ſententiam,

NOTES.

& fupplico & obfecro veftram Sanctitatem ut mihi opem ferat juftum veftrum & rectum appellanti judicium; & jubeat me ad vos accurrere & oftendere meam doctrinam veftigia apoftolica fequentem. *Theodor. epift. ad Leon. Pap. inter opera S. Leonis, tom. 1, p. 268, edit. 1700.*

(198) p. 225. Spoliarunt me facerdotio, ejeceruntque ex civitatious, neque ætatem in religione exactam, neque canitiem reveriti. Quemadmodùm te precor ut fanctiffimo Archiepifcopo Leoni perfuadeas ut apoftolica utatur auctoritate, jubeatque ad veftrum concilium adire. Tenet enim fancta illa fedes gubernacula regendarum cuncti orbis Eccleliarum. *Theod. epift. ad Renat. prefbyt. inter epift. S. Leonis, tom. 2, p. 219, edit. Romæ 1755.*

—— Ego apoftolicæ veftræ fedis expecto fententiam, & oro atque obteftor Sanctitatem tuam, ut mihi rectum ac juftum tribunal veftrum invocanti, opem ferat, jubeatque ad vos venire, & doctrinam meam apoftolicis veftigiis inhærentem oftendere. *Theod. epift. ad Leon. Pap. inter epift. S. Leonis.*

(199) p. 225. Cuncta per mundum novit Ecclefia quoniam quorumlibet fententiis ligata Pontificum, fedes Beati Petri jus habeat refolvendi, ut pote, quod de omni Ecclefia jus habeat judicandi, neque cuiquam de ejus liceat judicare judicio. Siquidem ad illam de qualibet mundi parte canones appellare voluerint : ab illâ autem nemini fit appellare permiffum. *Gelaf. epift. ad Epifcopos Dardaniæ apud* Labb. *concil. tom. 4, col. 1203. V. Nicol. 1, epift. 8, ad Michaelem Imp.* Hardouin, *concil. tom. 5, p. 167.*

(200) p. 225. Poftquam ad Beatitudinem veftram & deceffo-

ris mei & mea, in caufâ Honorati archidiaconi fcripta directa funt, tunc contemptâ utriufque fententiâ, præfatus Honoratus proprio gradu privatus eft. Quod fi quilibet ex quatuor Patriarchis feciffet, fine graviffimo fcandalo tanta contumacia tranfire nullo modo potuiffet. *Greg. Magn. in epift. 52, alias 37, lib. 2, ad Natalem.*

(201) p. 226. Age, indagemus adhuc diligentiùs quis fis, quam geras videlicet pro tempore perfonam, in Ecclefiâ Dei. Quis es? facerdos magnus, fummus Pontifex : tu princeps Epifcoporum, tu hæres Apoftolorum.... poteftate Petrus, unctione Chriftus. Tu es cui claves traditæ, cui oves creditæ funt. Sunt quidem & alii cœli janitores & gregum paftores : fed tu tantò gloriofius quantò & differentiùs utrumque præ cœteris nomen hæreditafti. Habent illi fibi affignatos greges, finguli fingulos : tibi univerfi crediti, uni unus. Nec ovium modò fed & paftorum, tu unus omnium Paftor. Undè id probem quæris ? Ex verbo Domini : Cui enim, non dico Epifcoporum, fed etiam Apoftolorum, fic abfolutè & indifcretè totæ commiffæ funt oves? Si me amas Petre, pafce oves meas. Quas ? illius vel illius populos civitatis, aut regionis, aut certi regni ? Oves meas, inquit. Cui non planum, non defignaffe aliquas, fed affignaffe omnes? Nihil excipitur, ubi diftinguitur nihil. Et fortè præfentes cæteri condifcipuli erant, cùm committens uni unitatem omnibus commendaret in uno grege & uno Paftore.... Ergò juxta canones tuos alii in partem follicitudinis, tu in plenitudinem poteftatis vocatus es. Aliorum poteftas certis arctatur limitibus : tua extenditur & in ipfos qui poteftatem fuper alios

acceperunt. Nonne si causa extiterit, tu Episcopo cœlum claudere, tu ipsum ab Episcopatu deponere, etiam & tradere Satanæ potes? *Bernard*, *ad Eugen. Pap. de considerat. l. 2, c. 8.*

(202) p. 226. Oportet ad vestrum referri Apostolatum pericula quæque & scandala emergentia in regno Dei, ea præsertim quæ de fide contingunt. Dignum namque arbitror ibi potissimùm resarciri damna fidei, ubi non potest fides sentire defectum. Hæc quippe hujus prærogativa sedis. Cui enim alteri aliquando dictum est: *Ego pro te rogavi, Petre, ut non deficiat fides tua?* Ergò quod sequitur, à Petri successore exigitur: *Et tu aliquando conversus, confirma fratres tuos.* Id quidem modò necessarium. *Bernard*, *epist. 190, ad Innocent II. init.* — Plenitudo potestatis super universas orbis Ecclesias, singulari prærogativà, apostolicæ sedi donata est.... Potest, si utile judicaverit, novos ordinare Episcopatus.... Potest, eos qui sunt, alios deprimere, alios sublimare.... In promptu est ei omnem ulcisci inobedientiam, si quis fortè reluctari conatus fuerit. *Ibid. epist. 131.*

(203) p. 228. Propositionem hanc: Sanctus Petrus & sanctus Paulus sunt duo Ecclesiæ principes, qui unicum efficiunt; vel sunt duæ Ecclesiæ catholicæ coriphœi, ac supremi sunt duces summâ inter se unitate conjuncti; vel sunt geminus Ecclesiæ universalis vertex, qui in unum divinissimè coaluerunt, vel sunt duo Ecclesiæ summi Pastores ac præsides, qui unicum caput constituunt, ita explicatum, ut ponat omnimodam æquitatem inter S. Petrum & S. Paulum, sine subordinatione & subjectione S. Pauli

ad S. Petrum, in potestate supremâ & regimine universalis Ecclesiæ, (Sanctissimus Pontifex) hæreticam sensuit & declaravit. *Decret. Innoc. X. ann. 1647, die 24 jan.*

(204) p. 229. Quæ hinc indè occurrunt figuratæ aut ampullatæ Patrum elocutiones, substantiam rei non mutant. *Febr. de Stat. Eccl. tom. 1, c. 3, §. 8, tit. p. 191.*

(205) p. 229. Indè novus titulus extendendæ Pontificiæ potestatis; id ita ferente humanæ conditionis infirmitate, quæ ægrè intra legitimos fines sese continet, scilicet à proprio & stricto sensu verborum, nonnunquam generaliùs, & sine consideratione aut respectu ad determinata quædam jura, quæ primatui adhærere seriùs prætensa sunt. prælatorum, argumenta desumuntur, pro eorumdem putativorum jurium assensione & confirmatione. *Febr. de Stat. Eccl. tom. 1, c. 3, §. 8.*

(206) p. 230. Post hæc omnia, insuper, & contra ipsum cui vineæ custodia à Salvatore commissa est, extendit insaniam, id est, contra tuam apostolicam sedem. *Concil. Chalced. act. 1, 2, 3.*

(207) p. 230. Cujus (*Petri*) sedes per totum terrarum orbem primatum obtinens lucet, omniumque Ecclesiarum caput extitit. Undè & ipse Beatus Petrus Apostolus Dei jussu Ecclesiam pascens, nihil indissolutum dimisit, sed ubique primatum obtinuit & obtinet. *Septimâ synod. Nic. II. act. 2, apud Labb. tom. 7, col. 126.*

(208) p. 230. Hoc potestativè olim & antiquitùs facere per Apostolicam seu canonicam consuevit auctoritatem, dum apertâ lucubratione non solùm claves regni cœlorum creditæ sunt ei, atque

ipse tantummodo ad aperiendas eas fidelibus quidem dignè, minimè autem Evangelio gratiæ credentibus claudere, magnus secundùm veritatem, & Princeps Apostolorum meruit Petrus: sed etiam & pascere primus jussus est oves catholicæ Ecclesiæ, cùm Dominus dicit: *Petre, amas me? Pasce oves meas*; & iterùm ipse præcipuè ac spiritaliter firmam præ omnibus habens in Dominum Deum nostrum & immutabilem fidem, convertere aliquandò & confirmare exagitatos consortes suos, & spirituales meruit fratres, ut potè dispensativè, super omnes ab ipso qui propter nos incarnatus est Deus, potestatem accipiens & sacerdotalem auctoritatem. *Concil. Lateran. ann. 649. act. 2, apud* Labb. *concil. tom. 6, col. 104.*

(209) p. 230. Romana Ecclesia, disponente Domino, super omnes alias, ordinariæ potestatis obtinet principatum, ut potè mater universorum Christi fidelium & magistra.... Postquam antistites (*Constantinopolitani, Alexandrini & Antiochæni*) à Romano Pontifice acceperint pallium, quod est plenitudinis officii pontificalis insigne, præstito sibi fidelitatis & obedientiæ juramento, licenter & ii suis suffraganeis pallium largiantur, recipientes pro se professionem canonicam & pro Romanâ Ecclesiâ sponsionem obedientiæ ab eis. *Concil. Later. an. 1215, can. 5.*

(210) p. 231. Tam jure divino quàm etiam humano, quibus sacrorum canonum auctoritas, nulli fas est à supremo judice videlicet apostolicâ sede, seu Romano Pontifice, Jesu-Christi vicario in terris, appellare, aut ejus judicium, in causis fidei, quæ tanquam majores, ad sedem apostolicam referendæ sunt, declinare. *Bull. Martini V.* 16, *die. idi. mart. Pontif. ann.* 1.

(211) p. 231. Definimus sanctam apostolicam sedem & Romanum Pontificem in universum orbem tenere primatum, & ipsum Pontificem Romanum successorem esse B. Petri, principis Apostolorum, & verum Christi vicarium, totiusque Ecclesiæ caput, & omnium christianorum patrem & doctorem existere; & ipsi, in B. Petro, pascendi, regendi & gubernandi, universalem Ecclesiam à Domino nostro J. C. plenam potestatem traditam esse, quemadmodùm etiam in gestis œcumenicorum conciliorum & in sacris canonibus continetur. *Concil. Florent. Sanctæ unionis litteræ, cap.* 4.

(212) p. 235. Verba illa: *Pasce oves meas*, aut soli Petro ejusque successoribus fuisse dicta; & hinc palàm fieri plenam ipsi traditam jurisdictionem in universam Ecclesiam, adeòque hunc esse fontem unicum, ex quo cuncti haurirent: aut dicta fuisse à Redemptore singulis Episcopis, & per id subtrahi quoque fundamentum affirmandi id quod adversarii, tanquam necessarium fatebantur, universam hujusce jurisdictionis materiam à Christo subjectam fuisse Romano Pontifici, & ab ipso distribuendam peculiaribus Episcopis. *Palav. Hist. Concil. Trid. l.* 18, *cap.* 15, *p.* 78, 79, *edit. Antverp.* 1673.

(213) p. 235. *Après le discours que fit Pierre, Archevêque de Tarente, au nom d'Eugene IV dans le concile de Bâle, le concile répondit:* Imprimis latè explicat (*Archiepiscopus Tarentinus*) jurisdictionem & potestatem summi Pontificis, quod caput sit & primas Ec-

clesiæ, vicarius Christi & à Christo, non ab hominibus vel synodis aliis prælatus & pastor Christianorum ; & ei datæ sunt à Domino claves, & uni dictum est : *Tu es Petrus*, & solus in plenitudinem potestatis vocatus sit. Alii in partem sollicitudinis & multa hujusmodi, quæ, cùm vulgatissima sint, minimè necessarium erat recensere. Ita planè fatemur & credimus, operamque in hoc sacro concilio dare intendimus, ut omnes eamdem sententiam credant. *Concil.* Hard. *tom.* 8, *col.* 1323.

(214) p. 235. Meritò Pontifices maximi, pro supremâ potestate sibi in Ecclesiâ universâ traditâ, causas aliquas criminum graviores, suo potuerunt peculiari judicio reservare. *Trid. sess. 14, c. 7, de reform.*

(215) p. 236. Dicit Dominus Petro : Pasce oves meas ; priùs agnos, deindè oves commisit ei, quia non solum pastorem, sed pastorem populorum constituit. Pascit igitur Petrus agnos, pascit & filios, pascit & matres, regit & subditos & prælatos. Omnium igitur Pastor est, quia præter agnos & oves, in Ecclesiâ nihil est. *Eucherus Lugd. serm. vigil. S. Petri.*

(216) p. 237. Plenitudo potestatis super universas orbis Ecclesias singulari prærogativâ sedi apostolicæ donata est. Qui igitur huic potestati resistit, ordinationi Dei resistit. Potest, si utile judicaverit, novos creare episcopatus, ubi hactenùs non fuerunt : Potest eos qui sunt, alios deprimere, alios sublimare, prout ratio sibi dictaverit ; ita ut de Episcopis creare Archiepiscopos liceat, & è converso, si necesse visum fuerit. *Bernard. epist.* 131.

Oportet ad vestrum referri Apostolatum pericula quæque & scandala emergentia in regno Dei, ea præsertim quæ de fide contingunt. Dignum namque arbitror, ibi potissimum resarciri damna fidei, ubi non potest fides sentire defectum : Hæc quippè hujus prærogativa Sedis. Cui enim alteri aliquandò dictum est : *Ego pro te rogavi, Petre, ut non deficiat fides tua* ? Ergò quod sequitur, à Petri successore exigitur : *Et tu aliquandò conversus confirma fratres tuos* : Id quidem modò necessarium. Tempus est , ut vestrum agnoscatis , Pater amantissime, principatum, probetis zelum, ministerium honoretis. In eo planè Petri impletis vicem, cujus tenetis & sedem ; si vestrâ admonitione corda in fide fluctuantia confirmatis, si vestrâ auctoritate conteritis fidei corruptores. *Bernard. epist. 190.*

(217) p. 238. Quod jurgium cùm enucleatiùs discutere voluissemus, placuit nobis ex hoc apostolicam sedem consulere, jubente canonicâ auctoritate atque dicente : Si majores causæ in medio fuerint devolutæ, ad sedem apostolicam, ut sancta synodus statuit, & beata consuetudo exigit, incunctanter referantur. *Capitul. tom.* 2, *concil.* Sirmund. *cap.* 4.

(218) p. 238. Ut honor Domino & spirituali patri nostro Joanni VIII. Summo Pontifici, universali Papæ, ab omnibus conservetur ; & quæ secundùm sacrum ministerium suum apostolicâ auctoritate decreverit , cum summâ veneratione ab omnibus suscipiantur, & debita illi obedientiâ in omnibus conservetur. *Concil. Pontigonense*, anno 876, *can.* 2.

(219) p. 238. Quâ possumus humilitate & obedientiâ sanctæ Romanæ Ecclesiæ omnium Ecclesiarum matri & magistræ, aucto-

ritati & judicio, quæcumque in hâc synodo acta, decreta sanci-tave sunt, perpetuò emendanda & corrigenda subjicimus. *Concil. Burdig. ann. 1583, tit. 35, in fine.* Labb. *Concil. tom. 15, col. 991.*

Le concile répete presque les mêmes termes à la fin de ses constitutions, & dans sa lettre au Pape, en ces termes : Quæ in eâ (*Synodo*) decreta confecimus, quâ majori possumus reverentiâ atque humilitate mittimus ad s.nctitatem vestram (*Sixtum V*) ejusque censuræ & judicio subjicimus : rogamusque ut ea sapientiâ suâ meliora facere, atque apostolicâ auctoritate confirmare & munire ad spiritualem hujus Ecclesiæ & provinciæ ædificationem promovendam, velit. *Concil. Aquisext. ann. 1585, epist. Synodi ad Sixtum V. Concil.* Labb *tom. 5, col. 1189.*

(220) p. 238. Apertâ professione eam fidem pronuntient quam sancta Romana Ecclesia magistra, columna & firmamentum veritatis profitetur & colit. Ad hanc enim propter suam principalitatem necessum est omnem convenire Ecclesiam. *Tom. 1, des Mém. du Clergé, ancienne édit. p. 438.*

(221) p. 238. Perspectum habebat (*Ecclesiæ*) non solùm & Christi Domini nostri pollicitatione Petro factâ, sed etiam & actibus priorum Pontificum.... judicia pro sanciendâ regulâ fidei à summis Pontificibus lata, super Episcoporum consultatione (sive suam in actis relationis sententiam ponant, sive omittant, prout illis libuerit) divinâ æque & summâ per universam Ecclesiam auctoritate niti, cui Christiani omnes ex officio, ipsius quoque mentis obsequium præstare tenentur. *Procès verbal de l'assemblée en 1655, p. 727.*

(222) p. 238. Majores causas ad sedem apostolicam referre solemnis Ecclesiæ mos est, quem fides Petri nunquam deficiens perpetuò retineri pro suo jure postulat. Æquissimæ huic legi obsequentes, de gravissimo circa Religionem negocio Sanctitati tuæ scribendum censuimus. *Epist. Cl. Gall. ad Innoc. X. ann. 1653.*

(223) p. 239. In hoc monte (*Sedis apostolicæ*) nos ipsi pascimur, ut ait divus Augustinus, populum suum : Pascimus vos, pascimur vobiscum, & quia in eo Dominus docet, statuimus ibi secundùm verba Tertulliani finem quærendi, stationem credendi, expunctionem inveniendi. *Procès verbal de l'assembl. de 1660, p. 591.*

(224) p. 239. " La soumission
" que nous avons accoutumé de
" rendre au S. Pere, est comme
" l'héritage des Evêques de
" France.... C'est le point so-
" lide de notre gloire qui rend
" notre foi invincible, & notre
" autorité infaillible, lorsque
" nous tenons l'une & l'autre
" inséparablement attachées au
" centre de la Religion, en
" nous liant au Siege de S.
" Pierre pour la croyance &
" la discipline, dans l'unité de
" l'esprit de l'Eglise. Les por-
" tes de l'Enfer ne sauroient
" prévaloir contre une force si
" redoutable à toutes les puis-
" sances des tenebres. " *Lettre circulaire des Card. Arch. & Evêq. assemblés à Paris, aux Arch. & Evêq. du Royaume, en date du 2 8bre. 1662. Procès verbal de l'assemblée de cette année.*

(225) p. 239. Caput est Ecclesiæ (*Romanus Pontifex*) centrum

unitatis. Obtinet ille in nos primatum auctoritatis & jurisdictionis, sibi à Christo Jesu in personâ S. Petri collatum. Qui ab hâc veritate dissentiret, schismaticus, imò & hæreticus esset. *Comitia. Cler. Gall. ann. 1681* V. le cahier intitulé: Affaires de l'assemblée de 1681, *chez Léonard*, in-4°. p. 711. — Nec desunt qui earum (*libertatum*) obtentu primatum B. Petri ejusque successorum Romanorum Pontificum à Christo institutum, iisque debitam ab omnibus Christianis obedientiam, sedisque apostolicæ, in quâ fides prædicatur & unitas servatur Ecclesiæ, reverendam omnibus gentibus, majestatem imminuere revereantur. *Decl. Cler. Gall. de Eccl. potest.* Parmi les pieces imprimées de l'assemblée de 1682.

(226) p. 239. " S'ils (les flatteurs du Pape) avoient dit que le Pape a droit de parler à toutes les Eglises, de faire des décrets universels, d'arrêter les esprits en jugeant des controverses qui se meuvent, lorsque les conciles ne sont pas assemblés.... ils auroient fait justice à l'Eglise, au S. Siege, & à la vérité. " *Rapport de l'Evêque de Tournai, dans l'assemblée de 1682.*

(227) p. 239. Sic autem in esse apostolicæ sedi ac Petri successoribus Christi vicariis rerum spiritualium plenam potestatem ut simul valeant atque immota consistant sanctæ œcumenicæ sedi Constantiensis à sede apostolicâ comprobata.... decreta. 2. *Prop. Cler. Gall. ann. 1682.*

(228) p. 239. " Il y a un premier Evêque, il y a un Pierre préposé par J. C., pour conduire tout le troupeau. Il y " a une Mere-Eglise, qui est " établie pour enseigner les au- " tres, & l'Eglise de J. C. est " fondée sur cette unité, comme " sur un roc immobile & iné- " branlable. " *Procès verbal de l'assemblée de 1700.*

(229) p. 239. Romano Pontifici, B. Petri, Apostolorum principis successori, ac Jesu-Christi vicario, veram obedientiam spondeo ac juro. *Cette Bulle se trouve à la fin des décrets & des canons du concile de Trente.* — Vis B. Petro cui à Deo data est potestas ligandi atque solvendi, ejusque vicario Domino nostro Papæ N. suisque successoribus fidem, subjectionem & obedientiam secundùm canonicam auctoritatem, per omnia exhibere. *Resp. Volo. Pontif. Rom. de ordin. Epist.*

(230) p. 240. Hinc Pius IV post concilium Tridentinum, plenam fidei professionem edidit.... Hâc fide qui intra Ecclesiam sunt, ad Ecclesiæ dignitates, ipsasque adeò Episcopales cathedras promoventur. Hâc fide qui extra sunt, ad Ecclesiæ Catholicæ castra revocantur.... Hæc verò sunt de quibus nulla inter Catholicos controversia esse possit. *Boss. append. ad Defens. Cler. Gall. l. 1, c. 1.*

(231) p. 240. Nec minùs certum est unum esse jure divino summum in Ecclesiâ christianâ militante Pontificem cui omnes Christiani parere tenentur. *Cens. S. Facult. ann. 1542, in art. 23, Luth. D'Argentré, Collect. Jud. tom. 1, part. 2, p. 414.*

(232) p. 240. Nec minùs certum est unum esse jure divino summum in Ecclesiâ Christi militante Pontificem, cui omnes Christiani parere tenentur. *Cens. S. Facult. Theolog. Par. art. 25,*

V. d'Argentré, tom. 1, 2, p. 414.

(233) p. 240. Omnes & singuli, ut obedientiæ filii, ipsum Romanum Pontificem ut summum & universalem Christi Jesu Vicarium, & universalem Ecclesiæ Pastorem, cui plenitudo potestatis à Deo data est, cui omnes utriusque sexûs obedire, cujus decreta venerari, & pro se quisque tueri, & observare tenentur, ut semper agnoverunt & confessi sunt (*omnes & singuli magistri*) ita nunc quoque sincerè, fideliter & libenter agnoscunt, & confitentur. *Facult. Theol. Par.* 1, *decemb.* 1554. *D'Argentré, Collect. Jud.* tom. 2, part. 1, p. 194, *édit.* 1728.

(234) p. 240. 5a. Prop. Disparitas potestatis inter Apostolos humanum est inventum, in sacris Evangeliis & divinis Novi Testamenti Scripturis, minimè subsistens.

Hæc propositio, *dit la Faculté de Paris*, est hæretica, schismatica, de jurisdictione apostolicâ, ordinariâ, quæ in solo divo Petro subsistebat, intellecta. *Cens. S. Facult. ann.* 1617. — On trouve encore cette doctrine expressément enseignée dans les *articles doctrinaux*, que la Faculté dressa contre les erreurs de Luther, qui furent revêtus de lettres patentes de François I, du 23 juin 1543, enregistrées au Parlement. Le 23e. article porte: Romanum Episcopum unum esse de jure divino, summum in Ecclesiâ Pontificem, cui omnes Christiani parere tenentur.

(235) p. 240. Cùm in ipsâ propositione de Romano Pontifice sit sermo, cujus jura non modò illæsa esse utique voluit Facultas, sed, quàque occasione data, religiosè venerata est, exposuit copiosè, strenuè defendit, antiquæ suæ in Sedem Apostolicam reverentiæ esse duxit, hîc brevi de eâ præfari, disertèque repetere, quod olim non semel professa est, Romanum Episcopum unum esse jure divino summum in Ecclesiâ Pontificâ, cui omnes Christiani parere tenentur; & qui immediatè à Christo, non honoris solùm sed potestatis & jurisdictionis primatum habeat in totâ Ecclesiâ. *Præf. Cens. ann.* 1683.

(236) p. 240. *Antoine de Dominis ayant enseigné que* J. C. n'avoit pas établi immédiatement une forme monarchique, *la Faculté censura sa proposition en* 1617 *en ces termes*: Hæc propositio est hæretica, schismatica, ordinis hierarchici subvertiva & pacis Ecclesiæ perturbativa. Quem primatum (*monarchicum & regalem*) quisquis impugnare vel diminuere, vel alicui Ecclesiastico statui particulari coæquare præsumit, si hoc pertinaciter faciat, hæreticus est, schismaticus, impius atque sacrilegus. Cadit enim in hæresim toties expressè denominatam à principio nascentis Ecclesiæ usque hodiè, tam per institutionem Christi de primatu Petri super alios Apostolos quàm per traditionem totius Ecclesiæ in sacris eloquiis suis & generalibus conciliis. *Gers. de Statibus Eccles. consid.* 1, tom. 2, p. 529 *&* 530, *nov. edit.*

(237) p. 241. Status Papalis institutus est à Christo supernaturaliter & immediatè tanquam primatum habens monarchicum & regalem in Ecclesiasticâ hierarchiâ... Quoad talia, minores prælati scilicet curati, subsunt Episcopis à quibus usus suæ potestatis quandòque limitatur vel arcetur; & sic à Papâ fieri posse circa prælatos majores, ex certis & rationalibus

caufis, non eft ambigendum.... Status Epifcopalis quoad acquifitionem illi perfonæ, & quoad exercitium, fubeft rationabili Papæ voluntati quoad utilitatem Ecclefiæ. *Gerf. de Stat. Eccl. oper. tom.* 2, *col.* 532, *apud Febr. tom.* 2, *apol. p.* 281.

(238) p. 242. Plenitudo poteftatis Ecclefiafticæ complectitur in fe plenitudinem duplicis poteftatis, fcilicet ordinis & jurifdictionis, tam in foro interiori quàm exteriori, quæ circa quemlibet de Ecclefiâ, poteft immediatè & abfque limitatione exerceri.... Plenitudo poteftatis ecclefiafticæ fic propriè fumpta non poteft effe de lege ordinatâ, nifi in unico fummo Pontifice; alioquin Ecclefiafticum regimen non effet monarchicum. *Gerf. oper. tom.* 1, *p.* 145, 125 & 126. *nov. edit.* 1706.

(239) p. 245. Verba decreti Florentini reverà nihil habent Conftantienfi decreto contrarium, nempè hæc verba objiciunt: Papæ in B. Petro pafcendi, regendi & gubernandi univerfalem Ecclefiam à Domino plenam poteftatem fuiffe traditam. Atqui hæc non indicant eam poteftatem ita effe datam, ut adunatæ quoque Ecclefiæ confenfum unus vinceret, quod Patres Conftantienfes condemnabant. Ergò Florentini Patres Conftantienfibus non repugnant. Nemo negat Archiepifcopo totam fubjici provinciam, ab eo quoque regi, fano quidem fenfu & certis legibus: nulla enim provinciæ pars quæ non ipfi fubfit, quidni potiori jure fummus Pontifex univerfam, quocumque patet, gubernet Ecclefiam, cum nulla pars Ecclefiæ fit quæ non ei obediat? *Boffuet, Defenf. Cler. Gall. apud Febr. tom.* 2, *apol. p.* 190.

(240) p. 245. Tria funt potiffima quæ in his differtationibus demonftranda mihi propofui. Primum eft Ecclefiæ Gallicanæ libertatem eo præcipuè fundamento niti, ut fupremam Apoftolicæ Sedis auctoritatem & profiteatur & omnibus officiis colat. Alterum, auctoritatis illius ufum à Pontificibus apud nos ita femper temperatum fuiffe, ut & de fummâ Pontificis auctoritate nihil deceferit, & jura regni Ecclefiæque Gallicanæ vim fuam obtinuerint.... Etenim cùm Ecclefia Gallicana inter præcipua & illuftria Ecclefiæ univerfalis membra cenfeatur, totius verò corporis caput in Ecclefiâ Romanâ fit conftitutum; fieri non poteft ut veræ Ecclefiæ libertatibus fruatur, nifi capitis hujus communioni inferta fit. Retineri autem communioni illa non poteft, nifi officiis illis caput excolatur, quæ principatui Apoftolicæ Sedis debentur, nemo fanus unquam negaverit. Docendum itaque eft Gallos ab illis Ecclefiæ primordiis, ufque ad noftram ætatem, & communionis Ecclefiafticæ originem in cathedrâ Petri conftituiffe; & fupremam Ecclefiæ auctoritatem huic fedi collatam femper coluiffe, juxta varios illos gradus, quibus eam pro bono publicæ difciplinæ, temporis ratione habitâ, Pontifices Romani explicare confueverunt. *Marca, Conc. Sac. & Imp. l.* 1, *c.* 2.

(241) p. 246. In feptimâ fynodo primatus Romani Pontificis enituit. Etenim non folius confenfûs prærogativa dignitafque fedis apoftolicæ, fed etiam fumma illa auctoritas admiffa eft, quæ conventibus Ecclefiafticis concilii œcumenici robur conferre debet. *Marca, tom.* 1, *c.* 14.

(242) p. 246. Sententia hujus decreti hæc eft, fummam & plenam adminiftrandæ Ecclefiæ poteftatem à Chrifto fuiffe Pontifici

traditam, eâ lege, ut eâ utatur juxta modum, quo & in actis conciliorum œcumenicorum & in sacris canonibus continetur. *Marca, l. 3, c. 8, n. 5, apud Febr. tom. 2, apol. p. 190.*

(243) p. 246. Supremam in rebus Ecclesiasticis auctoritatem per Gallias exercuisse Romanum Pontificem, judiciis ad relationes & appellationes redditis, ab eo tempore quo fides Christiana floruit in Galliis ad hanc usque ætatem. *Marca, Conc. Prol. p. 61 & 71, art. 1, edit. 1663.* — Papam absolvere posse & dispensare validè & licitè à canonibus conciliorum generalium, etiam sine causâ, dummodò hæc dispensatio non tendat ad labefactandum Ecclesiæ statum. *Marca, Concil. Prol. p. 61 & 71, art. 5.* — Libertates Ecclesiæ Gallicanæ consistere in usu & praxi canonum atque decretalium tam veterum quàm recentiorum, easque non pendere à solâ praxi antiquorum canonum. Ubi ostenditur, necessitate cogente, Pontifices variis temporibus, pro bono publico Ecclesiæ, ad novas leges condendas, progressos. *Ibid. art. 6.*

(244) p. 248. *Fleury, 9e. discours sur l'Histoire Ecclésiastique, p. 36. Nous citons ici l'édition de ce discours, qui fut faite d'abord après la mort de l'auteur, sans approbation, sans nom d'imprimeur & sans date; & où les ennemis de l'Église inférerent alors leurs erreurs, dans des notes, sous prétexte de corriger la doctrine de l'Historien. Ils ont plus fait ensuite; comme ils font dans l'usage depuis long-tems de corrompre les meilleurs ouvrages, ou dans le texte ou par des notes, quelquefois même de l'une & de l'autre maniere, ils ont changé ou supprimé dans une nouvelle édition récente, tout ce qui ne s'accordoit point avec leur fausse doctrine dans ce 9e. discours, qui se trouve le 120. de la nouvelle édition, & ils ont conservé les notes sur les endroits qu'ils ont laissé subsister.*

(215) p. 248. Natalis Alexander, Hist. Eccl. tom. 8, dissert. 8, art. 3, n. 53, p. 527. De hac materiâ tractans, ita scribit. ,, Scho,, lastici, post Magistrum senten,, tiarum & S. Thomam, claves ,, Ecclesiæ semper appellant, non ,, claves Petri, quia immediatius ,, Ecclesiæ traditæ sunt, quàm ,, Petro, illique commissæ sunt, ,, ut Ecclesiæ personam gerenti: ,, Unde ligandi solvendique po,, testas, in Ecclesiâ, tanquàm ,, in proximo subjecto, residet ,, (ut cum Parisiensibus Theolo,, gis loquar) in sancto Petro & ,, ejus successoribus tanquàm in ,, subjecto remoto: per quos ni,, hilominùs, ab iisque consecra,, tos ministros dumtaxat, exer,, cetur potestas ordinis; quam,, vis & Ecclesia per seipsam, ,, potestatem jurisdictionis præ ,, singulis Episcopis, & ab ipso ,, Romano Pontifice exercere pos,, sit, ferendo censuras, & con,, ferendo plenarias indulgentias... ,, Potestatem jurisdictionis in totâ ,, universitate Ecclesiæ principa,, liter residere; est unum ex fun,, damentis sententiæ quam Ec,, clesia Gallicana & sacra Facul,, tas Parisiensis propugnant ,, Sic Natalis sententiam de clavibus à Christo Ecclesiæ reverà traditis, necnon de potestate ligandi atque solvendi in eâdem, tanquàm in proximo subjecto residente, non solùm tanquàm suam, sed tanquàm Theologorum Parisiensium, atque adeò ipsius Gallicanæ Ecclesiæ proponit ac tuetur. *Febr.*

de Stat. Eccl. tom. 2, *Flor. Sp.* §. 2, *p.* 535, 536.

(246) p. 248. *La Faculté de théologie de Paris enseigne* 1°. *que les clefs ont été données immédiatement aux Apôtres & à l'Eglise universelle, comme à S. Pierre; ensorte que les Evêques n'exercent pas un simple pouvoir de délégation qu'ils aient reçu immédiatement du S. Siege, mais un pouvoir qu'ils tiennent immédiatement de J. C. en vertu de leur ordination.* 2°. *Que les clefs ont été données à S. Pierre d'une maniere plus spéciale, à cause de sa primauté, & que c'est en vertu de cette mission, qu'il a reçu jurisdiction sur toutes les Eglises particulieres.* Ex secundo nempè claves Regni cœlorum, dit *Tournely*, & potestatem ligandi atque solvendi Petro concessas esse, inferimus ejus principatum; non quod (ut volunt aliqui) soli Petro datæ sunt à Christo claves Regni cœlorum, & per Petrum aliis Apostolis; reverà etenim cæteris Apostolis & toti Ecclesiæ concessæ fuerunt à Christo immediatè: *Matth. XVIII.* 18, *Joan. XX.* 22. Sed quod singulari quâdam ratione Petro datæ sunt, ob specialem quâ cæteros antecellebat, dignitatem: quia nempe totius Ecclesiæ personam gerebat ac repræsentabat, propter primatum quem à Christo in cæteros acceperat. Ita S. S. Patres, Tertullianus in Scorpiaco, cap. 10. Memento, inquit, claves ejus, hîc Dominum Petro, & per eum Ecclesiæ reliquisse. *Tournely de Eccl. tom.* 2, *quæst.* 5, *art.* 1, *concl. prima probatio, p.* 7, *in-*8°. *edit.* 1726. *L'Eglise Gallicane n'enseigne point d'autre doctrine.*

(247) p. 248. Sedis Apostolicæ primatum & summum in omnes Ecclesias particulares totius orbis Christiani imperium, S. Petro & ejus successoribus Pontificibus Romanis, à Christo collatum cum S. Maximo & universâ Ecclesiâ, veneramur, profitemur, & prædicamus. *Nat. Alex. Hist. Eccl. tom.* 7, *p.* 542. Omnes singulares homines particularesque Ecclesiæ summo Pontifici obedire debent, nisi in his quæ generali synodo legitimæ congregatæ præjudicium generarent. *Ibid. tom.* 8, *p.* 514.
—— His verbis : *Tu es Petrus &c.* Sanctus Petrus rector universalis Ecclesiæ designatur. *Nat. Alex. Hist. Eccl.* 1, *dissert.* 4, *de Primatu Petri.* §. 1, *tit.*

Objicies 4°. S. Petro non sunt collatæ claves, nisi nomine Ecclesiæ; cujus personam gerebat. Igitur, &c.

Respondeo: Distinguo antecedens. Petro non sunt collatæ claves nisi nomine Ecclesiæ, id est, ut Ecclesiæ dumtaxat legato, nego; id est, ut Ecclesiæ supremo post Christum & sub Christo rectori ac moderatori, concedo. Illius itaque propositionis duplex potest esse sensus: primus, quòd Petrus Ecclesiæ nomine claves acceperit, quemadmodùm Regius orator nomine Regis, alicujus civitatis claves accipit, in quam propterea nullam habet potestatem. At nequaquam ita est. Secundus, quòd Ecclesiæ nomine claves acceperit, ut illius rector ac moderator, quomodò Princeps, populi nomine, gladium accipit, & ad ejus tuitionem totum Regni splendorem convertere tenetur. *Nat. Alex. Hist. Eccl. sæcul.* 1, *dissert.* 4, §. 3.

Probatur. Primatus Petri ex jure appellationum ad Romanum Pontificem in omnium Episcoporum judiciis, quod canonibus Concilii

Sardicensis confirmatum potius quam constitutum fuit. *Nat. Alex. Hist. Eccl. sæcul. 1, diss. 4*, §. 2, *n. 14.*

(248) p. 249. Pontificem in hâc causâ minimè judicasse, ut Imperatoris delegatum, sed proprio jure, ut summum controversiarum Ecclesiasticarum judicem, contra quosdam à Calvini sectâ Theologastros. *Nat. Alex. Hist. Eccl. tom. 7, f. 877, quæst. 2.*

(249) p. 249. Convenit theologis & canonistis, Apostolis à Christo infusam fuisse plenitudinem potestatis spiritalis, cui limites præfigere nefas sit ullos. Episcopos autem, & si in sedes Apostolorum erecti sint, non tamen in plenissimæ hujus & universalis potestatis amplitudinem totam, vocatos esse; unam Petri sedem interminatâ hâc & universali auctoritate cumulatam esse, quâ pollebant Apostoli, & Petrus maximè, cui obtigerat, cum singularis abundantiæ privilegio. *Thomass. Eccl. Discipl. tom. 1, p. 22.*

(250) p. 249. Dominus contulit Petro pro se & suis successoribus auctoritatem disponendi ministros Ecclesiæ, & determinandi jurisdictionem, dicens: *Pasce oves meas*, id est, sis pastor generalis ad quem pertineat dispositio & regimen generale ovium & ovilis. *Petr. de Alliaco inter oper. Gerson, tom. 1, p. 898, nov. edit. 1706.*

(251) p. 249. Romana Ecclesia omnium Ecclesiarum magistra, mater & caput est. *Oper. Hincm. tom. 2, p. 630.* — Ad Romani Pontificis sollicitudinem universalis Ecclesia pertinet. *Ibid, p. 778.*

(252) p. 250. Romanus Pontifex supremam in Ecclesiâ obtinet potestatem. *Gibert, Corp. Jur. Can. Licet, §. 1, l. 3, decret. tit. 3, cap. 18, tom. 2, p. 10*, edit. ac *Pithou*. — Romanus Pontifex est ad regimen universalis Ecclesiæ supremâ dispositione vocatus. *Ibid,* de judiciis *cap. Novit. post init. l, 11, decret. tit. 1, c. 13.* — Romanus Pontifex supremam in Ecclesiâ obtinet potestatem. *Ibid. cap. 18, de regul. 11, tom 2, p. 172.* — Sacrosancta Romana Ecclesia jus & auctoritatem sacris canonibus impertitur, sed non eis alligatur. Habet enim jus condendi, ut potè quæ caput est & cardo omnium Ecclesiarum. *Ibid, tom. 1, can. 16, 25, q. 1, p. 346.*

(253) p. 257. Obligat tamen subditos sub pœnâ excommunicationis talis determinatio, (*Papæ*) quod non dogmatisent oppositum talis determinationis, nisi appareat manifesta ratio repugnandi. *Gerson, apud Febr. de Stat. Eccl. tom. 1, c. 5, §. 1, n. 4, p. 275.*

(254) p. 257. Papa fidelium rector, pastor & doctor constitutus auctoritate Christi & Ecclesiæ.... in quâ Ecclesiâ prima præsidentia est, sedes apostolica super alias Ecclesias particulares & sedes inferiores, non super totam universalem prælata.... Christianus protestans se non velle obedire Ecclesiæ synodaliter congregatæ, vel sedi apostolicæ, videtur schismaticè se ab Ecclesiâ & sede apostolicâ dividere; & alicujus infidelitatis signa hoc actu demonstrare.... Similiter in Politicâ obediendum est Regi & Reginæ, & generali regenti Regis & Reginæ vicario. *Decret. Univ. Colon. anno 1440. apud Febr. tom. 2, p. 79. &c.*

(255) p. 261. Observandum duplici modo rationem reddi, velut superiori, qui nisi eandem ipsi adprobavero, acta mea rescindere, & pœnam infligere insuper

queat ; vel ut æquali , & cui simpliciter mea gesta probari volo, eo dumtaxat fine ut vir bonus & prudens ab ipso habear. Posteriori modo sæpè conantur famæ curiosi Principes rerum suarum rationes orbi reddere , tuendæ existimationis causâ ; id quod nihil subjectionis arguit. *Puff. de Jure Nat. & Gent. l. 7., c. 6,* §. 2.

(256) p. 266. Osius Episcopus dixit: Placuit autem ut si Episcopus accusatus fuerit, & judicaverint congregati Episcopi regionis ipsius, & de gradu suo eum dejecerint : si appellaverit qui dejectus est, & confugerit ad Episcopum Romanæ Ecclesiæ & voluerit se audiri : si justum putaverit ut renovetur judicium, vel discutionis examen, scribere his Episcopis dignetur, qui in finitimâ & propinquâ provinciâ sunt, ut ipsi diligenter omnia requirant , & juxta fidem , veritatem definiant. Quod si is qui rogat causam iterum audiri, deprecatione suâ moverit Episcopum Romanum, ut è latere suo presbyteros mittat, erit in potestate Episcopi, quid velit & quid existimet. Et si decreverit mittendos esse qui præsentes cum Episcopis judicent, habentes ejus auctoritatem à quo destinati sunt; erit in arbitrio suo : si verò crediderit Episcopos sufficere, ut negotio terminum imponant, faciet quod sapientissimo consilio judicaverit. *Ce canon rapporté dans la collection de Denis le Petit, se trouve dans les décrets de Gratien.* Siquis Episcopus 2, q. 6.

(257) p. 266. Neque quisquam nostrûm Episcoporum se esse Episcopum constituit, aut tyrannico terrore ad obsequendi necessitatem collegas suos adigit, quandò habeat omnis Episcopus pro licentiâ, libertatis & potestatis suæ arbitrum proprium , tanquam judicari ab alio non possit, cùm nec ipse possit alterum judicare. Sed & expectemus universi judicium Domini nostri Jesu - Christi qui unus & solus habet potestatem & præponendi nos in Ecclesiæ gubernatione & de actu nostro judicandi. *Cyp. init. Concil. Carth. III. ann.* 259. Hard. tom. 1, col. 159.

(258) p. 278. Appellatio vel interponitur ob denegatam vel protractam justitiam ; item ob nullitates, easque insanabiles in processu commissas, tum equidem ex ipso jure naturæ, publicique universalis dogmatis, id juris omninò primatui (*Papæ*) necessariò competere existimo ; cùm ratione solâ dictante, constet, præcipuum necessariumque rectoris in civitate officium esse, ut ad eum oppressæ innocentiæ perfugium pateat ; vel eo sensu hæc quæstio instituitur, ut ultimæ necessariò instantiæ, judex sit summus Pontifex ; & hâc in re disciplinæ mutationi locum esse, ex rerum Ecclesiasticarum historiâ ipsâ lucet. *Schmidt. Instit. Jurisp. Ecclef. Germ. tom.* 1, part. 2, c. 1, sect. 3, §. 55. Ce docte & judicieux Jurisconsulte , cite à l'appui de cette doctrine, entre autres, Cabassut. *Notit. Eccl.* sect. 4. Nat. Alex. *Hist. Eccl.* sect. 4, dissert. 28, prop. 1, le 14 art. des capitulaires , §. 3, 4, 5. Le 2 vol. du *Concordat Germanique*, p. 105.

(259) p. 278. Principem suum repræsentant legati ab eo missi :... sic & personam summi hierarchæ legati ab eo in orbem christianum missi, referunt. Competit ei universæ Ecclesiæ cura & sollicitudo vi Primatûs, hanc autem cùm exercere per se ubique ipse non possit, vel ex hoc solo consequi-

tur,

tur, jus mittendorum legatorum in omnem orbem christianum ipsi denegari non posse. — Quod si vero Pontifici jus perfectum eos mittendi denegari à Catholico non possit : huic viciſſim, ex alterà Principum etiam supremorum parte, respondebit obligatio in thesi saltem certa, ne legatos hujusmodi ab ingressu in terras suas prohibeant, aut legitimis eorum functionibus in salutem animarum necessariis, sese obstaculo ponant. *Schmidt. ibid. cap. 1, sect. 3, §. 72, 73. On voit que ce sage écrivain suppose toujours que les commissaires du Pape se borneroient à l'exercice de la jurisdiction spirituelle ; parce qu'il n'est pas douteux que les Princes ne pussent les réprimer & les faire sortir de leurs Etats, dans le cas où ils attenteroient aux droits de la puissance civile.*

(260) p. 279. Sunt etiam regna provinciæque complures, ubi Bullæ Pontificiæ non promulgantur, nisi postquam à senatu Principis prius examinatæ fuerint, eo fine ut appareat nihilne in iis juribus regni aut privilegiis adversùm reperiatur.... Hoc fuse defendit *Van-Espen. part. 2, tit. 24, c. 6.* Cujus defensionis summa hæc est, eas leges non examinari eo fine ut, si legitimæ sint utilesque, executioni obex ponatur: sed ut unicè prospiciatur anne in iis nihil deprehendatur juribus regni contrarium, quibus Pontifex sciens non vult derogare, atque ita hâc ratione turbis potius ansam daturæ: approbationem illam non proficisci ex jurisdictione, sed ex jure defensionis naturalis, nihilque aliud esse, quàm testimonium in iis bullis, nihil dictis juribus adversùm status : hoc non adeò improbandum cùm Religio non de-

beat regnum evertere &c. Ita ille. *Schmidt. Inſtitut. Juris Eccl. Germ. tom. 1, p. 2, c. 1, sect. 3, art. 1, §. 56.*

(261) p. 279. Nemo ausit tantos principes in re publicâ, quæ, inspectante totâ Ecclesiâ, tot in locis in usu est, iniquitatis damnare : id solùm dolendum rem sub intrà legitimum usum non stare, adeoque delicatum, ut abusus exin, perquàm facile ex studio illorum privato, qui examini huic præsunt, enascantur. Sed de his videant, quorum id officii est munerisque. *Schmidt. Inſtit. Juris Eccl. tom. 1, part. 2, c. 1, sect. 3, art. 1, §. 56. not.*

(262) p. 285. Deus unus est, & Christus unus & una Ecclesia, & cathedra una, super Petrum voce Domini fundata. Aliud altare constitui, aut sacerdotium novum fieri, præter unum altare & unum sacerdotium non potest. Quisquis alibi colligit, spargit. *Cyp. l. 1, epiſt. 40. ad univerſam plebem.*

(263) p. 286. De toto mundo unus Petrus eligitur, qui & universarum Gentium vocationi, & omnibus Apostolis, cunctisque Ecclesiæ Patribus præponatur, ut quamvis in populo Dei, multi sacerdotes sint, multique pastores, omnes tamen propriè regat Petrus, quos principaliter regit & Christus. *Leo. Serm. 3, de aſſumpt. ſuâ.*

(264) p. 287. Extra concilium Ecclesia consistit, non in solis Episcopis, sed in reliquis etiam clericis, imò laïcis. Inter hos singuli quidem Episcopi nomine & auctoritate Ecclesiæ de fide judicant; sed nec ultimatò nec infallibiliter : corpus verò ex laïcis clericisque compositum, fidem, quam tanquam fidele depositum servat, ad nos illibatam transmit-

tit, licet per se ipsum extra synodum non valeat agere, ut persona moralis, id est, non judicare, definire, condemnare, excommunicare, &c. utique supra cum Gersonio & Almaino ex vulgatis jurisprudentiæ principiis, quæ omnibus corporibus politicis communia sunt, insinuavimus. Qualiter Ecclesia in œcumenicâ synodo articulos fidei proponat credendos, omnes norunt. Quâ id ratione fiat, per universalem Ecclesiæ observantiam vidimus supra num. 5. scilicet ibi definiendo, hìc tradendo. In hoc tamen majus est privilegium universalis observantiæ in rebus fidei, quod hæc sit absolutè infallibilis; concilium generale conditionatè, si nempe Patres legitimè convocati in eo ita se gesserint, ut dici debeant repræsentasse totam Ecclesiam, quod an ita de facto sit, declarat agnitio seu receptio Ecclesiæ. *Febr. de Stat. Eccl. tom. 1, c. 6, §. 8, n. 12, p. 426 & 427.*

(265) p. 289. Quamquam corpus Ecclesiæ nullo unquam tempore possit consentire in dogma falsum, indè tamen non sequitur, quod ad objectam à quolibet novam fidei difficultatem, semper inpromptu habeat & illicò propalet decisionem veri. Aliud est non consentire erroribus novis, aliud eos protinùs profligare, tanquam hæreseos, *con* id est, unanimi consensu, damnare: nequidem concilium hoc statim facit, sed postquam multum demùm tractatum, atque disceptationem: Facta est, inquit Evangelista, discussio magna: quàm multò minùs ergo promissio Christi importabit extemporaneam definitionem extra concilium. Pleræque generales synodi enatos errores seriùs damnarunt ut hæreses. *Febr. de Stat. Eccl. tom. 1, c. 6, §. 8, n. 15, p. 142.*

(266) p. 292. Augustinus postquam dixisset concilii congregatione opus non fuisse, ut tam aperta pernicies (*Pelagianæ hæresis*) damnaretur, mox prosequitur: quasi nulla hæresis aliquando nonnisi synodi congregatione damnata sit: quin potiùs rarissimæ inveniantur propter quas damnandas, necessitas talis extiterit; multòque sint, atque plures, quæ ubi extiterunt, illic improbari damnarique meruerunt, atque inde per cæteras terras devitandæ innotescere potuerunt. *Febr. de Stat. Eccl. tom. 1, c. 6, §. 8, n. 4, p. 420.*

(267) p. 292. Ecclesiæ sententiam (Romani Pontificis aut concilii universalis) inquit Bossuetius, non expectârunt ut Manichæos, aliasque sive manifestè impias, sive obscuras levesque sectas per loca excitatas, aut horrerent aut contemnerent.... Ergone singulares Ecclesiæ à quibus statim rejectæ aut etiam oppressæ sunt, ineluctabili authoritate gaudebant? minimè, sed profectò sic habet: semel constituto hoc certo dogmate, vim aliam ultimam & ineluctabilem, unitate & consensione, constare; id quoque valere, quocumque modo, se illo consensu declaraverit, sive concilia congregentur, sive non congregentur. Hanc communem & pervulgatam esse controversiarum finiendarum viam, qui non intelligit, eum pacis inimicum & omnis ecclesiasticæ rei imperitum esse profitetur, ait Bossuetius initio capitis sequentis. *Febr. ib. n. 5, p. 421, 422.*

(268) p. 292. Sic promissum Salvatoris nostri intellexit sincera antiquitas, quæ per octo sæcula non novit alium modum pertina-

um, circa res fidei, in Ecclesiâ motuum, finaliter componendorum, quàm conciliorum authoritatem. Quæ autem per tot fæcula habita funt, pro genuinâ normâ ultimatò finiendarum controverfiarum fidei, ea fic in formam Ecclefiaftici regiminis videntur influere, ut convelli minimè debeant opinione olim ignoratâ, quâ, in convocationes conciliorum, majoribus noftris tam facras & hodiernorum omnium bonorum votis expetendas, recentiores infurgere nituntur. — Neminem fugit quantùm interfit inter fingularia ac difgregata plurium judicia, licet de cætero in idem colliment, & inter collegiale conclufum. Tanta eft omnium animis quafi innata hæc differentia, ut nulla focietas, nulla natio, nullum ævum, hactenùs pro vero & legali judicio agnoverit fententiam, aliter quàm à congregatis fenatoribus conceptam & latam. Scilicet quifque fenatorum, domi fuæ, ex privato fenfu, judicat de re & objecto de quo quæritur: in fenatu, è contra, feu collegio, finguli eriguntur & confirmantur fuorum collegarum eruditione, intellectu & experientiâ; quæ in communi difquifitione & deliberatione omnibus redduntur communia, & formant quamdam fufficientiam ac plenitudinem notitiarum, negotio quo tractatur, proportionatarum. *Febr. de Stat. Eccl. t. 1, c. 6, §. 8, p. 414, 415.*

(269) p. 293. Quòd verò ad jus, feu univerfaliter definiendi poteftatem pertinet, rectè, meo quidem judicio, ftatuit Gerfon, fcilicet : Ecclefia fparfim confiderata non habet illam poteftatem, nifi in quodam materiali & potentiali : fed congregatio fua & unitio, quæ fit in concilio generali, dat quafi formam, ficut in aliis communitatibus exemplum dari poteft. Quocum conjungendum illud Almaini : Ecclefia, ut difperfa, nullum actum jurifdictionis exercere poteft, nec aliquid fententialiter definire ; & fic infallibilitas in definiendo ei competere debet ut congregatæ in concilio. Eft haud dubiè extra-conciliaris illa fummi Pontificis ac aliorum, & quidem plerorumque Epifcoporum confenfio, circa fidei quæftionem aut difficultatem recens motam, magni ponderis ; eft præjudicium admodùm urgens pro fanctitate doctrinæ, in quâ illi conveniunt ; at per fe nunquam erit judicium definitivum univerfalis Ecclefiæ, id eft, corpori non fingulis, utcumque multis, factum intelligitur. Sana ratio omnibus perfuadet viam conciliarem ad detegendam determinandamque veritatem multò effe aptiorem quàm difperforum quomodolibet diligens examen. Singularia multorum decreta non poffunt coalefcere in unum, ita ut univerfalis Ecclefiæ forment decifivum. Noftræ fententiæ fuccurrunt ufus & difciplina Ecclefiæ. Non agitur hic de argumentis humanâ ratione aptis ad indagandam veritatem, fed decifo ultimato, &, ex inftituto Chrifti, infallibili. *Febr. de Stat. Eccl. tom. 1, c. 6, §. 8.*

(270) p. 293. Si Epifcopi ad fummi Pontificis fententiam, tacitò accedant, atque in eo ftatu res tranquillè permaneant, ita ut per hoc conftans illa & uniformis, feu (*ut Lirinenfis loquitur*) manifeftè, perfeveranter, ubique & ab omnibus tradita & agnita doctrina atque fidelis obfervantia comprobetur ; caufa finita eft, atque hoc modo . plures hærefes citra generale concilium fuppreffæ aut fublatæ nofcuntur, *Febr. c. 6, §. 8 ; n. 6, p. 423.*

(271) p. 294. Si adversantium, etiam sæcularium, tantus sit numerus, qualis sæculo decimo sexto fuit Lutheranorum & Calvinistarum, sed ne tantus quidem; aliud non supererit remedium, quàm formale & expressum judicium universalis Ecclesiæ. *Febr. de Stat. Eccl. tom. 1, c. 6, §. 8, n. 6, p. 422.*

(272) p. 294. Nihilominùs, ex actis Tridentini, manifestum est synodum rursùm ab integro discussisse errores à Pontifice jam damnatos. *Febr. tom. 1, c. 6, §. 6, n. 3, p. 399.*

(273) p. 295. Causa finita erat, ut plures hâc ratione finitæ sunt; idque ex eâ decisivâ ratione, quia Papa responderat quod antiquitùs apostolica sedes cum cæteris tenet perseveranter. *Febr. de Stat. Eccl. tom. 1, c. 3, §. 8, n. 4, p. 195.*

(274) p. 295. At quia id ipsum quod Augustino non omnibus visum est, sic eadem causa non solo Pontificis responso effectivè & plenè necdum terminata est, si quidem &c. *Febr. de Stat. Eccl. tom. 1, c. 3, §. 8, n. 4, p. 194, 195.*

(275) p. 296. *Febronius fait donc semblant d'ignorer, qu'après la condamnation des erreurs de Pélage, par Innocent I, le Pape Zozime n'examina plus le point de dogme, déja décidé; mais seulement, le point de fait personnel, savoir si Pélage enseignoit véritablement les erreurs condamnées, & dont il tâchoit de se disculper: car on sait que ce fut-là l'objet du premier jugement que porta ce Pape, trompé par les artifices de l'hérésiarque. Il fait semblant d'ignorer encore que les hérésies déja condamnées, même par des conciles œcuméniques, n'ont pas laissé d'être non de nouveau examinées, mais de nouveau proscrites par les conciles postérieurs, telles que les hérésies d'Arius, de Nestorius, d'Eutychès, &c.*

(276) p. 296. In hâc causâ (*Pelagii*) non fuisse necessariam œcumenici concilii convocationem, affirmat & contendit (*Augustinus*.) Ejus ratio erat, quòd per dispersæ Ecclesiæ consensum causa finita esset. En ergò, quid sit illud, causa finita est, (*inquit Bossuetius,*) finita quidem est, ubi aperta quæstio est, & ubique consensus. Finita verò non est magnis altercationum nebulis involuta. — Idem circa Semi-Pelagianorum errores evenit. Hi, invictis S. Augustini scriptis protriti, adhuc in Galliis spirabant; neque tamen ideo universale concilium indici necesse fuit. Quatuordecim Episcopi cum aliis viris clarissimis & illustribus, anno 529, Arausicæ ad templi consecrationem congregati, doctrinæ capita adversùs eorum hæresim statuerunt; hujus concilii decretis omnes aliæ Ecclesiæ adhæserunt; proindè eamdem hactenùs authoritatem obtinuere, ac si ab universali Ecclesiâ in œcumenicâ synodo congregatâ, sancita fuissent. *Febr. de Stat. Eccl. tom. 2, Flor. Sparsi. c. 4, §. 2, p. 404.*

(277) p. 296. In solidis his principiis non inveniet Jansenista confugium subtilis suæ vanitatis; licet enim nondùm esset ultimatò & in formâ condemnatus, agnoscere tamen debet adesse modò omnia materialia prævidendæ damnationis, in futuro concilio generali, & ideò non solùm ille peccat in Deum & Ecclesiam, qui his adhærere pergit, quæ per judicium Patrum ultimatùm de facto sunt damnata, sed etiam qui præseminat, au rebus adeò discussis, pertinac-

ter sostinere pergit doctrinas quas prudenter prævidet, aut prævidere debet damnatum iri, quàmprimùm congregabuntur in unum Patres cum Pontifice. Sanè S. Augustinus causam Pelagianorum finitam esse affirmat, licet non ignoraret decem & octo, inter illos pertinaces, in errore suo permansisse, interpositâ, ad concilium generale, appellatione. *Febr. de Stat. Eccl. tom. 1, c. 6, §. 8, n. 17, p. 434.*

(278) p. 297. Potest autem Deus, antequam constans universalis Ecclesiæ consensus, separatis Episcoporum decretis, superveniat; unum vel plures etiam ex secundi ordinis sacerdotibus, excitare, atque eorum, in gratiam orthodoxæ fidei reclamantium, verbis vim & efficaciam addere ad parandum veritati triumphum, ne dicam zelus ardens paucorum Episcoporum, sicut in concilio, ita & extra illud, reliquos in suas partes trahere, sic efficaciter non minùs quàm suaviter disponente Spiritu illo veritatis. *Febr. de Stat. Eccl. tom. 1, c. 6, §. 8, n. 14, p. 430, 431.*

(279) p. 298. Ultrajectinam synodum anni 1763, neque approbo, neque improbo; hoc tamen, pro modulo meo, judicaverim, in actis ejusdem synodi (*abstrahendo à pluries memoratâ constitutione*) quæstionem de gratiâ, satis catholicè explicatam esse. *Febr. tom. 2, Judic. Acad. Colon. reform. p. 70, not.*

(280) p. 298. Sans nous arrêter à l'exposition captieuse que fait ce synode de sa doctrine, pour cacher le jansénisme sous les voiles du Thomisme, (p. 55. edit. Ultraject. in-12, 1764,) il nous suffira de donner en preuve des véritables sentimens de ce conciliabule, son dixieme décret, où il enseigne (art. 2, 3, p. 551, 552, 553,) *que l'ignorance de la loi naturelle n'exempte pas de péché : que la conscience fausse & erronée, quelque ferme qu'elle soit, n'est jamais exempte de péché toutes les fois qu'elle agit contre la loi éternelle ; & qu'alors on peche également, soit qu'on fasse le bien qu'on croit un mal, soit qu'on fasse le mal qu'on croit un bien.* Declarat sancta synodus..... cùm legis naturalis ignoratio à peccato non eximat, multò minùs simplicem inadvertentiam, seu non reflexionem ad peccati malitiam, excusare..... conscientiam falsam & erroneam, quamvis intrepidam, nunquam excusare à peccato, quotiescumque legi æternæ adversatur..... Itaque sive malum putes bonum quod fortè agis, sive bonum, malum quod operaris, utrumque peccatum est.

Supposons, en effet, d'après cette maxime, que l'homme se trompe invinciblement sur la loi naturelle, (la supposition n'est point absurde, car bien que les premiers principes de cette loi soient évidens, les conséquences éloignées qui dérivent de ces principes, & qui appartiennent à la même loi, ne peuvent pas toujours être bien apperçus), il résultera de cette supposition, que l'homme qui se trompera invinciblement, péchera aussi nécessairement, soit en faisant le mal qu'il croit un bien, soit en faisant le bien qu'il croit un mal. Il y a donc des commandemens de Dieu qui lui deviennent alors impossibles. Or voilà justement la premiere proposition de Jansénius ; & delà les quatre autres propositions qui en dérivent.

(281) p. 299. Illud verè dolen-

dum quod propter similes causas scindatur tunica Christi.... Res mira! romana curia constitutionem *Unigenitus* dogmaticum universalis Ecclesiæ decretum esse affirmat; Gallica natio (cui præ reliquis omnibus de acceptatione hujus Bullæ per omnes Ecclesias, uti prætenditur, factâ constare deberet) id negat. *Febr. de Stat. Eccl. tom.* 2, *jud. acad. Colon. reform. p.* 70, & 71, *not.*

(282) p. 302. Episcopatus in Ecclesiâ unus est &, omnibus Episcopis, certo modo, communis. *Febr. de Stat. Eccl. tom.* 1, *c.* 3, §. 1, *tit.* — Si itaque episcopatus omnium ita pro indiviso communis extitit, ut quantum ad substantiam fidei, etiam post divisionem diœcesium, quilibet Episcoporum, in defectu aliorum, eam sanam, salvamque statuere teneatur: multò magis eò primariò, subsidiaria hæc cura tenebit primatem. *Ibid.* §. 2, p. 162. — In quâvis societate, singulis ejus membris, jure naturali, incumbit obligatio procurandi observationem legum communium. *Ibid.* p. 163. — Fuêre quidem inter Apostolos & Christi discipulos, nonnulli certæ Ecclesiæ alligati. Attamen hæc adscriptio nullam inter Apostolos essentialem differentiam induxit, uti nec inter Episcopos de eorum auctoritate & missione ad gubernandam Ecclesiam quidquam diminuit. Neque impedit ea Episcoporum ad certum populum adscriptio, quominùs iidem vocati censeantur ad impendendam omnibus fidelibus pastoralem curam, dum id necessitas aut salus populi exigit. *Febr. de Stat. Eccl. tom.* 1, *c.* 7, §. 1, *n.* 4, *p.* 538, §. 3, *p.* 550. — Extenditur plenitudo potestatis (inquit Gerson) super omnes inferiores, solùm dum subest necessitas ex defectu ordinariorum inferiorum, vel dum apparet evidens utilitas Ecclesiæ. Quæ hic de necessitate aut evidente utilitate Ecclesiæ (*prosequitur Febronius*) necnon de defectu ordinariorum dicuntur, ea certè ad nullam ordinariam jurisdictionem referri possunt, sed ad jus extraordinarium, quod in unitate episcopatûs radicatum, omnibus quidem Episcopis, certo modo, commune esse tradidimus. Magis tamen proprium esse dignoscitur, & specialius adhærens officio primatûs. *Febr. de Stat. Eccl. tom.* 1, *c.* 7, §. 1, *n.* 2, *p.* 552, 553 & *n.* 5, *p.* 556.

(283) p. 303. Ex his consequens est omnes Episcopos in suâ institutione, præveniendo omnem humanam ordinationem, esse in potestate & authoritate gubernandi Ecclesiam æquales, non tantùm quoad ea quæ ordinis sunt, sed & quæ jurisdictionis, in quantum hæc ad salutem populi & rectum spiritale Ecclesiæ regimen spectant. *Febr. de Stat. Eccl. tom.* 1, *c.* 7, §. 1, *p.* 525.

(284) p. 304. Quod Christus dixit Apostolis quæcumque alligaveritis &c.... Quemadmodùm & cæteræ omnes veritates Evangelii, à nemine destrui, nec jurisdictio Episcopis hoc titulo attributa, seu præscriptionis, seu aliâ quâcumque viâ eis abrogari non potest.... Itaque gregi fidelium & saluti animarum nocetur neglectu atque abdicatione jurium episcopalium, aut partis eorumdem. At contra voluntatem & mandatum Christi, contra Evangelium, contra jus gentium, denique contra commoda publica Christiani orbis, non præscribitur. *Febr. de Stat. Eccl. tom.* 1, *c.* 8, §. 6, *n.* 4, *p.* 664.

(285) p. 304. Revocandum semper in memoriam divisionem

potestatis episcopalis, in eam quæ est ordinis & quæ jurisdictionis, seu verius, dilacerationem episcopalis dignitatis, à Christi instituto alienam esse; non quin distinguere liceat duplicem potestatem Episcopalis officii; sed quia dividere nefas est, & ejus naturæ repugnat. *Febr. ib. c. 7, §. 1, n. 2, p. 540.*

(286) p. 304. Principia quibus ecclesiastica libertas innititur, in jure naturali, certissimis Jesu-Christi oraculis, & constanti usu primorum sæculorum fundata sunt. Interim ignorantia, simplicitas & superstitio potuerunt eis nubem obducere, & reipsa obduxerunt. Cùm auctoritas Papæ in Religione fundata sit, nemo mirabitur quod ignorantia & fanatismus debito legitimoque respectui cultum superstitiosum addiderint; atque ita ambitioni immolata sit libertas, dum credebatur sacrificari Religioni. Ea nimirùm est conditionis humanæ indoles, ut se intra justos terminos ægrè contineat. Quod circa cultum imaginum fecit populus, ut eum ultra condignum proveheret, idem quoque egit circa reverentiam debitam summo Pontifici. Superstitiosus nunquam putat satisfecisse suæ obligationi, eò quod hujus nesciat fines; semper scrupulis angitur, sicque tranquillitatem plerumque quærit in excessu. Ne (*il faut sans doute nec*) in illâ rerum sacrarum luce quâ hodie vivimus, orbis Christiano-Catholicus sua adhuc præjudicia deserere potens est; quasi cum tremore & incertitudine sustinet jura libertatis, utcumque firma & certa. Principes, populi, Episcopi & quasi certatim damnaverunt ac persecuti sunt eos qui eorum hâc in parte errores dissipare & nebulam ab oculis depellere studebant. Schismatis & erroris objecta crimina, excommunicationis minæ & fulmina (malè utique tremenda) terruerunt omnes. Ardens desiderium ea declinandi plerisque ne permittebat quidem examinare & dignoscere justus ne fuerit horum malorum metus an vanus. *Febr. de Stat. Eccl. tom. 1, c. 8, §. 7, p. 665, 666.*

Vidimus Pontifices usurpantes varias partes juris episcopalis, & in præjudicium juris publici, sibi inde facientes jus privatum. Si niteremur jus illud publicum in integrum restituere; si Episcopi excuterent durum illud jugum quod eorum successores permiserunt humeris suis imponi; si rumperent catenas quibus alligata suit plenitudo potestatis eorum ministerio & caracteri propria; si nollent admittere reservationes casuum, quas Papa sibi attribuit : si tanquam nulla, haberent privilegia regularibus in præjudicium jurisdictionis ordinariæ attributa; si redirent in possessionem concedendi dispensationes, quas Romana curia sibi reservavit, quibusque satis malè utitur; statuendi de resignationibus, permutationibus, unionibus beneficiorum, erectionibus novorum Episcopatuum, confirmationibus electionum, aliorumque similium jurium episcopatui ex primitivâ institutione annexorum: de cætero Romanæ Ecclesiæ relinquerent jura vigilantiæ, inspectionis & certo modo, id est, juxta terminos Sardicensium canonum, jus supremæ instantiæ, &c. Ex quâ parte foret schisma, aut, quod in idem recidit, injustitia, si eâ occasione, se Papa separaret ab Episcopis? *Febr. de Stat. Eccl. tom. 1, c. 8, §. 7, n. 2, p. 666, 667.*

(287) p. 309. Ne in illo quod de judiciali declaratione tradit

Gerfo (quod ejus jus peræquè attribuit Papæ ac Episcopis : illi pro toto mundo : hi pro suis respectivis Ecclesiis) error subrepat; observandum venit, hîc, ut plurimùm, non agi de judicio propriè & juridicè dicto, cui de essentiâ in ervenire debent actor, judex & reus; deindè aliam, hâc in materiâ, esse naturam judicii Episcopi, utpotè qui jurisdictionem verè talem in ferendis legibus, decidendis litibus, puniendis reis, &c. à Christo acceptam, intra fines suæ diœcesis, citra omnem controversiam omneque dubium exercet, tam in causis fidei, quàm in quibuscumque aliis ecclesiasticis: aliud Papæ, qui quidem, jure sui primatûs à Deo accepti, judicium suum seu sententiam format & declarat futuram normam toti reipublicæ Christianæ; sed quia hæc norma (quæ tanquam omnes fideles quasi judicium Dei ligatura certa & ultimata esse debet) talis esse non potest, nisi auctoritate & sigillo universalis Ecclesiæ munita: ideo ex naturâ rei lex totius Ecclesiæ esse aut dici aliter non valet, quàm per universalis Ecclesiæ ... consensum; qualis consensus diœcesanorum, in legem particularem Episcopi non requiritur. *Febr. de Stat. Eccl. tom. 1, c. 5, §. 1, n. 5, p. 276.*

(288) p. 310. Si ageretur de novo Patriarchatu excitando intra fines hujus antiqui occidentalis (*Patriarchatûs*) & cum attributione verorum jurium Patriarchalium, ac respectivâ diminutione eorum quæ ad hunc vigore genuinorum canonum pertinent; non posset id regulariter fieri Patriarchâ Romano rationabiliter dissentiente. Attamen hæc intelligenda sunt salvis iis, quæ extra ordinem, pro re natâ & Ec- clesiæ bono statui posse memorabimus cap. 9, §. 4, n. 2, 3, 4. Loquor hîc de vero Patriarchatu, qualis semper intelligitur, quoties in jure hujus dignitatis mentio occurrit. Alia est ratio minorum Patriarchatuum, quales sunt Aquileensis, Venetus, Ulissiponensis, Indiarum, &c., qui quoad jus, primatibus potiùs accensendi veniunt. *Febr. de Stat. Eccles. tom. 1, cap. 4, §. 10, n. 4.* — *Voici l'endroit auquel nous renvoie Febronius, & qui a un rapport plus intime avec la doctrine que nous venons de voir.* Haud levis erit opus ponderis ad generalem Ecclesiæ reformationem pervenire; quippè quæ obtineri non potest nisi de plurimorum consensu, ad quem aliquorum animi variis de causis minùs dispositi esse consueverunt. At in tantâ difficultate, tamque remotâ spe obtinendæ per medium œcumenicæ synodi communis reformationis, particularium regnorum Ecclesiis nimis fore grave, interim in & sub antiquis suis abusibus genere & languere; justa itaque est his in circumstantiis, & multò facilior erit reformatio unius status, vel regni. Sint Princeps & regni Primates, Prælati sufficienter instructi in verâ disciplinâ & genuinis legibus Ecclesiæ; sit ille animo forti, & ad bonum ordinem inclinato. Stabunt ab illius partibus Episcopi & sacerdotes eruditi ac boni, ambitiosos & rebelles continebit principis auctoritas. In hâc dispositione cogatur nationalis synodus; eruditis scriptis exponantur antiqui Ecclesiæ usus & canones : relinquatur & restituatur Romæ quod debetur, sed recipiantur usurpata. Fiant aptæ constitutiones ad impediendum ne Roma decretis talis concilii nationalis contravenire, cave eve-

tere valent, & confectum erit negotium. Conventus Bituricis in Galliâ habitus, in quo Pragmatica Sanctio erecta est, justum talis synodi exemplum præbet....

Si Papæ talis synodi decretis sese opponens, in ejus invidiam cùm regno schisma faceret, & à suâ illud communione propterea repelleret; cùm ipsius, non Regis & Episcoporum regni, justè procedentium facto & culpa hoc accideret, extra ordinem, ad tempus, de capite nationali huic Ecclesiæ providendum esset, scilicet eo modo quem an. 1408 in Gallia observatum scribit Berthier, (*in Hist. Eccl. Gall.*) *Febr. de Stat. Eccl. tom.* 1, *cap.* 9, §. 4, *n.* 3.

(289) p. 315. Plura hactenus recensita specialiora remedia, uno generali comprehenduntur, scilicet resistentiæ, cujus usum gravissimi Theologi, & Canonistæ, etiam Romanæ curiæ addicti, & Pontificiæ auctoritatis assertores vehementissimi.... tum non improbant, quandò rescripta, decreta, constitutiones aut quæcumque litteræ seu facta Romanorum Pontificum, scandalum in Ecclesiâ pariunt, instituto Christi aversantur, sacris canonibus & disciplinæ, moribusque præscriptis ac probatis, vel Regum, Ecclesiarum, aut integri alicujus ordinis, V. G. Episcoporum, juribus & libertatibus grave vulnus infligunt, communes Ecclesiæ leges per illegitimas easque frequentes dispensationes evertunt, &c. Quin imò ipsi Romani Pontifices haud infrequenter declararunt se non repugnare quominùs his similibus casibus eis resistatur. *Febr. de Stat. Eccl. tom.* 1, *c.* 9, §. 9, *p.* 751.

(290) p. 317. Respondebit pro nobis celeberrimus Jurisconsultus Duarenus. Nec me latet (*inquit*) de rebus sacris & spiritalibus judicium esse ipsius Ecclesiæ.... Quamvis autem de rebus sacris judicium sit Ecclesiæ; tamen ubi constituta sunt ac judicata, magistratûs officium est Ecclesiæ judicia & decreta tueri & conservare, si id necessarium esse perspexerit... Sacerdotes item in officio continet magistratus, disciplinam ecclesiasticam constituit ac reformat. Quorsùm enim tot constitutiones Principum editæ sunt de officiis sacerdotum & disciplinâ ecclesiasticâ, nisi eas executioni mandare possint?.... Ex quibus facilè perspici potest, Principem leges condere posse, quibus Episcopi cæterique omnes Ecclesiæ ministri, ad canonum ecclesiasticorum veterisque disciplinæ observationem in regno ac ditione suâ, compellantur; eoque jure atque auctoritate, post hominum memoriam, usi ferè sunt Reges nostri, non tantùm in Galliæ suæ Episcopos, sed in ipsos etiam Pontifices Romanos, si quid, in finibus Galliæ, adversùs canones & disciplinam ecclesiasticam moliri viderentur. *Febr. de Stat. Eccl. tom.* 1, *c.* 9, §. 6, *n.* 2, *p.* 723, 724.

(291) p. 318. Restitutionem Christianorum in unum idemque corpus semper optatam à Grotio, sciunt qui eum norunt. Postea vidit id planè fieri nequire, quia præterquàm quod Calvinistarum ingenia ferme omnium ab omni pace sunt alienissima, Protestantes nullo inter se communi ecclesiastico regimine sociantur: quæ causæ sunt, cur factæ partes in unum Protestantium corpus colligi nequeant; imò & cur partes aliæ atque aliæ sint exsurrecturæ. Quare nunc planè ita sentit Grotius, & multi cum ipso, non posse Protestantes inter se jungi, nisi

simul jungantur cum iis, qui Sedi Romanae cohaerent; sine quâ nihil sperari potest in Ecclesiâ commune regimen. Ideo optat ut ea divulsio quae evenit, & causae divulsionis tollantur. Inter eas causas non est primatus Episcopi Romani secundùm canones, fatente Melanchtone qui eum primatum etiam necessarium putat ad retinendam unitatem. Neque enim hoc est Ecclesiam subjicere Pontificis libidini, sed reponere ordinem sapienter institutum. *Grot. Rivetiani Apologetici Discussio. tom. 4, p. 744, col. 2, edit. 1679, in-fol.*

(292) p. 318. Quod autem ad unitatem hujus externae Ecclesiae requirunt (Romano - Catholici) obedientiam unius summi Rectoris, qui Petro in regendâ Christi Ecclesiâ, & ejus ovibus pascendis successerit, non est à consensu priscae quoque Ecclesiae alienum. Certè Ambrosius Damasum, suâ aetate Episcopum Romanum, totius Ecclesiae Christi rectorem vocat. *Consultatio Cassandri, apud Grot. tom. 4, p. 568, col. 2, edit. 1679, in-fol.*

(293) p. 518. Sicut exercitus, sicut navis regi non potest, nisi per gradus Praefectorum, qui gradus in unum desinant; ita nec Ecclesia. Etiamsi omnes qui sunt in Ecclesiâ essent dilectione summâ praediti, tamen tali ordine esset opus. Deus non amat facere semper miracula: sed ad res optimas, etiam optimas monstrat vias, qualis est ad unitatem Ecclesiae certus ordo. Hic ordo quis esse deberet, monstravit in Petro Christus: ei enim claves regni coelorum dedit pro toto collegio, tanquam collegii Principi. Locus Cypriani cujus particulam citat Rivetus, apertè dicit quod volumus: ,, Loquitur ,, Dominus ad Petrum. Ego tibi ,, dico, inquit, quia tu es Petrus ,, & super illam petram aedificabo ,, Ecclesiam meam, & portae inferorum non vincent eam. Et tibi ,, dabo claves regni coelorum, & ,, quae ligaveris super terram, erunt ,, ligata & in coelis; & quaecumque solveris super terram, erunt ,, soluta & in coelis. Et iterum ,, idem post Resurrectionem suam ,, dicit: Pasce oves meas. Super ,, illum unam aedificat Ecclesiam ,, suam, & illi pascendas mandat ,, oves. ,, *Grot. in animadversiones Riveti. tom. 4, p. 641, col. 2, edit. 1679, in-fol.*

(294) p. 319. Benè Hieronymus ad Jovinianum, inter duodecim unus eligitur, ut capite constituto, schismatum tollatur occasio. Sine tali primatu exiri e controversiis non poterat: sicut hodie apud Protestantes nulla est ratio, quâ ortarum inter ipsos controversiarum reperiatur finis. Et hic primatus post Apostolos mansit in sede Romanâ: quod manifestum facit historia, etiam in ipso Blondelli libro.... Quae ratio fuit cur inter duodecim unus praesideret, eadem ratio fuit, cur in presbyterio unus esset Praeses, non temporarius sed perpetuus. *Grot. Rivetiani Apologetici discussio. tom. 4, p. 695, col. 1, edit. 1679, in-fol.*

(295) p. 319. Verti me ad eos legendos, qui, etsi fuere in communione diversâ, animum tamen magis ad sananda quàm ad fovenda divortia appulêre. Ei studio ubi me dedi, vidi eos in id quidem incumbere omnes, ut, benè constitutâ doctrinâ illâ vetere & non interruptâ, amoverentur ea quae dixi impedimenta.... Verùm id ut ad concordiam reponendam utiliter fieret, sentire eos ineundas vias, non seorsùm cuique, sed in commune universis. Eas autem esse

tres : Aut Papæ eximiè boni auctoritatem ; aut concilium universale legitimè congregatum in interpapatu : aut colloquia Regum, directa ad Episcopos, eo animo, ut ibi cogitata, postea ad Sedem Romanam, ut concordiæ coagulum, deferrentur. Postquam verò & sermonem contulissem cum viris egregijs, partim Theologis, partim Politicis, tum qui Sedi Romanæ adhærebant, tum qui ab eâ discesserant, vidi illorum consilia eòdem quò scriptorum quos designavi libros, tendere. *Grot. Votum pro pace Ecclesiasticâ, tom. 4, p. 654, col. 1, edit. 1679, in-fol.*

(296) p. 323. Cùm pax, etiam si facta esset, servari non posset, sine certo regiminis ordine, anno & ordinem eum quem longa sæculorum veterum experientia probavit. *Grot. Animadv. in Animadv. Riveti. tom. 4, p. 649, 650, edit. in-fol. 1679.*

(297) p. 323. *Selon la supputation du P. Berthier, rapportée par Febronius, (t. 1, c. 7, §. 5, n. 6, p. 576.) Les annates que la France paie à Rome, montent environ à deux cent mille livres par an. Une partie de ces revenus est affectée à des œuvres pies, & aux salaires des officiers employés aux expéditions qui se font en cour de Rome ; comme le prix de l'argent diminue toujours, la valeur des sommes imposées diminue aussi à proportion : au-lieu que le tarif des droits d'annate ne varie jamais.*

(298) p. 332. A puellis hodie inter Protestantes in monasteriis locus quæritur, unicè in hanc finem, ut alimenta inde habeant, & subsidia vitæ commodiora percipere possint, spe matrimonii forsan abjectâ, non ut eò rectiùs ad officia pietatis se totas dare possint, in quem finem tamen hæc asceteria sunt condita. Quia enim votis non ligantur nec regulis subjectæ sunt, libertatem hanc in licentiam transmutant, & vix externam honestatem observant. *Boh. Jus can. Protest. tom. 4, part. 1, l. 3, tit. 31, §. 59, p. 202, 203.*

(299) p. 336. Nec jurisdictio Episcopis hoc titulo : (*Quæcumque ligaveritis, &c.*) attributa, seu præscriptionis, seu aliâ quâcumque viâ, eis abrogari potest... Itaque gregi fidelium & saluti animarum nocetur neglectu atque abdicatione jurium episcopalium, aut partis eorumdem. At contra voluntatem & mandatum Christi, contra Evangelium, contra jus gentium, denique contra commoda publica christiani orbis, non præscribitur. *Febr. de Stat. Eccl. tom. 1, c. 8, §. 6, n. 4, p. 664.*

(300) p. 336. Revocandum semper in memoriam divisionem potestatis episcopalis, in eam quæ est ordinis, & quæ jurisdictionis, seu veriùs dilacerationem episcopalis dignitatis, à Christi instituto alienam esse ; non quin distinguere liceat duplicem potestatem episcopalis officii ; sed quia dividere nefas est, & ejus naturæ repugnat. *Febr. de Stat. Eccl. c. 7, §. 1, n. 9, p. 540.*

(301) p. 336. Neminem fugit... Episcopos & Parochos, unà cum presbyteris qui sub eorum auspiciis, directione ac nutu in Parochiis operantur, solos esse primævos & necessarios Ecclesiæ ministros. Porrò primitivus ille, & inter omnes solus immutabilis Ecclesiæ status, &c. *Febr. ibid. c. 7, §. 7, n. 7, p. 595.*

(302) p. 337. *Voyez la note ci-devant p. 551, n. 286.*

(303) p. 338. Has (*leges Pontificis*) propter intrinsecam ea-

rum æquitatem, Episcopi tenebuntur acceptare, quando eas judicabunt aptas ad promovendum bonum religionis & disciplinæ ecclesiasticæ.... Quod si supponeretur, etiam (præter veritatem) regimen Ecclesiæ arbitrarium esse, & ab unius voluntate dependere; nihilominùs in tantâ regionum, morum, geniorum, aliarumque ferè infinitarum circumstantiarum varietate, ad officium Episcoporum, quibus suarum respectivè Ecclesiarum cura & regimen à Deo commissum est, maximoperè pertineret dispicere & maturè ponderare, an leges & decreta quæ Romæ emanant, populis suæ curæ creditis, utilia futura sint aut potiùs apta ad gignendos tumultus in fideli illarum regionum populo, quo casu, finis legis, qui est majus bonum, nullatenùs obtineretur. *Febr. de Stat. Eccl.* tom. 1, c. 5, §. 2, n. 4, 5, p. 280, 281. — Subjectio & obedientia ei (Romano Pontifici) præstabitur, at non talis qualem describunt Jesuitæ.... sed quam ingens illud Ecclesiæ lumen, Benignus Bossuetius art. 21. celebris suæ expositionis doctrinæ Catholicæ, Pontificibus, Episcopis, catholicis universitatibus probatæ, exposuit, scilicet quam sancta concilia, sanctique Patres Christianos ubique - docuerunt. *Ibid.* tom. 2, p. 149.

(304) p. 338. Prælato quidem obediendum, inquit Goffredus, non tamen in omnibus quæ ipse suggerit. Nam si quid contra constitutionem Dei vel Patrum, Prælati præcipiunt, statim præcipiendi auctoritatem amittunt, & in illâ nullatenùs eis est obediendum. Quinimò ipsi Romani Pontifices haud infrequenter declararunt se non repugnare quominùs his & similibus in casibus eis resis-

tatur. *Febr. de Stat. Eccl.* tom. 1, c. 9, §. 7, n. 8, p. 735 & §. 9, p. 751.

(305) p. 339. Si piissimus Imperator cum toto sibi subjecto concilio necessitates reipublicæ considerans.... repeteret sacros canones.... sive privilegia sive exemptiones.... unà cum toto concilio decerneret tollendum esse, & canonibus sanctis strictissimè obediendum; rogo quis Christianus dicere posset ibi aliquid præter potestatem & auctoritatem attentatum? *Febr. ibid.* §. 8, n. 11, p. 748.

(306) p. 339. Si Rex Galliæ concordatorum ex alterâ parte infractione, aut aliâ simili causâ motus, de consensu sui Cleri, aut etiam sine eo, talem legem ferret; atque per hoc disciplinam sui regni, ad statum juris antiqui & veri reduceret, quid faceret Roma? *Febr. de Stat. Eccl.* tom. 2. *Jud. Acad. col. reform.* n: 9, p. 71, not.

(307) p. 339. Si sine schismate tota natio, aut ejus nomine, supremus Princeps non potest definire quando summo Pontifici propter insignia & perdurantia gravamina, possit, in eo sensu quem Febronius designat.... obedientia negari, ergò schismatica fuit Gallia in anno 1408. *Febr. ibid.* n. 9, p. 77.

(308) p. 340. Cùm principibus, vigore supremi sui muneris, cura & conservatio publicæ tranquillitatis, sine personarum & causarum discrimine, incumbat; iique proinde auctoritatem habeant super actiones externas, etiam ecclesiasticas, quatenùs reipublicæ incommoda aut perturbationes evenire possunt; hinc ad eorum officium pertinet, &c. *Febr. de Stat. Eccl.* tom. 1, c. 9, §. 8, p. 741. — Facilè carebimus hoc reme-

dio (*conciliorum universalium*) si quod nunc præstant Reges Lusitaniæ & Hispaniæ, &c.... pergant ipsi, pro jure suo, suarum terrarum Ecclesias reformare, & per hoc eas à romanâ servitute vindicare, *Febr. ibid. Flor. Sparsi. p. 542 & 501.*

(309) p. 343. Hæc non impediunt quominùs persistent quæ diximus supra; scilicet pertinere ad Romani Pontificis primatum, ut leges quas necessitas vel utilitas Ecclesiæ hic & nunc postulare videtur, universali Ecclesiæ præponat; has propter intrinsecam earum æquitatem, tenebuntur acceptare, quandò eas judicabunt aptas ad promovendum bonum Religionis & ecclesiasticæ disciplinæ, & postquam, &c. *Febr. de Stat. Eccl. tom. 2, c. 5, §. 2, n. 4, p. 280.*

(310) p. 345. Voyez la note ci-devant, p. 555, n. 303.

(311) p. 346. His pro coronide subjungimus, quod coram Patribus concilii Constantiensis dixit Joannes Gerson oratione publicâ habitâ.... & hactenus abundè probatum est, scilicet: Ecclesia & generale concilium, quamvis non possit tollere plenitudinem potestatis papalis à Christo supernaturaliter & misericorditer collocatæ, potest tamen usum ejus limitare, sub certis regulis ac legibus in ædificationem Ecclesiæ, propter quam papalis auctoritas & alterius hominis collocata est; & in hoc est totius Ecclesiæ reformationis stabile fundamentum. Cæterum, ut invidiam ab hoc instituto arceamus, illud addimus, quod nemo ignorat, adhibitis legibus coerceri oportuisse etiam patriam potestatem. Regibus & Principibus sæculi, Pontificibus & Prælatis Ecclesiæ, timorem, honorem, reverentiam deberi scio; sed majorem veritati. Nec illa reverentia est, publicas noxiasque morum labes, probrosâ adulandi objectione, ac cæcitate tegere, sed potiùs christianâ pietate patefacere & modestiâ redarguere. *Febr. de Stat. Eccl. tom. 1, c. 9, §. 11, n. 5, p. 775.*

(312) p. 347. Ex his lector colliget quàm inepta, hâc in parte, sit comparatio quam Zaccaria instituit inter potestatem Principis, seu formam, ac statum regnorum mundi, respectivè ad officium primi pastoris Ecclesiæ. Ille utique tanquam ab arbitrio populorum dependens, mutari, laxari, adstringi, atque ita multis modis à suâ originariâ institutione & primâ sanctione pragmaticâ discedere potest: Ecclesiæ regimen, è contra, à Deo suam eamque immutabilem formam accepit. *Febr. de Stat. Eccl. tom. 2. Flor. Sparsi. §. 4, p. 553.*

(313) p. 353. Libertates perindè tuemur, si concilii generalis novis decretis, ac si de Romani Pontificis constitutionibus agatur. Quin etiam receptos mores & consuetudines Ecclesiæ Gallicanæ, nostro usui commodas, adeò retinemus, ut etsi canone concilii Generalis destituamur, quo illæ firmatæ sint, tamen ab iis nobis discedendum esse non censeamus. *Marc. Conc. Sacerd. & Imper. l. 3, c. 7.*

(314) p. 353. Libertates Ecclesiæ Gallicanæ consistere in usu & praxi canonum tam veterum quàm recentiorum, easque non pendere à solâ praxi antiquorum canonum; ubi ostenditur, necessitate cogente, Pontifices variis temporibus pro bono publico Ecclesiæ, ad novas leges condendas progressos. *Marc. ibid. proleg. p. 61 & 71, art. 6.*

(315) p. 356. » *Les particu-*

» larités de ces libertés (de
» l'Eglise Gallicane,) pourront
» sembler infinies ; & néan-
» moins, étant bien considé-
» rées, se trouveront dépendre
» de deux maximes fort con-
» nexes, que la France a tou-
» jours tenues pour certaines.
» *La première est que les Pa-*
» *pes ne peuvent commander*
» *n'y ordonner, soit en géné-*
» *ral, soit en particulier, de*
» *ce qui concerne les choses*
» *temporelles, ès pays & terres*
» *de l'obéissance & souverai-*
» *neté du Roi Très-Chrétien ;*
» *& s'ils y commandent ou sta-*
» *tuent quelque chose, les su-*
» *jets du Roi, encore qu'ils*
» *fussent clercs, ne sont tenus*
» *d'obéir pour ce regard.*
» *La seconde, qu'encore que*
» *le Pape soit reconnu pour*
» *suzerain ès choses spirituel-*
» *les ; toutefois en France, la*
» *puissance absolue & infinie*
» *n'a point lieu ; mais est rete-*
» *nue & bornée par les canons*
» *& regles des anciens conciles*
» *de l'Eglise, reçus en ce*
» *Royaume.* Et in hoc maximè
» consistit libertas Ecclesiæ Gal-
» licanæ.
» *De ces deux maximes dé-*
» *pendent, ou conjointement,*
» *ou séparement, plusieurs au-*
» *tres particulieres, qui ont*
» *été plutôt pratiquées & exé-*
» *cutées, qu'écrites par nos*
» *ancêtres, selon les occur-*
» *rences & sujets qui se sont pré-*
» *sentés.* » Comment. sur les Li-
bert. de l'Egl. Gall. tom. 1, §.
3, 4, 5, 6. édit. 1731.

(316) p. 356. Ergo & infideli-
bus debitor es, Judæis, Græcis &
Gentibus ; interest proindè tuâ,
dare operam quam possis, ut in-
creduli convertantur ad fidem,
conversi non avertantur, aversi

revertantur. Porrò perversi ordi-
nentur ad rectitudinem, subverti ad veritatem revocentur : sub-
versores invictis rationibus con-
vincantur, vel ut emendentur
ipsi, si fieri potest ; vel, si non,
perdant auctoritatem facultatem-
que alios subvertendi. Non omninò & ab hoc insipientium genere
pessimo tibi dissimulandum ; dico
autem hæreticos schismaticosque ;
nam hi sunt subversi & subverto-
res, canes ad scissionem, vulpes
ad fraudem. Erunt, inquam, hujusmodi maximè tuo studio, aut
corrigendi ne pereant, aut ne
perimant, coercendi. S. Bern. de
Consid. lib. 3, c. 1, n. 2 & 3.

(317) p. 366. *L'auteur ne fait
ici que copier les Protestans.* Le
Roi d'Angleterre, *dit Grotius,*
pense sagement qu'il est accordé
à tout Prince & à tout Etat chrétien, de prescrire à ses sujets la
forme extérieure de la discipline
ecclésiastique & celle qui a une
liaison étroite avec le gouvernement civil. Grot. du Pouvoir du
Magistrat polit. sur les ch. sacrées, ch. 9, n. 24. — Les Princes chrétiens n'innovent point en
voulant connoître de l'excommunication. Comme elle emporte
ignominie publique, ils n'emploient leur autorité que pour
des causes légitimes, obligés qu'ils
sont de s'opposer aux injustes
censures. Grot. du Pouvoir du
Mag. polit. sur les choses sacrées, ch. 9, n. 27.

(318) p. 366. *Cet au moins
nous annonce que l'auteur veut
bien ici nous accorder par grace,
que le Prince n'a pas le droit
d'exercer lui-même les actes
extérieurs de la puissance spirituelle.*

(319) p. 369. Les hérétiques
modernes, particuliérement les
Anglois, *dit M. de Fleury,*

Difc. 12. prétendent que l'Eglife eft foumife à l'Etat, & que c'eſt au magiftrat à régler fouverainement les cérémonies & même les dogmes de la Religion. D'où vient qu'ils ont déclaré le Roi chef de l'Eglife. *Fleury, Diſc.* 12. *peu après le commencement.* —*Surquoi un auteur anonyme, dont on connoît cependant les fentimens, fait cette note :* " Le titre de chef de l'Eglife que les Anglois ont donné à leur Roi, ne doit point être pris à la rigueur. En lui donnant cette qualité, ils ne prétendent point qu'il puiffe exercer les fonctions apoftoliques, &c... ils ne lui donnent point d'autre autorité dans les matieres de Religion, que celle qu'ont eu les Rois de l'Ancien Teftament, les Empereurs chrétiens dans le nouveau, & que nous reconnoiffons dans nos Rois de France. *Cet auteur réduit donc toute la puiſſance de l'épiſcopat à celle de l'ordre; les Princes doivent donc avoir en France le pouvoir de juriſdiction dans le gouvernement de l'Egliſe, dans toute ſon étendue, & par conſéquent le pouvoir de déterminer, comme en Angleterre, quels ſont les articles de foi, de régler la liturgie & les autres points de diſcipline, de donner miſſion aux Evêques pour viſiter les Egliſes, de les inſtituer, de les dépoſer, de leur preſcrire des loix dans l'exercice de leurs fonctions.*

Le P. *Courayer* renouvelle les mêmes erreurs dans les propoſitions qui furent condamnées par les Evêques aſſemblés par ordre du Roi en 1727. On lit dans la 3.e. : Le Parlement d'Angleterre ne paroît dans la publication de l'ordinal, comme de la liturgie, que pour appuyer l'ouvrage du clergé, & parce qu'ayant ſeul le pouvoir législatif, les Evêques n'euſſent pu faire recevoir leur réforme, s'ils n'euſſent été appuyés par l'autorité ſouveraine.

Dans la 23me. prop. je montrerai que la diſtinction du ſacerdoce d'avec le pouvoir laïque, eft toujours demeurée très-marquée (*en Angleterre*) ; que les Rois ne ſe ſont propoſé dans leur révolution, que de ſe ſouſtraire à l'autorité des Papes, & non d'uſurper l'exercice des fonctions ſpirituelles, réſervées aux Evêques & aux prêtres ; qu'en Angleterre, comme en France, les anciens Rois ſe ſont ſouvent attribués la même autorité.

Dans la prop. 33me. deux choſes me paroiſſent évidentes. La ſeconde que ce que les Rois d'Angleterre ſe ſont approprié d'autorité, ſoit ſur les perſonnes, ſoit dans les cauſes eccléſiaſtiques, ne regarde que la police extérieure de l'Egliſe, & ſe trouve autoriſé par les exemples des anciens Princes.

(320) p. 369. *Wolf après avoir tâché de prouver, conformément au ſyſtême anglican, que le conducteur de l'Etat doit avoir une inſpection ſur les matieres qui concernent la Religion, & autorité ſur ceux qui l'enſeignent, dans les fonctions qui ont rapport à leur miniſtere, ajoute :* Auſſi voyons-nous que les droits de la Couronne dans les matieres eccléſiaſtiques ont été fidellement & conſtamment défendus par les Parlemens de France... Ils ſavent de quelle conſéquence il eſt de ne pas ſouffrir que l'on ſouſtraiſe à l'autorité publique une matiere ſi délicate, ſi étendue dans ſes liaiſons & ſes influences, & ſi importante dans ſes ſuites ? Quoi des eccléſiaſtiques s'aviſeront de

proposer à la foi des peuples quelque point obscur, inutile, qui ne fait pas partie essencielle de la Religion reçue ; ils sépareront de l'Eglise, ils diffameront ceux qui ne montreront pas une aveugle docilité ; ils leurs refuseront les sacremens, la sépulture même, & le Prince ne pourra protéger ses sujets & garantir le royaume d'un schisme dangereux ? Les Rois d'Angleterre ont assuré les droits de leur Couronne : ils se sont fait reconnoître chefs de la Religion ; & ce réglement n'est pas moins approuvé de la raison que de la saine politique. *Wolf, du Droit des Gens, l. 1, ch. 12, §. 144.* Les juriconsultes parlémentaires n'ont fait que copier ce Protestant. Mais il falloit en même-tems pour être conséquent, renoncer à l'Eglise Romaine.

(321) p. 372. Causæ ecclesiasticæ, vel sunt ex naturâ indoleque suâ propriè tales, eæ nimirùm, quæ non pro objecto habent commercium quoddam civile aut temporale quidquam, sed cultum Dei animarumque salutem ; uti quæ sacramenta concernunt, res liturgicas, imo ministrorum sacrorum electionem, potestatem, jurisdictionem sacram. *Schmidt. Instit. Juris Ecclef. Germ. tom. 2, part. 2, c. 2, sect. 1, §. 241.*

— Id imprimis inter Catholicos indubium esse mihi videtur debere, personnas ecclesiasticas, quâ tales, prout nimirùm ipsis hisce functionibus unicè sacris occupantur, jurisdictioni Principis non esse subjectas. — Hæc enim munera sacra, uti administratio sacramentorum, aliaque, objectum constituunt quod potestate civili longè est excellentius, nullo modo ad finem civitatum salutemque temporalem pertinens ; atque inde soli jurisdictioni sacræ reservatum : cum catholicis loquimur, *Ib. §. 236.*

(322) p. 375. Quibusnam suffragiis ad prædicandum Evangelium Apostoli usi sunt ? Quibus adjuti potestatibus Christum prædicaverunt ?.... an ne aliquam sibi assumebant è palatio dignitatem, hymnum Deo in carcere inter catenas & post flagella cantantes, edictisque Regis Paulus cùm in theatro spectaculum ipse esset, Christi Ecclesiam congregabat ? Nerone se, credo, aut Vespasiano aut Decio patrocinantibus tuebatur, quorum in nos odiis confessio divinæ prædicationis effloruit ? Illi manu atque opere se alentes intra cœnacula secretaque coeuntes, vicos & castella, gentesque ferè omnes terrâ & mari contra senatûs consulta & regum edicta peragrantes, claves, credo regni cœlorum non habebant ? aut non manifesta se tum Dei virtus contra odia humana porrexit, cùm tantô magis Christus prædicaretur, quantò magis inhiberetur. *Hilar. contr. Auxent. n. 3.*

(323) p. 375. Nec quisquam contumaceni judicare me debet cùm hoc asseram quod augustæ memoriæ pater tuus Valentianus, non solùm sermone respondit, sed etiam legibus suis sanxit in causâ fidei vel ecclesiastici alicujus ordinis eum judicare debere qui nec munere impar sit, nec dissimilis. Hæc enim verba rescripti sunt. Hoc est sacerdotes de sacerdotibus voluit judicare. *Ambr. epist. 21.*

(324) p. 379. " Les dogmes, " les sacremens, le culte de la " Religion, sont des biens qui " n'appartiennent point aux " Puissances de la terre. Ils " composent le trésor de l'Eglise. *J. C.*

« J. C. nous en a fait les dépositaires, & a voulu que ce dépôt sacré fût inviolable dans tous les âges. Les loix, les usages, la constitution des Etats peuvent changer; mais la parole sur laquelle l'Eglise est fondée, est immuable comme Dieu même. Ce qui a été vrai dans les premiers jours du christianisme, l'est encore aujourd'hui: & vainement chercheroit-on à faire un objet de police de tout ce que la Religion a d'extérieur dans son culte. La Tribu de Levi conservera toujours seule le droit de porter la main sur l'Arche d'Alliance. » Harangue prononcée au nom du Clergé, par M. l'Arch. de Bourges, à la clôture de l'assemblée de 1765. V. le procès verbal de cette année, p. 928.

(325) p. 382. Je me contenterai de citer l'autorité de Loyseau. Il seroit inutile d'en rapporter davantage sur un point si généralement reconnu. Puisque le soin des ames & des choses sacrées, dit-il, appartiennent au sacerdoce; il faut que le Monarque même s'y soumette, en ce qui concerne directement la Religion & le culte divin, s'il confesse qu'il a une ame, & s'il veut être enfant de Dieu. » Loys. des Seign. ch. 15, n. 7.

(326) p. 382. « Les actions extérieures sont la matiere premiere de la puissance temporelle: les intérieures sont la matiere seconde: elles ne lui sont pas immédiatement subordonnées, mais seulement à cause des extérieures. Dès-là toute action purement intérieure n'occupe point le souverain & n'obéit pas à ses loix.... Le pouvoir en effet demande une matiere dont la nature soit de la compétence du souverain. Dieu seul est le scrutateur des cœurs, & seul il domine sur l'ame. L'essence des actions internes est d'être voilées aux hommes. » Grot. du Pouvoir du Magistrat politique sur les choses sacrées, ch. 3, n. 1. — » Je crois avoir clairement démontré le pouvoir du magistrat politique sur les actions sacrées & profanes, extérieures & immédiatement sur les intérieures à cause des extérieures. » Ib. n. 14.

(327) p. 385. Potestas Ecclesiastica est potestas quæ à Christo supernaturaliter (spiritualiter) & specialiter collata est suis Apostolis & discipulis ac eorum successoribus legitimis, usque in finem sæculi ad ædificationem Ecclesiæ militantis, secundùm leges ecclesiasticas pro consecutione salutis æternæ. Gers. de potest. Eccl. 1, considerat. apud Vonder-Hardt. Concil. Constans. tom. 6, col. 79.

(328) p. 385. De ipsis causis ecclesiasticis speciatim agendum, quarum fundamentum solidum vix dari potest, nisi quod jus canonicum, ferè unicè in subsidium vocandum; adeòque dicendum sit : Quæcumque causæ de jure canonico ecclesiasticis annumerantur, in foris Protestantium quoque in consistoriis sub eâdem qualitate ventilantur. Bohemer cite à l'appui de cette maxime, les réglemens observés dans la Saxe, dans la Poméranie, dans la Hesse-Cassel. Bohem. Jus Eccl. Protest. tom. 2, tit. 2, §. 23 ; p. 995, 996.

(329) p. 391. Non Respublica est in Ecclesiâ, sed Ecclesia in Re-

publica est, id est in Romano Imperio. *Optat. adv. Donat. l. 3.*

(330) p. 392. Pergo ad tertiam classem ad quam Pontificii referunt mixti fori, hoc est, quæ tam coram judice laico quàm Ecclesiastico ventilari queant. *Bohemer, Jus Eccl. Protest. tom. 2, tit. 2, §. 32.* L'auteur faisant ensuite l'énumération des causes mixtes, range dans cette classe les causes qui concernent les personnes misérables, l'usure, le concubinage, l'adultere, le rapt, l'inceste & d'autres crimes de cette nature ; mais il ne fait nulle mention de la nouvelle espece de causes mixtes qu'on a inventée pour attirer toutes les matieres par-devant les tribunaux séculiers. Je veux dire des causes qui de leur nature se rapportent directement à la Religion, mais qui ont un extérieur & qui regardent l'extérieur du gouvernement ecclésiastique.

(331) p. 393. „ La jurisdiction spirituelle, qui consiste dans l'examen de controverse de la foi, le jugement des hérésies, l'institution des bénéfices, est réservée à l'Eglise ; & les Princes ne peuvent ni la lui donner ni la lui ôter. Et encore : La jurisdiction extérieure est ou définitive, ou coactive. L'autorité définitive en matiere de foi & de Religion, appartient à l'Eglise. La puissance coactive s'entend de celle qui se fait ou par violence, ou par censures spirituelles ; en tant qu'elle consiste dans les censures spirituelles, le droit de les porter, appartient à l'Eglise. „ *Extrait de l'Evêque de Chichester dans le mand. de M. de Bissi, du 5 janv. 1732.*

(332) p. 398. „ L'Eglise a par elle-même le droit de décider de toutes les questions de doctrine, soit sur la foi, soit sur la regle des mœurs. Elle a droit d'établir des canons ou regles de discipline pour sa conduite intérieure, d'en dispenser en quelques occasions particulieres, de les abroger quand le bien de l'Eglise le demande. Elle a droit d'établir des pasteurs & des ministres pour continuer l'œuvre de Dieu jusqu'à la fin des siecles, & pour exercer toute cette jurisdiction ; & elle peut les destituer, s'il est nécessaire. Elle a droit de corriger tous ses enfans, leur imposant des pénitences salutaires, soit pour les péchés secrets qu'ils confessent, soit pour les péchés publics dont ils sont convaincus. Enfin l'Eglise a droit de retrancher de son corps les membres corrompus, c'est-à-dire, les membres incorrigibles qui pourroient corrompre les autres. Voilà les droits essenciels à l'Eglise, dont elle a joui sous les Empereurs payens, & qui ne peuvent lui être ôtés par aucune puissance humaine, quoique l'on puisse quelquefois par voie de fait & par force majeure, en empêcher l'exercice. „ *Fleury. Inst. au Droit Can. part. 3, ch. 1.*

(333) p. 398. L'Eglise a par elle-même le droit d'enseigner aux fideles le dogme de la foi, de faire des loix pour la discipline intérieure, d'établir des ministres & de déposer ceux qui manquent d'exécuter ce qui leur a été ordonné par les canons, d'imposer des pénitences aux fideles, & de retrancher de son corps ceux qui

NOTES.

font rebelles à ses ordres. Voilà les droits que J. C. a attachés à la jurisdiction de son Eglise, dont elle a joui même sous les Empereurs payens, & à laquelle il n'est jamais permis de donner atteinte, parce qu'elle la tient de J. C.. *Loix Ecclef. part. 1, ch. 19, préambule.*

Ensuite : tout ce que l'Eglise a reçu sur ce sujet des Princes chrétiens, c'est un tribunal extérieur, dans lequel elle fait rendre la justice sur ces matières, dont la connoissance lui appartient de droit divin. *Il est encore évident que ce tribunal extérieur ne peut signifier ici, qu'un certain appareil extérieur, dans l'exercice de la justice que l'Eglise tient du Prince, & non pas cette jurisdiction sur les matières spirituelles qu'elle tient de Dieu, & qui ne peut s'exercer que par des fonctions extérieures.*

(334) p. 404. Si quantùm ad ordinem pertinet publicæ disciplinæ, cognoscentes imperium tibi supernâ dispositione collatum, legibus tuis ipsi quoque parent religionis antistites... quo (rogo) te decet affectu iis obedire, qui pro erogandis venerabilibus sunt attribui mysteriis? *Gelas. Papa, epist. ad Anast. Imp. epist. 8, Conc. Labb. tom. 4, p. 1182.* —— Tibi Imperium commisit Deus, nobis quæ Ecclesiæ sunt, credidit, & quemadmodùm qui tuum imperium malignis oculis carpit, contradicit ordinationi divinæ, ita & tu cave ne quæ sunt Ecclesiæ ad te trahens, magno crimini obnoxius fias. *Osius ad Imp. Constantium apud Athan. in opere ad Monach.* —— Ad sacerdotes Deus voluit quæ in Ecclesia disponenda sunt pertinere, non ad sæculi potestates, quas, si fideles sint, Ecclesiæ suæ sacerdotibus voluit esse subjectas. *Avitus Vien. in suis epist.* —— Certum est hoc rebus vestris esse salutare, ut cùm de causis Dei agitur, juxta ipsius constitutum, regiam voluntatem sacerdotibus Christi studeatis subdere non præferre, & sacrosancta per eorum præsules discere potiùs quàm docere, Ecclesiæ formam sequi, non huic humanitùs sequenda jura præfigere. *Felix, Papa, epist. ad Zenon. apud Labb. concil. tom. 4, col. 1084.*

(335) p. 405. Quando audisti, clementissime Imperator, in causâ fidei, laïcos de Episcopo judicasse? Ita ergo quâdam adulatione curvamur, ut sacerdotalis juris simus immemores, & quod Deus donavit mihi, hoc ipse aliis putem esse credendum. Si docendus est Episcopus à laïco, quid sequitur? Laïcus ergo disputet, & Episcopus audiat. Episcopus discat à laïco. *Ambr. epist. ad Valentin. Imper.* —— Et encore au même endroit : Si vel Scripturarum seriem divinarum, vel vetera tempora retractemus, quis est qui abnuat in causâ fidei, Episcopos solere de Imperatoribus christianis, non Imperatores de Episcopis judicare?

(336) p. 405. Si Imperator catholicus est, filius est, non præsul Ecclesiæ : quod ad Religionem competit, discere ei convenit, non docere ; ad sacerdotes enim voluit Deus quæ Ecclesiæ disponenda sunt pertinere, non ad sæculi potestates. *Joan. can. Si Imperator 11, dist. 96.*

(337) p. 406. De vobis laïcis, tam in dignitatibus quàm qui absolutè conversamini, quid ampliùs dicam non habeo, quia nullomodo vobis licet de ecclesiasticis causis sermonem movere, neque ampliùs resistere integritati Ecclesiæ.... Quantæcum.

que enim Religionis & sapientiæ laïcus exiſtat, vel etiam ſi univerſâ virtute interiùs polleat, donec laïcus eſt, ovis vocari non deſinet... Quæ vobis ergo ratio eſt, in ordine ovium conſtitutis, paſtores verborum ſubtilitate diſcutiendi, & ea quæ ſunt ſuper nos quærendi & ambiendi? *Baſ. Imp. apud concil. gen. 8, act. 10.*

(338) p. 407. *Queſnel ſur ces paroles* : Obedire oportet Deo magis quàm hominibus. *Act. V. 29*, dit „ *les Evêques & les* „ *prêtres, ne dépendent point* „ *des hommes dans l'exercice* „ *de leur miniſtere. C'eſt la* „ *volonté de Dieu qu'ils doivent regarder & conſulter* „ *uniquement; & ſi Dieu leur* „ *fait connoître qu'ils doivent* „ *prêcher & annoncer ſes véri-* „ *tés aux peuples, ils doivent* „ *obéir à Dieu plutôt qu'aux* „ *hommes qui le leur défen-* „ *droient.* „ *Queſn. Diſcipl. de l'Egl. ſur le 5me. chap. des Act. des Apôtres, p. 17, édit. 1689.*

(339) p. 408. *L'édit de Louis XIII du mois de ſeptembre 1610, art. 4, la déclaration de 1666 & l'édit de 1695, défendent expreſſément aux magiſtrats la connoiſſance des cauſes concernant l'office divin.*

(340) p. 409. *Bohemer après avoir prouvé qu'il y a toujours eu des cérémonies dans la Religion depuis Seth, même parmi les Payens*, ajoute : Ipſum jus canonicum his (*legibus de cultu externo*) non tantùm repletum eſt, ſed etiam conciliorum codex ex omni antiquitate hos apparatus nobis ſiſtit, qui variis controverſiis anſam dederunt. *Bohemer, de Jur. Canon. Proteſt. tom. 4, part. 1, diſſert. prælim. §. 1, p. 2.* —— Sine externis cæremoniis impoſſibile eſſe ſervare Religionem, non ineptè judicavit Auguſtinus l. 9, contra Fauſtum, ſi modò voce Religionis cultum quemdam externum intelligas; hic ordinem quemdam requirit, qui ritus quoſdam ſeu modum colendi Deum producit. *Bohem. de Jur. Canon. Proteſt. tom. 4, part 1, diſſert. prælim. §. 2, p. 3.* —— Oſtendimus quâ ratione jus adornandi liturgias eccleſiaſticas antiquis temporibus exercitum fuerit. Reliquum eſt ut excutiamus ex fundamentis genuinis, cuinam hoc jus propriè adſcribi debeat? Competere primordialiter toti Eccleſiæ in confeſſo eſt. *Bohem. de Jur. Canon. Proteſt. tom. 4, part. 1, diſſert. prælim. §. 66, p. 59.* —— Magna vis Religionis eſt quæ quamvis in liturgiis haud ſit quærenda, quæ merè arbitraria ſunt; hæc ipſa tamen animos vulgi ita occupare ſolent, ut univerſum cultum divinum, ut plurimùm, in illis quærant. Facilè hinc plebs patitur ut clerus inſtitutionem eorum ad ſe trahat, qui & auctoritate apud plebem multùm valet, & ſanctitatis opinionem præ ſe ferre ſolet, titulo ſpiritualis, ſancti & eccleſiaſtici munitus. *Bohem. de Jur. Canon. Proteſt. tom. 4, part. 1, diſſert. prælim. §. 69, p. 62 & 63.*

Il eſt vrai que Bohemer, ſuivant la doctrine des Luthériens, attribue au Prince la juriſdiction ſur le culte extérieur de la Religion, comme ayant la ſuprême puiſſance ſur le gouvernement de l'Egliſe; mais il me ſuffit de prouver que ſuivant les Proteſtans-mêmes, le culte extérieur de la Religion regarde l'ordre ſpirituel, & que cette matiere a été dans tous les tems du reſſort de l'Egliſe.

(341) p. 410. *On avoit em-*

ployé autrefois cette même raison pour prouver non que les Rois avoient droit aux fonctions sacrées, mais qu'ils étoient soumis comme le clergé au souverain Pontife, même quant au temporel. Du Vergier avoit répondu que l'onction, la consécration, & le couronnement du Roi n'étoient pas introduits de l'ordonnance de Dieu, mais établis de l'ordonnance des hommes. (*Songe de du Vergier au livre des Lib. Gall.*) Aujourd'hui on prétend appuyer au contraire sur cette *frivolité*, le *système de la suprématie*, sans que la grossièreté de l'équivoque ait encore désabusé les Novateurs. Les paradoxes les plus obsurdes semblent, à force de se répéter, avoir acquis chez eux, la consistance des premiers principes.

(342) p. 411. *Bohemer traitant la question de la compétence sur la sépulture, rapporte le sentiment des Docteurs Protestans*, qu'il explique en deux mots : Ut binis verbis dicam : Privationem sepulturæ, quorsum etiam asinam & caninam quæ fit vel sub patibulo, vel in loco ubi cadavera brutorum condi solent, conferre videntur (*jurisconsulti*) ad cognitionem magistratûs politici ; ecclesiastici verò subjiciunt inhonestam sepulturam simplicem, quæ fit absque concursu cleri & populi, extra cœmeterium, in loco alias non inhonesto. Cum hâc sententiâ ferè conspirat praxis omnium consistoriorum Germaniæ inter Protestantes, & cur non conspiraret, cùm de negotio sepulturæ ecclesiasticæ, ex hactenus dictis, fit excommunicationis species? Quibus enim non communicamus vivis, nec mortuis communicare debemus. *Bohem. Jus Eccl. Protest. tom.* 3, *l.* 3, *tit.* 28, §. 37, 38. —— Et encore : Si tamen modum funerandi inspicimus, solet ille plerumque hymnis, precibus & concionibus absolvi ; adeoque si non in totum, tamen in tantum, liturgiam quamdam continet, & ejus intuitu sacris annumeratus causis. Undè & Pontificii cognitionem circa sepulturam Episcopis adjudicare (Doctores) & hodie quoque dispositio circa sepulturas quoad ea quæ ad liturgiam spectant, ad consistoria refertur. *Bohem. de Jur. Eccl. Protest. suppl. sect.* 4, *c.* 2, §. 1, *p.* 212.

(343) p. 413. " Si les diacres " dans les premiers siècles, " donnoient la communion aux " laïques, ce n'étoit que comme " ministres du prêtre qu'ils ser- " voient à l'Autel pendant " l'oblation du sacrifice.

(344) p. 413. On peut consulter sur ce point le concile de Trente, *sess.* 13, *cap.* 8.

(345) p. 414. Sacrosancta synodus decrevit eos qui tantummodo à sæculari potestate aut magistratu vocati & instituti ad hæc ministeria Ecclesiæ exercenda accedunt.... omnes, non Ecclesiæ ministros sed fures & latrones per ostium non ingressos, habendos esse. *Sess.* 23, *cap.* 4.

Si quis dixerit... eos qui nec ab ecclesiasticâ & canonicâ potestate ritè ordinati nec missi sunt, sed aliundè veniunt, legitimos esse verbi & sacramentorum ministros, anathema sit. *Ib. can.* 7.

(346) p. 414. Si quis dixerit causas matrimoniales non spectare ad judices ecclesiasticos, anathema sit. *Sess.* 24, *de matr. can.* 12.

(347) p. 416. Nosti, fili clementissime, quòd licèt præsideas humano generi dignitate, rerum tamen præsulibus divinarum de-

votus colla submittis, inque sumendis cœlestibus sacramentis, eisque, ut competit, disponendis, subdere te debere cognoscis, religionis ordine, potiusquam subesse. *Gelas. Papa, ad Anast. Imp. Conc. Labb. tom. 4, p. 2182.*

(348) p. 416. Quamvis dux quispiam sit, quamvis præfectus, sive ipse qui diademate redimitur, si indignè accedat, cohibe. Majorem tu quam ille potentiam habes. *Chrys. hom. 82, in Matth.*

(349) p. 417. *L'ordonnance de 1539 réglant la jurisdiction des tribunaux laïques, ajoute expressément art. 4: Sans préjudice toutefois de la jurisdiction ecclésiastique, ès matieres de sacrement & autres pures spirituelles,* " dont ils pourront connoître " contre lesdits laiz. "

(350) p. 417. Nous voulons que les causes concernant les mariages soient & appartiennent à la connoissance & jurisdiction des juges d'Eglise. *Edit de 1606, art. 12.*

(351) p. 417. " Voulons qu'où " nos officiers, sous prétexte " de possessoires complaintes & " nouvelletés, voudroient con" noître directement ou indirec" tement d'aucunes causes spi" rituelles, & concernant les " sacremens, offices, conduite " & discipline de l'Eglise & en" tre ecclésiastiques, les ordon" nances des Rois nos prédé" cesseurs.... soient observées & " gardées.... Enjoignant aussi " à nos cours de Parlement de " laisser à la jurisdiction ecclé" siastique les causes qui sont " de sa connoissance, comme " celles qui concernent les sa" cremens & autres causes spi" rituelles & purement ecclé" siastiques, sans les attirer à " eux, sous prétexte de posses" soire, ou pour quelque occa" sion que ce soit. " *Edit de 1610, art. 4.*

(352) p. 417. Défendons à nosdites cours & juges de prendre aucune connoissance & jurisdiction des causes spirituelles, ni de celles qui concernent l'administration des sacremens, & autres qui appartiennent aux juges ecclésiastiques, ni d'entreprendre directement ni indirectement sur leur jurisdiction, même sous prétexte de complainte, ou possessoire appliqué auxdites causes, conformement au 4me. article de l'édit de 1610. *Ord. de 1629, art. 31.*

Cette ordonnance qui fut donnée sur les remontrances des Etats généraux, convoqués en 1614, & sur les avis donnés à sa Majesté par les assemblées des notables tenues à Rouen en 1617, & à Paris en 1626, est encore un témoignage du vœu de la nation.

(353) p. 417. " Défendons à " nos cours de Parlement & à " tous autres juges de prendre " connoissance directement ni " indirectement d'aucunes cau" ses spirituelles & purement " ecclésiastiques; des sacremens, " & office divin, de l'établisse" ment des curés, vicaires & " autres prêtres qui peuvent " être nécessaires dans les Egli" ses & paroisses, sous pré" texte de possessoire, com" plainte, nouvelleté, & pour " quelque autre cause & occa" sion que ce soit. " *Décl. de 1666, art. 2.*

(354) p. 418. " Sa Majesté a " jugé qu'il auroit été plus sim" ple de rejeter une requête " où l'on demande à des juges " seculiers, d'enjoindre à un " curé d'administrer le sacre-

« ment de Pénitence & d'Eu-
« charistie à un malade. Le
« discernement des dispositions
« qui sont nécessaires pour
« approcher de ce sacrement,
« est réservé à ceux qui ont le
« pouvoir de lier & de délier...
« & s'il y a des ordres à don-
« ner dans une matiere si spi-
« rituelle & si importante, c'est
« à l'Evêque seul qu'on peut
« les demander. Le Roi présume
« donc que la Grand'Chambre
« ayant bien senti son incom-
« pétence en pareille matiere,
« elle a cru devoir se réduire
« aux réflexions générales qui
« sont contenues dans la lettre
« du Parlement. » Lettre de
M. d'Aguesseau au Parl. de
Bordeaux, du 24 7bre. 1731.

« La sentence est certaine-
« ment rendue dans les regles.
« Les juges d'Acqs se sont re-
« gardés comme incompétens;
« & ils ont eu raison de le
« penser ainsi, puisque s'agis-
« sant de l'administration des
« sacremens, & des suites que
« le refus de les accorder, peut
« avoir ; c'est à l'Evêque, sans
« difficulté, qu'on doit s'adres-
« ser comme au seul juge com-
« pétent pour en connoître. »
Lettre de M. d'Aguesseau au
Procureur-Général du Parl. de
Bordeaux, en l'année 1741.

(355) p. 418. « J'ai dit pro-
« tecteurs, non pour attribuer à
« nos Rois aucun pouvoir en
« l'Eglise sur ce qui est de pure
« spiritualité : non pour infé-
« rer qu'ils aient aucune part
« en la puissance de l'ordre
« pour faire administrer les sa-
« cremens ; qu'ils aient que voir
« ni connoître en la jurisdiction
« de l'Eglise, intérieure ou ex-
« térieure.... ni généralement
« en tout ce qui est spirituel. »
Mill. du Délit Commun, au liv.
des Lib. de l'Egl. Gall. édit. de
1731.

(356) p. 418. « Les crimes
« purement ecclésiastiques sont
« la simonie & la confidence,
« &c. comme aussi toutes les
« fautes qui sont commises par
« les ecclésiastiques ; comme si
« un curé omettoit malicieuse-
« ment de faire le service di-
« vin, les jours de Diman-
« che, s'il refusoit d'adminis-
« trer les sacremens à ses pa-
« roissiens, & qu'il en arrivât
« quelque inconvénient. » Pra-
tic. Fr. in-4°. 1719, tom. 1,
p. 8.

(357) p. 418. « Les affaires
« spirituelles dont il n'y a que
« les juges ecclésiastiques qui
« puissent connoître entre tou-
« tes sortes de personnes, sont
« celles qui concernent les sa-
« cremens... A l'égard des af-
« faires criminelles, instruites
« contre les clercs, il faut dis-
« tinguer deux especes de cri-
« mes qui y peuvent donner
« lieu ; les uns purement ecclé-
« siastiques, comme la simonie,
« les fautes commises dans l'ad-
« ministration des sacremens,
« l'hérésie, &c. Les autres qui
« troublent l'ordre de la société
« civile, &c. » L. Eccl. part. 1,
ch. 19, n. 3 & 20.

(358) p. 418. Unanimi consensu receptum est causas sacramentorum esse merè ecclesiasticas... eo, quod hæ ex naturâ suâ
sint merè spirituales. Quâ propter
licèt sensim in Galliâ .... plures
causæ quæ, inspecto jure communi, erant ecclesiasticæ cognitionis, devolutæ sint ad judices
laïcos sive tribunalia regia ; ni-
hilominus causæ sacramentorum,
& similes merè spirituales, reser-
vatæ manserunt judiciis eccle-

fiasticis, etiam per ipsas Principum ordinationes & Parlamentorum arresta. *Van-Esp. Jus ecclés. univ. part. 3 , tit. 2, c. 1 , n. 4 , p. 188 , edit. Lovan. 1753.*

(359) p. 419. Res spirituales ecclesiastico judicio sunt subjectæ... sed res spirituales sunt doctrina divinitus patefacta , administratio sacramentorum , &c. hæc aliena à foro fori , ut loquuntur , tractanda sunt in foro poli. *Schard. Dedicati, Maximil. 2 , 1566.*

(360) p. 420. " Comme la protection que le Roi donne à l'Eglise, dit l'arrêt, ne lui permet pas de laisser impunie une entreprise si téméraire, sur les droits les plus essentiellement attachés à l'autorité spirituelle , sa Majesté ne sauroit la réprimer avec trop de sévérité, afin que comme jusqu'à présent elle n'a point eu d'exemple, elle ne puisse avoir aucune suite. " *Arrêt du 8 septemb. 1739. Rapport de l'agence de 1740. Pieces justificat. p. XCIV.*

(361) p. 434. Generalium synodorum convocandi auctoritas Apostolicæ Sedi B. Petri singulari privilegio tradita est. *Pelag. II, epist. ad Joannem Constantinop. Concil. Hard. tom. 3 , col. 440.*

(362) p. 436. *Ruffin , l. 1 , hist. c. 1, écrit que Constantin assembla le concile de Nicée. Théodoret, l. 5 , hist. c. 9 , que Théodose premier assembla celui de Constantinople. Selon Evagre, l. 1 , hist. c. 2 , le concile d'Ephese fut assemblé par Théodose le Jeune. Il paroît par S. Leon, Epist.* 43, *que Marcien convoqua celui de Chalcédoine, par Théodoret, l. 2 , hist. c. 4 , que Constance convoqua celui de Sardique.*

(363) p. 436. *Le premier canon du concile de Francfort, en 794, porte :* Conjungentibus Deo favente , apostolica auctoritate , atque piissimi domini nostri Caroli Regis jussione, Episcopis , &c. *Les Peres de cette assemblée ajoutent dans leur lettre synodique, que l'Empereur a présidé au concile , quoique les légats du Pape y fussent présens.* Congregatis in unum christianis conventu , præcipiente & præsidente piissimo & gloriosissimo domino nostro Carolo Rege: *Le concile de Narbonne, en 788 , commence ainsi :* Anno Incarnationis Dominicæ 788.... dum monente per suæ auctoritatis litteras domino apostolico Adriano , ac domino Imperatore permissum suum nomine Desiderium, convenissemus urbem Narbonam. *V. Marca, Conc. sacerd. & imp. l. 6 , c. 25 , p. 988.* — *Mr. de Marca ne désavoue pas que le Pape n'ait toujours joüi en France du droit d'assembler les conciles. Pour le nier , il auroit fallu s'inscrire en faux contre toute l'histoire ecclésiastique. Mais il ajoute que l'assemblée étoit différée jusqu'à ce que le Roi y eut donné son consentement, ce qui étoit très-raisonnable : il cite en preuve les paroles d'Hincmar de Rheims, qui nous apprennent (epist. 6 , c. 37 , 38 ,) que les Evêques des Gaules avoient coutume de s'assembler par l'autorité du Pape & du Prince :* Si fraterna caritas nos invitaverit, potiusque jussio Apostolicæ Sedis, & præceptio domini nostri Caroli imperatoris augusti nos ad synodum , sicut præcipiunt regulæ , vocare decrevit. *Ib. l. 6 , c. 26 ou 27.* — *On voit même que le concile d'Agde s'assembla, en 506, avec la permission d'Alaric , Roi des Visigots , quoique Arien.* Cum

in nomine Domini (*dit la préface de ce concile*) ex permiſſu domini noſtri glorioſiſſimi, piiſſimique Regis in civitate Agathenſi ſancta ſynodus conveniſſet, &c. *V. M. de Marca, Concord. ſac. & imp. l. 1, c. 18, 19, 24.*

(364) p. 437. Ille, ex ſacerdotum ſententiâ, apud urbem Nicænam epiſcopale concilium convocat. *Ruf. hiſt. l. 10, c. 1.*

(365) p. 437. *Les Peres de Chalcédoine écrivent à ſaint Damaſe.* Mandato litterarum ſuperiore anno a veſtrâ reverentiâ ad ſanctiſſimum Imperatorem Theodoſium miſſarum, ad iter dumtaxat Conſtantinopolim uſque faciendum, nos præparavimus. *Apud Theodoret. l. 5, hiſt. c. 9.*

(366) p. 438. Supereſſet ut, ſi placuerit tuæ beatitudini, in has partes advenire & ſynodum celebrare, hoc facere Religionis affectu dignetur: noſtriſque utique deſideriis veſtra ſanctitas ſatisfaciet, & ſacræ religioni quæ ſunt utilia, decernet. Si vero hoc oneroſum eſt ut ne has partes advenias, hoc ipſum propriis litteris tua ſanctitas manifeſtet, quatenus & in omnem Orientem, & in ipſam Thraciam & Illyrium noſtræ litteræ dirigantur, ut ad quemdam deſtinatum locum, ubi vobis placuerit, omnes ſanctiſſimi Epiſcopi ubique debeant convenire. *Epiſt. Marc. imp. inter Epiſt. S. Leonis.*

(367) p. 438. Dedimus litteras ad fratres & coepiſcopos noſtros, eiſque concilium ſynodi generalis indiximus. *S. Leo, Epiſt. ad Turbium 93, c. 17.*

(368) p. 438. Petimus præſidente nobis veſtrâ beatitudine ſub tranquillitate & manſuetudine ſacerdotali, propoſitis ſanctis Evangeliis, communi tractatu eadem capitula in medio proponenda quæri & conferri, & finem quæſtioni imponi. *Epiſt. Eutych. ad Vigil. Pap.* — Popoſcit veſtra fraternitas ut nobis præſentibus de tribus capitulis ex quibus quæſtio nata eſt.... conferatur... quibus ita prædictis poſtulationibus, veſtrum deſiderium cognoſcentes, annuimus, ut de tribus capitulis ex quibus quæſtio nata eſt, facto regulari conventu... cum unitis fratribus habeamus, & finis detur placitus Deo. *Epiſt. Vigil. Papæ ad Eutych.*

(369) p. 438. Neceſſarium judicavimus præſenti noſtrâ piâ ſacrâ ad veſtram paternam beatitudinem uti, per quam adhortantes eam, ſancimus congregare veſtram paternam beatitudinem omnes qui ad ejus ſanctiſſimam ſedem pertinent.... jam enim ſuper hoc exhortati ſumus per pios noſtros apices adhuc inter vivos exiſtentem & Donnum ſanctiſſimum Apoſtolicæ Sedis antiquæ Romæ præſulem : & illo de hoc ſæculo migrante, Agatho ſanctus nuper ordinatus, &c. *Divalis ſacra directa ad Georg. Archiepiſc. Conſtantin. urbis novæ Romæ.*

(370) p. 438. Si perſpecta non eſſet mihi & probè cognita erga ſacras ſynodicas ſex conſtitutiones & venerandas imagines veſtra ſinceritas & orthodoxa fides, nequaquam ad ſynodum convocandam aſſentiremus.... Cognovimus beatitudinem veſtram id unum egiſſe apud piiſſimos orthodoxos & Chriſti amantes imperatores noſtros.... quod ſynodus generalis celebretur. Inprimis autem veſtra ſanctitas piiſſimis & triumphatoribus noſtris Imperatoribus ſine trepidatione inducat in animum, ut falſam congregationem illam ſine conſenſu ac præſentiâ apoſtolicæ ſedis, contra omnem Patrum venerabilium traditionem, contra

venerandas imagines, sine ordine & debita convocatione factam, execretur. *Adrian. Papæ, epist. ad Taraf.*

(371) p. 439. Volumus per vestræ pietatis industriam Constantinopoli numerosum celebrare concilium, cui nostri quoque missi præsidentes & culparum personarumque differentias liquidò cognoscentes, singulorum liberè discretiones exerceant. *Epist. Adrian. II. ad Basil. Imp.*

(372) p. 440. Nos ad fidem confirmandam, non ad potentiam aliquam exercendam exemplo religiosissimi Principis Constantini, synodo interesse voluimus, ne alterius pravis suasionibus separentur. *Concil. Chalced. act. 1.*

(373) p. 440. Quibus *(sacerdotibus in concilio Chalcedonensi congregatis)* tu quidem caput membris præes in his qui tuas vices gerebant, tuum tenebant ordinem, benevolentiam præferens: Imperatores verò fideles, ad ordinandum decentissimè præsidebant sicut Zorobabel Jesus, Ecclesiæ, tanquam Jerusalem, ædificationem renovare circa dogmata annitentes. *Epist. Concil. Chalced. ad Leon. Pap.*

(374) p. 448. Quia dignum profectò est ut quod sacerdotalis dignitas divino illuminata Spiritu corporis Christi, quod est Ecclesia, ejusdem Dei ac Domini Salvatoris nostri redempta sanguine adinvenit in salute, vel, reformata statuit in religionis augmento, id imperialis majestas inviolabiliter permansurum in perpetuum, potestatis suæ studeat roborare præcepto, id circò, &c.... Ad eosdem præsules Ecclesiarum idem censuimus referre negotium, ut nostri principatûs auctoritate eorumque judicio quibus tanta est collata potestas à Domino, idem ordo in eodem loco absque retractatione restitueretur. *Diplomæ. Lud. Pii. tom. 2. Concil. Gallic. p. 555, edit. 1629. V. Mém. du Cler. tom. 4, col. 733.*

(375) p. 449. " Encore que " les Religieux mandians ou " autres, pour ce qui concerne " leur discipline, ne puissent " s'adresser aux juges séculiers, sans enfreindre l'obédience, qui est le nerf princi- " pal de leur perfection; tou- " tefois en cas de sédition, tu- " multe ou grand scandale, ils " y peuvent avoir recours par " réquisition de l'impartition " de l'aide du bras séculier, & " pareillement à la cour de " Parlement quand il y a abus " clair & évident, par contra- " vention aux ordonnances " royaux, arrêts & jugemens " de ladite cour, ou statuts de " leur réformation, autorisés " par le Roi & par ladite cour, " ou aux saints canons conci- " liaires & décrets, desquels " le Roi est conservateur en son " Royaume. " *Lib. de l'Égl. Gall. art. 34.*

(376) p. 449. *Voyez la note précédente.*

(377) p. 449. Le Parlement devoit sentir que par les clauses qu'il mettoit dans son arrêt & dans les principes de sa jurisprudence, il s'arrogeoit la connoissance de toutes les contestations entre les religieux, puisqu'il n'arrive jamais qu'un particulier ne porte des plaintes qu'en alléguant l'infraction des loix. Le magistrat a naturellement de la répugnance à se dépouiller entièrement de toute jurisdiction en matière ecclésiastique; mais la réserve dans une matière qui n'en souffre point, sera toujours le germe

fatal des divisions, & l'amour de la justice, dont le magistrat est animé, ne lui permet point de le laisser subsister. Il est impossible de prévenir les suites d'un faux principe, à moins de détruire le principe lui-même; & plus on est conséquent, plus les suites en sont funestes.

(378) p. 453. Childebert, Roi de France, ayant voulu ériger la ville de Melun en Evêché, Léon, Archevêque de Sens, dans le diocese duquel Melun étoit situé, lui représenta que cela passoit les bornes de son pouvoir. Epist. Leonis, ad Childerbert, ann. 558. — Le 4me. concile de Paris, tenu en 573, résista avec la même liberté à Sigebert, lorsqu'il voulut établir un Evêché dans la ville de (Dunensis), diocese de Castres. Voyez M. de Marca, Conc. Sacerd. & Imp. l. 2, c. 9.

(379) p. 453. Les Empereurs jouissoient depuis long-tems en Allemagne du droit d'investiture, fondés sur ce qu'ils avoient doté les évêchés & les abbayes, ou en avoient augmenté les revenus par leurs libéralités, & sur le souverain domaine qu'ils conservoient sur le temporel. Mais l'Empereur Henri IV prétendit disposer de ces bénéfices, & les distribuer à prix d'argent. Ce désordre fit craindre que les Empereurs n'abusassent du droit d'investiture, en s'arrogeant le droit de conférer la jurisdiction spirituelle. Gregoire VII abolit cette cérémonie dans les conciles qu'il assembla à Rome en 1078 & 1080. Ce qui causa entre l'Empereur & le Pape une rupture ouverte qui embrasa l'Allemagne. Henri V se rendit maître de Pascal II, & l'ayant mis en prison, il en extorqua le privilege des investitures qu'on avoit aboli. Mais ce Pape étant mis en liberté, assembla deux conciles à Rome, un en 1112, & l'autre en 1116, où il déclara cette concession nulle. Pour terminer ces dissentions, Calixte II envoya ses légats à Worms en 1122: on y accorda à Henri V que les élections des Evêques & des Abbés se feroient en présence du Prince, & que l'élu recevroit la régale de ses mains, par la tradition du sceptre. L'Empereur Rodolphe renonça au droit d'investiture & de régale: mais ses successeurs réclamerent contre cette rénonciation, & le feu de la discorde alloit se rallumer, lorsque Nicolas V la prévint par le concordat germanique, qu'il fit en 1448 avec Frédéric III.

(380) p. 453. Un auteur moderne qui nous propose quelquefois ses paradoxes & les faits apocryphes avec un ton de confiance, capable d'en imposer, & digne de toute l'indignation des gens sages, ose avancer en effet que les Princes donnoient le pouvoir de faire les fonctions spirituelles, par la tradition du bâton & de l'anneau pastoral.

L'investiture, dit-il, étoit double, l'une se faisoit par le bâton & l'anneau, l'autre par le sceptre. Par le bâton & l'anneau, l'élu recevoit le pouvoir d'exercer les fonctions spirituelles de sa dignité, & par le sceptre, celui de percevoir les fruits du temporel. M. de Réal, Science du Gouvernement, tom. 5, ch. 4, sect. 2, n. 14, p. 508.

(381) p. 453. Jus investiendi radicaliter Pontificii tribuunt Epis-

copo. Postquam enim Episcopi à pluribus sæculis in suâ diœcesi omnia ordinarunt, ecclesiastica direxerunt, & jura sacra exercuerunt, maximè verò in officio & beneficiis ecclesiasticis conferendis, solliciti fuerunt, non mirandum est eos quoque curam suscepisse, ut provisi in possessionem mitterentur... Dixi *radicaliter hoc jus Episcopo tribui;* quia enim plus laboris & oneris quàm honoris realis investitura continet, Archidiaconis tandem ab Episcopis hæc provincia delegata est.

Quid ad hæc Protestantes jurisconsulti? ait Carzovius, investituram novi pastoris esse actum Episcopalem... Addit Schilter investire regulariter eum qui est investitus. Plerique in eo conveniunt, jus investiendi radicaliter competere Principi, vigore juris episcopalis. *Bohemer, Jus Eccl. Protest. tom. 3, l. 3, tit. 7, n. 21, 22. Il est vrai que ce jurisconsulte blâme cette opinion comme contraire aux droits du Prince; mais il se fonde sur cette maxime de la suprématie, que le Prince a une autorité souveraine sur tout ce qui est de droit public.*

(382) p. 454. Dignus est operarius mercede suâ. *Luc. X, 7.*
— Si nos vobis spiritualia seminavimus, magnum est si nos carnalia vestra metamus? *I Cor. IX, 11.*

(383) p. 458. *Le Clergé & l'Eglise Gallicane ont voulu & accordé la connoissance des matieres bénéficiales & ecclésiastiques à vous (au Roi) & à vos juges. Ainsi parloit le Parlement à François I, dans un lit de justice le 24 juillet 1527. V. les observations sur les refus du Châtelet.*

(384) p. 462. Sciendum est in praxi *possessorium retinendæ* esse vel *ordinarium* vel *summarium.* Hoc dicitur in quo, juris ordine non servato, sine longo litis sufflamine solum inquiritur, quis, quomodocumque præsertim possessionem docere possit, ad hunc effectum, ut solummodò inde constet, quis interim, dum uterque se possidere ait, pendente controversiâ super possessione, possidere debeat, ne partes ad arma veniant. Ad hoc præcavendum medium ejusmodi excogitatum fuit, quo interim, lite super possessione pendente, alter ex litigantibus in possessione defenderetur, & majores turbæ præcaverentur. Naturale utique est, ut dum quilibet se possidere asserit, uterque quoque, re in controversiam delata, se contra alterum, cui turbationem imputat, defendere studeat, quod absque vi, jure alias permissâ, vix fieri potest. Si hoc turbido statu contendentes de possessione essent relinquendi, resque dum per sententiam possessionis causa decisa foret, quot publicæ calamitates emergere possent!.... Necessitas ergo postulavit ut interim alteruter in possessione defenderetur donec de possessione plenè statueretur. Hoc posito in hoc *summario,* causa possessionis *finaliter* non definitur, sed tantùm pendente lite, prospicitur ut constet, quis actoris & rei partes sustinere debeat, *ordinarium* verò dicitur, in quo de *antiquiori* & *qualificatâ* possessione disputatur, & ita cui possessio adjudicanda sit *finaliter,* definitur. *Bohem. Jus Eccl. Prot. tom. 2, l. 2, tit. 12, §. 7.*

(385) p. 462. Denique etiam illud constat causam tam *momenti* seu *possessionis* quàm *proprietatis* sub uno eodemque judice excuti debere ob connexitatem causa-

puis... Aliquando neceſſarió cauſæ continentia dividenda eſt, ſi judex poſſeſſorii inhabilis eſt in petitorio, veluti ſi de poſſeſſorio cauſæ eccleſiaſticæ actum coram judice ſæculari; quod licitè fieri poſſe aſſerui. Hoc tamen in dubium vocat Berger, cenſetque in cauſis eccleſiaſticis non minùs poſſeſſorium quàm petitorium ad cognitionem ſolius conſiſtorii pertinere, ne connexitas poſſeſſorii & petitorii in præjudicium ipſius ſolvatur. Equidem negari nequit, aliud incommodum eſſe in hac diviſione: illud tamen per ſe haud ſufficit ad infringendam deciſionem ſupra defenſam. *Bohem. Jus Eccl. Proteſt. tom. 2, l. 2, tit. 12, §. 13.*

(386) p. 467. *Rien de plus expreſſif ſur cet objet, que l'édit de 1695, en voici la teneur* :
„ Voulons qu'où nos officiers,
„ ſous prétexte de poſſeſſoire
„ contrainte ou nouvelleté, voudroient
„ connoître directement
„ ou indirectement d'aucunes cauſes
„ ſpirituelles & concernantes
„ les ſacremens, offices, conduite
„ & diſcipline de l'Egliſe,
„ & entre les eccléſiaſtiques; les
„ ordonnances des Rois nos prédéceſſeurs
„ qui ont attribué à
„ noſdits officiers, ce qui eſt de
„ leur connoiſſance, & réglé
„ auſſi la juriſdiction eccléſiaſtique,
„ ſoient obſervées, en ſorte
„ que chacun ſe trouve à ſon
„ devoir & dans les bornes de ce
„ qui lui appartient, ſans rien
„ entreprendre l'un ſur l'autre :
„ ce que nous leur défendons expreſſément.
„ Enjoignant auſſi à
„ nos cours de Parlement, de
„ laiſſer à la juriſdiction eccléſiaſtique
„ les cauſes qui ſont de
„ leur connoiſſance, même celles
„ qui concernent les ſacremens
„ & autres cauſes ſpirituelles &
„ purement eccléſiaſtiques, ſans
„ les attirer à eux ſous prétexte
„ de poſſeſſoire, ou pour quelque
„ occaſion que ce ſoit. „
Art. 4, de l'Ord. de 1610, enreg. au Parl. de Paris.

„ Voulons auſſi que ſuivant les
„ ordonnances des Rois nos prédéceſſeurs,
„ noſdits officiers
„ aient à donner l'aſſiſtance &
„ main-forte, dont ils ſeront requis
„ pour l'exécution des
„ ſentences des juges d'Egliſe,
„ ſans pour ce entrer en aucune
„ connoiſſance des cauſes & mérites
„ d'icelles ; ce que nous
„ leur défendons & même de retenir
„ la connoiſſance des oppoſitions
„ prétendues formées à
„ leur dite aſſiſtance requiſe, ſous
„ prétexte deſquelles ils rejugent
„ le plus ſouvent du fond deſdites
„ ſentences. *Ib. art. 5.*

„ La connoiſſance & le jugement
„ de la doctrine concernant
„ la Religion, appartiendra aux
„ Archevêques & Evêques ; enjoignons
„ à nos cours de Parlement
„ & à tous nos autres juges
„ de la renvoyer auſdits Prélats,
„ de leur donner l'aide dont ils
„ auront beſoin pour l'exécution
„ des cenſures qu'ils en pourront
„ faire, & de procéder à la punition
„ des coupables, ſans préjudice
„ à noſdites cours de
„ pourvoir par les autres voies
„ qu'ils eſtimeront convenables,
„ à la réparation du ſcandale,
„ trouble de l'ordre & tranquillité
„ publique, & contravention
„ aux ordonnances que la publication
„ de ladite doctrine aura
„ pu cauſer. „ *Edit du mois d'avril 1695, art 30.*

(387) p. 467. *Quamobrem ſignificamus perveniſſe ad nos, conſuetudinem feciſſe, ut xenodochia quæ ſunt in Calaritanis partibus conſtituta, apud Epiſcopum civi-*

tatis singulis temporibus, suas subtiliter rationes, exponerent, ejus videlicet tuitione atque sollicitudine gubernanda, &c. *Greg. Mag. lib. 3, ep. 24.*

(388) p. 468. Quandò aliquid ad diversos fines ordinatur, indiget habere diversa dirigentia in finem, quia finis est proportionatus agenti. Generatio autem humana ad multa ordinatur, scilicet ad perpetuitatem speciei & ad perpetuitatem alicujus boni politici, putà populi in aliquâ civitate. Ordinatur etiam ad perpetuitatem Ecclesiæ, quæ in fidelium collectione consistit. Unde oportet quod hujusmodi generatio à diversis dirigatur. In quantum igitur ordinatur ad bonum naturæ quod est perpetuitas speciei, dirigitur in finem, & sic dicitur esse naturæ officium. In quantum verò ordinatur ad bonum politicum, subjacet ordinationi civilis legis. In quantum autem ordinatur ad bonum Ecclesiæ, oportet quod subjaceat regimini ecclesiastico. *Thom. lib. 4, contr. gentil. & lib. sentent. l. 4, dist. 34, quæst. 2, art. 1, ad. 4.*

(389) p. 469. Si quis dixerit Ecclesiam non potuisse constituere impedimenta matrimonialia, vel in iis constituendis errasse, anathema sit. *Sess. 24, can. 6.* — Si quis dixerit eos tantum consanguinitatis seu affinitatis gradus, qui Levitico exprimuntur, posse impedire matrimonium contrahendum, & dirimere contractum, nec posse Ecclesiam in nonnullis illorum dispensare aut constituere, ut plures impediant & dirimant, anathema sit. *Ib. can. 3.*

(390) p. 470. La voie ordinaire pour se pourvoir contre un mariage, est de s'adresser à l'Official, qui est, suivant les ordonnances, le juge du sacrement &

du lien qui le forme. *Héric. Loix Eccles. part. 3, ch. 5, du mariage, art. 4, max. 17.* — *En une cause où il s'agissoit des promesses de mariage, l'Official de Bourges ayant appointé les parties à faire preuve des conditions des promesses, il y eut appel de la sentence par-devant le Parlement de Paris. M. Marion plaidant, à cette occasion, pour le Procureur-Général, posa en maxime que l'Official peut bien prononcer super fœdere matrimonii sint ne sponsalia vel non, de validitate & invaliditate ; mais non pas sur des pactions & conditions qui regardent la dote, non plus que sur les dommages & intérêts. V. Filleau, Recueil des Arrêts, tom. 2, questions notables. Quest. 8.*

(391) p. 470. Sunt causæ ecclesiasticæ vel ad negotia licita vel illicita referendæ. Ad illa pertinent matrimoniales. Refertur enim ad classem sacramentorum; adeò ut serè hæc unica causa sacramenti in foro contentioso peragatur ; cùm reliquæ in forum litemque ratiùs deducantur ; Protestantes sequuntur jus Pontificium: quamvis enim negent matrimonium esse sacramentum, existimarunt tamen majores nostri matrimoniales causas ad casus conscientiæ esse referendas, quorum cùm non habeatur ratio in foro sæculari, meritò easdem judicio ecclesiastico esse delegandas. *Bohem. Jus Eccl. Protest. tom. 2, l. 2, tit. 2, §. 24.*

(392) p. 470. *S. Paul donne des regles de conduite aux Chrétiens qui étoient mariés avec des infideles. I. Cor. VII, XIII, XIV, XV, XVI. M. Gibert montre par une suite non interrompue des monumens qu'il*

& recueillis dans son Traité de la Tradition de l'Eglise sur le sacrement de Mariage, en 3 vol. in-4to., que cette matiere a toujours été soumise à la jurisdiction de l'Eglise.

(393) p. 472. Adeò verò causæ matrimoniales ad consistoria nostra spectant, ut doctrina juris pontificii universâ de hâc materiâ ferè recepta sit. Pertinent itaque ad consistorium etiam causæ sponsaliorum, si vel examine sint de futuro; & quamvis hæc rationem sacramenti non habeant de jure Pontificio, hoc ipsum tamen eas suo foro vindicavit, & ad ejus exemplum praxis Protestantium....

Imò adeò ad consistorium hæ causæ spectant, ut nequidem magistratus sæcularis per modum præventionis de iis cognoscere queat.....

Quid quæris? Jus canonicum adeò causas matrimoniales foro ecclesiastico vindicat, ut nequidem incidenter in foro sæculari tractari queant, veluti si matrimonialis quæstio per modum exceptionis, à reo opponatur, & indè litis principalis decisio pendeat. Sic causa successionis sæpè dependet ex quæstione legitimorum natalium, quæ rursus in novam solvitur litem, utrum legitimum inter ejus parentes cui controversia status movetur, matrimonium contractum fuerit? Proindè quæstio principalis tamdiu suspendenda, donec de causâ natalium in foro ecclesiastico fuerit cognitum. *Bohem. Jus Eccl. Protest. tom. 2, tit. 2, §. 25, 26, 27.*

(394) p. 472. *On ne peut guere rapporter d'autorité plus précise sur cet objet, que ce passage de M. d'Héricourt :* « Si » dans les oppositions qui ont été » formées au mariage, il s'agit » du lien & du sacrement, comme » si l'on prétend qu'il y a eu des » fiançailles avec une autre personne, faites par l'une des » deux parties, ou un mariage » qui subsiste encore, il faut se » pourvoir par-devant l'Official » sur les oppositions ; mais si » l'opposition est fondée sur les » intérêts temporels, comme » celles des peres & meres, des » tuteurs & des curateurs ; c'est » devant le juge séculier que les » oppositions doivent se former. » *Héric. Loix Ecclés. part. 3, ch. 5, art. 1, n°. 25.*

(395) p. 474. *Citons encore M. d'Héricourt qui nous donnera la pratique de ce Royaume.* « En France, on déclare nuls » les mariages célébrés par les » mineurs, sans le consentement » de leurs peres & meres ou leurs » tuteurs ; parce que le rapt de » séduction y est regardé comme » un empêchement dirimant de » mariage ; & que l'on présume » toûjours que des mariages de » cette nature sont des effets de » la séduction.... à l'égard des » majeures il faut des preuves » positives de la subornation. » *Héric. Loix Ecclés. part. 3, ch. 5, du mariage, art. 2, max. 74.*

(396) p. 478. Hæreticis, si se transferre noluerint ad Ecclesiam catholicam, nec ipsis catholicis dandas puellas ; sed neque Judæis neque schismaticis dari placuit, eo quòd nulla possit esse societas fidelis cum infideli. *Can. 16, concil. Illiberitani.* Ce canon fondé sur la maxime générale, *que le fidele ne doit point former de société avec un infidele*, renferme évidemment la défense de contracter aucun mariage avec les Payens.

(397) p. 478. De publicis fidelibus quæ gentilibus jungun ur, placuit ut aliquanto tempore com-

munione separentur. *Conc. Arel. can. 11.*

(398) p. 478. Quæcumque mulier fidelis viro infideli nupserit, ipsa quoque communione fidelium separetur. *Conc. Nic. 1, can. 67.*

(399) p. 478. Qui adhuc baptisati non sunt, omnimodò non posse eos in Ecclesiâ hæreticâ baptisari, nec in matrimonio jungi hæretico Judæo vel pagano. *Concil. Chalced. can. 13.*

(400) p. 480. Sic igitur ad personam regalem, flexo Ecclesiæ nomine, Tridentini canonibus sua constat veritas, & contra imperitum novatorem, Impedimentorum matrimonii, disciplina retinetur & asseritur. *Laun. Reg. in matr. Potest. part. 1, art. 4, c. 4.*

(401) p. 482 Dissimulabunt ni fallor... homines id genus, quod sibi fingunt, maximè volunt; & adjuncta quæ inveniendæ & asserendæ veritati serviunt, adversis in sinistrum palmis abominantur. Sed quia veritatis indagationem refugiunt, eos totâ errare viâ facilè patiuntur. *Regia in matr. Potest. ibid. c. 6.*

(402) p. 486. Nullum superest dubium festorum ordinationem, pariter quoque eorumdem translationem, Principibus imperii liberum esse, nec quisquam hoc in dubium vocabit, nisi qui præcipuâ sui parte, jure scilicet sacrorum, majestatem privare ausus fuerit. *Bohem. Jus Eccl. Prot. tom. 1, l. 2, tit. 9, §. 5.*

Fin des Notes du second Volume.

TABLE

TABLE

Des Titres contenus dans ce Volume.

TROISIEME PARTIE.

De la Puissance spirituelle. Pag. 1

CHAP. I. De la nature de la puissance spirituelle, & quelles sont les personnes en qui elle réside. 12

§. I. Dieu a donné à l'Église une puissance spirituelle dans l'ordre de la Religion, & qui est distincte & indépendante de la puissance temporelle. Cette vérité est de foi. 14

§. II. La puissance ecclésiastique n'appartient au corps des fideles, ni quant à l'exercice, ni quant à la propriété : cette proposition est de foi. 68

§. III. La souveraine puissance du gouvernement spirituel, ne réside de droit divin, que dans l'épiscopat, exclusivement aux prêtres : cette proposition approche de la foi. 82

§. IV. Quelles sont les obligations des premiers pasteurs, relativement à la nature de leur puissance. 114

CHAP. II. De l'autorité du souverain Pontife. 119

§. I. Le Pape a de droit divin une primauté de jurisdiction dans l'Église universelle sur tous les autres Évêques en particulier. 130

Art. I. Preuves tirées de l'Écriture-Sainte. ibid.
Art. II. Preuves tirées de la pratique de l'Église. 140
Art. III. Preuves tirées du témoignage des Peres & des Conciles. 222
Art. IV. Preuves tirées du témoignage particulier de l'Église Gallicane, & des aveux de Febronius. 236
Art. V. Réponse aux objections. 260

Tome II. Part. III. a

TABLE.

ART. VI. *Conséquences de la thèse posée.* 278

§. II. *Febronius, en attaquant la jurisdiction du Pape, détruit en même-tems l'unité de l'Eglise* 280

ART. I. *Febronius détruit l'unité de l'Eglise par-là-même qu'il conteste au Pape une jurisdiction qui est nécessaire pour maintenir cette unité.* 281

ART. II. *Febronius détruit encore l'unité de l'Eglise par les fausses maximes dont il s'efforce d'étayer son système.* 286

ART. III. *Les moyens que propose Febronius pour enlever la jurisdiction à l'Eglise Romaine, sont aussi destructifs de l'unité, que ses maximes mêmes.* 306

ART. IV. *Les motifs que Febronius allegue pour justifier la soustraction d'obéissance, sont aussi destructifs de l'unité que les moyens qu'il propose.* 321

§. III. *Febronius en attaquant la jurisdiction des Papes, renverse par une suite de ses principes, la puissance des Evêques & des souverains.* 334

ART. I. *Febronius renverse par une suite de ses principes la puissance des Evêques.* ibid.

ART. II. *Febronius en détruisant l'autorité du Pape & des Evêques, renverse du même coup la puissance des souverains.* 342

§. IV. *Febronius invoque mal-à-propos les libertés nationales, pour détruire la jurisdiction du Pape. Les prétendues libertés qu'il voudroit établir, n'ont ni la légitimité qu'il leur suppose, ni les avantages qu'il leur attribue.* 351

ART. I. *Febronius allegue mal-à-propos les libertés nationales, pour détruire la jurisdiction du Pape.* ibid.

ART. II. *Les prétendues libertés que Febronius voudroit établir dans les Eglises nationales, n'ont ni la légitimité qu'il leur suppose, ni les avantages qu'il leur attribue.* 357

§. V. *La dignité du souverain Pontife, en lui donnant une puissance de jurisdiction dans le gouvernement de l'Eglise universelle, lui impose aussi des obligations plus étroites.* 368

CHAP. III. *De la compétence des deux Puissances.* 366

TABLE.

§. I. Ce n'est, ni selon que les objets sont intérieurs ou extérieurs, ni par l'influence qu'ils peuvent avoir sur l'un ou l'autre gouvernement, qu'on doit déterminer la compétence des deux Puissances ; mais par la fin spirituelle ou temporelle à laquelle ils se rapportent directement, & par leur nature. La proposition approche de la foi, quant à ses trois parties. 367

§. II. La doctrine est de la compétence de la puissance spirituelle. Cette proposition est de foi. 403

§. III. La discipline de l'Eglise est de la compétence de la puissance spirituelle. Cette proposition est de foi. 407

§. IV. L'administration des sacremens est de la compétence de la puissance spirituelle. Cette proposition est de foi. 412

§. V. Les assemblées de Religion sont, par leur nature, de la compétence de la puissance spirituelle. Cependant le Prince peut empêcher ces assemblées, lorsqu'elles serviroient de prétexte pour exciter des troubles dans l'État. Il peut même les convoquer pour les besoins de l'Eglise. La premiere partie de cette proposition est fondée sur les principes de la foi ; la seconde, sur les principes du droit naturel ; la troisieme, sur les droits de protecteur. 431

§. VI. Les ordres religieux forment une matiere mixte, ressortissante aux deux tribunaux relativement à la nature des différens objets qui les concernent. Cette proposition est de foi, quant à la compétence de l'Eglise sur les objets spirituels, & de droit naturel, quant à la compétence du souverain, sur les objets temporels. 440

§. VII. Les bénéfices sont des matieres mixtes, relativement aux fonctions spirituelles, & au temporel annexé à ces fonctions. La proposition est de foi, quant à la compétence de l'Eglise sur le spirituel, & de droit naturel, quant à la compétence du Prince sur le temporel. 452

§. VIII. Les mariages sont des matieres mixtes, qui ressortissent au tribunal de l'Eglise, quant au sacrement, & aux tribunaux séculiers, quant aux effets civils. La premiere partie de cette proposition est de

TABLE.

Foi; la seconde est appuyée sur le droit naturel. 478

§. IX. Les aumônes, les pélerinages & les fêtes sont des matieres mixtes, & de la compétence des deux Puissances. 483

§. X. Quelles sont les obligations des premiers pasteurs, relativement aux droits de la compétence. 488

Fin de la Table.

www.ingramcontent.com/pod-product-compliance
Lightning Source LLC
Chambersburg PA
CBHW070403230426
43665CB00012B/1223